Max Wirth

Ungarn und seine Bodenschätze

Max Wirth

Ungarn und seine Bodenschätze

ISBN/EAN: 9783743328853

Hergestellt in Europa, USA, Kanada, Australien, Japan

Cover: Foto ©ninafisch / pixelio.de

Manufactured and distributed by brebook publishing software
(www.brebook.com)

Max Wirth

Ungarn und seine Bodenschätze

Ungarn

und seine Bodenschätze.

Statistisches Handbuch

ungarischer Landeskunde

nach amtlichen Quellen

von

Max/Wirth.

Frankfurt am Main.
J. D. Sauerländer's Verlag.
1885.

Vorrede.

Durch mehrfachen Aufenthalt und Erwerbung von Grundbesitz mit den Verhältnissen der ungarischen Bodenproduktion näher bekannt geworden, mußte ich staunen, daß dieses schöne, vom großen Donau= Strom bespülte Land im Westen Europas noch so wenig gekannt ist! Und doch ist es wegen der Üppigkeit und Billigkeit seines Bo= dens, wegen seines milden Klimas, seiner Mineralschätze und zahl= reichen Heilquellen, seiner vielen fischreichen und schiffbaren Gewässer, seiner wildreichen Urwälder und seiner biederen Bevölkerung ein wahres Eldorado für den Getreideproduzenten und Viehzüchter, den Weinbauer und Pomologen, den Berg= und Hüttenmann, den Jäger und Angler, sowie für alle, welche die Herstellung ihrer Gesundheit suchen. Obwohl ich meine Jugend am vielbesungenen Rhein ver= bracht, so habe ich mich doch nirgends im Ausland bald so heimisch gefühlt, als in Ungarn.

Solche Eindrücke, wie die Wahrnehmung, daß in Ungarn das Gold noch auf der Straße zu finden ist, wenn man nur die nötige technische Einsicht und das Betriebskapital besitzt, haben den Drang in mir erweckt, die Aufmerksamkeit des Westens auf die ungehobenen Schätze des Donaureiches zu lenken.

Auf die Sammlung des erforderlichen authentischen Materials bedacht, fand ich bei J. J. Excellenzen dem Herrn Ministerpräsident K. von Tißza und dem Minister für Ackerbau, Industrie und Handel, Herrn Grafen Paul Széchényi die einsichtsvollste, wohlwollendste Auf= nahme, und insbesondere kräftige Unterstützung in Rat und That von seiten der Herren: Staatssekretär Dr. Alex. v. Matlekovics, Landesoberforstmeister Albert von Bedö, Ministerialrat Karl Keleti, Direktor des statistischen Landesbureaus, Sektionsrat von Lipthay, Regierungskommissär J. von Miklos, Edward von Egan, Dr. Karl Mandello, des Verfassers der Rückblicke auf den Gang der ungarischen Volkswirtschaft, Dr. Bruck und ganz besonders noch von meinem

Freund Alexander Wahrmann, der mir in der Verdollmetschung der in ungarischer Sprache verfaßten Aktenstücke treu zur Seite stand.

Allen diesen Männern bin ich zu warmem Dank verpflichtet, da sie durch ihre hingebende Mitwirkung die rechtzeitige Vollendung des Werkes ermöglicht haben.

Schließlich sei nur noch bemerkt, daß die ungarische Regierung durch ein neues Gesetz ermächtigt ist, Ausländern, welche natur= wüchsige, exportfähige Fabriken im Lande gründen, zwanzig= jährige Steuerfreiheit zu bewilligen. Als ein Beweis wie geeignet dieses Mittel ist, um technische und Kapital=Kräfte ins Land zu ziehen, mag dienen, daß die große amerikanische Fabrik der Fair= banks=Dezimalwaagen bereits eine Filiale in Budapest errichtet hat, während dieselbe ihre Fabrikation in Österreich und im deutschen Reiche noch nicht eingeführt hat.

Wien im Herbst 1884.

Max Wirth.

Inhalt.

Einleitung.

Willst du immer weiter schweifen?
Sieh, das Gute liegt so nah.
Lerne nur das Glück ergreifen,
Denn das Glück ist immer da!

Goethe.

In einigen Jahren wird das Millennium des Bestandes des Ungarnreiches und seiner Verfassung festlich begangen werden. Auf diese bevorstehende große Nationalfeier anspielend, sprach der Kaiser und König Franz Joseph am Schluß des Reichstags 1884, anknüpfend an den Beschluß des Baues eines Parlamentspalastes, inmitten seiner in der prächtigen Nationaltracht ihn umjubelnden Getreuen, folgende denkwürdige Worte:

„Dieses nicht geringe Opfer erscheint gerechtfertigt durch die Pietät für eine fast tausendjährige Verfassung, sowie durch die Hoffnung und das Vertrauen, daß die, Unsere getreue Ungarische Nation am meisten charakterisierenden zweifachen und doch ineinander verschmolzenen Gefühle der Treue für den König und der Anhänglich= keit an die Verfassung im Laufe von weiteren Jahrhunderten in jenem Palaste Ausdruck finden werden!"

Noch vor dieser Feier, im Sommer 1885, wird zu Budapest die erste ungarische Landes=Industrie=Ausstellung abgehalten werden. Dieselbe ist mit richtigem Verständnis der wirtschaftlichen Interessen Ungarns geplant, indem sie sich im allgemeinen als nationale Aus= stellung darstellt, und nur auf einem Gebiete den internationalen Charakter annimmt, nämlich auf dem der Maschinen und Werkzeuge, in welchem Zweige das ungarische Volk noch viel von den westlichen Staaten zu lernen und zu assimilieren hat. Während also auf der einen Seite der ungarische Landwirt und Gewerbetreibende in seiner

1

nächsten Nähe mit den ausgiebigen Produktionsmitteln des Westens in ihrer Vollkommenheit und Vielseitigkeit in reicher Auswahl bekannt gemacht werden wird, ist hinwiederum den Bewohnern der übrigen Staaten zum erstenmal die Gelegenheit geboten, die Erzeugnisse dieses fruchtbaren Landes in ihrer ganzen Mannigfaltigkeit und Üppigkeit kennen zu lernen. Das Studium dieser Ausstellung wird daher geeignet sein, einerseits die Erwerbsfähigkeit der ungarischen Bevölkerung zu steigern, andererseits das Ausland mit dem wunderbaren Bodenreichtum und den Naturschätzen Ungarns bekannt zu machen, das in seiner ganzen Länge vom mächtigen Donaustrom durchzogen, in neuester Zeit mit einem ausgiebigen Eisenbahnnetz ausgerüstet wurde, welches den Produkten des üppigen Gebietes, das früher in seinem Fett zu ersticken drohte, den Weltmarkt erschließt, und bei seinen unglaublich niedrigen Bodenpreisen und meist billigen Löhnen dem Kapital und der technischen Intelligenz des Auslandes eine Gelegenheit zu gewinnbringenden Investitionen bietet, wie sie nur noch jenseits des Atlantischen Oceans gefunden werden kann.

Wir glauben daher unsern Landsleuten einen Dienst zu erweisen, wenn wir sie für das Studium dieser Ausstellung durch eine Arbeit vorbereiten, in welcher wir alle wirtschaftlichen Faktoren des noch viel zu wenig bekannten Staates mit objectivem Blicke mustern und an den Augen des Lesers vorüberziehen lassen.

Für uns Deutsche hat Ungarn ein ganz besonderes Interesse, weil dasselbe einst vor der Entdeckung Amerika's das Ziel deutscher Auswanderung war, in Folge deren heute noch Millionen Deutsche in freier Brüderlichkeit mit dem Stamme der Magyaren und den alten romanischen und slavischen Besiedlern des Landes eine Nation bilden, deren Ruhm sowohl auf dem Schlachtfelde, wie in dem Rat der Völker fest begründet ist, und welche in der Volkstümlichkeit und Freiheit ihrer Institutionen keiner andern Nation nachsteht. Schon vor 500 Jahren sind unsere sächsischen Landsleute in Siebenbürgen eingewandert und haben eine privilegierte Stellung bis in die neueste Zeit behauptet, wo dieselbe naturgemäß in der verfassungsmäßigen Gleichheit der Bürger aufgehen mußte. Seit Jahrhunderten haben sich schwäbische Bauern im Norden und Süden Ungarn's niedergelassen und, ihre Eigentümlichkeit bewahrend, gleichwie auch andere deutsche Colonisten in verschiedenen Teilen des Landes, zu solchem Wohlstand sich emporgearbeitet, daß aus ihrer Mitte Taglöhner und ländliche Arbeiter nicht zu haben sind. Die Entdeckung Amerika's, der große Religionskrieg und die Türkenkriege haben der deutschen Auswanderung eine andere Richtung gegeben. Zwar blieb die Interessengemeinschaft und die nationale Verbrüderung un= geschwächt, und fand in der gemeinsamen Vertreibung der Türken ihren Ausdruck; dennoch wurde Ungarn durch den Abschluß vom Westen in seiner wirtschaftlichen Entwicklung gehemmt und wir haben noch heute die merkwürdige Erscheinung, daß der Preis des besten ungarischen Bodens, des fruchtbarsten Europa's, zehnmal geringer ist, als der Wert des annähernd gleichen Landes in Niederösterreich oder am Rhein, während gleichzeitig die Arbeitslöhne bedeutend niedriger stehen. Eine Hektar Weinberg in bester südlicher Lage, welche in dem niederösterreichischen Rebgebirge von Klosterneuburg bis Vöslau durchschnittlich 10,000 Mark kostet und am Rhein stellen= weise noch höher gewertet ist, gilt in Mittel= und Süd=Ungarn in milderem Klima, in einem von Fehljahren seltener heimgesuchten Himmelsstrich nur 1000 Mark. Der Arbeitslohn, welcher in der Gegend von Wien auf 2 Mark per Tag sich stellt, erhebt sich in den üppigen Rebgebirgen des Biharer Komitats und des Ermélléf nur auf 90 Pfennige im Winter und 1 M. 20 Pf. im Sommer. Die Grundsteuer ist in Ungarn bedeutend niedriger, als in den meisten Kronländern Oesterreichs, niedriger als z. B. in Steiermark, dessen Landwirte bei den hohen Bodenpreisen von der ungarischen Konkurrenz erdrückt werden und nur durch verständige Pflege ver= edelter Viehzucht, Verbesserung der Molkerei und Hebung der Haus= industrie wieder auf einen grünen Zweig gebracht werden können. Dieser Kontrast im Bodenwerte ist um so auffallender, als Ungarn in der Qualität seiner Produkte den ergiebigsten Ländern Europa's zur Seite steht und in der Quantität bei richtiger Wirtschaft es leicht eben so weit bringen kann. Denn unter allen besitzt es viel= leicht den meisten jungfräulichen Boden, wo noch ohne Düngung reiche Ernten gewonnen werden, wo noch in manchen Gegenden aus Brennereien und Viehmast=Anstalten der Rindviehdünger umsonst zu haben ist, weil die Landwirte aus dem fast unerschöpflichen Boden noch immer gute Ernten ohne Düngung erzielen. Ungarn's Weizen ist anerkannt ersten Ranges; manche seiner Weine konkurrieren mit den Erzeugnissen Südfrankreichs und des Rheines und es bedarf nur der größeren Verbreitung technischer Kenntnisse und der Vermehrung des Betriebskapitals, um die Produktivität nach dieser Richtung in bedeutendem Maße zu steigern. Der Ertrag des ungarischen Hügel= landes kann angesichts der Vorzüglichkeit des Bodens und des Klimas durch Einführung richtiger Kultur um das vielfache gesteigert werden und ganze Gebirgsabhänge südlicher Thäler, die jetzt nur Gestrüpp tragen, könnten wegen ihrer mittäglichen Lage in Obst= und Wein= gärten ersten Ranges umgewandelt werden.

In dieser Richtung entfaltet das ungarische Ackerbau=Ministerium eine überaus segensreiche Wirksamkeit, welche auch dem Vollblut= freihändler das Geständnis ablocken muß, daß einzelne Zweige der Landwirtschaft bei dem indolenten Charakter der ländlichen Bevölke= rung durch solche Initiative in Jahrzehnten weiter gebracht werden können, als mit dem Princip des »laissez faire, laissez passer« in Jahrhunderten. Die Verheerungen der Phylloxera waren es, welche der ungarischen Regierung den Anstoß gaben, sich zunächst des Weinbaues anzunehmen. Unter allen Regierungen Europa's hat die ungarische, nachdem einmal die Einschleppung der Reblaus durch den Handel mit französischen Wurzelreben konstatiert war, die raschesten und umfassendsten Präventiv= und Repressivmaßregeln ergriffen, um der Gefahr möglichst Einhalt zu thun. Das rechtzeitig erlassene Verbot, Wurzel= und Schnittreben auch nur von einer Gemeinde zur andern zu versenden, hat augenscheinlich nicht wenig dazu bei= getragen, der weitern Verbreitung der Phylloxera einen Damm entgegenzusetzen. Dazu kam die Errichtung einer Centralstelle für die Beobachtung der Phylloxera und der Hülfsmittel zu ihrer Bekämpfung. Angesichts der raschen Verbreitung des Übels ergriff das Ackerbau=Ministerium selbst die Initiative, um die Behandlung der infizierten Weingärten durch Schwefelkohlenstoff durch ihre eigenen Organe durchzuführen. Die Regierung ließ Südfrankreich bereisen, um sich von den Erfolgen der dortigen prophylaktischen Maßregeln zu unter= richten und ordnete die Anpflanzung widerstandsfähiger amerikanischer Rebsorten in eigenen Versuchsgärten an, aus welchen mit der Zeit die erforderliche Anzahl mit den europäischen Edelsorten gepfropfter Reben hervorgehen wird, um die zerstörten Weingärten mit neuen widerstands= fähigen Rebensetzlingen zu versehen. Um den seuchenfreien Gemeinden die Veredlung ihrer Weingärten durch rheinische und südfranzösische Sorten während des Transportverbotes zu ermöglichen, wurde im seuchenfreien Sandboden von Kecskemet ein Grundstück von 200

Kataſtraljoch (ca. 115 Hettaren) beſtimmt, um Schnittreben aus
verſchiedenen ſeuchenfreien Gegenden Ungarns zu ſetzen und Wurzelreben daraus zu erziehen, welche an die Weingärtenbeſitzer zu billigem
Preiſe unter beſtimmten Bedingungen abgelaſſen werden. Der erſte
Verſuch iſt bereits als gelungen zu betrachten, denn die Setzlinge
haben ſich in dem Sandboden von Kecskemet ausgezeichnet beſtockt.
An dieſe werkthätige Hülfe knüpft das Ackerbau-Miniſterium den
wohlthätigen Verſuch, mittelſt eines gelinden Zwanges gegen einen
Hauptübelſtand des ungariſchen Weinbaues Hand anzulegen, nämlich
dem zu nahen und zu wenig tiefen Setzen der Reben. Wurzelreben
werden nämlich nur unter der Bedingung abgegeben, daß der für
dieſelben beſtimmte Boden auf wenigſtens 2 ½ Fuß tief rigolt und
jedem einzelnen Stock mindeſtens 1 Quadratmeter Raum gegeben
werde, damit nötigenfalls auch der Häufelpflug die Reihen paſſieren
kann. An dieſe wirtſchaftlichen Maßregeln von unzweifelhafter
Nützlichkeit knüpfte ſich die Errichtung des Landes-Centralmuſterkellers,
welche trotz dem erſt zweijährigen Beſtand bereits weſentlich dazu
beigetragen hat, dem Ungarwein in weitern Kreiſen Freunde zu
verſchaffen. Wir werden auf dieſe Maßregeln, gegen welche Bedenken
erhoben werden, da der Staat hierin bis auf einen gewiſſen Grad den
ſteuerzahlenden Weinhändlern Konkurrenz macht, an der betreffenden
Stelle zurückkommen, und wollen uns hier nur auf die Bemerkung
beſchränken, daß dieſer Schritt für die Verbreitung des Rufes der
Ungarweine von großer Wichtigkeit iſt, weil dieſelben bei der bisherigen Praxis in der Mehrzahl dazu verwendet werden, andere
Weine zu verbeſſern, wodurch der Ruf des Originalgewächſes verſchwiegen bleibt und der Preis gedrückt wird.

Ein ebenſo produktives Gebiet wie der Acker- und Gartenbau
bietet in Ungarn die Viehzucht. In der Pferdezucht hat es bereits
einen alten bewährten Ruf. Aus ſeinen Vollblutgeſtüten ſind Tiere
hervorgegangen, welche den beſten Alt-Englands an die Seite geſtellt
wurden. Kisber hat innerhalb 14 Tagen das Derbyrennen und
das große Pariſer Rennen gewonnen! Die Vorzüge der Stute
Kincsem ſind zwar zu ſpät erkannt worden, um bei dieſen Rennen
erſcheinen zu können, allein als Siegerin aus 54 Rennen hervorgegangen, iſt dieſes Meiſterſtück der Natur unbeſiegt vom Turf
zurückgezogen worden. Die ungariſche Schafzucht, ſowohl die der
Maſſenproduktion, wie die der feinen Merinos iſt altberühmt; die

Schweinezucht besitzt vom Standpunkt des inländischen starken Speck=
bedarfs Normaltiere; und vom Standpunkt des Exports wird jetzt
auch die Züchtung von mehr Fleisch erzielenden Arten gepflegt,
während durch die Errichtung der Kontumazanstalt in Steinbruch
bei Budapest, wo alle in Ungarn eingeführten serbischen und rumä=
nischen Schweine, sowie alle zum Export bestimmten ungarischen
Vorstentiere tierärztlich untersucht und jährlich über 500,000 an
der Zahl gemästet werden — eine Institution von europäischer
Bedeutung geschaffen worden. Hinsichtlich der Rindviehzucht befindet
sich die ungarische Ebene im Besitze eines Normaltieres, des weißen
langgehörnten Rindviehschlages, welcher zu den schönsten und kräftigsten
Rassen der Erde gehört. Das beste Schweizervieh vom Simmenthal
und die holländische Kuh mögen einen Vorzug hinsichtlich des größeren
Milchertrages haben und dem Durham= oder Shortonschlag mag der
Vorzug der früheren Reife gebühren, welcher im Hinblick auf den
rascheren Umsatz des Kapitals auch für Ungarn nicht zu unterschätzen
wäre, allein als Arbeits= und Masttier nimmt der langgehörnte
weiße ungarische Ochse den ersten Rang ein, und durch zweckmäßige
Zuchtwahl könnte dieser Schlag seine Vorzüge noch mehr verstärken.
Auch das ungarische Ackerbau = Ministerium geht von dieser Ansicht
aus, soweit die Viehzucht in der Ebene in Betracht kommt. Für
das Gebirge hingegen, namentlich für die Karpathen, welche sich an
der Grenze Galiziens und Rumäniens hinziehen, wird die Einführung
von fremden, namentlich der Schweizer Rassen angestrebt, um eines=
teils durch größeren Milchertrag die Viehzucht und Käseproduktion
im Hochgebirge zu fördern, andernteils um sämtliche Grenzbezirke
mit einem Rindviehschlag zu besetzen, welcher sich nicht bloß durch
seine Gestalt, sondern auch durch seine Farbe stark von den ein=
heimischen und benachbarten Rassen abhebt und dadurch die Grenz=
kontrolle und die Maßregeln gegen die Rinderpest erleichtert. Um
die Einführung dieser Viehschläge zu beschleunigen, hat das ungarische
Ackerbau = Ministerium sogar die außerordentliche Maßregel ergriffen,
den Landwirten beim Kauf solchen fremden Viehes bedeutende Vor=
schüsse auf Jahre hinaus zu bewilligen, welche in Jahresraten wieder
zurückgezahlt werden. Dank dieser außerordentlichen Maßregel hat
die Besetzung der Karpathen mit fremder Edelzucht schon größere
Fortschritte gemacht, als man auswärts ahnt. Eine besonders angefer=
tigte graphische Karte giebt darüber den deutlichsten Aufschluß. Über=

haupt verdienen sowohl diese als andere direkte Maßregeln, welche in Österreich-Ungarn überhaupt gegen die Einschleppung der Rinder= pest aus Rußland getroffen worden sind, die Aufmerksamkeit des westlichen Europas, zumal dieses sich noch heute der Einfuhr von Rindvieh aus dem Donau=Doppelstaate verschließt. Das Gesetz, durch welches von Seiten Österreichs und Ungarns eine absolute Grenzsperre gegen das russische Steppenvieh angeordnet ist, ist in der strengsten Ausführung begriffen. Die Nachrichten über die noch permanent in Rußland grassierende Rinderpest werden mit größter Aufmerksamkeit gesammelt und sobald sich ein Seuchenort in größerer Nähe der Grenze bildet, die Vorsichtsmaßregeln verdoppelt. Österreich= Ungarn versieht in dieser Weise einesteils ein Wächteramt, welches dem westlichen Europa zugute kommt, andererseits wird wenigstens Ungarn in wenigen Jahren seinen Viehschlag so umgestaltet haben, daß es nur Tiere von feiner Zucht für den Export bestimmt, welche sich schon durch das äußere Aussehen von dem russischen Vieh unter= scheiden, so daß bald jeder Vorwand zur westlichen Viehgrenzsperre aufhört.

Im Einklang mit der reformatorischen Richtung, welcher sich die ungarische Landwirtschaft seit anderthalb Jahrzehnten erfreut, befindet sich die Forstwirtschaft. Während in dieser Hinsicht in Österreich in einzelnen Kronländern viel zu sehr der Zügel gelassen wird, so daß Tirol unter dem Einfluß der italienischen Holz= spekulanten schon zum größten Teile abgeholzt ist und der Vernich= tungskampf bereits gegen die herrlichen Forsten Kärntens begonnen hat, entspricht die heutige ungarische Gesetzgebung vollständig dem Gebote rationeller Volkswirtschaft. Weder den Gemeinden noch den Privaten ist die willkürliche Abholzung gestattet. Allenthalben wird die Aufforstung eingeführt und sind die Staatsforstbehörden sogar berechtigt, die Verwaltung von Privat= und Gemeindeforsten gegen eine mäßige Vergütung zu übernehmen. Bezüglich der Eichenwaldungen ist diese Sorge auch von europäischem Interesse, da Ungarn den größten Teil der Dauben für die Weinfässer und viel Werkholz West=Europas liefert.

In Hinsicht auf den Bergbau gehört Ungarn zu den mineral= reichsten Ländern Europas. Obwohl der Bergbau dort sehr alt und einst bereits von den Römern betrieben wurde, so werden doch noch heute fortwährend neue Fundstellen entdeckt. Besonders reich sind die Karpathen an Gold=, Silber = und Kupfererzen, sowie an vorzüglichem Eisenstein und Kohle jüngerer Formation. Letztere ist namentlich in Siebenbürgen in unbegrenzter Menge vorhanden. Eine neue Erfindung, welche die Verkoksung der Kohle jüngerer Formation für den Hochofenprozeß möglich macht und welche noch im Stadium des Experimentes ist, würde den Anstoß zu einer riesigen Entwicklung des Hüttenwesens geben, welches übrigens heute schon durch eine Anzahl von Werken ersten Ranges repräsentiert ist.

Dem großen Mineralreichtum entsprechend, ist Ungarn auch gesegnet mit einer Menge von kräftigen Heilquellen der verschiedensten Art, worunter eine Anzahl ersten Ranges sowohl nach der Richtung der Heilkraft, sowie nach der des Genusses zu verzeichnen ist. Eine kürzlich vollendete statistische Erhebung führt mehr als 1600 Mineral= quellen besitzende Orte auf und jährlich werden noch welche gefunden, die dem Unternehmungsgeist ein günstiges Ausbeutungsfeld darbieten.

Beachtenswert sind auch die Verkäufe von Domänengütern, welche seit geraumer Zeit jährlich von Seite der Regierung zu niedrigen Preisen veranstaltet werden. Auch werden nicht selten, namentlich von norddeutschen Kapitalisten und Mitgliedern des hohen Adels Gelegenheiten zum Ankaufe von Herrschaften in Ungarn benützt.

Gleichwie in der Pflege des Ackerbaues, hat die ungarische Regierung in der neuen Ära auch großartige Leistungen in der Förderung des Verkehrswesens und des Handels aufzuweisen. Mit systematischer Konsequenz wurde das Ziel verfolgt, das Land, dessen politische Unabhängigkeit durch den Staatsvertrag von 1867 gesichert war, auch wirtschaftlich selbständig hinzustellen. Mit einer bis dahin in Ungarn in Verkehrssachen unbekannten Schnelligkeit und Umsicht wurde das Eisenbahnnetz planmäßig vervollständigt. Das erstrebte Ziel war dabei, die Hauptstadt Budapest zum Mittelpunkt der wirt= schaftlichen Interessen zu machen, in welchen die Produktions=Überschüsse aus den verschiedenen Teilen des Landes sich anhäufen, um von da die auswärtigen Märkte zu erreichen. In Verbindung mit diesem Plan wurde aus Fiume mit dem Aufwand von bedeutendem Kapital und noch größerem technischem Geschick ein Seehafen nahezu ersten Ranges geschaffen, durch welchen Ungarn sich von Triest unabhängig macht und mit den Stapelplätzen des Weltmarktes direkt in Ver= bindung zu treten befähigt wird. Durch den Ausbau einer Staatsbahn= linie nach Fiume, durch ein Tarif=Differentialsystem der am linken

Donauufer gelegenen, meist schon in Staatshänden befindlichen Bahnen
zu Gunsten des Verkehrs nach und von Fiume, ist bezüglich der
ungarischen Produkte, insbesondere der Massenartikel, Holz, Mehl
und Getreide, eine dauernde Ablenkung des Verkehrs von Triest zu
Gunsten des neuen Hafens Fiume gesichert und das langerstrebte
staatspolitische Ziel: „Ungarn ans Meer" erreicht worden. Trotz
Ungarns Beteiligung am österreichisch-ungarischen Lloyd sind besondere
Dampfschiffahrtsunternehmungen subventioniert worden, eine englische
in New-Castle und eine ungarische in Fiume, welche gegenwärtig
im Begriffe stehen, sich zu fusionieren und regelmäßige Fahrten nach
Nord- und Südamerika, Spanien, Italien und den übrigen Häfen
des adriatischen Meeres zu bewerkstelligen. Zeugnis für die umsichtige Handelspolitik der ungarischen Regierung legt auch die Thatsache
ab, daß sie die Errichtung einer Petroleumraffinerie bei Fiume
begünstigt hat, deren technische Einrichtungen von Fachmännern als
überaus gelungen bezeichnet wird. Der Petroleumhandel gewinnt
durch diese Veranstaltungen im Fiumer Hafen nicht blos in seinen
Beziehungen zu dem amerikanischen Quellengebiet eine große Förderung, sondern in Zukunft eine noch bedeutendere Aussicht durch den
Aufschwung der Naphtagewinnung am kaspischen Meere, von wo
das Steinöl auf der neu errichteten Eisenbahn nach Baku und von
da direkt per Schiff nach Fiume gebracht werden kann. Überdies
sind neuerdings in Ungarn selbst Petroleumlager entdeckt worden,
welche Aussicht auf eine lohnende Ausbeute im Großen gewähren.

Wir können diese flüchtige Umschau auf dem Gebiete, das wir
im Begriffe sind zu durchwandern, nicht schließen, ohne einen Blick
auf die Verfassungszustände des Landes und die Stellung der
Nationalitäten in demselben zu werfen. Unter allen Ländern des
Kontinents ist Ungarn in der praktischen Behauptung des volkstüm-
lichen Selfgovernments England am ähnlichsten und darin mag auch
eine der Hauptursachen der Sympathie des englischen Volkes für
Ungarn liegen. Es mag zwar sein, daß die ungarische Komitatsverfassung sich überlebt hat und daß die Interessen des modernen
Staates eine stärkere Ingerenz der Staatsregierung erfordern, daß
jene daher früher oder später einer Reform unterzogen werden muß:
Soviel steht aber fest, daß die Komitatsverfassung zu den freiesten
Institutionen der Erde gehört. Denn in welchem Staate, außer
einigen Kantonen der Schweiz, werden die obersten Verwaltungs-

beamten, Notare und Polizeichefs in regelmäßen Perioden direkt durch
das Volk gewählt? Es ist richtig, daß bei diesen Komitatswahlen viel
Unfug vorkommt, allein solcher ist auch mit den Wahlen in England
verknüpft. Die große Selbständigkeit, welche das politische Leben
Ungarns vor dem der meisten übrigen Länder des Kontinents aus=
zeichnet, ist zum großen Teil aus der Komitatswirtschaft erstanden
und erstarkt. Auch die 15jährige Bach'sche Reaktionsperiode, während
welcher der Versuch gemacht wurde, die österreichisch = ungarische
Monarchie in einen Centralstaat umzuwandeln, vermochte die autonome
Kraft des Volkes nicht zu erschüttern. Jener Angriff auf die Selb=
ständigkeit Ungarns, während dessen der Versuch gemacht wurde, selbst
die ungarische Sprache durch die deutsche in der Schule zu ver=
drängen, diente nur dazu, die Nation, welche die Stephanskrone der
herrschenden Dynastie einst durch freie Übereinkunft übertragen, zu
erbittern, so daß eine Reaktion gegen das bis dahin verschwisterte
deutsche Element eintrat, welche wohl bedauernswert, aber ganz
natürlich und in den Augen des unbefangenen Beobachters verzeihlich
war, überdies aber in seinen Folgen bereits wieder im Verschwinden
begriffen ist. Die lateinische Sprache, welche im ganzen Mittelalter
die internationale Zunge der Gelehrten und Staatsmänner war, bis
sie in dieser Aufgabe von der französischen verdrängt wurde, hatte
sich als parlamentarisches Verständigungsmittel in Ungarn am längsten
erhalten, wo der Reichstag bis zum Jahre 1830 und fakultativ bis
zum Jahre 1836 lateinisch diskutierte. Daß um diese Zeit an die
Stelle der lateinischen Sprache das Idiom der Magyaren trat, war
natürlich, denn das Lateinische hatte sich im lebendigen Staats=
organismus überlebt und die Magyaren sind der zahlreichste Stamm,
welcher überdies das Reich gegründet hat. Der Sachse, dessen Vor=
fahren sich vor 500 Jahren in Ungarn angesiedelt, muß den Gebrauch
der ungarischen Sprache im Parlament ebenso natürlich finden, als
der Franke, dessen Voreltern mit William Penn vor 200 Jahren in
Pennsylvanien eingewandert, den Gebrauch der englischen Sprache
im Kongreß zu Washington. Nach dem Vorgange des Parlaments
ist die ungarische Sprache überhaupt verfassungsmäßige Staatssprache
geworden — und mit Recht. Denn bei den verschiedenen Stämmen,
aus denen die Bevölkerung Ungarns besteht, ist eine solche unentbehr=
lich. Im praktischen Leben macht sich auch für diejenigen, welche
der ungarischen Sprache nicht mächtig sind, kein Übelstand geltend,

weil die deutsche Sprache als internationales Medium dient und sämtliche Geschäftsleute, sämtliche Gebildete deutsch fast wie ihre Muttersprache sprechen. Von diesem Gesichtspunkte der Gerechtigkeit aus müssen die in neuerer Zeit vorgekommenen Maßnahmen beurteilt werden, welche in der deutschen Presse so viel Staub aufgeworfen haben, wenn man sich nicht völlig schiefe Vorstellungen von den gegenwärtig in Ungarn herrschenden Zuständen machen will.

In Ungarn herrscht vollständig verfassungsmäßige Freiheit und Gleichheit aller Bürger. Auch der Krone muß das anerkennende Zeugnis abgelegt werden, daß sie seit dem neuen Staatsvertrag unverbrüchlich an dem konstitutionellen System festhält. In dieser verfassungsmäßigen Freiheit mußten natürlich Privilegien, die früher bestanden, ihr Ende finden und mit Ausnahme des Vorranges, welcher der Staatssprache notwendig eingeräumt ist, können andere Vorrechte natürlich nicht mehr geduldet werden.

Wer mit dem Gefühl der Achtung dieser nationalen Rechte Ungarn besucht, der wird ein treuherziges Volk finden, das ihn mit offenen Armen empfängt und ihn bald überzeugt, daß die Gast= freundschaft an der Donau so heilig gehalten wird, als am Rhein, mit dessen fröhlichem Volksleben das Ungarland große Ähnlichkeit darbietet.

12

Umfang, Grenzen und geographische Lage.

—

Die Römer, jene gewaltigen Kolonisten, wußten die natürlichen Vorzüge der Länder, welche heute das Ungarreich umfaßt, besser zu schätzen, als ihre Überwinder die Germanen und selbst als unsere Zeitgenossen. Denn die Kolonien, welche sie an der Donau gründeten und 400 Jahre behaupteten, wurden von ihnen nicht geringer geachtet, als Gallien, die Schweiz, Südwest-Deutschland und Britannien, welche fast ebenso lange römische Provinzen waren. Noch heute hausen ihre Nachkommen in den südöstlichen Gebirgen und Vorbergen der Karpathen; noch heute zeugt jene berühmte Trajanstafel am eisernen Thor für das Gewicht, welches die damalige Weltmacht auf die Schiffbarmachung des Donaustromes legte, welcher die Straße des Trajan als Saumpfad für die Fahrt zu Berg diente. In den Augen der Römer war die Donau wichtiger, als der Rhein und die Elbe, und es ergreift den Reisenden unwillkürlich ein Gefühl wehmütigen Staunens, wenn er sieht wie dieser, nach der Wolga größte Strom Europa's, im Vergleiche zu den nordwestlichen Wasserläufen vernachlässigt ist, ja zu welcher Rolle erst in diesem Jahrhundert seit Einführung der Dampfschiffahrt, der mächtigste Strom der neuen Welt, der Missisippi, emporgestiegen ist, obgleich sein Stromgebiet bis jetzt von einer bedeutend geringeren Menschenzahl bevölkert ist, als das der Donau. Das gleiche Schicksal, welches der große Strom gehabt, ist auch dem Ungarlande, das er in seiner ganzen Länge bespült, widerfahren. Ist es doch, als ob der Stamm der Magyaren, als er das Land in Besitz nahm und das Ungarreich gründete, dieses Kleinod den Augen der Fremden hätte entziehen wollen, damit ihre Lüsternheit nicht erregt werde. Jedenfalls haben sich die alten Ungarn als klügere Eroberer bewiesen, wie die Germanen, da sie sich im Besitze dieses Landes zu erhalten wußten, welches an Fruchtbarkeit alle übrigen Teile Europa's überragt.

Auch in landschaftlichen Schönheiten ist Ungarn weit reicher, als man im Kreise derjenigen, welche das Land noch nicht mit eigenen Augen gesehen, ahnet. Die Landschaften, welche die Donau bespült, halten vollauf den Vergleich mit denen des Rheines aus, und wenn auch der Durchbruch der Karpathen am eisernen Thor, der so viel Ähnlichkeiten mit der Rheinenge zwischen Bingen und Koblenz dar= bietet, an Kulturreichtum und Frequenz nachsteht, so sind seine Felsen doch noch schroffer und seine Berge wilder und großartiger. Die Hauptstadt Budapest aber nimmt es mit den schönsten Städten des Rheins an landschaftlichen und architektonischen Reizen auf und zählt überhaupt mit etwa 360,000 Einwohnern unter den großen Pracht= städten Europa's in erster Reihe. Auf der einen Seite öffnet sich Ungarn an seinem Hafen Fiume das Weltmeer, — auf der anderen Seite ist seine ganze östliche Grenze vom Hochgebirge der Karpathen umsäumt, welche eine Fülle unbekannter Naturschönheiten und unge= hobener Mineralschätze birgt, und in seinen Forsten dem Jäger sicherere Beute bietet, als die Prairieen und Urwälder Amerika's. Überhaupt gehört Ungarn zu den für den Jäger und Fischer lohnendsten Län= dern. Seine Flüsse und Seen sind die fischreichsten Europas. Na= mentlich die Donau dient einer Anzahl von Fischgattungen zum dauern= den oder zeitweisen Aufenthalt, welche an Trefflichkeit des Geschmacks sogar den berühmten Rheinsalm und die Lachsforelle übertreffen.

Ungarn hat einen Flächeninhalt von 324 005 Quadratkilometer und erstreckt sich vom 44° 9′ bis 49° 33′ nördlicher Breite und 32° 4′ bis 44° 16 östlicher Länge. Politisch umfaßt das ungarische Staats= gebiet d. h. das Königreich Ungarn im weitern Sinne mehrere Terri= torien der ungarischen Krone, welche zu verschiedenen Zeiten eine ge= wisse Autonomie behaupteten. Davon ist Siebenbürgen kraft des Staatsvertrages von 1868 politisch und administrativ mit Ungarn, und ebenso die früher zum Schutze gegen die unruhigen Völkerschaften der Türkei autonom organisirte und im langen Halbkreis im Süden Ungarns sich hinziehende Militärgrenze seit 1881 mit Ungarn ver= einigt worden. Kroatien und Slavonien, welche bis 1848 enge mit Ungarn vereinigt waren, sind seit 1868 nur noch hinsichtlich der indu= striellen, kommerziellen Kommunikations=, Finanz= und Kriegsangelegen= heiten mit Ungarn verbunden, und besitzen in den Fragen der inneren Verwaltung die Autonomie nebst eigener Regierung. Ein besonderes Territorium bildet auch der Seehafen Fiume mit seinem Gebiete. Zu erwähnen ist in dieser Hinsicht noch, daß Dalmatien, welches faktisch zu den österreichischen Ländern gehört, rechtlich von der ungarischen Krone beansprucht wird; ferner Bosnien und die Herzegowina, welche als gemeinsamer Erwerb von Österreich und Ungarn zu betrachten sind. Nach ihrer geographischen Lage würden diese Länder am zweckmäßigsten mit Ungarn vereinigt werden, wenn es gelänge, bei einer künftigen Erneuerung des Staatsvertrages über eine solche Cession einen Ausgleich zwischen Österreich und Ungarn zustande zu bringen.

Ungarn stößt im Westen an das adriatische Meer und an die österreichischen Kronländer Istrien, Krain, Kärnten, Steiermark, Nieder=österreich und Mähren; im Norden an Mähren, Schlesien, Galizien; im Osten an die Bukowina und Rumänien; im Süden an Rumä=nien, Serbien, Bosnien und Dalmatien. Die Grenzen des sehr har=monisch arrondierten Reiches fallen angemessen mit den natürlichen Abscheidungen zusammen, indem dieselben größtenteils durch Gebirgs=ketten, Flüsse und das Meer gebildet sind. Mehr als die Hälfte der Grenzen Ungarns wird durch den gewaltigen Gebirgszug der Kar=pathen gebildet, welche im weiten Bogen vom Nordwesten bis nach Südosten das Land gleich einer schützenden Mauer einschließen. Nach Süden wird die Grenze durch die Donau und die Save gebildet, während im Westen die Alpen sich auftürmen. Eine glücklichere Lage läßt sich für ein selbständiges Land weder in politischer noch in wirtschaftlicher Beziehung denken. In ersterer Hinsicht sind seine Grenzen leicht zu verteidigen, und in letzterer bilden die das Reich in Nord und Ost umgebenden Gebirgsmauern einen gewissen Schutz gegen die rauhen Winde, welcher gewiß eine der Ursachen des mil=den Klima's des Landes und seiner außerordentlichen Fruchtbarkeit ist. Die größte Entfernung von der nördlichsten bis zur südlichsten Grenze beträgt 100 und die von der westlichsten zur östlichsten 150 Meilen. Von seiner nordwestlichen bis südöstlichen Grenze ist das Land von der Donau durchströmt, welche von seiner Grenze an schiff=baren Flüssen die March, die Waag, die Raab, die Drau, die Theiß, die Save und die Temes aufnimmt und mit diesen Wasserläufen zu=sammen das größte Binnenschiffahrtsnetz Europa's bildet. Am Ufer der Donau treffen die Vorgebirge der Alpen und Karpathen an zwei Stellen zusammen; zuerst beim uralten Hainburg bei Theben und Preßburg, sodann bei Gran und Waitzen. An der südöstlichen Grenze aber durchbricht der Donaustrom die hohe Gebirgskette der südlichen Karpathen, den romantischen Engpaß des eisernen Thores bildend. Wie ein gigantisches Amphitheater erheben sich in dieser Weise die Hochgebirgsgrenzen, deren Züge sich ebenso allmählich nach dem Innern zu verflachen, wo sich eine ungeheuere zum größten Teil sehr fruchtbare Ebene ausbreitet, welche fast ein Drittteil des Gesammt= gebietes einnimmt, während 30 % auf das Hochgebirge, 20 % auf das Mittelgebirge und 18 % auf das Hügelland kommen, welches letztere die Ebene an Üppigkeit noch übertrifft.

Im Systeme der Karpathen bildet das Tareza=Hernád=Thal, welches in das Sajó bezw. Theiß=Thal einmündet, einen Einschnitt, von dem an nach Westen zu die Karpathen eine andere Formation und Einteilung zeigen als ostwärts. In der Gegend der Theiß= quellen befindet sich ein mächtiger Gebirgsstock, von welchem aus die Gebirgszüge der Karpathen sich ausbreiten. Das Volk unterscheidet ein Ober= und Unter=Ungarn (Alföld). Unter diesem wird die zwischen der Donau und dem linken Ufer der Theiß sich hinziehende Ebene, unter jenem das nördliche Bergland verstanden. Im engeren Sinne müssen zwei ebene Becken, zwei Gebirgsgebiete, das am rechten Ufer der Donau liegende Hügelgebiet und des Siebenbürger Becken unter= schieden werden. Die größten Höhen Ungarns finden sich im Norden in den Komitaten Trencsin, Arva, Liptau, Zips, Gömör und Sohl; ferner im Nordosten (Marmaros) und im Südosten zwischen der Donau und Maros, und zwischen dieser und der schnellen Körös. Die höchsten Spitzen Siebenbürgens weisen die südlichen, östlichen und nördlichen Grenzgebirge auf. Die durchschnittliche Höhe dieser Ge= genden beträgt 2000 Meter; einzelne Spitzen in der Zips, in der hohen Tatra und in Siebenbürgens südlichem Grenzgebirge reichen nahe an 3000 Meter, wie z. B. die Gerlsdorferspitze (2647 M.), die Lomnitzerspitze (2632 M.), der Negoi (2543 M.).

Die gebirgigen Gegenden bestehen überall aus zerrissenen oder gruppenweisen Erhebungen; weit ausgedehnte Höhenmassen kommen nicht vor. Das höchste Gebirge, nämlich die hohe Tatra, ist zugleich das am meisten zerrissene und zerklüftete. Die höchsten und bedeu= tendsten Bergmassen enthält Siebenbürgens südliche Gebirgsgrenze. Im allgemeinen ist die Bodengestalt des Reiches voll Abwechslung; größere Einförmigkeit zeigt nur das ungarische Tiefland, aber auch dieses ist bei weitem nicht so eintönig als allgemein geglaubt wird.

Klima.

Gemäß dem großen Unterschied der Höhen, welche zwischen dem Spiegel des Mittelmeeres bei Fiume bis zu fast 3000 Metern wechselt, zeigt auch das Klima des Landes große Differenzen, welche sich besonders schroff bei einem Vergleiche zwischen Siebenbürgen und dem am adria= tischen Meer gelegenen Küstenstrich abheben. Denn während im Hoch= gebirge jenes Landes nordische Temperatur herrscht, in der kaum der Hafer gedeiht, blühen bei Fiume Lorbeerhaine und manche Früchte des Südens; im ganzen großen aber kann das Klima des größten Teiles des angebauten Hügel= und Tieflandes dem Klima der süd= lichen Hälfte Frankreichs gleichgestellt werden. Im einzelnen werden unterschieden: erstens das Gebirgsklima im nördlichen und östlichen Teile der Karpathen; zweitens das Klima des kleinen ungarischen Beckens zu beiden Seiten der Donau von ihrem Eintritt auf unga= rischen Boden bis gegen Gran, dem auch noch die Gegenden der Mur und Drau im Südwesten und im Südosten, die Gegend am Mittel= lauf der Theiß, Körös und Maros sich anreihen; drittens das Klima der großen ungarischen Tiefebene südlich und östlich von Budapest. Die mittlere Jahrestemperatur des ganzen Landes bewegt sich zwischen + 5·9° C. und 14° C. Die höchste Mitteltemperatur besitzt Fiume und die niedrigste von größeren bewohnten Orten Kesmark mit einer Höhe von 621·3 M. Charakteristischer als der Durchschnitt sind die Extreme der Temperatur, in welchen sich Ungarn wesentlich von den westlichen unter dem gleichen Breitegrad liegenden Ländern unter= scheidet. Denn infolge der kontinentaleren Lage ergiebt sich ein bedeutender Unterschied der Extreme und zwar bis zu 68° C. In einem bewohnten Ort der nördlichsten Gebirgsgegenden, dem 491.5 M. über dem Meeresspiegel gelegenen Arva=Varalja wurde nämlich die höchste Temperatur mit + 34·25° C., die tiefste mit − 34·38° C. beobachtet. In den Thälern Siebenbürgens steigt im Sommer die Temperatur im Schatten auf 33·9°, während sie im Winter zuweilen bis auf − 28° sinkt. Im Preßburger Becken schwankt die Tempe=

ratur im Winter und Sommer zuweilen zwischen —21·4 und +
35·1. Auch in den wärmeren südlichen Gegenden herrschen noch
große Differenzen, wenn auch die niedrigste Temperatur im Winter
nicht unter —15 bis —20° C. sinkt. Im ganzen sind die Extreme
am geringsten in den Gebieten westlich und südwestlich von der Donau,
sowie in den waldreichen Teilen des siebenbürgischen Erzgebirges; am
stärksten aber im Osten im allgemeinen. Charakteristisch für das
Klima Ungarns ist der starke Temperaturwechsel zwischen Tag und
Nacht und in den verschiedenen Tageszeiten. So kann man östlich
von der Donau und der Theiß namentlich im Herbst sonnige Tage
wahrnehmen, welche morgens mit +3° C. beginnen und nachmit-
mittags 2 Uhr auf dem Thermometer 25—30° C. im Schatten aufweisen. Nach den bisherigen Beobachtungen wird die Zahl der Frost-
tage in der Ebene auf 73, im Gebirgsland auf 100, in Siebenbürgen auf 110 und im nördlichen Gebirgsland auf 130—150 berechnet. Sehr bemerkenswert ist die große Wärme, welche der Boden
namentlich an südlichen Hügel- und Bergabhängen aufzusammeln pflegt,
und welcher insbesondere dem Gedeihen des Weinstocks in Tokay und
den anderen östlichen Weingebirgen so förderlich ist. Die Bodenwärme
steigt dort zuweilen bis auf 45.

In Hinsicht auf einen wichtigen Faktor des Klima's, die atmosphärischen Niederschläge und die Feuchtigkeit, müssen natürlich die für
dieselben Breitegrade in ganz Europa geltenden periodischen Wechsel
des Luftmeeres von den speciellen Erscheinungen des ungarischen
Amphitheaters unterschieden werden. Im großen Ganzen genommen
erhält Ungarn einen geringeren Betrag von atmosphärischen Niederschlägen als die dem atlantischen Ocean näher gelegenen Länder desselben Breitegrades. Außerdem aber konzentrieren sich die Niederschläge mehr auf den Winter und ein bedeutend größerer Teil derselben kommt auf Schneefälle, wie in den Westländern, was ein nicht
geringer Vorteil für die Landwirtschaft ist. Im Sommer dagegen
herrscht längere Trockenheit, welche sowohl dem Getreidebau wie dem
Weinbau in hohem Grade zu gute kommt. Ungarn's Klima ist in
letzterer Hinsicht im Sommer demjenigen des südlichen Frankreich
und mittleren Italien ähnlich, während es im Winter viel strenger
ist. Die auch im Süden des Landes im Winter eintretende kontinen-
tale längere Kälte trägt, während die Saaten meist von einer Schneedecke geschützt sind, wesentlich dazu bei das den Obstbäumen und den

Reben schädliche Ungeziefer zu decimieren. So tritt z. B. die unter dem Namen Oidium Tuckeri bekannte Trauben-Pilz-Krankheit, welche in Frankreich, Südtyrol, Italien, Spanien, auf Madeira und in Brasilien so große Verheerungen anrichtete, bis ihm durch Schwefeln gesteuert wurde, nur sehr sporadisch und so mild auf, daß das Schwefeln gar nicht nötig ist. Auch von den zahlreichen den Trauben schädlichen Insekten ist Ungarn mehr oder weniger verschont. Infolge der durch= schnittlich größeren Sonnenwärme und Trockenheit, welche im Som= mer in Ungarn im Vergleich zu dem mitteleuropäischen Weinbau trei= benden Ländern herrscht, hat es im Weinbau weniger Fehljahre als die österreichischen, schweizerischen und die deutschen Rebgelände am Rhein, Main, Neckar und Mosel.

Auch der Getreidebau ist von den meisten anderen europäischen Ländern im Vorteil. Da Ungarn's Weizenernte in der Regel 14 Tage früher einzutreten pflegt, als in seinen Hauptabsatzgebieten Österreich, Deutschland und Schweiz, so kann es den Markt auch früher beschicken und dadurch noch von den höheren Preisen Vorteil ziehen.

Ungarn steht also in klimatischer Beziehung den fruchtbarsten Ländern Europa's zur Seite, und wenn es in mancher Hinsicht noch zurücksteht, so ist dies nur dem Mangel an Betriebskapital und der bekannten Indolenz der Landleute beizumessen, welche nicht gerne Neues annehmen, sondern im Pfade der Vorfahren zu wandeln lieben.

Geologische Verhältnisse.

—

Hinsichtlich des Aufbaues des Bodens ist in erster Linie die Ebene von dem Gebirge zu unterscheiden, indem die erstere die charakteristischen Merkmale des ehemaligen Meeresbodens birgt. Die Bodenbildung der Ebene und der in derselben befindlichen Moore besteht daher vorzugsweise aus einem tiefen Untergrund von Lehm und blau-grauem Thon (Tegel); seltener kommt Quarzsand vor; jedoch sind einige Gegenden der Ebene — die Pußta — auf größere Strecken mit Flugsand bedeckt namentlich in der Gegend von Budapest, Tata, Gran, im Alföld und in der Nyir. Der Boden in der Ebene ist auch häufig salpeterhaltig, eine Eigenschaft, welche wesentlich zu seiner Fruchtbarkeit beiträgt. Im Inundationsgebiet der großen Flüsse des Landes in einer Ausdehnung von 1—6 Meilen an beiden Ufern der Donau, Theiß, Save und Drau finden sich alte und neue Ablagerungen welche teils aus kalkhaltigen Niederschlägen, hie und da auch aus Sand bestehen, im allgemeinen aber da, wo die Flüsse reguliert sind, die Fruchtbarkeit des Bodens sehr erhöhen. Das größte Inundationsgebiet befindet sich im südlichen Teile des Landes, da wo sich die Flußgebiete der Donau, Theiß, Temes, Drau und Save miteinander vereinigen.

Diluvialbildungen machen die allgemeine Hülle aus, aus der sich die Berge emporheben. Die Zusammensetzung der Gebirge ist im ganzen großen jener der Alpen ähnlich. Den Kern derselben bildet zuweilen Granit, welchem krystallinische Schiefergesteine aufgelagert sind, an andern Orten mezozöische Gesteine, an welche die Tertiärbildungen sich anschließen. Paläozoische sind in Ungarn verhältnismäßig wenig vertreten. Eine desto größere Entwicklung haben dagegen die mezozöische Ablagerungen. Diese umgeben teils die aus Granit und krystallinischen Schiefern bestehenden Gebirge, teils bilden sie den Kern größerer Höhenzüge. In einigen Gegenden setzen auch die tertiären Bildungen selbständige Bergzüge zusammen.

Von den quarternären Bildungen hat der Löß in Ungarn die größte Verbreitung und bildet den Hauptbestandteil des so fruchtbaren Bodens. An manchen Orten findet sich auch Sand und Schotter, unter letzteren in Siebenbürgen auch goldführende Lager.

Auch die Tertiärbildungen, insbesondere die sedimentären sind reich an fruchtbaren Stoffen, welche an vielen Orten in mächtigen Schichten aus organischen Überresten gebildet sind, die überdies noch einen ausgezeichneten Bau- und Werkstein liefern. So stammen z. B. die Quadern für die Monumentalbauten Wiens aus den Steinbrüchen bei Ödenburg.

Im Gebiete der tertiären Eruptivberge kommen unter den neogenen Bildungen auch mächtige Tufflager vor. In Siebenbürgen enthalten die neogenen Bildungen unerschöpfliche Lager von Steinsalz und eben daselbst wie in vielen Komitaten Ungarns finden sich mehr oder weniger mächtige Kohlenlager.

Die oligocenen Bildungen, schreibt Dr. Max Hantken, theilen sich in zwei Hauptgruppen; die untere davon ist eine reine Meeres- (Salzwasser-) Bildung und zeichnet sich dadurch aus, daß sie eine ungeheure Menge von Foraminiferen enthält, worunter Clavulina Szabói Hantk. die vorwiegende Form bildet; sie ist infolge ihrer allgemeinen Verbreitung von besonderer Wichtigkeit und werden darin stellenweise auch zahlreiche Nummuliten und Bryozoen gefunden (Klein-Zeller Tegel).

Die obere Abteilung besteht vorzugsweise aus Tegel und nur in untergeordnetem Maße aus Sandstein; im Tegel finden sich hie und da Fischschuppen und Skelette in großer Menge. Hierher gehört der in Ofen allgemein zur Ziegelfabrikation verwendete Tegel.

Mit dem Ofener Mergel in engem Zusammenhange steht der Orbitoiden-Kalk (Orbitoides papyracea), welcher in den großartigen Steinbrüchen zu Schönthal und am kleinen Schwabenberge gewonnen wird.

Diese Schichtengruppe hat eine große Ausdehnung im Hügellande von Mittelungarn. wir finden sie nämlich im Bakonyer Walde (bei Szápár-Csernye u. s. w.), im Vértes Gebirge (Puszta-Nána), in der Gegend von Gran (Dorogh, Tokob, Mogyorós, Pijzke u. s. w.) und in der Umgebung von Ofen, wo sie die Bergzüge umsäumt, in der Mátra (Recske) und im Bükgebirge (Diosgyör und Kis-Györ).

Die oberen Oligocen-Bildungen unterscheiden sich durch ihre Fauna und in petrografischer Beziehung sehr scharf von den untern und teilen sich in zwei Abteilungen. Die untere Abteilung besteht aus abwechselnden Sandstein- und Tegelschichten und enthält stellenweise abbauwürdige Kohlenlager (bei Mogyorós, Csolnok, Sarisáp und Szárkás im Graner-Komitat; Zsemlye im Komorner-Komitat). Hierher gehört auch das Steinkohlenlager von ungewöhnlicher Mächtigkeit im Schielthale in Siebenbürgen. Dieselbe Bildung kommt auch im Almascher Thale im Kolojcher Comitate vor, enthält aber nur ein dünnes Kohlenflöz.

Die oberoligocenen Meeres=Bildungen haben eine große Ausdehnung in der Gegend von Gran, Pest und Waitzen und bestehen vorwiegend aus Sand=steinschichten.

Die Eocen Bildungen nehmen ein sehr großes Gebiet in Ungarn und Siebenbürgen ein. Vorzüglich in Nord=Ungarn bedecken sie, das Tatra=Ge=birge umsäumend, beinahe 70 Geviert=Meilen, außerdem kommen sie auch im Marmarojcher Komitate vor, und treten in geringerer Ausdehnung in den Komitaten Preßburg, Turócz, Sohl und Heves auf. An der Zusammensetzung der südwestlichen mittelungarischen Bergzüge nehmen auch die Eocenbildungen einen hervorragenden Anteil. — In Siebenbürgen umgeben die eocenen Schichten die jüngern tertiären Ablagerungen, welche das Innere des Landes ausfüllen, in beträchtlicher Breite, namentlich nehmen sie in seinem nordöst=lichen und südöstlichen Teile ein großes Gebiet ein. — In Kroatien treten eocene Bildungen im Maczel= und Szinjer Höhenzuge, im Karst nördlich von Fiume, auf den Inseln Veglia, Arbe und Lussin, sowie auch in Dalmatien in ansehnlicher Mächtigkeit auf.

Die Eocenbildungen Ungarns und seiner Nebenländer bestehen haupt=sächlich aus Sandstein; seltener aus Kalkstein, Mergel und Tegel. Eine hie=von wesentlich abweichende Zusammensetzung zeigen dagegen die eocenen Ab=lagerungen der mittelungarischen Höhenzüge im Südwesten des Landes, welche vorwiegend aus Kalkstein, Mergel und Tegel bestehen und in technischer Be=ziehung von großer Bedeutung sind, weil sie mächtige Kohlenlager enthalten.

1. Tertiäre Eruptivgesteine.

Zu den tertiären Eruptiv=Gesteinen gehören die Basalte und Trachyte.

Die Basaltgesteine (Basalt, Dolerit, Anamesit) besitzen keine solche Ausdehnung, als der Trachyt, darunter ist der Basalt der vorherrschende. Die Basalte treten meist als Inselberge auf und bilden nur selten Berggruppen. Der Schemnitzer Calvarienberg bildet das nördlichste Vorkommen von Basalt in unserm Lande; größere Verbreitung hat derselbe im Neograder und Pester Komitate, sowie im Bakonyer Walde. Unter den Basaltbergen sind besonders die Heidenburg (Pogányvár) bei Ajnácskő zu erwähnen, auf welcher ein Krater zu bemerken ist; dann die bei Láz und Terbeled sich erhebenden und eine aus=gezeichnete Säulenbildung zeigenden Basaltberge.

Nach ihrer Unterlage und der Art ihres Vorkommens sind die Basalt=berge des Bakonyer Waldes sehr interessant, welche der Gegend eine besondere landschaftliche Schönheit verleihen. Von den dortigen isolirten Bergen treten aus der Ebene besonders der Nagy= und Kis=Somlyó, sowie der Sárhegy hervor.

In Slavonien kommen zwischen Grabacz, Gradistje und Kuttyewo einige Basaltberge vor. Im Banate besteht der nördlich von Butyin liegende Berg Sumiga ebenfalls aus Basalt.

In Siebenbürgen treten die Basalte meist zerstreut auf, bloß an den Ufern des Altes (bei Reps) bilden diese Gesteine und ihre Tuffe zusammen=

hängende Berggruppen. Die beiden seit langeher berühmten Basaltberge De= tunata goala und Detunata flokoafza ziehen durch ihre großartige und ausge= zeichnete Säulenbildung die Aufmerksamkeit der Geologen in hohem Grade auf sich. Die trachytartigen Gesteine haben ein viel größeres Verbreitungs= gebiet, als die Basalte, und bilden teils massige zusammenhängende Berg= ketten, teils treten sie in aus andern Gesteinen bestehenden Bergen als dieselben an einigen Orten durchbrechende Massengesteine auf. Solche isolirte Trachyt= gruppen finden wir in dem Granitberge von Velencze im Weißenburger Ko= mitate, in den Fünfkirchner und kroatisch=flavonischen Gebirgen, sowie im Banate. Größere Trachytgebirge sind das Visegrad=Borcfonyer, das Schem= nitzer, Mátraer, Eperies=Tokajer und Vihorlat=Guttiner Gebirge.

In Siebenbürgen werden 11 Trachytgebiete aufgeführt, unter welchen das der Hargita das ausgedehnteste ist; die übrigen viel kleineren Trachytge= biete kommen hauptsächlich im westlichen und nördlichen Teile Siebenbürgens vor. In technischer Beziehung ist unter den Trachyten der Grünstein= trachyt (Timacit) von großer Wichtigkeit, weil darin an vielen Orten Erz= lager sich finden, welche den Gegenstand eines hervorragenden Berg= baues bilden, wie bei Schemnitz, Nagy= und Felsö=Bánya, Kapnik, Abrud= bánya, Vöröspatak, Nagyág u. s. w. Im Pester Komitate sind in den Trachyt= bergen bei Visegrád und Szobb großartige Steinbrüche, in welchen Steine zum Pflastern erzeugt werden.

2. Mezozöische Bildungen.

Die mezozöischen Bildungen umgeben teils den aus kryftallischen Schiefer= und Massen=Gesteinen bestehenden Kern der Gebirge, teils bilden sie selbst die centrale Masse von Gebirgen verschiedener Ausdehnung. Unter den ersten Verhältnissen finden wir die mezozöischen Bildungen namentlich in zahl= reichen Granit= und Schiefergebirgen der Karpathen, während den Kern der südwestlichen mittelungarischen, sowie der Fünfkirchner Gebirge ausschließlich mezozöische Sedimentgesteine bilden.

Die Verbreitung der mezozöischen Gesteine ist bei uns bedeutend und nimmt von den kroatischen Gebirgen angefangen in nördlicher und östlicher Richtung zu. Wir finden hier folgende mezozöische Gesteine:

Im Velebit und Kapella=Gebirge (in der likfaner, ottofaner und oguliner Militärgrenze) kommen Trias=, Jura= und Kreide-Bildungen vor. Unter den Triasgesteinen ist der s. g. Guttensteiner Kalk und der Dolomit (Mittlere Trias), — unter den Kreidebildungen der Radioliten=Kalk vorherr= schend. Die Werfener Schiefer (Untere Trias), die Hallstädter und Raibler Kalke (Obere Trias), sowie die Jura= und jüngern Kreidebildungen haben eine weit geringere Verbreitung.

Die mezozöischen Bildungen der Petrovagora, des Zrinyi= und Uskofen= Gebirges (im Sluiner und Banat=Grenz=Regimente) bestehen aus Trias= und Kreidegesteinen. Im Uskofen=Gebirge haben insbesondere Hallstädter Kalk und Dolomit die größte Verbreitung und nur in untergeordnetem Maße kommen hier auch Werfener Schiefer und Guttensteiner Kalk vor.

Den Kern der kroatisch-flavonischen Gebirge zwischen der Save und Drau bilden vorwiegend krystallinische und paläozoische Gesteine, welche in einer schmalen Zone mezozoische Gebilde begleiten. Die Letzteren sind besonders in dem westlichen Teile des Gebirges bei Kostell, Ivancsics und Kalnik in hervorragender Weise entwickelt. Die Trias-, Jura- und Kreide-Schichten treten in verschiedener Entwickelung auf. In dem Agramer Gebirge kommen Werfener Schiefer, Hallstädter und Hippuriten-Kalke vor.

Im kosteller und ivancsicer Gebirge finden sich die Werfener Schiefer nur in einem schmalen Bande, der Hallstädter Kalk und Dolomit aber verbreitert sich zu einem beiläufig ⅓ Meile breiten Streifen. Die Dolomite enthalten Galmeilager. In dem Kalniker Gebirge sind hallstädter und alte Jura-Kalke entwickelt, in den orlyaver und pozsegaer Gebirgen kommen Triaskalk und jüngere Kreide-Konglomerate, im vobniker Gebirge Kreideschichten vor.

Das südlich von Fünfkirchen gelegene und beiläufig vier Meilen von West nach Ost sich erstreckende Sikloscher Gebirge besteht ausschließlich aus Trias- und Jurakalk; — der von Villány liegende isolierte Veremender Berg aus Kaprotinen-Kalk.

Der Fünfkirchner, westlich von Fünfkirchen und Pécsvárad gelegene und zwischen den Gebirgen Cserdet und Nádasd auf beiläufig 4½ Meilen in nord-östlicher Richtung sich erstreckende Höhenzug ist dadurch sehr wichtig, daß er sehr reichhaltige Steinkohlenlager enthält, welche den Gegenstand eines großartigen Bergbaues bilden. Die ältesten Gesteine dieses Gebirges sind Werfener Schiefer und Sandsteine, welche besonders im südlichen Teile des Höhenzuges entwickelt sind; hierauf folgt eine sehr mächtige Schichte von Guttensteiner Kalk, welcher die Hauptmasse des Berges Mecsek und der nordöstlich von Fünfkirchen gelegenen Berge zusammensetzt. An diese Kalke schließen sich Sandsteine, welche keine Steinkohlen enthalten, vielleicht zur oberen Trias (Keuper) gehören und stellenweise eine große Mächtigkeit besitzen. Nach den kohlenfreien Sandsteinschichten folgt die Steinkohlenbildung, welche aus abwechselnden Mergelschiefern, Sandsteinschichten und Kohlenlagern besteht. Die Zahl dieser Kohlenlager beträgt über 70, worunter 25 stellenweise abbauwürdig sind. Die Mächtigkeit dieses Schichtenkomplexes beträgt beiläufig 450 Klafter. In der Steinkohlenbildung kommen auch dünne Eisenerzlager vor. Ihre Gesamtausdehnung beträgt 5500—6000 Klaftern Länge und 800—1000 Klaftern Breite. Die zahlreich vorkommenden Versteinerungen*) beweisen, daß diese Bildungen zur untern Trias gehören. Jünger als die Steinkohlenbildung sind die kalkigen Sandsteine und die Eisen und Steinöl enthaltenden sandigen Kalksteine bei Vasas, sowie einige Kalkschichten, welche westlich von jenem Höhenzuge auftreten, und zum mittlern Lias gerechnet werden. Im nordwestlichen Teile dieses Gebirges kommen zum obern Lias gehörige bituminöse Mergelschiefer, Fleckenmergel (teils zum obern, teils zum untern Jura gezählt), und kieselige Jurakalke in größerer Entwickelung vor. Im Verbreitungsbezirke dieser letzteren Gesteine erheben sich hie und da auch Trachytberge.

---

*) Cardita Listeri, Cardinia unioides, Mytilus Morisii, Lima gigantea, Ceromya infraliasica, Perna infraliasica, Gryphea arcuata, Ammonites angulatus u. s. w.

An der Zusammensetzung der Berge des Bakonyer-Waldes nehmen die mezozöischen Bildungen vorwiegenden Anteil und kommen ältere Gesteine, als diese, in der ganzen Gebirgskette nicht vor. Die mezozöischen Gesteine des Bakony gehören den Trias-, rhätischen, Lias-, Jura- und Kreide-Bildungen an. Jede derselben zerfällt in mehrere Abteilungen, welche sehr charakteristische und gut erhaltene Versteinerungen stellenweise in reichlicher Menge enthalten.

Der bunte Sandstein (untere Trias) nimmt besonders in der Gegend am nordöstlichen Ufer des Plattensees ein bedeutendes Gebiet ein und besteht aus rotem Sandstein und Konglomeraten, sowie aus Schiefer, Sandsteinen, Mergel und zelligem Dolomit. Der rote Sandstein und die Konglomerate enthalten keine Versteinerungen; die hierauffolgenden Schichtengruppen aber be= sitzen stellenweise viele charakteristische Arten derselben*).

Die mittlere Trias besteht aus dunkelfarbigem, blätterigem und bitu= minösem Kalke, sowie aus bituminösem versteinerungsreichem**) Kalkmergel.

Zur obern Trias werden gerechnet verschiedene voneinander in petro= grafischer und paläontologischer Beziehung wesentlich abweichende Schichten= gruppen, von welchen die unterste aus sehr kieseligem versteinerungsarmem Kalkmergel besteht. Hierauf folgen: a) Glaukonit=Kalkmergel, welcher eine bisher nur aus dem Bakonyer Walde bekannte Fauna enthält***); — b) rote, knollige, durch Arcestes tridentinus charakterisierte Kalksteine; — c) Kalksteine welche Halobia Lommeli enthalten (Füreder Kalk); — d) Mergelschichten, deren untere Abteilung durch Trachyurus Attila, Tr. Bakonicum, Tr. Hoff= manni u. s. w. (Wengener Schiefer), deren obere Abteilung dagegen durch Avicula aspera, Ostrea montis caprilis, Pecten filosus u. s. w. (Torri=Schich= ten) charakterisiert ist; — e) der Hauptdolomit, in welchem hauptsächlich Mega= lobus complanata und M. triqueter vorkommt.

Die rätische Bildung besteht ausschließlich aus Kalkstein und Dolomit.

Die Lias=Formation besitzt eine geringere Entwickelung im Bakonyer Walde; der untere Lias besteht aus dünnen Schichten kieseliger Mergel mit Crinoiden und Arietes=Ammonoiten, — der mittlere aus Kalkschichten, welche Brachyopoden (Terebratula Aspasia, Spiriferina rostrata u. s. w.) und Ammo= niten (Amm. boscensis) enthalten; zum obern Lias gehören die untersten Schichten des bei Csernye im Wesprimer Komitate vorkommenden und eine sehr reiche Ammoniten=Fauna enthaltenden roten Kalksteine.

Zum untern Jura rechnen wir die obern Schichten des ebenerwähnten roten Kalkes (Ammonites Murchisoni, scissus, fallax und tatricus). — Der obere Jura besteht hauptsächlich aus weißen und roten, Crinoiden und Tere= bratula diphya enthaltenden Kalksteinen.

---

*) Posidomya Clarae, Avicula venetiana, Myacites Fassaensis, Myophoria costata, Turbo rectecostatus und Zepharovicsi, Ammonites dalmatinus und Muchianus.

**) Die darin vorkommenden Petrefakte sind: Arcestes Studeri und (?) domatus; Ammo= nites Mülleri, (?) Boiti, balatonicus und (?) gondola; Ceratites binodosus; Nautilus (?); Rhyncho= lithus hirundo; Natica Gaillardoti; Halobia Sturi et spec. indet.; Waldheimia vulgaris, angusta und angustaeformis; Retzia trigonella und Mojsisovicsi; Spiriferina Menzeli, Köveskallensis, hir= suta und fragilis; Spirigera Sturi; Rhynbonella semiplecta, decussata, altoplecta und pretiosa (Encrinus graci`is: Entrochus (?) liliiformis.

***) Arcestes batyolcus und augusto=umbilicatus; Ceratites Reitzi, Zolaensis et sp. indet.

Die Kreideformation hat eine sehr große Verbreitung im Bakonyer Walde und einzelne Schichten-Komplexe derselben zeichnen sich durch eine sehr reiche Fauna aus. Die obere Neocom-Bildung besteht aus festem, gelblich weißem Kalt mit Caprotinen und grauem Kalt mit Terebratulinen und Exogyren.

Die mittlere Kreide (Gault) enthält hydraulische Kalkmergel und Mergelschichten, welche stellenweise Ammoniten (Ammonites inflatus u. s. w.), Turriliten (Turrilites Puzozianus et Bergeri), Hamiten und Echinideen (Discoidea cylindrica, Catopygus cylindricus u. s. w.) in großer Menge einschließen. Die obere Kreide besteht aus Hypuritenkalk, Inoceramen-Mergel und Brackwasser-Schichten, welche Kohlenlager von ansehnlicher Mächtigkeit enthalten, in der Gegend von Ajka eine große Verbreitung besitzen und in welchem Tanalia Pichleri mit Dejanira bicarinata u. a. Versteinerungen in bedeutender Menge vorkommen.

Die Höhenzüge des Vértes- und Gerecse-Gebirges sind durch die Moorer Bergspalte vom Bakonyer Walde getrennt und erstrecken sich von da in nord-östlicher Richtung bis an die Donau. Der süd-westliche Teil bildet das Vértes-, der nord-östliche das Gerecse-Gebirge und beide sind durch das Thal zwischen Németegyháza und Felső-Galla, durch welches die sogenannte Mészáros-Straße führt, voneinander geschieden. Diese Höhenzüge unterscheiden sich durch ihre geologische Struktur wesentlich vom Bakonyer Walde, da die älteren Triasbildungen, welche an der geologischen Zusammensetzung des Bakony einen so namhaften Anteil nahmen, im Vértes- und Gerecse-Gebirge vollständig fehlen. Nur der obere Trias-Dolomit hat hier eine größere Verbreitung.

Der rätische Dolomit und Kalkstein (Dachsteinkalk) sind dagegen bedeutend entwickelt und der letztere liefert ein ausgezeichnetes Material zum Kaltbrennen. — Der Lias besteht aus mehr oder minder mächtigen roten Kalksteinen, welche in der Gegend von Tardos und Lábatlan (auf den Bergen Bánya, Gerecse und Pisznicse) in großartigen Steinbrüchen gewonnen werden, unter dem Namen des pisteer oder tataer Marmors bekannt sind und zum Teil zum untern (jener von Tata), zum Teil zum obern Lias (der bei Emenes, Pisznice u. s. w.) gehören. Es giebt indessen auch rote Kalke in dieser Gegend, welche zum untern Jura (Doger) zu zählen sind, während zum obern Jura der in der Gegend von Lábatlan vorkommende weißliche kieselige Kalkstein gerechnet wird. — Von der Kreideformation ist nur die untere Abteilung (das Neocom) in diesem Gebirge entwickelt, während die anderen Abteilungen, welche im Bakonyer Walde eine so große Entwickelung zeigen, hier gänzlich fehlen. Am südwestlichen Ende des Vértes-Gerecse-Gebirges (bei Moor) ist der Caprotinenkalk, — an der nordöstlichen Seite in der Gegend von Lábatlan ein neocomer Grobkalk, Mergel und Kalkmergel bedeutend entwickelt. Der Kalkmergel besitzt eine vorzügliche hydraulische Eigenschaft und wird zur Herstellung von Cementkalk benützt; während im kaltigen Sandstein (Grobkalk) eine reiche Ammoniten-Fauna (Ammonites Grassianus, cryptoceras, infundibulum, Thetis, Astierianus u. s. w.) vertreten ist.

Im Pilis=Ofener Gebirge bilden oberer Triasdolomit, rätischer Dolomit und Kalkstein die Hauptmasse und sind hier ältere oder jünger mezo= zöische Bildungen noch nicht mit Sicherheit nachgewiesen.

Aus den kleinen Karpathen ist die Triasformation noch nicht mit Gewißheit bekannt, es gehören aber zu derselben wahrscheinlich die kieseligen Kalke und die auf den Bergen Zsebrák und Zelezuy vorkommenden Kalksteine. — In den rätischen Bildungen rechnet man die grauen Kalkmergel bei Schmöl= nitz und Losonez. — Zum Lias werden die Schiefer im Marienthale und die damit stellenweise wechsellagernden dunkelfarbigen Kalksteine gezählt, welche indessen auch selbständig auftreten. Hieher gehört auch ein Teil der bortigen Sandsteinschichten. — Die Jurabildung ist teils durch roter Crinoidenkalk, — teils durch weißen oder roten kieseligen (Hornstein=) Kalk vertreten. — Die Kreidebildung besteht aus Neocom=Kalk und Dolomit; an der Zusammen= setzung des Kalkes nehmen Korallen einen hervorragenden Anteil (Weteliner Kalk); der Dolomit besitzt vorzüglich in den weißen Bergen eine große Ver= breitung. — Das Hauptgebiet der mezozöischen Gesteine in den kleinen Kar= pathen befindet sich in ihrem nord=westlichen Teile.

Die Grenz=Karpathen oder eigentlichen nordwestlichen Karpathen schließen sich an den nordöstlichen Teil der kleinen Karpathen an und unter= scheiden sich in ihrer geologischen Zusammensetzung wesentlich von den letztern. Dasselbe gilt von den nördlichen und nord=östlichen Grenzkarpathen. In die= sen Gebirgen spielt nämlich die Kreidebildung eine hervorragende Rolle, zu welcher auch der größte Teil des sogenannten Karpathensandsteines gehört. — In den Grenzkarpathen ist unter den mezozöischen Gesteinen der Liaskalk das älteste, obwohl dessen geologisches Alter noch nicht genau festgestellt ist und derselbe übrigens auch nur eine geringe Verbreitung besitzt. — Häufiger kommen Jurakalke (die sogenannten Klippenkalksteine) vor, obwohl auch diese nur in untergeordneter Weise auftreten. — Bei den Kreide=Bildungen kann man folgende Abteilungen unterscheiden: Albien (Godalakalt), Cenomanien (Jatebna= und Exogyra=Sandsteine), und Senonien (Puchower Sandstein).

In den Central=Karpathen umgeben die mezozöischen Gesteine ihren aus Granit und krystallinischen Gesteinenen bestehenden Kern in einem mehr oder weniger zusammenhängenden Gürtel. Von der Trias angefangen kommen sämtliche mezozöische Bildungen in diesem Gebirge vor. In den oberneutraer Karpathen Zjár, Malagura und Sulki kommen folgende mezozöische Schichten= gruppen vor: Werfener= (?) Sandstein, oberer Trias=Dolomit und Rauhwacke, dann bunter Triasmergel (Trias); Köſſener Schichten und Lithobondronkalk (rätische Formation); kieseliger (Hornstein=) Kalk mit Gryphéen, Flecken= mergel mit Ariet=Ammoniten und Hierlatzkalk (Lias); — roter Klippenkalk und Crinoidenkalk, Aptychenkalk und weißer Kalk (Jura); — Neocomien=Mergel mit Ammoniten, Sporosideritmergel (Cenomanien), brauner Kalk und Breccien= Dolomit (Cenomanien), endlich weißer Kalkstein (Turonien oder Senonien).

Im Banater=Gebirge hat namentlich im Bergbaudistrikte die Kreideformation die größte Verbreitung (Radioliten= und Orbitulitenkalk), bei Swinitza kommen Neocom=Kalk und Mergel vor; der bortige ammoniten=

reiche*) Kalkſtein wird zum untern Jura (Dogger) gerechnet. Die untere Liasabteilung beſteht aus Sandſteinen und Konglomeraten und enthält anſehn= liche Steinkohlenlager bei Doman (in der Nähe von Reſchiha), Steier= dorf (bei Oraviha) und Brzſaska. Die Triasformation iſt in dieſem Gebirge noch nicht mit Beſtimmtheit nachgewieſen.

Im weſtlichen Grenzgebirge Siebenbürgens beſitzt die un= tere Trias (Werfer Schiefer) eine große Verbreitung, tritt aber auch in den öſtlichen Gebirgen dieſes Landes auf. Der untere Lias iſt hauptſächlich in der Gegend von Kronſtadt bei Holbach und Neuſtadt ſchön entwickelt und kommen hier auch Kohlenlager mit zahlreichen Verſteinerungen vor. — Die Juraformation findet ſich in größeren und kleineren, von einander getrennten Partieen im Siebenbürgiſchen Erzgebirge (dem ſüdöſtlichen Teile ſeines weſt= lichen Grenzgebirges), und in der öſtlichen Gebirgskette, im Perſchaner, Cſiker und Gyergyóer Gebirge. — Der braune Jura tritt im Hagymás=Gebirge am See Bereſtó (Gyergyóer Gebirge) und am Gebirge Bucſecs in der Nähe von Kronſtadt auf und iſt durch eine ausgezeichnete Fauna**) charakteriſiert.

Der obere Jura beſteht meiſtens aus weißen oder lichtroten Kalkſteinen und enthält eine ſehr reiche Fauna***) namentlich am Cſómétej, an der Spitze des Nagyhagymás und am Fehérmezö (Cſiker Gebirge) u. ſ. w. — Die untere Kreide (Neocom) beſteht aus Kalkmergel und Caprotinenkalk (Co= protina Lonsdeli, Radiolites neocomenſis). Die obere Kreidebildung iſt be= ſonders in den weſtlichen Grenzgebirgen Siebenbürgens entwickelt und beſteht aus Hippuritenkalken und einem mächtigen Schichtenkomplexe von Sandſtein und Mergel, welcher ſtellenweiſe auch Steinkohlen enthält (z. B. bei Nagy= Baród im Biharer Komitat.) Ihre Fauna entſpricht ganz der der Goſau= ſchichten und kommen Actaeonella gigantea, Omphalia ꝛc. in großer Menge vor.

3. Paläozoiſche Bildungen.

Dieſe Formationen haben in Ungarn nur eine geringe Verbreitung.

Zum Dyas werden die in den kleinen Karpathen, ſowie in den nord= weſtlichen Karpathen im Flußgebiete der Waag und Neutra vorkommenden Sandſteine gerechnet. Im Banate ſind die zum Dyas gehörigen roten Sand= ſteine durch charakteriſtiſche Pflanzenreſte*) genau beſtimmt. Wahrſcheinlich

---

*) Es kommen hier: Ammonites tectelobatus, Emir, Brognarti, fuſlus, ferrifer, pailobiſius, procerus, mediteraneus, ſubobtuſus und adeloides vor.

**) Collyrites ovalis; Dicaſter analis; Rynchonella ſpinoſa et Ferrii; Terebratula globata, bullata, dorſoplicata; Waldheimia Meriani; Modiola cuneata; Pleuromya tenuiſtria; Myopſis juraſſi; Pholadomya Heraulti, concatenata et teſla; Goniomya proboſcidea; Trigonia clavellata; Pleurotomaria granulata; Ammonites Deslongchampſi, dimorphus, Hommaeri et discus; Belemnites canaliculatus ꝛc.

***) Ticeras arietina et Lucii; Ammonites Erato, Cacachteres, annularis, plicatilis, ſlexuo= ſus, biplex, tortiſulcatus ꝛc.

†) Sphenopteris Naumanni; Hymenophyllites eroſus, ſemialatus et faſciculatus; Neurop= teris pteroides; Callipteris conferta; Odontopteris ob tuſiloba; Cyatheites (?) argutus; Alethop= teris prinnalſiba; Dictoypteris tennifolia; Taeniopteris coriacea; Cordaites principalis; Walchia tinniformis ꝛc.

gehören dazu auch ein Teil der im Biharer Komitate auftretenden roten Schiefer und Sandsteine, in welchen reiche Petroleumquellen entdeckt werden.

Die Steinkohlenformation zeigt im Banate eine größere Ent=wickelung und enthält hier auch stellenweise abbauwürdige Kohlenlager (bei Sekule in der Nähe von Reschitza, bei Eisenthal in der Militärgränze). Die untere Abteilung dieser Formation ist auch im Bükk und Fruskagora=Gebirge zu finden, wo jedoch keine Steinkohlenlager sich gebildet haben.

Zur Grauwacken=Formation werden hauptsächlich ein Teil der Quarzite und der damit wechsellagernden Kalke gerechnet, welche in den kleinen Karpathen und einigen Bergzügen der Centralkarpathen auftreten.

4. Krystallinische Schiefer= und Massen=Gesteine.

Die krystallinischen Schiefer=Gesteine haben ihre größte Ver=breitung in jenem Teile der Central=Karpathen, die sich vom Tarcza=Hernald=thale in westlicher Richtung bis zu der Linie erstreckt, welche Königsdorf (Kralova) mit der Stadt Karpfen verbindet. Von den auf diesem Gebiete sich hinziehenden Gebirgen dieser Formation ist am wichtigsten das zwischen dem Waag= und Garamfluße sich erhebende und in seiner Verlängerung bis Kaschau sich erstreckende oberungarische Erzgebirge, in welchem von Herren=grund bis Kaschau zahlreiche Bergwerke auf Eisen=, Kupfer=, Zinnober, Anti=mon, Gold, Kobalt und Nickel=Erze betrieben werden. Eine geringere Aus=dehnung besitzen die krystallinischen Schiffergesteine im Minkover, Tribecser und Jnovecser Gebirge, in den kleinen Karpathen und in der Gegend von Schemnitz, — während wir dieselben wieder in größerer Mächtigkeit im Banate und in den siebenbürgischen Grenzgebirgen antreffen. Am rechten Ufer der Donau treten die krystallinischen Schiefergesteine östlich von Ödenburg im Lajtha= und Rosalia=Gebirge in großer Mächtigkeit auf, und ist darunter der in der Gegend von Schlaning vorkommende Chloritschiefer zu erwähnen, welcher ausgezeichnete Magnetitkrystalle einschließt.

Im kroatisch=slavonischen Gebirge finden sich krystallinische Schiefergesteine im Bodniker, Moßlaviner, Orlhaver, Posegaer und Agramer Gebirge.

Unter den krystallinischen Massengesteinen herrscht bei uns der Granit vor.

Sein Hauptverbreitungsbezirk fällt zwischen das Hernald= und March=Thal und es reihen sich auf diesem ausgebreiteten Gebiete drei bogenförmige Gürtel desselben aneinander. Die nördlichste Zone bilden die hohen Tatra und der Belakanar, die Zavoeczer und kleinen Karpathen, den mittleren Gürtel die kleine Tatra, die südliche Zone endlich der Braniszkoer und Schemnitzer Granitzug. Wir finden dieses Gestein ferner auch in kleinerer oder größerer Ausdehnung in den westlichen, südlichen und östlichen Grenzgebirgen Sieben=bürgens und im Banate erstreckt es sich am westlichen Rande der krystallinischen Schiefer in nordöstlicher Richtung. — Am rechten Donauufer kommt der Granit im Rosalia= und Lajta=Gebirge vor und südlich vom Vértes finden wir das Velenczer, Fünfkirchner und Szegszárder Granit=Gebirge.

Syenit iſt vorzüglich im Schemnitzer und Banater Gebirge entwickelt und enthält in der Gegend von Schemnitz (bei Hodritſch) auch Erzlager　In Siebenbürgen iſt beſonders der in dem kryſtalliniſchen Gebirge Pirieste (in der Gyergyó) vorkommende Syenit mit Miascit und Ditroit zu erwähnen.

Melaphyr tritt in einzelnen kleineren Partieen in den kleinen Karpathen auf, eine größere Ausdehnung hat er in der kleinen Tatra und ihren Ver= zweigungen. Auch finden wir Melaphyr faſt in allen zum Dyas gerechneten roten Sandſteinen.

Der Gabbro kommt namentlich im oberungariſchen Erzgebirge, in großer Mächtigkeit vor und man findet in dieſem Geſteine die reichen Nikel= und Kobaltlager von Dobſina, — in kleinen Partieen treffen wir ihn noch in den Gebirgen der Militärgrenze (zwiſchen Swinitza und Plaszevitza) an der Donau an.

Serpentin kommt im oberungariſchen Erzgebirge bei Dobſina und Jekelſalva, in der Gegend von Szagrabin im Kraſſó=Thale und in der Nähe von Bálye, Lucz und Plaszevicza vor; an dem letztern Orte befinden ſich auch reiche Chromeiſenſtein=Lager in demſelben. In Siebenbürgen treffen wir den Serpentin beim Bulkánpaſſe, am Paltinej, im Mühlbacher Gebirge und in der Nähe von Reſinár an.

Diorit tritt im Granite der kleinen Karpathen auf. In Kroatien findet ſich im Agramer Gebirge Diorit und Dioritſchiefer zwiſchen Bivetra und Widovacz in beträchtlicher Ausdehnung. Ein ähnlicher Schiefer kommt auch im Kalniſer Gebirge vor, während Diorit in geringerer Menge im Zri= nyer Gebirge anzutreffen iſt. — In Siebenbürgen kommen größere Diorit= maſſen im weſtlichen Grenzgebiete, — kleinere Partieen auch ſonſt zerſtreut im Lande vor.

Porohyr treffen wir im Biharer Gebirge an und im Banater Gebirge ſind mehrere Arten deſſelben (Banatit) entwickelt. — In Kroatien kommt er in der Gegend von Rohitſch im Kreidegebirge, dann im wangieſer, kalniſer und poszegaer Gebirge in größeren oder kleineren Maſſen vor. — In Sieben= bürgen ſind vorzüglich Augitporphyre anzutreffen, welche regelmäßig die Jura= bildungen begleiten, namentlich im Torotzkoer Höhenzuge, ſowie in kleinern Partien auch im Perſchauer Gebirge.

Während wir bisher einer älteren Abhandlung von Dr. Max Hautten gefolgt ſind, entnehmen wir dem Jahresbericht der K. N. Geologiſchen Anſtalt für 1882 noch folgende Ergebniſſe der neueſten Aufnahmen, welche Jahr für Jahr ausgeführt zu werden pflegen. Die geologiſche Unterſuchung einer Anzahl öſtlicher Komitate hat zu dem Reſultat geführt, daß das von den Karpathen nach Weſten zu auslaufende Hügelland, das einſt in der derſelben Meeresflut ſich bildete, welche die ganze ungariſche Tiefebene bedeckt hat, reich an

Mergel und Fossil führenden Kalkschichten ist, deren obere Bänke Molluskenreste in der Mächtigkeit von einigen Klaftern führen, welche abwechselnd mit Lehm und Tegel oder Thonschichten eine fast uner= schöpfliche Quelle der Fruchtbarkeit bilden, soferne man sich die Mühe nehmen will, dieselben auszubeuten und zum Gebrauche heranzuziehen. Hier und da finden sich auch Braunkohlenschichten die aber zu einer nutzbringenden Ausbeutung zu wenig mächtig sind.

Einem Berichte über die im Klausenburger Randgebirge vor= kommenden Schichten entnehmen wir, daß Gypslager und zwei bis drei Meter dicke Bänke von gelblich weißem Mergel und von Thon= mergel häufig vorkommen. Letztere finden sich nicht selten in 10—20 Meter mächtigen Gypslagern eingebettet. Auch kommen Bänke vor, die ganz aus Austernschalen bestehen, also eigentliche versteinerte Austernbänke. In einer in dem gleichen Gebirge vorkommenden 100 Meter mächtigen Schichtenreihe welche aus 8—10 Meter dicken Bänken aus bläulich=grauem Tegel, sowie aus Mergel bestehen, sind viele Schichten von 1—2 Meter eingebettet, welche ganz aus ver= steinerten Muscheln und andern Seetieren gebildet sind, wovon der geologische Bericht nicht weniger als 19 Arten aufführt.

Außer dem fruchtbaren Material für die Landwirtschaft kommen in jener Gegend auch Stoffe für industrielle Zwecke zu Tage. Aus den bis zu 12 Meter mächtigen Gypslagern werden häufig Bruch= steine zum Bauen verwendet und auch schöner gefleckter und geaderter Marmor gewonnen, der in Sobok verarbeitet wird und unter diesem Namen im Handel bekannt ist. Bei Zsombor finden sich mit Thon gemischte Kohlenflöze in einer Mächtigkeit von ungefähr 100 Metern. Andere industriell verwertbare Stoffe finden sich in alluvialen Ab= lagerungen. So hat man in Bajartelke ein Vitriollager von $1\frac{1}{2}$ Meter Mächtigkeit gefunden, welches eine Fläche von 2500 Metern bedeckt und welches auf ungefähr 60,000 Centner Vitrioltorf ge= schätzt wird, der nach der Analyse der durch Wasser extrahierten Teile 18% Eisenoxydul und $20\frac{1}{2}\%$ Schwefelsäure enthält was $69 \cdot 28\%$ Eisenvitriol entspricht. In einem langen und tiefen nörd= lich von Egeres liegenden Waldgebirge, dem Balvanyosthale, befindet sich ein Sumpf=Eisenerzlager und nicht weit davon Kohlen= schichten.

Einem Bericht aus dem Leithagebirge entnehmen wir, daß da= selbst ein vorzüglicher Sandstein gewonnen wird, aus dessen Brüchen

Material für die Monumentalbauten Wiens geliefert wurde und gegenwärtig Quadern für die neue Hofburg vorbereitet werden.

Einem Bericht aus südlichen Komitaten entnehmen wir daß das ungarische Handelsministerium auf der, „Sabran" genannten Lehne südlich von Werschetz einen artesischen Brunnen bohren läßt, welcher im Juli 1882 bereits eine Tiefe von 16133 Meter erreicht hatte. Aus dem durch das Bohrloch aufgeschlossenen Profil entnehmen wir, daß in 58 Meter Tiefe ein fast meterdickes Braunkohlenflöz, in 70 Meter Tiefe ein 18 m mächtiger, grauer reich mit Fossilien durch= setzter Sand gefunden wurde; vom 87ten Meter an kam blauer Thon, welcher bisher in einer Mächtigkeit von fast 55 Meter aufge= schlossen ist und unter dem man das Wasser zu finden hofft. Dieser artesische Brunnen sollte dazu dienen die von der Phylloxera behafteten Weingärten in Werschetz unter Wasser zu setzen ist aber wieder ver= lassen worden. In dem benachbarten Vorbergen sind auch zwei lange Züge von Lößschichten konstatiert, eine Mergelart welche dort hauptsächlich aus Landschnecken gebildet ist — einer wahren Gold= mine für künftige Generationen von Landwirten. Im Komitate Krassó=Szöreny auf Moceriser Gebiet finden sich auch 15—20 Meter mächtige Tuffsteinlager welche für Bauzwecke ausgebeutet werden. Auch Thonschiefer Graphit und schiefriger Mergel finden sich in der Gegend Der im Rheingauer Rebgelände vorkommende Thonschiefer gilt be= kanntlich als ein Hauptelement des Bouquetreichtums seiner Weine.

Gebiets- und Bevölkerungsverhältnisse nach der Zählung von 1880.

Ungarns politische Einteilung hat seit der Volkszählung von 1869 bedeutende Veränderungen erfahren. Im Jahre 1876 wurden mehrere Komitate Ungarns abgerundet, viele Enklaven abgeschafft und besonders in Siebenbürgen eine ganz neue Einteilung ins Leben gerufen. Nachdem 1870 das Gemeindewesen reorganisiert, wurde in den Jahren 1876 und 1877 das Municipalrecht mehrerer früherer königlicher Freistädte eingestellt, worauf sich solche als Städte mit geordnetem Magistrate erklärten. Nächst Siebenbürgen ist es das Gebiet der Militärgrenze, das die einschneidendsten politischen Änderungen erfahren hat. Schon im Jahre 1873 wurde die ungarische und ein Teil der kroatisch = slavonischen Militärgrenze, welche einst gegen räuberische Überfälle der Türken organisiert, heute, nachdem der Zweck erreicht, nutzlos geworden war, in civile Verwaltung übernommen und im Jahre 1881 die ganze Militärgrenze für auf= gehoben erklärt. Da diese Änderung erst nach Vollzug der Volks= zählung von 1880 ins Leben trat, so konnte sie in dieser noch nicht berücksichtigt werden, was auch bezüglich einiger Änderungen in den Grenzen einzelner Municipien, sowie für die Vereinigung der Komitate Abauj und Torna gilt, die im Jahre 1881 gesetzlich bestimmt wurde. Mit Berücksichtigung dieser Änderungen, wozu noch das Recht der Komitate tritt, aus eigener Machtvollkommenheit die Bezirke abzuändern, hat sich die politische Einteilung seit 1870 folgender= maßen gestaltet: Die Zahl der Komitate ist von 57 im Jahre 1870 auf 64 im Jahre 1880 gestiegen; dagegen sind die im Jahre 1870 noch bestandenen 5 Gebiete, 4 Bezirke und 14 Stühle abgeschafft, und ebenso die Zahl der königlichen Freistädte und mit Municipal= rechten ausgestattete Städte von 71 auf 25 reduziert worden, sodaß die Gesamtsumme der Municipien in Ungarn sich von 151 auf 89 vermindert hat. In Kroatien=Slavonien ist die Zahl der Komitate von 7 auf 8 und die der königlichen Freistädte von 8 auf 11

erhöht worden, während das Gebiet der Stadt Fiume ungeändert
blieb. In der gewesenen Militärgrenze wurde die Zahl der Kreise
(früher Regimenter) von 10 auf 6 vermindert, dagegen die der
Städte (Militärgemeinden) von 7 auf 8 vermehrt. Dieses System
der Vereinfachung der politischen Einteilung des Landes wurde auch
auf die Bezirke ausgedehnt, deren Zahl sich von 666 im Jahre 1870
auf 473 im Jahre 1881 verringert hat. Davon entfallen 428 Bezirke (gegen 435 im Jahre 1870) auf Ungarn, 22 sogenannte
Vicegespanschaften (57) auf Kroatien-Slavonien und 23 sogenannte
Stuhldistrikte (174 Kompagnien) auf die gewesene Militärgrenze.
Die in den einzelnen Landesteilen sich ergebenden Änderungen
(namentlich durch Reinkorporierung der ehemaligen ungarischen Militärgrenze) werden am augenfälligsten durch die Vergleichung in Prozenten. Wie schon erwähnt, umfaßt das Gesamtgebiet der Länder
der ungarischen Krone 322,285 Quadratkilometer; daran beträgt
der Anteil Ungarns 279,750 ☐km oder 86·80% (gegen 83·61%
im Jahre 1870), der Kroatiens-Slavoniens 23,278 ☐km
oder 7·22% (5·97%), der Anteil der gewesenen Militärgrenze
19,238 ☐km oder 5·98% gegen 10·41% und der Fiumes 20 ☐km
oder 0·001% in beiden Zählungsjahren.

Obwohl bei der Regelung der Gemeinden im Jahre 1871 der
Charakter derselben als Städte, Groß- und Kleingemeinden festgestellt
worden ist, so tauchen doch noch öfter bezüglich der Kleingemeinden,
Puszten und Weiler Zweifel auf, so daß fortwährend kleine Änderungen platzgreifen. Wenn deshalb die folgende Zusammenstellung
kein vollkommenes, so giebt sie doch ein übersichtliches Bild der
Wohnorte der Bevölkerung und der Veränderungen gegen 1870.

Die Zählung von 1880 ergab in Ungarn 22 königliche Freistädte mit Municipalrechten, 3 mit Municipalrechten ausgestattete
Städte, 30 königliche Freistädte mit geordnetem Magistrat, gegen
80 königliche Freistädte im Jahre 1870, unter welchem Namen
obige drei Kategorien von Städten zusammengefaßt waren; die Zahl
der Städte mit geordnetem Magistrat beträgt in beiden Jahren 88.

	1870	1880
Es waren demnach in Ungarn:		
Königliche Freistädte mit Municipalrechten .		22
Mit Municipalrechten ausgestattete Städte . .	80	3
Königliche Freistädte mit geordnetem Magistrat .		30
Transport	80	55

	1870	1880
Transport	80	55
Städte mit geordnetem Magistrat . . .	88	88
Marktflecken	719	—
Großgemeinden . . . . . . }		1822
Kleingemeinden . . . }	11,870	10,870
Zusammen .	12,757	12,835

In Kroatien=Slavonien:

a. Civil.

	1870	1880
Königliche Frei= und selbständige Städte	10	12
Marktflecken	40	43
Dörfer . . .	3310	3283

b. Gewesene Militägrenze.

	1870	1880
Selbständige Städte . .	10	8
Marktflecken .	10	7
Dörfer	1190	1241
Zusammen .	4570	4594

Die Zahl der Gemeinden in Fiume und Gebiet: 3 · 3

Ein verläßliches Bild der Wohnungsverhältnisse bietet die Zahl der Häuser, wobei wir bemerken, daß bei den nachstehenden Ziffern die Puszten, Güter, Weiler, Schlösser, Höfe und Ansiedlungen 2c. außer Betracht bleiben. In Ungarn war im Jahre 1880 die Zahl der Häuser 2,299,366 oder 7·12 auf einen Quadratkilometer (gegen 2,191,201 im Jahre 1870); in Kroatien=Slavonien 172,876 oder 7·43 auf den Quadratkilometer (124,082); in der gewesenen Militär= grenze 103,678 oder 538 per □km (123,528). Die Häuserzahl Fiumes ist von 1402 im Jahre 1870 auf 1503 im Jahre 1880 gestiegen, sodaß in letzterem Jahre 768 auf den □km kommen. Was die Haushaltungen betrifft, zu denen nach der Zählungsvorschrift von 1880 auch abgesondert wohnende Individuen zu rechnen waren, so haben dieselben gegen das Jahr 1870 um 271,721 zugenommen, sodaß sie im Jahre 1880 3,450,854 gegen 3,179,133 im Jahre 1870 betrugen; und zwar ist deren Zahl in Ungarn von 2,871,755 auf 3,112,557, in Fiume von 3584 auf 4877, in Kroatien= Slavonien von 163,671 auf 213,637 gestiegen, dagegen in der gewesenen Militärgrenze von 140,123 auf 119,783 gesunken. Die

Zahl der Wohnungen betrug im Jahre 1880 3,302,173, wovon 2,964,347 auf Ungarn, 4406 auf Fiume, 213,637 auf Kroatien-Slavonien und 119,783 auf die gewesene Militärgrenze entfallen.

Vergleichen wir die angeführten Zahlen mit einander, so ergiebt sich, daß in Ungarn durchschnittlich auf ein Haus 1·29 Wohnung und 1·35 Wohnpartei kamen, in Kroatien-Slavonien auf ein Haus 1·23 Wohnung mit 1·24 Wohnpartei, in der gewesenen Militärgrenze 1·15 Wohnung und 1·15 Wohnpartei und in Fiume 2·94 Wohnung und 3·24 Wohnpartei.

Interessant sind auch die statistischen Aufzeichnungen über das Verhältnis, in welchem die gesamte Bevölkerung der Länder der. ungarischen Krone, welche im Jahre 1880 15,642,102 Personen, darunter 7,939,192 weiblichen Geschlechts, aufwies, sich auf die Glieder der einzelnen Familien verteilte.

In Ungarn, dessen Bevölkerung im Jahre 1880 13,728,622 Personen zählte, betrug die Zahl der Familienhäupter 3,112,007 (darunter 448,623 weiblichen Geschlechts), die der Familienglieder 9,587,056 (6,037,658) und die der übrigen Hausgenossen 1,029,559 (492,659). In Kroatien-Slavonien entfielen bei einer Bevölkerung von 1,194,415 Personen 312,847 (58,282) auf die Familienhäupter, 784,122 (504,069) auf die Familienglieder und 97,446 (42,449) auf die übrigen Hausgenossen; in der gewesenen Militärgrenze bei einer Bevölkerung von 698,084 Personen 174,986 (24,534) auf die Familienhäupter, 464,834 (294,383) auf die Familienglieder und 58,264 (25,116) auf die sonstigen Hausgenossen; in Fiume verteilte sich die Bevölkerung von 20,981 Personen auf 4877 (1059) Familienhäupter, 12,988 (8519) Familienglieder und 3116 (1805) sonstige Hausgenossen Aus diesen Zahlen ist ersichtlich, was auch naturgemäß ist, daß die überwiegende Majorität der Familienhäupter, durchschnittlich 85%, Männer sind. Unter den Familiengliedern dagegen beträgt die Zahl des weiblichen Geschlechts fast 63%, was seine natürliche Erklärung in dem Umstand findet, daß das männliche Familienmitglied als Erwerber früher ins Leben heraustritt und teils als Studierender und Lehrling ꝛc. aus der Familie abwesend ist. Die sonstigen Hausgenossen sind auch überwiegend Männer. was seine Erklärung in der großen Zahl der Landwirtschaft treibenden und der dabei beschäftigten Arbeiter ꝛc. findet.

Im ganzen überwiegt das weibliche Geschlecht um 236,282
Köpfe oder 2·97%, wobei aber in den Ziffern für die männliche
Bevölkerung das Militär nicht inbegriffen ist. Vergleichen wir noch,
um die Dichtheit der Bevölkerung zu eruieren, deren Zahl mit der
Bodenfläche, auf die sie sich verteilt, so ergeben sich für Ungarn
49·75 Personen, für Kroatien = Slavonien 51·31, für die gewesene
Militärgrenze 36·29, für Fiume 1072·10 und im Durchschnitt für
das ganze Land 48·54 Personen auf den Quadratkilometer. Einen
Beweis für die stark ausgeprägte Heimatsliebe der Ungarn und ihrer
Zufriedenheit mit den Verhältnissen, unter denen sie leben, finden
wir, wenn wir die Zahl der Bevölkerung nach ihrer Zuständigkeit
prüfen. Von den 15,642,102 Personen, welche die gesamte anwesende
Bevölkerung der Länder der ungarischen Krone ausmachen, entfielen
14,966,370 auf die nach demselben Komitat Zuständigen, darunter
14,189,490 Ortsangehörige; 536,606 waren teils in den ver=
schiedenen Ländern der ungarischen Krone, teils in verschiedenen
Komitaten zuständig und nur 139,126 Personen waren Ausländer,
wovon 104,700 auf Österreich entfielen. Aus diesen Zahlen ist
einerseits ersichtlich, daß der Wandertrieb und der Drang des Orts=
wechsels in der Bevölkerung Ungarns sehr unbedeutend ist, und
andererseits, daß auch viele geborene Ausländer sich in die Verhält=
nisse des Landes hineingefunden und die Ortszuständigkeit gewonnen
haben müssen, was natürlich in einem Lande, wo die weitgehendste
Freiheit herrscht und der beste Boden zur Verfügung steht, leicht
begreiflich ist.

Dem Civil=Stande nach gab es nach der Zählung von 1880
3,731,498 (27·17%) ledige Männer, 3,433,675 (25%) ledige
Mädchen, 2,801,810 (20·48%) verheiratete Männer, 2,820,155
(20·54%) verheiratete Frauen, 203,097 (1·47%) Witwer, 705,614
(5·14%) Witwen, 3,962 (0·02%) geschiedene Männer, 6,847 (0·04%)
geschiedene Frauen und 9,279 (0·06%) Männer und 12,685 (0·08%)
Frauen unbekannten Familienstandes

Sehr wichtig für das Verständnis der innern politischen wie
socialen Verhältnisse eines jeden Landes ist die Einteilung der Be=
völkerung nach Konfession und Nationalität. Gerade in Österreich
und Ungarn, wo unter dem Scepter des Hauses Habsburg=Loth=
ringen so viele Nationalitäten vereinigt sind, und besonders in unserer
Zeit die Nationalitätenfrage in den Vordergrund getreten, ist diese

Kenntnis für die objektive Beurteilung der Sachlage unerläßlich. Nach der officiellen Zählung von 1880, bei der für die Feststellung der Nationalität die Muttersprache als Grundlage bestimmt wurde, gab es in den Ländern der ungarischen Krone 6,206,872 Ungarn, 1,882,371 Deutsche, 1,799,563 Slovaken, 2,325,838 Walachen und Rumänen, 345,187 Ruthenen und Russen, 2,325,747 Kroaten und Serben, 83,150 Slovenen und Wenden, 3,523 Armenier, 79,393 Zigeuner, 33,668 sonstiger Landessprachen Mächtige, 156,892 Ausländer und 499,898 „des Sprechens Unkundige." Unter letzteren sind außer ungefähr 20,000 Taubstummen Kinder unter einem Jahre zu verstehen. Wir können dabei die Bemerkung nicht unterdrücken, daß wir diese Ausscheidung der Stummen und der Kinder bei der Bestimmung der Nationalität nach der Muttersprache nicht für gerechtfertigt halten, weil dadurch die Exaktheit der Zählung in diesem Punkte leidet. Da erstens die Stummen ihre Zeichensprache nach ihrer Angehörigen Muttersprache geregelt haben und zweitens die Kinder ja ganz sicher einige Monate nach der Zählung die Sprache ihrer Eltern oder sonstigen Angehörigen sprechen, so wäre es unseres Erachtens zweckmäßiger gewesen, die Nationalität dieser des Sprechens Unkundigen nach der ihrer Angehörigen festzusetzen. Da die Muttersprache nur für die Bestimmung der Nationalität, nicht aber auch für die Beurteilung der allgemeinen sprachlichen Verhältnisse ausschließlich maßgebend sein kann, so hat das ungarische statistische Bureau auch die Daten aufgenommen, in welchem Maße die Bevölkerung eines andern Idiom's als ihrer Muttersprache mächtig ist. Nach diesen Aufzeichnungen sprechen noch außer ihrer Muttersprache: ungarisch 817,668 Personen, deutsch 791,670, slovakisch 352,563, rumänisch 385,521, ruthenisch 37,461, kroatisch-serbisch 132,157, slovenisch 5,257, armenisch 282, zigeunerisch 18,858, andere landesübliche Sprachen 2,720 und ausländische Sprachen 6,844.

Aus diesen Ziffern ersehen wir daß die ungarische Staatssprache einerseits und die, die Civilisation des Westens vermittelnde deutsche Sprache andererseits es sind, welche das Volk außer seiner Muttersprache hauptsächlich spricht. Noch deutlicher tritt dieses Verhältnis bei der Stadtbevölkerung zu Tage, die fast ausschließlich ungarisch und deutsch spricht. Jedenfalls kommt der Deutsche mit seinem Idiom in Ungarn besser fort, als in irgend einem Lande außerhalb Deutschlands oder Österreichs, da dort alle Gebildeten und Geschäfts-

leute deutsch sehr gut verstehen. Natürlich sprechen wir in diesem
Falle von Ungarn im engeren Sinne, da in Kroatien und in der
Militärgrenze fast ausschließlich das kroatisch=serbische Idiom das
herrschende ist, neben welchem nur in sehr geringem Prozentsatz un=
garisch und deutsch gesprochen wird.

Was die konfessionellen Verhältnisse Ungarns betrifft, so ist es
natürlich, daß in einem Lande, das von so vielen national verschiedenen
Völkerschaften besiedelt ist, auch die Anzahl der verschiedenen Kon=
fessionen eine große ist. Nach der Zählung von 1880 gab es in den
Ländern der Stephanskrone 7,849,692 Römisch=Katholische (davon
6,482,595 im eigentlichen Ungarn), 1,497,268 Griechisch=Katholische
(1,486,598), 3,223 Armenisch=Katholische (3,221), 2,434,890 Griechisch=
Orientalische (1,937,105), 1,122,849 Evangelische Augsburger Kon=
fession (1,107,515), 2,031,803 Evangelisch Helvetischer Konfession
(2,023,257), 55,792 Unitarier (55,787), 4,645 Andere Christen
(4,320), 638,314 Juden (624,737), 90 Muhamedaner (17), 422
Andere Nichtchristen (422), 1338 Konfessionslose (1,311) und 1776
nicht eruibarer Konfession (davon 1,737 in Ungarn). Aus diesen
Ziffern ersehen wir, daß im ungarischen Mutterlande die Zahl der
Römischen Katholiken sich der absoluten Mehrheit, mit ungefähr 47 %
nähert, während sie im früheren Civil=Kroatien nahezu 84 % und in
Fiume sogar fast 99 % erreicht. Die Griechisch=Orientalische Kirche,
welche im eigentlichen Ungarn mit ungefähr 14 % vertreten ist, er=
reicht in der gewesenen Militärgrenze 47 % der Bevölkerung, während
die Evangelischen Helvetischer und Augsburger Konfession und die
Juden fast ausschließlich im eigentlichen Ungarn leben.

Indem wir nun zur Betrachtung des Bildungsgrades
übergehen, soweit aus der Kenntnis des Lesens und Schreibens
ein Schluß darauf gezogen werden kann, müssen wir voraus=
schicken, daß in Ungarn wie auch in Österreich der gesetzliche
Schulzwang erst im Jahre 1868 eingeführt worden ist, daß daher
die Bevölkerung in dieser Richtung nicht mit der Deutschlands und
der Schweiz verglichen werden kann, wo der obligatorische Unterricht
schon seit Generationen besteht. Günstiger fällt natürlich ein Vergleich
mit denjenigen Staaten aus, wo der Schulzwang ebenfalls erst seit
wenigen Jahren besteht oder überhaupt noch nicht eingeführt ist, wie
z. B. in England, Frankreich, Italien und Rußland. Steht auch
Ungarn den beiden erst genannten Ländern nach, so weist es doch

eine verhältnismäßig bedeutend geringere Zahl von Illiteraten auf, als Italien. Bevor wir an die Betrachtung der Zahlen gehen, müssen wir vorausschicken, daß von der Ziffer der Illiteraten selbstverständlich alle Kinder bis zum sechsten Jahre an der Zahl von 2,596,444 von vornherein abzuziehen sind, denn erst mit dem siebenten Jahre können die schulpflichtigen Kinder unter den des Lesens und Schreibens Kundigen aufgeführt werden. Deshalb ist von der Zahl der Illite= raten, welche bei der Zählung von 1880 unter einer Gesamt=Be= völkerung von 15,642,102 Individuen im Umfange von 9,341,355 ermittelt wurden, jene Ziffer abzuziehen, so daß die wirkliche rationelle Ziffer der Illiteraten sich auf 6,744,911 stellt. Unter der andern Hälfte konnten 5,389,190 (davon 2,246,402 weiblichen Geschlechts) Lesen und Schreiben und 911,557 (darunter 674,588 weiblichen Geschlechts) nur lesen. Obgleich dieses Verhältnis im Vergleiche mit den Nordweststaaten Europa's und Nordamerika nicht als günstig be= zeichnet werden kann, so gewinnt es doch ein ganz anderes Ansehen, wenn man es mit den Ziffern der Zählung von 1870 vergleicht. Das ungarische statistische Bureau hat die betreffenden Kategorieen nach dem Prozentsatz ausgerechnet, nachdem es vorher die Zahl der Kinder unter 7 Jahren von der Gesamtbevölkerung abgezogen. Da= durch erhalten wir folgende bemerkenswerte Ziffern.

Bevölkerung über 7 Jahre:

	1870	1880
Ungarn	10,900,259	10,844,217
Fiume	15,033	17,049
Kroatien = Slavonien	1,460,139	1,478,175

Wir finden nämlich nach dieser Aufstellung innerhalb der letzten 10 Jahre, während welcher das Gesetz über den obligatorischen Un= terricht vollständig in Wirksamkeit gesetzt war, einen namhaften Fort= schritt, der namentlich in Beziehung auf das engere Ungarn ganz bedeutende Proportionen aufweist. So ist nämlich die Zahl der In= dividuen, welche lesen und schreiben können, abzüglich der Kinder unter 7 Jahren von 1870 −1880 von 25% auf 46·02% gestiegen; die Zahl deren, welche nur lesen können von 11·10% auf 8·24% gesunken und die Zahl der Illiteraten von 63·90% auf 45·74% gefallen. In Fiume ist in demselben Zeitraum die Zahl der des Lesens und Schreibens Mächtigen von 47·51% auf 52·98% die

Zahl der nur Lesenkönnenden von 0·09% auf 2·13% gestiegen, die
Zahl der Illiteraten von 52·40% auf 44·89% gefallen. Am
schlimmsten ist es mit dem Bildungsgrad in Kroatien=Slavonien be=
stellt, obwohl auch dort ein Fortschritt zu verzeichnen ist Dort ist
nämlich die Zahl der des Lesens und Schreibens Kundigen von
17·74% auf 26·40% gestiegen, dagegen die Zahl der nur des Lesens
Mächtigen von 2·34% auf 1·17% und die der Illiteraten von 79·92%
auf 72·43% gesunken. Ergiebt also ein Vergleich mit der Zählung
von 1870 immerhin einen großen Fortschritt, so tritt dieser noch
schärfer hervor aus dem Vergleiche des Bildungsgrades der Bevölke=
rung in den verschiedenen Altersstufen. Denn während nach den
statistischen Ausweisen die Zahl der des Lesens und Schreibens Kun=
digen im Alter von über 60 Jahren, nicht ganz 39% beträgt, er=
reicht der jüngere Nachwuchs zwischen 11—15 Jahren bei den Männern
60% und übersteigt bei den Weibern 50%; unter dem jüngsten
Nachwuchs den 8—10jährigen sind schon 62% im Besitze der Basis
zur Aneignung der Bildung. In diesem Verhältnis fiel natürlich auch
der Prozentsatz der weder des Lesens noch Schreibens Kundigen von
56% beziehungsweise 65% der über 60 Jahre Zählenden bis zu
23% beziehungsweise 32% des jüngsten Nachwuchses.

Sehr interessant ist die Kombination des Bildungsgrades der
Bevölkerung mit deren Konfession, da die Volksschulen, die ersten
Vermittler der Bildung, in Ungarn noch meistens in den Händen der
einzelnen Konfessionen sind. Wir entnehmen der vom königlich un=
garischen statistischen Bureau aufgestellten Tabelle folgende Daten:
Den geringsten Prozentsatz der gänzlich Ungebildeten, d. h. der In=
dividuen, die weder lesen noch schreiben können, weisen die Armenier
auf mit 9·43% Männer (und 18·90% weiblichen Geschlechtes);
dann kommen die Evangelischen Augsburger Konfession mit 15·27%
Männern (20·16% weiblichen Geschlechtes); dann die Juden mit
16·73% Männern (35·20% weiblichen Geschlechtes); dann 16·90%
Männer (30·72% weiblichen Geschlechtes) für andere Christen als
die vor= und nachstehend Aufgeführten; dann kommen die Individuen
nicht eruirbarer Konfession mit 22·84% Männern (59·59% weib=
lichen Geschlechtes); dann die Evangelischen Helvetischer Konfession
mit 24·40% Männern (33·87% weiblichen Geschlechtes); dann die
Konfessionslosen mit 31·62% Männern (44·85% weiblichen Ge=
schlechtes); dann die übrigen Nichtchristen mit Ausnahme der Muha=

medaner 37·91% Männern (41·63% weiblichen Geschlechtes); dann
die Unitarier mit 37·98% Männern (62·75% weiblichen Geschlechtes);
dann die Römisch-Katholischen mit 40·34% Männern (und 48·22%
weiblichen Geschlechtes); dann die Muhamedaner mit 49·30%, dann
die Griechisch-Orientalischen mit 76·20% Männern (90·07% weiblichen Geschlechtes); und endlich die Griechisch-Katholischen mit 81·07%
Männern und 88·34% weiblichen Geschlechtes.

Aus diesen Daten geht hervor, daß, wenn wir die Konfessionen
mit geringer Individuenzahl daher auch geringerer Wichtigkeit weglassen, wie z. B. die Armenier, Muhamedaner 2c., die Römisch-Katholischen ungefähr den Durchschnitt des Bildungsgrades der Bevölkerung
repräsentieren. Die vorstehenden Prozentsätze beziehen sich auf die
gesamten Länder der ungarischen Krone, während sich bei einem Vergleiche des Bildungsgrades der einzelnen Konfessionen im engeren
Ungarn das Verhältnis nur durchschnittlich 3—4% günstiger gestaltet.

Da der Begriff der Muttersprache jenem der Nationalität ziemlich nahe kommt, und die Muttersprache zugleich im großen und
ganzen die Vortragssprache der betreffenden Volksschule ist, so ist es
nicht minder interessant, in Prozenten nachzuweisen, welcher Volks-
stamm in größerem Maße im Besitze der Grundbedingungen der
Bildung ist. Wie nicht anders zu erwarten, weisen die Deutschen,
wenn wir die an Zahl ganz geringen Armenier weglassen, den
niedrigsten Prozentsatz der gänzlich Ungebildeten auf, da von ihnen
nur 14·56% Männer und 23·73% Weiber weder lesen noch schreiben
können. Ihnen zunächst kommen die in Ungarn lebenden Ausländer
mit 14·76% beziehungsweise 31·13%; dann die Ungarn mit 28·59%
beziehungsweise 37·78%; dann die Slovaken mit 34·83% beziehungsweise 40·70%; dann die Slovenen mit 41·45% beziehungsweise
49·17%; dann die Kroato-Serben mit 66·35% beziehungsweise
79·98%. Am ungebildetsten sind noch unter der Bevölkerung Ungarns nach den Zigeunern die Rumänen, Walachen, Ruthenen und
Russen, die 81·27% beziehungsweise 86·75% und 92·78% gänzlich
Ungebildete aufweisen.

Der Stand der Berufsarten und Beschäftigungszweige der Bevölkerung kann nicht mit derselben statistischen Sicherheit angegeben
werden, wie die Zahl derselben nach den Geschlechtern, weil in erster

Linie die Stellung des weiblichen Geschlechtes im Erwerbsleben noch
in einer Übergangsperiode begriffen ist, obgleich die Rechte desselben
gesetzlich schon seit Jahren in dieser Hinsicht festgestellt sind,
andererseits weil die Bethätigung der Frauen beim Erwerb je
nach den verschiedenen Berufsarten wechselt und schwankt. Be=
trachten wir z. B. die landwirtschaftliche Bevölkerung, welche in
Ungarn noch bei weitem die bedeutendste Mehrzahl repräsentiert, so
sind die Frauen und teilweise auch die Kinder bis zu einem zarten
Alter herab mehr oder weniger auch beim Erwerb bethätigt, indem
sie wenigstens bei der Ernte und im Garten helfen und auch sonst
so manche Dienste verrichten, so daß man den größten Teil der
Frauen der Landbevölkerung nicht zu den Beschäftigungslosen rechnen
kann. Ähnliche Verhältnisse kommen auch in vielen Zweigen des
Handels und der Gewerbe vor. Außerdem leiden die statistischen
Aufnahmen namentlich auch wegen des Kollidierens von Haupt= und
Nebenbeschäftigung sehr an Lücken, was ich aus eigener Erfahrung
von der Organisation und Bearbeitung der schweizerischen Volkszählung
von 1870 her bestätigen kann. Aus ähnlichen Gründen läßt sich
bei der Betrachtung der Bevölkerung Ungarns kein stichhaltiger Ver=
gleich des Standes zwischen der Zählung von 1870 und 1880 auf=
stellen. Denn im Jahre 1870 war gar kein Nachweis über die Erwerbs=
beschäftigung des weiblichen Geschlechtes gefordert worden und es
hatten sich deshalb 52·65% der Gesamtbevölkerung als ohne be=
stimmte Beschäftigung ergeben, wovon 18.58% Männer und 34.07%
Weiber, während 1880 auch der Nachweis über die Beschäftigung
der Frauen gefordert wurde. Dadurch änderte sich das Verhältnis
und es blieben nur noch 24·21% Beschäftigungslose, wovon aber nicht
weniger als 23·45% auf Kinder unter 14 Jahren, wovon 11·66%
männlichen und 11·79% weiblichen Geschlechtes, fielen. Wirklich be=
schäftigungslos von Personen über 14 Jahren waren daher nur
0·76%, wovon 0·29% männlichen und 0·47% weiblichen Geschlechtes
waren. Die große Mehrzahl des weiblichen Geschlechtes ist teils als
im Haushalt bethätigt, teils beim Erwerb mitwirkend ermittelt worden,
während 1870 unter den Individuen über 14 Jahre sich 19·14%
befunden hatten, wovon 2·08% männlichen und 17·06% weiblichen
Geschlechtes waren.

Da bei der Bearbeitung der Volkszählung vom statistischen
Bureau mehr das englische System befolgt wurde, nach welchem bei

den Beschäftigungsarten nur die wirklich dabei Bethätigten specifiziert, die im Hauswesen beschäftigten Frauen und Kinder aber nur in Pausch und Bogen angegeben werden, so können wir die Ziffer der gesamten landwirtschaftlichen und gewerblichen Bevölkerung 2c. nicht mit Genauigkeit angeben.

Sehen wir von diesen Gesamtsummen der beim Haushalt be= schäftigten mit 3,390,870 Individuen und der 3,219,274 Kinder unter 14 Jahren, sowie überdies der 1,747,949 schulbesuchenden Kinder ab, so ergiebt sich das gewaltige Überwiegen der landwirtschaftlichen Bevölkerung, welche Ungarn noch als Ackerbaustaat qualifiziert, auf das evidenteste. Denn wir finden teils als selbständig, teils als unselbständig in der Landwirtschaft bethätigte Personen 4,520,671. Hierauf kommen die Gewerbe mit 788,970 selbständig und unselb= ständig Bethätigten, sodann Handel und Verkehr mit 185,591 selb= ständig und unselbständig Bethätigten, die liberalen Berufsarten mit 125,306, Bergbau und Hüttenwesen mit 25,991, sowie 39,295 Rentner. Hierzu kommen nun noch unselbständige Arbeiter, welche entweder als Gesinde, als Diener oder als Taglöhner bei verschiedenen Berufs= arten verwendet werden oder von einer zur andern wechseln, und die eine Gesamtzahl von rund 1,410,000 Personen repräsentieren, wovon ebenfalls wieder viele unter die Landwirtschaft klassifiziert werden müßten. Trotz der Ungleichheit des Materials hat das ungarische statistische Bureau es versucht, einen Vergleich der Resultate von 1880 und 1870 anzustellen und dabei gefunden, daß die landwirtschaftliche Bevölkerung im letzten Jahrzehnt sich um rund $\frac{1}{2}$ Million vermindert habe. Allein man würde sehr irren, wollte man aus dieser Ziffer einen volkswirtschaftlichen Schluß ziehen, welcher mit der in andern Kulturländern gemachten Beobachtung zusammentreffen würde und wonach mit der Vermehrung der Industrie und der erhöhten An= wendung landwirtschaftlicher Maschinen trotz steigender landwirtschaft= licher Produktion eine geringere Volkszahl zur Herstellung der letzteren erforderlich ist und immer mehr Personen sich den Gewerben zuwenden, so sehr, daß z. B. in England die landwirtschaftliche Bevölkerung nur mehr rund den dritten Teil der Gesamtbevölkerung ausmachen; denn im Jahre 1870 waren die Taglöhner mit unter die Rubrik der Landwirtschaft aufgenommen worden, während dieselben 1880 946,269 an der Zahl unter jenen 1,410,000 Arbeitern figurieren. Sonach würde, wenn überhaupt bei der Beschaffenheit des Materials ein sicherer Ver=

gleich möglich wäre, eher das Gegenteil, nämlich eine Vermehrung der landwirtschaftlichen Bevölkerung um fast ½ Million eingetreten sein. Dies wäre keineswegs unwahrscheinlich, weil die Nachwehen der Krisis von 1873 auch in Ungarn schmerzlich empfunden wurden. Bei der allgemeinen Stockung der Gewerbe und des Handels, welche nach der Krisis eingerissen war, blieb sowohl in Österreich wie in Ungarn Hunderttausenden von Arbeitern gar nichts anderes übrig, als sich aus den Städten wieder auf das Land zu flüchten, welches dem Hilfsbedürftigen wenigstens immer ein Obdach und Nahrung bietet. Das Überwiegen des landwirtschaftlichen Elementes in Ungarn und die Fruchtbarkeit des Bodens mögen es auch erklären, warum die Nachwehen der Krisis in Ungarn viel früher überwunden wurden, als in den westlichen Staaten. Wir lassen nun die Ziffern der Hauptberufsarten in ihren einzelnen Kategorieen folgen: Den liberalen Berufsarten widmeten sich nach der Zählung von 1880 im ganzen 125,306 Personen. Davon entfielen auf Priester, Seelsorger, Nonnen 15,664 Männer und 1,194 Weiber, auf Professoren und Lehrer 26,361 Männer und 4,144 Frauen, auf Schriftsteller und Künstler 1,584 beziehungsweise 467, auf Ärzte, Chirurgen und Hebammen 3,664 beziehungsweise 8,255, auf Ingenieure und Mechaniker 2,627, auf öffentliche Beamte 30,931,210, auf Advokaten und königliche Notare 4,917, auf Erzieher, Gesellschaftsdamen 1,827, Frauen auf sonstige Personen mit intellektuellem Erwerbe 23,018 beziehungsweise 443.

Im Bergbau und Hüttenwesen waren 25,991 Personen thätig und zwar verteilte sich deren Zahl wie folgt. Selbständige Unter= nehmer waren 171 Männer und 1 Frau, Beamte 446, Gehilfen 610, Lehrlinge 65, Arbeiter 24,168, Arbeiterinnen 443 und aushelfende Familienmitglieder 85, wovon 1 Frau.

Im Ackerbau und Forstwesen waren 4,520,671 Personen, dar= unter 973,465 Weiber, thätig, und zwar als Grundbesitzer 1,451,707, als Pächter 23,393, als Ökonomie=Beamte 11,925, als Jahresdiener 554,458, als Arbeiter 771,846, als Kleinhändler 35,449 und als Aushelfende 698,428.

Gewerbsleute gab es 788,970 und zwar 351,483 männliche und 29,303 weibliche selbständige Unternehmer, 2,069 [26]*) Be=

---

*) Die eingeklammerten Zahlen bedeuten die in dem betreffenden Berufs= zweig beschäftigten Personen weiblichen Geschlechts.

amte und Geschäftsführer, 210,743 [11,572] Gehilfen, 81,734 [2,165] Lehrlinge, 60,151 [17,170] Arbeiter und 7,597 [14,957] aushelfende Familienmitglieder.

Im Handel und Verkehr waren 185,591 Personen thätig, davon 84,755 männliche und 12,545 weibliche selbständige Unternehmer, 11,781 [384] Beamte und Geschäftsführer, 26,807 [1,010] Gehilfen, 9,646 [30] Lehrlinge, 29,554 [783] Arbeiter und 3,368 [4,928] aushelfende Familienmitglieder. Unter den anders Beschäftigten gab es 33,021 männliche und 937 weibliche öffentliche Diener, 46,370 männliche und 384,050 weibliche Hausbedienstete, 442,594 [503,675] Taglöhner und 3,390,870 beim Haushalt beschäftigte Individuen weiblichen Geschlechtes. Von eigenen Einkünften Lebenden gab es 18,338 Männer und 20,957 Frauen. Pension bezogen 8,584 Männer und 5,036 Frauen, während 20,086 Männer und 30,906 Frauen von Almosen lebten. Die Zählung wies ferner auf 68 [60] Bordellhaus=Besitzer, 2,595 Freudenmädchen und 13,080 männliche und 1,177 weibliche Arrestanten. Die Schule besuchten 50,628 [13,635] Personen über 14 Jahre und 867,320 [816,366] unter 14 Jahren. Beschäftigungslos waren 40,850 [65,096] Personen über 14 Jahre und 1,600,765 [1,618,509] Personen unter 14 Jahren.

Bergbau und Hüttenwesen.

———

Dem geologischen Aufbau des Landes entsprechend, gehört Ungarn in seinem Bergbau zu den erzreichsten Ländern Europas und steht bezüglich der Steinkohle nur Großbritannien und Deutschland, und bezüglich der Edelmetalle nur Rußland nach.

Seine goldhaltigen Schichten, deren Hauptsitz in Siebenbürgen ist, waren schon den Römern bekannt, von deren Thätigkeit Spuren in den Bergwerken von Szalathna, und zwar in Verespatek, Offenbanya u. a. vorhanden sind. Auch im engeren Ungarn finden sich reiche Gold- und Silberadern, welche in den bedeutenden Bergwerken zu Schemnitz und Kremnitz, Nagybanya 2c. noch ausgebeutet werden. Außerdem wird Waschgold in einer Anzahl von Flüssen, namentlich in der Maros, Szamos = Aranyos u. a., und Silber in zahlreichen Minen, insbesondere in Oravitza und Schmöllnitz in großer Menge gewonnen. Sehr bedeutend ist auch der Bergbau in Kupfer und stünde demselben bei dem gegenwärtig stärkeren Gebrauch für elektrische Zwecke eine größere Zukunft bevor, wenn es gelingt, diesen Bergbau in starke Hände zu konzentrieren. Neben dem Gold und Silber wird auch Blei und Quecksilber gewonnen; besonders reich ist Ungarn an Eisensteinen verschiedener Gattungen, welche größtenteils fast phosphorfrei und sehr reich an Eisengehalt sind. Es finden sich ergiebige Erzlager sowohl in den nördlichen, wie in den südlichen Karpathen. Auch Nickel, Kobalt und Antimon finden sich vor. Ungarn und besonders Siebenbürgen ist reich an Steinsalz, an Salpeter und Potasche, welche sich an vielen Orten sogar in natürlichem Zustand vorfinden. Auch giebt es Edelstein- und sogar Bernsteingruben. Die ersteren sind deshalb bemerkenswert, weil sie die einzigen in Europa sind, welche den Edelopal liefern und aus welchen in dem k. k. Naturalienkabinett zu Wien ein Exemplar aufbewahrt wird, das einen Wert von 2 Mill. fl. haben soll. Außerdem findet man Granate, Amethyste, Karneole, Turmalin, Flußspate, Achate, Bergkrystalle 2c.

Die Distrikte, wo vorzüglich Bergbau auf Metalle (ausschließlich der Eiseninbustrie) betrieben wird, sind folgende: 1. der Schemnitzer und Kremnitzer; 2. der oberungarische; 3. der nagybauyaer; 4. der siebenbürger und 5. der südungarische Bezirk.

Die Steinkohlendistrikte Ungarns, welche mächtige Vorräte für Jahrtausende bergen, sind folgende: am rechten Donauufer: 1. der Brennberger im Ödenburger Komitat; 2. der Graner und Osner; 3. der Szaparer im Veszprimer Komitat; 4. der Ajkaer im Veszprimer Komitat; 5. der Fünfkirchner im Baranger Komitat; am linken Donauufer: 6. der Salgo=Tarjaner in Heves und Neográd; 7. der Valassa=Gyarmater in Neográd; 8. der Diárgyör=Edelényer in Borsod und Gömör; 9. der Steierdorfer und Reschitzaer in den südwestlichen Abhängen der Karpathen; 10. der Brzaszkaer auf der früheren Militärgrenze; 11. der Zeilthaler in Siebenbürgen.

Unerschöpfliche Steinsalzlager giebt es in der Marmaros und in Siebenbürgen, welche durch acht große Salzbergwerke ausgebeutet werden. Die Ausdehnung des Steinsalzflötzes des Werkes zu Szlatina in der Marmaros ist heute noch nicht festgestellt. Man baut das Salzlager dort in 6 Gruben ab. Soweit das Lager erforscht ist, wird dessen Vorrat auf 330 Millionen Zentner und der des Ránaszéfer Flötzes in der Marmaros, der ebenfalls in 6 Gruben ausgebeutet wird, auf 440 Millionen Zentner geschätzt. Die Salz= menge des in 3 Gruben abgebauten Sugatager Lagers in der Marmaros wird auf 500 Millionen Zentner veranschlagt, das des Salzwerkes Désakna in Siebenbürgen gar auf 16,090 Millionen Zentner, des Tardaer auf 16,000 Millionen Zentner, der Maros= Ujvár=Werke in Siebenbürgen auf 2450 Millionen Zentner. Die mächtigsten Kohlenlager in Siebenbürgen sind zwar jüngerer Forma= tion, allein da jetzt ein Verfahren gefunden ist, die Braunkohle zu vercoafsen, so wird sie in Zukunft auch für den Hochofenbetrieb aus= reichen, bei dem sie gegenwärtig nur 50% des Brennstoffes der Ladung liefern, während die anderen 50% aus mährischen Coaks und Holzkohle bestehen.

Das ganze Mittelalter hindurch waren die Gold= und Silber= bergwerke Ungarns und Siebenbürgens berühmt. Auch heute ist das Berg= und Hüttenwesen Ungarns viel bedeutender, als man in weitern Kreisen des Auslandes ahnt. Das ungarische Montan= Handbuch führt nicht weniger als 778 Werke auf, von welchen einzelne, wie z. B. die Stahlhütten der Österreichischen Staatsbahn im Süden und die Kronstadter Werke den ausländischen Werken ersten Ranges an die Seite gestellt werden können. Der Gesamtwert der Bergwerksausbeute wurde im Jahre 1878 auf 22,780,629 Gulden und im Jahre 1879 auf 21,358,873 Gulden veranschlagt. Der Bergbau und das Hüttenwesen Ungarns sind aber noch weit entfernt von der lohnenden Ausbeute, welche demselben mit Hülfe der heutigen technischen und kapitalistischen Hülfsmittel entlockt werden könnte, weil die meisten Unternehmungen aus Kleinbetrieb bestehen, d. h. nur mit geringem Kapital und wenigen Arbeitern ausgebeutet zu werden pflegen. Dem technischen Unternehmungsgeist und dem westlichen Kapital bietet sich da noch ein zum großen Teil jungfräu= liches Feld, welches sehr gewinnbringend ausgenutzt werden könnte.

Das bisher verliehene Bergwerksareal umfaßt über 557 Millionen Quadratmeter; die Zahl der Freischürfe betrug 1878 15,968 und die Zahl der beschäftigten Arbeiter 39,800.

Wenn wir nach dem ungarischen Montan=Handbuch von 1881 die Zahl der Bergwerke und Hütten nach ihrer Bestimmung analy= sieren, so entrollt sich unseren Augen das nachfolgende Bild. Dem= selben müssen wir aber vorausschicken, daß viele Betriebe auf die Ausbeutung mehrerer Minerale gerichtet sind, indem nämlich Gold= und Silberbergbau meist gleichzeitig von ein und demselben Werke betrieben wird, während von anderen gleichzeitig Gold und Kupfer, oder Silber und Blei, oder Kupfer und Eisen, oder Kupfer und Quecksilber und andere Mineralien in mannigfachen Kombinationen gewonnen werden.

Es finden sich solchergestalt ungefähr 130 Goldbergwerke, 210 Silbergruben, gegen 200 Kupferbergwerke, 45 Bleiminen, 30 Stein= kohlen=, 15 Glanzkohlen= und 55 Braunkohlengruben, gegen 70 Roteisenstein=, 30 Brauneisenstein=, 37 Spateisenstein=, 2 Roteisenstein= und 3 Manganeisenstein=Gruben vor; ferner finden sich vor circa 15 Antimon=, 3 Chromerz=, 5 Quecksilber=, 35 Kobalt=, 25 Nickelgruben; ferner 21 Werke, in welchen quecksilber= und kupferhaltige Fahlerz= gruben, 9 Gelf= und Fahlerzschächte, mehrere Galmei= und Zinkgruben, 9 Steinsalzbergwerke, 1 Magneteisenstein= und 4 Tellursilbergruben sich befinden, Gruben, in welchen Amethyst, Opale und andere Edel= steine und Halbedelsteine gewonnen werden, Talk=, Alaunerde und Eisenvitriolwerke, einige Schwefel= und Naphtahütten, sowie Gruben, in welchen verschiedenartige Mineralien ausgebeutet werden. Bei

Alt = Rodna wird auf Sphalerit, Graenoeit, Galenit, Cerusit, Pirit, Arsenopirit, Markasit, Calcit, Dolomit, Aragonit, Manganocalcit, bei Olahlaszposbanya in der Berghauptmannschaft Zalathna auf gold=, silber=, kupfer= und bleihaltigen Chalkopyrit und Galenit geschürft.

Unter den Werken, welche zur Verhüttung der angeführten Mineralien dienen, finden wir in dem von Oskar Guttmann heraus= gegebenen Montan = Handbuch 15 größere Gold= und Silberwerke, 5 Kupferwerke und Hämmer, sowie 60 größere Eisen= und Stahl= werke, von denen einige den bedeutendsten Hütten Europas zur Seite stehen und mit den neuesten technischen Verbesserungen ausgerüstet sind. Wir führen darunter auf insbesondere die Berg= und Hütten= werke der österreichisch = ungarischen Staatseisenbahn = Gesellschaft in Oravitza, Reschitza und Janina, die Eisen=, Berg= und Hüttenwerke des Kronstädter Bergbau= und Hütten=Aktien=Vereins, die Hüttenwerke der oberungarischen Waldbürgerschaft, die Hüttenwerke der Krompach= Herrnader Eisenwerk=Gesellschaft, das Eisenwerk Govasdia im Komitat Hunyad, die königlich ungarische Hütte in Schmöllnitz u. s. w.

Einem neueren Bericht des ungarischen statistischen Bureaus über den Stand des Berg= und Hüttenwesens im Jahre 1880 entnehmen wir die nachfolgenden Angaben. Die Bergbaudistrikte sind in sieben Berghauptmannschaften eingeteilt, davon 6, nämlich: Beszterczébanya, Budapest, Nagybánya, Oravicza, Szepes = Igló und Zalatna in Ungarn und Zágráb in Kroatien = Slavonien. Nach diesem Bericht umfaßte die Gesamtfläche der verliehenen Bergwerksmasse 1880 569,561,751 Quadratmeter, wovon 82 1/3 Mill. auf das Ärar und 487 1/5 auf 1222 entfallen, so daß auf den letzteren durchschnittlich fast 400,000 ☐m kommen. Davon entfallen rund 478 Mill. ☐m Grubenmasse auf die Gewinnung von Gold, Silber und Kupfer, rund 46 Mill. ☐m Grubenmasse des Ärars und 50 Mill. von Privaten; auf die Gewinnung von Eisenstein 8·8 Mill. des Ärars und 73 1/3 von Privaten; für Steinkohlen 24 1/4 Mill. des Ärars und 328 1/5 von Privaten; für andere Mineralien 1 1/2 Mill. des Ärars und 26 1/6 von Privaten.

Die Zahl der Freischürfe betrug im Jahre 1880 12,239, wovon 218 ärarische; die Zahl der privaten Freischürfer war 1010. Die Länge der Förderbahnen aus Eisenschienen betrug 699,785 Meter, die Länge der hölzernen 407,142. An Förder= und Fahrtmaschinen waren in Betrieb 130 Dampfmaschinen, 176 Wasserkünste und 81

4

mit tierischer Kraft ausgerüstete Apparate. Die Zahl der Wasser=
hebemaschinen erhob sich auf 249, wovon 69 mit Dampf=, 77 mit
Wasser=, 8 mit tierischer und 95 mit menschlicher Kraft betrieben
wurden. Die Zahl der Aufbereitungsmaschinen, Öfen, Herde und
sonstigen Dampfmaschinen betrug 17,672.

Ungarn besitzt im ganzen 108 Eisenhochöfen, wovon 3 in
Kroatien im Gange sind und im Jahre 1880 überhaupt 68 im
Betriebe sich befanden, 40 aber ausgeblasen waren. Die Gesamtzahl
der Betriebswochen war 2761, so daß auf einen Ofen ungefähr
42 Betriebswochen kamen. Die Gesamtzahl der Arbeiter war 1880
41,799, wovon 35,815 Männer, 1230 Frauen und 4574 Kinder.
Davon beschäftigte das Ärar im ganzen 9330 und die Privaten
32,469 Personen.

Die Arbeitslöhne betrugen je nach den verschiedenen Berg=
hauptmannschaften für Männer im niedrigsten Stand von 25 bis
60 Kreuzer und im höchsten Stand 1 fl. bis 1 fl. 50 kr. ohne
Verköstigung. Bei den Frauen 17 bis 40 kr., beziehungsweise 30
bis 70 kr.; bei den Kindern 14 bis 27 kr., bezw. 30 bis 80 kr.

Was die Produktion betrifft, so verteilte sich dieselbe im
Jahre 1880 wie folgt: die Ausbeute an Gold erhob sich auf
1604.0683 kg im Gesamtwerte von 2,237,675 Gulden, wovon
677 1/2 kg auf den Staat und 926 2/5 kg durch Private gewonnen
wurden. An Silber 17.443.8 kg im Gesamtwerte von 1,569,942
Gulden, wovon 11,744.6 kg durch den Staat und 5,699.2 kg
durch Private; an Kupfer 8,302.5 Meterzentner im Gesamtwerte
von 602,333 Gulden, wovon 1933 Meterzentner durch den Staat
und 6369 Meterzentner durch Private; an Blei 16,986 Meterzentner
im Gesamtwerte von 251,369 Gulden, wovon 16,055.6 Meterzentner
durch den Staat und 930.6 Meterzentner durch Private; an Queck=
silber 180.71 Meterzentner im Werte von 36,142 Gulden, die nur
in Händen von Privaten sind; an Zink 5543 Meterzentner im
Werte von 99,834 Gulden, die auch nur Privaten gehören; an
Antimonerz 5832.5 Meterzentner im Werte von 65,756 Gulden,
wovon 1050.5 Meterzentner durch den Staat und 4782 durch
Private. Die Ausbeute an rohem Antimon betrug 1739 Meter=
zentner im Werte von 51,675 Gulden, die ausschließlich in Händen
von Privaten ist, ebenso wie die der Antimonspeise mit 400 Meter=
zentner im Werte von 12,400 Gulden und die von Nickel= und

Kobalterz mit 1577 Meterzentner im Werte von 90,742 Gulden und Nickel- und Kobaltspeise mit 637 Meterzentner im Werte von 45,277 Gulden. Die Ausbeute an Frisch-Roheisen betrug 1,291,139 Meterzentner im Werte von 4,825,483 Gulden, wovon 109,002 Meterzentner durch das Ärar und 1,219,247 durch Private; an Guß-Roheisen 111,070 Meterzentner im Werte von 904,124 Gulden, wovon 1640 Meterzentner durch das Ärar und 109,430 durch Private; an Schwarzkohle 8,050,472 Meterzentner im Werte von 4,167,936 Gulden, ausschließlich Privaten gehörig; an Braunkohle 10,133,926 Meterzentner im Werte von 2,783,811 Gulden, wovon 224,000 Meterzentner durch den Staat und 9,909,926 Meterzentner durch Private. An Briquettes, Erdpech, Steinöl, deren Ausbeute sich nur in Händen von Privaten befindet, wurden 325,284 Meterzentner im Gesamtwerte von 359,929 Gulden gewonnen. Die Ausbeute an Alaun betrug 1201 Meterzentner im Werte von 12,015 Gulden, die Privaten gehörten; an Salpetersäure 161 durch den Staat gewonnene Meterzentner im Werte von 3752 Gulden; an Braunstein 24,078 Meterzentner, Privaten gehörig, im Werte von 16,788 Gulden; an Eisenkies 537,822 Meterzentner im Werte von 257,595 Gulden, wovon 282,356 Meterzentner durch das Ärar und 255,466 durch Private; an Eisenvitriol 3976 Meterzentner im Werte von 8794 Gulden; an Kupfervitriol 1501 Meterzentner im Werte von 42,374 Gulden, wovon 31 Meterzentner durch das Ärar und 1470 Meterzentner durch Private; Bleiglätte 4645 Meterzentner im Werte von 79,851 Gulden, wovon 4286 Meterzentner durch das Ärar und 359 Meterzentner durch Private; an Mineralfarbe 1187 Meterzentner im Werte von 5521 Gulden; an Sulfuroxyd 30,367 Meterzentner im Werte von 69,161 Gulden, wovon 8898 Meterzentner durch das Ärar und 21,469 durch Private; an Manganspat 12,961 Meterzentner im Werte von 7677 Gulden, wovon 995 Meterzentner durch das Ärar und 11,966 durch Private. Die Ausbeute an Schwefel betrug 68 Meterzentner im Werte von 408 Gulden und die an Bleiglänze 55 Meterzentner im Werte von 142 Gulden.

An Rohprodukten wurden gewonnen: Golderz, goldhaltiges Silbererz, gold-, silber-, blei- und kupferhaltige Erze 2c. 27,689 Meterzentner im Werte von 152,512 Gulden, wovon 17,429 Meterzentner durch das Ärar und 10,260 durch Private; an Silberschlich 9093 Meterzentner im Werte von 30,171 Gulden;

an Kupfererz 157,337 Meterzentner im Werte von 406,579 Gulden, wovon 24,956 Meterzentner durch das Ärar und 132,381 durch Private; an gold= und silberhaltigem Bleierz und Schlich 13,363 Meterzentner im Werte von 156,038 Gulden, wovon 12,410 Meter= zentner durch das Ärar und 953 Meterzentner durch Private; an silberhaltigem Kupfererz 11,025 Meterzentner im Werte von 76,323 Gulden; an Bleischlich 20,495 Meterzentner im Werte von 185,782 Gulden, wovon 18,297 Meterzentner durch das Ärar; an Eisenerz 4,457,441 Meterzentner im Werte von 1,235,874 Gulden, wovon 368,055 Meterzentner durch das Ärar und 4,089,386 Meterzentner durch Private; an Alaunstein und Alaunerde 12,868 Meterzentner im Werte von 3770 Gulden; an Ölschiefer 313,441 Meterzentner im Werte von 40,747 Gulden; an Zinkerz 11,366 Meterzentner im Werte von 11,285 Gulden und an Quecksilber 62 Meterzentner im Werte von 372 Gulden. Der Gesamtwert der Berg= und Hütten= produktion betrug im Jahre 1880 18,623,981 Gulden, wofür an Maßgebühren und Einkommensteuer 147,231 Gulden entrichtet wurden, was einem Prozentverhältnis von 0·79055% entspricht. Dazu kamen noch die Freischürfgebühren in der Höhe von 40,087 Gulden.

Was die Salzproduktion betrifft, so wird dieselbe ausschließlich in den Bezirken Klausenburg und Marmaros = Sziget betrieben, die zusammen 33 Salzbergwerke zählen, wovon aber 16 provisorisch aufgelassen sind. Der Flächenraum der im Betriebe stehenden Berg= werke umfaßt 118,616 Quadratmeter, während 60,828 Quadratmeter auf die provisorisch aufgelassenen entfallen. Die Zahl der offenen Schachtausgänge im Betriebe beträgt 105 mit einer Gesamttiefe von 5212 Metern (also durchschnittlich gegen 49 ³/₈ Meter), die der offenen Reserve=Schachtausgänge 68 mit einer Gesamttiefe von 3073 Metern und die der Stollen 84 mit einer Gesamtlänge von 17,205 Metern. 51 Maschinen von 448 Pferdekraft leisten die Arbeit, wovon 16 mit Dampfkraft, 22 mit Pferdekraft und 13 mit Menschenkraft betrieben werden.

Unter den großen Hüttenwerken Ungarns verdient die Stahlhütte von Reschitza besonders hervorgehoben zu werden, nicht bloß weil dieselbe an Umfang der Einrichtungen und des Kapitals, sondern auch in der Anwendung der neuesten Apparate und Maschinen den bedeutendsten deutschen und englischen Stahlwerken zur Seite steht und den größten Teil des Bedarfes der ungarischen Eisenbahnen an Stahlschienen deckt. Das Werk repräsentiert ein ursprüngliches Anlagekapital von im ganzen ungefähr 36 Millionen Gulden, das bereits fast gänzlich amortisiert ist, da vor einigen Jahren von den Eigentümern, der Österreichisch = Ungarischen Staatsbahn = Gesellschaft, der Beschluß gefaßt wurde, alle Neuanschaffungen noch in dem der Anschaffung folgenden Jahre zu tilgen. Der ungarische Bergbesitz der Staatsbahn = Gesellschaft besteht nämlich aus drei Berg= und Hüttenwerken, dem in Steierdorf-Anina, in Oravicza und Reschitza. Das erste besteht aus einem Kohlen= und Eisensteinbergwerk in Steierdorf = Anina und einem Eisen= und Stahlwerk in Anina. In Steierdorf im Komitat Kraßzó wird auf Steinkohle, Thon= eisenstein (blackband), feuerfesten Thon und Ölschiefer mit einem Arbeiterstand von 1790 Leuten, nämlich von 1637 Männern, 16 Weibern und 137 Kindern gebaut. Außerdem werden noch 487 Forstarbeiter und Fuhrleute beschäftigt. Die Arbeiter nehmen an dem Provisions= und Unterstützungsfonds sämtlicher Bediensteter der Staatseisenbahn=Gesellschaft teil, welche einen Beitrag von 27% aller Einzahlungen leistet. An Produktionsmitteln besaß das Werk 1879 11 Förderungsmaschinen zu 1240 Pferdekraft, 3 Wasserhaltungs= maschinen mit zusammen 740 Pferdekraft, 6 Ventilationsmaschinen mit zusammen 139 Pferdekraft, 1 Dampfmaschine für die feuerfeste Ziegelei mit 50 Pferdekraft, 3 vertikale Gebläsemaschinen für die Hochöfen, jede mit 300 Pferdekraft. Die Produktion erhob sich 1879 auf 161 Millionen Kilo Steinkohlen im Werte von 1,288,721 Gulden, $5\frac{1}{4}$ Mill. Kilo Eisensteine im Werte von 31,644 Gulden, 30,113,000 Kilo Schiefer im Werte von 42,158 Gulden, 1,639,700 Kilo Rohöl im Werte von 131,176 Gulden und 3,122,000 Kilo feuerfester Thon im Werte von 12,488 Gulden.

Das Eisen= und Stahlwerk in Anina umfaßt eine Kohlenwäsche und 2 Coaksöfengruppen, 2 Hochöfen, 1 Gußhalle mit 2 Coupolöfen und 1 Flammofen, 1 Stahlhütte, 1 Puddlings= und Walzhütte, 1 mechanische Werkstätte und 1 feuerfeste Ziegelei. Dasselbe erzeugt Roheisen, Gußwaren aller Art, Siemens=Martinsstahl, Schienen und Schienenbefestigungsmittel, Kommerzeisen aller Eisen, Träger und U=Eisen, feuerfesten Thon und Ziegel. Die Produktion war 1879 3,864,150 Kilo Roheisen im Werte von 158,810 Gulden; 1,296,110 Kilo Gußwaren im Werte von 155,533 Gulden; 5,383,670 Kilo Stahl = Ingots im Werte von 323,020 Gulden; 4,235,300 Kilo

Schienen im Werte von 465,884 Gulden; 3,442,770 Kilo Walz= eisen im Werte von 430,346 Gulden. Der Arbeiterstand war 697 Männer, 14 Weiber, 118 Kinder. Auf dem Werk befindet sich eine römisch=katholische Kirche, eine 3klassige Werkschule, ein Notspital und ein Lebensmittelmagazin.

Das Hüttenwerk in Oravicza besteht aus 6 Objekten, wovon: 1. ein Bergwerk mit silberhaltigen Kupfererzen und Gold, welches 2 Aufbereitungsstätten mit 2 Wasserrädern enthält und 1879 mit 44 Arbeitern 127,000 Kilo silberhaltige Kupfererze im Werte von 6925 Gulden erzeugt hat; 2. eine Kupferhütte und zwei Kupfer= hämmer in Zsiglova, Komitat Krassov, mit deutscher und rumänischer Volksschule, welche 1879 mit 11 Arbeitern 34,458 Kilo Kupferware im Werte von 38,552 Gulden; 3. Kupfer= und Schwefelkies= Bergbau in Szászka, Kohldorf und Mariaschnee, Komitat Krassov, mit einer Wassersäulen = Wasserhaltungsmaschine in Szászka, welche mit 146 Arbeitern, wovon 127 Männer und 19 Kinder 1879 1,706,000 Kilo Kupfererze im Werte von 28,587 Gulden erschlossen; 4. zwei Kupferhütten in Szászka, wo mit 27 Arbeitern im Jahre 1879 56,380 Kilo Spleißkupfer im Werte von 43,759 Gulden erzeugt wurde; 5. Schwefelkies=Bergbau bei Neu=Moldava mit Kies= mühle und Sortiervorrichtung, mit Turbinenbetrieb, wo 1879 mit 28 Arbeitern 779,876 Kilo Schwefelkies im Werte von 6972 Gulden hervorgebracht wurde; 6. Hütte in Moldava, in welcher mit 22 Arbeitern 1879 598,619 Kilo Schwefelsäure im Werte von 23,589 Gulden, 26,828 Kilo Kupfervitriol im Werte von 7563 Gulden und 21,305 Kilo Glaubersalz im Werte von 433 Gulden produziert wurde. Diese 6 Werke haben 3 deutsche und 3 rumänische Volks= schulen und 3 Werkärzte.

Die Berg= und Hüttenwerke von Reschitza umfassen 6 Objekte, nämlich: 1. das Bergwerk in Reschitza auf Schwarzkohle und manganhaltigen Brauneisenstein, in welchem ein 12,000 Klafter langer Stollen sich befindet, welcher mittelst eines Schienengeleises durch das Massiv des Schloßberges den Anschluß an die Werkbahn in Reschitza bewerkstelligt und mit in der Fabrik selbst erzeugten Liliput= Lokomotiven zur Förderung von 450 Grubenhunden mit 2 Lokomo= tiven und 2 direkt wirkenden Fördermaschinen, einer liegenden direkt wirkenden Ventilationsmaschine zum Antriebe von 2 Ventilatoren, 2 Dampfhaspeln, 3 Speisepumpen oder zusammen 15 Dampfmaschinen

mit 558 Pferdekraft, mit einer kompleten Kohlenwäsche und Separa=
tion, mit 1 Antriebsmaschine von 30 Pferdekräften, 1 Coaksausdruck=
maschine mit 12 Pferdekräften und 46 Coaksöfen ausgerüstet ist.
Die Produktion betrug 1879 mit 894 Arbeitern, wovon 772 Männer,
12 Weiber und 110 Kinder 76,000,000 Kilo Steinkohle im Werte
von 500,000 Gulden, 8,000,000 Kilo Coaks im Werte von
96,000 Gulden; 2. Magnet= und Roheisen=Bergbau in Moravicza
und Dognácska, enthält 4½ km Pferdebahn, 10·3 km Grubenbahn,
190 Grubenhunde, 1 Bremsberg und 1 Bremsschacht in Moravicza,
1 Bremsberg in Dognácska, 1 Aufbereitungswerkstätte in Dognácska.
Erzeugt wurde dort mit 641 Arbeitern, davon 23 Weiber und 97
Kinder, 40,000,000 Kilo Eisenerze im Werte von 200,000 Gulden,
550,000 Kilo Metallerze im Werte von 40,000 Gulden; 3. Hütte
in Dognácska, erzeugt Spleißkupfer, Blei und Silber und enthält
3 Hochöfen, 1 Halbhochofen, 1 Treibherd, 1 Spleißherd, 1 Flamm=
ofen zum Rösten. Erzeugt wurden im Jahre 1879 4638 Kilo
Kupfer im Werte von 5000 Gulden, 3163 Kilo Blei im Werte von
4000 Gulden, 27¾ Kilo Silber im Werte von 3000 Gulden;
4. die Eisenwerke von Bagsán und Dognácska, welche mit einem
Hochofen und einer Anzahl von Dampfhämmern ausgerüstet sind
und 5. das Stahlwerk von Reschitza. Diese an der südwestlichen
Abdachung der Karpathen in einem romantischen Thale gelegene und
von ungeheueren Buchenwäldern umgebene Hütte zählt gegenwärtig
über 6000 Arbeiter und bildet gewissermaßen ein Städtchen von
fast 12,000 Einwohnern, in welchem die Produktionsmittel in der
mannigfaltigsten Auswahl und von der neuesten Konstruktion in so
raffinierter Weise aus den hervorragendsten Werkstätten der westlichen
Kulturstaaten zusammengebracht und angewendet sind, daß ich weder
in Großbritannien, noch in Belgien, Westfalen und Oberschlesien
Werke gesehen habe, welche in technischer Hinsicht höher stehen. Diese
außerordentlich umsichtige Ausrüstung, verbunden mit einem Stab
ausgezeichneter Ingenieure, setzt auch allein das Werk in den Stand,
auf der Balkanhalbinsel mit den Engländern zu konkurrieren, welche
sich eines weit kräftigeren und geschulteren Arbeiterstocks rühmen
können, als Reschitza, das sich mit schwächlichen Rumänen aus der
Gegend behelfen muß.

Eine Einrichtung, welche Reschitza vor allen uns bekannten
Stahlwerken auszeichnet, ist die schmalspurige Werkbahn, welche mit

Lokomotiven von 25—30 Pferdekraft betrieben werden, die in der Maschinenwerkstätte der Hütte selbst gebaut sind und nur die Größe eines 4pferdigen Lokomobils haben. Diese Werkbahn verbindet in einer Gesamtlänge von 70·3 Kilometer das 20 km von Reschitza an der Haupteisenbahn gelegene Deutsch-Bogsán mit dem im Gebirg liegenden Reschitza, wo sämtliche Hochöfen und Werkstätten nebst dem auf einem Hügel erbauten Schloß der Verwaltung von den Geleisen der Werkbahn durchzogen und miteinander verbunden werden. Die Verkuppelung der Räder der Liliput-Lokomotiven ist so geschickt kon= struiert, daß sie eine riesige Adhäsionskraft besitzen und daß man staunt, welche starken Steigungen diese winzigen Maschinen mit ihren Erze, Kohlen und Kalk führenden Lastzügen überwinden. Die Hoch= öfen, von denen 3 in Reschitza und 3 in Anina, Dognácska und Bogsán sich befinden, werden teils mit Holzkohlen und teils mit Steinkohlen gespeist, welche sämtlich auf der Domäne der Gesellschaft selbst gewonnen werden. Die Domänen der Gesellschaft, welche zusammen einen Grundkomplex von 135,630 Hektaren umfaßt, wovon 3348 auf die Kohlenbergwerke und 784 auf die Eisenerzgruben entfallen, enthält nämlich außer den Äckern und Wiesen 88,020 Hektaren hauptsächlich aus Buchen bestehenden Hochwald, der in jenem südlichen Klima in einem Turnus von 70 Jahren rationell abgeforstet werden kann. Bei der entlegenen Lage Reschitza's im Süden von Ungarn, in so großer Entfernung von größeren Städten, läßt sich die Klafter Buchenholz nicht höher als zu 6—7 Gulden verwerten, so daß der Betrieb mit Holzkohle, welcher den besten Stahl liefert, noch rentabel ist. Zwei Hochöfen, welche täglich 50 Tonnen Roh= eisen liefern, werden mit Holzkohlen gespeist. An ihrer Seite ist neuerdings ein großer Coakshochofen nach verbessertem System errichtet worden, dessen Herstellung 750,000 Gulden gekostet hat und welcher innerhalb je 24 Stunden je 60 Tonnen Roheisen liefert. Die Steinkohlen und Coaks zu seiner Speisung werden aus den benach= barten Gruben geliefert, während die Eisenerze und Kalk aus Mora= vicza, Dognácska und Tirnowa mittelst der Bergbahn herbeigeführt werden. Die Erze, von denen gegenwärtig über 2 Millionen Zentner befördert werden, sind meist sehr gehaltreich (bis zu 60 und 70%) und in 6—8 verschiedenen Arten gewonnen, welche in wohlerwogener Mischung bei der Füllung des Hochofens verwendet werden. Sie enthalten nur 0·02% Phosphor, so daß sich in dem aus dem Roh=

eisen bereiteten Bessemerstahl nur 0·03—0·05% Phosphor vorfinden. Der große Coakshochofen erlaubt in seiner verbesserten Einrichtung einen so ökonomischen Verbrauch des Brennmaterials, daß auf 100 Kilo flüssiges Eisen nur 110 Kilo Brennstoff kommen, während man in den größten österreichischen Werken 140—160 rechnet. Dieses günstige Resultat ist weniger der Qualität des Brennstoffes bei= zumessen, als den guten Erzen und der hohen Windtemperatur, welche mit Hülfe von 4 neuen Wittwell = Apparaten erzielt wird. Dieses sinnreiche Gebläse bringt nämlich die Temperatur des Hochofenwindes bis auf + 500 — 700° C. In Reschitza werden hauptsächlich in drei Konvertoren Gußstahlblöcke (Bessemeringots) im Umfang von 35,000 Tonnen jährlich erzeugt, welche sämtlich auf dem Werke selbst zu Stahlschienen verwalzt werden. Auch das Schienenwalzwerk ist neuester und ausgiebigster Produktion und walzt die Schienen in doppelter Länge mit möglichster Zeit= und Arbeitersparnis. Noch glühend laufen dieselben auf sinnreich unterirdisch angebrachten Räder= walzen zu der Maschine, welche sie in zwei Teile schneidet. Täglich werden 600 Schienen im Gewichte von 3000 Zentnern verfertigt. Außer den 4 Bessemerbirnen besitzt das Werk auch noch 4 Martin= Siemens=Öfen, in deren jedem jährlich 80,000 Zentner Stahl pro= duziert werden, welche ebenfalls aus der Fabrik selbst hauptsächlich zu Eisenbahnradreifen (Tyres), Axen und Blechen verarbeitet wird. Die jährliche Massenbewegung auf der Werkbahn beträgt 10 Millionen Zentner.

Da die 4 Bessemer = Konvertoren bei dem verschwindenden Phosphorgehalt der Erze die basische Ausfütterung nach dem Ver= fahren von Thomas und Gilchrist nicht nötig haben, welches letztere je nach 20 Ladungen eine Erneuerung der Ausfütterung erheischt, so können sie außerordentlich lange ohne Reparatur verwendet werden. Sie können daher nicht einmal vollauf von den vorhandenen drei Hochöfen beschäftigt werden. Eine Vermehrung der Hochöfen setzt aber die Anlegung eines neuen Stollens im Kohlenbergwerke voraus. Würde sich die Gesellschaft dazu entschließen, so würde das Stahlwerk Reschitza imstande sein, den ganzen Bedarf Ungarns an Stahlschienen zu liefern. *)

---

*) Man findet eine eingehendere Schilderung dieser merkwürdigen Stahl= hütte in meinem Buche: „Ernste und frohe Tage“. Köln 1884. M. Du Mont=Schauberg'sche Buchhandlung.

Neuerdings ist Reschitza auch mit elektrischer Beleuchtung durch die Firma Ganz & Co. in Budapest ausgerüstet worden.

Die Hütte hat auch eine besondere Abteilung für Brückenbau in welcher kürzlich die neue Gütereisenbahnbrücke für Szegedin mit 4 Bogen von einer Spannweite von je 120 Metern hervorgegangen ist. Besonders interessant ist die Fabrikation der Stahlradreifen (Tyres), bei welcher meist unter einem 300 zentrigen Dampfhammer ein Stahlblock zu einem Teile geschmiedet, in der Mitte durchlöchert und sodann auf eine unterirdisch fundierte riesige Centrifugalmaschine neuester Konstruktion gebracht und so zum Reifen ausgedehnt wird.

Es würde uns zu weit führen, wollten wir die Hunderte von Werkzeugmaschinen und Hülfsapparaten namentlich aufzählen, welche in Reschitza im Gang erhalten werden. Wir wollen nur hervorheben, daß allein 94 stabile Dampfkessel, 72 Dampfmotoren und 7 Walzen= maschinen, 3 Wasser= (Rad= und Turbinen=) Motoren mit zusammen 100 Pferdekräften benutzt werden. In sämtlichen Hütten sind 243 Dampf= kessel mit 67 stehenden Dampfmaschinen und zusammen 10,900 Pferdekräften, 43 Lokomobilen mit 195 Pferdekräften und 6 Wasser= motoren mit 154 Pferdekräften im Gebrauch. Die Gesamtzahl der Arbeiter beläuft sich auf 16,585

Unter den Erzeugnissen sind außer den ebenerwähnten noch anzu= führen: Dachstühle, Drehscheiben, Weichen und Kreuzungen, Dampf= kessel, Reservoirs, Essen, Blechrohre, Maschinen, Achsen, Schnellpflüge und alle Arten von Walzwaare aus Eisen und Stahl.

Eine besonders hervorragende Seite des Reschitzaer Hüttenwerkes ist die Pflege der Arbeiter. Die Verwaltung dieser hervorragenden Industrie=Anstalt ist nur dadurch imstande, sich auf dem inter= nationalen Markte konkurrenzfähig zu erhalten, daß seine Ingenieure den höchsten Anforderungen entsprechen. Nur dadurch können die schwachen Seiten, mit welchen sie zu kämpfen hat, wieder ausgeglichen werden. In Reschitza wiederholt sich nämlich die allgemeine Beo= bachtung, welche auch in Deutschland gegenüber der englischen und belgischen Groß=Industrie gemacht wird, daß die Leistung der Arbeiter sowohl quantitativ wie qualitativ bedeutend geringer ist, als die der englischen, und zwar in dem Maße, daß dieser Mangel durch die niedrigeren Löhne in Deutschland und Österreich durchaus nicht auf= gewogen wird. Die Arbeiter in Reschitza sind teils Deutsche aus der schwäbischen Kolonie des Banats, teils Rumänen, denen sowohl die

traditionelle technische Übung englischer Arbeiter wie deren körperliche
Kraft abgeht. Der Verwaltung ist es nun gelungen, einerseits durch
eine wohlorganisierte Fürsorge für das Schicksal der Arbeiter sowohl
wie durch ein sinnreiches Prämiensystem die ursprünglichen Mängel
auszugleichen. Die Gesellschaft gewährt nämlich jedem Arbeiter, der
sich als dauernd brauchbar erwiesen hat, die erforderlichen Vorschüsse,
um sich ein eigenes Haus im Werte von 600 bis 800 Gulden in
der Nähe des Hüttenwerkes nach einem allgemeinen Bauplane zu errichten. Diese Vorschüsse werden durch Abzüge am Lohne zurückbe-
zahlt, und dieses Geschäft wickelt sich so leicht ab, daß bereits der
größere Teil der Arbeiter sich im Besitze eigener Häuser befindet, deren
Kapitalwert ganz oder zum großen Teile abgetragen ist.

Das Prämiensystem ist in so sinnreicher Weise ausgebildet, daß
mit Hülfe desselben auch mit ursprünglich ungeübten Arbeitern nicht
bloß eine Steigerung der Leistung bis auf das Doppelte und
Dreifache erzielt, sondern auch die Rentabilität des ganzen Werkes
dadurch in so unerwarteter Weise erhöht worden ist, daß dieses
System in hohem Grade die Aufmerksamkeit der Unternehmer wie
der Volkswirte im Allgemeinen in weiteren Kreisen auf sich zu
ziehen verdient.

Dem neuesten Berichte der Domänen-Direktion der Staatsbahn-
Gesellschaft (deren Aktien in der deutschen Börsensprache „Franzosen"
heißen) entnehmen wir folgende Daten über die Produktion ihrer
südungarischen Werke in den Jahren 1882 und 1883.

	1882	1883
Steinkohlen:	Tonnen	
Gesamtausbeute:	963,433	1,043,015
Verkauf an's Publikum .	518,778	559,106
„ an die Bahn . . .	136,932	157,328
Verbrauch der eigenen Hütten und Domänen . . .	317,652	316,097
Gesamtverschleiß	973,362	1,032,531
Eisenerz, Gesamtproduktion . .	91,961	98,433
Lieferung an die 6 Hochöfen in Reschitza, Anina, Dognácska und Bogsán	83,652	69,628

Metalle Ausbeute der Hütten Dog= nácska, Moldava, Pravicza und Szoszka Kupfer, raffiniertes	Kilogramme	
	44,648	37,804
Kupfer, gekörntes, silberhaltiges	51,679	41,970
„ geschmiedetes	42,585	40,179
Silberglätte	20,150	18,050
Blei	3,171	21,136
Silber	194	181
Roheisen und Gußstahl, Roheisen in Gänsen oder direkt in die Con= vertoren geliefert	Tonnen	
	48,579	72,742
Gußeisen	5,934	6,162
Stahlblöcke	36,088	35,753
Schmiedeeiserne Artikel	15,438	15,085
Schmiede=Stahl=Waaren in Anina und Reschitza	26,695	24,804
Erzeugnisse der Maschinen=Fabrik und Brückenbau=Anstalt	8,159	9,222
Schwefelsäure in Moldava	2,115	2,116
Paraffin und Mineralöl	2,155	2,866
Kalk=Cement	9,269	8,234
Ziegel . . . . . à Stück	1,482,900	1,353,200
	Festmeter	
Brennholz	134,969	110,720
Holz zu Holzkohlen	377,349	221,839
	Kubikmeter	
Grubenholz	37,239	35,841
Bauholz	32,593	27,867
	Hektoliter	
Holzkohlen	1,951,167	1,685,691
	Kubikmeter	
Summe des geschlagenen Holzes	582,150	396,267

Bei der Inventaraufnahme vom 31. Dezember 1883 sind die Immobilien der ungarischen Werke der Staatsbahngesellschaft auf einen effektiven Wert von fl. 17,071,631 und die Mobilien von fl. 834,015

veranschlagt worden. Der Wert der verkauften Produkte betrug
9,050,000. Die Gehalte und Löhne betrugen fl. 5,270,300. Da
der gesamte Rohstoff auf den Hütten selbst gewonnen wird und die
neu angeschafften Maschinen und Werkzeuge sofort abgeschrieben werden,
so bleibt der Gesellschaft aus ihren ungarischen Werken ein Reinge=
winn von wenigstens 3 Millionen Gulden, während das Anlage=
Kapital selbst bereits amortisiert ist. Wir sehen also hier weit im
Südosten am Rande der Urwälder der Karpathen, welcher sowohl
mit allen Hülfsmitteln der Civilisation ausgerüstet ist, als der Umfang
selbst den weltberühmten Werken eines Krupp in Essen nicht nachsteht,
wenn es auch nicht wie dieser in alle Welt exportiert, sondern den
Bedarf des Inlandes versorgt. Man ersieht daraus, welche Schätze
noch in dem Lande gehoben werden können.

Von dieser Ansicht ausgehend sind in neuerer Zeit die Werke
des Kronstädter Bergbau= und Hütten=Aktien=Verein's begründet worden,
welcher bereits Rumänien, Serbien und Bulgarien mit Kommerzeisen
versorgen und auf Grund seiner reichen Kohlen= und Eisenerzgruben
bestimmt scheinen, in die Fußstapfen der Staatsbahn=Gesellschaft zu treten.

Mineralquellen und Kurorte.

—

Dem außerordentlichen Mineralreichtum entsprechend, ist Ungarn auch mit einer solchen Fülle heilsamer Quellen ausgestattet, wie kein anderes Land. Das ungarische statistische Büreau hat die Zahl der Orte oder Gemeinden, in welchen bis jetzt einzelne Heilquellen oder ganze Gruppen von Mineralquellen gefunden wurden, auf 1600 er= mittelt, und jährlich werden noch neue Quellen gefunden, an denen man bis dahin achtlos vorübergegangen war. Viele derselben sind von berühmten Chemikern auf ihre Bestandteile analysiert worden, und es hat sich gezeigt, daß im Lande so zahlreiche Quellen von hohem Werte und von verschiedenster Beschaffenheit gegen alle möglichen chro= nischen Krankheiten und Gebrechen sich vorfinden, daß sie den berühmten Bädern ersten Ranges in Böhmen, am Rhein, in Frankreich und im Alpengebiet kühn an die Seite zu stellen sind. Der Umstand, daß dieselben erst jetzt anfangen, den Ärzten und den Leidenden bekannt zu werden, ist erstens der Ursache zuzuschreiben, daß Ungarn über= haupt in Europa noch nicht so bekannt ist, als es verdient, und daß es merkwürdigerweise weniger bereist wird, als im Mittelalter; zweitens den schlechten Kommunikationsmitteln, da das Eisenbahnnetz erst heute dank einer 15jährigen Arbeit leidlich ausgebaut ist, und endlich der Beschaffenheit der Unterkunft, indem erst innerhalb der letzten Jahrzehnte die vorzüglicheren Kurorte dahin getrachtet haben, ihre Einrichtungen auf den Fuß der großen österreichischen und rheinischen Bäder zu stellen.

Hie und da ist sogar das Gemeinwesen der Privatindustrie zu Hülfe gekommen, wie z. B. in dem berühmten Herkulesbad, wo die Landschaft wahre Paläste aus dem Boden gestampft hat, die in dem Thale eines Hochgebirges liegen, welches an Schönheit und Groß= artigkeit selbst die gepriesenen Berge von Wildbad=Gastein verdunkelt, vor dem Herkulesbad auch sein milderes Klima voraus hat. In der Hauptstadt Budapest selbst befinden sich zahlreiche treffliche Quellen, und die Ofener Bitterwasser haben sich in überraschend kurzer Zeit den Weltmarkt erobert. Ihrem Beispiel folgend brechen sich auch bereits zahlreiche Säuerlinge und Jodwasser im Versandt Bahn. Von der Überzeugung durchdrungen, daß in der besseren Verwertung und Nutzbarmachung bisher weniger beachteter Mineralquellen nicht bloß der leidenden Menschheit ein Dienst erwiesen, sondern auch die Volkswirtschaft Ungarn's durch Heranziehung fremder Unternehmer gehoben werden muß, hat die Regierung vor einiger Zeit eine aus hervorragenden Fachmännern zusammengesetzte Enquêtekommission einberufen, welche unter dem Vorsitz des Professors Korányi über die nach dieser Richtung zu unternehmenden Schritte eingehende Beratungen pflog. Auch die ungarische Gesellschaft der Ärzte zu Budapest hat aus ihrer Mitte eine balneologische Kommission eingesetzt, welche sich mit verschiedenen Quelleneigentümern in Verbindung gebracht hat, um über die Mittel und Wege zur Hebung der Heilquellenanstalten sich zu einigen. Das erste Lebenszeichen, welches aus diesen Anregungen hervorging, war ein statistischer Abriß der Kurorte und Heilquellen Ungarn's nebst einer Übersichtskarte der hauptsächlichsten Bäder, welche im Auftrage des ungarischen Ackerbauministeriums von Dr. J. Bruck zunächst für die hygienische Ausstellung in Berlin im April 1883 herausgegeben wurde.

Die kommerzielle Ausbeutung der Hauptheilquellen läßt übrigens noch viel zu wünschen übrig, denn sie steht z. B. in Hinsicht auf die zahlreichen Säuerlinge noch sehr zurück. Ungarn besitzt einige Säuerlinge, welche im Kohlensäuregehalt und Wohlgeschmack nicht bloß das in Österreich-Ungarn weitverbreitete Gießhübler Wasser, sondern sogar das weltberühmte Selterswasser übertreffen, dessen Beliebtheit einst Justus Liebig zur Erfindung des Syphon veranlaßt, weil die Quelle dem Bedarf nicht genügte. Jene Säuerlinge finden aber nur langsam die Verbreitung, welche sie verdienen, weil der Verkaufspreis zu hoch gestellt ist. Es ist eine Anamolie, daß auf Säuerlinge wie Gießhübler. Deutsch-Krenzer, Agnesquelle und andere ein ebenso hoher Verkaufspreis gesetzt ist, wie auf Selterswasser, welches eine Art Monopol besitzt, überdies aber als Staatseigentum den Reinertrag in die Staatskasse abliefert. Es ist ebenso wenig ein Grund dafür abzusehen warum Mineralwasser, welches wie es ist aus der Quelle in die Flaschen gefüllt wird, teurer sein soll, als das feinste Bier oder gewöhnlicher Tischwein, als warum das Wasser der Ungarischen

Säuerlinge zu demselben Preis verkauft wird, wie Gießhübler. Wür=
den die Mineralquellen dem Staate gehören, so würde ein solcher
hoher Preis begreiflich und verzeihlich sein, weil die Staatskasse den
Reingewinn der höheren Preise zum Gemeinwohl einkassieren würde.
Auch der hohe Preis von Mineralwassern deren Quelle Eigentum von
Stadtgemeinden ist, welche die Nutznießung verpachten, läßt sich mit
dem Gemeinnutzen entschuldigen, — allein der in Folge eines Car=
tell's monopolisierte gleich hohe Preis der ungarischen und österrei=
chischen Säuerlinge ist ein Unfug und eine Maßnahme, welche zum
Schaden der ungarischen Quellenbesitzer umschlägt. Fast scheint es,
als ob der Eigentümer der Gießhübler Quelle, welcher seines Absatzes
sicher ist, die ungarischen überredet hätte, eine Koalition für den
gleichen Preis mit ihnen abzuschließen, damit er nicht durch Kon=
kurrenz zu einer Preisermäßigung gezwungen werde. Jener häuft
in Folge dessen Reichtümer an, während die weniger bekannten un=
garischen Quellenbesitzer sich des Hauptmittels beraubt haben, ihr Ge=
schäft auszudehnen — der Ansetzung eines billigeren Preises. Solche
und ähnliche Preismonopole und Koalitionen sind ein großer Schaden,
weil sie die Entwickelung der Hülfsquellen des Landes hindern.

Nach Mandello betrug der Versandt der Deutsch=Kreuzer Rudolphs=
quelle, des an Kohlensäure reichsten aller Säuerlinge, im Jahr 1883
nur 500,000 Flaschen, wovon in Wien allein 100,000 verkauft werden.
Tröstlich dabei ist nur, daß der Absatz im Steigen begriffen ist, denn
er hatte 1882 an 300,000 Flaschen umfaßt. Die Lipaczerquelle
versandte 250,000 (gegen 100,000 in 1882); die Margaretenheil=
quelle 350,000, die Szolyvaer 600,000 Flaschen, Borssek aber
4 Millionen. An Eisenwassern füllte Bartfeld 150,000, Parád 800,000,
Koritnjica 120,000, Suliguli ca. 30,000, Szulin 500,000 ꝛc.

Unter den Hauptmineralheilquellen Ungarn's befinden sich 10
Akratothermen, 16 alkalisch=muriatische Säuerlinge, 12 Bitterwässer,
wovon allein 5 in Budapest, 16 bituminöse kochsalzhaltige Eisen=
säuerlinge, 5 betuminöse Thermen, 35 einfache Eisensäuerlinge, 3
Eisen= und Stahlthermen, 31 erdige Säuerlinge, unter welchen das
Wasser der Agnesquelle als Luxusgetränke besonders geschätzt ist, 7
hydrotionhaltige Säuerlinge, 13 kalkhaltige Säuerlinge, 11 kalte
Kochsalzquellen und Soolen, 8 kalte Schwefelquellen, 2 kalte Stahl=
wasser, 22 Kaltwasserheilanstalten und Sanatorien, 6 kochsalzhaltige
Thermen, 1 kohlensaures Gasbad, 1 Kupfer= und eisenvitriolhaltige

Quelle, 2 lythionhaltige Säuerlinge, 2 naphtahaltige Säuerlinge, 2 natronhaltige Eisenwasser, 5 nicht analysierte empirisch angewandte kalte Quellen, 10 Seebäder, 40 Schwefelthermen, wovon allein 14 in Budapest, 2 vitriolhaltige Alaunquellen, 22 verschiedene Thermen.

Eine Anzahl von Heilquellen steht den wirkungsreichsten Bädern Deutschland's und Österreich's zur Seite oder übertrifft dieselben so= gar in der Wirkung gegen rheumatische und gichtische Leiden, chro= nische Unterleibskrankheiten, Hautübel, skrophulöse und syphilitische Affektionen, Krankheiten des Nervensystems, Lähmungen, chronische Entzündungsprozesse der Gelenke, der Beinhaut, der Knochen, Drüsen, Schleimhäute, Verletzungen der Nervenstämme, Katarrhe der Schleim= häute, Hämorrhoiden, Lungenkrankheiten, Kehlkopf, Luftröhren=Bron= chial und Lungenkatarrhe, Nierenaffektionen, Harnsteinbildung u. s. w.

Die Heilkraft von Bädern wie Pystyan, Krapina=Teplitz, Trent= schin=Teplitz, Herkulesbad, Schmecks u. s. w. ist weltbekannt. Beachtens= wert sind auch die Jodbäder und Schlammbäder.

Erwähnenswert ist noch, daß die Kost in Ungarn durch die Bank schmackhaft, kräftig und gesund ist, besser als in den meisten Gegenden Deutschland's und Österreich's, mit Ausnahme des Rheines, Hamburg's und Niederösterreiches, und daß namentlich der reine, schmackhafte, kräftige, Magen und Kopf zuträgliche Wein sehr billig ist.

In sämtlichen Bädern ist für treffliche Kurmusik, unter welcher namentlich die Zigeuner sich auszeichnen, sowie für billige Fuhrwerke gesorgt. Auch ist überall eine Telegraphenstation und ein Postamt eingerichtet. Eisenbahnstationen sind überall am Ort oder in der Nähe.

Indem wir hinsichtlich der Beschreibung der einzelnen Haupt= bücher auf Spezialschriften, außer der oben genannten auf den „Füh= rer durch die Badeorte Ungarn's von Hefsch und Dr. Th. Hercules (Pest bei Hartleben) sowie auf die im Auftrag des ung. Ackerbau= ministeriums herausgegebene Specialschrift von Dr. J. Bruck über die „Kurorte und Heilquellen Ungarn's" verweisen, in welcher auch die Preise angegeben sind, beschränken wir uns darauf eine Anzahl der wichtigsten und angenehmsten Bäder aufzuführen.

In der Annehmlichkeit des Aufenthaltes und der Menge der Mineralquellen und Bäder nimmt Budapest den ersten Rang ein; denn es besitzt mit Einschluß des Artesischen Brunnen's welcher in der Hitze und Beschaffenheit der Thermen dem Wiesbadner Kochbrunnen ähnelt, in seinem Weichbild nicht bloß 20 Quellen sondern darunter

5

auch solche, deren Wasser in ganz Europa verbreitet sind. Das Hunyady=
Janos=Bitterwasser hat sich wegen seiner guten, den Kreislauf der
Ernährung und des Blutes fördernden Eigenschaften namentlich nach
England den Weg gebahnt. Als Kuraufenthalt aber muß die Haupt=
stadt Ungarn's mit seinen 350,000 Einwohnern, seiner herrlichen Lage
und seinen zahlreichen Vergnügungsorten als die Königin aller Kurorte
betrachtet werden. Namentlich ist die Kuranstalt auf der dem Erz=
herzog Joseph gehörenden Margaretheninsel mit ihrem Hochwalde
mitten in der Donau ein wahres Paradies.

In Ansehung der Schönheit der Gegend und der Annehmlichkeit
der Gebäude und Einrichtungen schließt sich das Herkulesbad bei
Mehadia, in der Nähe der Donau bei Orsowa, an. Es liegt in einem
romantischen Thale inmitten himmelhoher Berge und rauschender
Buchenwälder. Das Klima ist so mild, daß Weingärten die in den
Kessel führende Straße begrenzen. Die Thermen, in welchen Chlorna=
trium vorherrschend ist, und deren Temperatur zwischen $+ 17 - 51^0$ R.
wechselt, reihen sich in ihrer Wirkung denen von Wiesbaden und
Baden=Baden an. Die Nachbarschaft des Durchbruches der Karpathen
am eisernen Thor gewährt hohen Reiz für romantische Ausflüge.
Die Verpflegung in den palastähnlichen Kurhäusern ist eine vor=
treffliche. Man staunt, im fernen Osten allen Komfort rheinischer
Bäder zu finden.

Unter die Kurorte ersten Ranges sind auch die Bäder Schmecks
und Neu=Schmecks zu zählen, welche am Fuße der 8000 Fuß hohen
Tatra inmitten duftender Fichtenwälder liegen, aber prachtvoller
Häuser und guter Wohnungen sich rühmen können. Schmecks wird
mit Vorteil gebraucht gegen chronische Erkrankungen des Nervensystems,
des Atmungsorgans, Spinalirritation, Bronchialkatarrhe, pleuritische
Exsudate, Anlage zur Phthisis, Leiden des Herzens und Circulations=
apparates, Magen= und Darmkatarrhe, Leber= und Milz=Krankheiten,
Anomalien der Blutzusammensetzung, skrofulöse Rachitis, Malaria,
Gicht 2c. Neu=Schmecks gilt als klimatischer Kurort ersten Ranges,
denn es besitzt eine absolute Immunität gegen epidemische Krankheiten
und die Lungentuberkulose.

Beachtenswerth ist auch das Bad Topusko, welches wegen seiner
$+ 39 - 46^0$ R. warmen Quellen das kroatische Gastein genannt wird,
besonders beliebt aber wegen seiner wirksamen Schlammbäder ist, und
gegen Gicht, Rheumatismus, Lähmungen und Gelenk=Schwäche gute

Dienste leistet. Wie dieses so zeichnet sich das benachbarte Schlammbad Daruvar durch mildes Klima aus. Seine warmen Quellen welche schon von den Römern benutzt wurden, sind auch wegen ihres Eisen= gehaltes schmerzstillend und kräftigend.

Das Jodbad zu Lipik in Slavonien ist sowohl wegen seiner seltenen Eigenschaften, als der Milde seines Klimas und der Schönheit der Landschaft stark besucht.

Seit Jahrhunderten bekannt sind auch die Schwefelthermen von Trentschin=Teplitz, die heilkräftigsten der Monarchie.

Nach diesen allgemeinen Betrachtungen wenden wir uns zur sachmäßigen Schilderung der Hauptquellen, zu welcher wir das Material der Gefälligkeit des Herrn Dr. J. Bruck in Budapest verdanken.

Die vorzüglicheren Heilquellen zerfallen nach ihren Eigenschaften in 8 Abtheilungen, unter denen sie sich wie folgt gruppieren:

I. Alkalische Wasser: 1. Reine alkalische Wasser; 2. alkalisch= muriatische Wasser; 3. alkalisch=muriatische Jodwasser; 4. erdigalkalische Wasser; 5. erdigsalinische Wasser.

II. Erdige Wasser.

III. Eisenwasser: 1. gewöhnliche Eisenwasser; 2. Alaun=Eisen= Vitriolwasser.

IV. Bitterwasser.

V. Kochsalzwasser.

VI. Schwefelwasser.

VII. Indifferente Thermen.

VIII. Klimatische Kurorte und Heilanstalten.

Diese Heilquellen lassen sich nach ihren Wirkungen wie folgt charakterisieren:

1. Die alkalischen Wasser.

Die alkalischen Wasser werden sowohl zu Trinkkuren als auch zu Bädern verwendet. Sie werden empfohlen: bei katarrhalischen Erkrankungen der Schleimhäute der Atmungsorgane, (chronischer Lungenkatarrh) des Magens, der Darmtraktes wie auch der Harn= und Geschlechtsorgane; bei Erkran= kungen der Lunge (käsige Pneumonie, Tuberkulose), der Leber (Fettleber, Leberhyperämie); bei Harngries und Steinbildung; Haemorrhoiden, Hypochondrie; Erkrankungen der

Gebärmutter; Stauungen in den Gefäßen des Unter=
leibes; Zuckerruhr, Skrofulose und Gicht.

Zahlreiche unter den alkalischen Wassern dienen auch als Ge=
nußmittel und werden, namentlich mit Wein vermengt, gerne
getrunken.

Die jodhaltigen Quellen dieser Gruppe werden empfohlen gegen
skrofulöse Exsudate und Drüsengeschwulste, gegen
Erkrankungen der weiblichen Sexualorgane, und gegen
Folge der Syphilis.

2. Erdige Wasser.

Dieselben erweisen sich bei innerlichem Gebrauche als heilkräftig:
bei übermäßiger Säurebildung im Magen, bei Magen=
geschwüren, Darmkatarrh, Skrofulose und Rhachitis,
ferner bei Nierenerkrankungen, Harngries und Stein,
bei Anomalien der Blutbereitung, Anämie und bei
Krankheiten der Respirationsorgane. In Form von
Bädern gelangen die erdigen Wasser zur Anwendung bei Haut=
krankheiten, Gicht, Rheumatismus und bei Lähmungen.

Die Quellen von Moha und Szántó erfreuen sich auch als
Weinwasser einer großen Beliebtheit.

3. Eisenwasser.

Die äußere wie auch die innere Anwendung derselben ist ange=
zeigt: bei Blutarmut, Chlorose, dispeptischen Zuständen,
nervösen Übeln, welche auf Anämie beruhen, und bei einer
Reihe von Erkrankungen der Genitaltrakte (Scheiden und
Gebärmutterkatarrh, chronische Metritis, Menstruationsanomalien u. s. w.).
Der Gebrauch der alkalischen und muriatischen Eisen=
wasser wird vorgezogen wenn die obengenannten Erkrankungen mit
katarrhalischen Zuständen der Schleimhäute kompliziert ist; bei träger
Darmthätigkeit werden die glauberfalzhaltigen Eisenwasser
vorgezogen, während die erdigen Eisenwasser bei Neigung zu
Durchfällen am Platze sind.

4. Bitterwasser.

Der Gebrauch von Bitterwassern ist angezeigt: bei einfacher
wie auch habitueller Stuhlverhaltung, bei allgemeiner

und Abdominal-Plethora, bei Stauungen im Pfortader-
gebiet, Hämorrhoiden, Hypochondrie, Erkrankungen
der Leber, (Leberhyperämie, Fettleber), der Gallenblase
(Gelbsucht, Gallensteine) und der Milz (Milztumor), bei allgemeiner Übernährung und damit verbundener Fettbildung,
bei Gicht, Nervenaffektionen, chronischen Hautausschlägen,
bei milderen Formen von Skrofulose wie auch bei Erkrankungen des weiblichen Genitaltraktes.

Die Bitterquellen werden in der Regel bloß zu Trinkkuren benützt, doch gelangen sie in Alap wie auch in Ofen (Elisabethsalz-
bad) auch in Form von Bädern mit Erfolg zur Anwendung in
Fällen von Gicht, Rheumatismus, Nervenaffektionen, Rhachitis, Skrofulose namentlich aber in einer Reihe von Frauen-
krankheiten.

5. Kochsalzwasser.

Kochsalztrinkquellen. Indikationen: Chronischer Magen-
und Darmkatarrh, Erkrankungen der Leber (Leber-
schwellung, Fettleber); Hyperämie der Unterleibsorgane,
Hämorrhoiden, Milzanschwellungen, übermäßige Fettbildung, Skrofulose, Gicht, Chlorose, Anämie, Erkrankungen des weiblichen Genitaltraktes, Hysterie,
Hypochondrie und bei chronischen Hautkrankheiten. Die
jodhaltigen Kochsalztrinkquellen gelangen vorzugsweise
zur Anwendung: bei Skrofulose, lymphatischen Formen des Kropfes,
bei Exsudaten und bei sekundären und tertiären Formen der
Syphilis.

Für die kochsalzhaltigen Badequellen gelten im allgemeinen dieselben Indikationen wie für die kochsalzhaltigen Trinkquellen.
Dieselben werden überdies noch mit Erfolg verordnet bei Nervenaffektionen, bei verzögerter Rekonvalescenz, Rheuma und
als die Resorbtion mächtig fördernde Mittel, bei Exsudaten namentlich bei solchen in der Umgebung der Gebärmutter.

6. Schwefelwasser.

Der äußere Gebrauch derselben in Form von Bädern ist
angezeigt: zu einer Reihe von Hautkrankheiten (Acne, Prurigo,
Schuppenflechte rc.), bei Rheuma, Gicht und gichtischen Ab-

lagerungen; bei veralteten und hartnäckigen Formen von Syphi=
lis und bei chronischen Metallvergiftungen (Quecksilber=, Blei=
vergiftung).

Innerlich werden die Schwefelwasser angewendet bei Katarrhen
der Luftwege, Abdominalplethora und bei chronischen
Metallvergiftungen, entweder allein oder mit Molke, abführenden
Mittelsalze u. s. f. vermischt.

7. Indifferente Thermen.

Die indifferenten Thermen sind arm an festen Bestand=
teilen. Das wirksame Agens derselben liegt in deren Temperatur.
Sie werden zumeist zu Kuren verwendet, seltener getrunken. In
letzterem Falle namentlich bei katarrhalischen Erkrankungen des
Magens und der Gedärme, bei Kardialgien, Katarrhen
der Luftwege, entzündlichen Zuständen der Harnorgane,
Abdomialplethora u. s. w. Äußerlich, in Form von Bädern
angewendet wirken sie, je nach ihrem Temperaturgrade auf das
Nervensystem bald stark erregend bald reizmildernd, wie auch auf den
Blutumlauf namentlich auf jenen der Hautkapillaren ein und finden
erfolgreiche Anwendung in Fällen wo vorhandene Entzün=
dungsprodukte zur Aufsaugung gebracht werden sollen,
bei chronischem Muskel= und Gelenkrheumatismus
und deren Folgezuständen, bei gichtischen Ablage=
rungen, Erkrankungen der Knochen, verschiedenen
Nervenzuständen, Lähmungen, Hysterie, Hypochondrie,
Skrofulose, Zuckerruhr 2c.

I. Alkalische Wasser.

1. Reine Alkalische Wasser:

Német-Keresztur Deutsch-Kreuz. Die D. Kr. „Rudolphsquelle", ein alka=
lischer Säuerling liegt im Ödenburger Komitate unweit des Marktfleckens
Deutsch=Kreuz. Dieselbe wurde von Fresenius analysiert, welcher in 1000
Gewichtsteilen 2.4543 feste Bestandteile (doppelt kohlensaures Natron, schwefel=
saures Natron, Chlornatrium, doppelt kohlensauren Kalk) und 1.6698 freie
Kohlensäure fand. Temperatur + 12⁰ C. Der Versandt beträgt jetzt jährlich
c. 600,000 Flaschen.

Lipócz bei Eperies im Sároser Komitat. Die Quellen der Ortschaft,
die sogenannten „Salvatorquellen" (es sind deren 2), gehören in die Reihe der
alkalischen Sauerwässer und zeichnen sich durch ihren ungewöhnlichen Reichtum

an borsaurem Natron (in 1000 Teilen 0.328443 und 0.28091) und kohlen=
saurem Lithium (0.12445 und 0.08800), wie auch an freier und halbgeb. Kohlen=
säure (3.96057) aus. Fernere Bestandteile sind Jodnatrium (0.01247 und
0.00959), schwefelsaures Natron, Chlornatrium kohlensaures Natron und
Magnes ꝛc. Gesamtmenge der fixen Bestandteile 2.58946 und 2.27135. Tem=
peratur 13° R. Analyse von Molnár. — Versandt über 200,000 Flaschen
jährlich. — Eigentümer: August Schultes.

Margarethen=Heilquelle im Bereger Komitat. 4 Meilen von Munkács
entfernt, an der galizischen Landstraße, entspringen mehrere Mineralquellen,
deren eine unter dem Namen „Margarethen=Heilquelle" verschickt wird. Selbe
gehört nach Illosvay's Analyse in die Reihe der alkalischen Säuerlinge und
enthält in 1000 Teilen 3.4243 fixe Bestandteile, darunter 2.5333 kohlensaures
Natron, 0.0197 kohlensaures Lithium, 0.1327 borsaures Natrium. Halbfreie
Kohlensäure als CO_2 662.56 K. C.; freie Kohlensäure als CO_2 87.52 K. C.
Versandt: jährlich an 300,000 Flaschen. Eigentümer: Dr. Karlovszky's Erben.

Petáncz Ortschaft im Eisenburger Komitate. Daselbst entspringen mehrere
Sauer=Quellen, von welchen bis jetzt die Hauptquelle benützt, resp. unter dem
Namen „Graf Stefan Széchenyi=Quelle" verschickt wird. Selbe wurde im
Jahre 1882 von Bernath analysiert; sie gehört in die Reihe der alkalischen
Säuerlinge, enthält in 10,000 Teilen 49.450 feste Bestandteile und unter
diesen vorwiegend kohlensaures Natron (30.894). Fernere Bestandteile sind
Chlornatrium (7.281); schwefelsaures Natron (1.445); kohlensaurer Kalk (6.553);
kohlensaures Magnes., (2.759); Kieselsäure (0.818); Gehalt an freier und
gebundener Kohlensäure 47.76; Temperatur 12° C. Die Quelle wird erst seit
1882 verschickt. Eigentümer: Josef Vogler.

Szolyva liegt im Bereger Komitate, an der von der Stadt Munkács
nordöstlich gegen Galizien führenden Landstraße. 1 Km. entfernt vom Dorfe
Szolyva entspringt ein alkalischer Säuerling, welcher nach der Analyse Mol=
nár's (1860) in 1000 Teilen 6.1518 feste Bestandteile enthält, unter diesen
vorwiegend kohlensaures Natron (5.3502), ferner 0.2435 Chlornatrium, 0.2051
borsaures Natron, 0.0103 kohlensaures Lithion ꝛc. und 2557.0054 Kohlensäure.
Temperatur 8.2° C. Verschickt werden jährlich gegen 500.000 Flaschen. Dient
sowohl zu Heilzwecken, als auch als Luxusgetränke.

Algyógy (auch Feredő=Gyógy) (Siebenbürgen) in der Nähe des gleich=
namigen Dorfes gelegener kleiner Kurort mit alkalischen Thermen. Temperatur
derselben 25—26° R. Badehaus mit 4 Spiegel=Bädern. Unterkunft im Gast=
hause und auch in Bauernhäusern.

2. Alkalisch=muriatische Wasser:

Bikszád, Badeort im Szathmárer Komitate mit 3 Quellen, Stephan=,
Klara= und Andreas=Quelle, welche teils zur Trink=, teils zur Badekur benützt
werden. Die Stephansquelle (Analyse von Molnár) enthält in 1 Kilo Wasser
7.4076 feste Bestandteile (2.6295 Chlornatrium, 4.2258 kohlensaures Natron)
und 2.3955 Kohlensäure. Temperatur + 16° C. Verschickt werden jährlich

an 40,000 Flaschen; 24 Badekabinen; 120 Wohnzimmer; Restaurant; Kur=
musik; Zeitungen. Kurtaxe fl. 2.50 per Familie. Frequenz 6—800 Personen
jährlich.

Kovászna-Vajnafalva, 2 knapp nebeneinander liegende Dörfer im Há=
romszéker Komitate (Siebenbürgen), 5½ Stunden von Brassó (Kronstadt) in
300 M. Seehöhe, am Fuße der östlichen Karpathen. Auf dem Gebiete beider
Dörfer befinden sich sehr viele, äußerst kohlensauerreiche kalte Mineralquellen,
welche vorwiegend kohlensaures Natron, Chlornatron und zum Teile auch
Eisen enthalten. Die wichtigsten dieser Quellen sind: 1. „Pokolsár" (Höllen=
sumpf) welche sich in der Mitte des Marktfleckens zu Kovászna befindet. Nach
Vernáth's Darstellung bringt die Kohlensäure durch diese Quelle mit solcher
Gewalt und in solcher Menge empor, daß bis zu 1 Meter hohe Wellen ge=
worfen werden und alle Bewegungserscheinungen des heftigsten Kochens auf=
treten. Sie enthält (nach Folberth's Analyse) in 10,000 Teilen 133.932 feste
Bestandteile (1.205 schwefelsaures Kali, 54.407 Chlornatrium, 72.424 kohlen=
saures Natron ꝛc.) 32.408 halbgebundene und 19.002 freie Kohlensäure. Tem=
peratur 9—10° C. 2. Quelle zu Vajnafalva. Horgáczquelle (eisenhaltig). Zu
Trinkkuren wird zumeist letztere verwendet. Die beiden erstgenannten nebst
zahlreichen anderen Quellen in Privathäusern, dienen zu Bädern (teils kalt,
teils gewärmt). Unterkunft in Gasthöfen, wie auch in den Häusern beider
Dörfer. Zimmerpreise von 30 kr. bis 1 fl. 50 kr. per Tag. Verköstigung
in mehreren Gasthäusern. Kaffeehaus, Musik, Tanzunterhaltungen. Kur= und
Musiktaxe 1 fl. Die Bäder stehen das ganze Jahre offen.

Palics kleiner Ort und Eisenbahnstation im Bácsbodroger Komitate.
Als Kurmittel dient hier der im Jahre 1779 gelegentlich einer Brunnenbohrung
entstandene, durch reichliche Zuflüsse aus unterirdischen Quellen immer mit
frischem Wasser versehene „Salzsee", welcher in überwiegender Menge kohlen=
saures Natron (in einem Wiener Pfunde 23.9667 Gran) und Chlornatrium
(9.5251 Gran) enthält. (Analyse von Molnár.) Das Wasser desselben wird
sowohl im natürlichen Zustande als auch gewärmt zu Bädern benützt. Tem=
peratur des Wassers schwankt je nach der Jahreszeit zwischen 13 und 24° R.
Bäder: In der Mitte des Salzsees ist ein hölzernes Badehaus errichtet, mit
2 Vollbädern und 36 Ankleidekabinen; ferner sind vorhanden 27 Wannenbäder
(warm) und 7 kalte Brausen. Wohnungsverhältnisse: 72 Wohnzimmer in 3,
dem Kurorte angehörigen Gebäuden, ferner 54 Zimmer in Privathäusern.
Zimmerpreise von 50 kr. bis 3 fl. per Tag. Verköstigung in der Restauration.
Preise daselbst mäßig. Zerstreuungen: Lesezimmer mit Zeitungen, Kurmusik,
Ausflüge nach Szabadka (M.-Theresiopel) und Szeged, Kahnfahrten. Kurtaxe
wird nicht eingehoben. Frequenz 5—700 Personen jährlich. Der Kurort ist
Eigentum der Stadt Szabadka.

Polena-Quaszova im Bereger Komitate, liegt mitten im Karpathen=
Waldgebirge 3 Klm. von dem Dorfe Polena entfernt. Die Analyse des hier
entspringenden sehr kohlensauerreichen alkalischen muriatischen Säuerlings
stammt von Molnár; derselbe fand in 1000 Teilen des Wassers 7.1279 fixe
Bestandteile; unter diesen vorwiegend kohlensaures Natron 5.7601, Chlor-

natrium 0.9595; borsaures Natron 0.0717; kohlensaures Lithion 0.0120; kohlensaure Kalkerde 0.2223 u. s. f. Temperatur 8° C. Jahresversandt circa 500,000 Flaschen. Die Quelle ist Eigentum des Grafen Erwin Schönborn.

3. Alkalisch = muriatische Jod = Wasser:

Czigelka, Dorf im Sároser Komitate mit mehreren Mineralquellen, deren eine „Ludwigsquelle" zu Heilzwecken benützt wird. Laut Nik's Analyse ist dieselbe ein jodhaltiger alk.=muriat. Säuerling und enthält in 1000 T. 13·8882 fixe Bestandteile (4·6673 Chlornatrium, 8·1688 kohlens. Natrium, 0·0185 kohlens. Eisenoxyd und 0·0150 Jodnatrium) und 3.6210 freie und halbfreie Kohlensäure. Temperatur 9° R. Versandt: jährlich 20,000 Flaschen. Eigentümer: Graf Stefan Erdödy.

Lipik liegt im Pazseganer Komitate (Slavonien), ¹/₄ Stunde von Pakraz, 8 Stunden von Sisset (Südbahnstation), 10 Stunden von Barcs (Südbahn) und 3 Stunden von Alt=Gradiska (Save=Schiffahrtstation) entfernt, in einer schönen Gebirgsgegend. Die Post verkehrt 2 mal täglich mit Kariolwagen. Die Reiseroute über Alt=Gradiska ist die bequemste. ·Fahrtaxe von Lipik, je nach Beschaffenheit der benützten Wagen, 5—8 fl., von Barcs nach Lipik 12—20 fl., von Sisset nach Lipik 11—15 fl. Die Heilquelle Lipik's, eine alkal.=muriat. Jodtherme, entströmt einem 204·76 Meter tiefen artesischen Brunnen und hat eine Temperatur von 51° R. Sie liefert in 24 Stunden 24 Hektoliter Wasser. Sie enthält in 1000 T. 2·892 fixe Bestandteile, darunter 1·548 kohlens. Natron, 0.153 kohlens. Magnesium, 0·196 schwefels. Kali, 0·616 Chlornatrium, 0·021 Jodnatrium. Freie und halbgebundene Kohlensäure 0·764. Die Therme wird zur Trinkkur wie auch zu Bädern verwendet. Versandt durchschnittlich 8080 Flaschen im Jahre. Bäder: 12 Steinbäder, 12 Wannenbäder, 4 Spiegelbäder. Wohnungen: komfortabel eingerichtetes Hôtel garni mit 84 Zimmern (Preis per Tag 64 kr. bis 2 fl. 80 kr.); 16 Privathäuser mit 106 Gastzimmern (von 60 kr. 1 fl. 50 kr.). Gute Küche, Preise mäßig. Zerstreuungen: Kurmusik, Tanzkränzchen, Tombola, Bibliothek, Zeitungen, Kaffeehaus mit Billard, Ausflüge (nach Pakrac 4 Kilometer, nach Caglic 3·9 Kilometer, nach Daruvár 24·9 Kilometer, in die Gebirgswaldungen), zu diesem Behufe stehen für 25 bis 30 kr. per Kilometer stets gute Feder- wagen zur Verfügung. Kurtaxe für die erste Woche 3 fl., für jede nach- folgende Woche 50 kr. Frequenz im Jahre 1881 1000 Kurgäste, darunter 232 Ausländer. Saison vom 1. Mai bis 1. Oktober. Kurarzt Dr. Kern. Lipik ist Eigentum eines Konsortiums.

Zaizon, Dorf und gut eingerichteter Kurort im Brassóer Komitate (Siebenbürgen), etwa 15 Kilometer von der Bahnstation Brassó (Kronstadt) entfernt, in einem engen Gebirgsthale am Fuße des Csukásberges, 1700 Fuß über dem Meere. Quellen: Ferdinands=, Franzens= und Ludwigsquelle. Die beiden erstgenannten sind stark jodhaltige alkal.=muriat. Säuerlinge, letztere gehört in die Reihe der alkal. Säuerlinge. Erstere enthält in 1 Liter 2·648 feste Bestandteile, unter diesen 0·5873 Chlornatrium, 0.2393 Jodnatrium, 1.2637 doppelt kohlensaures Natron, 0·4399 doppelt kohlensaure Kalkerde,

0·0145 doppelt kohlensaures Eisenoxydul u. s. f. Freie Kohlensäure 656·33 K. C. Temperatur + 8⁰ R. Die Franzensquelle enthält in 1 Liter 0·888 fixe Bestandteile, unter diesen 0·008 Jodnatrium. Die Ludwigsquelle enthält in 1 Liter 1·6540 feste Bestandteile (0·0599 Chlornatrium, 0·5232 doppelt kohlensaures Natron, 0·5501 doppelt kohlensaure Kalkerde, 0·1488 doppelt kohlensaures Eisenoxydul u. s. w.). Freie Kohlensäure 1002·47 K. C. Temperatur 7·75⁰ R. Dampf- und Wannenbäder. Molkenkur. Im neuen Gasthofe (daselbst sind 13 Wohnzimmer) wie auch in Privathäusern. Wohnungspreise 70 kr. bis 2 fl. per Tag im Gasthofe, 3—8 fl. per Woche in den Privat-häusern. Speise-, Tanz- und Billardsaal im neuen Gasthofe. Kurmusik. Gedeckte Wandelbahn. Promenaden ꝛc. Kur- und Musiktaxe 4 fl. Saison vom 15. Mai.

Bajom (Felső-) auch Bázna (Baassen), im Kis = Küköllöer Komitate, 1¹⁄₂ Stunde von Medgyes (Mediasch) entfernt. Für die Fahrt im Postwagen von Medgyes nach dem Kurorte hin und zurück 80 kr. Mietwagen, je nach Beschaffenheit derselben, erhalten für die Fahrt 2—5 fl. Ermäßigte Fahr-karten von Seite der kgl. ungar. Staatsbahn. Heilquellen: Mehrere jod- und bromhaltige muriatische Quellen, von welchen die Ferdinands-, Felsen- und Merkelquelle von Folberth analysiert wurden. Die Ferdinandsquelle enthält in 10,000 T. 371·1050 Chlornatrium, 15·9520 Chlormagnesium, 11·8320 Chlorkalium, 0·1110 Bromnatrium, 0·3950 Jodnatrium, 1·0460 Kohlensäure. Temperatur 12·5⁰ C. Die Quellen dienen zur Trink- und Badekur. Versandt in Flaschen und zu Badezwecken in Fässern. Bäder: 2 Spiegelbäder, 7 Separatkabinen mit Douchen. Wohnungsverhältnisse. Das Badehaus mit 78 Zimmern, „Hôtel National" (36 Zimmer), „Hôtel Keßler" (24 Zimmer), ferner zahlreiche Privatwohnungen, Preise der Zimmer von 40 kr. bis 2 fl. 50 kr. per Tag. Verköstigung billig. Unterhaltungen: Kur-musik, Konzerte, Tombola, Ausflüge. Kurtaxe 3 fl. Frequenz an 300 Parteien jährlich. Zahlreiche Kurgäste aus Rumänien. Saison vom 20. Mai bis 20. September.

4. Erdig = alkalische Wasser:

Bibarczfalva, kleine Ortschaft im Udvarhelyer Komitate, 1 Stunde von der Eisenbahnstation Agostonfalu entfernt. Daselbst befinden sich mehrere kalte Säuerlinge, welche in einer kleinen Kuranstalt zu Heilzwecken verwendet werden. Eine der Quellen, ein erdig-alkalischer Säuerling mit etwas Jod- und Bromnatrium und geringem Eisengehalte, wird unter dem Namen „Vorhegyer Mineralquelle" verschickt. Derselbe dient auch als diätetisches Getränk. Versandt: 100,000 Flaschen. Eigenthümer: Dominik Szabó.

Borszék (klimatischer Kurort; erdig-alkalischer Säuerling), im Csiker Komitate (Siebenbürgen), 881 Meter hoch über der Meeresfläche, in einer gebirgigen wildromantischen Gegend gelegen. Nächste Eisenbahnstation Maros-vásárhely, in einer Entfernung von 170 km. Zwischen Marosvásárhely und dem Kurort besteht ein geregelter Eilwagenverkehr. Fahrtaxe per Person 8—10 fl. ö. W., für Kinder und Dienstboten ist eine geringere Taxe fest-gesetzt. Per Person 20 Kilo Freigepäck. Privatfuhrwerke erhalten für die

Fahrt 25 fl. ö. W. Quellen: Die Gegend ist außerordentlich reich an Mineral=
quellen, von welchen jedoch nur 11 teils zur Trinkkur, teils zu kalten und
gewärmten Bädern benützt werden. Am meisten benützte Trinkquellen sind:
Der Prinzipalbrunnen und Kossuthbrunnen. Der Prinzipalbrunnen enthält
nach der Analyse Thán's in 1000 Gewichtsteilen 2.848 feste Bestandteile
(kohlensaures Calcium 1.331, kohlensaures Magnesium 0.765, kohlensaures
Natrium und Lithium 0.548) und 3.531 Gewichtsteile freie Kohlensäure.
Volumen der freien und halbgebundenen Kohlensäure in 1000 gr Wasser
= 1792 K. C. Temperatur 8.15° C. Versandt: Prinzipalbrunnen 3 1/2
Millionen, die übrigen Brunnen etwa 100,000. Flaschen jährlich. Bäder:
1. Das O=Lobogó=Bad im östlichen Teile Borszéks. In zwei Abteilungen
getrenntes, viereckiges Spiegelbad, welchem Kohlensäure in reichlicher Menge
entströmt. 2. Das Uj=Lobogó=Bad mit dem vorigen unter einem Dache,
ebenfalls Spiegelbad mit einer an Kohlensäure ärmeren Quelle; das Uj=
Sáros=Bad, das Lázár=Bad (das hübscheste und am bequemsten eingerichtete
unter allen). Im ganzen sind 7 kalte Spiegelbäder und ein „Sturzbad"
vorhanden. Preis eines Bades samt Wäsche 15 kr. Warme Wannenbäder
40 kr. Unterkunft und Verköstigung (200 Wohnzimmer) in Privat= und
Gasthäusern zu 50 kr. bis 1 fl. 50 kr. per Tag. Billard, Lesezimmer, unga=
rische, deutsche, französische, rumänische Zeitungen, Bibliothek, Musik, Tanz=
unterhaltungen. Kur= und Musiktaxe 4 fl. Frequenz 550 Personen. Saison
15. Juni bis 15. September.

Hungaria=Quelle in **Budapest** (Ofen), erdig=alkal. Quelle, entspringt am
Fuße einer von der Ostseite des Blocksberges steil sich herabsenkenden Fels=
wand im Hofe des „Hôtels zum Propeller" gegenüber dem Bruckbade.
Analyse von Pr. Mathias Balló. 1 Liter derselben enthält 1.421748 fixe
Bestandteile, darunter schwefelsaures Natrium 0.244336, kohlensauren Kalk
0.66875, kohlensaures Natrium 0.218337, kohlensaures Lithium 0.002035,
Magnesiumchlorid 0.254268, Magnesium bromid 0.001596. Temperatur 33° C.
Die Quelle wird an Ort und Stelle getrunken und auch verschickt. Unterkunft
und Verköstigung im Hôtel. Eigentum einer Aktiengesellschaft.

Korond, Dorf im Udvarhelyer Komitate, 2 1/2 Stunden von Sz.=
Udvarhely, mit einem kleinen seitlich gelegenen Kurorte, dessen Quellen in
die Reihe der erdig=alkalischen Säuerlinge gehören und zu Trink= und Bade=
kuren verwendet werden. Die nächsten Eisenbahnstationen sind Héjasfalva
(5 Stunden), Marosvásárhely (7 Stunden). Die Fahrt in einem Mietwagen
von Marosvásárhely nach Korond kostet 12 fl. Bäder: 1 gemeinschaftliches
Bad und mehrere warme Bäder. 31 Wohnungen für Familien. 35 Gast=
zimmer. Preise der ersteren 20—45 fl., der letzteren 7—16 fl. per Monat.
1 Restaurant. Preise daselbst mäßig. Tageblätter. Kurmusik. Kurtaxe 4 fl.
Frequenz 300—350 Kurgäste im Jahre. Saison vom 1. Juni bis 1. August.

5. Erdig = salinische Wasser:

Toplicza, auch Oláh=Toplicza. Große Gemeinde im Maros=Tordaer
Komitate (Siebenbürgen), an den Ausläufern des Gyergyó; — 700 Meter

über dem Schwarzen Meere. Am rechten und linken Ufer der Maros. Daselbst entspringt eine warme Quelle von 26·25° C., welche in die Reihe der erdig-salinischen Säuerlinge (Analyse von Dr. W. Loebisch) gehört; selbe wird zu Trinkkuren und in einem kleinen Badehause zu Bädern verwendet.

II. Erdige Wasser.

Gánocz, kleiner Kurort im Zipser Komitat am Fuße des Tátragebirges, 635 Meter hoch am westlichen Ende des gleichnamigen Dorfes, ½ Stunde von der Station Poprád entfernt. Omnibusverbindung zwischen Poprád und Gánocz während der Badesaison. Von Seiten der kgl. ungar. Staatseisenbahn, der ungar. Nordostbahn, der Kaschau-Oberberger und der Kaiser Ferdinand-Nordbahn werden für die Besucher des Kurortes ermäßigte Tour- und Retourkarten ausgegeben. Das Thermalwasser des Kurortes entstammt einer Bohrquelle, gehört in die Reihe der erdigen Sauerwässer, enthält jedoch außer kohlensaurem Kalk (1·4287) eine beträchtliche Menge schwefelsaures Magnesium (0·8312) und schwefelsaures Natron (0.2808), halbgebundene Kohlensäure 0·6535, freie Kohlensäure 1·2528, Schwefelsauerstoff 0·0006. Temperatur 23·90° C. (Analyse von Scherfel). Bäder: 1 Spiegelbad, 15 Badekabinen. Preise der Wohnzimmer per Tag 50 --80 kr. Preis des Wannenbades ohne Wäsche 16 kr., eines Bades im Spiegel mit Wäsche 15 kr. Verköstigung: nach der Karte und table d'hôte. Anzahl der Passanten gegen 2000, der eigentlichen Kurgäste 200. Saison: vom Mai bis Oktober. Eigentümer: Herr August v. Korponay.

Jegenye, Ortschaft im Klausenburger Komitat, Siebenbürgen, 1 Stunde von der Eisenbahnstation Egeres entfernt, von wo aus der Kurgast mit Hilfe eines Gesellschaftswagens nach dem Kurorte gelangt. Fahrtaxe im Gesellschafts-wagen 30 kr., auf der Strecke Klausenburg-Egeres gewährt die Bahnverwaltung während der Kursaison eine 50%ige Ermäßigung der Fahrpreise. Jegenye liegt 550 Meter hoch in einem von kleinen Bächen durchflossenen, von dichten Gebirgswaldungen umringten Thalkessel, ist vor rauhen Winden geschützt und erfreut sich eines sehr milden Klimas. Die erdigen Quellen von Jegenye, deren 10 vorhanden sind, werden zu Trinkkuren, vorwiegend jedoch, sowohl im Naturzustande als auch gewärmt, zu Badezwecken benützt. Sie enthalten vorwiegend schwefelsaures und doppelt kohlensaures Calcium. Die von Fabinyi analysierte Quelle enthält in 1000 T. 2·3837 fixe Bestandteile (darunter, außer den oben genannten Bestandteilen, 0·0122 kohlensaures Lithium) und 0·0461 freie Kohlensäure. Temperatur 11·3° C. Bäder: 3 kalte Spiegelbäder im Freien mit Ankleidekabinen, 8 Badezimmer mit je 2 Wannen. Von außerordentlicher Wichtigkeit für den im Aufschwunge begriffenen Kurort verspricht der Umstand zu werden, daß im Jahre 1880 in der Nähe desselben ausgedehnte Lager von Eisenmoorerde — Vitrioltorf — entdeckt wurden, welche sich, wie die durch Hauer, Bartha und Fabinyi, resp. Gaspar vorgenommenen Analysen ergeben, zu Kurzwecken vorzüglich eignen und demnach auch schon seit 1882 in Jegenye im Gebrauche stehen. Unterkunft findet man in einer

Reihe, zumeist in den letzten Jahren aufgeführter zierlicher und wohlein=
gerichteter Wohnhäuser. Preise der Zimmer 50 kr. bis 1 fl. 20 kr. per Tag.
Verköstigung in der Restauration, wo nach der Karte gespeist wird. Preise
daselbst sehr mäßig. Zerstreuungen: Kurmusik, Tanzunterhaltungen ꝛc. Kur=
taxe: 4 fl. Frequenz: 400 Kurgäste jährlich. Kurarzt: Dr. J. Salomon.
Saison vom 1. Mai bis Ende September. Jegenye ist Eigentum der Sieben=
bürgischen römisch=katholischen Studienfundation.

Mohaer Agnesquelle (Stuhlweißenburger Komitat), etwa ³/₄ Stunden
von Székes-Fehérvár (Stuhlweißenburg), in einem vom Bakonyer Waldgebirge
begrenzten Thale. Die Quelle bricht aus einem artesischen Brunnen hervor
und enthält (Analyse des Prof. Dr. Bela Lengyel) in 1000 Gramm 1·73710
feste Bestandteile (kohlensaures Calcium 1·22051, kohlensaures Magnesium
0·34241, kohlensaures Natrium 0·04415, kohlensaures Lithium 0·00740) und
freie und halbgebundene Kohlensäure 3·07236, b. i. 1536 K. C. Temperatur
11·2⁰ C. Versandt: in 1½, 1 und ½ Liter haltigen Flaschen. Verschickt
wurden im Jahre 1880 : 80,000, im Jahre 1881 : 295,000, im Jahre 1882 :
585,000 Flaschen. Eigentümer: Emerich v. Kempelen.

Szántó, Dorf im Honter Komitate. Daselbst befinden sich mehrere
Sauerbrunnen, deren einer unter dem Namen „Szántóer Sauerwasser" ver=
schickt wird. Derselbe gehört in die Reihe der erdigen Sauerwässer und ent=
hält (Analyse von Molnár) in einem Civil=Pfund 20·84 Gran feste Bestand=
teile (1·32 Gran schwefelsaures Kali, 3·29 Gran schwefelsaures Natrium,
3·85 Gran Chlornatrium, 2·00 Gran kohlensaures Natrium, 8·36 Gran kohlen=
sauren Kalk) und 30·4 K.=Zoll freie Kohlensäure. Temperatur + 12⁰ R.
Das Szántóer Wasser wird auch als erfrischendes Getränk sowohl rein, wie
mit Wein gemischt benützt.

Szkleno, altberühmter mit vorzüglichen Einrichtungen versehener Kurort
an der nördlichen Grenze des Borser Komitates, in einem schmalen, anmutigen
und malerischen Gebirgsthale. Klima gesund und mild. Nächste Eisenbahn=
stationen: Garam=Berzencze (Gran=Bresniz) — Wagen sind bei der Bade=
verwaltung 1—2 Tage früher zu bestellen, Fahrtaxe 4 fl. (Fahrdauer 2½
Stunden) — und Selmeczbánya, wo immer Fahrgelegenheit vorhanden ist.
(Fahrdauer 4 Stunden.) Auf der Strecke Budapest = Losoncz = Garam=Berzencze;
Oberberg = Ruttek = Garam=Berzencze gewährt die Eisenbahnverwaltung den nach
dem Badeorte Reisenden eine Fahrermäßigung von 33¹/₃%. Kurmittel:
Zur Trink= und Badekur werden 7 Heilquellen verwendet (Analyse von Prof.
Dr. Werner), welche in die Reihe der erdigen Thermen gehören. Sie enthalten
in überwiegender Menge schwefelsauren Kalk und sind reich an Kohlensäure.
Temperatur: Josefsquelle 53·5⁰ C., Volksbadquelle 41·5⁰ C., Gézaquelle 37·5⁰ C.,
Jeanettenbrunnen 45⁰ C., Wilhelmsquelle 47·5⁰ C., Bélaquelle 51·5⁰ C., Zipfer=
quelle 42·0⁰ C. Verschickt wird bloß die Jeanettenquelle. Molken=Anstalt.
Bäder: 1. Herrenbad mit 2 Spiegeln; 2. Prinzenbad; 3. 4 Separatbäder;
4. Natur = Dampfbad (dessen Schwitzkammer in einer Felsengrotte liegt);
5. Zipferbad; 6. Volksbad. Wohnungen: Das Herrenhaus mit 23, das
Prinzenhaus mit 10, das Kaiserhaus mit 9, das Gasthaus mit 10, das

Zipferbad mit 8 elegant und bequem eingerichteten Gastzimmern. Zimmer= preise von 40 kr. bis 1 fl. 60 kr. per Tag. Verköstigung in der Restauration. Preise mäßig. Zerstreuungen: Gedeckte Wandelbahn, Konversationssaal, Billard= und Zeitungszimmer, Kurmusik, Ausflüge nach Selmeczbánya (Schemnitz), nach dem Kurort Vihnye (15 km), nach der Bergruine Sachsenstein u. s. f. Wagen können für 5 fl. per Tag gemietet werden. Frequenz: durchschnittlich 400 jährlich (mit Einschluß der Passanten). Kurarzt: Dr. Bachschitz. Saison vom 15. Mai bis 15. September. Eigentümer der Kuranstalt: Dr. Béla Gaszparetz.

III. Eisenwasser.

Ajnácskö im Gömörer Komitate, 3½ Meilen von Rimaszombat. Nächste Eisenbahnstation: Ajnácskö=Söreg (Ung. Staatsbahn), von wo täglich 4mal ein Gesellschaftswagen nach Ajnácskö abgeht. Fahrtaxe im Gesellschaftswagen per Person 50 kr. Lage: Der Kurort liegt in der Nähe des gleichnamigen Dorfes in einem engen, von Süden nach Norden verlaufenden Thale. Im Osten hohe teils mit Reben, teils mit Buchen= und Eichenwaldungen besetzte Berge. Die vorhandenen 3 Mineralquellen gehören nach der Analyse von Molnár, in die Reihe der erdigen Eisensäuerlinge und sind reich an freier Kohlensäure. Die Hauptquelle enthält in 1000 T. 1 2·361 fixe Bestandteile, unter diesen 0·6803 kohlensaures Calcium, 0·1799 kohlensaures Natrium, 0.0411 Chlornatrium, 0·1274 kohlensaures Eisen. Freie Kohlensäure 836·2 K.C. Tempe= ratur 8—12″ C. Eine der Quellen enthält auch eine geringe Menge Hydrothion. Sie werden sowohl zu Trink= als auch zu Badekuren verwendet. Unterkunft: Mehrere hübsche, im Schweizer Stile erbaute Häuschen mit insgesamt 32 Wohnzimmern, Zimmerpreise von 1 fl. bis 1 fl. 50 kr. per Tag. Verköstigung zu mäßigen Preisen in 2 Restaurationen. Zerstreuungen: Kurmusik, Zei= tungen. Wohlgepflegter Park. Ausflüge in die umliegenden Berge, nach den Ruinen des Schlosses Ajnácskö u. s. f. Kurtaxe 20 kr. per Tag. Frequenz 220. Saison vom Mai bis Ende September. Eigentümer des Kurortes: Br. Gabriel Kemény.

Balaton=Füred liegt im Zalaer Komitate, am nordwestlichen Ufer des Plattensees, 150 M. h. inmitten einer herrlichen, an Naturschönheiten reichen Gegend. Der Kurort ist gegen Norden durch Berge geschützt. Klima äußerst günstig. Kommunikation: Von Budapest gehen täglich zwei Züge der Süd= bahn ab, welche Siófok berühren. Hier erwartet der Dampfer „Kisfaludy" die Reisenden, welcher nach einstündiger Fahrt in Balaton=Füred anlangt. Jeden Samstag und vor jedem Feiertage Vergnügungszüge von Budapest aus, mit bedeutend ermäßigten Preisen, doch haben die Fahrkarten nur eine drei= tägige Gültigkeit. Jene, welche die Seefahrt zu vermeiden wünschen, können auch über Veszprim (Stat. der ung. Westbahn), woselbst Miet= und Stell= wagen stets bei der Hand sind, nach Füred gelangen. Kurmittel: 3 Mineral= quellen — Eisensäuerlinge — von denen eine zu Bädern dient, während zwei, namentlich der Franz Josefsbrunnen zur Trinkkur verwendet und auch verschickt werden. Dieser enthält in 1000 Teile 2·266 feste Bestandteile (0·785 schwefelsaures Natron; 0·108 kohlensaures Natron; 0.829 kohlensaures Calcium; 0·011 kohlen=

saures Eisen) und 2·502 freie Kohlensäure. Temperatur 15° C. (Analyse von Heller.) Versandt 100,000 Flaschen. Bäder: 1. Plattenseebäder. Zum Gebrauche der= selben ist im See selbst, am südlichen Ende des Badeortes ein Badehaus aus Holz mit zwei allgemeinen und einer großen Anzahl von Seperatbädern. Das Wasser des Plattensees enthält doppelt so viel an fixen Bestandteilen und an Kohlensäure, als gewöhnlich im Flußwasser gefunden wird, weshalb es auch als diluierter Säuerling bezeichnet wurde. Temperatur im Sommer zwischen 16 und 24° R. Lebhafter Wellenschlag. Auch der Schlamm des Plattensees wird hier zu terapeutischen Zwecken verwendet. Derselbe ist ein kräftiges, äußer= liches Reizmittel, insofern auf dessen Einreibung Röte, Jucken und Brennen der Haut, zuletzt sogar Entzündung und ein eigentümlicher erythematöser Haut= ausschlag entsteht. Ferner stehen im neuen Kurhause zur Verfügung: Wannen= und Sitzbäder aus gewärmtem Mineral= und Seewasser, Dampfbäder mit Brausen, Gas=Stahlbäder in den sogenannten Schwarz'schen Wannen, und kalte Säuerling=Bassinbäder (Temperatur 10−12° R.) Preise der Plattensee= bäder: Separat=Salonbad I., II. u. III. Kl. 20, 30 u. 50 kr. (Nachm. 10, 20 u. 30 kr.) — In der Herren=Schwimmschule 25 (Nachm. 15 kr.), in der Damen=Schwimmschule 30 kr. Preistarif der warmen und Dampfbäder: Mar= morwannenbad I. Kl. 1 fl., 1 kohlensaures Bad 1 fl., Wannenbäder II. Kl. 70–80 kr., Dampfbad 1 fl., kaltes Säuerlingbad 50 kr., Sitzbad 30 kr. Weitere Kurbehelfe Molken= und Traubenkur. Wohnungen: Neues Badehaus mit 83 Zimmern; altes Badehaus mit 42 Z.; großes Gasthaus mit 72 Z.; Mangold= früher Horváthhaus mit 131 Z.; Eszterházi=Hôtel mit 24 Z.; Fülöp= haus mit 26 Z.; Talliánhaus mit 8 Z. Ferner zahlreiche größere und kleinere Villen. Zimmerpreise von 80 kr. bis 5 fl. per Tag vom 15. Mai bis 15. Juni und vom 20. August an in allen Logierhäusern ein Nachlaß von 30%. Verköstigung: 4 Restaurationen. Kaffeehaus. Zerstreuungen: zweimal täglich Kurmusik. Zahlreiche Zeitungen. Großer Kursaal mit Klavier. Ge= deckte Wandelbahn. Täglich Theatervorstellungen, Konzerte, Tombolaspiele, Bälle, Kahnfahrten auf dem Plattensee, Ausflüge (nach den Thälern von Füred, Aracs, Nosztori; nach Tihany; mittelst Dampfer nach Tihany, Szigliget, Bá= dacsony, Csobáncz, Tátika u. s. f.) Kurtaxe 2−8 fl. je nach der Dauer des Aufenthaltes. Frequenz 2000, unter diesen 200 Ausländer. Saison von Mai bis Mitte September. Kurärzte Dr. Stefan Huray, Dr. Mangold, Dr. Engel. Der Kurort Balaton=Füred ist Eigentum des Martinsberger Benediktiner=Ordens.

Bártfa (Bartfeld) Kurort im Sároser Komitate, Oberung., ½ Stunde von der gleichnamigen Freistadt entfernt. Nächste Eisenbahnstation: Eperies. von wo man auf gut gebahnter, ebener Staatsstraße mittelst Fiaker in 4½ Stunden nach dem Kurort gelangen kann. Fahrpreise für einen Mietwagen 6−8 fl. B. liegt 979 W. F. hoch in einem Thalkessel inmitten von Tannen= und Fichtenwaldungen. — Poststation. Kurmittel: 12 Heilquellen, welche zu den alkal. muriat. Eisensäuerlingen gehören. 5 dienen zu Trinkkuren und werden versandt, namentlich die Hauptquelle, Doktorquelle, Sprudelquelle und Füllungsquelle, 7 werden zu kalten und warmen Bädern verwendet. Die Hauptquelle enthält in 1000 Teilen 7·0280 Bestandteile, unter diesen 0·7694

Chlornatrium 2·0953 kohlensaures Natrium, 0·0878 kohlensaures Eisen=
oxydul, 0·2634 halbgebundene Kohlensäure, 3·2119 freie Kohlensäure.
Temperatur 8·08° R. Versandt durchschnittlich 126.500 Flaschen im Jahre.
Bäder kalte und warme Wannenbäder (von 20 kr. bis 1 fl.), Douche=
ober Sturzbäder, Bäder mit Fichtennadelbekoft u. s. w. Gute Schaf=
molke. Wohnungsverhältnisse. Hôtel Garni und 46 Wohnhäuser mit 372
Zimmern. Wohnpreise. 1 fl. bis 1 fl. 50 kr. per Tag. 3—4 Restaurationen.
Gespeist wird nach der Karte und table d'hôte. Zerstreuungen. Zweimal
täglich Kurmusik. Zeitungen. Promenaden. Ausflüge: Nach der ½ St. vom
Bade entfernten Stadt Bartfeld, nach Zboro, dem gewesenen Wohnsitz Rákoczy's
(³/₄ St.), nach dem Kurort Krynica in Galizien (4 St.) u. s. f. Für Fahr=
gelegenheit bezahlt man für 1 Tag 5 fl., für ½ Tag 2—3 fl. Kur= und
Musiktaxe I. Kl. 6 fl., II. Kl. 3 fl. Frequenz 1316 (1881), worunter 134
Ausländer. Saison vom 15. Mai bis Ende September. 4—6 Kurärzte. Der
Kurort ist Eigentum der K.=Freistadt Bartfeld.

Buziás Marktflecken und stark besuchter Kurort im Temeser Komitate.
417 W. Fuß über der Meeresfläche in einer anmutigen Hügel=Landschaft.
Nächste Eisenbahnstationen: Temesvár (3½ St.) und Lugos (2½ St.) Fahr=
straßen gut. Regelmäßige Post= und Eilwagenverbindung (Taxe 2 fl.) Privat=
Fuhrwerke erhalten 5—6 fl. Post= und Telegrgraphen=Station. Heilpotenzen:
8 Mineralquellen, von welchen 6 zu kalten und warmen Bädern, 2 (Josefs= und
Michaelsquelle) zu Trinkkuren (rein oder mit Molke vermischt) verwendet
werden, gehören in die Reihe der Eisensäuerlinge. Die Josefsquelle enthält
1·3108 fixe Bestandteile in 1000 Teilen, darunter 0·2941 Chlornatrium, 0·5255
kohlensaures Magnesium, 0·1078 kohlensaures Eisenoxydul. Summe der freien und
halbgebundenen Kohlens. 2·6660. Temperatur sämtlicher Quellen zwischen 8 und 10°
C. Versandt jährlich an 30,000 Flaschen. Bäder: Kaltes Schwimmbad. 24 kalte
Badebassins, 6 kalte Douche=Bäder, 48 warme Wannenbäder. Trinkhalle,
großer Kursaal, gedeckte Wandelbahnen. Wohnungen in 3 Kurhôtels mit über
100 Zimmern und in etwa 50 Privathäusern. Preise 1 fl. bis 1 fl. 50 kr.
per Tag. Verköstigung in 4 Restaurationen. Preise mäßig. Kaffeehaus.
Zerstreuungen; Zeitungen, Ausflüge, 2 mal täglich Kurmusik, ausgedehnte
Parkanlagen, schattige Waldwege. Kurtaxe 2, 2.50, 6 und 8 fl. Frequenz
innerhalb der letzten 10 Jahre 10,966, wovon 1453 Ausländer. Saison vom
15. Mai bis 15. September. Das Bad ist Eigentum des Aerar's.

Czemethe, ungefähr 1 Stunde Weges von der Stadt Eperies entfernt.
Der kleine Kurort liegt 300 M. hoch in einem Thal, welches gegen Norden
durch einen Höhenzug geschlossen ist, gegen Süden sich öffnet und im Osten
und Westen durch bewaldete Berge begrenzt wird. Die Mineralquelle des Kur=
ortes ist ein erdiger Eisensäuerling und enthält nach Scherfels Analyse in 10,000
Teilen 11·4814 feste Bestandteile, unter diesen vorwiegend doppelt kohlensauren
Kalk (6·1956), doppeltkohlensaures Magnesium (3·1109), doppeltkohlensaures Na=
tron (0·9804) und doppeltkohlensaures Eisenoxydul (0·4250) C. freie Kohlensäure
20·5264. Temperatur 90° C. Die Quelle wird zu Trink= und Badekuren verwendet.
12 Wannenbäder. Preise der Bäder von 15—50 kr., 37 Wohnzimmer von 30 kr. bis

1 fl. per Tag. Restauration, Kurmusik, Kursalon mit Klavier, Tombola, Ausflüge u. s. f. Kurtaxe für die ganze Saison 5 fl., für 1 Woche 1 fl., jede weitere Woche 50 kr. Frequenz 160—200. Saison vom 15. Mai bis 15. September. Kurarzt Dr. Titus Mojanszky. Ezeméthe ist Eigentum der Stadt Eperies.

Elöpatak, Kurort im Háromszéker Komitat, Siebenbürgen, in einem freundlichen, von den umgebenden Bergen geschützten Thale. Nächste Eisenbahnstation Földvár (deutsch Marienburg) (1 Stunde), woselbst stets Fahrgelegenheit nach Elöpatak vorhanden ist. Für einen Wagen zahlt man 3 fl., Fahrtaxe für eine Person 1 fl. 20 kr. In Elöpatak sind zahlreiche Quellen, von welchen etwa 12 teils zur Trinkkur, teils zur Speisung der Bäder (kalt und gewärmt) verwendet werden. Sie gehören in die Reihe der erdig. alk. Eisensäuerlinge. Temperatur 9° R. Aus den Elöpataker Sauerquellen werden auch die sogenannten „Elöpataker auflösenden Brausepulver" bereitet. Versandt jährlich an 300.000 Flaschen und 7—800 Schachteln des Pulvers. Bäder: 2 große Gesellschaftsbäder, 24 Separatbäder; 400 Wohnzimmer von 30 kr. bis 3 fl. täglich. 6 Gasthäuser (darunter 2 israelit.). 1 Kaffeehaus. Parkanlagen, gedeckte Wandelbahn, Kursalon, Zeitungen, Klavier, Kurmusik, Bälle, Konzerte. Kur- und Musiktaxe 5 fl. Anzahl der Kurgäste 1500—2000 jährlich, zumeist aus Rumänien. Saison vom Mai bis Oktober.

Kabolyapolyana, liegt im Marmóroser Komitate, 2 Stunden von Sziget) (Eisenbahnstation, Taxe für Mietfuhrwerke nach dem Bade fl. 5) am linken Ufer des Szapnokaflusses. Der Kurort befindet sich an der westlichen Lehne des Berges Kabila, 418 Meter Höhe in einer höchst romantischen Gegend. Daselbst entspringen mehrere Eisensäuerlinge, die zu Kurzwecken benützt werden. Dieselben enthalten nach Szabó's Analyse kohlensaures Eisenoxydul, kohlensauren Kalk, kohlensaure Magnesia und eine bedeutende Menge freier Kohlensäure. Temperatur + 8·8° R. Die Quellen werden zu Trinkkuren und Bädern verwendet. 10 Badekabinen mit je 2 Wannen, kalte Brausen, Unterkunft im Gasthause, 8 Zimmer, und in benachbarten Wohnhäusern der Eisenarbeiter, Kost im Gasthaus, Kurmusik, Ausflüge in das königliche Eisenwerk und umliegende Gebirge. Kurtaxe fl. 2. Frequenz 200—250. Saison vom 1. Juni bis Ende August. K. ist ärarisches Eigentum.

Kászon-Jakobfalva (Siebenbürgen) in der Nähe des gleichnamigen Dorfes gelegener kleiner Kurort mit mehreren alkalischen Eisensäuerlingen.

Lippa, kleine Stadt im Temeser Komitate am linken Ufer der Maros, 1/2 Stunde von Radna-Lippa (Eisenbahnstation) entfernt. 3/4 Wegstunden von der Stadt entspringt ein eisenhältiges Sauerwasser, welches sowohl getrunken, als auch in einem kleinen Kurhause zu Badezwecken verwendet wird. Daselbst befindet sich auch ein Gasthaus mit 5 Wohnzimmern. Der größte Teil der Kurgäste besucht das Bad von Lippa aus. Saison vom 15. Mai bis Ende September. Das Bad ist Eigentum des Ärars.

Lubló (Al-) (Neu-Lublau) im Zipfer Komitate, liegt in einem reizenden Seitenthale des Popradflusses, rings umgeben von harzreichen Fichtenwäldern in 556 Meter Seehöhe, gegen Winde geschützt, inmitten eines über 70 Joch großen Parkes. Der Kurort hat ein — für seine Lage in der hohen Tátra —

verhältnismäßig sehr mildes Klima mit + 5·40° R. mittleren Jahrestempe=
ratur. Nächste Eisenbahnstationen: Orló und Lubotin, in einer Entfernung
von 1½ Wegstunden. Ein Wagen erhält für die Fahrt von hier nach dem
Kurorte 2 fl. 50 kr. Die Stahl=Quellen Lublós wurden in neuester Zeit
durch die k. k. geologische Reichsanstalt in Wien analysiert. Sie enthalten in
1 Kilogr. 1.614 fixe Bestandteile (zweifach kohlensauren Eisenoxybul 0.126,
kohlensauren Natron 0.630, zweifach kohlensauren Kalk 0.720) und 1.545
gasförmig absorbierte Kohlensäure. Temperatur 7° R. Versendet werden
jährlich 20,000 Flaschen. Die Quellen werden zur Trink= und Badekur ver=
wendet und zu letzterem Zwecke gewärmt. 35 Badezimmer, kalte Brausen, ge=
deckte Wandelbahn, Trinkhalle. Wohnungsverhältnisse: 10 Wohnhäuser mit
75 Gastzimmern, Zimmerpreise von 60 kr. bis 2 fl. 50 kr. per Tag. Verköfti=
gung in 2 Restaurants. Daselbst wird nach der Karte und table d'hôte
gespeist. Kaffeehaus. Zerstreuungen: zweimal täglich Kurmusik, Zeitungen,
Ausflüge nach Tátra=Füred und in die nahen galizischen Badeorte. Kurtaxe
vom 15. Juni bis 15. August 1 fl, in der Vor= und Nachsaison 50 kr. Saison
vom 15. Mai bis 15. September. Frequenz 600—700 Personen, darunter
6% Fremde. Lubló ist Eigentum der Brüder Arthur und Julius von Probstner.

Lubi im Bereger Komitate, nordöstlich von der Stadt Munkács, un=
mittelbar an der gegen Galizien führenden Landstraße. Daselbst entspringt in
den Spalten des Karpathen=Sandsteines ein alkalischer Säuerling, die „Elisa=
bethquelle." Sie wurde 1879 von Kletzinsky analysiert und enthält in 1000
Teilen 2.495 feste Bestandteile (1.026 kohlensauren Natron, 0.878 Chlornatrium,
0.444 kohlensaure Kalkerde, 0.032 kohlensauren Eisenoxybul). Gesamt=Kohlen=
säure 3.850. Temperatur 10.8° C. Die Quelle, welche seit wenigen Jahren
neuerdings verschickt und auch als diätetisches Luxusgetränk mit und ohne
Wein getrunken wird, ist Eigentum des Grafen Erwin Schönborn.

Málnás Badeort in der Nähe des gleichnamigen Dorfes im Haroms=
zéter Komitate, Siebenbürgen, von Brassó (Kronstadt) 5, von der Földvárer
(Marienburger) Bahnstation 4, vom Bade Elöpatak 3 Stunden entfernt
Lage in einem anmutigen Thalkessel nahe zum Ufer des Altflusses inmitten
von schattigen Waldungen. Ein Teil der Quellen des Kurortes gehört —
nach älteren Analysen — zu den kalten Schwefelwässern, so die Quelle des
Herkulesbades (Temperatur 13° R.) und des alten Bades, während namentlich
die Trinkquellen — die Hauptquelle, Marienquelle und eine dritte Quelle —
zu den Eisensäuerlingen gehören. Die Hauptquelle ist ein alkalischer Eisen=
säuerling und enthält nach Fleischer's Analyse in 1000 Teilen: 1.3288 kohlen=
sauren Natron, 0.6597 kohlensauren Calcium, 0.0352 kohlensaures Eisen
3.2014 borsaures Natrium u. s. f. Zusammen 3.0292 feste Bestandteile und
0.2562 halbgebundene und freie Kohlensäure. Temperatur 11° C. Bäder:
1. Herkulesbad in 2 Abteilungen für Herren und Damen mit je 24 Ankleide=
kabinen, Temperatur 13° R. 2. Eisenbad Temperatur 12.5° R. Ebenfalls
abgeteilt. Neben der Damenabteilung befindet sich auch ein aus 5 Abteilungen
bestehendes Wannenbad (gewärmt). 3. Altes Bad mit Douchevorrichtungen.
In neuerer Zeit wird auch eine, im Kurorte zwischen dem Herkules= und

Eisenbade gefundene „düngerartige Moorerde" wegen ihres „reichen Salzge=
haltes" zu Bädern verwendet. Von den Trinkquellen werden die Haupt= und
Marienquelle jährlich in etwa 20—25.000 Flaschen verschickt. Unterkunft:
In mehreren Gebäuden 120 Wohnzimmer. Speise= und Tanzsaal. Gedeckte
Wandelbahn, Promenaden, Musik 2c. Gespeist wird nach der Karte und table
d'hôte. Auch eigene Küche kann geführt werden. Frequenz 400, Passanten 1000.
Saison vom 15. Mai bis 15. September.

Olenyova, Dorf im Bereger Komitate, nordöstlich von der Stadt Mun=
tács. Mitten in dem Karpathen=Waldgebirge, bei dem Dorfe entspringt ein
alkalischer Eisensäuerling. Derselbe ist reich an Kohlensäure und enthält
7.2919 feste Bestandteile in 1000 Teilen (5.6883 kohlensaures Natron; 0.9694
Chlornatrium; 0.0102 borsaures Natron; kohlensaure Kalkerde 0.4410; kohlen=
saures Eisenoxydul, 0.0372 2c.) Temperatur + 8° C. Analyse von Kletzinsky;
Jahresversandt 50,000 Flaschen, Eigentümer Graf Erwin Schönborn.

Ránk=Herlein, durch seine artesische, periodische Springquelle berühmter
Kurort, liegt im Abaujer Komitate, an der westlichen Lehne des Eperjes=To=
kajer Trachytgebirgszuges in einem anmutigen Eichenwalde, 391 Meter ü. d.
M. Von der Station Töke=Terebes=Gálszécs erreicht man Ránk in 4 Stunden,
von Kaschau in 2½ Stunden. Fiaker von hier 6—8 fl., ein Platz im Om=
nibus 1. fl. Quellen: Die durch den Montaningenieur W. Zsigmondy erbohrte,
404 Meter tiefe, periodische Springquelle. Während der Eruption, die sich
mehrere Male innerhalb 24 Stunden wiederholt, steigt das Wasser, indem die
Oberfläche der Quelle zu schäumen beginnt, unter starkem, einige Schritte weit
hörbarem Knistern und Sausen, Kohlensäure= und Petroleumgeruch verbreitend,
anfangs stoßweise bis zur Röhröffnung empor, um sich dann zu einem kon=
tinuierlichen Strahle bis zu einer Höhe von 18 Metern und darüber zu er=
heben. Die Eruption dauert gewöhnlich einige Zeit, bis zu 30 Minuten an;
die Wassersäule sinkt dann allmählich zurück und verschwindet endlich in der
Röhre des Bohrloches unter großem Getöse. Die Temperatur der Quelle
während der Ruhe beträgt 15—17° C., steigt jedoch während der Eruption
sogar über 24° C. Das während der Eruption zurückfallende Wasser fließt
durch einen Abzugskanal in ein Reservoir, woraus es durch eine Dampfmaschine
zu Bädern gewärmt in die Kammern getrieben wird. Nach der Analyse
Lengyel's enthält dieselbe in 1000 Gewichtsteilen 2 7011 fixe Bestandteile
(1.0339 kohlensaures Natron, 0·8934 Chlornatrium, 0.6093 kohlensauren
Lithium, 0.4588 kohlensaures Calcium, 0.0474 kohlensaures Eisen) und 1628
K. C. freie und halbgebundene Kohlensäure. Außer der Springquelle sind
noch vorhanden: 1. die Waldquelle (Temperatur 11° C.), 2. Valeriequelle
(Temperatur 10° C.), 3. Rudolfquelle (Temperatur 11.8° C.), 4. alte Quelle
(Temperatur 13.5° C.) welche eine ähnliche Zusammensetzung wie die erstge=
nannte zeigen, also ebenfalls in die Reihe der alkalisch muriatischen Eisen=
säuerlinge gehören. Das Wasser der Quellen wird nur auf Verlangen ver=
sendet. Trink= und Badekur. Bäder: 17 Badekammern im alten und 8 im
neuen Badehause. Preise der Bäder 25, 40 und 55 kr. Wohnungen: mehrere
ärarische Gebäude (Franzgebäude, Bazargebäude, Waldhaus) mit 40 Zimmern.

Preise der Zimmer: von 1 fl. bis 1 fl. 50 kr. Auch im Postgebäude und in den Dorfhäusern werden Zimmer vermietet. Verköstigung. Man speist table d'hôte und à la carte. In dazu geeigneten Wohnungen kann auch eigene Küche geführt werden. Zerstreuungen: Schattige Spaziergänge, Musikkapelle, Bälle, Ausflüge (nach den berühmten Börösvágáser Opalgruben u. s. f. Großer Kursaal mit Zeitungen. Kurtaxe 1, 3, 5 und 10 fl. Frequenz im Durchschnitt 6 bis 700 Kurgäste im Jahre. Saison vom 15. Mai bis 15. September. Badearzt Dr. Eztehlo aus Eperjes. Der Kurort ist Eigentum des Ärars.

Korytnicza (klimatischer Kurort, Kaltwasserheilanstalt, Eisensäuerlinge), an der Südgrenze des Liptauer Komitates, 2679 Fuß hoch über dem Meeres= spiegel. Der Kurort liegt in einem an Naturschönheiten reichen Thale am Fuße der Karpathen, inmitten von ausgedehnten Fichtenwaldungen, 2½ Stunden von Rózsahegy, (Rosenberg) Station der Kaschau=Oderberger Eisenbahn, ent= fernt. Von hier gelangt man mittelst Lohnfuhrwerke nach dem Bade. Fahr= taxe zwischen 3 und 5 fl. ö. W. K. ist reich an Mineralquellen, von welchen 8, namentlich aber die Franz Josefs=, Béla= und Sophienquelle zur Ver= wendung gelangen. Dieselben sind sämtlich starke Säuerlinge, welche vor= wiegend schwefelsauren und kohlensauren Kalk, schwefelsaures Magnes. und etwas Eisen enthalten. Temperatur 7—8° C. Versandt: jährlich an 100.000 Flaschen. Bäder: 30 Wannenbäder und 1 Spiegelbad. Weitere Kurbehelfe: Molken= und Kaltwasserheilanstalt. Unterkunft im Hotel und in Privathäusern (22 Wohnhäuser). Preise der Zimmer per Tag 60 kr. bis 2 fl. 80 kr. ö. W. Vom 15. Mai bis 1. Juli und vom 15. August bis Ende September. Woh= nung samt Verköstigung für 2. fl. ö. W. per Tag. Verköstigung. Privat und in 4 Restaurationen; in letzteren auch table d'hôte. Parkanlagen, Kaffeehaus, Kurmusik, Konzerte, Bälle ꝛc. Kurtaxe 5 fl. Frequenz ca. 900 incl. Passanten. Kurarzt Dr. Ormai. K. ist Eigentum der ersten ungarischen Aktiengesellschaft für Kurorte.

Suliguli (Marmaroser Komitat, 12 Meilen von Szigeth, Station der ungarischen Nordostbahn): alkalisch muriatischer Eisensäuerling, welcher am Fuße des gleichnamigen Berges aus einer Felsenritze zu Tage bricht. Derselbe wurde 1873 von Prof. Dr. Than analysiert und enthält in 1000 Teilen 3.306 feste Bestandteile (0.4964 kohlensaures Natron; 0.0639 kohlensaures Eisen; 0.9299 Chlornatrium; 0.9757 kohlensauren Kalk; 0.7869 kohlensaures Magnes., 0.1799 Kieselsäure). Freie Kohlensäure=1763 K. C. Temperatur + 10° R. Jährlich werden 25—30,000 Flaschen verschickt. Die Quelle ist Eigentum des Ärars.

Sóskút (Sulz) liegt in einem reizenden Thale des Eisenburger Komitates an den Ausläufern der steierischen Alpen, 1008 Fuß über dem adriatischen Meere. Nächste Eisenbahnstation (per Wagen 1½ Stunde) St. Gotthard (ungarische Westbahn). Der kleine Badeort verfügt über 3 Mineralquellen: 1. der Sauerbrunnen (Trinkquelle), 2. Römerquelle (zu Bädern), 3. mittlere Quelle. Die erstgenannte gehört nach der Analyse Mittermeyer's in die Reihe der erdig alkalisch muriatischen Säuerlinge. Temperatur 9—10° R. Versandt jährlich 20,000 Flaschen. Zu Badezwecken stehen 5 Kabinen mit 10 Wannen zur Verfügung. Unterkunft im Kastell. Verköstigung in der Restauration des Dorfes. Kurtaxe keine. Das Bad wird am 15. Mai eröffnet und am 15. September geschlossen. Eigentümer Adam Anton.

Szlatvin. Die Mineral=Quelle von Szlatvin tritt in dem gleichnamigen Dorfe zu Tage; Dasselbe liegt in der Zips am Fuße des Berges Szlubicza etwa 1½ Stunde von der Stadt Szepes=Olaszi (Wallendorf) Station der Kaffa=Oberberger Eisenbahn entfernt. Dieselbe gehört in die Reihe der alka= lisch=muriatischen Eisen=Säuerlinge und enthält in 1000 Teilen 3.360568 feste Bestandteile und 2.119696 freie Kohlensäure. Temperatur 10.2⁰ C. (Analyse von Scherfel.) Eigentümer: Graf Albin Csály.

Szliács, im Sohler Komitat, am östlichen Gehänge des Granthales, 359·92 Meter hoch, in der Nähe von Zólyom (Altsohl), Station der ungar. Staatsbahn. Reise von Budapest aus in 5 Stunden. Für Kur= gäste aus dem Norden über Oberberg; von da gleichfalls in 5 Stunden. In Ungarn und auch von einigen österreichischen Bahnen wesentliche Ermäßi= gungen für die Fahrt hin und zurück. Post= und Telegraphenamt im Kur= orte. Quellen: 4 Bade= und 4 Trinkquellen. 7 dieser Quellen gehören in die Gattung der erdigen Eisenthermen, während die Josefsquelle zu den kalten reinen Eisenwassern zählt. Temperatur der Badequelle: I. 33⁰, II. 30·06⁰, III. 28·75⁰, IV. 25·63⁰ C. Temperatur der Trinkquellen: Adamquelle 25·25⁰, Lenkeyquelle 22·75⁰, Dorotheaquelle 22·0⁰, Josefsquelle 11·25⁰ C. Sämtliche Quellen zeichnen sich durch einen außerordentlichen Reichtum an freier Kohlen= säure aus. Versendet wird vorzugsweise die Josefsquelle (in 1000 T. 0·125 kohlensaures Eisenoxydul). Bäder: Die 4 Badequellen sind in einem Gebäude zu 4 großen Bassins gefaßt, so daß die Kurgäste unmittelbar in dem auf= steigenden Sprudel baden. Gasvollbäder und Uterinal=Gasdouchen. Überdies steht eine Reihe von Wannenbädern zu beliebigen Temperaturgraden zur Disposition. Unmittelbar neben der Lenkeyquelle Badehaus im Schweizer Stil für Sitzbäder. Preise der Bäder: Spiegelbad mit Wäsche 65 kr.; Sitz= bad mit Wäsche 45 kr.; Douchebad mit Wäsche 45 kr.; Sitzbad aufs Zimmer gebracht 55 kr.; Wannenbad aufs Zimmer gebracht 1 fl. Wohnungen: In mehreren Wohnhäusern etwa 300 Zimmer mit allem Komfort, von 60 kr. bis zu 3 fl. täglich. Die Hauptgebäude, Hungaria, Buda, Pest und Pester Flügel sind untereinander und mit dem Badehause, dem Kaffeehause und der Park= restauration mittelst gedeckter Gänge verbunden. Wandelbahn bei der Josefs= quelle. 3 Restaurationen, darunter eine israelitische. Gespeist wird nach Convert oder à la carte. Im Kursalon zahlreiche in= und ausländische Zeitungen. Gut gepflegte Promenaden, 40 Joch großer schattenreicher Park mit den entzückendsten Aussichten. Zahlreiche lohnende Ausflüge für Fuß= gänger. Zu Wagen nach Beszterczebánya (Neusohl), Fahrzeit 1½ Stunde (Taxe für hin und zurück 5 fl.), nach Zólyom (3 fl. hin und zurück), nach Hermanecz (3 fl. hin und zurück), nach Selmeczbánya (4 fl. hin und zurück). Kur= und Musiktaxe 6, 9 und 12 fl. Saison: 15. Mai bis Ende Sep= tember. Frequenz in 10 Jahren 10,853 Personen, darunter 483 Ausländer. Eigentümer: George Andrè Lenoir.

Szolyva-Hársfalva, alkal.-muriat. Eisensäuerling, klimatischer Kurort und Kaltwasser = Heilanstalt, liegt im nordwestlichen Teile des Beregher Komitates, 230 Meter hoch, mitten in der Karpathengebirgszone, die sich parallel mit der ungarisch-galizischen Grenze von Nordwesten gegen Südosten hinzieht. Das Gebirge besteht aus Sandstein, in dessen Spalten die Mineral= quellen des Kurortes entspringen. Kommunikationen: Die Bahnstation für Hársfalva ist Munkács; daselbst findet man immer Fiaker, welche den Reisenden in circa 3 Stunden nach Hársfalva bringen. Ein zweispänniger Wagen kostet 4 fl. 50 kr., jedoch bei gemeinschaftlicher Benützung pro Person 2 fl. Fahrstraße gut. Klimatische Verhältnisse: Gegen Nordwinde geschützte Lage. Jahresmittel der Temperatur + 8·8° C. Maximum im August + 30·8°, das Minimum im Dezember — 20° C. Zahl der Tage mit Niederschlag 123. Vorherrschende Windrichtung: Südost. Kurmittel: Mineralwasser. 2 Quellen, welche sowohl zum Trinken, als auch zur Herstellung der Bäder benützt werden. Die Stefaniequelle (Analyse von Molnár) enthält in 1000 T. 2·0165 feste Bestandteile (0·5708 kohlensaures Natrium, 0·0494 Chlornatrium, 0·0166 kohlensaures Eisenoxydul, 0·1443 borsaures Natrium) und 899.3800 freie Kohlensäure. Temperatur 8° C. Bäder: In zwei nebeneinander befind= lichen Gebäuden 24 Badezimmer. Preise der Bäder von 30—50 kr. Milch= und Molkenanstalt, Kaltwasserheilanstalt. Wohnungsverhältnisse: 5 Gebäude (Rudolfsburg, Karlovszky-Haus, Rákóczy=Haus, Fannyburg), mit 90 Zimmern, von 80 kr. bis 1 fl. 75 kr. per Tag, per Woche billiger. Vor 15. Juni und nach dem 15. August werden die Zimmerpreise um 15% billiger berechnet. Verköstigung nach der Karte und table d'hôte. Die Pension samt Zimmer kostet per Person und Woche wenigstens 20 fl. ohne Bäder. Kurmusik täglich zweimal, im Kursalon zahlreiche Zeitungen, Tanzunterhaltungen, ausgedehnte Promenaden mit Lindenalleen, Ausflüge zu Wagen und zu Pferde, zum Szolyvaer Sauerwasser (4 km) in die nördlich gelegenen Thäler. Ein zwei= spänniger Wagen kostet per Tag 4—6 fl., ein Reitpferd 1½—3 fl. Kurtaxe 3—6 fl. per Saison. Anzahl der Gäste: 5—600 Personen. Saison vom 25. Mai bis 15. September. Kurarzt: Dr. K. Schlesinger. Eigentümer: Graf Erwin Schönborn.

Szulin, Dorf im Sároser Komitate. ½ Stunde von demselben entfernt, knapp an dem Ufer des Poprádflusses entspringen aus einer Felsspalte zwei Mineralquellen von gleicher Zusammensetzung. Dieselben gehören, nach der Analyse Lengyel's, in die Kategorie der alkalischen Säuerlinge und zeichnen sich durch eine große Menge freier (0·8498 in 1000 T.) und gebundener Kohlensäure und durch einen Reichtum an kohlensaurem Natrium (2·2153) aus. Außerdem führen sie kohlensauren Kalk (0·8233), kohlensaures Magne= sium (0·4006), kohlensaures Lithium (0.1141) und kohlensaures Eisenoxydul (0·0441) in ansehnlichen Quantitäten. Das Szuliner Wasser wird sowohl als Luxusgetränke, wie auch als Heilmittel verwendet und jährlich in 500,000 Flaschen verschickt.

Tátra = Füred (Schmecks). Wir unterscheiden hier drei von einander unabhängige Kuranstalten: I. Tátra=Füred (Schmecks), klimatischer Kurort und Wasserheilanstalt, Eisensäuerlinge, im nordwestlichen Teile des Zipser Komitates, liegt 1 Stunde entfernt von der Bahnstation Poprád=Felka (Kaschau=Oberberger Bahn) in der Mitte der Central=Karpathen, am südlichen Abhange der Schlagendorfer Spitze in 1014 Meter Seehöhe. Der Kurort ist durch die umliegenden, zumeist mit dichten Nadelholzwäldern bedeckten Berge nach allen Seiten hin vor Winden geschützt. Mittlere Jahrestemperatur: + 5·4° C., in den Saisonmonaten: Mai + 8·6; Juni + 14·0; Juli + 15·7; August + 13·0; September + 9·4; verhältnismäßig wenig regnerische Tage (Gesamtsumme der Niederschläge = 773 mm. Herbst meist anhaltend schön. Kommunikation: In Poprád=Felka, wohin jeder Reisende auf den größeren Bahnstationen Tour= und Retourkarten mit 33¹/₃% Ermäßigung lösen kann, stehen fortwährend Wagen zur Verfügung. Fahrtaxe per Person 1 fl.; 2 fl. 50 kr. für einen offenen, 3—5 fl. für einen geschlossenen Wagen. Kurmittel: 1. Kaltwasserheilmethode, event. mit elektrischem Heilverfahren verbunden; 2. Brunnenkur: Kastorquelle, Polluxquelle, Quelle unter der Terrasse. Die Quellen sind arm an fixen Bestandteilen (vorwiegend doppelt kohlensaures Natron, doppelt kohlensaurer Kalk und doppelt kohlensaures Eisenoxydul), doch reich an freier Kohlensäure; 3. Warme Mineral=, Krummholz=, sowie auch Eisenbäder; 4. Systematische Milch= und Molkenkur; 5. Inhalations=therapie ꝛc. Tarif für die Wasserkur=Gebrauchenden: Verköstigung für eine Woche (Frühstück, Mittag= und Abendessen) 12 fl. Für Gebrauch der Kalt=wasserkur per Woche 3 fl., warme Bäder von 30—75 kr. Wohnungsverhält=nisse: 12 Wohnhäuser („Sanssouci", „Flora", „Adria", „Jägerhorn" ꝛc.) mit zusammen 200 Wohnzimmern. Zimmerpreise per Tag 60 kr. bis 2 fl. 50 kr. Verköstigung: Gespeist wird nach der Karte und table d'hôte. Vom 20. Mai bis 30. Juni und vom 26. August bis zum Schlusse der Saison bedeutend ermäßigte Preise (ganze Verpflegung samt Wohnung und Bedienung per Tag 2 fl.). Vergnügungen: Ausgedehnte Spaziergänge, Kursalon mit Klavier, Kaffeehaus mit Billard und zahlreichen Zeitungen, Bibliothek, Kurmusik, Tom=bola, Tanzunterhaltungen, Forellen=Fischerei, Jagden, Ausflüge in die nahen wildromantischen Gegenden (in die hohe Tátra, die Dobsinaer Eishöhle, zu dem Csorbaer See ꝛc.). Kur= und Musiktaxe per Woche 2 fl. Frequenz: 1600. Kurarzt: Dr. L. Jármay. Saison: Mitte Mai bis Ende September. Tátra=Füred ist Eigentum der Zipser Kreditbank und Sparkassen=Aktien=Gesellschaft. — II. Uj=Tátrafüred (Neu=Schmecks) durch einen kaum 15 Minuten dauernden Weg von Tátrafüred entfernt, in einer Seehöhe von 1005 Meter. Der klimatische Kurort steht unter der sachkundigen Leitung des Eigentümers Dr. Nik. Szontagh und besitzt an Kurmitteln: 1. Sanatorium für Lungen=kranke, 2. Kaltwasserheilanstalt, 3. warme Krummholz= und andere Bäder, 4. Milch=, Molken= und Traubenkur, Inhalationskur ꝛc. Das Sanatorium für Lungenkranke ist auch den Winter über offen. Wohnungen: Im ganzen stehen in mehreren Gebäuden 260 Zimmer zur Verfügung („Sanatorium" 34 Wohnzimmer, „Szontagh=Villa" 14 Zimmer, „Silene" 14 Zimmer ꝛc.). Zimmerpreise im Juli und August 80 kr. bis 2 fl. 50 kr. per Tag. In den übrigen Monaten volle Pension (Wohnung, Verpflegung, Bäder, Bedienung) je nach Beschaffenheit des Zimmers von 15 fl. ab die Woche. Pension im Juli und August für Hydropathen 12—14 fl. Gespeist wird nach der Karte und table d'hôte. Vergnügungen: Wintergarten, Kaffeesalon, Damensalon, Konversationssaal, gedeckte Wandelbahnen, Musikkapelle, Piano, Billard, Turn= platz, Schießstätte, Tombola, Bälle, Ausflüge ꝛc. Frequenz: 613 (20% Ausländer). Kurtaxe per Woche und Person 1 fl., Familien 2—3 fl. — III. Alsó=Tátra=Füred (Unter=Schmecks), 20 Minuten von Tátra=Füred ent= fernt, inmitten von Tannenwaldungen, 880 Meter hoch. Von besonderer Bedeutung für diesen Kurort sind die jüngst entdeckten, mächtigen Lager von eisenhaltigem Mineralmoor, welche hier in einem neuerbauten, prachtvollen Badehause zu Kurzwecken benützt werden. Fernere Kurmittel: 5 in die Reihe der alkalischen Eisensäuerlinge gehörige Mineralquellen, die unter dem Namen „Daraforraló" (Grützkocher) bekannt sind und zu Trink= und Badezwecken in Verwendung stehen. Sie enthalten viel freie Kohlensäure und neben kohlen= saurem Natron und Kalk auch Eisen. Temperatur + 6° C. Bäder: Neues Badehaus mit 14 Doppelwannen für Eisenmoor= und 7 Wannen für Mineral= wasserbäder. In demselben ist auch die Kaltwasser=Heilanstalt mit Douche= vorrichtungen und einem kalten Badebassin untergebracht. Unterkunft: 120 wohleingerichtete Zimmer in 6 Wohnhäusern, Preise von 60 kr. bis 2 fl. 50 kr. per Tag. Verköstigung im Gasthause nach der Karte oder table d'hôte. Zerstreuungen wie in den beiden früher genannten Kuranstalten. Saison: Vorerst vom Beginn des Frühjahrs bis Anfang des Winters. Frequenz im Vorjahre 320 Personen. Kurarzt: Dr. S. v. Pap. Der Kurort ist Eigentum der Kézmarker Bank=Aktien=Gesellschaft.

Tareja (Tatzmannsdorf), Kurort in der Nähe des gleichnamigen Dorfes im nordwestlichen Teile von Ungarn, im Eisenburger Komitate. Von der Station Szombathely (Steinamanger) der Wien=Kanizsaer Eisenbahn, woselbst bequeme Wagen zur Weiterbeförderung (um 8 bis 10 fl.) zu haben sind, ist dasselbe in 5 Stunden zu erreichen. Post= und Telegraphenstation. Die Quellen des Kurortes gehören in die Reihe der erdig=alkalisch=salinischen Eisensäuerlinge und enthalten auch Jod= und Bronnatrium. Von den vor= handenen 8 Quellen werden nur 3 (Karlsbrunnen, Maxbrunnen, Gabriels= brunnen) zu Trink= und Badekuren verwendet. Temperatur zwischen 9 und 11° R. Versandt bei 280,000—320,000 Flaschen jährlich. Bäder: 28 Bade= kabinen mit 30 Wannen, 3 Douchen und 20 Sitzwannen. Wohnungsverhält= nisse: 80 Zimmer im Kurorte selbst (Kurhaus, altes und neues Kastell, langes Gebäude) und gegen 60 Zimmer im Dorfe, für 40 kr. bis 1 fl. 50 kr. täglich. Schweizerei, woselbst auch kuhwarme Milch wie auch Molke ver= abreicht wird. Gute Restauration, Konversationssaal mit zahlreichen Zei= tungen, Kurmusik, Unterhaltungen, Ausflüge (nach Formansdorf, Oberschützen, Mariasdorf, Bernstein, Goberling — woselbst sich ein alkalischer Eisensäuerling befindet — nach dem Antimonbergwerk, der Glashütte zu Thalheim u. s. f.). Preis eines Mietwagens auf einen Tag 10 fl. Kurtaxe 3—5 fl. Frequenz: c. 800 Kur= gäste jährlich (darunter 300 Ausländer). Saison vom 15. Mai bis 15. September. Kurarzt: Dr. Ludwig Thomas. Eigentümer: Graf Karl Batthyányi jun.

Tusnád (Csiker Komitat), liegt 650 Meter über der Meeresfläche in einer an Naturschönheiten reichen, von Nadelhölzern bedeckten Gebirgsgegend, am linken Ufer des Alutaflusses, 58 Kilometer von der Eisenbahnstation Földvár (Marienburg) entfernt. Fahrtaxe von hier nach dem Kurorte im Postwagen 4 fl. per Person. Von Tusnád liegt Brassó (Kronstadt) 66 km entfernt. Daselbst ist immer Fahrgelegenheit (Taxe 12—15 fl.) in genügender Anzahl vorhanden. Gute Fahrstraßen. Quellen: 5 Trink- und 4 Bade-quellen, welche 1866 in Pr. Vislicenus' Laboratorium von Dr. Dietrich analysiert wurden. Dieselben enthalten Chlornatrium, kohlensaures Natron, kohlensauren Kalk, kohlensaures Eisenoxydul und freie und halbgebundene Kohlensäure. Der erste Trinkbrunnen, wie auch der erste Badebrunnen ent-halten auch Jodmagnesium (0·05965 und 0·06624 in 10,000 T.). Summe der fixen Bestandteile von 13—35·5 in 10,000 T. Temperatur von 11·7—20·75'' C. Verschickt wird namentlich das Wasser der Hauptquelle, welches auch als Luxusgetränk sehr gesucht ist, so daß von demselben jährlich etwa 264,700 Liter verbraucht werden. Bäder: 8 Gesellschaftsbäder, 9 Damenbäder, Douchen. Wohnungsverhältnisse: In 8 Gasthäusern und in 37 Privathäusern 584 Wohnzimmer. Preise der Wohnungen von 60 kr. bis 4 fl. per Tag. Gedeckte Wandelbahn, Lesesaal mit zahlreichen ungarischen, deutschen und romanischen Zeitungen, Kurmusik, Tanzunterhaltungen, Konzerte, Schießstätte, Kegelbahn, Ausflüge nach den St. Anna = Gletschern (2½ Stunden), nach dem Kurorte Malnás (2½ Stunden), nach der Schwefelhöhle in Torja, in die Nadel-waldungen. Jagdfreunden steht auch das mehr als 5000 Morgen umfassende Tusnáder Jagdrevier zur Disposition. Kur- und Musiktaxe 5 fl. Saison vom 15. Juni bis 15. September. Anzahl der Kurgäste im Durchschnitt jährlich 1114, darunter 521 Ausländer (größtenteils aus Rumänien).

Vihnye, Kurort im Barser Komitate, 310 Meter hoch. Nächste Eisenbahn-station Selmeczbánya in einer Entfernung von 11 Kilometern. Fahrtaxe im Postwagen von hier nach Vihnye 80 kr., Mietwagen erhalten 5 fl. Kur-mittel: Warmer Eisensäuerling, welcher zu Bade- und Trinkkuren verwendet wird. Temperatur 38·3° C. Feste Bestandteile in 10,000 T. 11·7798; darunter 0·2184 schwefelsaures Eisen, 1·6960 schwefelsaures Natrium, 2·2740 schwefelsaures Magnesium, 5·2117 kohlensauren Kalk (Analyse von Molnár). Die Quelle giebt in 24 Stunden 4420 Hektoliter Wasser. Eine zweite Therme wurde im Jahre 1882 erbohrt. Selbe besitzt eine Temperatur von 36'' C. Ergiebigkeit 8840 Hektoliter in 24 Stunden. Bäder: Mehrere Spiegel- und Wannenbäder. Kaltwasser=Heilanstalt im Entstehen. Wohnungen: 57 Gast-zimmer im Kurgebäude, 28 in Privathäusern. Ein neues Kurhotel mit 30 Zimmern wird eben vollendet. Preise der Wohnungen von 50 kr. bis 2 fl. per Tag. Gespeist wird à la carte zu mäßigen Preisen. Unterhaltungen: Kurmusik, Ausflüge in die umliegenden Waldungen, nach den Ruinen der Burg Revistye, nach Bad Szkléno, Selmecz- und Körmöczbánya. Man zahlt für einen Wagen auf den ganzen Tag 4—5 fl. Kurtaxe: 2, 3 und 5 fl. Anzahl der Kurgäste im Jahre 1881: 503 Personen. Saison vom 1. Mai bis 1. Oktober. Kurarzt: Dr. Stefan Boleman. Vihnye ist Eigentum der königl. Freistadt Selmeczbánya (Schemnitz).

Visk-Várhegy, Kronstadt im Marmaroser Komitate. Auf dem Gebiete derselben entspringen zahlreiche Eisensäuerlinge, so auch an der östlichen Lehne des Berges „Várhegy", woselbst sich der Kurort Visk=Várhegy in einer See=höhe von 367 Meter befindet, $1^1/_2$ Stunde von Bustyaháza und Tecsö (Sta=tionen der ungar. Nordostbahn). Fiaker von hier nach dem Kurorte 2—4 fl. Die Hauptquelle, welche von Than analysiert wurde, enthält in 1000 T. 5·994 feste Bestandteile (0·5623 kohlensaures Natron, 0·0826 kohlensaures Eisen, 4·0008 Chlornatrium ꝛc.) und 2·470 K. C. freie Kohlensäure. Tempe=ratur 9° R. Die Quellen werden bloß zu Trinkkuren verwendet. Versandt 8 - 10,000 Flaschen. Bäder: Im Badehause befinden sich 11 Badekabinen mit je 2 Wannen. Kalte Douche. Das Wasser für die Badeanstalt wird einem Gebirgsbache entnommen und entsprechend gewärmt. 2 Trinkhallen (bei der Josefs= und Gáborquelle). Wohnungsverhältnisse: In verschiedenen Gebäuden 64 Wohnzimmer. Zimmerpreise von 50 kr. bis 1 fl. 80 kr. per Tag. Die Wohnhäuser liegen zerstreut an der Lehne des Berges und sind durch wohlgepflegte schattige Fußpfade miteinander verbunden. Unmittelbar neben dem Badehause ausgedehnte Promenaden. Verköstigung im Gasthause nach der Karte und table d'hôte. Zerstreuungen: Konversationssaal, Zei=tungen, zweimal täglich Kurmusik; Ausflüge (nach den Visker Bergruinen 1 Stunde, nach der Bustyaházaer Dampfsäge $1^1/_2$ Stunde, nach der Glashütte $1^1/_2$ Stunde ꝛc.). Wagen zu Ausflügen 2—5 fl. Kurtaxe keine. Frequenz: 600. Saison vom 25. Mai bis 15. September. Der Kurort ist Eigentum des Ärars.

Zólyom (Altsohl), Freistadt im Sohler Komitate. Im Weichbilde derselben entspringen 12 Quellen, welche in die Reihe der kalten Eisenwässer rangieren.

2. Alaun=Eisenvitriolwasser:

Erdóbénye, Marktflecken im Zempliner Komitate, in dessen Nähe (etwa $2^1/_2$ Stunden zu Wagen) sich der Badeort gleichen Namens befindet. Der=selbe liegt in einem von allen Seiten von waldbedeckten Bergen umschlossenen Thale. Die Heilquellen des Kurortes gehören in die Reihe der Alaun=Eisenvitriolwasser; dieselben werden in einem Badehause mit 26 Wannen, gewärmt zu Bädern verwendet. Nach Riks Analyse enthalten sie in 1000 Teilen 0·0803 schwefelsaures Eisen, 0·0577 schwefelsaures Aluminium u. s. f. Fixe Bestandteile 0·3704. Temperatur 10° C. Unterkunft: In 8 Kurgebäuden 60 Zimmer. Verköstigung in der Restauration des Kurortes. Saison von Anfang Mai.

Gyöngyös, Stadt und Station der ungar. Staatsbahn, im Heveser Komitate. Im Westen derselben in einem kleinen Thale befindet sich das sogenannte „Aloisenbad" mit einer Alaun= und Eisenvitriolquelle; selbe ent=hält 0·4671 feste Bestandteile in 1000 Teilen (0·2955 schwefelsaures Aluminium, 0·1956 schwefelsaures Eisenoxydul, 0·1987 Chlornatron ꝛc.). Temperatur 10° C. (Analyse von Molnár.) Die Quelle wird im Kurhause (20 Wannen=bäder) zu Badezwecken verwendet. Unterkunft und Verköstigung in Gyöngyös selbst. Im Kurhause steht nur eine beschränkte Anzahl von Wohnzimmern zur Verfügung. Saison vom Anfang Mai.

Ilonaquelle in Parád. (Siehe Parád unter Schwefelwasser.)

IV. Bitterwasser.

Alap, Alsó= és Felsö= (Ober= und Unter=Alap), im Stuhlweißenburger Komitate. Beide Nachbargemeinden haben Bitterwässer mit hohem Chlor= natriumgehalt. Die Quelle von Unter=Alap wird daselbst in einem kleinen Badehause mit 20 Wannen zu Badezwecken verwendet. Dasselbe enthält nach der Analyse von Molnár in 1 Liter Wasser 37·625 Gramm fixe Bestandteile, unter diesen 18·149 schwefelsaures Natron, 4·094 schwefelsaure Magnesia, 14·486 Chlornatrium, 0·004 Jodmagnesium u. s. f. Temperatur 10° R. Das Bad ist von Mai bis 15. September geöffnet. Die Quelle von Ober=Alap enthält nach Molnár in 1 Liter Wasser 16·549 Gramm feste Bestandteile (3·136 schwefelsaures Magnesium, 5·711 schwefelsaures Natrium, 4·186 Chlor= natrium, 0·002 Jodmagnesium, 0·049 Chlorlithium u. s. f.). Temperatur 10° R. Eigentümer der Quelle und Badeanstalt in Unter=Alap: Paul Petrás, Stefan Toth und Gabriel Végh.

Ofner Bitterwässer. Die Ofner Bitterquellen befinden sich außerhalb des Weichbildes der Hauptstadt Budapest im südlichen Gebiete der ehe= maligen königl. freien Stadt Ofen, auf der sogenannten „Lágymányoser" oder „Kelenfölder Ebene", welche östlich vom Donaustrome begrenzt wird, nach den übrigen Himmelsrichtungen aber durch eine Reihe von halbkreisförmig gelagerten Bergen (Blocks=, Adlers=, Galgen=, Kreuzberg 2c.) abgeschlossen ist. Die gegenwärtig erschlossenen Bitterquellen befinden sich teils auf den tiefsten Punkten der Ebene, teils in jenen seichten Thalmulden derselben, welche durch die allmählich sich verflachenden Ausläufer der genannten Berge gebildet werden. — A. Quellen auf der Kelenfölder Ebene: I. Mattoni's Königs= Bitterquellen und zwar: 1. St. Stefansquelle besitzt in 1000 Teilen 42·239 feste Bestandteile (17·777 schwefelsaures Magnesium, 14·105 schwefelsaures Natrium, 2·566 Chlornatrium, 6·768 kohlensaures Natron); 2. Franz Deák= quelle mit 41·034 festen Bestandteilen (17·359 schwefelsaures Magnesium, 17·532 schwefelsaures Natrium); 3. Heinrichsquelle mit 34·776 festen Bestand= teilen; 4. Hunyady Mátyás=Quelle mit 28·992 festen Bestandteilen (unter diesen 0·120 zweifach kohlensaures Eisenoxydul); 5. Széchenyi=Quelle mit 24·281 festen Bestandteilen; 6. Hildegarde=Quelle mit 20.220 festen Bestand= teilen. Sämtliche Quellen wurden im Jahre 1878 von Hauer analysiert. Versandt jährlich 250.000 Flaschen. II. Mattoni's Königin Elisabeth=Quelle in unmittel= barer Nähe der obengenannten Quellen. Sie enthält in 1000 Teilen 26·29 fixe Bestandteile, unter diesen 14·18 schwefelsaures Natron, 8·04 schwefelsaure Bitter= erde, 1·83 Chlornatrium, 1·23 schwefelsauren Kalk. Temperatur 9° C. (Analyse von Nendtwich). Die Elisabethquelle gehört dem Kurorte „Königin Elisabeth= Salzbad" an, wo sie zu Trinkkuren verwendet wird, während 6 andere Bitter= quellen ähnlicher Zusammensetzung daselbst zu Bädern benützt werden. Das Königin Elisabeth = Salzbad befindet sich eine halbe Wegstunde von Ofen (Budapest) auf der Kelenfölder Ebene, nahe am Fuße des Blocks= und Adler= berges, rechts von der Weißenburger Landstraße, von welcher sich, knapp ober= halb der Überbrückung derselben durch die Verbindungsbahn, die zum Bade führende, mit einer doppelten Baumreihe bepflanzte Feldstraße, abzweigt. Der Kurort ist durch die denselben im Halbkreise umgebenden Weingebirge vor rauhen Winden geschützt. Kommunikation: Regelmäßige Mietwagen= und Omnibusverbindung mit der Hauptstadt. Die Omnibusse verkehren den ganzen Tag über halbstündlich oder stündlich. Standplatz derselben: Franz Josefs= platz. Fahrtaxe: 22 kr. Kurmittel: Die Elisabethquelle, die Königsbitter= quellen, 6 Badequellen (siehe oben). Bäder: Im Kurgebäude 65 Badekabinen mit Marmor=, Kupfer= und Zinkwannen, Douche=Apparaten (Uterus= und Strahldouchen). Preise der Bäder von 60 kr. bis 1 fl. 20 kr. Im Bade= hause werden auch medikamentöse Bäder verabfolgt. Wohnungsverhältnisse: In mehreren Gebäuden (Kurgebäude, Villa Mattoni, Ilonaquelle) über 60 Zimmer. Preise der Wohnungen per Tag von 60 kr. bis 2 fl. 50 kr. Ver= köstigung im Gasthaus, wo nach der Karte gespeist wird. Preise daselbst mäßig. Vergnügungen: Konversationssaal mit Klavier, Bibliothek, Tage= blätter, Kurmusik, Tombolaspiel, Tanzunterhaltungen, Ausflüge ꝛc. Kurtaxe: 3 fl. Kurarzt: Dr. J. Bruck. Saison vom 1. Mai bis Ende September. II. „Äskulapquelle", Eigentum der »Aesculap Bitter-Water Co.« in London. — B. Quellen in der Thalmulde der Feldhut. I. Hirschler's „Franz Josefs= quelle" (analysiert von Bernath). Sie enthält in 1000 Teilen 52·296 fixe Bestandteile, unter diesen 24·785 schwefelsaure Magnesia, 23·189 schwefel= saures Natron, 1·186 doppelt kohlensaures Natrium, 1·756 Chlormagnesium. Neben diesem Brunnen bestehen noch 2 ähnlicher Zusammensetzung. Versandt: 1 Million Flaschen. II. Ungar's „Viktoriaquelle" (Analyse von Balló). Sie enthält in 1000 Teilen 58·0549 fixe Bestandteile (32·2800 schwefelsaures Magne= sium, 20·9540 schwefelsaures Natrium, 2·2431 Chlornatrium). Versandt: 300,000 Flaschen. Aus der Viktoriaquelle wird nach Abdampfung ein Quell= salz: „Viktoria=Quellsalz" zum inneren Gebrauche und ein Rohsalz für Bäder bereitet. In der genannten Thalmulde befinden sich noch die „Árpád=Quelle", „Hunyady László = Quelle" u. s. w. — C. Thalmulde des Galgenberges. Saxlehner's „Hunyady János = Quellen" mit 44.8792 fixen Bestandteilen in 1000 Teilen (schwefelsaures Natrium 17·9273, schwefelsaures Magnesium 22·4218, schwefelsauren Kalk 1·5122, Chlornatrium 1·6761, kohlensaures Natron 1·1662). Analyse von Ulex. Versandt: 3,000,000 Flaschen.

Jvanda, Ortschaft im Torontaler Komitate, unweit von Temesvár. Die in derselben befindliche Bitterquelle wurde 1853 von Prof. Ragsky untersucht. Sie enthält in 1000 Gewichtsteilen 21·452 feste Bestandteile (12·405 Glauber= salz, 2·437 Bittersalz und 0·0145 schwefelsaures Kali, 3·341 schwefelsauren Kalk, 2·318 Chlornatrium ꝛc.), Versandt 16,000 Flaschen.

Kócs, im Komorner Komitate, von dessen Bitterwasser jährlich 100,000 Flaschen unter dem Namen: „Corvin=Mátyás Bitterwasserquelle" verschickt wird. Sie enthält nach Balló's Analyse in einem Liter 31·002 schwefelsaures Natron, 1·208 schwefelsauren Kalk, 1·579 Chlornatrium.

Kis-Cség, Dorf in Siebenbürgen mit 5, einander ähnlichen Bitterquellen; die eine derselben enthält in 1000 Teilen 18·802 fixe Bestandteile, darunter

3·125 schwefelsaure Magnesia, 13·750 schwefelsaures Natron, 1·406 Chlor= natrium u. s. w.

Túr, Dorf in Siebenbürgen. Eine halbe Stunde von derselben befindet sich eine Bitterwasserquelle, welche in 1000 Teilen 21·367 feste Bestandteile enthält, unter diesen 15·703 schwefelsaures Natron und 2·604 schwefelsaure Bittererde, 1·302 Chlornatrium.

V. Kochsalzwasser.

Herkulesfürdő (Herkulesbad), hervorragender Kurort im Szörényer Komi= tate, dessen Quellen schon zu Zeiten der Römer bekannt und benützt waren. Herkulesbad ist in einem, von steil aufsteigenden waldbedeckten hohen Gebirgen umschlossenen Thale gelegen, etwa 5 Kilometer von der gleichnamigen Eisen= bahnstation entfernt. Fahrtaxe von hier nach dem Kurorte: im Omnibusse 50 kr. per Person; Mietwagen zu 1 fl. 50 kr. Post= und Telegraphenstation. Quellen. 8 Thermalquellen, von welchen 6 (Herkules=, Ludwigs=, Charlotten=, Elisabeth, Franz= und Augenquelle) bloß zu Badezwecken, die Karls= und Josefsquelle zu Trinkkuren benützt werden. Temperatur der Herkulesquelle 56⁰ C., jene der übrigen Thermen variiert zwischen 40—56⁰ C. Die Herkules= quelle ist vollkommen schwefelfrei, während die anderen viel Hydrothion ent= halten. Die Hauptbestandteile dieser sind: Chloride von Kalk und überwiegend von Natrium. Sämtliche Quellen wurden von Fr. Schneider analysiert. Die Herkulesquelle enthält in 10,000 Teilen 34·32 fixe Bestandteile, unter diesen 19·00 Chlornatrium, 11·70 Chlorcalcium, die Ludwigsquelle unter 31·508 festen Bestandteilen (in 10,000 Teilen) 17·54 Chlornatrium und 17·54 Chlor= calcium; die Franzensquelle unter 72·256 festen Bestandteilen (in 10,000 Teilen) 39·295 Chlornatrium und ebensoviel Chlorcalcium u. s. w. Bäder: 9 Spiegel= bäder, 78 Separatbäder Preise von 10—60 kr. Prachtvolles Kurhaus, aus= gedehnte Wandelbahnen. 4 Hôtels: ("Ferdinand", "Franzens=", "Franz=Jo= sefs=", "Rudolfshof"), mit 392 Wohnzimmern, 193 Wohnzimmer in Privat= häusern. Preise von 40 kr. bis 6 fl. per Tag. Verköstigung in mehreren Restaurationen nach der Karte, 2 Kaffeehäuser, 3mal täglich Kurmusik, im Kursalon zahlreiche Tagesblätter, Bälle, Ausflüge (Wagen und Reitpferde in genügender Anzahl). Kurtaxe 9, 6, 3 und 1 fl. Saison vom 15. Mai bis 1. Oktober. Frequenz durchschnittlich 5350 Personen, darunter 2730 Fremde. Kurärzte: 1 Militär= und 3 Privatärzte. Herkulesbad ist Eigentum des Ärars.

Sóafna (Gorgeny=) im Maros=Tordaer Komitate (Siebenbürgen) im freundlichen Görgényer Thal, am Fuße des "Szalonavár" genannten Berges 396 Meter hoch. Daselbst befindet sich an der Stelle einer aufgelassenen Salz= grube ein stark kochsalzhaltiges Wasser, welches in einem, aus 2 Abteilungen — für Männer und Frauen — bestehenden Spiegelbade, mit zusammen 24 Ankleidekabinen, zu Kurzwecken benützt wird. Überdies besteht daselbst ein sogenanntes Volksbad und ein kleines Badehaus mit 9 Holzwannen (für warme Bäder). Gasthaus, 30 ärarische Wohnzimmer, 10 Wohnungen in Privat= häusern zu 40 kr. per Tag. Auch im Dorfe können Zimmer gemietet werden. Kurtaxe wird nicht eingehoben. Saison von Mai bis Mitte September. Fre=

quenz 100. Nächste Eisenbahnstation: Maros=Vásárhely. Von hier fährt man mittelst Omnibus für 30 kr. nach Száß=Regen, woselbst Privatfuhrwerke immer vorhanden sind. Selbe erhalten für die Fahrt nach Sóafna durchschnittlich 2 fl. 50 kr. Eigentum des Ärars.

Vizafna (Salzburg) im Unter=Albenser Komitate (Siebenbürgen), 2½ St. von Nagy=Szeben entfernt. Salzburg ist Station der königl. ungarischen Staatsbahn, Post= und Telegraphenstation. Kurmittel. Im Kurorte befinden sich an Stelle aufgelassener und verfallener alter römischer Salzgruben mehrere gesättigte Salzsolenteiche, deren einige „Tölöly", „roter und grüner", „äußerer und innerer Salzteich" zu Badezwecken verwendet werden. Die Temperatur dieser Teiche schwankt im Sommer zwischen 22—30° R. Nach der Analyse von Schnell enthält der „Tölöly=See" in 10,000 Teilen 2030·0753 feste Bestandteile (1576·4920 Chlornatrium, 2·5020 Jodnatrium 103·5201 schwefelsaures Natron ꝛc. Der „rote Salzteich" hat in 10,000 Teilen 882·0513 fixe Bestandteile (710.0302 Chlornatrium 1·1001 Jodnatrium). Der „grüne Salzteich" in 10,000 Teilen 676·8800 fixe Bestandteile (533·8500 Chlornatrium, 0·8300 Jodnatrium). Gebadet wird teils unmittelbar in den Teichen, zu welchem Behufe an den Ufern derselben Ankleidekabinen angebracht sind, teils aber in einem kleinen Badehause, welches 12 Wannen enthält. Hier wird das Wasser im gewärmten Zustande benützt. Unterkunft und Verköstigung in Gasthöfen und Privathäusern. Zimmerpreise von 60—80 kr. per Tag. Gute, billige Küche. Zerstreuungen: Kurmusik, Zeitungen, Ausflüge (nach Nagy= Szeben und Umgebung). Während der Saison gehen von Nagy=Szeben nach dem Kurorte 2—3mal die Woche Vergnügungszüge ab. Kurtaxe 1 fl. 50 kr., Familien 4 fl. 50 kr. Frequenz 400. Saison vom 1. Mai bis Mitte September. Der Kurort ist ärarisches Eigentum.

Lehora. Im Norden des Arvaer Komitats am Fuße des Babia Gora, circa 3000 Meter über der Meeresfläche in einem rings von steilen Gebirgen gebildeten Kessel. Nächste Eisenbahnstation Bieliß in einer Entfernung von 6 Stunden, Fahrstraße gut. Die Quelle des Kurortes enthält in einem Civil= Pfund 314·877 Gran Chlornatrium, 9·122 Gran Chlorcalcium, 4·379 Gran Chlormagnesium, 1·155 Gran Chlorlithium, 0·780 Gran Bromkalium, 0.220 Gran Jodkalium u. f. w. (Analyse von Dr. K. Than). Die Quelle wird zu Trink=, wie auch zu Badekuren verwendet. Kurarzt: Dr. Felix Stein. Eigentümer: Franz Szkitsal.

VI. Schwefelwässer.

Budapest. I. Schwefelthermen und indifferente Thermen. Die Hauptstadt Ungarns ist außerordentlich reich an Thermalquellen. Sie lassen sich nach dem Orte ihres Vorkommens am besten in 4 Gruppen trennen. Diese sind: 1. Quellen des Josefsberges, welche das Kaiserbad, Lukasbad und das Königsbad versehen; 2. Quellen des Blocksberges, welche das Raizenbad, Bruckbad und das Blocksbad versehen. Diese Quellen befinden sich am rechten Donauufer, auf der sogenannten Ofner Seite der Hauptstadt. 3. Der arte=

fische Brunnen der Margaretheninsel. 4. Der artefische Brunnen im Stadt=
wäldchen (Pester Seite).

1. Kaiserbad (ungarisch Császárfürdö) Altberühmter Kurort im 3.
Bezirke der Hauptstadt, am Fuße des Josefsberges gegenüber der Margarethen=
insel. Verkehrsmittel: Omnibusse, Tramway, Propeller, Lokaldampfer re. Quellen:
Das Kaiserbad hat 11 Quellen mit einer Temperatur von + 27·50—64·75 C.
(Schlammbadquelle 60° C.; Schwefelquelle 60" C.; Dampfbadquelle 58—60° C.;
Kochbrunnen 64·75° C. re.) Die Trinkquelle enthält nach der Analyse Pohl's
(1856) in 1000 Teilen 0·27344 schwefelsaures Natron, 0·25972 Chlornatrium,
0·13528 kohlensaures Natron, 0·01384 kohlensaures Lithion, 0·28854 kohlen=
sauren Kalk, 0·00019 Schwefelhydrogen, 0·06162 freie und 0·27052 gebundene
Kohlensäure. Temperatur 59·87° C. Bäder in größter Auswahl, 18 laue
„Türkenbäder" (27·5° C.) 64 Wannenbäder (Zink=, Porzellan=, Marmor=
Wannen). Steinbäder: 1 Mineralwasser=Dampfbad (ein Teil desselben stammt
noch aus der Zeit der Türkenherrschaft in Ungarn), mit 80 Ankleidekabinen,
Toilettesalon, einem Heißwasserbassin — Tepidarium — (38—40° C.), 2 lauen
Bassins, Dampfkammer (43—46° C.) Douchekammer und einem Bassin mit
kaltem Wasser. Schlammbad mit 2 geräumigen Bassins für Herren und Frauen
20 Schwitz=Kabinen und 24 Ankleidekabinen. Temperatur des Schlammes
43—44° C.) Für lokale Schlammbäder sind separate Badezimmer eingerichtet.
Gedeckte Damenschwimmschule, welche das Wasser aus der Türkenquelle erhält
(27·5° C.) Daselbst sind 80 Ankleidekabinen, 2 Toilettesalons und verschie=
schiedene Douchvorrichtungen. Männerschwimmschule mit 120 Ankleidekabinen,
Douchen, Turnapparaten. Selbe erhält ebenfalls ihr Wasser aus der Türken=
quelle. Die Anzahl und Einrichtung der Baberäumlichkeiten des Kaiserbades
ermöglicht, daß daselbst gleichzeitig 1000 Personen baden können. Wohnungs=
verhältnisse: Im großen Kurhofe befinden sich 66, im kleinen Kurhof 22, im
Gartengebäude 16, im Kapellengebäude 65, im Wirtschaftsgebäude 24—37 gut
möblierte Wohnzimmer. Preise der Zimmer von 50 kr. bis 2 fl. per Tag.
Gasthaus und Kaffeehaus im großen Kurhofe. Konversationssaal mit Klaviere
zahlreiche Zeitungen, 2mal täglich Militärmusik, Tanzunterhaltungen, Ausflüg
(Schiffswerfte in Altofen, römisches Amphitheater, Überreste der römischen
Bäder, Ofner Gebirge, Schwabenberg, Auwinkel, Margaretheninsel re.) Kur=
taxe wird nicht eingehoben. Frequenz jährlich 2000 Personen ohne Passanten.
Durchschnittliche Anzahl der jährlich verabfolgten Bäder 200,000. Saison von
Mai bis Ende September, doch kann das Bad das ganze Jahr hindurch be=
nützt werden. Kurarzt: Dr. Emerich v. Kovách. Das Kaiserbad ist Eigen=
tum des Ordens der barmherzigen Brüder. — 2. Lukasbad (Lukácsfürdö) liegt
in unmittelbarer Nähe des Kaiserbades und verfügt über 11 Thermalquellen,
deren Temperaturen zwischen 21·20° R. und 48·0" R. liegt, sie enthalten vor=
wiegend kohlensauren Kalk und in geringen Quantitäten schwefelsaures Kali
und Natron, Chlornatrium und Chlormagnesium u. s. f., ferner freie Kohlen=
säure und einige derselben Spuren von Schwefelwasserstoff. Nur die Trink=
quelle weist eine bemerkenswertere Menge von Schwefelwasserstoff auf (in 1 Pf.
— 32 Loth — 0·0184 Gran). Die Bäder befinden sich in einem kleinen par=

tierten Kurhofe. Es sind daselbst 72 Separatbäder, kalte und warme Douchen, 1 Schlammbad, woselbst der von den Thermalquellen abgesetzte Schlamm zu Kurzwecken benützt wird, mehrere Gesellschaftsbäder, unter welchen namentlich das große Schwimmbad hervorzuheben ist. Unterkunft findet man in zahl= reichen, in der Nähe des Bades befindlichen Privathäusern, wie auch im gegen= überliegenden Hôtel. Verköstigung im Hôtel oder im Gasthause des Kurhofes. Täglich 2mal Kurmusik. Zeitungen. Frequenz 860. Kurtaxe keine. Saison vom 1. Mai bis Ende September. Das Lukasbad ist ärarisches Eigentum. — 3. Raitzenbad, am nördlichen Abhange des Blocksberges, in der Vorstadt Taban. Die beiden indifferente Thermen des Bades besitzen eine Temperatur von 35⁰ R. und enthalten in 1000 Teilen 1·4889 fixe Bestandteile. Unter den Bädern der Anstalt sind namentlich hervorzuheben das Dampfbad für Herren, und das Dampfbad für Frauen. Beide sind luxuriös eingerichtet und bieten jeden möglichen Komfort. Jedes derselben besteht aus einem großen Bassin mit direkten Zuflüssen aus den Thermalquellen, aus einer Reihe von lauen und kalten Bassins zur allmählichen Abkühlung, aus einer Dampf= und einer Frottierkammer und besitzen ferner eine große Reihe der verschiedensten Douchevorrichtungen. Toilettezimmer ꝛc. Schließlich sind noch vorhanden, 1 Volksbad, 23 Spiegelbäder, 12 Wohnzimmer für Kurgäste (Preise von 60 kr. bis 1 fl. per Tag) und eine Restauration. Die Bäder stehen das ganze Jahr hindurch zur Verfügung. Anzahl der verabreichten Bäder 270 000. Kommu= nikation mit Pest vermitteln eigene Omnibusse (Standplatz derselben: Deák= platz), Überfuhrpropeller, Lokaldampfboote. Eigentümer des Bades Dr. J. R. v. Heinrich. — 4. Das Bruckbad (ungarisch Rudas=fürdö) liegt am östlichen Abhange, oder vielmehr am Fuße des Blocksberges unmittelbar am Donau= ufer. 5 indifferente Thermalquellen versehen die Bäder mit warmem Wasser. Die Quellen sind arm an festen Bestandteilen; sie enthalten vorwiegend schwe= felsaures Kali und Natron, Chlornatrium und insbesondere kohlensaure Kalk= erde. Temperature 34—36⁰ R. Die Quellen dienen zur Trink= und Badekur. Bäder: 1 Gesellschaftsbad mit 5 Bassins, 21 Porzellan=Wannenbäder, 19 Wannenbäder aus Carrara=Marmor und 32 Steinbäder. Sämtliche Bäder sind mit Douchen versehen. Im Kurhause sind 14 Wohnzimmer für Kurgäste (Zimmerpreise 1 fl. 20 kr. per Tag), wie auch eine Restauration, woselbst Zeitungen aufliegen. In den Sommermonaten täglich Musik. Anzahl der verabfolgten Bäder 120,000. Kurtaxe keine. Badearzt Dr. E. Lisznyay. Die Bäder können das ganze Jahr hindurch benützt werden. Die Verbindung mit dem Pester Ufer wird durch Überfuhrpropeller bewerkstelligt. Eigentümer des Bades: die Kommune der Hauptstadt. — 5. Das Blocksbad (ungarisch Sáros= fürdö) liegt etwa 750 Schritte südlich vom Bruckbade entfernt, hart am öst= lichen Fuße des hier steil aufsteigenden Blocksberges. Die indifferenten Ther= malquellen des Blocksbades sind 8 an der Zahl. Die an Wasser und Schlamm reichhaltigste derselben hat eine Temperatur von 40⁰ R. Die Quellen werden auch zu Trinkkuren verwendet. An Bädern sind 13 Steinbäder, 8 Wannen= bäder und ein großes Gesellschaftsbad, welches 400 Badende auf einmal auf= nimmt, vorhanden. 21 Wohnzimmer zu 80 kr. bis 2 fl. täglich. Restauration im Hause. Anzahl der im Hause wohnenden Kurgäste durchschnittlich 250 im

Jahre. Anzahl der jährlich verabfolgten Bäder 80,000. Die Bäder können das ganze Jahr hindurch benützt werden. Die Verbindung mit dem Pester Ufer wird durch Überfuhrpropeller hergestellt. Eigentümerin des Bades Wwe. Fr. Constantin Kocsor. — 6. Kurort Margaretheninsel liegt in unmittelbarer Nähe der Hauptstadt. Die Verbindung mit dieser wird durch stündlich, im Hochsommer auch halbstündlich verkehrende Lokaldampfer aufrechterhalten. Kur= gäste bezahlen für eine Fahrt hin und zurück 10 kr. Kurmittel. Thermal= quelle (artesischer Brunnen) von 35° R., welche zu Trink= und Badekuren benützt, und zu letzterem Zwecke mittelst eines unterirdischen weiten Kanals in das Badhaus geleitet wird. Nach der Analyse Than's beträgt die Summe der gelösten Bestandteile in 10,000 Teilen 14·7152, unter diesen 2·2585 kohlen= saures Calcium, 2·1087 schwefelsaures Calcium, 1·3794 Chlornatrium, 1·3041 kohlensaure Magnesia, 3·9820 freie= und 1·8304 halbgebundene Kohlensäure, 0·0462 Carbonoxyd=Sulphid. Das Wasser ist rein und farblos, in der Nähe desselben von schwefligem Geruch, welchen es jedoch in der Luft bald gänzlich verliert. Geschmack angenehm prickelnd. Bäder: Prachtvolles, in monumen= talem Stile gebautes Badehaus mit 52 Badekabinen, kalten und warmen Douchen. Preise der Bäder samt Wäsche 60 kr. bis 1 fl. 40 kr. Im Abon= nement billiger. Auch medikamentöse Bäder (Schlamm=, Malz=, Eisenmoor= bäder ꝛc.) werden im Badehause verabfolgt. Wohnungsverhältnisse. In zwei Hôtels und 6 größeren und kleineren Villen 300 mit allem Komfort eingerichtete Zimmer. Zimmerpreise von 1—3 fl. per Tag. Im Mai und vom 20. August bis Ende der Saison 20% Nachlaß. Bedienung: 1 Person 1 fl., 2 Personen 1 fl. 40 kr., 3 und mehrere Personen 2 fl. per Woche. Verköstigung im Gast= hause nach der Karte. — Zerstreuungen. Konversationssaal mit Klavier und zahlreichen in= und ausländischen Zeitungen. Kurmusik früh und am Abend. Überdies viermal wöchentlich nachmittags Militärmusik. Großartige Park= anlagen. Kurtaxe 1 Person 4 fl., 2 Personen 6 fl., eine Familie 8 fl. Fre= quenz 1500. Kurarzt Dr. Joachim Bezár. Eigentümer Seine kaiserl. und königl. Hoheit Erzherzog Josef. 7. Artesischer Brunnen und artesisches Bad im Stadtwäldchen. Der artesische Brunnen liegt am östlichen Ende der Ra= dialstraße im „Stadtwäldchen". Derselbe wurde von dem Montaningenieur W. Zsigmondy in einem Zeitraume von 9½ Jahren erbohrt, hat eine Tiefe von 970·48 Meter und giebt in 24 Stunden 11,977 Hektoliter Wasser. Tem= peratur 73·92° C. Die Quelle enthält nach der Analyse Than's in 10,000 Teilen 18·8014 gelöste Bestandteile, unter diesen vorwiegend Calcium carbonat 5·7303, Magnesium carbonat 1·4593, Natrium sulphat 1·7359, Natrium Chlo= rid 2·5361, ferner 4.6135 Gewichtsteile freie Kohlensäure, 0·0076 Nitrogengas und 0·0077 Schwefelhydrogen. Sie gehört also in die Reihe der nicht alka= lischen, kohlensäurehaltigen Schwefelwässer. Die Quelle wird zu Trink= und Badekuren verwendet. Das provisorische Badehaus befindet sich auf der so= genannten Palatinalinsel des Stadtwäldchenteiches und enthält 20 Badekabinen (6 Steinbäder, 6 Wannen aus Carraramarmor, 8 Porzellanwannen) und ein Gesellschaftsbad. Sämtliche Bäder sind mit Douchevorrichtungen versehen. Wohnungen: im Badehause stehen bloß 6 Wohnzimmer mit je 2 Betten für 1 fl. 50 kr. per Tag zu Verfügung, jedoch findet man leicht Unterkunft in zahlreichen Villen und Sommerwohnungen, welche im Stadtwäldchen zerstreut liegen. Verköstigung in den umliegenden Gasthäusern. Zerstreuungen: Musik in den Sommermonaten auf der benachbarten Széchenyi=Insel und an mehreren Punkten des Stadtwäldchens, Kahnfahrten, Ausflüge rc. Von der Eröffnung des Bades (30. Juli 1881) bis 15. Februar 1882 wurden 13·116 Badekarten ausgefolgt. Die Bäder können das ganze Jahr hindurch benützt werden. Kommunikation. Omnibusse, Tramway, Fahrtaxe in beiden 10 kr. Badearzt Dr. Hlatky. Bad und Quelle sind Eigentum der Kommune Budapest.

Harkány, gut eingerichteter, zahlreich besuchter Kurort im Baranyaer Komitate (Eisenbahnstation). Kurmittel: Kohlensäurereiche Schwefeltherme von 62·5° C. Selbe enthält nach Than's Analyse in 1000 T. 0·6693 fixe Bestandteile, 191·75 K. C. halbgebundene und freie Kohlensäure und 6.81 K. C. Kohlenoxysulphyd. Unter den fixen Bestandteilen finden sich 0·2061 kohlens. Natron, 0·0105 borsaures Natron, 0·0483 Chlornatrium, 0·0027 Chlorlithium, 0·0341 Chlormagnesium, 0·0077 Jodmagnesium, 0·0016 Brommagnesia, u. s. w. Die Quelle wird vorwiegend zu Bädern verwendet. Bäder: Im alten und neuen Badehause etwa 20 Wannen., 24 Steinbäder und 1 großes Gesellschafts= bad. Unterkunft in den Kurgebäuden und im Gasthause, wie auch im Dorfe Harkány. Verköstigung in verschiedenen Restaurationen. Parkanlagen, Kur= musik, Zeitungen. Saison vom Mai bis Ende September.

Herkulesbad siehe oben S. 93.

Leibitzer Schwefelbad im Zipser Komitate 7—8 Kilometer nordöstlich von der Stadt Leibitz, 732 M. hoch, in einem engen nach Südwesten geöffneten Thale, welches ein kleiner Bach, „Selzenseifen" genannt, durchströmt. Nächste Eisenbahnstation Kesmark (2 St.) Kurmittel: alkalische Schwefelquelle, welche, wie aus alten Urkunden erweislich, schon im 13. Jahrh. bekannt war. Selbe wird ausschließlich zu Bädern verwendet und enthält in 10,000 Teilen 5.915 feste Bestandteile (2·361 doppelt kohlensaures Natron, 1·702 doppelt kohlensauren Kalk, 1·128 doppeltkohlensaures Magnesium), 0·234 freie Kohlensäure und 0·038 Schwefel= wasserstoff. Temperatur 9·2° C. (Analyse von Scherfel). Molkenkur. 24 Wannen= bäder (Preis eines Bades 15 kr.) 45 Wohnzimmer, das Zimmer von 30—60 kr. per Tag. Verköstigung in der Hotelrestauration nach der Karte oder table d'hôte Kaffee= haus, Kurmusik, Konzerte, Zeitungen, ausgedehnte Parkanlagen, schattige Wald= wege rc. Kurtaxe keine. Saison vom 1. Mai bis Ende September. Frequenz 700, eigentliche Kurgäste 300. Der Badeort ist Eigentum der Stadt Leibitz.

Parád am nördlichen Abhange des Mátragebirges in einem Thal ge= legenes Dorf im Hevcser Komitate, 3½ Stunden von Kaál=Kápolna, Station der ung. Staatsbahn. Zwischen dieser und dem Kurorte ist während der Dauer der Saison ein geregelter Mietwagenverkehr. Fahrtaxe für 1 Person 4 fl., für 2 Personen 6, für 3—4 Pers. 8 fl. Taxe für einen vorausbestellten Separatwagen 8 fl. Gepäck, welches sich im Wagen bequem unterbringen läßt. ist frei, für schwereres Gepäck wird 3 kr. pr. Kilogramm bezahlt. Von Seite der Direktion der k. ung. Staatsbahnen wurde für die Dauer der Badesaison für die Besucher Paráds eine 33½% Preisermäßigung der Fahrkarten be= willigt. Gültigkeitsdauer derselben 45 Tage. Heilquellen: An drei, von einander ziemlich entfernten Stellen des ausgedehnten Kurortes entspringen dreierlei Heilquellen von ganz verschiedener Zusammensetzung. 1. Schweflig= alkalische Säuerlinge, die hier mit dem Namen Esevieze bezeichnet werden, (fixe Bestandteile 1·75760, halbgebundene Kohlensäure 0·70512, freie Kohlensäure. 2.25936, Hydroltion=Gas 0·01487) Temperatur 13°C. Versandt: jährlich 600,000 Flaschen. 2. Alaun=Eisenwasser, wie die Jlona=Quelle (fixe Bestandteile 6·20, da= runter 4·41 schwefelsaures Eisenoxydul, 1·12 schwefelsaures Alaun.) 3. Erdige Eisen= säuerlinge, so die Clarisse=Quelle (fixe Bestandteile 0·79598, freie und halbgebundene Kohlensäure 2·25449). Temperatur + 4·5° C. In neuerer Zeit werden auch die Jlona= und Clarisse=Quelle verschickt. Bäder: Zu Bädern werden bloß die zur zweiten Gruppe gehörigen Quellen verwendet. 29 Badekabinen mit 35 Wannen. Preise der Bäder 1 Eisen=Alaunbad (ohne Wäsche) I. Kl. 60 kr. II. Kl. 50 kr., Sitzbad 30 kr. Unterkunft bei den Eisen=Alaunbädern, in mehreren teils ebenerdigen, teils stockhohen Wohngebäuden und kleinen Villen. Zimmerpreise von 1 fl. 20 kr. bis 3 fl. per Tag, für Bedienung täglich 15 kr. Kurtaxe 3 fl., Kinder unter 12 Jahren 1 fl., Dienstboten 50 kr. Musiktaxe von 1—10 Tage täglich 30 kr., von 11—20 Tagen ein für allemal 4 fl., bei längerem Aufenthalt ein für allemal 5 fl. Verköstigungspreise mäßig. Zerstreuungen: Kurmusik, Klavier, Zeitungen, Ausflüge in die herrliche Umgebung, Tanz= unterhaltungen, Tombola. Frequenz im Durchschnitte jährlich, mit Ausschluß der Begleiter und Passanten, gegen 500 Kurgäste. Saison vom 1. Juni bis 10. Oktober. Eigentümer des Kurortes, Graf Julius Károlyi.

Pöstyén (Pistyán) altberühmtes Schwefel=Schlammbad am rechten Ufer des Waagflusses im Neutraer Komitate. Eisenbahnstation an der Waagthal= strecke der k. ung. Staatsbahn; wird von Preßburg in 3½ St. erreicht. Kur= mittel: Die heißen Schwefelquellen des Kurortes, welche überall an ihren Ursprungsstätten einen Mineralschlamm zu Tage fördern, werden schon seit Jahrhunderten als Heilquellen benützt. Letzte Analyse von Prof. Dr. Ragsky. Sie enthalten schwefelsaures Kali, Natron, Kalk, Chlornatrium, Chlormagnesium, kohlensaures Magnesium, Kieselerde, basisch phosphorsaures Eisenoxyd. Der Mineralschlamm enthält: Kieselerde, kohlensauren Kalk, Eisenoxyd, Magnesia, Thonerde, Gyps und Phosphorsäure. Temperatur des Mineralwassers und des Schlammes wechselt zwischen 46—52° R. Versandt der Quelle 2—3000 Flaschen jährlich; auch der Mineralschlamm wird in Kisten verschickt. Die Bäder sind in drei Gebäuden untergebracht; diese enthalten 5 Vollbäder und 50 Separat= kabinen. Preise der Bäder: Separatbad 50 und 70 kr., Spiegelbad 50 kr., Schlammbad 10, 30 und 50 kr., 1 Lokal=Schlammbad 50 kr. Frisch bereitete Schafmolke. Vom 1. September Traubenkur. Wohnungsverhältnisse: Im Kurort bestehen 130 Wohnhäuser mit circa 400 Zimmern. Der Preis eines Zimmers beträgt 3—15 fl. wöchentlich. In den Parkanlagen, wo täglich 2 mal eine vorzügliche Nationalmusik=Kapelle spielt, befindet sich das Hotel mit 42 Zimmern, und den Restaurations=Räumlichkeiten; das Kaffeehaus, welches nebst seinen eigenen Lokalitäten noch den Kursalon mit einem Klavier enthält. Sommertheater, wo täglich Vorstellungen gegeben werden, Konzerte, Tanz= tränzchen, Ausflüge (nach Galgócz, Leopoldstadt, der Bergruine Csejthe).

Kur= und Musiktaxe I. Kl. 13 fl., II. Kl. 7 fl., III. Kl. 2 fl. Für Familien=
mitglieder der Kurgäste findet eine billigere Berechnung der Kurtaxe statt.
Frequenz jährlich im Durchschnitt 2200 Personen, darunter 1055 Ausländer.
Herrschaftlicher Badearzt: Dr. Albert Wagner, praktizierende Ärzte im Kur=
orte: Dr. J. Mateidesz, Dr. S. Weinberger, Dr. C. Fodor und Dr. S. Alexander.
P. ist Eigentum des Grafen Franz Erdödy.

Reps, zwischen N.=Szeben (Kronstadt) und Segesvár (Schäßburg) ge=
legene Ortschaft mit einer stark salinischen kalten Schwefelquelle. Unterkunft
im Gasthause, wie auch in Bauernhäusern.

Szejke-fürdö (Bad Szejke), ½ Stunde von Székely=Udvarhely (Sieben=
bürgen), entfernter kleiner Kurort. Nächste Eisenbahnstation Héjasfalva, doch
ist es zweckmäßiger, in Segesvár abzusteigen, da zwischen dem letztgenannten
Orte und Sz.=Udvarhely ein geregelter Postwagenverkehr (Fahrzeit 4 St.) besteht.
Lage: Bad Szejke liegt 1800 Fuß hoch, in einem kleinen, von hohen wald=
bedeckten Bergen umschlossenen, nach Süden sich öffnenden romantischen Thale,
am rechten Ufer des Sóspatak (Salzbach). Quellen: Die Hauptquelle des
Kurortes ist die Attila=Quelle, ein kaltes Schwefelwasser. Sie wurde von
Lengyel analysiert, welcher in 1000 Teilen 4·2886 fixe Bestandteile, 0·6743 =
337·1 K. C. freie und halbgebundene Kohlensäure, und 0·00096 Gramm =
0·352 K. C. Kohlenoxysulphyd fand. Unter den fixen Bestandteilen ist vor=
herrschend Chlornatrium (3·0344), fernere Bestandteile Chlorkalium (0·3534),
Chlorlithium (0·0109), kohlensaures Magnesium (0.2413), kohlensaures Eisen
(0.0047) u. s. f. Temperatur 11·8° C. Die Attila=Quelle wird in dem un=
mittelbar neben derselben liegenden Badehause, in welchem sich ein großes in
zwei Teile (für Männer und Frauen) abgesondertes Badebassin mit 24 An=
kleidekabinen befindet, zu Badezwecken verwendet und versieht zugleich die
Warmbadeanstalt (16 Badekabinen mit 24 Wannen), wie auch das ebenfalls
für Männer und Frauen abgeteilte Volksbad „Csabafürdö". Zu Trinkkuren
wird die „Irnakquelle" verwendet, welche reich an auflösenden Salzen ist.
Unterkunft in mehreren villenartigen Gebäuden, welche zusammen 28 Zimmer
enthalten. Zimmerpreise von 10 –15 fl. per Monat. Großes Gasthaus mit
Restauration, Billardzimmer und Tanzsaal, gedeckte Kegelbahn, Promenaden,
schattige Waldwege. Kurtaxe keine. Frequenz 90 (ohne die regelmäßigen Be=
sucher aus Sz.=Udvarhely). Saison: Anfang Mai bis Mitte September.
Eigentümer des Kurortes: Br. Blasius Orbán.

Szinyák im Bereger Komitat, 400 M. hoch, mitten im Szinyát=Gebirge.
Die ganze Gegend ist meilenweit von Buchenwäldern bedeckt. Das Bad selbst
liegt in einem gegen Süden offenen Thale, in welchem ein kleiner Bach „Ma=
tikova=rika" gegen St.=Miklós zu fließt, 19 Klm. von Munkács, Station der
ungarischen Nordostbahn. Klima ziemlich milde, häufige Niederschläge. Vor
Winden geschützte Lage. Sz. besitzt eine Schwefelquelle (von Rick analysiert),
welche arm an festen Bestandteilen ist (0·5316 in 1000 Teilen) und 18·3 Kubik=
Centimeter Schwefelwasserstoff enthält. Temperatur 11·1° C. Baulichkeiten:
2 Gebäude mit zusammen 34 Wohnzimmern und 12 Badekabinen mit 24
Wannen. 1 Gasthaus samt dazu gehörigen Lokalitäten. Ein Zimmer kostet

per Tag von 80 kr. bis 1 fl. 20 kr. Ein Bad 30—45 kr. Eine Pension kostet per Person und Woche mindestens 16 fl. ohne Bäder. Im Gasthaus mehrere Zeitungen, Musik, Ausflüge in die Waldungen, ins nächste Dorf, auf die nächsten Bergkuppen (zu Fuß oder zu Pferd). In den Gebirgsbächen kann auf Forellen und Krebse gefischt werden. Ein Wagen kostet per Tag 4—6 fl., ein Reitpferd 1½—3 fl. Kurtaxe 6 kr. per Tag. Frequenz 250—300 Personen jährlich. Eigentümer Graf Erwin Schönborn.

Szobráncz am Südabhange des Viorlatgebirges gelegener Kurort im Unghver Komitate, von den Eisenbahnstationen Unghvár 2, von Nagy-Mihály 2½ Meilen entfernt. Poststation. Die 4 Heilquellen von Sz. gehören in die Reihe der kochsalzhaltigen kalten Schwefelwasser. Dieselben werden zu Bade= kuren, die Hauptquelle auch zur Trinkkur verwendet. Die Hauptquelle enthält in 1000 Teilen 9·2056 feste Bestandteile (Chlornatrium 6·1938, Gips 0·7556, Chlormagnesium 0·7845, kohlensaures Natron 0.1221). Freie und halbge= bundene Kohlensäure 512·93 K. C., Hydrothion 12·48 K. C. Temperatur 16·6° C. Versandt jährlich 10,000 Flaschen. Bäder: 19 Badekabinen. Woh= nungen: In 10 Wohnhäusern 41 Zimmer. Preise von 40 kr. bis 2 fl. per Tag. Verköstigung in zwei Restaurationen. Table d'hôte. Täglich zweimal Kurmusik. Kegelbahn, Billardsaal, Zeitungen. Ausgedehnte Promenaden. Ausflüge nach dem Viorlatgebirge. Kurtaxe 1, 2 und 4 fl. Frequenz: 600— 800 Kurgäste jährlich. Saison vom 15. Mai bis 15. September. Ständiger Kurarzt. Sz. ist Eigentum des Grafen Napoleon Török.

Teplicz (Trencsén=) altberühmter Kurort im Trencsiner Komitate, liegt eine Fahrstunde von der Stadt Trencsén (Waagthal=Bahnstation) entfernt. 800 F. hoch, in einem reizenden Thale, am Fuße der kleinen Karpathen. Im Bahnhofe Omnibusse und Fiaker in genügender Anzahl. Für die Fahrt nach dem Kurorte zahlt man ersteren per Person 60 kr., letzteren 3—4 fl. Kur= mittel: Zahlreiche Schwefelthermen, mit einer Temperatur von 37—40° C. 10,000 Teile des Thermalwassers (dem Bassin Nr. 1 entnommen) enthalten: schwefelsaures Kali 0·779; schwefelsaures Natron 0·605; schwefelsaurer Kalk 12·104; schwefelsaures Magnesium 5·880; Chlornatrium 1·806; kohlensaurer Kalk 3·007; Eisenoxyd und Thonerde 0·012; Kieselerde 0.354. Zusammen 24·547. Kohlensäure 3·746, Schwefelwasserstoff 0·022. Bäder: 5 der Quellen des Kurortes sind in Bassins gefaßt und mit massiven Gebäuden überbaut. Temperatur der Spiegelbäder 37—40° C. 16 Wannenbäder, 2 warme Brausen, ein kaltes Schwimmbad. Mit der Badekur wird in einschlägigen Fällen auch die elektrische Behandlung kombiniert. Eisenmoor=, Kiefernabel=, Jodbäder ꝛc. Preise der Vollbäder 15—50 kr. per Person; Wannenbad 60 kr.; Douchebad 30 kr.; Badewäsche 12 kr. Abonnement=Karte für Benützung des kalten Schwimmbades über die ganze Saison 3 fl. Wohnungen: 700 Wohnzimmer mit 1200 Betten. Zimmerpreise von 30 kr. bis 2 fl. 50 kr. per Tag. Unter= kunft findet man im Hotel „Teplitz"; im „Sina"=Hause; im „Dreiherzen"= Hause; im „Badehause" in dem Kastell; im „Poniatovsky"=Hause; im „Bossá= nyi"=Hause und in vielen anderen Privathäusern. Für Service ist in den ersten 5 Häusern für je 1 Zimmer per Tag 25 kr., in den 2 letzteren Häusern

10, 15 und 20 kr. zu zahlen. Verköstigung im Hotel „Teplicz" (daselbst sind auch Kaffeehaus und Spielzimmer); im Gasthause „Österreich", in der Park= und israelitischen Restauration. In allen diesen Restaurants kann man nach der Karte oder table d'hôte billig speisen. In den Monaten Mai, September und Oktober und den ganzen Winter hindurch Pension (Wohnung, Bedienung, Verköstigung, Bäder) mit 3 fl. täglich. Zerstreuungen: Zweimal täglich Kur= musik. Lesekabinet, Klavier, Leihbibliothek. Vorstellungen im herzoglichen Theater, wöchentlich Tanzkränzchen. Ausgedehnte Promenaden. Ausflüge. Kegelbahn, Schießstätte, Fischerei u. s. w. Kur= und Musiktaxe 1, 3, 6 und 12 fl. Im Jahre 1881 belief sich die Anzahl der Kurgäste auf 1948. Saison vom 1. Mai bis Ende Oktober, doch können die Schwefelthermen den ganzen Winter über gebraucht werden. Badeärzte: Dr. Franz Ventura, Dr. E. Nagel und 3 Privatärzte. Der Kurort ist Eigentum des Herzogs de Castries.

Warasdin=Toplicz, auch Toplice (Kroatien), im reizenden Bednya=Thale, am Süd=Abhange der Warasdiner Gebirge, 282 M. hoch, 1¹/₂ Stunde von Warasdin entfernt liegender Kurort mit einer 57⁰ C. warmen Schwefelkalk=Therme, welche schon von den Römern zu Kurzwecken benützt wurde. Vorzügliche Bade=Ein= richtungen. Unterkunft im Hotel, im Kurhause, wie auch in Bauernhäusern: Kurarzt: Dr. Adolf Fodor.

VII. Indifferente Thermen.

Budapest.

Rács Dorf und Badeort im Borsoder Komitate, 1¹/₂ St. von Kereszteß= Nyarád, Station der ungarischen Staatsbahn, entfernt. Der Badeort liegt in der Nähe des Dorfes, inmitten von Buchenwaldungen, in dem sogenannten Rácser Thale, welches von den Ausläufern des Bükkgebirges gebildet wird. Hier entspringen zahlreiche Akrato=Thermen, welche arm an firen Bestandteilen (0·170 in 1000 Teilen), doch reich an Kohlensäure sind. Hauptbestandteil kohlensaurer Kalk. Die „Waldquelle", welche getrunken wird, hat eine Tempe= ratur von 15⁰ R., die Badequellen haben konstant 19⁰ R. Letztere versehen das große Gesellschaftsbad (19⁰ R.), wie auch die Wannenbäder. Weitere Kurbehelfe: Milch= und Molkenkur. Wohnungen sind sowohl im Kurgebäude, als auch im neuen Wohnhause in genügender Anzahl. Verköstigung in der Kurrestauration. Promenaden, Konversationssaal, Klavier, Zeitungen, Biblio= thek, Turnplatz, Ausflüge ꝛc. Saison vom Mai bis Ende September.

Stubnya= (O=) (Stuben). In einer Seehöhe von 511·92 M. liegender Kurort in der Nähe des gleichnamigen Dorfes, im Komitate Turócz. Kom= munikationen: Von Budapest auf der königlich ungarischen Nordbahn mittelst Schnellzug in 7 Stunden, erreichbar von Wien und Deutschland über Ober= berg=Ruttka, von Kaschau mit der Kaschau=Oderberger Bahn via Ruttka. Eisenbahn= und Poststation, Telegraphenamt im Badeorte.

Diósgyór, Marktflecken im Borsoder Komitate, 8 Kilometer von Miskolcz entfernt mit mehreren indifferenten, vorwiegend Kalkverbindungen führenden Thermalquellen von 18⁰ R. Dieselben entspringen am östlichen

Abhange des Büllgebirges, in der Nähe der Ruinen des Schlosses Diósgyör, und werden in einem kleinen Badehause mit 2 Spiegelbädern, 8 Wannen und einer Douche zu Badezwecken verwendet.

Töpliß (Krapina=) vorzüglich eingerichteter Kurort im Varasdiner Komitate, Kroatien, nahe an der steierischen Grenze, unweit von Rohitsch, in einem reizenden, durch wellenförmige Hügelketten allseitig geschlossenen und gegen Süden offenen Thale. Reiserouten: 1. über Pöltschach (Station der Südbahn). Von hier regelmäßige Post=Omnibuswagen=Verbindung mit dem Kurorte. (Fahrtaxe 3 fl.); 2. für die von Süden kommenden Kurgäste via Steinbrück=Zaprecic (Linie Steinbrück=Sissek), woselbst man den Kurort nach dreistündiger Fahrt erreicht; 3. über Pettau (Station der ungarischen Südbahn), Fahrdauer von hier zu Wagen 5 Stunden. Klima milde. Kurmittel: Von den vielen hier entspringenden Akratothermen werden bloß einige Hauptquellen, namentlich die untere oder Jakobiquelle (Temperatur 33·5—34° R.) und die obere Quelle (Temperatur 33·5--34·5° R.), zu Badezwecken verwendet und auch getrunken. Ergiebigkeit derselben über 8000 Hektoliter in 24 Stunden. Sie wurden von Hauer analysiert. Bäder: 1. Das Jakobsbad, am Ursprung der unteren Quelle, mit 16 Separatkabinen und einem großen gemeinschaftlichen Badebassin. Temperatur 33° R. 2. Das Marienbad, mit einem Wasser=spiegel von 20 Quadratklafter. Temperatur 31° R. 3. Wannenbäder; sämtliche stehen mit den Wohnungen aller Stockwerke und Gebäude durch geschlossene Korridore in Verbindung. 4 Die Volksbäder, 4 an der Zahl; sie erhalten ihr Thermalwasser von der „oberen Quelle". In diesen Bädern wird nur gemeinschaftlich gebadet. Preise der Bäder von 4 kr. bis 70 kr. Kombiniert wird die Badekur in Krapina=Töpliß, in rationellster Weise mit der Massage. Wohnungen: 3 mit den Bädern in unmittelbarer Verbindung stehende Gebäude mit 170 jeden Komfort bietenden Zimmern. Das Kurhaus mit 131 Zimmern; das Gasthaus „zum Lamm" mit einer Reihe von freundlichen Zimmern. Mehrere Gast= und Privathäuser des Ortes. Preise der Wohnungen von 55 kr. bis 2 fl. 55 kr. per Tag. Bis 1. Juni und vom 1. September um 25°/₀ billiger. Verköstigung in der großen Restauration, im Kursalongebäude, oder in der Restauration „zum Kugler". Zerstreuungen. Konversationsalon mit Lese=, Spiel= und Tanzlokalitäten, Leihbibliothek, Pianoforte, Tombola, Kurmusik ꝛc. Kur= und Musiktaxe 3 fl. Frequenz: jährlich über 2000 Kurgäste, unter diesen 75°/₀ Ausländer. Saison vom 1. April bis Ende Oktober. Eigentümer J. Badl.

Daruvár in Szlavonien, 2 Stunden von Lipir entfernt. Besitzt mehrere indifferente Thermen. Antoninsquelle 37° R. Johannisquelle 33° R. Schlamm=bäder, Wannen= und Steinbäder. Ausgedehnte Parkanlagen.

Topusko. Gut eingerichteter Kurort in Kroatien mit indifferenten Thermen von 50—55° C. Schlammbäder, Dampfbäder.

Eger (Erlau), Stadt im Heveser Komitate mit mehreren indifferenten Thermen. Temperatur derselben 22—25° R. Das Bad befindet sich in der Nähe des erzbischöflichen Palastes. Trinkkur. Wannen= und Spiegelbäder.

Nagy-Várad (Groß-Wardein). In der Nähe der Stadt befinden sich mehrere indifferente Thermen, welche in 2 von einander unabhängigen Kuranstalten, dem Felix- und Bischofsbad zu Bädern, wie auch zu Trinkkuren verwendet werden. Temperatur 30—35° R.

Léviz. Kurort im Zalaer Komitate, eine halbe Stunde von Keszthely entfernt mit mehreren indifferenten Thermen, deren Zusammenfluß einen großen Teich, von etwa 18,000 Meter Flächeninhalt bilden. Temperatur zwischen 28—29° R. Die Quellen setzen einen Schlamm ab, welcher ebenfalls zu Heilzwecken verwendet wird. Unterkunft und Verköstigung im Gasthause. Eigentümer Graf Tassilo Festetics.

Stubitza in Kroatien, Kurort mit mehreren indifferenten Thermen. Temperatur 35° C. Schlammbäder.

Szutinszko, Kurort in Kroatien mit mehreren indifferenten Thermen. Temperatur 29·9° R. Gut eingerichtetes Badehaus. Bequeme Wohnzimmer.

Lucski. Die Thermen Lucski liegen im Liptauer Komitate, am südöstlichen Fuße des Berges Chos in einem romantischen Thale 599,55 Meter über der Meeresfläche. Temperatur 25·2—26° R. Die Badequelle enthält in einem Liter Wasser: 2·3564 Gran fixe Bestandteile (0·88898 schwefelsauren Kalk, 0·57725 schwefelsauren Magnesia, 0·02070 kohlensaures Eisenoxydul rc.) halbfrei und ganzfrei Kohlensäure, 1·23325 Gran (Analyse von Prof. M. Ballo 1879). Dieselben werden teils zu Trink-, teils zu Badekuren verwendet.

Die Staats- und Kassa-Oberberger Eisenbahn bieten für die nach Lucski reisenden Badegäste eine Begünstigung von 33·3 %. Eigentümer Johann M. Tholdt. Saison: vom 15. Mai bis Ende September.

VIII. Klimatische Kurorte.

Budapest. S. oben Seite 97.

Borszèk. S. oben Seite 75.

Feketehegy (Schwarzenberg) klimatischer Kurort und Kaltwasserheilanstalt im Zipser Komitate. Lage in einem von hohen Bergen umgebenen, bloß nach Osten sich öffnenden Thale, 2000 Fuß über dem Meeresspiegel, inmitten von Nadelholzwaldungen, 2 Stunden von der Eisenbahnstation Igló-Leutschau (Löcse) entfernt. Wägen von hier nach Schwarzenberg 3—5 fl., während der Saison ermäßigte Fahrkarten auf allen größeren Eisenbahnstationen. Die Gegend ist außerordentlich reich an Süßwasserquellen, 6 derselben befinden sich in der Anstalt selbst. Temperatur 6—8° R. Geschützte Lage. Luft mild und rein. 6 Kurgebäude mit Konversationssaal, zwei Speisesälen, 60 Wohnzimmern und der Badeanstalt. Letztere enthält 9 Spiegelbäder, eine entsprechende Anzahl von Wannenbädern, Douchen und Schwitzkammern.

Lucsivna (Lautschburg) klimatischer Kurort und Kaltwasser-Heilanstalt am Fuße der Central-Karpathen, 2434 Fuß über der Meeresfläche, gegen Norden durch die Karpathen geschützt. Lucsivna ist während der Saison

Haltestelle der Kaschau-Oberberger Bahn. Wohnungen: Inmitten eines neu angelegten Parkes großes Kurhaus mit 24 Zimmern, einem Speise- und einem Konversationssaale. 5 Villen im Schweizer Stile. Die Villen werden für die ganze Saison vermietet. Preise: Zimmer samt Bett, Bedienung und Kurgebrauch per Tag von 50 kr. bis 1 fl. 60 kr., mit 2 Betten 2 fl. 10 kr. Kost per Tag 1 fl. 50 kr. Kinder unter 10 Jahren zahlen die Hälfte. In den Monaten Mai bis 20. Juni, dann September bis Oktober volle Pension per Tag und Person 2 fl. Ausflüge zum Fischzuchtteich, zur Luesivnaer Höhle ꝛc. Zu Exkursionen sind auch Pferde immer zu haben. Eröffnung am 10. Mai. Die Anstalt leitet der Eigentümer Donat Szathmáry selbst mit Beiziehung des Komitats-Physikus Dr. Fr. Fleischer.

Marilla-völgy (Marilla-Thal) klimatischer Kurort und Kaltwasserheilanstalt im Krassó-Szörényer Komitate, ³/₄ Stunden von der Eisenbahnstation Oravicza, 4¹/₂ Stunde von Temesvár und 3¹/₂ Stunde von Bázias entfernt. Lage in 2500 Fuß Seehöhe in dem nach Süden sich öffnenden Marillathal inmitten von Nadelwaldungen. Luft balsamisch, staubfrei. Klima milde, geringen Temperaturschwankungen unterworfen. Temperatur in den heißesten Sommermonaten 20° C. Kalte Felsenquelle (6° R.). Kaltwasserheilanstalt, Wannen- und Spiegelbäder, Dampfbad, Douchen. Ferner Molken-, Trauben- und Inhalationskur. Mehrere Wohnhäuser mit zusammen 72 wohleingerichteten Zimmern (Preise der Zimmer von 7 fl. bis 8 fl. 40 kr. per Woche). Verköstigung in der Anstalt, table d'hôte (11—13 fl. per Woche). Zwei Lesezimmer, Klavier, Billard, Konzerte, Tanzunterhaltungen, schattige Spaziergänge in den Nadelholzwaldungen, Ausflüge ꝛc. Kurtaxe 4 fl. Frequenz 250 Kurgäste, Passanten 450. Saison vom 15. Mai. Beginn der Traubenkur Anfang September. Leiter und zugleich Mitbesitzer der Anstalt Dr. M. Hoffenreich.

Szolyva-Hársfalva. (Alkalisch muriatischer Eisensäuerling, klimatischer Kurort und Kaltwasserheilanstalt) liegt im nordwestlichen Teile des Beregher Komitates, 230 Meter hoch, mitten in der Karpathengebirgszone, die sich parellel mit der ungarisch-galizischen Grenze von Nordwesten gegen Südosten hinzieht. Das Gebirge besteht aus Sandstein, in dessen Spalten die Mineralquellen des Kurortes entspringen. Kommunikationen: Die Bahnstation für Hársfalva ist Munkács; daselbst findet man immer Fiaker, welche den Reisenden in circa 3 Stunden nach Hársfalva bringen. Ein zweispänniger Wagen kostet 4 fl. 50 kr., jedoch bei gemeinschaftlicher Benützung pro Person 2 fl. Fahrstraße gut. Klimat. Verhältnisse: Gegen Nordwinde geschützte Lage. Jahresmittel der Temperatur + 8·8° C., Maximum im August + 30·8°, das Minimum im December — 20° C.

Tatrafüred (Schmecks). Siehe oben Seite 87.

——— ———

Landwirtſchaft.

Ackerbau.

Infolge des guten Beiſpieles, welches viele Großgrundbeſitzer
in Ungarn in der Pflege der Landwirtſchaft gegeben haben, in Ver=
bindung mit der großen Unternehmungsluſt der engliſchen Fabriken
landwirtſchaftlicher Maſchinen, welche das Land längſt mit arbeit=
ſparenden Apparaten verſehen, ſowie infolge der Entwickelung des
Getreideexports ſeit 1868 auf Grund verbeſſerter Transportmittel,
und endlich kraft der außerordentlichen nachhaltigen Fruchtbarkeit
des Bodens ſteht die ungariſche Landwirtſchaft in beſſerem Rufe
als ſie es in Wirklichkeit verdient. Wenigſtens muß dies von dem
quantitativen Ertrag gelten, welcher verhältnismäßig gegen den der
Weſtländer zurückſteht, wenn auch die vorzügliche Qualität, welche der
geſegnete Boden und das günſtige Klima des Landes liefern ihrer=
ſeits den guten Ruf rechtfertigt. Wir waren erſtaunt, als wir in
Karl Keleti's Denkſchrift über die volkswirtſchaftlichen Zuſtände Un=
garn's der Klage begegneten, daß das Land nicht einmal in der=
jenigen Bodenkultur, welche ſeinen Hauptſtolz ausmacht, im Weizen=
bau entfernt Frankreich an die Seite zu ſtellen ſei. In Ungarn
würden durchſchnittlich 2 Millionen, in Frankreich 6·8—6·9 Millionen
Hektaren jährlich mit Weizen angebaut. „Wir, ſagt er, ernten im
beſten Falle 25—30 Millionen Hektoliter Weizen im Jahr, Frank=
reich dagegen 104—105 Millionen. Bei uns können wir kaum auf
ein Erträgnis von 10 Hektolitern per Hektar rechnen, während in
Frankreich durchſchnittlich 20—22 Hektoliter, in vielen Fällen aber
auch 28—38 Hektoliter per Hektar erzielt werden. Nur in zwei
Ländern ſei im ganzen großen der Durchſchnittsertrag noch geringer,
nämlich in Rußland mit 7—8 und Rumänien mit 8—9 Hektoliter
per Hektar." Die Parallele gerade der von Natur fruchtbarſten Länder
giebt uns einen deutlichen Fingerzeig über die Urſache dieſer Erſchei=
nung, welche dem Reiſenden, der dieſe genannten Länder ſieht, ſofort

in die Augen springen muß. In Frankreich war es eine regelmäßige Erscheinung die mir im Frühjahre und Herbst begegnete, daß der Pflug mit 4 und mit 6 Pferden bespannt war. Nur in ganz leichten Sandböden stieß ich auf eine Ausnahme. In Frankreich werden die Äcker auch von den Bauern wenigstens einen halben Fuß tief gepflügt, während viele Großgrundbesitzer sie einen Fuß tief umstürzen und oft sogar noch tiefer rigolen. In Ungarn pflügt der Bauer kaum 3 Zoll tief und düngt sehr selten oder gar nicht. Während in Frankreich der Dünger wie ein Schatz gehütet und durch den Gebrauch von Guano, Knochenmehl und chemischen Substanzen gemehrt wird, wirft man ihn in Ungarn an manchen Orten in den Fluß. In Groß= wardein sehen sich die Brennereien sogar genötigt 15 kr. per Wagen Fuhrlohn auszugeben, um mehrjährigen Ochsenmist in die schnelle Körös zu führen, weil der Boden dort so schwer und noch so ergiebig ist, daß er auch ohne Dünger Früchte trägt und die wenigsten Landwirte umsichtig genug sind, für die Zukunft zu sorgen.

Während in Frankreich die Weingärten bei der Neuanlage 3 Fuß tief rigolt werden und die Stöcke wenigstens einen Quadrat= meter von einander entfernt stehen, geschieht in Ungarn die Erneue= rung durch das sogenannte Vergruben, wobei ein starker Zweig eines Rebstockes nur 3 Zoll tief in die Erde gebogen wird, um da Wurzel zu fassen; und die Stöcke werden, wenigstens im nördlichen Ungarn 1--1½ Fuß von einander gesetzt, so daß weder die Wurzeln Raum genug haben sich zu entwickeln noch Sonne und Luft genügend zu den Trauben dringen, und daß ein quantitativ und qualitativ ge= ringeres Ergebnis erzielt wird, als Bodenlage und Klima bei rich= tiger Behandlung gewähren würden. Denn bei starken Regengüssen werden die Wurzeln leicht vom Erdreich entblößt und der Stock ver= liert seine Tragfähigkeit. So ist es kein Wunder, daß wir im Wein= bau auf noch größere Kontraste stoßen, als im Getreidebau. Wäh= rend man in dem raueren Klima von Klosterneuburg, während einer 50jährigen Beobachtungsperiode einen Durchschnittsertrag von 50 Hektoliter per Hektar gewonnen hat, und in Frankreich sogar in reblausverseuchten Gegenden noch Erträge von 100 Hektoliter vorkommen, werden für Ungarn in den amtlichen statistischen Daten folgende Durch= schnittserträgnisse angeführt: für die Jahre 1861—72 9·01 Hektol.; für 1873 10·52 Hektol.; 1874 5·72 Hektol.; 1875 17·85 Hektol.; 1876, 5·24 Hektol.; 1877 9·87 Hektol.; 1878 22·37 Hektol.;

1879 17·47 und 1880 6·74 Hektol. per Hektar, in welchen Ziffern der Erlös für verkaufte Trauben mit inbegriffen ist.

Ziehen wir dagegen in Betracht, daß einzelne rationelle Land= wirte in Ungarn bereits jetzt Leistungen aufzuweisen haben, welche sowohl im Getreidebau, wie im Weinbau den besten Resultaten in Südfrankreich und am Rhein qualitativ und quantitativ zur Seite stehen, so kann man uns keiner Übertreibung zeihen, wenn wir be= haupten, daß der Ertrag des ungarischen Getreidebaues um das Dop= pelte und der des Weinbaues um das Vierfache gesteigert werden kann. Zu solchem Zwecke aber müßte der Boden tiefer bearbeitet und der Dünger besser gehütet werden. Um dies in ausgiebigem Maße thun zu können, bedarf Ungarn vor allen Dingen einer Vermehrung seines Betriebskapitals. Deshalb ist es ein Lebensinteresse, daß im staat= lichen und bürgerlichen Leben alles vermieden werde, was den Zufluß fremden Kapitals in das Land hemmen oder stören könnte. Übrigens sind in dieser Hinsicht seit der Wiederherstellung der Unabhängigkeit (1867) ganz riesige Fortschritte gemacht worden, um das oberste Hindernis zu beseitigen — den Mangel an Kommunikationsmitteln zur Verwertung der Überschüsse der Bodenproduktion. In früheren Zeiten hatte der ungarische Landwirt keinen Reiz zum Aufsparen von Kapital, weil er seinen Überfluß aus Mangel an guten Trans= portmitteln nicht an Mann bringen konnte. In guten Jahren wurde daher geschwelgt, nach schlechten mußte man darben. Gerade die große Fruchtbarkeit des Landes nährte den aleatorischen Geist, welcher wegen der Erntezufälle jeder ackerbautreibenden Bevölkerung innewohnt, und derjenigen fruchtbarer Länder noch in höherem Maße. Seitdem nun aber, dank der umsichtigen Fürsorge der gegenwärtigen unga= rischen Staatsmänner, Ungarns Kredit im Auslande geschaffen und in außerordentlich kurzer Zeit das Land von einem Eisenbahnnetz bedeckt worden ist, fällt jenes Hindernis des Nationalersparnisses weg. Der ungarische Landwirt ist bereits in den Stand gesetzt, alle seine Über= schüsse zu guten Preisen auf den ausländischen Märkten zu verkaufen, und zwar, dank seinen frühen Getreideernten und dem Maschinen= drusch, noch bevor das konkurrierende Getreide aus Rußland, Rumä= nien und Amerika auf den österreichischen, schweizerischen und deutschen Märkten anlangt. Bereits sind auch allenthalben die Anzeichen er= kennbar, daß ein ernsterer wirtschaftlicher Geist Platz zu greifen beginnt. Namentlich sind es die Deutschen, zu denen man sprachlich auch die zahlreichen Juden rechnen muß, welche in Ungarn mit gutem Beispiel vorangehen und von denen man mit Sicherheit behaupten kann, daß sie sich ökonomisch weit besser stehen, als die Deutschen in Rußland, in Amerika, ja im Reiche selbst. Außer der großen Ergiebigkeit des Bodens, sobald er in die erforderliche Tiefe ausgebeutet wird, ist dessen außerordentlich niedriger Preis in Anschlag zu bringen, welcher gegenwärtig zu den gewachsenen Transportmitteln, d. h. zur Annäherung an den Weltmarkt in keinem Verhältnis mehr steht, und nicht mehr lange Zeit so bleiben kann. Bei der heutigen Ausdehnung des Eisen= bahnnetzes ist es namentlich etwas Anormales, wenn z. B. Boden des innerhalb der gleichen Zollgrenze liegenden Nieder = Österreichs »caeteris paribus« 8—10 Mal höher im Preise steht, als solcher in fruchtbaren Gegenden Mittel=Ungarns. Dazu kommt noch, daß die Arbeitslöhne ebenfalls noch bedeutend niedriger stehen. Wir verweisen in dieser Hinsicht mit besonderem Nachdruck auf die weiter unten folgenden amtlichen Erhebungen.

Von manchen Seiten sind diese Vorteile des landwirtschaftlichen Betriebs in Ungarn seit langer Zeit erkannt. Zuerst war es der deutsche hohe Adel, welcher Großgrundbesitz da erwarb und sich mit dem ungarischen Adel verschwägerte. Sind doch, wie kürzlich an einem besonderen Fall in weiteren Kreisen bekannt wurde, viele österreichische Adelsgeschlechter sogar berechtigt Sitz und Stimme im ungarischen Oberhaus, der Magnatentafel zu führen. Ja unter den vornehmsten ungarischen Familien selbst befinden sich solche, welche aus Steier= mark stammen, oder sogar noch da ihren Stammsitz haben, wie die Grafen Wenkheim, Degenfeld, Stubenberg. Deutsche Bauern haben schon vor Jahrhunderten in Ungarn sich angesiedelt und sind zu solchem Wohlstand gediehen, daß aus ihrer Mitte heute keine Taglöhner zu haben sind. Die Abkömmlinge der vor mehr als 500 Jahren in Siebenbürgen eingewanderten Niedersachsen sind heute fast sämtlich wohlhabend, zum Teil reich, ja manche vornehme Herren geworden, und trotz der vielfachen Klagen, welche man aus ihrer Mitte und seitens ihrer Fürsprecher hört, trotz ihres Reichtums fällt es doch keinem ein, ihren Wohnsitz mit der alten Heimat zu vertauschen. Wer die Ansiedelungen der deutschen Bauern an den Rebengeländen des Neusiedler Sees besucht, wird finden, daß diese Abkömmlinge der Schwaben in Behäbigkeit der Kleidung, Reinlichkeit der Häuser den besten Landgemeinden des Rheines vergleichbar sind und dazu noch ein reineres Deutſch ſprechen, als ihre Vorväter und ihre heutigen Vettern. Die ſchwäbiſchen Bauern im Temeſcher Komitat im Süden Ungarns haben in neuerer Zeit auf ihre Felder Hypothekendarlehen aufge= nommen und mit dieſem Gelde die Äcker ihrer ſerbiſchen und rumäniſchen (wallachiſchen) Nachbarn aufgekauft. Nach deren Depoſſedierung haben ſie auch dieſe neu occupierten Grundſtücke zu Inveſtitionszwecken belaſtet. Hätten ſie nicht wie alle Bauern mehr den Trieb nach extenſiver als intenſiver Vermehrung ihrer Wirtſchaft, ſo würden ſie noch wohl= habender ſein. Übrigens kann das gute Beiſpiel der Großgrund= beſitzer, unter denen insbeſondere der Erzherzöge Albrecht und Joſeph, die Domänen der Staatsbahn, die Grafen Alexander Mor, Stuben= berg, Andraſſy, Caroly, hervorragende rationelle Leiſtungen aufweiſen, ſowie vieler Großpächter und die Bemühungen der Regierung mit der Zeit nicht ohne wohlthätigen Einfluß auf die Beſſerung der bäuer= lichen Wirtſchaft bleiben. Bemerkenswert iſt es, daß in Ungarn viel mehr Juden, als in irgend einem anderen Lande ſich mit vielem Erfolg der Landwirtſchaft widmen; ſo daß die meiſten Pachtungen der Großgrundbeſitzer von Juden occupiert ſind, welche dieſelben voll= kommen rationell und mit Aufwendung der neueren Maſchinen, Ge= rätſchaften und Methoden bewirtſchaften. Viele derſelben haben ſo geſchickt operiert, daß ſie ſelbſt bereits in ziemlicher Anzahl Groß= grundbeſitz erworben haben. In neuerer Zeit hat ſogar die Geiſtlich= keit des Auslandes ihr Auge auf Inveſtitionen in Ungarn geworfen, indem z. B. franzöſiſche Jeſuiten, nach ihrer Austreibung aus Frankreich, ſich als Privatgenoſſenſchaft etablierend, eine Herrſchaft in der Gegend von Großwardein gekauft, welche ſie, nach rationeller franzöſiſcher Methode arbeitend, in wenigen Jahren zu einer Muſterwirtſchaft erhoben haben.

Was wir von dem im Verhältnis zur natürlichen Ergiebigkeit des Landes noch zu geringen quantitativen Ertrag des Bodens geſagt, bezieht ſich nur auf den Landesdurchſchnitt. Die vielen einzelnen Ausnahmen, welche daraus hervorragen, legen aber Zeugniß dafür ab, welchen Aufſchwunges die Wirtſchaft noch fähig, und daß das Gold in Ungarn noch leichter zu finden iſt, als in Amerika, wenn man ſich nur die Mühe nehmen will, es zu heben.

Wir wenden uns nun zu den gegenwärtigen Beſitzverhältniſſen und Erntereſultaten.

Die Zahl der gesammten Güter: Besitze.

In Ungarn . .   1,922,327

  „   Siebenbürgen   . . .   563 938

Diese Besitze sind nach ihrer Größe

			Ungarn.	Siebenbürgen	Zusammen
unter	5	Joch	1,108,993	335,407	1,444,400
von	5— 15	„	506,903	136,098	643,091
„	15 - 30	„	199,248	61,371	260,619
„	30— 50	„	58,004	19,276	77,280
„	50— 100	„	23,764	6,572	30,336
„	100— 200	„	9,302	2,063	11,365
„	200— 500	„	7,746	1,500	9,246
„	500— 1000	„	3,779	723	4,502
„	1000— 3000	„	3,258	642	3,882
„	3000— 5000	„	673	145	818
„	5000—10000	„	401	94	495
über	10000	„	166	65	231

Gruppiert, geben diese Daten folgendes Bild:

		Ungarn.	Siebenbürgen.
kleine Bauern-Güter v.	5— 30 Joch	1,815,231	532,876
„ mittel Güter v.	30— 200 „	91,070	27,911
mittel Güter v.	200 — 1000 „	11,525	2,223
Herrschafts-Güter v.	1000—10,000 „	4,332	363
Latifundien-Güter über	10,000 „	166	65

In % ausgedrückt ist der Gesamtbesitz:

in Ungarn und Siebenbürgen von . . 5— 30 Joch 94·47 %

  „   „   „   „   „   . . 30—1000 „ 5 34 „

                        über 1000 „ 0·19 „

Nach diesen Daten entfällt weiter in Jochen (= 0·57 ½ ha) auf:

	Ungarn.	Siebenbürgen.	%.
kleine Bauern-Güter . .	11,607,960	3,419,929	32,3
mittlere „ „ . . .	5,201,000	1,540,000	14,1
Herrschafts-Güter	11,800,000	2,440,000	30·6
wirkliches mittel	5,500,000	1,160,000	14·4
Latifundien	2,700,000	1,230,900	8·5

Daraus gewinnen wir die Aufklärung in wessen Händen sich in Ungarn der Grundbesitz befindet. Nach dieser Richtung hin stehen uns noch folgende Daten zur Verfügung:

in Jochen:

	Ungarn.	Siebenbürgen.	Zusammen.
Kron= und Ärar=Güter	2,269,245	453,767	2,923,012
Stiftungs= „	369,076	16,861	385,937
Stadt= u. Gemeinde=„	3,692,547	2,633,135	6,325,682
Kirchen= „	1,090,995	197,617	1,188,612
Fideikommiß= „	445,711	17,641	463,352
Privat= „	28,940,386	6,470,908	35,411,294
Zusammen Joche	36,807,960	9,789,929	46,597,889

Daher befindet sich nach diesen Daten der Gesamtbesitz Ungarn=
Siebenbürgen in den Händen:

	Ungarn.	Siebenbürgen.
Der Krone und des Ärars	6·1 %	4·7 %.
Öffentliche Stiftungen	1 „	0·1 „
Städte und Gemeinden	10·3 „	26·9 „
Der Kirche	2·9 „	2 „
Fideikommiß	1·2 „	0·2 „
Private	78·5 „	66·1 „

Ernteergebnis im Jahre 1882.

I. Körner= und Hülsenfrüchte.

	Terrain Joch	Durchschn.	Zusammen in Meter=Zentner.
Weizen (Herbst:)	4,018,910	8·71	35,012,007
Korn „	1,823,518	6·58	12,361,633
Spätweizen	6,029	8·55	51,550
Halbfrucht	355,132	7·69	2,732,006
Frühjahrs=Weizen	316,229	6·74	2,132,490
„ Korn	67,841	6·55	44,421
Herbst=Gerste	105,543	8·09	853,804
Frühjahrs=Gerste	1,581,647	7·67	12,129,107
Hafer	1,735,623	5·34	9,276,774
Hirse	75,865	5·79	439,550
Buchweizen	30,133	4·84	145,779
Samen=Wicke	79,374	6·98	553,716
Erbsen, Linsen, Bohnen	68,690	5·62	385,850
Zusammen	10,264,534	6·86	76,118,687

II. Hack=Früchte=Ernte.

	Terrain Joch	Durchschn.	Zusammen in Meter Zentner.
Mais .	3,291,228	8·59	28,266,956
Kartoffel . . .	670,440	34·79	23,321,543
Zucker=Rübe . .	56,682	118·98	6,744,175
Futter=Rübe	116,501	163·81	19,084,009
Zusammen	4,134,855	81·04	77,416,683

III. Handels=Pflanzen.

Herbst=Reps . .	157,762	3·90	615,044
Frühjahr=Reps . . .	7,990	4·61	36,817
Tabak . .	107,610	6·52	702,016
Leinsamen . .	18,536	2·73	50,637
Flachs .	—	2·37	44,022
Hanfsamen . .	113,051	3·74	423,107
Hanf	—	3·94	444,964
Zusammen	404,949	4·97	2,316,602

IV. Futtergattungen.

Luzerner, Klee, Süßklee .	315,648	20·48	6,464,861
Wicke gemeng. Fenchel u. s. w.	306,095	15·27	4,673,819
Wiese= und Wasengras=Heu	4,552,367	12·22	55,627,419
Zusammen	5,174,110	—	66,766,099

V. Brache.

Terrain	3,750,065	Joch.
I—IV. ausgewiesen . .	23,728,513	„

daher:

Körnerfrucht, Hülsenfrucht	43·35%
Hackfrucht	17·43 „
Handelspflanzen	1·70 „
Futtersorten	21·68 „
Brache	15·84 „

Wir lassen nun nachstehend die Landesübersicht der angebauten und brachliegenden Flächen des Ackerbaues, und die Ernteerträge aus den Jahren 1872—1882 in Hektolitern bezw. Doppelzentnern folgen.

8

Landesübersicht der 1873—1882er Ernte.
A. Die abgeerntete Bodenfläche und Brache in Hektaren.

Produkt	1873	1874	1875
Winter=Weizen	1 975 787	2 031 356	2 114 963
Winter=Korn	1 273 808	1 166 397	1 179 577
Dinkel	5 520	6 152	4 869
Halbfrucht	249 820	265 145	251 500
Sommer=Weizen	166 424	214 349	176 267
Sommer=Korn	22 790	23 566	24 658
Brodfrüchte zusammen	3 694 149	3 706 965	3 751 834
Winter=Gerste	42 288	33 669	36 810
Sommer=Gerste	859 813	913 684	871 539
Hafer	1 023 831	1 048 032	984 257
Hirse	38 059	39 438	44 925
Haidekorn	23 004	21 283	17 745
Wicken=Samen	36 224	33 295	31 670
Erbsen, Linsen, Bohnen	36 270	33 478	40 519
Mais	1 534 266	1 602 537	1 765 294
Erdäpfel	354 577	360 031	382 405
Winter=Reps	176 328	14 432	75 166
Sommer=Reps	4 967	3 812	2 900
Flachs=Samen	5 110	3 850	3 124
Hanf=Samen	15 480	25 238	17 324
Tabak	47 892	52 118	66 657
Flachs zu Garn	6 705	4 714	4 400
Hanf zu Garn	60 676	42 224	41 810
Zucker=Rüben	17 482	20 883	20 896
Futter=Rüben	38 641	46 151	46 538
Luzern, Klee, Süßklee	122 921	124 869	139 722
Wickengemenge, Hirsengras zc.	136 461	137 203	134 930
Künstliche Wiesen zusammen	259 382	262 072	274 652
Wiesen= und Rasen=Heu	2 471 013	2 450 323	2 503 100
Wiesen zusammen	2 730 395	2 712 395	2 777 752
Winter=Stroh	?	3 517 151	3 662 885
Sommer=Stroh	?	3 933 473	3 959 774
Stroh zusammen	?	7 450 624	7 622 659
Brache	2 236 865	2 240 458	2 251 730

Landesübersicht der 1873—1882er Ernte.

A. Die abgeernutete Bodenfläche und Brache in Hektaren.

1876	1877	1878	1879	1880	1881	1882
2 422 615	2 249 560	2 329 435	2 299 356	2 254 284	2 364 129	2 312 480
1 362 147	1 223 155	1 290 454	1 168 308	1 052 680	1 046 538	1 049 254
3 658	3 833	3 524	3 496	4 443	3 550	3 471
250 753	236 085	240 546	229 640	215 162	204 563	204 343
180 436	167 034	173 330	165 563	156 943	169 484	181 962
28 222	28 006	27 890	29 450	32 798	41 514	39 035
4 247 831	3 907 673	4 065 179	3 895 813	3 716 310	3 829 778	3 790 545
57 211	48 757	51 713	50 266	50 829	77 262	60 729
1 021 190	881 709	948 343	932 532	927 579	833 484	910 076
1 239 713	1 087 134	1 154 726	1 088 785	1 017 663	955 693	998 678
65 611	33 740	48 648	49 969	51 204	55 039	43 652
26 331	16 792	21 284	18 112	14 964	19 537	17 339
35 231	31 181	33 118	38 330	43 772	41 045	45 673
46 664	37 779	42 598	39 812	37 101	36 247	39 523
2 038 477	1 759 118	1 893 580	1 874 993	1 865 858	1 796 486	1 893 772
500 791	426 963	465 640	410 966	360 917	371 494	385 773
54 281	105 401	79 769	78 295	75 945	153 871	90 776
2 527	4 065	3 260	3 005	3 882	3 875	4 599
5 504	3 895	12 134	10 966	*)	*)	*)
26 788	18 704	84 075	76 544	*)	*)	*)
74 685	63 682	68 956	63 868	60 148	60 771	61 921
8 499	6 447	12 134	10 966	9 814	12 264	10 664
67 926	55 975	84 075	76 544	69 711	69 397	65 052
25 816	24 381	24 892	30 519	37 317	30 644	32 615
62 433	54 691	59 004	59 192	59 229	64 238	67 033
182 509	170 385	177 008	182 878	190 141	172 792	181 628
132 181	110 952	120 844	148 788	174 567	148 789	176 121
314 690	281 337	297 852	331 666	364 708	321 581	357 749
2 927 756	2 772 022	2 845 699	2 787 098	2 740 229	2 614 662	2 619 427
3 242 446	3 053 359	3 143 551	3 118 764	3 104 937	2 936 243	2 977 176
4 150 665	3 866 791	3 995 441	3 829 361	—	—	—
4 684 402	4 046 558	4 346 777	4 240 551	—	—	—
8 835 067	7 913 349	8 342 218	8 069 912	—	—	—
2 774 169	2 437 746	2 597 300	2 386 772	2 172 389	2 180 625	2 157 787

*) Bodenfläche zu Garn.

B. Die Produktion.

Produkt	Einheit	1873	1874	1875
Winter-Weizen . .	Hektoliter	13 030 034	19 833 440	16 291 202
Winter-Korn . . .	„	6 270 450	11 987 446	10 330 675
Dinkel . . .	„	59 971	75 306	45 816
Halbfrucht . . .	„	1 575 675	2 709 542	2 302 399
Sommer-Weizen . .	„	1 046 123	1 780 253	952 072
Sommer-Korn .	„	130 172	208 367	176 165
Brodfrüchte zusammen .	„	22 112 425	36 594 354	30 098 329
Winter-Gerste . . .	„	380 617	441 809	329 585
Sommer-Gerste . . .	„	9 518 961	12 007 600	7 279 422
Hafer	„	12 426 064	14 029 915	7 828 641
Hirse	„	235 523	314 982	428 720
Haidekorn . . .	„	132 852	206 372	108 635
Wicken-Samen . . .	„	311 213	304 530	209 103
Erbsen, Linsen, Bohnen .	„	206 758	254 815	279 292
Mais	„	12 240 240	7 602 273	28 137 524
Erdäpfel . . .	„	8 417 816	15 513 824	14 447 083
Winter-Reps . . .	„	1 658 367	111 058	567 961
Sommer-Reps . . .	„	37 016	33 956	17 080
Flachs-Samen . . .	„	26 387	29 840	23 390
Hanf-Samen . . .	„	81 886	213 925	168 909
Tabak . . .	Meter-Ztr.	240 513	356 741	514 457
Flachs zu Garn . .	„	24 379	15 375	26 206
Hanf zu Garn . . .	„	361 061	175 757	329 445
Zucker-Rüben . . .	„	1 630 304	3 069 981	2 487 117
Futter-Rüben . . .	„	2 493 917	4 696 226	3 670 020
Luzern, Klee, Süßklee .	„	2 696 940	2 682 279	3 255 393
Wickengemenge, Hirsengras rc. .	„	2 845 478	2 830 009	2 170 153
Künstliche Wiesen zusammen .	„	5 542 418	5 512 288	5 425 546
Wiesen- und Rasen-Heu . .	„	34 001 656	29 104 247	28 237 140
Wiesen zusammen .	„	39 544 074	34 616 535	33 662 686
Winter-Stroh . .	„	?	32 558 732	29 379 300
Sommer-Stroh . .	„	?	38 826 578	39 179 940
Stroh zusammen .	„	?	71 385 310	68 559 240

B. Die Produktion.

1876	1877	1878	1879	1880	1881	1882
17 323 479	25 889 456	36 465 059	17 337 626	26 180 119	29 607 311	43 765 007
8 783 037	13 144 174	18 070 792	8 280 649	11 810 583	13 623 413	17 168 935
28 878	41 102	33 520	36 206	51 807	46 729	54 434
1 551 910	2 421 158	3 079 242	1 983 270	2 327 283	2 596 258	3 691 899
881 302	1 213 227	1 811 928	1 062 995	1 774 297	1 719 548	2 665 611
151 217	223 251	237 673	216 153	327 410	539 656	616 972
28 722 823	42 932 368	59 698 214	28 916 904	42 471 499	48 132 915	67 972 858
478 745	656 965	663 388	461 126	910 568	1 022 038	1 334 072
10 637 992	11 485 723	16 045 840	8 772 080	17 032 859	13 042 535	18 951 734
13 854 412	14 135 757	21 202 912	13 480 030	21 728 667	16 847 737	23 786 593
549 665	344 296	766 392	670 508	683 006	694 842	646 397
168 915	99 479	133 548	112 840	93 903	206 958	217 581
287 742	299 760	295 169	355 250	408 270	483 012	700 906
293 005	277 670	455 124	362 987	340 317	400 951	484 135
22 967 960	19 100 036	36 248 941	23 242 752	34 806 393	28 866 241	37 891 363
17 417 881	16 205 492	32 421 760	15 851 030	31 023 998	30 394 921	42 713 460
305 281	882 013	1 021 928	626 512	626 215	1 612 231	946 226
15 883	39 197	27 762	28 640	32 723	48 768	56 641
34 880	26 670	68 783	65 352	87 343	99 215	77 913
143 098	149 601	530 420	476 265	790 302	651 722	783 522
524 672	514 890	684 195	582 205	764 167	611 426	702 016
41 421	26 977	57 680	53 891	44 460	54 217	44 022
433 906	302 664	517 335	452 128	456 634	417 767	444 964
3 000 909	3 096 610	5 562 571	5 224 669	6 785 423	5 966 872	6 744 175
5 381 251	4 731 696	13 700 456	6 477 331	15 183 026	14 182 105	19 084 009
4 218 552	4 439 934	4 804 964	5 506 555	5 633 574	6 982 731	6 464 861
2 477 970	2 371 523	2 810 362	3 904 549	4 658 594	4 323 141	4 673 819
6 696 522	6 811 457	7 615 326	9 411 104	10 292 168	11 305 872	11 138 680
22 957 532	39 446 611	38 797 991	41 774 737	34 674 845	62 701 725	55 627 419
29 654 054	46 258 068	46 413 317	51 185 841	44 966 513	74 007 597	66 766 099
37 212 956	48 506 488	42 895 076	44 714 974	?	?	?
46 654 038	46 057 941	46 400 967	47 514 552	?	?	?
83 866 994	94 564 429	89 296 043	92 229 526	?	?	?

C. Durchſchnittliche Fechſung von einem Hektar.

Produkt	Einheit	1873	1874	1875
Winter=Weizen . . .	Hektoliter	6·95	9·76	7·70
Winter=Korn . .	"	4·92	10·28	8·76
Dinkel	"	10·86	12·24	9·41
Halbfrucht	"	6·31	10·22	9·15
Sommer=Weizen . .	"	6·29	8·31	5·40
Sommer=Korn . .	"	5·71	8·84	7·14
Brodfrüchte zuſammen . .	"	5·99	9·87	8·02
Winter=Gerſte . .	"	9·00	13·12	8·95
Sommer=Gerſte . . .	"	11·07	13·14	8·35
Hafer	"	12·14	13·39	7·95
Hirſe . .	"	6·19	7·99	9·54
Haidekorn . . .	"	5·78	9·69	6·12
Wicken=Samen . . .	"	8·59	9·15	6·60
Erbſen, Linſen, Bohnen . .	"	5·70	7·61	6·89
Mais	"	7·98	4·74	15·94
Erdäpfel	"	23·74	43·09	37·78
Winter=Reps . .	"	9·41	7·69	7·56
Sommer=Reps . . .	"	7·45	8·91	5·89
Flachs=Samen . . .	"	5·16	7·75	7·48
Hanf=Samen	"	5·29	8·48	9·75
Tabak	Meter=Ztr.	5·02	6·84	7·72
Flachs zu Garn . . .	"	3·64	3·26	5·95
Hanf zu Garn . .	"	5·95	4·16	7·88
Zucker=Rüben	"	93·25	147·01	119·02
Futter=Rüben . . .	"	64·54	101·75	78·86
Luzern, Klee, Süßklee . . .	"	21·94	21·48	23·30
Wickengemenge, Hirſengras ꝛc. .	"	20·85	20·62	16·08
Künſtliche Wieſen zuſammen .	"	21·37	21·03	19·75
Wieſen= und Raſen=Heu . . .	"	13·76	11·88	11·28
Wieſen zuſammen . .	"	14·48	12·76	12·12
Winter=Stroh . .	"	?	9·26	8·02
Sommer=Stroh . .	"	?	9·84	9·90
Stroh zuſammen .	"	?	9·58	9·00

C. Durchschnittliche Fechsung von einem Hektar.

1876	1877	1878	1879	1880	1881	1882
7·15	11·51	15·65	7·54	11·61	12·52	18·93
6·45	10·75	14·00	7·09	11·22	13·02	16·36
7·89	10·72	9·51	10·36	11·63	13·16	18·56
6·19	10·26	12·80	8·55	10·82	12·69	18·07
4·90	7·26	10·45	6·42	11·31	10·15	14·65
5·36	7·97	8·52	7·34	9·98	13·00	15·81
6·76	10·98	14·69	7·42	11·43	12·57	17·93
8·37	13·47	12·83	9·17	17·91	13·23	21·97
10·42	13·03	16·92	9·41	18·36	15·65	20·82
11·17	13·00	18·36	12·38	21·35	17·63	23·82
8·38	10·20	15·75	13·42	13·34	12·62	14·81
6·41	5·92	6·27	6·23	6·28	10·59	12·55
8·17	9·61	8·91	9·27	9·33	11·77	15·35
6·28	7·35	10·68	9·12	9·17	11·06	12·25
11·27	10·86	19·14	12·34	18·65	16·07	20·01
34·78	37·95	69·63	38·57	85·96	81·32	110·72
5·62	8·37	12·81	8·00	8·25	10·48	10·42
6·28	9·64	8·51	9·53	8·43	12·59	12·32
6·34	6·85	5·67	5·96	8·90	8·09	7·31
5·34	8·00	6·31	6·22	11·34	9·39	12·04
7·03	8·11	9·92	9·12	12·71	10·06	11·34
4·87	4·18	4·75	4·91	4·53	4·42	4·13
6·39	5·41	6·15	5·91	6·55	6·02	6·84
116·24	127·01	223·47	171·19	181·83	194·72	206·78
86·19	86·52	232·19	109·43	256·34	220·77	284·70
23·11	26·05	27·15	30·11	29·63	40·41	35·59
18·75	21·37	23·25	26·25	26·69	29·06	26·54
21·28	24·21	25·57	28·37	28·22	35·16	31·14
7·84	14·23	13·64	14·99	12·65	23·98	21·24
9·15	15·15	14·76	16·41	14·48	25·20	22·43
8·96	12·54	10·74	11·68	—	—	—
9·96	11·38	10·67	11·20	—	—	—
9·49	11·95	10·70	11·43	—	—	—

Tabakbau.

Sehen wir von einer Reihe ungünstiger Ernten ab, welche diese Kultur in neuester Zeit betroffen, so steht fest, daß ein großer Teil des ungarischen Bodens sich sehr gut zum Tabakbau eignet und daß das Produkt unter seinen europäischen Konkurrenten nur dem türkischen Tabak nachsteht. Die Cultur dieser Luxuspflanze hat daher ziemlich ansehnliche Dimensionen angenommen, so daß von sachver= ständiger Seite in den letzten Jahren sogar vor zu rascher Aus= dehnung des Baues gewarnt wurde, weil Vorräte wegen schlechter Qualität liegen geblieben waren. Der Umfang der angepflanzten Flächen und deren Ertrag in den letzten Jahren ist aus den nach= folgenden Ziffern zu ersehen:

	1877	1878	1879
Bebaute Joche . . .	103,585 —	100,313 —	94,741
Ertrag in Kilogramm	48,164,038 —	40,978,540 —	34,610,355
Ertrag pr. Joch in Kilogr.	426	408	365
Gesamterlös in Gulden	8,093,892 —	7,416,916 —	6,311,985
Durchschnitterlös zu			
100 Kilogramm fl.	18·33	18·10	18·23
Erlös pr. Joch in fl.	78	74	66·50

	1880	1881	1882
Bebaute Joche . . .	102,711 —	99,486 —	98,065
Ertrag in Kilogramm	66,480,209 —	46,436,188 —	52,188,694
Ertrag pr. Joch in Kilogr.	646	467	534
Gesamterlös in Gulden	11,811,217 —	8,396,293 —	9,157,626
Durchschnitterlös zu			
100 Kilogramm fl.	17·76	18·09	17·54 1/2
Erlös pr. Joch in fl.	114·73	84·39	93·38

Ein Umstand kommt dem Tabakbau zu statten, daß die Regie des österreich=ungarischen Monopols sehr gediegen arbeitet, so daß dieselbe sogar im Stande ist, ihren Absatz bis ins deutsche Reich aus= zudehnen, wo eine Anzahl österreichisch=ungarischer Tabaksstrafiken er= richtet ist. Auch ist die Fabrikation daher im Steigen begriffen. Im Jahre 1882 beliefen sich die Bruttoeinnahmen der Tabakregie auf fl. 29,325,301 und auf fl. 30,721,981 in 1883. Von der Ernte von 1883 hat die Regie aus Ungarn 28,513,990 Kilogramm zum Preise von fl. 4,840,650 bezogen.

Die Produktion für den **Export** zeigt eine namhafte Ver=
mehrung. Während die Ernte von 1879 sich nach Mandello (Rück=
blicke auf die ungarische Volkswirtschaft) nur auf 4242 Joch erstreckt,
deren Ertrag auf 1,800,000 Kilogramm geschätzt wird und die Verkäufe
der Regie unter Hinzurechnung der alten Vorräte 5,000,000 Kilo=
gramm betrugen, — erstreckte sich der Anbau für den Export im Jahre
1883 über 12,622 Joch mit einem Ertrag von 5 Millionen Kilo,
wovon 3,600,000 Kilogramm exportiert wurden und zwar zu ⅔ an
die französische und ⅓ an die italienische Tabakregie.

Der Obstbau.

Das Klima Ungarns eignet sich ausgezeichnet zum Obstbau, da
der Sommer im größten Teil des Landes trockener und wärmer ist,
als in Mitteleuropa und sich sehr demjenigen Südfrankreichs nähert.
In Folge der strengeren Kälte, welche während des Winters im
Lande herrscht, sind die ungarischen Obstbäume mehr vom Ungeziefer
verschont, als die Westländer. Namentlich in Mittel= und Südungarn
gedeihen alle Edelfrüchte deren Frankreich und Italien sich erfreuen.
Auch giebt es fast kein Dorf und keinen Hof, welche nicht von Obst=
gärten umgeben wären. In einigen Gattungen steht Ungarn sogar
obenan. Wir heben darunter die Melone hervor, welche in einer
Anzahl von Gattungen ganz vorzüglich gedeiht; außer der roten
Wassermelone, die weiße, gelbe und grüne Melone (Turkestan), welche
letztere trotz ihrer Grasfarbe so süß ist, daß sie ohne Zucker verspeist
wird. Die Ananas=Melone hat einen so ausgezeichneten Geschmack,
daß sie eingemacht mit wirklichen Ananas verwechselt werden kann.
Einige Melonenzüchter von Ruf, welche diese Frucht in ausgezeichneter
Qualität und großer Menge gewinnen, haben seit dem Ausbau der
Eisenbahnnetze einen bedeutenden Export dieses Artikels organisiert,
sowie auch zur Zeit des Reifens der Trauben ganze Eisenbahnzüge
mit Trauben nach Berlin, Petersburg und Moskau abgehen. Leider
beschränkt sich diese Ausfuhr auf die weniger süßen Erzeugnisse Ober=
ungarn's. Würden jene Kunden die schmackhaften Trauben Mittel=
und Südungarn's zu kosten bekommen, so würde dieser Export noch
größere Dimensionen annehmen.

Eine bedeutende Rolle spielen die Zwetschgen, in welchen Ungarn
mit Serbien und andern Ländern der Balkanhalbinsel konkurriert.

Dieſelben gedeihen in großer Menge und ausgezeichneter Qualität.
Ein kleiner Teil wird in Schachteln verſchickt, ein anderer gedörrt;
der Löwenanteil aber wird in Branntwein verwandelt, welcher
das Hauptgetränk des Landvolks bildet, das ſich in ſeiner Mehr=
zahl, mit Ausnahme der ungariſchen und deutſchen Bauern, noch
nicht zum Genuß des Weines emporgeſchwungen hat. Die beſte Sorte
dieſes Zwetſchgenbranntweins, welche die gleichen Erzeugniſſe des
Weſtens an Wohlgeſchmack und Körper weit übertrifft, iſt ein unter
dem ſlaviſchen Namen Slivoviß (Zwetſchgengeiſt) in Öſterreich=Ungarn
allenthalben verbreiteter beliebter Verbrauchsartikel und wird in zahl=
reichen Brennereien Ungarns gewonnen, welche dieſe Induſtrie mit
der Maſt von Schlachtochſen verbinden. Auch die Kaſtanie gedeiht,
wie in den meiſten Weinländern, und wird ſtark exportiert, wenn ſie
auch gegen die Konkurrenz der italieniſchen ſchwer aufkommt. Leider
iſt der Obſtmarkt in Wien ſehr ſchlecht beſtellt und meiſt mit gering=
wertiger Ware aus der Nachbarſchaft befahren; nur die Melonenberge
aus Ungarn machen eine Ausnahme. Der Münchener Obſtmarkt,
der freilich Südtirol näher liegt, iſt qualitativ weit beſſer verſorgt —
und muß man in Wien mit ſchönem Tafelobſt ſich bei den Delika=
teſſenhändlern verſehen! Deshalb ſind die ungariſchen Landwirte nicht
hinreichend zur Veredlung ihrer Obſtbäume aufgemuntert. Sonſt
würden ſie mit der Zeit ein ebenſo bedeutendes Geſchäft machen
können, als die franzöſiſchen Obſtzüchter, deren Produkte heute noch
auf den Tafeln des oſterreichiſchen Hofes und der Ariſtokratie prangen!
Indeſſen darf nicht verſchwiegen werden, daß von Seiten vieler Groß=
grundbeſißer bedeutende Anſtrengungen zur Veredlung des Obſtbaues
gemacht werden, indem die einheimiſchen mit ausländiſchen Edelſorten
gepfropft und große Baumſchulen gehalten werden, aus welchen große
Mengen junger Bäume gegen ſehr mäßige Preiſe an die Landwirte
abgelaſſen werden. Auch jeßt ſchon ſehen einzelne Städte den Obſt=
bau als eine Hauptquelle ihres Wohlſtandes an, z. B. Kecskemet,
welches vorzügliche Aprikoſen, und Körös, welches Kirſchen und Weich=
ſeln exportiert. Die weitere Ausbreitung des rationellen Obſtbaues
kann für Ungarn aber eine bedeutende Quelle des Wohlſtandes
werden. Wenn das Land jeßt auch in der Zucht von edlen Birnen,
Äpfeln und Pfirſichen noch hinter Frankreich und Südtirol zurückſteht, ſo
zeigen doch die Erfolge einzelner Pomologen ꝛc., daß die Natur ſich
ebenſo leicht in Ungarn darbietet, als in jenen Gegenden.

Hopfenbau.

Der Hopfenbau war in Ungarn bis um die Mitte des 19. Jahr=
hunderts bis auf wenige sporadische Ausnahmen unbekannt. Erst im
Jahre 1865 wurden im Komitate Baranya auf der Erzherzoglich
Albrecht'schen Domäne Béllye, und ungefähr zur selben Zeit in der
Nähe von Kőszeg (Güns) in Borstoyankö auf der Besitzung des Herrn
Egán die ersten größeren Hopfenplantagen errichtet. Auch in Sieben=
bürgen und zwar besonders in Segesvár (Schäßburg) und Umgebung
entstanden, jedoch viel später (1875), Hopfengärten, und bald war
es gerade Siebenbürgen, welches in Bezug auf Hopfenbau die
meiste Bedeutung erlangte. Gegenwärtig macht sich an vielen
Orten des Reiches das Bestreben geltend, die Hopfenkultur einzu=
bürgern und wird dieses Bestreben vom Ackerbau=Ministerium überall
kräftig unterstützt. — So wurde zur Hebung der Hopfenkultur unter
den Siebenbürger Sachsen, und zur Verbesserung des anfänglich noch
etwas primitiven Verfahrens, ein dortiger deutscher Hopfengartenbe=
sitzer auf Staatskosten ins Ausland geschickt, um in renommierten
Hopfengegenden Erfahrungen zu sammeln und dieselben bei seinen
Landsleuten zu verwerten. Solchen, die neue Plantagen errichten
wollten, wurden vom Ackerbau=Ministerium Setzlinge gratis beigestellt.
Um den viel billigeren und zweckmäßigeren Drahtanlagen Eingang
zu verschaffen, wurden Verfügungen getroffen, die den Preis des
Drahtes auf ein Minimum reduzierten, indem ausgemusterter Tele=
graphendraht von den ungarischen Staatsbahnen beigestellt wurde.
Durch bedeutende Ermäßigung der Frachtsätze für Hopfen, vornehm=
lich dadurch, daß es auf Vermittlung des Ackerbau=Ministeriums gestattet
wurde, Hopfen als Eilgut für denselben Preis zu transportieren, der
sonst für Frachtgut eingezogen wird, wurde dem raschen Absatz des
Hopfens bedeutend Vorschub geleistet. Durch Verbreitung von Flug=
schriften und Abbildungen wurde ferner das interessierte Publikum
mit manch Nützlichem bekannt gemacht; auch hat die Regierung nicht
ermangelt, fast in jedem der letzten Jahre einen Sachverständigen zu
entsenden, dessen Aufgabe es war, die Hopfenproduzenten dort, wo
es nötig war, zu unterrichten, und über den Zustand der Plantagen,
sowie über etwa nötige Maßregeln Bericht zu erstatten. Alldem,
sowie auch den Bemühungen Einzelner hat es Ungarn zu verdanken,
wenn schon wenige Jahre nach Beginn der eigentlichen rationellen

Hopfenkultur ein so hervorragendes Fachblatt wie die „Nürnberger Brauer- und Hopfenzeitung" in einem ausführlichen Bericht über „Europas Hopfenbau im Jahre 1882" folgendes sagt: „Der Hopfenbau spielt in Ungarn und Siebenbürgen zwar noch eine untergeordnete Rolle, da dort erst in den letzten Jahren diesem Handelsgewächse regere Aufmerksamkeit zugewendet wird. Derselbe dürfte sich aber wohl verlohnen, da daselbst Klima und Boden mitunter die Hervorbringung von Primaqualitäten ermöglichen. So hat z. B. der Siebenbürger Hopfen, der früher wie alle übrigen Hopfensorten reift, ein ausgezeichnetes Renommee!" (Allg. Brauer- und Hopfen-Zeitung 1883, No. 7, p. 60.)

Die Kultur des Hopfens unterscheidet sich in nichts von der, in Österreich oder Deutschland, üblichen. Auch in Ungarn wird der Hopfen noch vorwiegend auf Stangen gezogen, doch vermehren sich die Drahtanlagen von Jahr zu Jahr. Diese Drahtanlagen sind zumeist hohe; die niederen finden, wohl mit Recht, keine Nachahmer. Viele größere Anlagen in Siebenbürgen sind mit regelrechten Trockenhäusern, mitunter auch für künstliche Trocknung eingerichtet, versehen. Wo solche noch nicht existieren, wird entweder auf luftigen Böden oder in Scheunen auf Hürden getrocknet. Das Schwefeln des Hopfens ist in Ungarn nirgends üblich. Was die hier gezogenen Hopfengattungen anbelangt, so hat man früher, bestochen vom vorzüglichen Renommee des Saazer Hopfens, überall solchen gepflanzt. Es stellte sich jedoch bald heraus, daß Boden und Klima dieser Sorte wenig entsprechen; sowohl die Menge, als die Qualität ließen viel zu wünschen übrig. Man wandte sich daher, und zwar nicht zum geringsten Teil auf Anraten des Ackerbau-Ministeriums, dem Württemberger Späthopfen zu und erzielte so gute Resultate, daß jetzt vorwiegend solcher zu finden ist. Es scheint, daß der Späthopfen, was seine Qualität betrifft, sich in Siebenbürgen in vorteilhafter Weise verändert, feiner wird. Der Segesvárer Hopfenproduzent Dr. Wolff hat mit seinem Siebenbürger Späthopfen, welcher jedoch früher reift, als der Frühhopfen in Saaz, bei der Hopfenausstellung (1882) in Wien den 1. Preis davongetragen. Doch auch Saazer Frühhopfen ist in Ungarn zu finden, besonders im Komitate Vas (Eisenburg) längs der steierischen Grenze, wo sich Klima und Boden hierfür besser zu eignen scheinen. Auch mit Golding sind in letzter Zeit Versuche gemacht worden, die zwar guten Erfolg versprechen, über die man sich jedoch zur Zeit noch nicht bestimmt aussprechen kann.

Produktionsorte. Größe des mit Hopfen be=
pflanzten Territoriums. Von Osten nach Westen fortschrei=
tend, finden wir folgende Hopfenanlagen:

1) Segesvár (Schäßburg). Die folgende Tabelle zeigt, daß
das mit Hopfen bepflanzte Areal 58 880 □ Klafter beträgt. Aus=
weis über die in Segesvár (Schäßburg) und Umgebung bestehenden
Hopfenplantagen:

Lauf. Zahl	Name des Produzenten	Ort	Ausdehnung der Plantage in Qu.-Klft.	Jahr des Anbaues	Lage und Beschaffenheit des Bodens
1	Friedr. Berwerth.	Segesvár	2400	1876	Flach, tiefgrundig. sandig.
2	Franz Wolff .	„	400	1875	„ Mergel, Humus.
3	Friedrich Déli	„	800	1876	„ tiefgrund., lehmig,Humus.
4	HermannFürst	„	1600	1875 1876 1877 1878	In Nachbarschaft mit Fr. Déli.
5	Karl Roth . . .	„	200	1877 1878	Humus, flach.
6	Wilh. Pomárius .	„	700	1878	Flach, tiefgrundig, lehmig.
7	Carolina Fischer .	„	160	1877	„ kieselig, Humus.
8	Paul Ernst .	„	800	1877 1878	„ lehmig, sandig.
9	Josef Bacon .	„	200	1877 1878	„ tiefgrundig, Humus.
10	Andreas Löw . .	„	400	1876	Im Westen abschüssig, Humus.
11	Wwe J. Leonhardt	„	1200	1875	„ „ turfig.
12	Emil Silbernagel	„	1200	1876	„ Süd. abschüss., lehm., sandig.
13	Joh. Thellmann .	„	400	1876	Flach, Mergel, lehmig.
14	Johann Roth . .	„	800	1875	„ lehmig, sandig, Humus.
15	Moritz Steinburg	„	3200	1878	„ sandig, lehmig.
16	August Pfühl . .	„	300	1875	„ tiefgrundig, Humus.
17	Johann Leonhardt	„	3200	1870 1876	„ sandig, lehmig.
18	Andreas Lingner.	„	1600	1875 1878	Im Osten abschüss., sand., lehmig.
19	Dániel Keßler	„	2800	1878	Flach, tiefgrundig. Humus.
20	Karl Gleim . .	„	800	1876 1877	„ „ lehmig.
21	Wwe J. Sternheim	„	800	1882	„ „ Humus.
22	Friedrich Mild .	„	600	1876	Im Süd. abschüss., lehm., sandig.
23	Dániel Wolff . .	„	400	1876	Flach, sandig, lehmig,
24	Nándor Seifer .	„	3120	1878	„ lehmig, sandig.
25	Karl Wültschner .	„	1400	1878	„ „ „
26	Michael Mauchen	„	800	1878	Im West. abschüss., lehm., Mergel.
27	Wwe R. Hoffmann	„	800	1178	„ „ „ „ „
28	Dániel Groß . .	„	800	1878	„ „ „ „ „
29	Friedrich Weber .	„	400	1879	Flach, Humus.

Lauf. Zahl	Name des Producenten	Ort	Ausdehnung der Plantage in Qu.-Klft.	Jahr des Anbaues	Lage und Beschaffenheit des Bodens
30	Aug. Miſſelbacher	Segesvár	3200	1880	Im Süden abſchüſſig, lehmig.
31	Wwe J. Engertl.	„	600	1880	Flach, lehmig, ſandig.
32	Joh. Bodenbacher	Száß Kérd	600	1877	
33	Michael Haydt .	„	600	1879	
34	Anna Tellmann .	„	200	1879	
35	Andr. Mennings .	Sz. Hiollós	—	—	
36	Georg Paul . .	„	—	—	
37	And. Menning jun.	„	—	—	
38	Johann Ziegler .	Erked	400	1879	Flach, voll, lehmig.
39	N. Kozma .	. Sz.Kereptúr	—	—	
40	Alvis Jebdi . .		—	—	
41	Dr. Moritz Wolff	Segesd	3200	1879	Im Weſt. abſchüſſ., lehm., ſandig.
42	Zakarias Munrár	„	200	1880	Flach, tiefgrundig, Humus.
43	Wilhelm Stein .	Héjasfolva	9600	—	„ „ ſchiefrig.
44	Franz Petki . .	Királyhalna	—	—	„ lehmig, ſandig.
45	Grf.Gábr.Bethlen	Keresd	4800	1877	
46	B. P. Szenkerepty	Sz. Bún.	3200	1880	„ „ „
	Im ganzen .		058·88		Quadrat-Klafter.

2) Komitat Sz. Udvarhely. Der Hopfenbau iſt hier jüngeren Datums. Wir finden Gärten in Székely Kereßtur, Ruganfalva, Sz. Udvarhely, die insgeſamt ein Areal von etwa 20,000 □ Klafter um=faſſen dürften. 3) Die Komitate Alſó=Fehér, Braſſó und Maros Torda beſitzen auch ſchon einige Hopfenplantagen, doch fehlen von dieſen nähere Daten. Der Umfang dieſer Gärten kann auch auf etwa 20,000 □ Klafter geſchätzt werden. Wir übergehen nun einige Plantagen allerjüngſten Datums in den Komitaten Arad, Szolnok und wenden uns zum Diſtrikte jenſeits der Donau. 4) Erzherzoglich Albrecht'ſche Domäne Béllye im Komitate Baranya Das Areal dieſer bedeutenden Hopfenplantagen beträgt 126,400 □ Klafter. Klei=nere, jüngere Plantagen ſind in nämlichem Komitate im Entſtehen. 5) Komitat Vas:

1. In der Umgebung von St.=Gotthard   82,000 □ Klafter,
2.   „   „   „   „   Radafalva .   160,000   „

Transport   242,000   „

Transport 242,000 ☐ Klafter,

3. „ „ „ „ Tinkasö . 11,150 „

4. „ „ „ „ Röszeg 8,000 „

261,350 „

6) Komitat Porsony:

In der Umgebung von Nagy=Szombat (Bohunicz) 20,800 ☐ Klafter.

7) Komitat Nyitza:

Német=Próna
Tavarnok . .
Felsö Elefant .
Nagy Bosán .
Nedanócz . . . . . .

Zusammen etwa
40,000 ☐ Klafter.

8) Komitat Trencsén: Trebosotz 6400 ☐ Klafter.

Es beträgt daher das gesamte, mit Hopfen bepflanzte Areal etwa 553,830 ☐ Kl. oder rund 346 Katastral=Joch zu 1600 ☐ Kl.

Absatzorte und Preise. Die Absatzorte für ungarischen Hopfen bilden vorzüglich die Nürnberger und Saazer Hopfenmärkte. Agenten, die das Land bereisen, kaufen auch direkt für Rechnung böhmi= scher und bayerischer Hopfenhändler. Nur ein sehr geringer Teil wird im Lande verbraucht; freilich geschieht es häufig, daß ungarischer Hopfen mit fremder Marke wieder importiert wird. Die Preise für Sieben= bürger Hopfen wechseln, wenn die Ernte in Europa eine mittlere ist, von 1 bis 3 und 4 fl. per Kilogramm; ähnliche Preise erzielen auch die Hopfensorten des Komitates Vas, doch lassen sich begreiflicherweise bei einer Ware, wie der Hopfen, der außerordentlichen Preisschwan= kungen unterliegt, keine unter allen Umständen gültige Zahlen an= geben. Die folgenden, eine 12jährige Periode umfassenden Ausweise der Erzherzoglich Albrecht'schen Hopfenplantagen in Béllye, dürften in dieser Beziehung einen näheren Einblick gewähren, doch muß her= vorgehoben werden, daß viele ungarische Hopfen, wie aus dem oben Erwähnten hervorgeht, weit höhere Preise erzielen, so daß der Durchschnitt weit günstiger ausfällt, als man nach dem Erträgnis der Plantagen in Béllye urteilen kann. Man vergleiche diesbezüglich die weiter unten folgenden Bemerkungen über die Größe der Pro= duktion und über das Erträgnis.

Ausweis über die Hopfenernte und deren Verwertung vom Jahre 1870 bis zum Jahre 1879:

Lauf. Zahl	Jahr	Fächſung pro Joch in Kilogrammen	Verkaufspreis per 56 Kilo fl.	Kr.	Name des Käufers
1	1870	296	50	—	Wechſler, Wien.
2	1871	175	100	—	A. Goldfinger, Wien.
3	1872	91	135	—	Erzh. Domäna in Ung.: Allenburg.
4	1873	176	75	—	Nuß & Co., Prag.
5	1874	217	125	—	Gütermann, Nürnberg.
6	1875	187	65	—	Nuß & Co., Prag.
7	1876	221	200	—	Schwarz E., Fürth, Bayern.
8	1877	259	65	—	Nuß & Co., Prag.
9	1878	237	160	09	Nuß & Co., Prag.
10	1879	315	151	03	Schwarz E., Fürth, Bayern.

Ausweis über das Jahr 1880.

Diſtrikt	Hopfen= plantage Joch	Hopfenfächſung Prima	Se= funba	Im ganzen	Preis pro 25 Kg Prima	Se funba	Ein= nahme	Per Joch Fäch= ſung Kg	Brutto= Ein= nahme
		Kilogramm			fl.	fl. Kr.	fl. Kr.		fl. Kr.
Lat	25·0	7·754	2·875	10·629	65 32	50	11·489 36	425	459 57
Sátoriſtye . .	31·0	6·1325	0·8625	6·995	65 32	50	8·204 68	225	264 66
Braidoföld .	4·5	—	1·0695	1·0695	65 32	50	668 44	237	148 54
Jeſſeföld . .	11·0	4·183	0·342	4·525	65 32	50	5·442 49	411	494 77
Summa . .	71·5	18·0695	5·149	23·2185	—	—	25·804 97	—	—

Durchſchnittliche Fächſung und Brutto=Einnahme per Joch . . | 323 | 359 | 40

Ausweis über das Jahr 1881.

Diſtrikt	Hopfen= plantage Joch	Hopfenfächſung I	II	III	Im ganzen	Preis per Kiló I	II III	Ein= nahme	Per Joch Fäch= ſung Kg.	Brutto= Ein= nahme
		Kilogramm				Kreuzer		fl. Kr.		fl. Kr.
Lat . . .	28	4·9185	3·501	—	8·4195	160 80	40	10·670 40	300·7	381 08
Sátoriſtye	30	4·5935	0·950	489	6·0325	160 80	40	8·305 20	201	276 84
Braidoföld	10	3·5045	1·799	—	5·3035	160 80	40	7·046 40	530·3	704 64
Jeſſeföld .	11	3·085	0·4465	—	3·5315	160 80	40	5·293 20	321	481 20
Summa	79	16·1015	6·6965	489	23·287	—	—	31·315 20	—	—

Durchſchnittliche Fächſung und Brutto=Einnahme per Joch . . | 294·7 | 396 39

Größe der Produktion. Brutto= und Netto=Ein=
kommen des Landes aus der Hopfenproduktion. Die
Größe der Produktion dürfte sich gegenwärtig auf 1000 Meterzentner
belaufen im Minimalwerte von 250,000 fl. Man kann als durch=
schnittliche Ernte 3 Meterzentner per Joch im Werte von 750 (250 fl.
per Zentner) in Jahren mit mittlerer Ernte rechnen. Die Gestehungs=
kosten belaufen sich per Joch:

Gartenarbeiten, Ernte ꝛc. . . . . 200 fl.
5% des etwa 800 fl. betragenden Investitions=Kapitales 40 „
Abnützung . . . . 40 „

                                                  280 fl.

Diese abgezogen von 750 bleibt als Reinerträgnis 470 fl. per
Joch. Das Reinerträgnis der jährlichen Hopfenernte Ungarns dürfte
sich daher auf etwa 160,000 fl. belaufen. Was in obigem über die
Größe der Produktion, sowie über den Geldwert derselben gesagt
wurde, stimmt sehr gut mit dem überein, was die „Allgem. Nürn=
berger Brauer= und Hopfenzeitung" (1883, No. 7, p. 60)
auf Grund ihrer Informationen über die Hopfenproduktion Ungarns
im Jahre 1882 mitteilt. Nach dieser Mitteilung betrug die Pro=
duktion im Jahre 1882 2000 Zentner, im Werte von 442,000 Mark
= 256,360 fl. ÖW.

Hopfenbauvereine. Es bestehen in Ungarn seit kurzem
zwei Hopfenbauvereine und zwar im Komitate Nagy=Küküllö mit dem
Sitze in Segesvár und im Udvarhelyer Komitat mit dem Sitz in
Sz. Keresztur. Über die Thätigkeit derselben ist jedoch bisher kein
offizieller Bericht erstattet worden.

Reisbau.

Über diese Kultur erhalten wir von sachkundiger Seite folgenden
Bericht:

Die ersten Versuche des Reisbaues wurden in Südungarn nach
der endlichen Vertreibung der Türken durch Herzog Eugen, daher
nach dem Friedensschluß in Passarovicz ungefähr um das Jahr 1718
gemacht.

Aus den geschichtlichen Quellen zeigt es sich, daß der Reisbau
in der Gegend von Temesvár und Omor durch die vom Grafen
Mercy, kaiserlichem Statthalter, kolonisierten italienischen Familien

zum erstenmale in Ungarn versucht wurde. Mit welchem Erfolge, darüber existieren keine Angaben, daß aber damals und in späteren Zeiten der Reisbau in Blüte stand, läßt sich daraus schließen, daß der Temesvárer Statthalter Perlas den kategorischen Befehl erließ, den Reisbau in Südungarn unter dem Vorwande sanitärer Gründe zu verbieten.

Josef II., den durch Perlas begangenen Fehler einsehend, ergriff neuerdings die Idee des Reisbaues in Südungarn und betraute das k. Ärar mit der Ausführung des Planes.

Wahrscheinlich erhielten in dieser Zeit viele Feld und Erlaubnis zum Reisbau in den Komitaten Temes und Torontal, doch aus den geschichtlichen Quellen und den späteren vernichteten Verordnungen Josef II. sehen wir nur von drei italienischen und einer ungarischen Familie sprechen. Nach den kaiserlichen Verfügungen wurden der Familie Keresztury in Uj-Pécs, den Familien Arizi in Gatta, Baldi in Denta und Simoni in Omor aus den kamaralischen Allodien zum Reisbau verwendbare Felder ausgeschieden und geschenkt und da die Kultur dieser Felder bei der schwachen Bevölkerung mit großen Schwierig= keiten verbunden war, verfügte die Wiener Schatzkammer, daß die Herrschaftsbeamten die Weisung erhielten, die nicht verwendeten und überflüssigen Arbeitskräfte den Reisbauern zur Verfügung zu stellen.

Dies war scheinbar das Zeitalter der Blüte des ungarischen Reisbaues, aber kurze Zeit, denn nach dem Tode Josef II. wurde die kaiserliche Schenkung wie die sonstigen kaiserlichen Verfügungen durch Leopold II. als ungültig erklärt und zu nichte gemacht. Die erwähnten Familien bekamen erst 1820 als Ersatz für die in den Reisfeldern investierten Kapitalien etwelche Entschädigungen. Dies war die Geschichte der ersten vier Reisbauversuche im Temeser Komitate.

Im Jahre 1801 und 1802 scheinen mehrere neu geadelte ungarische Familien die Erlaubnis des Reisbaues erhalten zu haben, doch ist von deren Wirken und Fortschritten nichts bekannt geworden. Bloß Paul Arizi ist aufgezeichnet, der den großen Nutzen des Reis= baues erkannt, für sich und seine Familie im Jahre 1801 von der Ofener Schatzkammer den bei Denta liegenden Besitz Topolya acquirierte, woselbst er mit wechselndem Glück, aber auch immer gutem Erfolg den Reisbau betrieb. 1815 vernichteten Überschwem=

mungen den Reisanbau und so ging nicht nur die Ernte, sondern der Anbausamen verloren.

Von dieser Zeit an bis 1829 ruhte die Reisproduktion in Topolya, bis der alte Arizi neuen Samen aus Italien bringen ließ, dessen Kosten übertrieben auf 20,000 Gulden angegeben wurden. Von 1830 an kultivierte die Familie Timáry als Erben Arizis fortwährend den Reisbau in Topolya, bald auf größerem, bald kleinerem Terrain bis zum Jahre 1848, als wilde walachische und raizische Insurgenten alles sengend Topolya verwüsteten und es nur dem Zufall zu verdanken war, daß der teuere und durch anderen nicht zu ersetzende, bereits ganz acclimatisierte ungarische Reissamen nicht verloren ging.

Nach 1849 war das Reisanbauterrain teils durch Gewaltschritte der österreichischen Staatsbahn, teils durch die Art des summarischen Verfahrens der ungarischen Staatsbeamten, aber hauptsächlich die Streitfragen betreff des durch die Bervaza gespeisten Bewässerungs= kanals verkürzt und fing an, die Kultur vernachlässigt zu werden, sich auf immer kleinere Teile zu beschränken. Hinzu kamen noch Familien=Teilungsschwierigkeiten, da Topolya dann in den Besitz von vier Geschwistern überging, die Wasserkraft jedoch nicht gevierteilt werden konnte.

An dieser Stelle müssen wir der Besitzung Sárvár im Komitate Vas des Herzogs von Modena Erwähnung thun, woselbst in den fünfziger Jahren gleichfalls Versuche mit dem Reisbau gemacht wurden und wo unter fünf Jahren in dreien das Produkt genügend gut gewonnen wurde, obwohl dort später Ostiglan oder so= genannter N o s t r a n o = Reissamen als Anbausamen benutzt wurde, dabei die Wasser der Raba (Raab) in der Gegend von Sárvár sehr kalt sind, um dasselbe zur Begießung des Reises ohne jede Vor= bereitung verwendet werden könnten.

Bevor wir der Thätigkeit der ungarischen Regierung seit 1866 zur Entwicklung der Reisproduktion gedenken, halten wir es für notwendig, in Kürze hinzuweisen auf die Haupthindernisse, welche der Ausbreitung des Reisbaues in größerem Maße in Südungarn ent= gegentraten, abgesehen von den bereits vorgebrachten äußeren Gründen, welche trotz anderthalbhundertjährigem Bestande nicht gestatteten, daß dort wo Boden, Klima und hauptsächlich das Berieselungswasser zum

Reisbau geeignet, dieser ausgezeichnete Zweig der Feldwirtschaft das gebührende Terrain erringen konnte.

Diese Gründe sind erstens in den ungemein ausgedehnten Privat= und ärarischen Latifundien und in der gleichzeitig schwachen Bevölkerung; zweitens in der gewohnten Lebensweise der niederen und mittleren Volks= klasse und drittens in den mangelhaften Kenntnissen der hydrographischen Verhältnisse, deren fehlerhafter Anwendung und schließlich in der zu fiskalischen Natur der ärarischen Beamten zu suchen.

Daß Südungarns üppiger Boden, in welchem jede Brodfrucht wächst, reichlich die geringe Thätigkeit des ungarischen Landwirtes belohnt, daß noch niemand gezwungen ward, zu der intensiven Wirtschaft zu greifen, wobei größerer Fleiß und Ausdauer nötig, wird jeder einsehen, der die dortigen örtlichen Verhältnisse kennt.

Der adelige Grundherr aus alten Zeiten kümmerte sich wenig um die Vervielfältigung seiner Wirtschaft, wenn solche auch nur durch größeren Fleiß und verständigeres Vorgehen und durch größere Kapitalinvestition erreichbar war. Und wozu auch? Es wuchs ihm so viel Weizen, daß er kaum in der Lage war, diesen einzuheimsen, noch weniger zu verwerten.

Zwischen Ungarns ausgedehnten Grundflächen und der vor= handenen Arbeitskraft fehlte bis in neueren Zeiten das richtige Gleich= gewicht.

Dieses konnte nur in der Feldwirtschaft durch die Einführung landwirtschaftlicher Maschinen und Gerätschaften und deren massen= haften Anwendung erreicht werden.

Die Verwertung der Produkte konnte nur durch Anwendung der Dampfkraft möglich gemacht werden. Warum sollte man Reis an= bauen, wenn ein Kübel (2 Metzen) Weizen nur 3 Gulden (2 M.) an den Märkten des Landes bedingte?

Die Lebensweise des ungarischen Volkes aber legte nur auf die Fleisch= und Mehlspeisegattungen besonderen Wert, weil nur zu diesen am besten der starke, alkoholhaltige ungarische Wein und der Fruchtbranntwein mundete.

Weiter erfordert der Reisbau nicht nur größere Sorgfalt und Tätigkeit, auch größere Kapitalanwendung in den ersten Jahren als jedwelche andere Fruchtgattungen; außerdem bedingt ein ganz be= sonderes (systematisches) Kanalsystem, eine Regelung der Wasserkraft, welche nur durch alle gleichverpflichtende und jedermann gleich schützende Wasserrechtsgesetze ins Leben gerufen werden können, zur Unterstützung der Bodenkultur und Industrie. Doch war dies bei dem ehemaligen Leibeigensystem und der Robottarbeit nicht denkbar.

Das Ärar selbst suchte nicht die Vervielfaltung und Änderung in der Produktion und blieb lieber bei dem alten Schlendrian.

Aber was vielleicht am meisten die Entfaltung des Reisbaues verhinderte auch dort, wo örtliche Verhältnisse und die Grundbedingungen vorhanden waren, war der Mangel an den, das rohe Produkt zur Marktfähigkeit ausarbeitenden Maschinen und Mittel (Schälmaschinen) und deren Anwendungskenntnisse, und die braunere, rötere Farbe des ungarischen Reises, welche einen größeren Verkehr unmöglich machten und die Konkurrenz des ausländischen und zwar indischen, amerikanischen und weniger wertvollen ostasiatischen Reisgattungen, nicht besiegen ließen, welche seit Eröffnung des Suez-Kanals selbst den viel feineren und qualitätvollen italienischen Reis von mehreren Märkten Europas verdrängten.

Wenn jedoch bisher die Grundbedingungen für einen mächtigeren Reisbau in Ungarn zum Teil fehlten, so kann jetzt, wo die ungarische Regierung auf dem Gebiete einer rationellen Wirtschaft mit gutem Beispiel vorangeht, Kommunikationswege baut, Kanäle eröffnet, die Bewässerung und den Schiffsverkehr nach allen Richtungen hin fördert, auf die Produzierung und Vervielfältigung auf industrielle Aufarbeitung hinzielender Unternehmungen ihr Augenmerk richtet, nicht nur ein hydrografisches Landesamt aufstellt, einen Wasserrechts-Kodex entwirft zur Regelung der Wasser zur Benutzung für Landwirtschaft und Industrie, und so zu sagen mit rühriger Sorgfalt jede Phase, jede Bewegung des landwirtschaftlichen Lebens verfolgt, durch landwirtschaftliche Vereine und durch landwirtschaftliche Vorlesungen (Vorträge) unterstützt, jedes Pulsieren des nationalen Lebens überwacht; jetzt, sage ich, kann nicht gezweifelt werden, daß der Reisbau nebst den mit demselben gehenden Irrigationen in den Rahmen der Wechselwirtschaft einbezogen werden wird, wo ihm der erste Platz gebührt.

Zur Erreichung dieses Zieles sind die ersten und notwendigsten Schritte gemacht worden.

Noch im Jahre 1872—73 wurde unter der unmittelbaren Aufsicht der ungarischen Regierung der 74 Kilometer lange Kis Sztapár-Ujvidék (Kleinsztapár-Neusatzer) Bewässerungskanal und der mit vielen technischen Schwierigkeiten verbunden Baja-Bezdan Speisekanal, welche

mit dem als europäische Besonderheit geltenden Franzenskanal ver=
bunden sind, errichtet.

An den Angrenzungen des Kis Sztapár=Ujvidéker Bewässerungs=
kanals wurde die unter der unmittelbaren Leitung des ungarischen
königlichen Ackerbau=Ministeriums stehende Pétláer — Reis und Bewäs=
serungsstation errichtet, wo über 100 Kataſtraljoch Gebiet für Reis=
bau beſtimmt wurden, und woselbſt nicht nur der ungariſche Mellone,
ſondern der edlere italieniſche Pugliese, Novarese und der ſchönſte
amerikaniſche, ſowie der teuerſte Carolina Reis ſchönſtens prangt.

Der Ackerbau=Miniſter, B. Gábr. Kemeny, gab dem Topolyane,
einer nahe an ein Jahrhundert beſtehenden aber mehr vegetierenden
Reiskultur dadurch neuen Impuls, daß er im Jahre 1880 eine modern
konſtruierte Reisſchälmaſchine einführte, mit deren Hilfe die bisher
65 % betragenden Abfälle auf 7 % herabgebracht wurden. Das
bisher für den Markt nicht geeignete Produkt beſteht jetzt vorzüglich
die Konkurrenz mit dem meiſten ausländiſchen Reis, indem es am
Budapeſter=Platz mit fl. 18—20 pr. Meter=Zentner Verwertung findet.

Dieſer ſachverſtändigen Thätigkeit des Ackerbauminiſteriums iſt
auch zu verdanken, daß in Fiume eine großartige Reisſchäl= und
Stärkefabrik errichtet wurde, welche eine der gelungenſten Unterneh=
mungen des Landes bildet, und welcher im Intereſſe der ungariſchen
Reiskultur gegenwärtig Zoll= und Frachtbegünſtigungen gewährt werden.

Dieſe heilbringende Initiative der ungariſchen Regierung be=
wirkte, daß die Reiskultur größeren Impuls gewann, und das
Intereſſe hierfür im ganzen Lande erweckt wurde.

Nicht nur Private, wie z. B. Graf Chotek in Intak und Graf
Ferdin. Zichy in Örzse, ſondern auch Geſellſchaften wie die Franzens=
Kanal-Geſellſchaft in Uj=Verbász begannen den Verſuchsanbau des
Reiſes auf größeren Territorien. Selbſt der landwirtſchaftliche Verein
hat den Reisbau zu ſeiner Angelegenheit gemacht, und eben jetzt eine
Kommiſſion aus ſeiner Mitte entſendet mit der Aufgabe ein Pro=
gramm für eine Reisbauvereinigung auszuarbeiten.

Der auf ungariſchem Boden produzierte Reis verdient dieſes In=
tereſſe ſowohl in Hinſicht des Ertrags als der Qualität; dem ange=
nehmen Geſchmack nach füllt er den Platz aus, welchen der Banater
Weizen auf dem Weltmarkte einnimmt.

Viele zweifeln, daß der Reis, welcher gewöhnlich bei 3000 ° ge=
ſamter Wärme in Italien reift, unter dem kälteren ungariſchen Klima

seinen Vegetationsprozeß beendigen kann, diese ziehen die Thatsache nicht in Betracht, daß der üppige ungarische Boden viel wärmer, als der italienische, kieselige, kalkige Obergrund ist, und daß die Wasser der Donau oder der Theiß unten im Alföld weicher und geeigneter zur Bewässerung sind als die der kurzen nicht lange fließenden, Ticino, Abda, Clona, Es und anderer Alpenflüsse. Dies der Grund, warum der Reis in Topolya und Pétlá selbst bei 2000° (Grad) Gesamtluft- wärme auch reift, weil der fehlende Teil durch die Wärme und Güte des Bodens und das Wasser ersetzt wird. Es erübrigt noch die Vorfüh- rung einiger statistischer Belege. Der Reisertrag in Ungarn ändert sich wie überall nach den Gattungen. Vom Novaro-Reis wachsen auf einem Joch 50—55 Hektoliter, der Pugliese und Karolina bringt 55—60 Hektoliter, etwas weniger der ungarische Mellone, aber markt- fähig zweimal ausgerentert und ausgelüftet ist der Ertrag $23-24$ Meter-Zentner zu schätzen. Der merkantil Pétláer Reis, dessen gegen- wärtiger Preis fl. 9. 50 beträgt, ist daher nicht teurer, als der italienische. In Bologna pflegt der rohe Reis pr Meter-Zentner mit 22 Lire oder beiläufig fl. 10. 70 gehandelt zu werden. Ein Meter-Zentner Pétláer Produkt ergab nach den Versuchen der Deltaer und Budapester Reisschälemühlen:

I. Qualität Reisschrot 52 kg, dessen Budapester
   Platzpreis fl. 23. 50 pr. 100 kg ergiebt 0·52
   $+ 23·50 =$ . . . . fl. 12. 22

II. Qualität 5 kg Budapester Platzpreis fl. 18. pr.
   100 kg, daher . . . . „ — 90

III. Qualität gestoßenen (risino) 2 kg à fl. 11
   100 kg, daher . . . . „ — 22
   für weiße Mehlkleie 18 kg à 7 kr. das k = „ 1. 20

und endlich

   15 kg Reißschale, welche die Italiener mit 2—
   3 Cent. zu verkaufen pflegen, daher $15 + — 00·1$ „ — 15

Der Meter-Zentner ungeschälter Reis (italienischer risone) aus- gearbeitet, ergiebt fl. 14. 75 oder auch 25 kr. mehr als ein Meter- Zentner ungarischer Weizen zu Mehl gemahlen. Daraus die Schluß- folgerung, daß der rohe ungeschälte Reis höheren Preis haben muß als der Weizen, aber die Sache ist umgekehrt. Die Fiumaner Reis- schälefabrik zahlt, einschließlich des Transports, den Pétláer Reis mit

fl. 10 pr. Meter-Zentner, gewinnt wenigſtens fl. 4 oder 40 %
von welchen die Hälfte für Inveſtierungs- und Kapitalverzinſungs-
Auslagen abgerechnet werden. Es verbleiben alſo 20 % Reingewinn. Das wäre auch in Budapeſt ein ſchon rentirendes Unternehmen. Aber bisher produzieren wir bloß auf 200—300 Jochen
Reis, daher der Bau koſtſpieliger weiterer Reisſchälemühlen vorzeitig
wäre.

Noch iſt zu bemerken, daß die Reisproduktion Ungarns beiläufig
22 % Speſenkoſten des Bruttoertrags bedingt, und daher vom
rohen Reis nach jedem Joch wenigſtens fl. 120 reiner Nutzen zu erwarten iſt.

Und ſo zahlt ſich der Reis nicht nur als Rohprodukt, ſondern
auch als ein merkantiler-induſtrieller Artikel reichlich aus.

Auf den letzten Ausſtellungen reihte ſich der ungariſche Reis
unmittelbar nach dem italieniſchen und vor dem indiſchen und chine-
ſiſchen in der Qualität ein.

Die Arbeitslöhne.

Mit Feldbau beſchäftigen ſich in Ungarn 4,520,671 Individuen, d. i. von der Geſamtbevölkerung 28·90%. Dieſe Ziffer erhöht
ſich noch anſehnlich, wenn wir in Betracht ziehen, daß bei der letzten
Volkszählung ein bedeutender Teil der Taglöhner in anderen Gruppen
ausgewieſen wurden, deren ein Teil ſich gleichfalls mit der Bodenkultur befaßt. Ferner nimmt auch ein großer Teil der in den Haushaltungen beſchäftigten weiblichen Dienſtleute Teil an den Feld-
arbeiten: und wurden aber bei der obigen Ziffer nicht in Betracht
gezogen. Die mit der Bodenwirtſchaft ſich beſchäftigende Bevölkerung
teilt ſich folgendermaßen:

Beſitzer	.	1,451,707	Perſonen,
Pächter	.	23,393	„
Beamte . .	.	11,925	„
Jahresdiener	.	554,458	„
Arbeiter .	. .	771,846	„
Winzer . . .	.	35,449	„
Familien-Aushilfe .	. .	698,428	„

Bei dem agrikolen Charakter des Landes haben die bei der
Feldwirtſchaft bezahlten Arbeitslöhne eine beſondere Wichtigkeit. Der

Taglohn übersteigt, wie überall während der Arbeitszeit, den Durch=
schnitt je nach der Dringlichkeit der Arbeiten mehr oder weniger,
während er außer der Arbeitszeit sehr niedrig ist, eine Erscheinung,
welche die unter Extremen sich bewegende Landwirtschaft manifestiert.
Den hohen, während der Ernte zu bezahlenden Taglöhnen stehen wie
überall die in den Wintermonaten minimalen Löhne gegenüber.
Der Arbeitslohn bewegt sich zwischen zwei Extremen: der Maximal=
lohn im Juli, die Minimallöhne im Januar, vom Juli bis Januar
in absteigender, vom Januar bis Juli in aufsteigender Richtung sich
bewegend. Wir werden daher die in den zwei Monaten bezahlten
Arbeitslöhne der männlichen Arbeiten ohne Naturalversorgung auf=
zeichnen. Diese waren im Jahre 1881:

Komitat:	Januar:		Juli:	
	Höchster	Niedrigster	Höchster	Niedrigster
	in Kreuzern:		in Kreuzern:	
Abauj	100	25	150	50
Aljósehér	60	10	90	30
Arad	70	20	200	40
Arva	80	20	100	36
Bács Bobrog .	140	30	250	60
Baranya	100	25	150	30
Bars	80	20	200	30
Békés	100	30	250	60
Bereg	50	20	80	26
Beštercze Nászod . .	100	20	120	40
Bihar	60	50	120	60
Brassó	100	35	125	60
Borsod . .	100	20	120	40
Csanád . .	70	25	240	50
Csik . .	100	16	120	40
Csongrád .	140	40	250	100
Esztergom .	60	20	110	50
Tehér .	100	20	150	60
Fogaras	80	30	120	40
Gömör und Kis=Hont . .	70	20	110	45
Győr	60	20	150	35
Hajdu	100	30	150	75
Haromszét . . .	80	24	120	30
Heves	100	20	250	50
Hont	80	18	100	40
Hunyad	70	16	110	30
Jász=Nagy=Kun=Szolnot .	80	30	150	40
Kis=Küküllö	70	20	80	40

Komitat:	Januar:		Juli:	
	Höchster	Niedrigster	Höchster	Niedrigster
	in Kreuzern:		in Kreuzern:	
Kolos .	60	20	120	30
Komárom . .	60	20	200	50
Krassó-Szöreny	90	20	180	40
Liptó . . .	70	20	100	25
Máramaros .	70	20	100	30
Maros-Torda	70	20	100	31
Mojon . . .	110	35	200	55
Nagy-Küküllö	75	10	160	30
Nógrád . .	80	20	130	45
Nyitra	70	20	120	40
Pest-Pilis-Solt-Kis-Kún .	90	30	200	60
Pozsony . . .	80	20	200	30
Sáros . . .	70	18	100	30
Somogy	80	25	150	50
Sopron . .	110	15	140	50
Szabolcs .	80	30	120	40
Szatmár .	60	10	120	30
Szeben . .	100	10	150	40
Szepes . .	100	25	120	32
Szilágy . .	50	12	100	30
Szolnok-Doboka .	65	15	80	25
Temes .	80	15	200	40
Tolna	80	25	150	40
Torda-Aranyos . .	60	15	100	30
Torna . . .	60	24	70	30
Torontál .	100	30	250	50
Trencsén	100	16	120	30
Túrócz . . .	60	40	80	60
Udvarhely . .	80	15	120	30
Ugocsa . .	60	16	130	32
Ung . . .	60	18	100	25
Vas	80	20	150	50
Veszprém . .	80	20	140	50
Zala . . .	70	20	120	40
Zemplén . .	70	20	120	40
Zólyom . . .	90	30	110	50

Diese Zusammenstellung nach den Maximal- und Minimallöhnen giebt indessen kein wahres Bild der gang- und gäben Verhältnisse und hat daher keinen praktischen Wert. Denn die Extreme kommen nur in außerordentlichen Fällen vor. In der Praxis kommen meist mittlere Löhne, welche sich dem Durchschnitt nähern. Im Weinbau treibenden Gegenden, wo das Institut der Bergrichter besteht und die Löhne eines ganzen Bezirks je nach der Jahreszeit von diesen festgesetzt werden, kommen ohnehin weniger extreme Schwankungen vor. Wir sehen uns daher genötigt, diese wirklichen Löhne für den praktischen Gebrauch, wie sie 1882 in 43 ungarischen Hauptmarkt= orten je in den einzelnen Monaten für Männer, Frauen und Kinder bestanden, in den nachfolgenden Tabellen des ungarischen statistischen Bureaus vorzuführen, wobei wir bemerken, daß wir die Richtigkeit wenigstens für einige Orte aus persönlicher Erfahrung bestätigen können.

Die Taglöhne werden regelmäßig auf amtlichem Wege erhoben und es liegen uns darüber die Aufstellungen des statistischen Bureaus sowohl nach den einzelnen Komitaten und Monaten, sowie nach den Märkten vor. Wir wählen als Quelle der nachfolgenden Angaben die letzteren, weil dieselben maßgebend auch für das flache Land sind. An den meisten Hauptplätzen der Komitate bestehen eigentliche Arbeits= märkte, zu welchen die ländlichen Arbeiter — in der Regel kleine Bauern, die ihr eigenes Anwesen haben und nach Bestellung ihrer eigenen Felder in Taglohn gehen — scharenweise am Sonntag oder Montag sich einstellen. Nach meinen eigenen Erfahrungen können die auf nachfolgenden Tabellen verzeichneten Ziffern eher für zu hoch als zu niedrig angesehen werden. Die Zahlen bedeuten Gulden und Kreuzer Ö. W.

Die an den Hauptmärkten 1882

Lau= fende Zahl	Name des Marktes	Einheit	Januar					
			Männer		Frauen		Kinder	
			mit Koſt	ohne Koſt	mit Koſt	ohne Koſt	mit Koſt	ohne Koſt
1	Arad	per Tag	0·80	1·10	0·60	0·80	0·20	0·40
2	Baja	„	—	0·70	—	0·60	—	0·50
3	Budapeſt . .	„	—	1·30	—	0·80	—	0·60
4	Braſſó . . .	„	—	0·70	—	0·45	—	0·35
5	Czegléd . . .	„	0·30	0·60	0·25	0·40	0·15	0·30
6	Debreczen . .	„	0·43	0·72	0·19	0·33	0·17	0·27
7	Eger	„	—	0·50	—	0·40	—	—
8	Eperjes . . .	„	—	0·70	—	0·40	—	0·30
9	Érſekujvár . .	„	0·60	0·80	0·40	0·60	0·30	0·50
10	Esztergom . .	„	0·50	0·70	0·40	0·60	0·30	0·50
11	Györ	„	1·10	1·50	0·75	1·20	0·40	0·50
12	Hódmezőváſárhely	„	—	—	—	—	—	—
13	Kaposvár . . .	„	—	0·60	—	0·50	—	0·40
14	Kaſſa	„	0·40	0·60	0·30	0·45	0·10	0·25
15	Kecskemét . .	„	0·30	0·55	0·25	0·45	0·20	0·40
16	Kolozſvár . .	„	0·60	0·90	0·40	0·70	0·25	0·50
17	Loſoncz . . .	„	0·60	0·80	0·50	0·70	0·30	0·40
18	Maroſváſárhely	„	0·30	0·40	0·20	0·30	—	—
19	Máramaros=Sziget	„	—	0·50	—	0·40	—	0·30
20	Miskolcz . . .	„	0·50	0·60	0·40	0·50	0·20	0·30
21	Mohács . . .	„	0·80	1·00	0·40	0·60	0·20	0·30
22	Nagy=Becskerek	„	0·60	1·00	0·40	0·70	0·20	0·40
23	Nagy=Kanizſa .	„	0·60	1·00	0·50	0·80	0·30	0·60
24	Nagy=Kikinda .	„	0·60	1·00	0·40	0·60	0·30	0·40
25	Nagy=Körös . .	„	0·40	0·60	0·28	0·40	0·20	0·30
26	Nagy Szeben .	„	0·35	0·65	0·30	0·55	0·25	0·40
27	Nagy=Várad . .	„	0·80	1·00	0·50	0·70	0·15	0·30
28	Nyiregyháza . .	„	0·40	0·60	0·30	0·50	—	—
29	Nyitra	„	0·40	0·55	0·24	0·32	0·20	0·30
30	Pécs	„	0·50	0·90	0·80	1·30	—	0·40
31	Pozſony . . .	„	0·90	0·20	0·40	0·80	—	—
32	Sátoralja=Ujhely	„	0·35	0·45	0·25	0·30	0·15	0·20
33	Sopron . . .	„	1·00	1·30	0·70	1·00	—	—
34	Szabadka . . .	„	0·80	1·20	0·60	0·80	0·40	0·60
35	Szatmárnémeti .	„	0·25	0·40	0·20	0·30	0·15	0·25
36	Szeged . . .	„	1·00	1·30	0·70	1·00	0·50	0·75
37	Székes=Fejérvár	„	0·60	0·80	0·40	0·60	0·20	0·30
38	Szolnok . . .	„	0·40	0·50	0·25	0·35	0·25	0·30
39	Temesvár . . .	„	0·80	1·20	0·60	1·00	0·30	0·60
40	Tokaj	„	—	0·45	—	0·30	—	0·20
41	Ungvár . . .	„	0·30	0·50	0·16	0·30	0·10	0·20
42	Veszprém . . .	„	0·50	0·60	0·30	0·40	0·20	0·30
43	Zombor . . .	„	0·60	0·80	0·40	0·60	—	—

bezahlten Taglöhne.

Februar						März					
Männer		Frauen		Kinder		Männer		Frauen		Kinder	
mit Kost	ohne Kost	mit Kost	ohne Kost	mit Kost	ohne Kost	mit Kost	ohne Kost	mit Kost	ohne Kost	mit Kost	ohne Kost
0·80	1·00	0·60	0 80	0·20	0·40	0·80	1·00	0·60	0·80	0·20	0·40
—	0·70	—	0·50	—	0·40	—	0·80	—	0·60	—	0·40
—	1·50	0·70	1·00	0·50	0·70	—	1·35	0·50	0·70	0·40	0·60
—	0·70	—	0·45	—	0·35	—	0·70	—	0·45	—	0·35
0·30	0·60	0·25	0·40	0·15	0·30	0·40	0·70	0·30	0·50	0·20	0·40
0·40	0·66	0 18	0·30	0·16	0·26	0·46	0·85	0·22	0·39	0·17	0·29
—	0 60	—	0·50	—	0·50	—	1·20	—	0·90	—	0·90
—	0·70	—	0·40	—	0·30	—	0·70	—	0·40	—	0·30
0·60	0·80	0·40	0·60	0·30	0·50	0·60	0·80	0·40	0·60	0·30	0·50
0·50	0·70	0·40	0·60	0·30	0·50	0·60	0·80	0 50	0·70	0·40	0·60
1·10	1·50	0·75	1·20	0·40	0·50	1·10	1·50	0·75	1·20	0·40	0·50
0·50	0·80	0·30	0·50	0·15	0.30	0·70	1·00	0·45	0·55	0·20	0·30
—	0·60	—	0·50	—	0·40	—	0·65	—	0·55	—	0·45
0·35	0·45	0·22	0·27	0·13	0·18	0·42	0·65	0·32	0·52	0·12	0·22
0·40	0·70	0·25	0·50	0·20	0·40	0·65	1·00	0·40	0·70	0·35	0·65
0·60	0·90	0·40	0·70	0·25	0·50	0·60	0·90	0·40	0·70	0·25	0·50
0·60	0·80	0·50	0·70	0·30	0·40	0·60	0·80	0·50	0·70	0·30	0·40
0·20	0·40	0·15	0·30	0·10	0·20	0·25	0·45	0·30	0·35	0·15	0·25
—	0·50	—	0·40	—	0·30	—	0·50	—	0·50	—	0·40
0·60	0·80	0·40	0 50	0·25	0·30	0·80	0·90	0·60	0·70	0·40	0·50
0·70	1·00	0·40	0·60	0·40	0·60	0·70	1·00	0·40	0·60	0·40	0·60
0·70	1·00	0·50	0·80	0 20	0·40	0·70	1·00	0·50	0·80	0·20	0·40
0·60	0·80	0·50	0·70	0·20	0·40	0 80	1·00	0·60	0·80	0·30	0·40
0·60	1·00	0·40	0·60	0·30	0·40	0·60	1·00	0·40	0·60	0·30	0·40
0·40	0·60	0·28	0·40	0·20	0·30	0·60	0·80	0·40	0·60	0·30	0·40
0·35	0·65	0·30	0·55	0·25	0·40	0·35	0·65	0·30	0·50	0·20	0·40
0·80	1·00	0·50	0·70	0·15	0·30	0·80	1·00	0 50	0·70	0·20	0·40
0·40	0·60	0·30	0·50	—	—	0·40	0·60	0·30	0·50	—	—
0·40	0·55	0·24	0 32	0·20	0·30	0 40	0·55	0·24	0 32	0·20	0·30
0·70	1·00	0·60	0·80	0·30	0·50	0·70	1·00	0 50	0·80	0·30	0·50
0·90	1·20	0·40	0·80	—	—	0·90	1·20	0·40	0 80	—	—
0·40	0·50	0·25	0·30	0·15	0 20	0·45	0·55	0 30	0·35	0·20	0·25
1·00	1·30	0·70	1·00	—	—	1·00	1·30	0·70	1·00	—	—
0·70	1·20	0·50	0·90	0 30	9·65	0·80	1·30	0·60	1·10	0·50	0·80
0·25	0·40	0·20	0·30	0·15	0·25	0·30	0·50	0·25	0·40	0·15	0·25
1·00	1·40	0·70	1·00	0·45	0·70	1·00	1·40	0·70	1·00	0·45	0·70
0·60	0·80	0·40	0·60	0 20	0·30	0·80	1·20	0·60	0·80	0·25	0·40
0·50	0·70	0·30	0·50	0·20	0·40	0·50	0·70	0·30	0·40	0·20	0·30
0·80	1·20	0·60	1·00	0·30	0·60	0 80	1·20	0·60	1·00	0·30	0·60
—	0·40	—	0·30	—	0·20	—	0·55	—	0·40	—	0·30
0·25	0·40	0 15	0·30	0·10	0·20	0·40	0·60	0·25	0 40	0·10	0·20
0·50	0·60	0·30	0·40	0·20	0·30	0·50	0·60	0·30	0·40	0·20	0·30
0·60	0·80	0·40	0·60	—	—	0·60	0·80	0·40	0·60	—	—

(Fortſetzung.)

Lau-ſende Zahl	Name des Marktes	Einheit	April					
			Männer		Frauen		Kinder	
			mit Koſt	ohne Koſt	mit Koſt	ohne Koſt	mit Koſt	ohne Koſt
1	Arad	per Tag	0·80	1·00	0·60	0·90	0·20	0·40
2	Baja	"	—	0·70	—	0·60	—	0·40
3	Budapeſt	"	—	1·50	0·80	1·10	—	0·70
4	Braſſó	"	—	0·70	—	0·45	—	0·35
5	Czegléd	"	0·60	1·00	0·40	0·70	0·30	0·50
6	Debreczen	"	0·55	1·06	0·30	0·51	0·18	0·31
7	Eger	"	—	0·80	—	0·60	—	0·50
8	Eperjes	"	—	0·70	—	0·40	—	0·30
9	Érſekujvár	"	0·60	0·80	0·40	0·60	0 30	0·50
10	Eſztergom	"	0·70	1·20	0·60	1·00	0·40	0·60
11	Györ	"	1·10	1·50	0.70	1·25	0·40	0·50
12	Hódmezövàſárhely	"	0·80	1·00	0·40	0·55	0·30	0·40
13	Kaposvár	"	—	0·80	—	0·70	—	0·50
14	Kaſſa	"	0·45	0·67	0·32	0·45	0·17	0·32
15	Kecskemét	"	0·70	1·00	0·40	0·70	0·30	0·50
16	Kolozſvár	"	0·60	0·90	0·40	0·70	0·25	0·50
17	Loſoncz	"	0·60	0·80	0·50	0·70	0·30	0·40
18	Marosváſárhely	"	0·25	0·45	0·30	0·35	0·15	0·25
19	Máramaros-Sziget	"	—	0·60	—	0·50	—	0·35
20	Miskolcz	"	0·60	0·80	0·40	0·55	0·20	0·35
21	Mohács	"	0·70	1·00	0·40	0·60	0·40	0·60
22	Nagy-Becskerek	"	0·80	1·20	0·60	0·90	0·20	0·40
23	Nagy-Kanizſa	"	0·60	0·90	0·40	0·70	0·30	0·40
24	Nagy-Kikinda	"	0·50	0·70	0·30	0·50	0·20	0·30
25	Nagy-Körös	"	0·60	0·80	0·40	0·60	0·30	0·40
26	Nagy-Szeben	"	0·35	0·60	0·30	0·50	0·20	0·35
27	Nagy-Várad	"	0·80	1·00	0·50	0·70	0·15	0·30
28	Nyiregyháza	"	0·50	0·80	0·30	0·50	—	—
29	Nyitra	"	0·40	0·55	0·24	0·36	0·20	0·30
30	Pécs	"	0·70	1·00	0·50	0·80	0·30	0·50
31	Pozſony	"	0·90	1·20	0·40	0·80	—	—
32	Sátoralja-Ujhely	"	0·55	0·65	0 30	0·40	0·20	0·30
33	Sopron	"	1·00	1·30	0·70	1·00	—	—
34	Szabadka	"	0·80	1·40	0·60	1·00	0·50	0·90
35	Szatmárnémeti	"	0·40	0·60	0·40	0·50	0·20	0·30
36	Szeged	"	1·10	1·45	0·70	1·00	0·50	0·75
37	Székes-Fejérvár	"	0·80	1·20	0·60	0·80	0·25	0·40
38	Szolnok	"	0·50	0·70	0·30	0·45	0·20	0·35
39	Temesvár	"	0·80	1·20	0·60	1·00	0·30	0·60
40	Tokaj	"	—	0·60	—	0·50	—	0·40
41	Ungvár	"	0 30	0·50	0·20	0·35	0·10	0·20
42	Veszprém	"	0·70	0 80	0·60	0·70	0·30	0·40
43	Zombor	"	0·80	1 00	0·70	0·80	—	—

(Fortsetzung.)

Mai						Juni					
Männer		Frauen		Kinder		Männer		Frauen		Kinder	
mit Kost	ohne Kost	mit Kost	ohne Kost	mit Kost	ohne Kost	mit Kost	ohne Kost	mit Kost	ohne Kost	mit Kost	ohne Kost
0·80	1·10	0·60	0·90	0 20	0·40	0 80	1·20	0·70	1·00	0·20	0·40
—	0·70	—	0 50	—	0·40	—	0·70	—	0·60	—	0·40
—	1·55	0·80	1·00	0·50	0·70	—	1·50	—	0·95	—	0·60
—	0·70	—	0·45	—	0·35	—	0·70	—	0·45	—	0·35
0·60	1·00	0·40	0·70	0·30	0 50	0 70	1·20	0·50	0·80	0·30	0·50
0 52	0·99	0 28	0·50	0·17	0·32	0·60	1·07	0·35	0·55	0·18	0·36
—	1·00	—	0·80	—	0·50	—	1·20	—	0·80	—	0·80
—	0·70	—	0·40	—	0·30	—	0·80	—	0·50	—	0·35
0·60	0·80	0·40	0·60	0.30	0·50	0·60	0·80	0·40	0·60	0·30	0·50
0·70	1·20	0·50	0·90	0·40	0·60	0·70	1·20	0·50	0 90	0 40	0·60
1·10	1·50	0 75	1·25	0·40	0·50	1·10	1·50	0·75	1·25	0 40	0·50
0·80	1·20	0·60	0·80	0·30	0 40	1·00	1·40	0·60	0·80	0 35	0.50
—	0·80	—	0·70	—	0·50	—	1·20	—	0·80	—	0·60
0·42	0·65	0·32	0·47	0·12	0 22	0·45	0·65	0·32	0·42	0·14	0·25
0·65	1·00	0·50	0·80	0·30	0·55	0·75	1·10	0·45	0·70	0·30	0·50
0·60	0·90	0·40	0·70	0·25	0·50	0·70	1·00	0·40	0·70	0·25	0·50
0·60	0·80	0·50	0·70	0·30	0·40	0 60	0·80	0 50	0·70	0·30	0·40
0·30	0·55	0·25	0·45	0·20	0·30	0·30	0·50	0·25	0·45	0·20	0·40
—	0·60	—	0·50	—	0·35	—	0·50	—	0·50	—	0·30
0·70	0·80	0·40	0·50	0·25	0·30	0·70	0·80	0·40	0·50	0·30	0·40
1·00	1·40	0·40	0·60	0·40	0·60	1·00	1·40	0·50	0·80	0·50	0·80
0·80	1·20	0·60	0·90	0·20	0·40	1·00	1·40	0·70	1·00	0·20	0·40
0·60	0·80	0·50	0·70	0·30	0·50	0·80	1·00	0·60	0·80	0·40	0·60
0·50	0·70	0·30	0·50	0·20	0·30	0·50	0 70	0·40	0·60	0·25	0·35
0 60	0·80	0·40	0·60	0 30	0·40	0·70	1·00	0·50	0·80	0·40	0·60
0·40	0·70	0·35	0·60	0·25	0·40	0·45	0·80	0·35	0·70	0·30	0·50
0·80	1·00	0·50	0·70	0·15	0·30	0·80	1·00	0·50	0·70	0·15	0·30
0·50	0·70	0·30	0·50	—	—	0·60	0·80	0·40	0·60	—	—
0·44	0·55	0·24	0·36	0·20	0·32	0·40	0·65	0·24	0·40	0·20	0·36
0·70	1·00	0·50	0·80	0·30	0·50	0·70	1·00	0·60	0·80	0·30	0·50
0·90	1·20	0·40	0·80	—	—	0·90	1·20	0·40	0·80	—	—
0·55	0·65	0·30	0·40	0·20	0·30	0·50	0·60	0·30	0·40	0·20	0·30
1·00	1·30	0·70	1·00	—	—	1·00	1·30	0·70	1·00	—	—
0·80	1·40	0·60	1·00	0·40	0·75	1·80	2·40	1·00	1·60	0·80	1·20
0·45	0·65	0·40	0·55	0·25	0·35	0·60	0·90	0·46	0·65	0·25	0·40
1·20	1·60	0·80	1 20	0·50	0·80	2·00	2·50	1·20	1·60	1·00	1·35
0·90	1·30	0·60	0·80	0·30	0·45	1·00	1·50	0·60	0·80	0·30	0·50
0 40	0·70	0·35	0·40	0·25	0·35	0·40	0 70	0·35	0 40	0·30	0·40
0·80	1·20	0·60	1·00	0·30	0·60	0 80	1·20	0·60	1·00	0·50	0·70
—	0·60	—	0·50	—	0·30	—	0·70	—	0·50	—	0 30
0·35	0·50	0·25	0·40	0·10	0·25	0·40	0·60	0·25	0·35	0·15	0·25
0·70	0·80	0·60	0·70	0·30	0·40	0·80	0·90	0·60	0·70	0·40	0·50
0·80	1·00	0·60	0·80	—	—	0·80	1·00	0·60	0·80	0·40	0·60

(Fortſeßung.)

Lau= fende Zahl	Name des Marktes	Einheit	Juli Männer mit Koſt	ohne Koſt	Frauen mit Koſt	ohne Koſt	Kinder mit Koſt	ohne Koſt
1	Arad	per Tag	1·00	1·30	0·80	1·10	0·20	0·40
2	Baja	„	—	0 70	—	0·50	—	0·40
3	Budapeſt. . . .	„	—	1·20	0·80	1·00	—	0·65
4	Braſſó	„	—	0·70	—	0·45	—	0·35
5	Czegléd	„	0·80	1·30	0·60	0·90	0 40	0·60
6	Debreczen . .	„	0·94	1·36	0·51	0·75	0·25	0·46
7	Eger	„	—	1·00	—	0·60	—	—
8	Eperjes . . .	„	—	0·90	—	0·50	—	0·40
9	Érſekujvár . .	„	0·70	0·90	0·40	0·60	0·30	0·50
10	Esztergom . . .	„	0·70	1·20	0·50	0·90	0·40	0·60
11	Györ	„	1·10	1·60	0·80	1·30	0·40	0·50
12	Hódmezövájárhely	„	1·50	2·00	0·70	1·00	0·30	0·45
13	Kaposvár . . .	„	—	1·50	—	1·00	—	0·80
14	Kaſſa	„	0·57	1·10	0·37	0·62	0·22	0·35
15	Kecskemét . . .	„	1·10	1·50	0·60	0·90	0·40	0·65
16	Kolozſvár . . .	„	0·75	1·10	0·55	0·80	0·30	0·60
17	Loſoncz	„	0·80	1·00	0·70	0·90	0·40	0·50
18	Marosváſárhely .	„	0·25	0·45	0·20	0·40	0·15	0·35
19	Máramaros=Sziget .	„	—	0·80	—	0·40	—	0·30
20	Miskolcz . . .	„	0·60	0·80	0·50	0·60	0·30	0·40
21	Mohács	„	1·20	1·60	0·60	0 80	0·60	0·80
22	Nagy = Becskerek .	„	1·50	2·00	1·00	1·40	0·25	0·50
23	Nagy=Kanizſa . .	„	0·50	0·60	0·40	0·50	0 30	0·40
24	Nagy=Kikinda . .	„	0·50	0·70	0 40	0·60	0·30	0·40
25	Nagy-Körös . . .	„	0·70	1·00	0·50	0·80	0·40	0·60
26	Nagy=Szeben . .	„	0·45	0 80	0·35	0·70	0·30	0·50
27	Nagy=Várad . . .	„	0·80	1·00	0·50	0·70	0·20	0·40
28	Nyiregyháza . .	„	1·00	1·20	0·60	0·80	—	—
29	Nyitra	„	0·50	0·65	0·30	0·40	0·20	0·36
30	Pécs	„	0·70	1·00	0·60	0·80	0·30	0·50
31	Pozſony	„	0·90	1·20	0·40	0·80	—	—
32	Sátoralja=Ujhely . .	„	0·55	0·65	0·30	0·40	0·20	0·30
33	Sopron	„	1 00	1·40	0·70	1·00	—	—
34	Szabadka	„	1·40	2·00	0·80	1·20	0·60	0·90
35	Szatmárnémeti . .	„	0·60	0·90	0·40	0·60	0·25	0·45
36	Szegeb	„	2·00	2·50	1·20	1·60	1·00	1·35
37	Székes=Fejérvár . .	„	1·10	1·60	0·60	0·80	0·30	0·50
38	Szolnok	„	1·00	1·50	0·80	1·30	0·40	0·70
39	Temesvár . . .	„	0·80	1·20	0·70	1·00	0·50	0·75
40	Tokaj	„	—	0·90	—	0·60	—	0·40
41	Ungvár	„	0·40	0·60	0·30	0·45	0·15	0·25
42	Veszprém . . .	„	0·80	0·90	0·60	0·70	0·40	0·50
43	Zombor . . .	„	1·40	1·80	0 80	1·00	—	—

(Fortsetzung.)

August						September.					
Männer		Frauen		Kinder		Männer		Frauen		Kinder	
mit Kost	ohne Kost	mit Kost	ohne Kost	mit Kost	ohne Kost	mit Kost	ohne Kost	mit Kost	ohne Kost	mit Kost	ohne Kost
1 00	1·30	0·80	1·10	0·20	0·40	0·60	0 90	0·40	0·60	0·20	0·40
—	0·70	—	0·50	—	0·40	—	0·70	—	0·40	—	0·30
—	1·20	0·50	0·70	—	0·50	—	1·20	0·50	0·70	—	0·50
—	0·70	—	0·45	—	0·35	—	0·70	—	0·45	—	0·35
0·80	1·20	0·50	0·70	0·35	0·50	0·60	1·00	0·40	0·60	0·30	0·40
0·70	1·06	0·36	0·57	0·21	0·36	0·56	0·91	0·28	0·48	0·18	0·26
—	1 00	—	0·50	—	0·50	—	1·00	—	0·60	—	0·50
—	1·00	—	0·50	—	0·30	—	0·80	—	0·50	—	0·40
0·70	0·90	0 40	0·60	0·30	0·50	0·70	0·90	0·40	0·60	0·30	0·50
0·70	1·20	0·50	0·90	0·40	0·60	0·60	0·80	0·50	0·70	0·30	0·50
1·10	1·60	0·80	1·30	0·40	0·50	1·10	1·60	0·80	1 30	0·40	0·50
0·80	1·20	0·40	0·60	0·30	0·40	1·20	1·50	0·70	0·85	0·45	0·50
—	1·00	—	0·70	—	0·50	—	0·80	—	0·70	—	0·50
0·65	0·95	0·40	0·55	0·27	0·42	0·65	0·95	0·40	0·55	0·27	0·42
0·85	1·20	0·40	0·75	0·35	0·60	0·60	1·00	0·40	0·70	0·30	0·55
0·50	0·80	0·40	0·60	0·30	0·50	0·50	0·80	0·40	0·60	0·25	0·50
0·80	1·00	0·70	0·80	0·40	0·50	0·80	1·00	0·70	0·80	0·40	0·50
0·30	0·55	0·20	0·40	0·15	0·30	0·30	0·45	0·25	0·40	0·20	0·35
—	0·80	—	0·50	—	0·40	—	0·70	—	0·50	—	0·30
0·80	1·00	1·60	0·75	0·40	0·50	0·80	1·00	0·50	0·70	0·30	0·40
1·20	1·60	0·60	0·80	0·60	0·80	1·10	1·40	0·60	0·80	0·60	0·80
1·40	1·80	0·80	1·10	0·20	0·40	1·10	1·50	0·70	1·00	0·20	0·40
0·80	1·00	0·60	0·80	0·30	0·50	0·60	0·80	0·50	0·70	0·30	0·40
0·70	1·00	0·50	0·80	0·30	0·40	0·70	1·00	0·60	0·80	0·40	0·50
0·70	1·00	0·50	0·80	0·40	0·60	0·50	0·80	0·30	0·60	0·20	0·50
0·45	0·75	0·35	0·65	0·30	0·45	0·50	0·80	0·40	0·70	0·35	0 50
0·80	1·00	0·50	0·70	0·15	0·30	0·80	1·00	0·50	0·70	0·15	0·30
0 80	1·20	0·40	0.60	—	—	0·80	1·20	0·40	0·60	—	—
0·60	0·80	0·40	0·50	0·30	0·50	0·60	0·90	0·36	0·42	0·20	0·36
0·70	1·00	0·60	0·80	0·30	0·50	1·00	1·20	0·80	1·00	0·30	0·50
0·90	1·20	0·40	0·80	—	—	0·90	1·20	0·40	0·80	—	—
0·55	0·65	0·30	0·40	0·20	0·30	0·45	0·55	0·25	0·35	0·20	0·25
1·00	1·30	0·70	1·00	—	—	1·00	1·40	0·70	1·00	—	—
0·80	1·50	0·60	1·00	0·40	0·80	1·20	1·60	0·50	0·80	0·40	0·60
0 60	0·80	0·40	0·60	0·20	0·40	0·40	0·60	0·30	0·40	0·20	0·30
1·35	1·65	0·85	1·15	0·70	0·95	1·20	1·40	0·65	1·00	0·55	0·85
1·20	1·60	0·60	0·80	0·30	0·50	1·00	1·30	0·50	0·75	0·25	0·45
0·50	0·70	0·40	0·50	0·30	0·50	1·00	1·20	0·50	0·70	0·40	0·50
1·00	1·50	0·70	1·10	0·50	0·75	0·80	1·20	0·70	1·00	0·50	0·80
—	0·80	—	0·40	—	0·30	—	0·70	—	0·40	—	0·30
0·30	0·60	0·25	0·40	0·10	0·25	0·40	0·60	0·25	0·40	0·15	0·25
0·90	1·00	0·70	0·80	0·50	0·60	0·80	1·00	0·60	0·70	0·40	0·55
0·80	1·00	0·60	0·80	—	—	0·80	1·00	0·60	0·80	—	—

146 Landwirtſchaft.

(Fortſetzung.)

Lau- fende Zahl	Name des Marktes	Einheit	Oktober Männer mit Koſt	ohne Koſt	Frauen mit Koſt	ohne Koſt	Kinder mit Koſt	ohne Koſt
1	Arad	per Tag	0·60	0·90	0·60	0·80	0·30	0·50
2	Baja	„	--	0.70	—	0·50	—	0·40
3	Budapeſt	„	—	1·20	0·60	0·80	0·50	0·60
4	Braſſó	„	—	0·70	—	0·45	—	0·35
5	Czegléd	„	0·50	0·80	0·40	0·60	0·20	0·35
6	Debreczen	„	0·69	1·18	0·26	0·62	0·17	0·26
7	Eger	„	—	0·80	—	0·60	—	0·50
8	Eperjes	„	—	0·70	—	0·40	—	0·30
9	Erſekujvár	„	0·60	0·80	0 40	0 60	0·30	0·50
10	Eſztergom	„	0·60	0·80	0·50	0·70	0·30	0·50
11	Györ	„	1·20	1·70	0·84	1·35	0·40	0·50
12	Hódmezővásárhely	„	0·50	0·80	0·40	0·60	0·30	0·40
13	Kaposvár	„	—	0·70	—	0·60	—	0·50
14	Kaſſa	„	0·45	0·65	0·22	0·32	0·17	0·27
15	Kecskemét	„	0·65	1·00	0·45	0·80	0·30	0·50
16	Kolozsvár	„	0·60	0·90	0·50	0·70	0·30	0·60
17	Loſoncz	„	0·80	1 00	0·70	0·80	0·40	0·50
18	Marosvásárhely	„	0·35	0·50	0·30	0·45	0·20	0·30
19	Máramaros-Sziget	„	--	0·60	—	0·50	—	0·30
20	Miskolcz	„	0·60	0·80	0·40	0·50	0·30	0·36
21	Mohács	„	1·00	1·20	0·50	0·70	0·50	0·70
22	NagyBecskerek	„	0·90	1·30	0·60	0·90	0·20	0·40
23	Nagy-Kanizſa	„	0·60	0·80	0·50	0 60	0·25	0·35
24	Nagy-Kikinda	„	0·70	1·00	0·60	0·80	0·40	0·50
25	Nagy-Körös	„	0·50	0·80	0 30	0·60	0·20	0·50
26	Nagy-Szeben	„	0·50	0·80	0·40	0·70	0·35	0·50
27	Nagy-Várad	„	0·80	1·00	0·50	0·70	0·15	0·30
28	Nyiregyháza	„	0·50	0·80	0·30	0·50	—	—
29	Nyitra	„	0·40	0·55	0·24	0·34	0·20	0·30
30	Pécs	„	1·00	1·20	0·80	1·00	0·30	0·50
31	Pozſony	„	0·90	1·20	0·40	0·80	—	—
32	Sátoralja-Ujhely	„	0·45	0·55	0·30	0·40	0·20	0·25
33	Sopron	„	1·00	1·30	0·70	1·00	—	—
34	Szabadka	„	0·80	1·30	0·60	1·00	0·40	0·70
35	Szatmárnémeti	„	0·40	0·60	0·30	0·40	0·20	0·30
36	Szeged	„	1·00	1·30	0·55	0·85	0·45	0·70
37	Székes-Fejérvár	„	0·90	1·20	0·50	0·75	0·25	0·40
38	Szolnok	„	0·60	0·80	0·40	0·55	0·20	0·35
39	Temesvár	„	0·60	1·50	0·80	1·20	0·50	0·75
40	Tokaj	„	—	0·60	—	0·40	—	0·30
41	Ungvár	„	0·40	0·56	0·25	0·35	0·10	0·20
42	Veszprém	„	0·60	0·80	0·50	0·70	0·30	0·40
43	Zombor	„	0·60	0·80	0·40	0·60	—	—

(Fortsetzung.)

November						Dezember					
Männer		Frauen		Kinder		Männer		Frauen		Kinder	
mit Kost	ohne Kost	mit Kost	ohne Kost	mit Kost	ohne Kost	mit Kost	ohne Kost	mit Kost	ohne Kost	mit Kost	ohne Kost
0·60	0·90	0·40	0.60	0·20	0·40	0·60	0·90	0·40	0·60	0·20	0·40
—	0·60	—	0·50	—	0·40	0·60	0·80	0·40	0·60	0·25	0·40
—	1·20	0·50	0·80	0·40	0·60	—	1·00	—	0·70	—	0·50
—	0·70	—	0·45	—	0·35	—	0·70	—	0·45	—	0·35
0·30	0·50	0·20	0·40	0·10	0·15	0·30	0·50	0.20	0·40	0·10	0·25
0·42	0·85	0·22	0·35	0·16	0·23	0·34	0·69	0·23	0·37	0·16	0.27
—	0·80	—	0·40	—	0·30	—	0·50	—	—	—	—
—	0·70	—	0·40	—	0·30	—	0·70	—	0·40	—	0·30
0·60	0·80	0·40	0·60	0·30	0·50	0 50	0·70	0·30	0·40	0·20	0·30
0·50	0·70	0·40	0·60	0·25	0·40	0·50	0·70	0·40	0·60	0·25	0·40
1·20	1·70	0·80	1·30	0·40	0·50	1·20	1·70	0·80	1·30	0·40	0·50
0·40	0·60	0·25	0·30	0·20	0·25	0·40	0·60	0.25	0·30	0·15	0·20
—	0·60	—	0 50	—	0·40	—	0·80	—	0·60	—	0·40
0·45	0·65	0·22	0·32	0 14	0·22	0·40	0·55	0·19	0·27	0·12	0·19
0·45	0·80	0·30	0·60	0 20	0·40	0·30	0·60	0·20	0·40	0·20	0·40
0·40	0·65	0·35	0·50	0·25	0·40	0·40	0·65	0·35	0·50	0·25	0·40
0·60	0·80	0·50	0 70	0·30	0·40	0·60	0·80	0·50	0·70	0·30	0·40
0·30	0·45	0·25	0·40	0·20	0·30	0·35	0·50	0·30	0·45	0·20	0·30
—	0 60	—	0·50	—	0·30	—	0·60	—	0·50	—	0·30
0·40	0·60	0·30	0·50	0·20	0·35	0·40	0·60	0·32	0·50	0·25	0·40
0·80	1·00	0·40	0·60	0·20	0·30	0·80	1·00	0·50	0·60	0·20	0·30
0·60	1·00	0·40	0·70	0·20	0·40	0·60	1·00	0·40	0·70	0·20	0·40
0·60	0·80	0·40	0·60	0·20	0.30	0·60	0·80	0·40	0·60	0·30	0·40
0·70	1·00	0·60	0·80	0·40	0·50	0·70	1·00	0·50	0·70	0·20	0·40
0·50	0·80	0·30	0·60	0·20	0·50	0·50	0·80	0·30	0·60	0·20	0·50
0·45	0·75	0·35	0·65	0·30	0·40	0·40	0·70	0·30	0·60	0·25	0·35
0·80	1·00	0·50	0·70	0·15	0·30	0·60	0·80	0·50	0·70	0·15	0·30
0·50	0·80	0·30	0·50	—	—	0·40	0·60	0·30	0·50	—	—
0·40	0·55	0·24	0·34	0·20	0·30	0·35	0·45	0·24	0·34	0·20	0.30
1·00	1·20	0·80	1·00	0·30	0·50	0·70	1·20	0·60	0·90	0·30	0·50
0·90	1·20	0·40	0·80	—	—	0 90	1·20	0·40	0·80	—	—
0·40	0·50	0·25	0·35	0·20	0·25	0·40	0·50	0·25	0·35	0·15	0·20
1·00	1·30	0·70	1·00	—	—	1·00	1·30	0·70	1·00	—	—
0·60	1·20	0·50	0·80	0·40	0·70	0·60	0·90	0·50	0·70	0·30	0·50
0·40	0·60	0·30	0·40	0·20	0·30	0·30	0·50	0·25	0·30	0·15	0·20
0·90	1·25	0·50	0·75	0·40	0·65	0·80	1·15	0·50	0·75	0·40	0·65
0·80	1·00	0·50	0·70	0·20	0·30	0·80	1·00	0·50	0·70	0·20	0·30
0·50	0·70	0·40	0·60	0·30	0·45	—	—	—	—	—	—
0·80	1·20	0·70	1·00	0·50	0·80	0·80	1·30	0·70	1·10	0·50	0·70
—	—	—	—	—	—	—	0·40	—	0·30	—	0·25
0·40	0·60	0·25	0·40	0·10	0·25	0·30	0·45	0·25	0·35	0·10	0·20
0·60	0·80	0·50	0·70	0·30	0·40	0·50	0·70	0·40	0·60	0·25	0·30
0·60	0·80	0·40	0·60	—	—	0·60	0·80	0·40	0·60	—	—

(Fortſetzung.)

Lau= fende Zahl	Name des Marktes	Einheit	Jahres=Mittel=Preis					
			Männer		Frauen		Kinder	
			mit Koſt	ohne Koſt	mit Koſt	ohne Koſt	mit Koſt	ohne Koſt
1	Arab	per Tag	0·77	1·05	0·59	0·83	0·21	0·41
2	Baja	„	0·60	0·71	0·40	0·53	0·25	0·40
3	Budapeſt	„	—	1·31	0·63	0·85	0·46	0·60
4	Braſſó	„	—	0·70	—	0·45	—	0·35
5	Czegléd	„	0·52	0·87	0·37	0·59	0·24	0·40
6	Debreczen	„	0·55	0·95	0·28	0·48	0·18	0·30
7	Eger	„	—	0·87	—	0·61	—	0·56
8	Eperjes	„	—	0·76	—	0·43	—	0·32
9	Érſekujvár	„	0·62	0·81	0·39	0·58	0·29	0·48
10	Esztergom	„	0·61	0·93	0·47	0·76	0·34	0·53
11	Györ	„	1·12	1·57	0·77	1·27	0·40	0·50
12	Hódmezöváſárhely .	„	0·78	1·10	0·46	0·62	0·27	0·37
13	Kaposvár	„	—	0·84	—	0·65	—	0·50
14	Kaſſa	„	0·40	0·61	0·27	0·38	0·14	0·24
15	Kecskemét	„	0·62	0·95	0·38	0·67	0·28	0·51
16	Kolozsvár	„	0·57	0.87	0·41	0·66	0·26	0·50
17	Loſoncz	„	0·67	9·87	0·57	0·74	0·33	0·43
18	Marosváſárhely . .	„	0·29	0·47	0·25	0.39	0·17	0·30
19	Máramaros=Sziget .	„	—	0·61	—	0·47	—	0·32
20	Miskolcz	„	0 62	0·79	0·43	0·57	0·28	0·38
21	Mohács	„	0.92	1·22	0·47	0 67	0·42	0·60
22	Nagy=Becskerek . .	„	0·89	1·28	0·60	0·91	0 20	0·41
23	Nagy=Kanizſa . . .	„	0·64	0·86	0·49	0 67	0·29	0·44
24	Nagy-Kikinda . . .	„	0·61	0·90	0·45	0.66	0·80	0 40
25	Nagy=Körös . . .	„	0·56	0 82	0·36	0·62	0·27	0·47
26	Nagy=Szeben . . .	„	0·42	0·72	0·34	0·62	0 27	0·43
27	Nagy=Várad . . .	„	0·78	0·98	0 50	0 70	0·16	0·32
28	Nyiregyháza . . .	„	0·64	0·91	0·37	0·60	—	—
29	Nyitra	„	0·44	0·61	0·27	0·37	0·21	0·33
30	Pécs	„	0·76	1 06	0 64	0·90	0·30	0·49
31	Pozſony	„	0·90	1·20	0·40	0·80	—	—
32	Sátoralja=Ujhely . .	„	0·47	0·57	0·28	0·37	0·19	0·26
33	Sopron	„	1·00	1·32	0·70	1·00	—	—
34	Szabadka	„	0·93	1·45	0·62	0·99	0·45	0·76
35	Szatmárnémeti . .	„	0·41	0·62	0·32	0·45	0·20	0·32
36	Szeged	„	1·21	1·57	0·75	1·07	0·57	0 85
37	Széfes=Fejérvár . .	„	0·87	1·21	0·53	0·74	0·25	0·40
38	Szolnok	„	0·57	0·81	0·40	0·56	0·27	0·42
39	Temesvár	„	0·80	1·26	0·66	1·03	0·42	0·69
40	Tokaj	„	—	0·61	—	0·42	—	0·30
41	Ungvár	„	0·35	0·54	0 23	0·37	0·11	0 22
42	Veszprém	„	0·66	0·79	0·50	0 62	0·31	0·41
43	Zombor	„	0·75	0·97	0·52	0·72	0·40	0·60

Wir lassen zur Vervollständigung dieser, nach unserer Erfahrung eher zu hoch gegriffenen Ziffern noch einige Angaben aus einigen großen Herrschaften, Bajna = Bia des Grafen Mor. Sándor im Graner und Komorner Komitat, Kis=Jenö des Erzherzog Josef im Araber Komitat und Magocs in den Komitaten Szolnok und Csongrad folgen:

In der ersteren sind bei der Feldwirtschaft im engeren Sinne zusammen genommen 388 Dienstleute angestellt, bei der Schafzucht 71 und bei dem Weingartenbau 3 ständige Winzer. Die Bezahlung der Dienstleute in bar und Naturalien, die letzteren zum 10jährigen Kaufpreisdurchschnitt angenommen, ist folgende:

2 Ökonomen I. Klasse (gazda) in den verschiedenen Höfen als Leiter verwendet, jeder	fl.	520. —
2 Ökonomen II. Klasse je . . .	„	445. —
6 Speicher=Meister (pajtamester) je	„	225. —
19 Feldhüter (csösz) je	„	214. —
2 Graben= und Setzlinghüter je .	„	214. —
4 Baumsetzling=Pfleger je . .	„	214. —
13 Ackerknecht=Aufseher je . . .	„	214. —
166 Kutscher und Wagenknechte je .	„	200. —
119 Sonstige Ackerknechte je . .	„	152. —
4 Pußten=Nachtwächter .	„	200. —

Die in den sieben Wirtschaftskreisen bei der Schäferei angestellten Dienstleute beziehen dagegen:

7 Verrechnungsschäfer je	fl.	425. —
3 Schäfer I. Klasse „	„	213. —
16 „ II. „ „	„	200. —
11 „ III. „ „ .	„	178. —
34 „ IV. „ „ .	„	169. —

Die Verrechnungsschäfer sind außer der obigen Jahresbezahlung, nach der Vermehrung der Schafe — eingerechnet der im Verlaufe des Jahres verkauften gesunden Ware, doch die ausgemusterten Lämmer abgerechnet — mit der Bonifikation pr. 6 Kreuzer pr. Stück beteiligt.

Die Bezahlung der bei den Weingarten=Arbeiten ſtändig verwen=
deten Winzer beläuft ſich in bar:

1 Winzer (Schüler der Ofener Winzerſchule) fl. 350. —
2 „ gewöhnliche je . . . . . . „ 240. —

Der Fleiß und die Thätigkeit der Dienſtleute nach den Aus=
ſagen der Ökonomen ſind zufriedenſtellend zu nennen. Wir müſſen
die Wirtſchaft betreffend als ſehr vorteilhaft erwähnen, daß der größere
Teil der Dienſtleute ſtändig und deren Verweilen bei der Herrſchaft
auf Generationen zurückzuführen iſt.

Daß die alten und arbeitsunfähigen Dienſtleute und deren Witwen
nach der in der Herrſchaft beſtehenden Ordnung mit Penſionen be=
dacht werden, müſſen wir mit Anerkennung erwähnen.

Das Schneiden und Einbringen der Halm= und Ölgewächſe iſt
wie im größten Teil des Landes, auch in der Herrſchaft an kontrakt=
lich aufgenommene Schnitter vergeben, welche verpflichtet ſind, welch
immer Namen habende Halm= und Ölgewächſe zu ſchneiden, in Gar=
ben zu binden, aufzurichten, beim Einbringen aufladen zu helfen und
auf den Trittplätzen in Feimen zu legen und zwar für den zehnten
Anteil.

Der Ernteanteil wird teils im Stroh, teils nach dem Dreſchen,
mit Rücklaſſung des Strohes ausgefolgt.

Wenn die Getreideſorten mittelſt Mähmaſchinen geſchnitten wer=
den, ſo erhalten die Schnitter mit Aufrechtbleiben obenerwähnter Ver=
pflichtungen den fünfzehnten Teil als Anteil.

Dagegen ſind die Schnitter außer den obenerwähnten Verpflich=
tungen, gehalten noch gegen einen gewiſſen pr. Joch zu zahlenden
Lohn, welche immer Namen habende Futtergewächſe abzumähen, ein=
zuſammeln und auf den Abladeplätzen in Schober oder Feimen zu
räumen. Wenn jedoch die beſagten Futterſtoffe mittelſt Mähemaſchinen
geſchnitten werden und mittelſt Sammelmaſchinen geſammelt werden,
dann haben die Schnitter gleichfalls gegen einen pr. Joch beſtimmten
Lohn die Schlichtung und Feimenaufrichtung zu beſorgen.

Die Futterbereitung eigentlich Futtergewächſe=Abmähung, Einſam=
lung und in Feimen=Legung kömmt im Durchſchnitt pr. Joch auf
fl. 2. 50 bis fl. 3. —, und wenn die Einheimſung mittelſt Maſchinen
geſchieht, in dieſem Falle auf fl. 1. — pr. Joch.

Die Herrſchaft hat in neuerer Zeit jährlich größere Mengen von
grünen Mais und Rüben in Gruben geſammelt, und halten wir die

Kosten dieser schätzbaren Futteransammlung an dieser Stelle zu er=
wähnen nicht für überflüssig.

Eingesäuerter grüner Mais:

Drei 10 Klafter lang 5—9 Fuß breit und 5′ tief.
„ 10 „ „ 4—6 „ „ „ 4′ „

Gruben 3114 Meter=Zentner.

Die Ausgrabung der 6 Gruben . . . . fl. 45. —
Das Schneiden des Mais, dessen Aufbindung u. Einordnung „ 102. —
Verwendet 220 Pfund Salz . . . . „ 15. 40

Zusammen . . fl. 162. 40

Fällt auf einen Zentner . . . . fl. 5. 1
Die auf mehrere Jahre zu verwendenden Gruben abgerechnet „ 3. 8

Rüben eingesalzen 500 Zentner in zwei 5 Klafter lang 4—6
Fuß breiten und 5 Fuß tiefen Gruben.

Die Ausgrabung der 2 Gruben . . . . . fl. 5. —
Die Rüben schneiden, eintreten und Einräumen . . . „ 19. 30

daher im Zentner . . fl. 4. 5
ab Gruben . . . . „ 3. 5

Die Getreideernte läßt sich ohne Anwendung der Erntemaschinen
oder bei deren Inanspruchnahme in ihren Kosten folgendermaßen berechnen.

Im ersteren Falle bei zehntem Anteil wie früher erwähnt be=
laufen sich die Kosten pr. Joch . . . . fl. 7. 47
Mit Erntemaschinen mit Anstellung von Taglöhnern . . „ 5. 95
Mit Maschinen geschnitten mit fünfzehntem Anteil . „ 5. 11

Die Anwendung der Schneid= und Mähemaschinen stößt, nach
den bei der Herrschaft gemachten Erfahrungen, bei der arbeitenden
Klasse auf große Antipathie, und wird nur die unausgesetzt fortwäh=
rende Verwendung derselben durch mehrere Jahre einen günstigeren
Kostenkalkul resultieren lassen.

Eben diese Antipathie der Schnitter zwang die Herrschaft, bald
in dem einen, bald im anderen Wirtschaftskreise die Futtermahd
durch oberungarische Arbeiter aus den slovakischen Komitaten bewerk=
stelligen zu lassen; die mit den Maschinen abgemähten Getreidegat=
tungen aber durch in teuerem Taglohn genommene heimische Arbeiter
einzubringen, — wobei die slovakischen Arbeiter, die Verköstigung mit=
einberechnet, pr. Tag und Kopf auf 80 kr. bis fl. 1. 20 kommen, die

heimischen bei der Einbringung der durch Maschinen geschnittenen Ähren verwendeten Taglöhner aber auf fl. 1. 20 bis fl. 1. 60.

Die in der Maschinenwerkstätte, mit welcher eine mit Dampf= kraft getriebene Mühle verbunden ist, beschäftigten Handwerker beziehen an Bargeld und Gebühren:

Der Maschinist . . . . . fl. 696. —
„ Müller . . . . „ 546. —
„ Brunnenmeister . . . „ 546. —
„ Heizer . . . . „ 200. —

Der Taglohn der in der Maschinenstätte je nach Bedarf ver= wendeten Schlosser= und Tischlergehilfen, beläuft sich durchschnittlich auf fl. 1. 20 bis fl. 1. 60.

Die Instandhaltung der Wirtschaftsmaschinen, Arbeitszeuge, Wagen, Pferdegeschirre oder die bei denselben vorkommenden Schmiede=, Wagner=, Drechsler=, Riemenarbeiten dagegen sind kontraktlich aus= gegeben, und zwar zahlt die Herrschaft nach jedem Zweigespann, bei ordnungsmäßiger und guter Standerhaltung der Zeuge, die Schmierung der Achsen einbegriffen, für die Schmiede= und Wagnerarbeit jähr= lich: Für ein Doppel=Pferdegespann bar fl. 21·20, nebst einen Metzen Weizen und einen Metzen Korn; für ein Doppel=Ochsenge= spann bar fl. 20·96, nebst einen Metzen Weizen und einen Metzen Korn; für den Hufbeschlag eines Pferdes jährlich fl. 7·—, außerdem an Felddeputat noch jedem Doppelgespann [52]/1600 Joch Mais und [60]/1600 Joch Kleefeld; für Riemen=Arbeit noch einem Doppel=Ochsen= gespann bar fl. 20·—, Felddeputat [52]/1600 Mais und [6]/1600 Klee.

Zur näheren Erklärung der mit diesen Handwerkern geschlossenen Verträge dient, daß die Betreffenden sich verpflichten, die Werkzeuge und Pferdegeschirre während der Vertragsdauer nicht verderben zu lassen oder daß die betreffenden Handwerker verpflichtet sind, besonders die Wagen und die Pferdegeschirre während der Vertragsjahre zum großen Teile durch neue zu ersetzen oder richtiger auszuwechseln, wobei natürlich das alte Material ins Eigentum der Handwerksleute übergeht.

In der Mühle bedingt der Vertrag mit den Dienstleuten bei selber in erster Linie das Mahlen des Getreides, das Schroten der zu verfütternden Körnergattungen, das Mahlen der Ölkuchen und endlich das Reinigen des Luzerner Kleesamens.

Das Wirtschaftsbeamten-Personale, deren Bezahlung und Percentuale.

Die gesamte intelektuelle Leitung der Herrschaften ist in einer Hand konzentriert. Die Leitung der einzelnen wirtschaftlichen Kreise den Händen von Wirtschaftsbeamten unter dem Titel „Wirtschafts- Leiter" überantwortet.

Die Bezahlung der Centralverwaltung besteht als reguläre Bar- bezüge und den Naturalbezügen zum 10jährigen Durchschnitt, als Wertmesser, in folgendem:

Die Jahresbezahlung . . . . fl. 3500·—,
1% vom Reineinkommen auf Grund-
    lage des 10jährigen Durchschnitts . „ 1024·88,
                       zusammen fl. 4524·88.

Rechnungsführer ohne Percentuale . „ 1500·—,
Archivar . . . . . „ 1400·—,
Rechtsanwalt . . . . . „ 730.—,
Kassier . . . . „ 1300·—,
Hilfbeamter . . . . „ 540·—,
zwei Ärzte . . . . . . je „ 440·—,
ein Tierarzt . . . . . . „ 400·—,
zwei Amtsdiener . . . . je „ 240·—,
zwei Amtskutscher . . . . je „ 240·—.

Wirtschafts-Kreis-Verwaltung.

Sieben Kreis-Leiter je fl. 800·—. Das systemisierte Percen- tuale mit noch 2½% des Reineinkommens nach dem 10jährigen Durchschnitt 5—6%.

Der einjährige Durchschnitt für die Beteiligung der 7 Wirt- schaftskreis-Leiter betrug 2914·28, der unter den sieben Leitungen nach Grad der Erfolge des einzelnen verteilt, aber die wir der Übersicht- lichkeit halber für jeden einzelnen als ein Siebenteil, oder fl. 416·32 annehmen wollen.

Das Jahreseinkommen eines Kreisbeamten beläuft sich daher auf ungefähr fl. 1216·32. In den größeren Kreis-Leitungen sind drei Wirtschaftsgehilfen, gleichsam als Kontrollbeamten angestellt, deren Bezahlung ohne Percentuale je fl. 540 beträgt.

Nachdem Reglement der Herrschaft sind seit Jahren nur in

landwirtschaftlichen Lehranstalten wissenschaftlich gebildete Indivi=
duen angestellt. Die Forsten leitet ein Oberförster mit drei Kreisförstern, einem
Gehilfen, unter deren Befehl zwölf Forstwarte und ein Baum=
anpflanzungs=Gärtner, sowie ein Amtskutscher stehen.

Die Jahresbezahlungen sind:

Der Oberförster Jahresgehalt	fl.	820·—,
Percentuale	„	400·—,
zusammen	„	1220·—,
drei Förster Jahresgehalt . . . je	„	692·—,
Percentuale	„ „	115·—,
ein Forstgehilfe Jahresgehalt .	„	415·—,
Percentuale	„	57.05,
zwölf Forsthüter . . . je	„	205·—,
ein Forstgärtner	„	205·—,
ein Amtskutscher	„	200·—.

Das Forstpersonal besorgt die in der Herrschaft vorkommenden
Vermessungen, Pläneanfertigungen und die für Wasserleitungen nötigen
Vermessungen, bezieht die für invalide Beamte in der Herrschaft ein=
geführte Pension, deren unmündige Kinder erhalten im Falle Er=
ziehungsbeiträge.

Wirtschaftspersonal=Bezahlung auf der Herrschaft
Kis=Jenö.

Beamte:	Bar . . . . fl.	525·—,
In Naturalien: 100 Ztr. Zweifrucht,		
40 Ztr. Mais, 23 Eimer alten Wein,		
12 Eimer Bier, 100 Ztr. Heu,		
80 Ztr. Stroh, 34 Klafter Holz,		
Weide für 6 Kühe, freie Wohnung	„	862·—,
	„	1387·—.

Außerdem ein Reitpferd und einen Vierzug zur Verwendung.

Rechnungsführer:	Bar . . . . fl.	315·—,
	Naturalien . . „	654·20,
	zusammen „	969·20.
Kastner:	Bar . . „	315·—,
	Naturalien . . „	565·20,
	zusammen „	880·20.

Schaffner: Bar . . „ 210·—,
Naturalien . . „ 429·50,
zusammen „ 639·50.
Schreiber: Bar . . . . „ 105·—,
Naturalien . . „ 304·60,
zusammen „ 409·60,

Außer der regelmäßigen Bezahlung bezieht der Beamtenkörper noch Neben-Einkünfte wie folgt:

Nach verkauften Rindern, Schafen und Schweinen von dem Erlös 3¹/₂ %;

nach der verkauften Wolle nach jedem Zentner fl. 1·5;

nach jeden verkauften Metzen Getreide p. Ztr. 3¹/₂ kr., Reps 5¹/₂ kr.;

für nach jeden zur Erzeugung von Branntwein und Bier verwendeten Metzen Frucht 1¹/₂₀ kr.

Dieses Einkommen der Beamten war:

Jahr 1858 fl. 5131·22,
„ 1859 „ 2272·05,
„ 1860 „ 4415·78,
„ 1861 „ 6618·57,

folglich im vierjährigen Durchschnitt „ 4609·40,

weiteres beziehen:

Der herrschaftliche Advokat: Bar . fl. 630.—,
„ „ Arzt: „ . „ 210·—,
Naturalien „ 281·—,
nebst Zweiergespann;

der herrschaftliche Ingenieur: Bar . „ 315·—,
Naturalien „ 560·—,
nebst Zweiergespann.

Dienstleute.

Die in der Herrschaft angestellten Dienstleute bestehen aus: 14 Oberknechte (Céresgazda), 21 Kutscher, 86 Wagenknechte, 76 Knechte, 31 Kleinknechte, 11 Scheuer-Aufseher, 40 Feldwächter (Bereiter), 11 Heu- und Gartenwächter, zusammen 292 Personen.

Die Bezahlungen folgende:

Oberknecht: Bar . . fl. 63.—,
Naturalien . „ 119·40,
zusammen „ 192·40.

die Kutscher und Knechte: Bar u. Naturalien „ 153.—.

Außerdem erhält jeder Kutscher nach am Ende des Jahres im guten Zustand übergebenen Ochsen fl. 1·50, Pferde fl. 1·50.

Diese Entlohnung der Dienstleute betrug:

Jahr 1858	fl.	1317·64,
„ 1859	„	890·—,
„ 1860	„	860·—,
„ 1861	„	1079·87.
Vierjähriger Durchschnitt	„	1036·90.

Weiteres: Bezahlung

des Kleinknecht: Bar und Naturalien . fl. 105·42,

der Scheueraufseher, Feldhüter, Heuwächter:
Bar und Naturalien . . . . . je „ 143·60,

des Gartenaufsehers: Bar und Natural. „ 299·70,

sowie auch 5% vom Ertrag der verkauften Setzlinge, Pflanzen, Obst.

Handwerker-Bezahlung.

Schmied:	Bar und Naturalien	fl.	626·31,
„ =Gehilfe:	„ „ „	„	172·20,
Binder:	„ „ „	„	436·20,
„	„ „ „ „	„	145·44,
Küfer:	„ „ :	„	511·70,
„	„ „ „ „ „	„	172·20,

in den äußeren Wirtschaftskreisen der Schmied „ 317·30
und fl. 40 für Gehilfe.

Schäferei-Personale

Der Ökonom (Verrechnungsschäfer): Bar
und Naturalien . . . . fl. 428·03
und nach jedem gesunden Lamm 3½ kr.

Schäfer: Bar und Naturalien . . . „ 195·15,
nach jedem Lamm 1¾ kr.

Lämmer-Schäfer: Bar und Naturalien . „ 190·40,
nach jedem Lamm 1¾ kr.

Hammel-Schäfer: Bar und „ „ 153·60,

Schäferjunge: „ „ „ . „ 138·30,
nach jedem alten Schaf 7/10 kr., nach einjähr. Schaf 1 1/20 kr.

Schaffner (mindestens ein für Alles): . fl. 92·12.

Das zur Verwaltung der Schafzucht erforderliche Personal besteht:

in   3 Verrechnungsschäfer   6 Personen,
„   5 Schäfer   5   „
„   2 Lamm-Schäfer   2   „
„   1 Hammel-Hirt   1   „
„ 32 Schäferjungen   32   „
„   6 Schaffner (mindestens)   6   „
                zusammen Personen 49   —

Bei der R i n d e r z u c h t besteht das Personal aus 25 Personen, wovon 23 Hirten:

Bezahlung in bar und Naturalien: Verrechnungs-Ökonom fl. 419·70; Oberhirt fl. 178·20; nach jedem ausgewählten Schafe 17½ kr.; Rinderhirte fl. 153·80 und fl. 106·96.

Die Herrschaft beschäftigt außer den 86 Wagenknechten und den ständigen 106 Knechten 60,000 Taglöhner, hält außerdem Monatsknechte, auf welche fl. 3900 bis 4000 ausgegeben werden und zahlt überdies Schichtmähern fl. 7700 bis 7800, den Schnittern fl. 5000 bis 5100.

Der Taglohn mit Kost kam noch 1863 auf 33 kr. im Durchschnitt.

Die Schnitter und Sommermäher kommen größtenteils aus der Belenyeser Gegend im Biharer Komitat, beendigen die ganze Arbeit und zwar das Getreide per Joch fl. 2. 50 und ein Seidel Branntwein, das Heumähen dagegen per Joch à fl. 1. 50 und ein Seidel Branntwein.

Das Terrain, von welchem das für das herrschaftliche Rindvieh benötigte Futter eingeheimst wird, das gesäete dazu verstanden, beträgt jährlich circa 10,000 Joche. Die Einbringung geschieht in Schichten und bezahlt man für ein Joch natürliche Wiese laut Übereinkommen bei mittelmäßigem Gras fl. 1 und ¼ Halbe Branntwein; bei besserem Gras fl. 1. 20; Luzerner ohne Sammlung fl. 1, besserer fl 1. 50; Wicke ohne Sammeln, das Mähen fl. 1. 71. Der größere Teil der Arbeiter kommt aus dem Biharer Komitat und beschäftigt die Herrschaft gewöhnlich 5 bis 600 Personen beim Heueinbringen und der Ernte.

Die Getreide-Ernte geschieht auch in Schichten und bezahlte man für ein 1100 ☐ Joch bei Weizen fl. 2. 50; Hafer, aufgebunden fl. 2; Gerste in Mandel aufgerichtet fl. 1. 25 und 1 Seidel (³/₁₀ Liter) Branntwein. Wenn Regenwetter eintritt und die Schichten= arbeit verzögert, werden Taglöhner, Monatsknechte aufgenommen um das schönere Wetter benützend, die Ernte zu beschleunigen.

Die Arbeitskraft und der Taglohn ohne den Lohn der ständigen Knechte kostet die Herrschaft 60,000 Taglohn à fl. 33 = fl. 19,800

Monatsknechte im Durchschnitt	. . . .	„ 3950
Mähen in Schichten	. . . .	„ 7750
Anteil der Schnitter in Bar	. . . .	„ 5050
	Zusammen . fl.	36,550

Gehalte und Löhne auf der Herrschaft Magocs in den Komitaten Szolnok und Csongrád.

Wirtschaftskreis=Beamte.

3 Kastner   à fl. 1323. 08 = fl. 3970. 54
4 Schaffer   à fl. 1224. 46 = fl. 4899. 05
6 Gehilfen   à fl.   80. — = fl.   480. —

welche frei Quartier haben und von den Kastnern verköstigt werden.

Zusammen . fl. 9349. 58

Stellen wir die beiden Posten zusammen, so findet sich für

Centrale	fl. 8909. 18	
B. Kreise	fl. 9349. 58	fl. 18,259. 16

was bei 21,270 Joch der Herrschaft per Joch 54⁴/₁₀ K.=M.=Kreuzer ergiebt.

Gesamt=Zahlungen und Konventionen.

Dienstleute bei der Zugkraft	. . fl.	58,248. 42
„ „ „ Schäferei	. . „	17,521. 56
„ „ „ Schweinezucht	. „	555. 38
„ „ „ Rinderherde	. „	855. 05
Aufsichtspersonale	. . . . . „	9050. 39
Handwerker	. . . . „	3670. 28
Beamten=Personale	. . . . . „	18,259. 16
Centrale Dienstleute	. . . . „	1575. —
	Zusammen . fl.	109,736. 44

bei 21,270 Joch Territorium per Joch fl. 5. 9⁵/₁₀ kr.

Die Erntekosten

stellen sich sehr hoch.

Ein Joch Herbstweizen	fl.	11.	37
„ „ Doppelfrucht	„	9.	17
„ „ Gerste	„	5.	54
„ „ Hafer	„	7.	41

Ernten und Dreschen inbegriffen.

Aufsichtspersonale.

6 Scheueraufseher,
6 Oberknechte,
15 Vereiter (reitende Wächter),
2 Fuß-Wächter.

Scheueraufseher bei Naturalverpflegung	fl.	262.	50
Oberknechte	„	369.	29
Reitende Wächter	„	202.	59
Fuß-Wächter	„	184.	19

Gesamt-Auslage:

6 Scheueraufseher	„	1577.	12
6 Oberknechte	„	2216.	54
15 reitende Wächter	„	3044.	45
12 Fuß-Wächter	„	2211.	48
Zusammen	fl.	9050.	39

Handwerker und Bezahlung.

Außer den Dienstleuten hat die Herrschaft ihre ständigen Handwerker und zwar:

2 Schmiedemeister mit zusammen 5 Gesellen,
2 Wagner „ „ 3 „

und 3 Müller, deren Bezahlung folgende, in Bar und Naturalien:

2 Schmiedemeister	à fl.	451. 55	fl.	903. 50
5 Schmiedegesellen	„ „	174. 56	„	874. 40
2 Wagnermeister	„ „	333. 35	„	667. 20
3 Wagnergesellen	„ „	174. 56	„	524. 48
3 Müller	„ „	233. 20	„	700. —
		Zusammen	fl.	3670. 28

Central=Leitung.

Dieſelbe beſteht aus folgenden Perſonen nebſt Barzahlung und Naturalgebühren:

Central=Ober=Inſpektor .	.	fl.	1000. —
Central=Rechnungsführer	. .	„	800. —
Herrſchafts = Oberbeamte	. . .	„	1871. 44
„ Advokat (fixum)	. . .	„	100. —
„ Rechnungsbeamter (Reviſor)	.	„	1224. 46
„ Ingenieur	. . . . . .	„	953. 20
„ Rechnungsbeamter (Rentmeiſter)	.	„	1559. 54
„ Arzt . .	.	„	770. 48
„ Vieharzt	. . .	„	189. 16
„ Pfarrer . .	. . .	„	160. —
„ Lehrer	. . .	„	279. 30
	Zuſammen	fl.	8909. 18

Löhne auf Magocs.

Knechte und Kutſcher bei Naturalverpflegung	fl.	219. 46
Sommerknechte	„	130. 32
Winterknechte bei Naturalverpflegung	„	47. 29

Daher die Geſamt=Auslage:

161 ſtändige Knechte à fl. 219. 46	fl.	35,382. 26
22 „ Kutſcher „ „ 219. 46	„	4,834. 52
117 Sommerknechte „ „ 130. 32	„	15,182. 24
60 Winterknechte . „ „ 47. 29	„	2,849. —
Zuſammen .	fl.	58,248. 42

Der wirkliche Reinertrag der Domänen und Forſten, woran die erſteren ſämmtlich verpachtet die letzteren in eigener Regie erwaltet ſind, beträgt im 20jährigen Durchſchnitt: vom Feldgrundbeſitz fl. 145,717 oder fl. 2 pr. Joch oder fl. 3. 46 pr. Hektar, von den Forſten fl. 80,000, ſeit dem Jahre 1875 aber 120,000 bis 140,000 fl. jährlich.

Für Jagdfreunde mögen die Ziffern der von 1857—1876 er- legten Nutz= und Raubwildes von Intereſſe ſein: 332 Stück Schwarz- wild, 715 Rehe, 500 Haſen, 14 Rebhühner, 6 Haſelhühner, —

3 Bären, 609 Wölfe, 3295 Füchse, 285 Wildkatzen, 9 Fischotter, 71 Marder, 93 Iltisse, 525 Adler, 3455 Falken und Sperber.

Grundsteuer.

Die Grundsteuer ist in Ungarn mäßig. Einige Beispiele mögen genügen. Von einem mir bekannten in guter südlicher Lage bei Groß= wardein, 1 Stunde vom Bahnhof entfernt befindlichen Weinberg von 28 K.=Joch, 1200 ☐ Kl. ist das Katastraleinkommen auf fl. 186. 81 und von 2 K.=Joch, 1224 ☐ Kl. Wiesen auf fl. 19. 34 geschätzt. Von diesem Gesamteinkommen von fl. 205. 85 sind ohne Zuschläge fl. 64. 50 an Grundsteuer zu zahlen, oder im Durchschnitt fl. 6½ per K.=Joch.

Von der Herrschaft Kis=Jenö ist per Katastral=Joch durchschnittlich fl. 1. 37³/₁₀ im ganzen an Steuern zu entrichten.

Bei der Herrschaft Magócs kommt an Gesamtsteuern auf das Katastral=Joch durchschnittlich fl. 1. 35.

Von den Herrschaften Bajna=Bia (20,306 K.=Joch, wovon 7103 Wald und 1061 Unland), deren Reineinkommen fl. 69,392. 22 be= trägt, was auf das Joch Ackerland fl. 8 und auf das Joch Wald fl. 1. 98 ausmacht, sind folgende Steuern zu zahlen:

Grundsteuer . . .	fl. 20,729. 12
Gemeinde=Zuschläge . .	„ 2,000.
Personal=Erwerbsteuer . . .	„ 1,482. 3
Haus=Steuer . .	„ 706. 26
Einkommensteuer	„ 915. 25

Als Schlüssel dieser Steuern gilt das geschätzte Katastral=Ein= kommen von fl. 96,367. 34, wovon im Durchschnitt auf ein Joch Ackerfeld fl. 4. 83, auf ein Joch Wiese fl. 5. 96, auf ein Joch Weide fl. 1. 39, auf ein Joch Wald fl. 1. 72, auf ein Joch Wein= garten fl. 20. 48, auf ein Joch Rohrgebüsch fl. 8 entfallen. Von der Grundsteuer ohne Zuschläge entfällt auf ein Joch Ackerfeld fl. 1. 53, Wiese fl. 1. 65, Weide fl. 0. 52, Weingarten fl. 6. 4, Wald fl. 0. 52, Rohrgebüsch fl. 2. 40.

Reinerträge.

Im Allgemeinen nimmt man an, daß in Ungarn mittlerer Grundbesitz bei Selbstbewirtschaftung im Durchschnitt 8% des in= vestierten Kapitals trägt, und bei der Verpachtung 6%. Die Er=

klärung dieses bedeutenden Ertrags im Vergleiche zu den West=
staaten liegt in den niedrigen Bodenpreisen.

Der Großgrundbesitz freilich liefert geringeren Reinertrag, wie
auch in den Weststaaten, wo das Reineinkommen desselben auf 2½
gesunken ist. Einige Beispiele werden genügen. In den Herrschaften
Bajna=Bia repräsentiert der Grund und Boden ein Kapital von
fl. 1,496,500. 61, die Gebäude fl. 324,367. 23. Der innere Be=
stand an Vieh beträgt fl. 91,309. 50 an Schafen, fl. 35,770 an
Zug= und Gestüts=Pferden, fl. 31,500 an Zugochsen, fl. 109,555. 41
an Wirtschaftsmaschinen und Werkzeugen. Das Betriebskapital be=
trägt fl. 197,279. 23, welche sich folgendermaßen verteilen:
1. Baarbezahlung und Naturalgebühren der Beamten und Dienst=
leute fl. 111,784. 33. 2. Löhne für 65,000 Arbeitstage fl. 26,000.
3. Versicherung und Erhaltung der Gebäude nebst 7% des investierten
Kapitals fl. 22,705. 70. 4. Wirtschaftsmaschinen und Werkzeuge=
Abschreibung von 10% des investierten Kapitals von fl. 109,555. 41
mit fl. 10,955. 54. 5. Steuern und Ersatz fl. 25,833. 16. Das
Gesamtkapital beträgt fl. 1,820,867. 74 auf 20,306 K.=Joch Land
nebst den Gebäuden, also per Joch: fl. 89⅔ das Joch Land allein
fl. 73⅔. Der durchschnittliche Reinertrag beträgt fl. 70,000; fast
fl. 3 per K.=Joch oder 3⅓%.

Dabei muß erwähnt werden, daß während der Zeit aus welcher diese
Durchschnittsrente entnommen ist, der über 20 Joch umfassende Wein=
garten aus dem Roheinkommen nach rheinischer Methode 2½ Fuß tief
rigolt und mit Rheinriesling, Traminer und Kadarka neu angelegt
wurde, weshalb das Reineinkommen für den Normalstand sich etwas
höher stellt. Übrigens besitzt die Herrschaft Bajna auch ansehnliche
Braun= und Steinkohlen=Flöze durch deren Aufschließung der Rein=
ertrag vermehrt werden kann.

Die Herrschaft Kis=Jenö, welche 34,322 K.=Joch 1128 ☐ Kl.
umfaßt, hat einen Bodenwert von fl. 1,720,656, die Gebäude reprä=
sentieren fl. 738,850, das stehende Kapital an Maschinen und Werk=
zeugen fl. 64,541, an Vieh fl. 158,055; das Betriebskapital beträgt:
an Gehalten und Löhnen fl. 87,179, an Taglöhnen fl. 36,550, für
Erhaltung der Gebäude einschließlich 3% des investierten Kapitals;
Erhaltung und Erneuerung der Werkzeuge und Maschinen einschließlich
6% des Kapitals fl. 6,472, Steuern fl. 47,112, im ganzen fl. 199,248.
Rechnen wir für Viehversicherung, die wir auch in diesem Abschluß

vermijjen, jl. 9000, jo ergiebt der durchjchnittliche Reinertrag von
jl. 107,541 d. h. jl. 3. 13 kr. per K.=Joch oder 4 %.

Die in den Komitaten Szolnok und Cjongrád liegende Herr=
jchaft Magócs umfaßt 21,270 K.=Joch, von welchen 3423 Joch
verpachtet jind. Der Bodenwert ijt auf jl. 1,855,907. 30, der Wert
der Gebäude auf jl. 339,977. 55 gejchätt. Der Wert des Bodens
ohne Gebäude beträgt daher jl. 87 1/4 per Katajtral=Joch (= 1600 $\square$
Kl. = 0·57 ha.) und jamt Gebäuden jl. 103 1/4. An eijernem
oder jtändigem Kapital jind angelegt: für Majchinen und Werkzeuge
jl. 81,933. 16, für Schafe jl. 129,686, für Rindvieh jl. 27,815,
für Schweine jl. 8,803, für Pferde jl. 10,240. An Betriebsaus=
lagen jind zu bejtreiten für Gehalte, Löhne und Naturalien jl. 109,736. 40,
an Taglöhnen jl. 14,000; Erhaltung der Schnitter in 3 1/2 Wochen
jl. 1746, Erhaltung der Gebäude 3 % jl. 10,199, Erhaltung der
Werkzeuge und Majchinen jl. 5,222. 50; Steuern jl. 33,720. 30.
Der Reinertrag beträgt durchjchnittlich jl. 94,142 oder 4 1/2 %,
jo daß das Reineinkommen per K.=Joch jich auf jl. 4. 25 jtellt.

Die Mehlproduktion.

Auf keinem Gebiete der Produktion hat Ungarn größere Erfolge
aufzuweijen, als in der Erzeugung und Verarbeitung des Weizens.
Da es in diejem Zweige jogar bahnbrechend wirkt, jo glauben wir
unjeren Lejern einen Dienjt zu erweijen, wenn wir die Entwicklung
diejes Erwerbsgebietes und den heutigen Stand der Müllerei in
kurzen Zügen vorführen.*)

Jene Länder, welche w e i ch e n Weizen produzieren, haben im
vorigen Jahrhundert jowie auch im gegenwärtigen bis zu den 30er
und 40er Jahren ein jchöneres und weißeres Mehl erzeugt, als
Ungarn, Südrußland und im allgemeinen jene europäijchen Staaten,
in welchen ein harter „jtahliger" Weizen produziert wird. Das war
auch natürlich, da bei dem damals allgemein herrjchenden Syjteme
des einmaligen Vermahlens neben dem ein weißes Mehl liefernden

---

*) Wir folgen dabei der Darjtellung des ausgezeichneten Werkes: „Weizen
und Mehl unjerer Erde", im Auftrage des ungarijchen Ackerbau=Minijteriums,
verfaßt von Emerich Pekár (Budapejt 1882), welcher einen Teil jeines wert=
vollen Materials auf der Parijer Ausjtellung von 1878 gejammelt hat.

inneren Teil des Sameneiweißes auch ein großer Teil der ſpröden
Kleie mit ins Mehl vermahlen wurde und zwar in ſolcher Feinheit,
daß ſie nicht mehr herausgeſiebt werden konnte. Dadurch wurde das
Mehl dunkler, was der Grund war, daß die franzöſiſchen Müller
die in ihrem Vaterlande erzeugten Weizenſorten teurer bezahlten, als
den faftiſch viel wertvolleren ruſſiſchen Weizen, der eine ſpröde Kleie
giebt und daß die Müller in England bis zu den 50er Jahren den
ſtahligen ruſſiſchen Weizen faſt gar nicht kaufen wollten, bis ein
Müller in Durham heimlich die ſorgfältige Reinigung des harten
dunklen Weizens und die ſtarke Netzung des ſtahligen Weizens zu
dem Zwecke in Angriff nahm, um deſſen epidermiſchen Teil dem
engliſchen ähnlich zu machen und den Weizen bei einmaligem Auf=
ſchütten ohne vollſtändige Zerreibung der Kleie vermahlen zu können.
Dieſes Aushilfsverfahren genügte aber in Ungarn nicht und ſo
wurden dort andere Wege geſucht, um den Weizen von ſeiner Hülle
bezw. der Kleie zu befreien, woraus der zu großer Bedeutung
gelangte Vorgang der mehrmaligen Vermahlung des Weizens ent=
ſtand. Bei der Gries= oder richtiger geſagt der eigentlichen unga=
riſchen Müllerei werden nämlich die ſorgfältig gereinigten aber ganzen
Weizenkörner beim erſten Aufſchütten gleichſam nur in zwei Teile
gebrochen und aus dem ſo gewonnenen Produkte das Mehl, der
Gries und das Objekt der zweiten Brechung voneinander geſondert.
Dann werden die nach ihrer Größe und unter Anwendung des
Windes auch nach ihrem ſpezifiſchen Gewichte von einander geſchie=
denen Teile von der ſchon beim erſten Brechen abgeſprungenen leich=
teren Kleie befreit. Dieſer Vorgang wird fünf bis ſechsmal wieder=
holt, ſo lange als das Produkt nicht auf reinen Gries reduziert iſt.
Dieſer Gries wird dann demſelben Vorgang mehrere Male unter=
worfen, ſo daß die Kleie von den inneren Teilen des Weizens ſehr
langſam, zwar zuletzt aber doch möglichſt vollſtändig ausgeſchloſſen
wird. Die Franzoſen nennen dieſes Verfahren, das äußerſt große
Sorgfalt und Geduld erfordert, »monture en infini« ; doch iſt das=
ſelbe in ſeinem Reſultate ſo vorzüglich, daß die alte Mahlmethode abſolut
unfähig iſt, ein nur annähernd ſo ausgezeichnetes Mehl zu liefern,
wie es bei Anwendung der Griesmahlerei gewonnen werden kann.

　　Die erſte Idee zu dieſer wichtigen Reform der Müllerei, in
welcher Ungarn heute für alle Länder der Erde, ſowohl hinſichtlich
der Fabrikation als der Herſtellung der erforderlichen Maſchinerie,

tonangebend geworden ist, stammt aus der Schweiz. In Rorschach wurde nämlich im Jahre 1821 von Helfenberg der Versuch gemacht, die schneidende und reibende Einwirkung der Steine durch den Druck eiserner Gußwalzen zu ersetzen. Diese Idee gelangte aber erst im Jahre 1834 durch Anwendung der vom Ingenieur Sulz= berger in Zürich konstruierten Walzenstühle zur praktischen Gel= tung und schon 1839 führte der um Ungarn so hochverdiente Graf Stefan Széchenyi diese Sulzberger'schen Walzen bei den Mühlen der von ihm gegründeten „Pester Josef = Walzmühl = Aktien = Gesellschaft" mit großem Erfolge ein. In der älteren Mühle des auch jetzt noch bestehenden Unternehmens stehen Walzen dieses Systems in Ver= wendung. Bald nach Gründung der Pester Walzmühle und zwar im Jahre 1842 erfolgte die Gründung der „Stefan=Walzenmühle" in Debreczin, welche trotz mannigfacher Schwierigkeiten, die sie anfangs zu bekämpfen hatte, zu einer bedeutenden Blüte gelangt ist. So war also der Weg gezeigt, wie der stahlige Weizen durch Anwendung der Walzen von der Kleie möglichst ganz befreit werden kann und bald erfolgte in dieser Richtung ein weiterer Schritt, indem in Ungarn das auf Anwendung der Walzen beruhende Mahlverfahren auch bei Anwendung von Mühlsteingängen nachgeahmt wurde. Dieses neue Vorgehen wurde im Laufe der 60er Jahre in zahlreichen großen Budapester und auch in Provinzmühlen eingeführt. Die Technik blieb aber auch hier nicht stehen. Im Jahre 1873 wurde, von derselben Grundidee ausgehend, das Wegmann'sche Walzensystem in Ofen von der Ganz'schen Fabrik eingeführt und vom Direktor dieser Fabrik, Mechwart, außerordentlich vervollkommnet, das System der Grießputzerei bedeutend verbessert. Auch die Fabriken, welche die notwendigen Mühlenmaschinen erzeugten, folgten diesen Fortschritten, so daß Ungarn, das noch vor einem Decennium auf die österreichischen und noch entfernter liegenden Fabriken angewiesen war, heute schon in der Lage ist, alle Bedarfsartikel der Mühleneinrichtung nicht nur selbst zu erzeugen, sondern in stets größerem Maße an das Ausland abzugeben.

Abgesehen von manchen nebensächlichen und weniger wichtigen Umständen lassen sich die in der Müllerei befolgten Methoden, so verschieden auch deren Benennung in den einzelnen Ländern sein mag, in der Hauptsache in zwei Hauptgruppen zusammenfassen, aus welchen dann eine dritte entstanden ist. Die erste Methode ist das

Mahlverfahren mit einmaligem Aufschütten. Dieses wurde im ganzen Westen angewendet und steht dort zum großen Teile auch heute noch im Gebrauch. Das angestrebte Ziel dieses Mahlverfahres ist, hierbei eine einzige Sorte und zwar aus 100 Gewichtsteilen Weizen bei einmaligem Aufschütten 70—72% fertiges Mehl zu gewinnen. Das zweite Verfahren ist die Griesmüllerei, die ungarische oder Hochmüllerei, bei welchem anfangs 4—5, später 7—8 und heute bereits 11 Sorten Mehl gewonnen werden, welche bezüglich ihrer Freiheit von Kleie und bezüglich anderer Eigenschaften wesentlich von= einander verschieden sind. Der Weizen, der zur Einführung dieses Mahlverfahrens Veranlassung gab, gehört zu den edelsten Sorten der Welt, ist reich an den wichtigsten Bestandteilen, nämlich an Stickstoff, Kleber und an Salzen. Das aus demselben gewonnene Mehl ist daher nicht nur kleienfrei, weiß und rein, sondern auch das kleberreichste und nahrhafteste. Ein drittes Verfahren wird in der Mahlmethode der neuesten Zeit befolgt, welche halbhohe oder Halbhoch= Müllerei genannt wird. Für die Entwicklung dieser Mahlmethode war sowohl die Qualität des Weizens, als auch die Gewohnheit der Bedarfsplätze maßgebend. Das in stetiger Entwicklung begriffene System trägt auch Spuren der Einwirkung dieser beiden Momente an sich. Es zeigte sich nämlich, besonders in den Vereinigten Staaten Nordamerikas, wo einzelne Staaten einen dem ungarischen ähnlichen harten stahligen Weizen produzieren, daß der Preis dieser edleren Weizensorten hinter demjenigen des weichen, weißen Weizens zurück= blieb, weil die bessere Sorte beim Vermahlen infolge ihrer brüchigen Kleie stets ein dunkles brüchiges Mehl lieferte. Dieselbe Erfahrung wurde auch in anderen Ländern gemacht.

Die aus ähnlichem Weizen erzeugten ungarischen Mehle haben sowohl auf dem Weltmarkte, als auch auf den internationalen Aus= stellungen die Aufmerksamkeit der betreffenden Kreise auf sich gelenkt. Rußland und Galizien begannen alsbald, das in Ungarn befolgte Verfahren einzubürgern und auch in den nördlichen Staaten der Union, von der Stadt Mineapolis ausgehend, vom Jahre 1865 an die successive Müllerei nachgeahmt und gewann hier dieselbe den Namen »Patent process« oder »Hungarian process«. Die Aus= fuhr der ungarischen Walzenstühle hat zur Verbreitung des Systems beigetragen, so daß heute die Halbhoch=Müllerei, von Budapest aus= gehend, in kleinerem und größerem Maße fast in allen Teilen der

Welt gefunden werden kann. Die Quantität des nach diesem Systeme erzeugten Mehles erreicht zwar bei weitem nicht die Menge, welche beim Flachmahlen gewonnen werden kann; es ist jedoch eine unleug= bare Thatsache, daß trotzdem das System der Griesmüllerei sich in der ganzen Welt stetig ausbreitet, ja heute bereits auch bei Weizen= sorten von weichem Bruch mit ausgezeichnetem Erfolge angewendet wird. Wir nennen dieses System Halbhoch= oder Halb=Griesmüllerei, weil z. B. weder Deutschland, noch England, noch auch die Union das in Ungarn befolgte mühsame und kostspielige System vollständig adoptiert haben. Die Vereinigten Staaten haben das System des= halb nicht ganz in Anwendung gebracht, weil sowohl die Reichen als die Armen dort an ein aus weißerem Mehl gebackenes Brod gewohnt sind, hiezu aber drei Sorten Mehl ausreichen, in welchen wohl braune Bestandteile zurückbleiben, jedoch nur in geringer Menge. Eine andere Ursache der nur teilweisen Adoption der Griesmüllerei besteht darin, daß das Publikum noch zu sehr an das flachgemahlene Mehl gewöhnt ist, daher die Einführung der Hochmüllerei erst all= mählich platzgreifen muß. Mit Rücksicht auf die dortigen Markt= verhältnisse ist es kaum anzunehmen, daß Amerika bezüglich der Anzahl der hergestellten Sorten die ungarische Müllerei erreichen werde; daß aber die Reinheit und Güte der besten ungarischen Mehlsorten von Amerika auch erzielt werde, ist nur eine Frage der Zeit.

An einer späteren Stelle seines Werkes zu den Resultaten der Weltausstellungen übergehend, bemerkt Pekár, daß er ungarische Weizen und Mehle zum erstenmal bei der Londoner Weltausstellung von 1862 ausgestellt gesehen habe. Damals seien nur der westliche Teil Europas und Australien als Mitkonkurrenten vertreten gewesen, da Amerika durch den Bürgerkrieg an der Beteiligung verhindert war. Neben den ausgestellten Mehlen waren auch die verhältnis= mäßig mageren eingeschrumpften und dunkelfarbigen Weizensorten aus der Theißgegend exponiert und niemand wollte glauben, daß das schöne weiße Mehl aus solchem dunklen Weizen erzeugt sei, bis man ihm das in Ungarn übliche Mahlverfahren der Hochmüllerei erklärte.

Bei der Pariser Ausstellung von 1867 wurde schon allgemein anerkannt, daß in erster Reihe die ungarischen und dann die öster= reichischen Mühlen die besten, reinsten und weißesten Mehle erzeugt

und ausgeſtellt hatten. Die gleiche Anerkennung wurde der unga=
riſchen Müllerei und Mühleninduſtrie auf der Wiener Ausſtellung
von 1873 zu teil.

Mittlerweile nahm die Weizenproduktion in Amerika einen
immer größeren Aufſchwung und es wurde in jenen Gegenden, wo
dieſelbe am meiſten Ausdehnung fand, anſtatt des früheren weißen
und gelben weichen Weizens ein hartes ſtahliges Korn gewonnen.
Vergebens wurde gegen dieſe Änderung angekämpft, der weiße Samen
degenerierte eben im Nordweſten in einen ſtahligen und der praktiſche
Amerikaner ſah bald ein, daß der Kampf gegen das Wollen der
Natur nicht beim Pflügen und Ernten, ſondern beim Vermahlen
ausgefochten werden müſſe. Die Ausſtellungen von Paris und Wien
hatten den Amerikanern als gute Schule gedient und gar bald hatten
ſie das ungariſche Mahlverfahren adoptiert, um die Ungarn auf den
weſtlichen Abſatzgebieten mit ihren eigenen Waffen zu bekämpfen
was ihnen auch vollſtändig gelungen iſt. Auch auf der Pariſer
Ausſtellung von 1878 war die ungariſche Weizen= und Mehl=
produktion ſehr reichhaltig vertreten und haben beſonders die unga=
riſchen Mehle infolge ihrer Reinheit, ihrer korrekten Vermahlung und
ihrer Kleienfreiheit die größte Anerkennung und den erſten Preis
errungen.

Über die Frage der Hebung des Bodenertrages Ungarns, welcher,
wie bereits früher erwähnt, mit der natürlichen Fruchtbarkeit in
keinem Verhältnis ſteht, ſpricht ſich Petár wie folgt aus: „Was
Ungarn beſonders not thut, iſt die Einſchränkung der Cerealien=
produktion, die beſſere Bewirtſchaftung des Bodens, die Anwendung
von Reihenſäemaſchinen, die Ausdehnung der Produktion von Futter=
gewächſen, die Vermehrung und Verbeſſerung der Viehzucht und die
ſtärkere natürliche und wo es notwendig iſt, künſtliche Düngung.
Nur auf dieſem Wege kann ein beſſeres Produkt und ein größerer
Ertrag erzielt und dadurch die Verwohlfeilung der Produktion erreicht
werden. Bei der Auswahl des Anbauſamens müſſe das größte
Gewicht auf die eigenen inländiſchen ausgezeichneten Weizenarten
gelegt werden. Sehr oft werden Verſuche mit ausländiſchem Anbau=
ſamen gemacht, die zwar mitunter der Bodenbeſchaffenheit keineswegs,
aber dem Klima und den Anforderungen der berühmten ungariſchen
Müllerei entſprechen.

Pekár hält für solche Versuche am meisten geeignet die in Rußland, in Canada und in den Vereinigten Staaten vorkommenden Weizensorten und zwar vornehmlich die Frühjahrssorten und zu speziellen Zwecken gewisse Weizensorten Australiens. Die bei solchen Experimenten vor Augen zu haltenden Momente der Samenwahl wären, außer der größeren oder geringeren Ähnlichkeit und Verwandtschaft des zu untersuchenden Weizens mit dem heimischen, der größere Ertrag, die größere Widerstandsfähigkeit gegen Krankheiten der Weizenpflanze, das frühere Reifen und bezüglich des Samens selbst die bessere Entwicklung, die feine Hülle, der große Klebergehalt und die Stahligkeit. Solche Versuche könnten, von der Regierung in die Hand genommen, an den landwirtschaftlichen Schulen, besonders aber in den in verschiedenen Teilen Ungarns vorhandenen Herrschaftsgütern und Pachtungen von mittlerer und kleiner Ausdehnung durchgeführt werden. Die Bauern müßten den Probesamen womöglich unentgeltlich oder höchstens zu einem Preise, der die Produktionskosten deckt, erhalten, müßten aber dabei verpflichtet werden, einen möglichst einfach zusammengestellten Fragebogen mit den betreffenden Daten auszufüllen und von dem Ertrage ein Kilogramm Samen einzusenden, damit derselbe nach seiner Qualität untersucht werden könne. Bezüglich der Art des Experimentes bemerkt Pekár, daß die Kultivierung keine Gartenkultur sein dürfe, sondern je nach den Gewohnheiten der betreffenden Gegend wie der gewöhnliche Anbau durchgeführt werden müsse. Dementsprechend sei es auch notwendig, den einzelnen Bauern wenigstens ein viertel Hektoliter zur Verfügung zu stellen. Ein in dieser Richtung durchgeführter Versuch würde nicht nur bezüglich der Qualität des Samens und seines Verhaltens während der Entwicklung, sondern auch bezüglich seiner Anpassungsfähigkeit an den verschiedenen Boden des Landes und an die Variationen des Klimas genügenden Aufschluß geben.

Eine der wichtigsten Bedingungen für die Bodenamelioration und Steigerung der Bodenfruchtbarkeit sieht Pekár auch in einer systematischen künstlichen Bewässerung des Bodens, besonders in der Kornkammer Ungarns, in dem fruchtbaren Alföld, das öfter an starker Dürre leidet, welche die Ergiebigkeit des Bodens sehr beeinträchtigt. Natürlich müßten da Regierung, Gemeinden und Grundbesitzer zusammenwirken, nicht nur mit Rücksicht auf die Größe des erforderlichen Kapitals, sondern auch im Interesse eines großartig und einheitlich angelegten Planes und dessen systematische Ausführung, die nur durch gesetzliche Regelung erreichbar ist.

Was nun die Ausfuhr des ungarischen Weizens betrifft, so wird dieselbe neben der russischen, amerikanischen und indischen Konkurrenz noch wesentlich dadurch behindert, daß Ungarn keinen geeigneten Wasserweg besitzt, und der Transport per Bahn im Vergleiche mit den Verhältnissen in den westlichen Ländern zu teuer kommt. Das zweite Hindernis liegt in der an und für sich zwar billigen, im Verhältnis mit Amerika aber zu teueren Produktion Ungarns, wo der Ertrag per Hektar so gering ist, daß es in dieser Hinsicht nur von Rußland und Rumänien übertroffen wird. Zur Beseitigung dieses Übels ist die bessere Bearbeitung des Bodens und die Melioration des Bodens selbst als Hauptbedingung zur Erreichung eines größeren Bodenertrages vor allem erforderlich. Pekár glaubt, daß in Ungarn der aus dem Boden zu ziehende Nutzen durch nichts so sehr gesteigert werden könne, als durch Vermehrung der Zahl der Beschäftigungsarten und namentlich durch Einbürgerung verschiedener Gewerbezweige, da die Erfahrung lehrt, daß die rationellste und ergiebigste Landwirtschaft dort betrieben wird, wo auch die Industrie am entwickeltsten ist, und wo das Gewerbe sich der Landwirtschaft anschließt.

Ein weiteres Mittel zur besseren Verwertung des Weizens liegt darin, daß Ungarn den Überschuß an Weizen nicht als solchen, sondern als Mehl exportiere. Durch die hohe Entwickelung seiner Mühlenindustrie ist Ungarn viel leichter in der Lage auf diesem Gebiete eine Konkurrenz erfolgreich zu bestehen, obzwar auch da erst mannigfache Hindernisse zu beseitigen sind. Damit der Mehlexport Ungarns jene Höhe erreiche, deren er nach dem Stande der ungarischen Mühlenindustrie fähig ist, muß man dahin trachten die Anschaffung des Rohmaterials in großen Quantitäten und zu einem den Konkurrenzverhältnissen entsprechenden Preise zu ermöglichen. Ungarn ist diesbezüglich mit wenigen Ausnahmen auf seine eigene Produktion angewiesen, und was die Hauptstadt anbelangt, so verfügt dieselbe infolge der bestehenden Schwierigkeiten in der Verfrachtung und Einmagazinierung nicht einmal über diesen Weizenvorrat, so daß der laufende Preis des Weizens in Budapest nicht von dem allgemeinen Gesetze der Nachfrage und des Angebotes auf den Weltmärkten abhängt, sondern fast ausschließlich nur von der Menge der Vorräte in

Pest selbst, so daß die Weizenpreise also dem alleinigen Einfluß lokaler Verhältnisse unterworfen sind. Dadurch ist aber auch eine Konkurrenz Ungarns in Mehl auf allen jenen Märkten sehr erschwert, wenn nicht ausgeschlossen, welche entsprechend dem Gesetze der Nachfrage und des Angebotes auf dem Weltmarkte ein aus billigerem Weizen produziertes und daher auch billigeres Mehl haben. Diesem Zustand kann nur dadurch dauernd abgeholfen werden, daß man das in jeder Beziehung günstig gelegene Budapest zum mächtigen Emporium des Weizenhandels von ganz Osteuropa macht; daß man nicht nur den Weizenertrag des Inlandes dort konzentriert, sondern durch günstige Verfrachtungs=, Einlagerungs= und Verkehrsbedingungen die Weizenproduzenten der ganzen Balkanhalbinsel und Südrußlands veranlaßt, ihre Produkte in Budapest zu Markte zu bringen. Durch solche Aufstapelung riesiger Quantitäten von Rohmaterial würde letzteres in steter Wechselwirkung mit den anderen Plätzen und infolge der auf diese Weise erlangten Stabilität jenen Einfluß auf die Gestaltung der Preise sowohl im Osten wie im Westen ausüben können, welcher diesem Platz durch seine natürliche Lage zukommt. Andererseits unterliegt es auch keinem Zweifel, daß eine derartige Erleichterung und Sicherung der Anschaffung des Weizens die ungarische Mühlenindustrie noch mehr zum Aufschwung bringen und auch extensiv ausdehnen würde, wodurch Budapest auch auf die Gestaltung der Mehlpreise einen entscheidenden Einfluß gewänne. In richtiger Erkenntnis dieser Sachlage geht auch die Verkehrspolitik der ungarischen Regierung dahin, die günstige natürliche Lage Budapests durch Verbesserung und Vermehrung der Kommunikation und andere wirtschaftliche Maßregeln zu stärken. Das Eisenbahnnetz wird systematisch vergrößert und zwar nach dem Plane, daß die Linien in Pest zusammenlaufen, und von dort die Verbindung mit den westlichen Grenzen Ungarns und mit dem Meere herstellen. In Pest selbst wurden seit einigen Jahren Lagerhäuser gebaut, und soeben ein Getreide=Elevator errichtet, mittels dessen die in Budapest anlangenden Schiffsladungen mit Getreide unmittelbar in die Eisenbahnwagen übertragen werden. Die Vorteile dieses Elevators würden noch gesteigert werden, wenn man die größeren Mühlen Budapests noch in direkte Schienenverbindung mit demselben brächte. Da der Transport per Bahn unter allen Umständen teurer ist, als der zu Wasser, so sollte die ungarische Regierung neben dem Bau von Eisenbahnen doch in erster Linie ihr

Augenmerk auf die Durchführung der Regulierung der natürlichen Verkehrsſtraße Ungarns, der Donau, richten, da dieſe ſicherlich nicht nur die Transportkoſten bei dem Import von Getreide aus den Donaufürſtentümern und Südrußlands, ſondern auch bei dem Export von Mehl bedeutend verringern würde, beſonders wenn der öſterrei= chiſcherſeits geplante Bau eines Donau=Elbekanals ſeiner Verwirk= lichung ſich nähern würde. Was die Eiſenbahnen anbelangt, ſo iſt eine billige Verfrachtung auf denſelben nur bei Verſtaatlichung der= ſelben zu erhoffen, da die Privatunternehmungen infolge der ihnen bezüglich der Kapitalbeſchaffung, Manipulation und Verzinſung ge= ſtellten Bedingungen verhindert ſind bei Feſtſtellung ihrer Tarife nur den allgemeinen Nutzen zu berückſichtigen, während die Staats= verwaltung gewiß nur jene Tarifpolitik befolgen wird, welche ihr Endziel in der Hebung der Landwirtſchaft, der Induſtrie und des Handels ſucht und findet.

Mehlverkehr.

Im Jahre 1882 und 1883 ſind folgende Quantitäten ungariſches Mehl in Doppelzentnern mittelſt Eiſenbahn nach Fiume und Trieſt gelangt:

1882.

	Fiume.	Trieſt.
Januar .	48,647·90	12,101·75
Februar .	55,158·78	10,575·40
März .	42,481·25	10,666·15
April	74,257·70	9,348·75
Mai .	72,432·90	7,195·80
Juni .	37,961·50	12,394·80
Juli .	38,304·90	15,282·63
Auguſt . .	53,316·72	7,261·10
September .	61,111·50	8,521·03
Oktober . .	75,174·40	18,289·02
November	84,709.00	19,531·03
Dezember .	90,701·90	16,588·63
Im Jahre 1882 zuſammen	734,258·45	147,756·09

1883.

	Fiume.	Triest.
Januar .	66,320·20	15,742·80
Februar .	105,503·80	15,518·40
März	81,747·10	21,775·63
April	65,949·60	19,035·10 „
Mai .	77,087·60	9,890·31 „
Juni .	50,786·80	7,208·27 „
Juli .	53,113·00	6,445·30 „
August .	66,076·00	3,613·25 „
September	60,335·00	5,907·10 „
Oktober .	58,787·00	6,653·85 „
November	75,471·00	9,139·50 „
Dezember .	82,104·00	9,250.28 „
Im Jahre 1883 zusammen	843,281·10	130,179·79

Der Weinbau.

Nach der Beschaffenheit des Bodens und des Klimas nimmt
Ungarn den gleichen Rang mit dem mittäglichen Frankreich, Italien
und Spanien ein, weil die Rebe in allen seinen Landesteilen gedeiht,
mit alleiniger Ausnahme der Hochebenen der Gebirge. Denn in den
Thälern des Hochgebirges der Karpathen werden zum Teil sogar
noch hochedle Weine erzeugt wie z. B. in Siebenbürgen. In der
Ausdehnung und besonders in der Ausdehnungsfähigkeit des Wein=
baues nimmt Ungarn einen höheren Rang als Österreich und das
Deutsche Reich ein, und wenn die Produktion sowohl in der Quantität
als in der Qualität bei weitem noch nicht die Stufe erreicht hat,
deren das Land fähig ist, wenn seine Erzeugnisse quantitativ noch
gegen Südfrankreich, Italien und Spanien und qualitativ noch gegen
Bordeaux, Burgund und die Rheingegend zurückstehen, so trägt daran
weder die Lage und Fruchtbarkeit des Bodens noch Sonne und Klima
schuld. Nach dem von der Regierung angelegten Verzeichnis der
Weinbau treibenden Plätze, erstreckt sich diese Kultur über rund 2400
Ortschaften. In diesen Gemeinden ist nicht bloß das zu Reben=
pflanzungen geeignete Areal einer großen Ausdehnung fähig, sondern

es giebt auch noch ansehnliches Hügelland, das heute mit Gestrüpp oder Geröll bedeckt ist, welches sich aber ausgezeichnet zur Anlage von Weinbergen eignet, denen der sehr niedrige Preis des Bodens zu statten kommen würde. Dies gilt insbesondere von dem südwest= lichen Teile der Karpathen, den der Verfasser aus eigener Anschauung kennen gelernt hat. Auf der ganzen südlichen Abdachung des Donau= ufers, nächst jenem Durchbruch der Karpathen, welchen man mit dem Namen des „Eisernen Thores" bezeichnet, ist kaum eine Rebenpflan= zung wahrzunehmen, während auf der mitten in der Donau liegenden Insel Ada=Kaleh von der dort zurückgebliebenen türkischen Bevölke= rung riesige Eßtrauben von Reben gewonnen werden, welche wie in Italien um Bäume sich ranken und in dichten Büscheln in einer Höhe von 20 Fuß herabhängen. Trotz dieser der frühen Reife nach= teiligen Behandlung fand ich die pflaumengroßen Beeren dieser mäch= tigen Trauben schon Ende September nicht bloß genießbar, sondern schmackhaft und süß. Wenn dies in der Ebene und unter so un= günstigen Verhältnissen sich darbieten kann, welche Resultate müßten nicht mit rationeller Rebkultur auf jener gegenüberliegenden südlichen Gebirgs=Abdachung zwischen Moldowa und Turn=Severin erzielt werden, einer Strecke, welche dem Rheindurchbruch von Rüdesheim bis nach Rolandseck zu vergleichen ist, aber die gleiche Lage hat wie der Rheingau und eines mindestens ebenso warmen Klimas sich erfreut. An den Südwestabhängen der Karpathen oberhalb Moldowa wird auch Wein= bau getrieben, welcher in der Hauptsache von eingewanderten Schwaben herrührt, von denen Werschetz die hervorragendste Kolonie bildet.

Außer dieser Möglichkeit der extensiven Ausdehnung des Wein= baues ist die Produktion aber auch intensiv einer quantitativen Ver= mehrung fähig, da die französische, rheinische und österreichische Methode des Tiefpflanzens der Reben mittels $2\frac{1}{2}$—3 Fuß tiefen Rigolens bisher nur sporadisch Platz gegriffen hat, und die Erneuerung der Rebenpflanze fast überall noch mittels des sogenannten Vergrubens geschieht, wodurch der Stamm nur durchschnittlich 3 Zoll tief wurzelt und daher leicht durch Regengüsse des zur Nahrung nötigen frucht= baren Erdreiches beraubt wird. Das ungarische Ackerbauministerium hat daher mit Recht seine Aufmerksamkeit darauf gerichtet, die Wein= bauer zur Einführung des Rigolsystems aufzumuntern und die Zu= wendung zahlreicher Begünstigungen von denen später die Rede sein wird, an die Erfüllung dieser Bedingung geknüpft.

Einen eigentümlichen Kontrast mit dieser geringen Ausbeutung des Bodenreichtums bildet wieder die Thatsache, daß Ungarn aus seinen Eichenwäldern ganz Süd-Westeuropa mit Dauben für Wein-fässer versorgt. Nur auf einen geringen Durchschnittsertrag einge-richtet, fehlen dann in den Jahren wo nach der Wingersprache soge-nannte „volle Herbste" eintreten d. h. wo so viele Trauben wachsen, als die Stöcke zu tragen vermögen, Ernten welche in Mitteleuropa höchstens alle 10 Jahre vorzukommen pflegen, Gefäße um den Segen der Natur aufzunehmen. Im Jahre 1878 hatte sich ein solches Füllhorn über Ungarn ergossen, daß, wie Keleti berichtet, der Most zuletzt in Kraut- und Petroleumfässer, in Waschtröge und Küchenge-rätschaften aufgefangen wurde, ja daß man in manchen Gemeinden einen Teil der Trauben hängen lassen mußte, weil nicht genügend Gebinde vorhanden waren. Auch sei es vorgekommen, daß Most wieder laufen gelassen wurde, weil der Preis der Fässer höher war, als der des Weines.

Wie hinsichtlich der Quantität so läßt auch in der Qualität der ungarische Weinbau im Durchschnitt manches zu wünschen übrig, und es bestehen nur einzelne örtliche oder persönliche Ausnahmen, in welchen, wie in der Hegyalla (Tokay), alte gute Gewohnheiten erhalten oder neue Fortschritte eingeführt worden sind, wie bei vielen Groß-grundbesitzern. Im Durchschnitt läßt sich in ganz Ungarn mit ge-ringer Mühe und unbedeutenden Kosten ein Wein von bedeutend besserer Qualität erzielen, welcher selbstverständlich auch einen höheren Preis bedingen würde, was bei dem jetzigen noch geringen Umfang der Weinbaufläche von 629,532 Kataſtraljoch (1600 □ Klafter = 0·57 1/2 Hektar), selbst bei dem gegenwärtigen geringen Durch-schnittsertrag von 10 Hektoliter per Joch immerhin eine in Millionen gehende Mehreinnahme zur Folge haben würde.

Ein anderer Mißstand, welcher die Ausdehnung, Verbesserung und völlige Ausnutzung des Weinbaues hindert, ist der Umstand, daß in Ungarn noch vielfach das erforderliche Betriebskapital mangelt, daß die wenigsten Produzenten im Besitze der nötigen Gähr- und Lagerkeller, überhaupt der nötigen Mittel sind, um ihren neuen Wein bis zur Flaschenreife einzukellern und zu erziehen. Die Folge davon ist, daß der Löwenanteil der Weinernte noch im Herbste von den Weinhändlern aufgekauft wird, welche das Material in der Art verwerten, wie es den besten finanziellen Ertrag giebt. Nur die

Weine, aus den Lagen deren Ruf feststeht werden daher unter ihrem eigenen Namen verkauft. Die meisten dienen dazu andere bekanntere, wenn auch geringere Weine aufzubessern. So kommt es, daß Gegenden, welche ein ausgezeichnetes Erzeugnis liefern, gänzlich unerkannt sind, daß die Produzenten oft mit Schaden arbeiten, während Pester und Wiener Weinhändler mit ihren Produkten Millionen verdient haben. So ist z. B. das Großwardeiner Rebgebirge, dessen Wein im Mittel= alter einen berühmten Namen hatte, heute verschollen, weil die Händler ihren Vorteil darin finden, diese Quelle verborgen zu halten.

Gegenüber dieser Thatsache können die Bemühungen des unga= rischen Ackerbau = Ministeriums, welches unter einer Reihe anderer gemeinnütziger Förderungsmaßregeln zu Gunsten des Weinbaues, wovon weiter unten die Rede sein wird, — einen Musterkeller zu Budapest errichtet hat, nur unseren vollkommenen Beifall finden. Da diese unter der Leitung erfahrener und intelligenter Männer stehende Anstalt nur reine Weine unter der Etikette des Erzeugers verkauft und eigene Agenturen im Auslande aufgestellt hat, — so kann es nicht fehlen, daß nach einigen Jahren die ungarischen Naturweine im nördlichen Europa nach ihren Lagen und Eigenschaften mehr bekannt und gesucht sein werden. Schon für den Bezug von echtem Tokayer Ausbruch allein ist diese Anstalt eine Wohlthat, weil diese Labsal der Kranken und Greise selten rein zu haben ist, da neuerdings viel Tokayer aus griechischen Trockenbeeren fabriziert wird, der freilich an seinem Rosinengeschmack und billigen Preis leicht erkenntlich ist.

Angesichts dieser Bemühungen, denen es auch gelungen ist das Gebiet der Phylloxera einzuschränken und Mittel zu deren dauernden Bekämpfung vorzubereiten, steht dem Weinbau in Ungarn bei den bestehenden niedrigen Bodenpreisen eine sehr lukrative Zukunft bevor und jüngere Söhne deutscher Weingutbesitzer könnten nichts besseres unternehmen, als sich in einer der südöstlichen oder südwestlichen Lagen anzukaufen. Mit einem Kapital von 20,000 Mark, wovon die Hälfte zu Betriebsmitteln bestimmt würde, wäre innerhalb 8—10 Jahren ein schönes Vermögen zu erwerben.

Die Weinbautreibenden Gegenden Ungarns, welche wie erwähnt über 2400 Gemeinden umfassen, werden in 6 Distrikte geteilt:

I. Der Distrikt auf dem linken Ufer der Donau mit folgenden 5 Bezirken;

II. Der Distrikt auf dem rechten Ufer der Donau mit 11 Be=
zirken;

III. Der Distrikt auf dem linken Ufer der Theiß mit 7 Bezirken
oder Regionen;

IV. Der Distrikt auf dem rechten Ufer der Theiß mit 6 Regionen.

V. Der Distrikt jenseits des Kiralyhágo (Königsbodens) in Sieben=
bürgen mit 5 Bezirken;

VI. Der kroatisch=slavonische Distrikt mit 6 Regionen.

Die kultivierte Oberfläche und der Durchschnittsertrag an weißem
und rotem Weine sind in diesen Distrikten beziehungsweise Regionen
nach einer 1880 vom Ackerbauministerium veröffentlichten Erhebung
folgende:

I. Distrikt am linken Ufer der Donau.

1. Bezirk oder Region Pozsony. Oberfläche: 5,516 Hektaren =
9,593 Kataftral=Joch. Durchschnittsertrag 76,353 Hektoliter,
wovon 70,523 weißer, und 5,830 roter Wein.

2. Bezirk Nyitra, Bars, Felfö=Romarom. Oberfläche: 10,187 ha.,
Durchschnittsertrag 69,308 h., wovon 62,634 weißer,
6,674 roter Wein.

3. Bezirk Hont, Nógrád, Bácz. Oberfläche: 16,296 ha., Er=
trag 104,460 h., wovon 76,240 weißer und 28,220
roter Wein.

4. Bezirk Peft, Kobánya, Hatvan. Oberfläche: 8,400 ha; Er=
trag 119,417 h., 77,763 weißer, 41,654 roter Wein.

5. Weingärten in der Ebene des Distrikt am linken Ufer der
Donau unterhalb Peft. Oberfläche: 31,390 ha., Ertrag
292,627 h., wovon 73,381 weißer und 218,886 h.
roter Wein.

II. Distrikt am rechten Ufer der Donau.

1. Bezirk der Ufer des Neufiedler See's (Ausgt 2c.). Oberfläche:
in Mofany 2,181 ha.; in Ödenburg 2,842 ha. Ertrag in
Mofany 68,581 h., wovon 64,299 weißer und 4,282
roter Wein; Ertrag in Ödenburg 66,513 h., wovon
64,513 weißer und 2,175 roter Wein.

2. Region Györ; Oberfläche: 2,769 ha; Ertrag 23,616 h;
wovon 23,017 weißer und 599 roter Wein.

3. Bezirk Neszmély, Esztergom. Oberfläche: 5,634 ha., Ertrag 63,221 h.; wovon 31,546 weißer und 31,645 roter Wein.

4. Bezirk Ofen. Oberfläche: 10,953 ha., Ertrag 203,341 h., wovon 129,610 h. weißer und 74,331 roter Wein.

5. Bezirk Fehér, Neszprém, Talna. Oberfläche: 16,264 ha.; Ertrag 157,425 h.; wovon 106,522 weißer und 50,903 roter Wein.

6. Bezirk Somlyo (Vasachely). Oberfläche: 517 ha.; Ertrag 3621 h.

7. Bezirk der Ufer des Plattensee's (Schomlau). Oberfläche: 20,990 ha., Ertrag 250,256 h.; wovon 132,916 weißer und 117,340 roter Wein.

8. Bezirk Zala, Vas, Soprony. Oberfläche: 16,568 ha.; Ertrag 246,525 h.; wovon 74,755 weißer und 171,770 roter Wein.

9. Bezirk Vallany, Pécs. Oberfläche: 20,078 ha., Ertrag 273,240 h.; wovon 96,462 weißer und 176,778 roter Wein.

10. Bezirk Szegszárd. Oberfläche: 4,267 ha., Ertrag 141,176 h.; wovon 29,450 weißer und 111,726 roter Wein.

11. Bezirk Beljö, Inner-Samogy, Tolna. Oberfläche: 20,339 ha., Ertrag 263,760 h.; wovon 44,454 weißer und 219,306 roter Wein.

III. Distrikt des linken Ufers der Theiß;

1. Bezirk Eger, Vißonta. Oberfläche: 9,569 ha., Ertrag 108,106 h.; wovon 11,713 weißer und 96,393 roter Wein.

2. Bezirk Miskolcz. Oberfläche: 11,140 ha., Ertrag 105,296 h.; wovon 104,863 weißer und 433 roter Wein.

3. Bezirk Torna, Abauj, Gömör. Oberfläche: 1,350 ha, Ertrag 5825 h.; wovon 4,774 weißer und 1,051 roter Wein.

4. Bezirk Hegyalja (Tokaj). Oberfläche: 6,162 ha., Ertrag 36,375 h.; wovon 35,947 weißer und 424 roter Wein.

5. Bezirk Zemplén, Ober-Ung., Ober-Bereg. Oberfläche: 3,583 ha., Ertrag 6,723 h.; wovon 6,547 weißer und 176 roter Wein.

6. Bezirk Unter-Bereg, Ugocsa. Oberfläche: 2,797 ha., Ertrag 19,907 h.; wovon 19,391 weißer und 516 roter Wein.

7. Region der Reben der Ebene auf dem linken Ufer der Theiß. Oberfläche: 4,603 ha., Ertrag 23,586 h.; wovon 10,287 weißer und 13,299 roter Wein.

IV. Distrikt des rechten Theißufers.

1. Bezirk Szatmár, Kóvár. Oberfläche: 2,804 ha., Ertrag 26,267 h.; wovon 25,542 weißer und 725 roter Wein.

2. Bezirk Erméllét. Oberfläche: 11,055 ha, Ertrag 57,622 h.; wovon 56,415 weißer und 1,408 roter Wein.

3. Bezirk Meneš, Magyaráb. Oberfläche: 4,486 ha., Ertrag 86,094 h.; wovon 55,996 weißer und 30,108 roter Wein.

4. Bezirk Temeš, Ober-Krassó. Oberfläche: 10,951 ha., Ertrag 120,927 h.; wovon 58,146 weißer und 62,781 roter Wein.

5. Bezirk Temeš, Unter-Krassó (Moldowa, Werschetz). Oberfläche: 8,755 ha., Ertrag 58,698 h.; wovon 37,491 weißer und 21,207 roter Wein.

6. Bezirk: Reben in der Ebene des rechten Theißufers (u. a. Kanitza). Oberfläche: 34,111 ha., Ertrag 181,744 h.; wovon 94,521 weißer und 87,223 roter Wein.

V. Distrikt von Siebenbürgen.

1. Bezirk Untere Maroš. Oberfläche: 2,516 ha., Ertrag 17,712 h.; wovon 12,118 weißer und 5,594 roter Wein.

2. Bezirk des mittleren Maroš. Oberfläche: 2,700 ha., Ertrag 17,899 h.; wovon 15,643 weißer und 2,256 roter Wein.

3. Bezirk Klein-Küküllö. Oberfläche: 5,902 ha., Ertrag 51,228 h; wovon 42,441 weißer und 8,787 roter Wein.

4. Bezirk Groß-Küküllö. Oberfläche: 8,422 ha., Ertrag 86,458 h.; wovon 58,989 weißer und 27,469 roter Wein.

5. Bezirk Mezöséy. Oberfläche: 2,047 ha., Ertrag 26,318 h.; wovon 21,161 weißer und 5,157 roter Wein.

6. Bezirk Szilágy. Oberfläche: 6,708 ha., Ertrag 8,856 h.; wovon 8,512 weißer und 314 roter Wein.

VI Von Kroatien liegt noch keine amtliche Erhebung vor.

Der Durchschnittsertrag der einzelnen Regionen jener fünf Distrikte bietet ungeheure Abweichungen, die sich zwischen 1 1/3 und 35 Hektoliter per Hektar bewegen. Unter den 36 Weinregionen weist eine einen Durchschnittsertrag von 4, eine von 5, vier von 6, eine von 6½, zwei von 7, zwei von 8, zwei von 9, drei von 10, fünf von 12, eine von 12½, zwei von 13, eine von 13½, eine von 14, zwei von 15, eine von 18, zwei von 20, eine von 24, eine von 33 und eine Region einen Durchschnittsertrag von 35 ha. per ha. auf.

Das Gesamt=Areal der ungarischen Weingärten erhebt sich nach dieser ersten Aufstellung ohne Kroatien auf 334,062 Hektaren und der Durchschnittsertrag auf 3,549,837 Hektoliter, was einem Durch= schnittsertrag von 10·6 h per ha. entspräche.

Diese statistische Erhebung ist aber keineswegs als erschöpfend zu betrachten, denn schon 1882 wurde vom k. ungarischen statistischen Bureau im statistischen Jahrbuch eine neue Erhebung veröffentlicht, welche sich über die Resultate des Weinbaus von 1861 bis 1880 erstreckt und folgende Resultate liefert:

Die Weinbaufläche wird darin für 1880 auf 629,532 Katast= raljoch oder 358,834 ha. angenommen. Der Durchschnittsertrag an Most war mit Inbegriff der verkauften Trauben in den Jahren:

	Hektoliter. h.	auf den Hektar=ha. Hektoliter=h.
1861—72	3,224,287	9·01
1873	3,763,475	10·52
1874	1,998,083	5·72
1875	6,260,258	17·85
1876	1,858,034	5·24
1877	3,534,041	9.87
1878	8,075,833	22·37
1879	6,314,343	17·47
1880	2,426,799	6·74
1881	4,230,730	11·80
1882	4,607,638	12·82
1883	5,151,255	14·34

Im Jahre 1882 betrug die ermittelte Weinbaufläche 638,505¼ Kataftral=Joch, im Jahr 1883 — 633,076⅔ Joch. Während man die letztere unbedeutende Verminderung teils auf Erneuerungsarbeiten teils auf die Wirkung der Reblaus zurückführen könnte, ist hingegen die bedeutende Vermehrung der Anbaufläche von 1880 auf 1881 der Hauptsache nach wohl auf statistische Ursachen, d. h. frühere mangel= hafte Erhebung zurückzuführen.

Die Weine der Lesen von 1882 und 1883 zerfallen ihrem Charakter nach in folgende Abteilungen:

	1882	1883
	Hektoliter.	
Most	4,607,638	5,151,255
Nach Abzug des regelmäßigen Ab= ganges . . .	4,146,883	4,636,135
Als Most verkauft .	396,807	452,309
Weißer Tischwein .	2,256,598	2,429,066
Feiner Desertwein .	21,527	42,360
Ausbruch und Essenz . .	1,350	4,615
Roter Tischwein .	585,490	734,463
Roter Süßwein . . .	20,352	26,876
Gewöhnlicher Schillerwein	864,759	946,446

Der Durchschnitt jener 12 Jahre stellt sich sonach auf nahezu 12 Hektoliter pr. ha. Nicht ganz ⅓ der gesamten Kreszenz kommt auf Rotwein und mehr als ⅔ auf Weißwein. Klima und Boden eignen sich in den östlichen Rebgegenden mehr für Weißwein und zwar für feine Sorten, in den westlichen mehr für Rotwein.

Der Durchschnittswert des Mostes beträgt fl. 10 pr. ha. und des 2jährigen Weines im Keller fl. 15. Derselbe wird aber im Handel nach Österreich, der Schweiz, England, Deutschland um das Doppelte bis Dreifache, meist unter anderem Namen verwertet. Mit der Einführung der neuen rationellen Methode: Anpflanzung gleich= mäßiger Sorten, Rigolen, Dünger, Spätlese, Rebeln, richtiger Ver= gährung bei gleichmäßiger Temperatur in erwärmten Lokalen ließe sich nicht bloß die Quantität, sondern auch die Qualität bedeutend steigern, während bei dem obigen Durchschnittsertrag die meisten Weingärten passiv sind. Der für den Rebbau geeignete Boden Un= garns ist fruchtbarer als der Frankreichs, obgleich die Hektar nicht mehr als durchschnittlich 500 fl. kostet, und der Dünger ist um einen Spottpreis zu haben. So gut in Klosterneuburg nach einem 50jähr. Durchschnitt der Jahresertrag des Joches auf 30 Hektoliter und in Frankreich auf 50 h. pr. ha. sich stellt, und bei rationeller Behand= lung im Süden Frankreichs, sogar in durch die Phyloxera heimge= suchten Gegenden der Ertrag des ha. nach Anpflanzung amerikanischer widerstandsfähiger Reben und Pfropfen derselben durch angemessene

europäiſche Edelſorten der Ertrag in manchen Fällen auf 100 h.
pr. ha. und höher geſteigert worden iſt, ſo kann auch der Ertrag
der ungariſchen Weinbauer quantitativ und qualitativ um das Viel=
fache gehoben werden.

Einzelne ungariſche Großgrundbeſitzer und Vignikolen haben in
dieſer Hinſicht durch Neuanlage mit Rigolen, Düngen und zweck=
mäßiger Auswahl der Reben bereits glänzende Reſultate erzielt, welche
den höchſten Erträgen in Frankreich zur Seite ſtehen. So zählte ich
im Frühjahre 1884 in einem neuangelegten Weingarten meines
Freundes Franz Tóth in Großwardein an zwei nebeneinander ſtehenden
Rebſtöcken je 48 und 50 Traubengeſcheine, die ſämtlich kräftig waren.

Was die Qualität betrifft, ſo iſt der ſpätgeleſene und auserle=
ſene, ſorgfältig und natürlich behandelte Ungarwein der ebenbürtige
Rivale der edlen Rhein= und Bordeaux=Weine. Hatte ja doch lange
bevor die letzteren ihren Weltruf begründet — der Tokayer Ausbruch
in Europa den Namen des „Königs der Weine" erworben. Muß
er ſich zwar heute vor den Kaiſerlichen Hoheiten des Rheingau's
beugen, wenigſtens was das Bouquet und Aroma anbelangt, ſo hat
der Ungarwein doch wieder ihm eigentümliche Vorzüge, welche ihn
ganz ſpeciell zu einem Getränke für die nordiſchen Völker eignen.
Im Wohlgeſchmack mit dem Bordeaux und dem Rheinwein wetteifernd,
hat er mehr Körper, und wenn gut behandelt doch weniger Alkohol.
Er geht daher bei großer Stärke doch weniger ins Blut als der
Rheingauer, und macht auch bei ſtarkem Genuß keine Kopfſchmerzen,
was ich dem Rheingauer nicht nachſagen kann, obgleich derſelbe zu
den am reinſten behandelten Weinen gehört. Ich ſtütze mich dabei
auf eine lange Erfahrung in rheiniſchen Kellern und im eigenen
Hauſe. Der Tokayer gar gilt als die Krone der Weine für Rekon=
valescenten und Altersſchwache. Indem wir uns vorbehalten auf dieſe
Fragen, ſowie auf die organiſche Thätigkeit des ungariſchen Ackerbau=
Miniſteriums zur Verbeſſerung des Weinbaues zurückzukommen, müſſen
wir ſchon hier erwähnen, daß der Landes=Regierungs=Kommiſſär für
Weinkultur, Herr königl. Rat Julius von Miklós, der eine überaus
ſachverſtändige und ſegensreiche Thätigkeit entfaltet, im Auftrage des
ungar. Ackerbauminiſters ſeit 1883 ein Regiſter für Weinbau im
Druck veröffentlicht, welches einen vollſtändigen Ausweis der zum
Verkauf eingekellerten Weine der bedeutenderen ungariſchen Wein=
produzenten enthält. Der Zweck dieſes Regiſters iſt einerſeits der

Handelswelt einen leichten und genauen Überblick zu bieten, betreffs der im Lande zum Verlaufe eingekellerten Weine, andererseits aber den Produzenten die Verwertung ihrer Weinvorräte zu erleichtern. Dieses Register ist nach den Weinen berühmterer Gattung in folgende besondere Abteilungen eingeteilt.

I. Ausbruch. Unter „Ausbruch" wird jener Wein verstanden, welcher in Ungarn, unter allen weinbauenden Ländern zuerst, aus den infolge günstiger Witterungsverhältnisse und der Sonnenhitze bei Spätlese überreifen, und demzufolge von allen Wasserteilen befreiten, ausgetrockneten und gedörrten Beeren durch Aufgießen von Most oder altem Weine gleicher Kreszenz gewonnen wird. Diese Gattung von auserlesenem Wein wird in erster Linie in der Region der Tokaj= Hegyalja, sodann in Miskolcz, Menes Arad=Hegyalja; sowie in Ruszt am Neusiedler See und in einzelnen Gegenden von Siebenbürgen erzeugt. Diese Sorte wäre noch einer bedeutenden Verbesserung fähig, wenn in Tokaj statt der Furminttraube der mit feinerem Bou= quet und lieblicheren Aroma begabte Rheinriesling angepflanzt würde. Wenigstens wäre es der Mühe wert Versuche damit anzustellen. Auch die Traube, aus welcher bisher Ruszter Ausbruch erzeugt wurde, giebt diesem nicht das zu seiner Süße erforderliche Aroma.

In neuerer Zeit ist jene bereits erwähnte künstliche Art der Be= reitung mittels griechischer Rosinen in Anwendung gekommen, welche dem Ruf der ungarischen Ausbruchweine nur zu schaden geeignet ist. Wir schließen daher für die Consumenten die Warnung vor Aus= bruchweinen mit ausgesprochenem Rosinengeschmack bei.

II. Ausstich. Der „Szamorodni" entspricht der rheinischen Auslese und ist ein Wein, der aus, Trockenbeeren in genügender Menge enthaltenden Trauben derart gewonnen wird, daß die frischen Beeren von den trockenen nicht gesondert werden, sondern daß die Trauben so wie sie sind, in Tretsäcke gegeben, in Bottichen aus= getreten, sodann der Most nochmals über die Hülsen gegossen und die Maische dann erst gekeltert wird. Der Szamorodni wird meistens in der Hegyalja erzeugt, wo steiniger Boden und sonnige Lage am meisten Trockenbeeren erzeugen.

Der Name stammt aus dem polnischen Worte „Samorosne" und bedeutet „natürlich" oder „selbstbildend."

III. Der Máslás oder Nachwein wird durch Aufgießen guten Mostes oder Weines auf das Ausbruch=Lager gewonnen.

IV. Braten = oder Deſſert = Wein. Dieſe Sorte wird aus den beſſeren Trauben, unter Beſeitigung der weniger reifen oder an= gefaulten Trauben erzeugt; bildet alſo auch eine Art Auslese.

V. Weißer Tiſchwein. Dieſe Sorte wird bereitet aus ſämtlichen Trauben geringer Lagen oder geringer Jahrgänge oder aus dem Reſte der in guten Lagen und guten Jahrgängen gewonne= nen Trauben, nachdem die Ausleſetrauben abgeſondert ſind, oder auch aus allen Trauben guter Jahre in ſolchen Gegenden, wo früh geleſen, die Beeren nicht von den Stielen geſondert (gerebelt), überhaupt keine beſondere Sorgfalt angewendet wird.

VI. Rotwein. Der ungariſche Rotwein erfreut ſich ſchon ſeit drei Dezennien einer großen Beliebtheit in der Schweiz und in Deutſchland, und ſogar nach Frankreich hat er in neuerer Zeit ſeinen Weg gefunden. Trotz dieſes Umſtandes und ungeachtet der Thatſache, daß der Rotwein überhaupt wegen ſeiner aſtringierenden Eigenſchaften im internationalen Handel und Konſum vorgezogen wird und daher caeteris paribus einen höheren Preis bedingt, umfaßt er, wie oben bemerkt, bis jetzt kaum ⅓ der geſamten Weinproduktion des Landes. Und doch beſitzt Ungarn alle Bedingungen zur Erzeugung eines treff= lichen Rotweines. Seine aus Edelreben gezogenen und rationell be= handelten Rotweine ſtehen denen von Bordeaux, Burgund und vom Rhein ganz ebenbürtig zur Seite.

Die aus Bordeaux=Cabernet=Reben gezogenen und in gewärmten Gährkellern richtig auf den Hülſen ausgegohrenen Weine ſind kaum von den guten reinen Bordeaux=Sorten zu unterſcheiden, während ſie die Petits=Vins, bei welchen Zucker, Auslaugen der Treſter, Alkohol und der Paſteur=Apparat eine Hauptrolle ſpielen, an Kraft und Haltbarkeit weit übertreffen. Man laſſe eine ſolche angebrochene Bordeaux=Flaſche verſtöpſelt ein paar Tage ſtehen und ſie wird ſchon am zweiten Tage ungenießbar, am achten von Kahn (Schimmel) be= deckt ſein, während Ungarwein kaum eine Veränderung zeigen wird. In Ungarn lohnt ſich eben das Chaptaliſieren, Galliſieren und Petioliſieren nicht, weil der Preis des Bodens und des Weines zu niedrig iſt.

Ein Hektoliter geringen Weines aus einem ſchlechten Jahrgang erfordert zum Galliſieren für fl. 7 Zucker, alſo faſt ſo viel als für ſolchen Wein ſelbſt im Lande zu erzielen wäre. Allerdings ſind leider Fälle

vorgekommen, in denen z. B. ein Weinhändler in Fünfkirchen Weiß=
wein mittels Fuchsin in Rotwein verwandelte, weshalb Tausende von
Hektolitern solchen Weines von den Behörden in Zürich und Bern
laufen gelassen wurden. Dieser schändliche Vorgang hat den im Auf=
schwung begriffenen Weinhandel in die Schweiz auf Jahre zurückge=
worfen und der Gesamtheit der Weininteressenten, welche keine Schuld
trifft, unverdienten Schaden bereitet. Der Staat hat nun aber gegen
solche Übertritte so energische Präventiv= und Repressiv=Maßregeln
ergriffen, daß sie sich sicher nicht wiederholen werden. Überdies hat
die Regierung einen Sachverständigen, den Grafen K e g l e v i ch), nach
Frankreich geschickt, um die dortige Manipulation zu studieren. Der=
selbe machte in seinem Berichte u. a. darauf aufmerksam, daß ein
Teil des ungarischen Rotweins in der Farbe nicht dunkel genug sei
für den internationalen Geschmack. Dieser Übelstand ist durch die
richtige Auswahl der Reben radikal zu heben. Ungarische Weine,
welche aus Cabernetreben gezogen sind, haben eine so schöne dunkel=
rote Farbe und so viel Tanningeschmack wie der reinste Bordeaux.
Aber auch schon vor einer eventuellen Erneuerung der Reben kann
eine dunklere Farbe durch bessere Vergährung gewonnen werden.
Denn während die meisten ungarischen Weinproduzenten ihre Weiß=
weine die stürmische Gährung im Freien durchmachen lassen, wodurch
viel Zucker verloren geht, lassen sie ihre Rotweine im Keller bei einer
Temperatur von + 8—12° R. vergähren, während man in Bordeaux
und auf allen Weingütern, wo rationelle Wirtschaft eingeführt ist,
erwärmbare Gährkeller besitzt, in welchen eine konstante Temperatur
von + 15, 17 oder + 18° R. während der stürmischen Gährung
aufrecht erhalten wird. In Bordeaux läßt man den Wein
sogar bei + 20° R. vergähren, wodurch der Farbstoff der Hülsen
gänzlich ausgezogen und möglichst viel Zucker des Mostes erhalten
wird. Die Weine erhalten dadurch weniger Alkohol, eine von
den meisten Konsumenten sehr geschätzte Eigenschaft. Auch in Ungarn
haben die größeren Weinproduzenten solche rationelle Einrichtungen
getroffen; der Mehrzahl fehlt aber noch häufig der Raum oder das
Kapital, um wärmbare Gährkeller anzulegen. Dies ist der Haupt=
grund, warum die Pflege des Rotweines nicht größere Ausdehnung
gewonnen hat. Es wäre daher wünschenswert, wenn durch Gemeinde=
mittel oder auf genossenschaftlichem Wege in Weinbautreibenden
Orten große Gährräume angelegt würden, in welchen sämtliche

Produzenten ihre Weine die stürmische Gährung gegen eine ent=
sprechende Miete durchmachen lassen könnten.

VII. Schillerwein. Aus dem angegebenen Grunde werden
in den meisten Gegenden bei dem vorherrschenden gemischten Satz
der Reben, der nur von den rationellen Produzenten verlassen wird und
gegen den auch die Regierung ankämpft, die überall eingestreuten
roten und blauen Trauben mit den weißen zusammen und zwar an
demselben Tage wo sie vom Stocke geschnitten auf die Kelter gegeben,
d. h. weiß gepreßt. Bei dieser Behandlung wird, wie überall wo
die weißen Trauben vorherrschen, ein Weißwein je mit der Farbe
des roten Goldes gewonnen. Wo aber die roten und blauen Trauben
vorherrschen oder ausschließlich vorhanden sind, da wird bei dem so=
fortigen Pressen ein Schillerwein gewonnen, wie er am Bodensee
und in den schweizerischen Kantonen Zürich und Thurgau beliebt
ist, wo indessen auch vieler Schiller von manchen Weinhändlern
mittels unschuldiger Heidelbeeren in schöngefärbten Rotwein ver=
wandelt wird. Übrigens haben wir keine Ursache zu verschweigen,
daß Südfrankreich der beste Abnehmer der deutschen Heidelbeer=
sammler und Spiritusfabrikanten ist. Aus der Gegend des an
Heidelbeeren so reichen Schwarzwaldes gehen ganze Schiffsladungen
mit Heidelbeeren rheinabwärts über's Meer nach der Garonne und
ebensolche Sendungen von entfuseltem Alkohol aus den Ostseehäfen
nach Bordeaux.

In dem genannten Ausweis der zum Verkauf 1883 eingekellerten
alten Weine der bedeutenderen ungarischen Weinproduzenten, welcher
aber weit entfernt ist vollständig zu sein, da in diesem zum erstenmal
angelegten Register natürlich sehr viele Produzenten noch fehlen, sind
auf 230 Druckseiten die Vorräte der Produzenten an jenen Sorten
mit Namen und Wohnort je nach den oben verzeichneten Lagen ein=
gezeichnet.

Dieselben umfassen:

An weißem Tischwein .	797,270	Hektoliter.
Rotwein	95,696	„
Braten= oder Dessertwein .	93,519	„
Schillerwein . .	51,996	„
Auslese .	16,159	„
Ausbruch	5,554	„
	1,060,194	„

Wir haben bereits nachgewiesen, daß ein Teil der hervorragenderen Großgrundbesitzer und Weinbauer sowohl in quantitativer, wie in qualitativer Hinsicht mit den bedeutenderen französischen und rheinischen Produzenten konkurrieren. Die Mehrzahl der Weingärten aber ist weit entfernt von einer Lage, wie sie unter Benützung aller natürlichen und technischen Vorteile leicht und bald erreichbar wäre. Ein großer Teil der Weingärten ist sogar passiv, ohne daß den natürlichen Faktoren die Schuld beizumessen wäre. Wir haben ferner behauptet, daß der ganze Weinbau in Ungarn in Beziehung auf Massenerzeugung und auf Herstellung feiner Weine auf eine bedeutendere höhere Stufe in kurzer Zeit gebracht werden kann, wo das Reineinkommen des Acker=baus, welcher in Ungarn bei Verpachtung 6 % und bei Selbstbewirt=schaftung, mit Ausnahme der ganz großen Herrschaften 8 % beträgt, noch bedeutend überboten werden kann. Wir wollen nun die Ursachen dieses Rückstandes im Gesamtertrag aufführen, aber auch die Heil=mittel nennen, welche dagegen anzuwenden sind und zum großen Teil von der ungarischen Regierung seit einigen Jahren angewendet werden.

1. Viele Weingärten leiden unter mangelhaften Wegen, die bei Regenwetter so schlecht werden, daß sie nicht befahren werden können. Obgleich guter Kuhdünger sehr billig und in Gegenden, wo Brenne=reien und Mastanstalten sich befinden, umsonst zu haben ist, und ob=schon auch das Fuhrwesen wohlfeil, so wird doch viel zu wenig, und an manchen Orten niemals gedüngt. Wenn auch der meiste Boden von einer seltenen Ergiebigkeit ist, so wird im Laufe von Jahrhun=derten doch der beste Boden erschöpft. Aus diesem Grunde tragen viele von den Orten und Städten entfernter liegende Weinberge nur noch wenig Früchte. Infolge einer gründlichen Verbesserung der Wege und durch Düngung würden sie in wenigen Jahren zu höherem Ertrag gebracht und auch die Gefahr beseitigt werden, daß der Most bei schlechtem Wetter nicht zum Keller gebracht werden kann.

2. In den meisten Weingärten befindet sich ein sehr gemischter Satz von Reben durcheinander gemengt. Sind dieselben auch in der Mehrheit von edlen Sorten, so sind sie doch nicht stets die ergiebigsten. Ferner reifen die 8—12 verschiedenen Traubensorten zu verschie=dener Zeit. Während die einen noch grün, sind die anderen schon reif, während die einen schon faulen, sind andere noch sauer. Da, wie früher in allen anderen Ländern, in Ungarn die Lese noch ziem=lich früh begonnen wird, so kommen viele noch unreife Trauben auch

in guten Jahren unter die Presse, welche dem Geschmack des Weines nicht zuträglich sind.

3. Die notwendige periodische Erneuerung der Reben geschieht nicht in einem bestimmten Turnus mittels tiefen Umgrabens und Neusetzens, sondern durch Vergruben, wobei die neuen Ableger nur 3 Zoll tief im Boden wurzeln, leicht durch Regengüsse das Erdreich verlieren und dadurch ihre Fruchtbarkeit bald einbüßen.

4. Ungarn ist auch bereits von der Phylloxera heimgesucht, doch noch nicht in bedeutendem Maße; auch hat die Regierung sofort die energischsten Maßregeln ergriffen, indem sie u. a. die Verführung von Rebensetzlingen von Gemeinde zu Gemeinde verbot. Wir werden sämtliche von der Regierung ergriffenen Maßregeln weiter unten im Zusammenhang nach den Aufzeichnungen der Fachstelle vorführen.

5. Ein Hauptübelstand ist der fast allgemeine Mangel an Gär=kellern oder geschlossenen wärmbaren Gärlokalen. Da der Most meist im Freien oder im kalten Keller die stürmische Gärung durchmacht, so wird bei dem raschen Wechsel der Temperatur oder bei niedrigerem Wärmegrade mehr Zuckerstoff des Mostes, als wünschenswert, in Al=kohol verwandelt und der Wein wird zu sauer und zu alkoholreich), was für den heutigen internationalen Geschmack, der zum Teil bereits durch das häufige Gallisieren verdorben ist, nicht empfehlend ist. Der Wein gärt sehr lange, macht oft noch eine wiederholte Gärung im zweiten Jahre durch und erfordert zur Reife sehr lange Zeit.

6. Aus Mangel an Gärlokalen und Lagerkellern sind die meisten Produzenten genötigt den Most schon im Herbst zu verkaufen, wo=durch ihnen der Hauptgewinn entgeht; auch sind zumal die Weinhändler bemüht die Namen ihrer besten Bezugsquellen zu verschweigen, so daß oft beste Lagen völlig unbekannt sind. Überhaupt giebt es schwer=lich einen guten Wein in der Welt, welcher so beharrlich unter frem=dem Namen auf den internationalen Markt wandert, als viel edler Ungarwein.

Gegen diese Übelstände wird sowohl von einzelnen Privaten, als namentlich von dem Ackerbauministerium mit seltener Umsicht und Energie angekämpft, so daß die Zeichen der Besserung unverkennbar sind. Nur die Gemeinden und Interessenten=Korporationen sind nach=lässig, so daß weder bezüglich der unter 1, 2 und 3 noch unter 5 gerügten Übelstände eine durchgreifende Reform, außer bei einzelnen Vignikolen wahrzunehmen ist. Und doch könnten die Privaten selbst durch genossenschaftliche Hilfe in vielen Fällen einen tüchtigen Fortschritt erzielen, wofür z. B. der Siebenbürger-Kellerverein in Klausenburg, welcher auf fast allen Weltausstellungen goldene Medaillen erworben hat, ein glänzendes Zeugnis ablegt. Hoffentlich wird aber dieses Beispiel, sowie die eifrige Unterstützung der Regierung bald Nachahmung er= wecken. Was die letztere betrifft, so steht ihre Thätigkeit in der Phylloxerafrage neben der des am gefährdetsten Staates — Frankreichs — wie aus folgender Darstellung hervorgeht, deren Daten wir der Fachstelle zur Bekämpfung der Reblaus verdanken:

Unter den zahlreichen Insekten die unsere Kulturpflanzen schä= digen, giebt es wohl kaum eines, welches sich einer allgemeineren Bekanntheit und größeren Wichtigkeit erfreut, als die unsere Wein= gärten verheerende Phylloxera. Wenn auch einer oder der andere von den Pflanzenfeinden aus dem Reiche der Insekten schon großen Schaden angerichtet hat, — wie z. B. die Wanderheuschrecke, welche ganze Gegenden verwüstete, die Hessenfliege, welche nicht selten die Getreide eines ganzen Landstriches vernichtete, die Maikäfer und an= dere Insekten oder deren gefräßige Larven, — so können doch all' diese gewiß nicht unbedeutende Plagen nicht im entferntesten verglichen werden mit der Gefahr, welche uns in Gestalt der Reblaus bedroht. Die Verheerungen der übrigen Insekten dauern gewöhnlich nur eine bestimmte Zeit, im schlimmsten Falle einige Jahre; die natürlichen Feinde der Schädlinge, sowie ungünstige Witterungsverhältnisse machen denselben gewöhnlich ein rasches Ende, bei der Reblaus hingegen warten wir vergebens auf die Beihilfe der Natur zu deren Ausrot= tung. Wo dieses gefährliche Insekt seinen Wohnsitz aufgeschlagen hat verläßt es denselben nicht bis die letzte Rebwurzel ihrem Fraße zum Opfer gefallen ist.

Der Grund dieses ausnahmsweisen Verhaltens der Reblaus ist darin zu suchen, daß die eigentliche Heimat dieses Insektes nicht Europa ist, sondern Nord=Amerika und von da aus in unsere Wein= gärten eingeschleppt wurde. Die schwächere zartere Wurzelschichte der europäischen Rebe ist den Angriffen dieses Insektes schutzlos preis= gegeben, und da die Reblaus bei uns fast ausschließlich nur an den Wurzeln der Rebe lebt, ist sie gegen die Witterungseinflüsse, sowie gegen natürliche Feinde geschützt. Das Auftreten und die Verbreitung der Reblaus gefährdet daher direkt die Existenz der europäischen Rebenkultur. Die Erkenntnis dieser traurigen Wahrheit, hat die

Weinbau treibenden europäiſchen Staaten ſchon bei Zeiten dahin ge=
führt gegen die Reblausinvaſion im Wege internationaler Verein=
barung übereinſtimmende Maßregeln ins Leben zu rufen. Zu dieſem
Behufe hielten die intereſſirten Staaten im Auguſt 1877 in Lauſanne
in der Schweiz eine internationale Phylloxera=Konferenz, als deſſen
Reſultat die Berner internationale Phylloxera=Konvention vom Jahre
1878 anzuſehen iſt. Dies war der erſte Fall im internationalen
Verkehr, daß die Regierungen verſchiedener Staaten zu gemeinſchaft=
lichen Maßregeln gegen ein ſchädliches Inſekt griffen. Ungarn,
welches bei der Lauſanner Konferenz ebenfalls vertreten war, hat ſich
der berner internationalen Konvention angeſchloſſen und erhob dieſe
Beſchlüſſe im I. G. A. des Jahres 1880 zum Landesgeſetze. Gleich=
zeitig wurde im II. G. A. des Jahres 1880 die Regierung ermächtigt
die nötigen Maßregeln gegen die Verbreitung der Reblaus durchzuführen.

Dieſe legislatoriſchen Maßnahmen ſind nicht allein durch die
große Wichtigkeit des Weinbaues für Ungarn begründet, ſondern auch
dadurch, daß die Reblaus ſchon damals an mehreren Orten des
Landes aufgetreten war. Allem Anſcheine nach wurde das gefahr=
bringende Inſekt ſchon in der Mitte der 60er Jahre mit auslän=
diſchen Reben nach Ungarn eingeſchleppt. Während einer langen
Reihe von Jahren vermehrte und verbreitete es ſich unbemerkt an
mehreren Orten. Der allmähliche Rückſchritt in der Vegetation der
Weinreben wurde anfangs wohl gar nicht bemerkt, und wenn die Wein=
ſtöcke auch weniger üppig gediehen oder gar abſtanden, ſo ſchrieb man dies
den Witterungseinflüſſen, Bodenverhältniſſen und anderen Urſachen zu.

So geſchah es, daß die Reblaus bei uns zuerſt im Jahre 1875
und zwar in Pancſova entdeckt wurde, wo dieſelbe, wie es ſcheint, mit
den aus Frankreich importierten Reben eingeſchleppt, und damals ſchon
auf einer Fläche von 40 ha. konſtatiert wurde.

Die Regierung beſchloß, mit Rückſicht darauf, daß dies das ein=
zige infizierte Terrain war, die gänzliche Ausrottung des verſeuchten
Gebietes; wozu ſie auf des XXXIX G. A. vom Jahre 1876 die
Vollmacht und einen Nachtrags=Kredit von 80,000 fl. erhielt. Die
Ausrottung mit Schwefelkohlenſtoff wurde im Jahre 1876 begonnen,
und im Frühjahr des folgenden Jahres fortgeſetzt. Allein ſchon
während dieſer Arbeiten ſtellte es ſich heraus, daß bedeutend mehr
als 40 ha. verſeucht waren, und obwohl über 60 Joch Weingarten
ausgerodet wurde, zeigten ſich dieſe Maßnahmen als unzulangend um

das Übel im Keime zu ersticken. Demzufolge sah man sich genötigt von dieser kostspieligen Vertilgungsmethode abzulassen, und sich auf die strenge Absperrung der Pancsovaer Weinberge zu beschränken. Durch diese Absperrung wurde zwar die Verbreitung der Reblaus vielleicht einigermaßen verlangsamt, doch dieselbe hiedurch gänzlich hintanzuhalten war unmöglich. Das Insekt verbreitete sich nicht nur im Pancsovaer Hotter in immer größerem Maße, sondern nistete sich schon im Jahre 1878 auch in den Weinbergen der Nachbarsgemeinde Franzfeld ein.

In den übrigen Weingebieten des Landes war die Reblaus damals noch nicht wahrgenommen worden, und das Weinbau treibende Pu= blikum wiegte sich in dem' guten Glauben, daß die Weinkulturen Un= garns, außer den vorerwähnten beiden Gemeinden, noch vollkommen seuchenfrei seien. Doch der beseligende Glaube hatte keinen langen Bestand, und wurde durch die während der zweiten Hälfte des Jahres 1879 gemachten traurigen Erfahrungen, — nach welchen in den Weingärten von Péer im Komitate Szilágy, Kaschau, Sz. Németi, N. Károly und M. Györök im Komitate Zala die Anwesenheit der Reblaus konstatirt wurde, — vernichtet.

Diese 5 Infektionen waren jedoch blos die Vorboten des ver= hängnißvollen Bildes, das die Resultate der Forschungen des Nach= jahres boten, und als im Jahre 1880 die Regierung die Untersuchung sämtlicher Weingärten anordnete, stellte es sich heraus, daß das ge= fährliche Insekt schon an zahlreichen anderen Orten des Landes sei= nen Wohnsitz aufgeschlagen hat, und daß bereits die verschiedensten Weingebiete von der Reblauskalamität befallen sind. Die Zahl der verseuchten Gemeinden vermehrte sich von 7 auf 38.

Die in dem Jahre 1881 und 1882 fortgesetzten Untersuchungen brachten abermals neue Seuchherde ans Tageslicht, und zwar wurden außer den vorerwähnten Infektionen im Jahre 1881 15, und im Jahre 1882 nach Beendigung der fachlichen Untersuchungen der Wein= gärten, weitere 29 neue Seuchenherde bekannt. Die sämtlichen vergangenen Jahre übertraf jedoch in dieser Beziehung das Jahr 1883, während welchem allein die Anwesenheit der Reblaus in neueren 48 Gemeinden festgestellt wurde. Alle diese Daten zusammengefaßt führen zu dem betrübenden Resultate, daß die Reblaus sich mit Ende des Jahres 1883 in nicht weniger als 130 Gemeinden von 2400 eingenistet hat. Diese Gemeinden liegen in 27 Komitaten und füllen auf die einzelne Komitate die in nachstehender Tabelle ersichtliche Zahl von Infektionen.

Komitat	1875	1876	1877	1878	1879	1880	1881	1882	1883	Zusammen
I. Diesseits der Donau.										
1. Pester	—	—	—	—	—	5	—	4	14	23
2. Bács	—	—	—	—	—	1	1	—	—	2
3. Nógrád	—	—	—	—	—	—	—	5	2	7
4. Hont	—	—	—	—	—	1	—	1	1	3
5. Preßburg	—	—	—	—	—	1	—	—	—	1*
6. Graner	—	—	—	—	—	1	—	2	4	7
II. Jenseits der Donau.										
1. Komorn	—	—	—	—	—	—	—	1	—	1
2. Weissenburg	—	—	—	—	—	2	—	—	—	2
3. Weszprim	—	—	—	—	—	2	6	1	8	17
4. Zala	—	—	—	—	1	—	—	—	1	2
5. Baranya	—	—	—	—	—	—	1	1	—	2*
III. Diesseits der Theiß.										
1. Abauj-Torna	—	—	—	—	1	—	1	2	—	4
2. Borsod	—	—	—	—	—	2	—	4	7	13
3. Zemplin	—	—	—	—	—	1	—	—	—	1*
4. Heves	—	—	—	—	—	—	—	—	1	1
5. Jász-N. kun Szolnok	—	—	—	—	—	1	1	—	—	2
6. Bereg	—	—	—	—	—	1	—	—	—	1
IV. Jenseits der Theiß.										
1. Szatmár	—	—	—	—	2	—	2	—	—	4
2. Szilágy	—	—	—	—	1	4	—	3	4	12
3. Bihar	—	—	—	—	—	—	—	1	3	4
4. Csongrad	—	—	—	—	—	1	—	—	—	1*
5. Arad	—	—	—	—	—	1	—	—	—	1
6. Torontál	1	—	—	1	—	—	1	2	1	6
7. Temes	—	—	—	—	—	4	2	1	1	8
8. Krassó Szörény	—	—	—	—	—	—	—	—	1	1
V. Siebenbürgen.										
1. Klausenburg	—	—	—	—	—	—	—	1	—	1*
VI. Kroatien.										
1. Agram	—	—	—	—	—	3	—	—	—	3
Zusammen	1	—	—	1	5	31	15	29	48	130

In den Weingärten dieser 130 Gemeinden sind etwa 6800 ha. nahezu 12,000 Joche mit Reblänsen behaftet und ¼ dieser Fläche teils durch die Reblaus vernichtet, teils von den Eigentümern ausge= rodet und einer anderen Kultur unterzogen.

In den Ländern der ungarischen Krone ist nach den offiziellen statistischen Ausweisen eine Fläche von 425,314 ha. mit Wein bebaut. Wenn wir nun die obigen Daten mit dieser Zahl vergleichen, so finden wir, daß die Reblaus bereits 1·6% der gesamten mit Wein bebauten Bodenfläche befallen hat und daß auf nahezu 0·4% dieser Fläche der Weinbau bereits aufgelassen wurde.

Die infizierten Gemeinden sind nicht alle abgesondert von ein= ander, sondern bilden meistenteils größere oder kleinere zusammen= hängende Infektions=Gruppen.

Die größte und bemerkenswerteste von diesen ist die Infektions= Gruppe von T. Totfalu, welche an der Krümmung der Donau bei Waitzen an beiden Ufern derselben liegt und in den Komitaten Pest, Nográd und Hont 26 Gemeindegebiete umfaßt. Die Bodenfläche der verseuchten Weingebirge beträgt hier beiläufig 2100 ha., wovon 660 ha. bereits verwüstet oder ausgerodet sind. Am intensivsten ist Verheerung am Angriffspunkte in Tahi=Totfalu selbst, von dem 250 ha. umfassenden Weingebirge dieser Gemeinde sind kaum mehr 37 ha. erhalten geblieben; der 240 ha. große Weinberg der Nach= barsgemeinde Leányfalu hat nur mehr 48 Joch produktionsfähigen Weingarten aufzuweisen. Diese große Infektion, welche sowohl das Ofner als auch das Waitzen=Nagymaroser Weingebiet mit Vernichtung bedroht, erstreckt sich nach Süden bis zur Grenze der Hauptstadt und schließt am linken Donauufer einesteils, die in Folge ihres bedeutenden Trauben=Exportes bekannte Gegend von Nagymaros, anderseits die Weinberge von Pencz ein, deren Weine sich einer großen Beliebtheit erfreuen.

Ein nicht minder wichtiges Weingebiet bedroht der Seuchenherd Sooly,*) welcher sich an den nördlichen Ufern des Plattensees auf

---

*) Um von der hochgradigen Verwüstung in Sooly ein Bild zu bekom= men, genüge anzugeben, daß der Zirzer Abtei, deren 16 Joch großer ausge= zeichnet kultivierter Weingarten im Jahre 1879 noch 1130 Eimer Wein ergab, von eben diesem Weingarten, der im Jahre 1882 nur mehr 6 Joch groß war, nur 6 Eimer lasen.

18 Gemeinden erstreckt, deren verseuchte Fläche beiläufig 700 ha. umfaßt.

Von den infizierten Gemeinden gehören 17 zum Veßcprimer Komitat, die 18. Felsö=Örs hingegen liegt schon im Zalaer Komitat, und dient gleichsam als Fingerzeig, daß das gefahrbringende Insekt, welches auch in Süden von M. Györök aus sich nähert, die berühmten Weingebirge des Plattensees (Balatonmellék) in kurzer Zeit auch be= fallen wird.

An der Schwelle des Ermellék finden wir ebenfalls eine größere Infektions=Gruppe, welche bei Peér in Hilágyer Komitat beginnend bis in's Biharer Komitat reicht und 15 Gemeinden mit einem Areal von 500 Joch verseuchten Weingarten einschließt.

Die ohne Behandlung gelassene Pancsovaer Infektion vergrößerte sich natürlich auch in großartigem Maße, so daß derzeit nicht nur die sämtlichen Weingärten Pancsova's vollkommen verlauft und vernichtet, sondern auch die Grenzen der Nachbarsgemeinden bereits angegriffen sind. Obwohl dieser Infektions=Gruppe nur 5 verseuchte Gemeinden angehören, ist die infizierte Fläche doch über 1000 Joch groß, und von dieser der vierte Teil für die Weinkultur bereits verloren.

Glücklicherweise ist der Weinbau in Pancsova nicht von be= deutender Wichtigkeit und eignet sich der Boden der ausgestreckten Weingärten auch für andere Kulturen ganz vorzüglich.

Bedeutend gefahrbringender ist die Reblaus Kalamität für das benachbarte Temeser Komitat, woselbst die Städte Verseß und Weiß= kirchen, die eines blühenden und rentablen Weinhandels sich erfreuen, den Mittelpunkt der Reblaus=Infektion bilden. In Verseß und den 3 Nachbargemeinden sind bereits beiläufig 235 ha. in Weißkirchen und den angrenzenden Pöröstemplom hingegen 63 ha. Weingarten von der Reblaus befallen.

Die zwei größeren Infektions=Gruppen des Vorsoder Komitates die in Sajo, die andere in Bodvaer Thale sind wegen der Nähe der Tokay=Hegyalya von größerer Bedeutung. Erstere ist die Szendröfer Infektions=Gruppe, welche bis in das Komitat Abauj Torna reicht und in 10 Gemeinden ein Areal von 300 ha. infizierten Wein= gartens umfaßt, die letztere die Barczaer Gruppe erstreckte sich auf 6 Gemeinden mit einer Infektions=Fläche von 200 ha.

Aus all diesen Daten erhelli zur Genüge, daß dem Weinbau Ungarns thatsächlich eminente Gefahr droht. Die Reblaus hat sich in mehreren bedeutenderen Weingegenden (Ofen, Werschetz, Weißkirchen) teilweise bereits eingenistet, teils aber sind dieselben (wie z. B. Balatonmellét, [Plattenseegegend] und Ermellét) unmittelbar bedroht. Einigermassen tröstlich ist es, daß noch so manche Weingegend ersten Ranges, als da sind: Tokay, Hegyalya, Erlau, Visonta, Reszmily, Auszt, Szegzárd, Villány, Szcrémséy in Arad-Hegyalya, sowie sämtliche Weinberge Siebenbürgens, nach unserem Wissen von der Reblaus Infektion bisher noch verschont geblieben sind.

Unsere Verhältnisse sind daher zwar besorgniserregend, jedoch immerhin noch nicht so verzweiflungsvoll, daß jeder weitere Kampf gegen die Reblaus ein vergeblicher und alle Gegenmaßregeln als überflüssig erschienen.

In erster Linie wären die unmittelbar bedrohten Weingarten-Besitzer berufen alle erdenklichen Mittel zur Erhaltung und Beschirmung unseres ernstlich bedrohten Weinbaues anzuwenden. Dies könnte man füglich von demselben erwarten ja sogar fordern. Mit Bedauern müssen wir jedoch gestehen, daß ein überwiegender Teil der ungarischen Weinproduzenten an den Ernst der Gefahr nicht glaubt und schon vom Anbeginne an dieselbe mit stoischen Gleichmute über sich hereinkommen ließ, ja sogar nicht selten die diesbezüglichen amtlichen Verordnungen nur als zwecklose Vexationen betrachtete.

Unsere Verhältnisse sind das gerade Gegenteil der Verhältnisse in Frankreich. In Frankreich kämpften, arbeiteten und wehrten sich die Weinbesitzer aus eigenem Antriebe gegen die ihre Kulturen bedrohende Gefahr lange Jahre hindurch, bis endlich die Regierung denjenigen zu Hilfe kam und ihnen ihre unmittelbare Unterstützung im Kampfe gegen die Reblaus zu Teil werden ließ. In Ungarn ließ die Regierung sich nicht erst von den geschädigten Weingartenbesitzern aufmerksam machen, sondern erkannte die Gefahr bei Zeiten, welche einen so wichtigen Zweig der Landwirtschaft bedrohte, und griff zu entsprechenden Maßregeln um einesteils die Einschleppung und Verbreitung der Reblaus zu verhindern, andernteils die Erhaltung der Weinkulturen trotz Anwesenheit der Reblaus möglich zu machen.

Die Maßnahmen der Regierung zur Verringerung der Gefahr und Ausrottung der Pancsovaer Infektion habe ich bereits erwähnt. Als es sich 1879 herausstellte, daß die Reblaus außer Pancsova auch noch an anderen Orten des Landes aufgetreten ist, wurde der Reben-

transport auch im Inlande — der Import vom Auslande war ſchon 1879
verboten, — vollkommen eingeſtellt und durften von einer Gemeinde
in die andere weder Schnitt noch Wurzelreben transportiert werden.

Eine geſteigerte Thätigkeit entwickelte die Regierung beſonders
ſeit dem Jahre 1880 als die Zahl der Infektionen ſich ſo bedeutend
vergrößerte. Nach den II. G. A. des Jahres 1880 wurde vor
Allem die Landes-Phylloxera-Kommiſſion ins Leben gerufen, und
diente deren Meinungsabgabe bei Herausgabe von Anordnungen und
Sicherheitsmaßnahmen zur Richtſchnur. Während der fachmänniſchen
Unterſuchung ſämtlicher Weingärten (1880—82) wurde von den
Seuchenherden jene deren Ausdehnung weniger als ein halbes Joch
betrug vollkommen ausgerottet. Auf dieſe Weiſe iſt es an folgenden
7 Orten gelungen die Reblaus vollkommen auszurotten:

Preßburg, Kis-Keszi (Honter Kom.) Baranya Szt György,
Fünfkirchen, Tályn (Zempliner Kom.) Hidmezö-Váſárhely und
Klauſenburg. Trotz wiederholter gründlicher Unterſuchung konnte man
an dieſen Orten keine Spur von Rebläuſen entdecken, es iſt daher anzunehmen, daß die Ausrottung, wenigſtens vorläufig mit Erfolg gekrönt war.

Im Jahre 1883 wurde eine derartige Ausrottung nur in
Gyöngyös ausgeführt. Wenn dieſe Arbeit, wie anzunehmen iſt, gelungen iſt, dann wurde das Übel durch die Ausrottung mit Schwefelkohlenſtoff und gänzliche Rodung der kranken Rebſtöcke, bisher im ganzen
an 8 Orten unterdrückt, wodurch die Zahl der Infektionen von 130
auf 122 vermindert worden wäre.

Nachdem im Jahre 1880 die Erfahrung lehrte, daß die Reblaus in Ungarn in einer ſo großen Maſſe verbreitet iſt, ſah ſich die
Regierung genötigt, auch in einer andern Richtung hin vorzuſorgen.
Zu der Einſicht gelangt, daß die vollkommene Ausrottung der Reblaus in den Weingärten Ungarns mit menſchlichen Kräften nicht
durchführbar ſei, ſann die Regierung auf andere Mittel und Wege
um die Aufrechterhaltung des ungariſchen Weinbaues auch für die
Zukunft zu ſichern. Zu dieſem Behufe wurde die Landes-Phylloxera-
Verſuchs-Station aufgeſtellt, der in erſter Linie die Aufgabe zukam,
außerdem praktiſchen und theoretiſchen Studium der Phylloxerafrage,
die im Auslande für zweckmäßig anerkannten Bekämpfungsarten auf
praktiſchem Wege zu erproben. Aus den Verſuchen, welche die Station
dem Kultural-Verfahren mit Schwefelkohlenſtoff, mit den amerikaniſchen Reben, mit dem Unter-Waſſerſetzen der Reben und mit der

Immunität des Sandbodens durchführte, ersah man klar, daß diese Bekämpfungsarten auch unter dem Klima und Bodenverhältnissen Ungarns vollkommen entsprechen.

Auf Grund dieser Versuche, unterließ die Regierung kein Mittel um die Weinproduzenten mit diesen Phylloxera Bekämpfungsarten be= kannt und vertraut zu machen.

Das Kultural=Verfahren mit Schwefelkohlenstoff wurde auf Staatskosten unter dessen Aufsicht schon seit dem Herbste des Jahres 1881 in den Weingärten aller jener Besitzer durchgeführt, die dies verlangten und sich verpflichteten den so behandelten Weingarten ent= sprechend zu düngen. Diese von Amts wegen durchgeführte Kultural= Behandlung wurde in den infizierten Weingebirgen von T. Totfalu, Sooly, St. Weißenburg, Szendrö, Bareza und Szinérvasalya im Frühjahre und Herbst fortgesetzt und hatte befriedigende Erfolge auf= zuweisen. Dies beweist auch jener Umstand, daß im Jahre 1883, als man von der kulturellen Behandlung auf Staatskosten abließ und die Besitzer zu diesen Arbeiten auf eigene Kosten die Arbeits= kräfte zu stellen hatten die Arbeiten von Seiten der Besitzer in Sooly und T. Totfalu nicht aufgelassen wurden, ja kulturell behandelte Flächen vergrößerten sich sogar vom Jahre 1882 auf 1883 von 10·6 ha. auf 30·8 ha.

Zum Behufe der Produktion von widerstandsfähigen amerikani= schen Reben wurde eine große Menge glatter, wie auch Wurzelreben teils direkt aus Nord=Amerika, teils aus Frankreich eingeführt, und zwar im Jahre 1881: 142,000, im Jahre 1882: 20,000, im Jahre 1883: 412,000 Stück. Die Reben wurden auf den drei Versuchsfeldern (Farkasd, Szendrö, Itvantelek) der Versuchsstation, sowie im Frühjahre des Jahres 1883 in Stuhl=Weißenburg und Weißkirchen errichteten amerikanischen Rebschulen eingesetzt und ver= mehrt, so daß im Frühjahre des Jahres 1884 es schon möglich war beinahe 200,000 echte amerikanische Reben auszufolgen. Aus dem Rebenvorrate wurde vor allem die in Peer neu errichtete amerikanische Rebschule versehen, der größere Teil hingegen unter den geschädigten Weinproduzenten für mäßige Preise verteilt.

Was die Submersion der infizierten Weingärten, diese wirksame Bekämpfungsart betrifft, wird dieselbe in Anbetracht der schiefen Lage unserer Weingärten und des Mangels an nötigem Wasser, nur an wenigen Orten zur Anwendung gelangen. Die Submersion der

Werſchetzer infizierten Weingärten konnte deshalb nicht ausgeführt werden, da der zu dieſem Zwecke gebohrte arteſiſche Brunnen ſelbſt in einer Tiefe von 165 Meter noch kein Waſſer lieferte und man von den weiteren Bohrungsarbeiten, wegen der damit verbundenen bedeutenden Ausgaben, Abſtand nehmen mußte. Trotzdem wurde die Submerſionsfrage nicht ganz fallen gelaſſen und der G. A. XIII. des Jahres 1882, welcher mit Bezugnahme der im Jahre 1882 abgeſchloſſenen und ebenfalls zur Geſetzkraft erhobenen internationalen Phylloxera = Konvention, bezüglich der gegen die Verbreitung der Phylloxera zu ergreifenden Maßregeln geſchaffen wurde, (1882 XV. G. A.) ſichert den zur Submerſion eingerichteten neu angelegten Weingärten eine Steuerfreiheit von 6 reſp. 10 Jahren.

Daſſelbe Geſetz ſichert auch den in Sandboden angelegten neuen Weingärten eine 6jährige Steuerfreiheit, damit bezweckend, daß die Weingartenbeſitzer den großen Wert, welchen die Flugſandſtrecken des Landes in Folge ihrer Phylloxera=Immunität in ſich bergen, ge= nügend auszunützen vermögen, und die Weinkultur Ungarns, wenn ſchon anderswo nicht, ſo wenigſtens in den ſandbodigen Ebenen unter allen Umſtänden zu erhalten beſtrebt ſeien.

Wie erſichtlich, that die Regierung alles, und wird auch ferner= hin das Ihrige leiſten, damit ſie den großen Schlag, mit welchen die Phylloxera=Invaſion die ungariſche Weinkultur trifft nach Mög= lichkeit lindere und erträglicher geſtalte.

Nun liegt es an den Weinbeſitzern Ungarns, daß ſie auch ihrer= ſeits in dieſem Selbſtverteidigungskampfe das Nötige tüchtig beitrage, von den gebotenen Hilfsmitteln und Methoden in jedem einzelnen Falle, daß paſſendſte auswählend, dieſe wichtige Einnahmsquelle dem Lande weiterhin ſichern.

Nach den glänzenden Erfolgen, welche die Zucht amerikaniſcher, mit europäiſchen Edelreben gepfropfter Reben in den letzten Jahren in Frankreich ergeben hat, muß darin das Hauptmittel zur Bekäm= pfung der Reblaus geſucht werden. Mit der Lieferung amerika= niſcher Reben an die Weingartenbeſitzer iſt es allein aber nicht gethan. Denn da dieſelben ohne Veredelung keinen brauchbaren Wein liefern, das Pfropfen aber einerſeits gerade zu der Zeit vorgenommen werden muß, wo die Winzer am meiſten mit den laufenden Arbeiten zu thun haben, andererſeits den meiſten auch die Kenntnis des Inokulierens fehlt, welches bei den Reben noch eine Neuerung und weit entfernt von der

Vollkommenheit ist die man darin bei der Obst= und Rosenkultur erreicht hat, so hat das Ackerministerium den dankenswerten Entschluß gefaßt, den Besitzern von der Reblaus infizierter Weingärten bereits veredelte amerikanische Reben zu liefern. Den anderen Reblandbesitzern werden nebst den amerikanischen Wurzelreben technisch eingeschulte Arbeiter zur Verfügung gestellt, welche die Inokulierung besorgen oder den Leuten der Grundeigentümer die nötige Anleitung zur Ausführung dieser Arbeiten geben.

Außerdem hat das Ackerbauministerium 1883 im seuchenfreien Sandboden von Kecskemet 200 Katastral=Joch zu einer Rebschule angelegt, in welche schon in demselben Jahre aus verschiedenen seuche= freien Teilen Ungarns Schnittlinge von edlen Rebsorten gesetzt wur= den, welche von Grundeigentümern unentgeltlich geliefert wurden, — unter der Bedingung einer eventuellen Entschädigung durch Wurzel= reben. Diese Setzlinge haben schon im Frühjahr über eine Million Wurzelreben von ausgezeichneter Qualität geliefert, welche das Mini= sterium zu folgenden Preisen an Grundeigentümer abläßt unter der zweckmäßigen Bedingung, daß der Boden der Neuanlagen 2½ Fuß tief rigolt und die Reben 1·30 Meter Gr. 1·50 Meter von einander entfernt gesetzt werden.

Es wurden im Frühjahr 1884 zur Verfügung gestellt:

Weiße Wurzelreben.

	Stück	Preis per 1000 St.
1. Weiße Kadarka	18,000	fl. 8
2. Rheinriesling .	200,000	„ 10
3. Wälschriesling . . .	200,000	„ 10
4. Furmint (Mosler, Tokajer= Traube) . . .	80,000	„ 8
5. Sazfeher . .	20,000	„ 8
6. Sauvignon	10,000	„ 14

Rote Wurzelreben.

7. Bakador	50,000	„ 10

Blaue Wurzelreben.

8. Blaue Kadarka . .	400,000	„ 8
9. Oporto (Portugieser)	40,000	„ 14
10. Carbenet . . .	30,000	„ 14
11. Blau=Burgunder . .	30,000	„ 14
	1,078,000	

Das Ackerbauministerium sucht sowohl durch die eigenen Reb=
schulen, wie durch sachliche Untersuchungen möglichste Gleichartig=
keit im Anbau edler Rebsorten herbeizuführen, um damit einem Haupt=
gebrechen des Ungarischen Weinbaues, — der großen Ungleichartigkeit
der Weine abzuhelfen und den internationalen Geschmack zu befrie=
digen. Bekanntlich ist ein großer Teil des Erfolgs der südfranzösischen
Weinproduzenten dem Umstand beizumessen, daß dieselben große Mengen
von konstanter gleicher Qualität auf den Markt bringen. Dazu ge=
hören einerseits große Keller und Fässer um die nötigen Mischungen
zu machen; andererseits aber ein möglichst gleichmäßiger Satz von
Reben. In Ungarn aber ist nach den amtlichen Erhebungen kaum
ein Joch Weingarten zu finden, in welchem nicht 10—15 Sorten
unter einander gemischt vorkommen. Das Ackerbauministerium hat
das ganze Land durch Sachverständige bereisen und in den Wein=
geländen untersuchen lassen, welche Rebsorten je die besten Resultate
in verschiedenen Gegenden ergeben. Diese Ergebnisse sind in einer
Denkschrift zusammengestellt, und eine Liste der für jede Gegend
empfehlenswertesten Rebsorte entworfen worden, welcher zugleich sachliche
Winke über die Art der Kulturanlagen beigefügt sind.

Können diese sämtlichen Maßregeln nur mit Dank aufgenommen
werden, und zeugen sie von einer organischen Thätigkeit, um welche
Ungarn von den meisten Ländern beneidet werden kann, — so findet
dagegen eine andere im Interesse des Weinabsatzes getroffene orga=
nische Maßregel starke Anfechtung von seiten eines Teiles der
Interessenten — der Weinhändler; — unserer Ansicht nach mit
Unrecht.

Wir wollen nämlich sprechen von der 1883 begründeten, unter
der Aufsicht des k. ung. Ministeriums für Ackerbau, Industrie und
Handel stehenden ung. Landes=Central=Musterkellerei. Diese Anstalt
ist zwar im Budget mit einer Subvention von 5000 fl. datiert und
die Weinhändler hätten recht zum Tadel, daß eine Steuerfreiheit
genießende Staatsanstalt, welche der Privatindustrie Konkurrenz macht
subventioniert werde, während jene Steuer entrichten müssen. Allein
in Wirklichkeit trägt die neue Anstalt ihre Kosten selbst, und jene
fl. 5000 repräsentieren nur eine Dotation, welche zu Inspektionsreisen
und für Wanderlehrer verwendet wird. Wenn es sich darum handelt
einem Produktionszweige aufzuhelfen, welcher im allgemeinen passiv
ist, während der Handel daran Millionen verdient, dann kann der

Staat, um des im allgemeinen guten Prinzips willen, daß er sich in die Privatindustrie nicht einmischen solle, nicht solchen Zustand sich in unendliche Zeit fortschleppen lassen. Es giebt einen toten Punkt in der Volkswirtschaft, wo das Eingreifen des Staates die Maschine durch geringe Nachhilfe wieder in produktive Selbstthätigkeit bringen kann. Wenn irgend ein Zweig der Bodenproduktion in dieser Lage sich befindet, so ist es der Ungarische Weinbau. Hier braucht die Hilfe des Staates nicht weiter sich zu erstrecken, als bis die europäischen Konsumenten mit den Namen der hauptsächlichsten Weinlagen und mit dem Geschmack der Naturweine bekannt geworden sind. Durch diesen Anstoß und durch diese Konkurrenz werden dann die Weinhändler auch allmählich gezwungen uns reinen Wein einzuschenken und die Weine bei ihrem wirklichen Namen zu nennen. Bei dem niedrigen Preis des Bodens ist Ungarn im Stande auch die billigsten Tischweine, welche in Bordeaux mit Hilfe des Petiotisierens und der Pasteurapparates gestreckt werden, in voller natürlicher Reinheit und zu niedrigerem Preise zu liefern.

Nach dem Organisationsstatut ist der Zweck der ungarischen Landes-Central-Musterkellerei:

Die von einheimischen Produzenten eingesendeten Eigenbauweine ihrem Charakter entsprechend fachgemäß zu behandeln und flaschenreif zu machen.

Die praktische Ausbildung der zur Verbreitung der nationalen Kellerwirtschaft berufenen Wanderlehrer und Kellermeister in der Wein- und Kellermanipulation.

Zur Behandlung werden bloß solche Weine angenommen, welche vor der Einsendung wenigstens zweimal abgezogen wurden.

Die Aufnahme von Weinen, deren Umgestaltung zu gutem Weine auch bei rationeller Behandlung nicht möglich ist, kann der Aufsichtsrat dieser Kellerei ablehnen.

Einzusenden ist von jeder einzelnen Weinsorte folgendes Minimalquantum u. z.: von gewöhnlichem Wein wenigstens 50, von Braten- und Charakterweinen wenigstens 10 Hektoliter, von Ausbruchwein aber wenigstens 1 Faß (von 125—140 Liter Gehalt).

Das Maximal-Quantum einer Wein-Sorte, welches von einem Produzenten eingesendet werden kann, wird mit Rücksicht auf die geschehenen Anmeldungen, auf die disponiblen Räumlichkeiten und auf die Beſchäftigung des Kellerperſonales über Antrag des Aufſichtsrates dieſer Kellerei, von Zeit zu Zeit vom Miniſterium beſtimmt.

Vor Einſendung des Weines ſind von jeder einzelnen Sorte wenigſtens 2 Deci-Liter als Probe nach Budapeſt zu ſenden. Auf Grund dieſer Probe wird ſodann vom Aufſichtsrath betreffs der Annahme des Weines Beſchluß gefaßt und hievon der Einſender verſtändigt.

Sollte der eingeſandte Wein den vorhergegangenen Proben nicht entſprechen, ſo kann der Aufſichtsrat denſelben dem Produzenten zurückſenden.

Die unter der Adreſſe der Landes-Central-Muſterkellerei in Budapeſt anlangenden Weinſendungen werden von dem, von Seite des Miniſteriums eigens damit betrauten Spediteur übernommen. Im Falle bei der Übernahme Mängel und Schäden wahrgenommen würden, iſt der Spediteur verpflichtet, die zur Wahrung der Erſatzanſprüche nötigen Verfügungen unverzüglich einzuleiten.

Der vom Spediteur eingelieferte Wein wird vom Kellermeiſter oder von deſſen Subſtituten ſogleich übernommen, wobei das angelangte Quantum feſtgeſtellt wird, für welches ſodann dieſe Kellerei verantwortlich iſt. Sollte jedoch zwiſchen dem aufgegebenen und angelangten Weinquantum eine Differenz beſtehen, ſo kann der Einſender ſeine allenfalſigen Anſprüche nur gegenüber dem Spediteur zur Geltung bringen.

Von dem feſtgeſtellten Weinquantum kann — ſo lange der Wein im Gebinde ſteht — vierteljährlich höchſtens 1% als Schwindung in Abrechnung gebracht werden.

Wird der Wein in Flaſchen abgezogen, ſo kann aus dieſem Anlaſſe eine neuerliche Schwindung von 3% dem Produzenten aufgerechnet werden.

Für größere Abgänge haftet die Kellerei und iſt erſatzpflichtig.

Die Art der Behandlung der eingeſendeten Weine wird vom Kellermeiſter feſtgeſtellt, und im Wege des Regierungs-Kommiſſariates für Weinkultur dem Produzenten mit der Aufforderung mitgeteilt, daß etwaige Einwendungen innerhalb acht Tagen bekannt zu geben ſind.

Wenn nach Verlauf von 15 Tagen nach Abſendung dieſes Vorſchlages keine Einwendung geſchieht, ſo wird derſelbe als angenommen betrachtet.

Sollte jedoch der Produzent eine andere als die empfohlene Behandlungsweiſe in Anwendung zu bringen wünſchen, und deshalb ein Einvernehmen mit dem Kellermeister nicht erzielt werden können, so wird der Aufsichtsrat dieser Kellerei den Ausgleich der obschweben= den Meinungsverschiedenheit zwar versuchen, falls derselbe aber nicht gelingt, wird der Wein innerhalb festgesetzter Frist dem Eigentümer zur Disposition gestellt und nach erfolglosem Verstreichen des festge= setzten Termines dem Produzenten zurückgesendet.

Der in der Landes=Central=Musterkellerei flaschenreif gezogene Wein steht dem Produzenten zur Verfügung.

Solche Weine, welche aus den hervorragenden Weingegenden Ungarns gewonnen, die würdigen Repräsentanten der vorzüglichen Produkte ihrer Gegend sind, und dabei von solchen Produzenten her= rühren, bei denen die andauernde Nachsendung ähnlicher Weine in Folge Ausdehnung ihrer Weinberge, Kultivirung derselben, sowie rationelle Weinlese und Kellerwirtschaft gesichert ist, werden auf Wunsch des Produzenten und über Verfügung des Aufsichtsrates der Landes= Central=Musterkellerei, von dieser Kellerei bouteillirt und mit der Vignette des Produzenten, sowie mit jener der Landes=Central=Muster= kellereien versehen.

Die Vignette der Musterkellerei wird derart auf den Flaschen angebracht, daß dieselbe durch das Öffnen der Flasche vernichtet wird. Nur mit solcher Vignette versehene Flaschenweine dürfen an die damit ausschließlich betrauten Verschleißer abgegeben werden.

Andere gut entwickelte Weine werden auf Wunsch des Eigen= tümers anläßig der vom Ministerium jährlich einmal zu arrangiren= den — im In= und Auslande bekannt gemachten Auktion versteigert.

Die bei Einsendung der Weine aufgelaufenen Frachtspesen und auf Wunsch des Eigentümers auch die Kosten des Bahntransportes werden von der Kasse der Landes=Central=Musterkellerei vorgestreckt.

Der für die Behandlung der Weine zu zahlende Betrag und der Kellerzins wird über Antrag des Aufsichtsrates dieser Kellerei vom Ministerium bestimmt, übersteigt aber nicht die Selbstkosten.

Die vorschußweise ausgelegten Transportspesen und Manipu= lationsgebühren, sowie der Kellerzins und die während der Kellerung des Weines sonst noch aufgelaufenen Ausgaben werden beim allen= fallsigen Verkauf des Weines von dem Kaufbetrage in Abzug gebracht, sonst aber vor Ausfolgung des Weines vom Eigentümer beglichen.

Das königlich ungarische Ministerium für Ackerbau, Industrie und Handel übt die Oberaufsicht über die Landes=Central=Muster=

tellerei. Dieſelbe iſt von dieſem Miniſterium abhängig und wird von demſelben mit den nötigen Lokalitäten, Requiſiten und dem Manipulationsperſonale verſehen.

Den Aufſichtsrat der Landes-Central-Muſter-Kellerei bilden:

1. der Regierungs-Kommiſſär für Weinbau,

2. ein von den beteiligten Produzenten gebildeter permanenter Ausſchuß,

3. der Landes-Central-Kellermeiſter, eventuell der Weinchemiker als ſachkundige Mitglieder dieſes Aufſichtsrates.

Der Aufſichtsrat hält wenigſtens monatlich 2 Sitzungen.

Der Miniſter für Ackerbau, Gewerbe und Handel ernennt den aus 30 beteiligten Produzenten beſtehenden Ausſchuß auf 3 Jahre, und zwar auf Grund des von den Produzenten geſtellten Antrages mit Rückſicht auf entſprechende Vertretung der bedeutenderen Wein= gegenden.

Behufs Kandidirung dieſes 30er Ausſchuſſes, wird jedes 3. Jahr eine Verſammlung ſämtlicher in der Landes-Central-Muſterkellerei vertretenen Produzenten vom Miniſterium einberufen.

Dieſer Ausſchuß der Produzenten exmittiert zur ſtändigen Be= teiligung an der Adminiſtration und Kontrolle der Kellerei aus ſeiner Mitte auf 3 Jahre eine vom Miniſter zu beſtätigende permanente Kommiſſion von 6 ordentlichen und 3 Erſatzmitgliedern.

Behufs Kenntnisnahme des von dem Aufſichtsrate zu erſtattenden Jahresberichtes und etwa nötiger Ergänzung der permanenten Kom= miſſions-Mitglieder, ſowie Beſprechung der bezüglich Adminiſtration der Kellerei oder Förderung der Weinkultur gemachten Vorſchläge wird der 30er Ausſchuß der Produzenten vom Miniſter für Ackerbau, Gewerbe und Handel, jährlich einmal einberufen.

Die permanente Kommiſſion deren Mitglieder nur ſolche Wein= produzenten ſein können, für welche in der Landes = Central = Muſter= kellerei Weine behandelt werden — ſorgt für das Engagement von Verkäufern, welche die mit der Schutzmarke derſelben verſehene Flaſchen= weine — und zwar ausſchließlich nur ſolche — auf Rechnung der Eigentümer in den Verkehr bringen.

Die permanente Kommiſſion wählt ihren Präſes aus ihrer eigenen Mitte und beſtimmt mit Genehmigung des Miniſters ihre Geſchäfts= ordnung ſelbſt.

Das Verwaltungspersonal der Landes=Central=Musterkellerei ist folgendes:

1. der Oberkellermeister,
2. vier Kellermeister,
3. der Buchhalter, welcher zugleich Kassier ist und
4. der Weinchemiker, falls die Kreirung einer solchen Stelle sich für notwendig erweisen sollte.

Die im Interesse der Kellerei erforderlichen Korrespondenzen, sowie die Protokollführung anläßig der Sitzungen werden vom Amts= personale des Regierungs=Kommissariates für Weinbau besorgt.

Der Oberkellermeister ist verantwortlich:

a. für die Qualität und Quantität der eingekellerten Weine,
b. für sämtliche dem Kellerinventar angehörende Requisiten,
c. für die Handlungen und Versäumnisse des von ihm aufgenom= menen Kellerpersonals.

Die Kellermeister werden vom Oberkellermeister aufgenommen, und werden die mit demselben zu schließenden Dienstverträge behufs Genehmigung dem Ministerium unterbreitet.

Der Oberkellermeister ist ermächtigt die nötigen Kellerarbeiter — deren Anzahl jedoch 12 nicht überschreiten darf — mit einem Monats= lohn von höchstens 45 fl., sowie einen Diener mit 400 fl. Jahres= lohn aufzunehmen und nach seinem Gutdünken zu entlassen. Ferner ist er noch ermächtigt die bei der Manipulation nötigen Requisiten in der Höhe von 50 fl. monatlich einzuschaffen und diesen Betrag aus der Kasse der Landes=Central=Musterkellerei begleichen zu lassen. Zur Verausgabung einer größeren Summe ist die Genehmigung des Regierungs=Kommissariates einzuholen, resp. über den diesbezüglichen Bedarf Anzeige zu erstatten.

Die Kellermeister sind verpflichtet, die Anordnungen des Ober= kellermeister pünktlich zu befolgen, über den Zustand der ihnen zuge= wiesenen Weine, sowie über die, mit denselben vorgenommenen Ma= nipulationen genau Vermerkungen zu führen, und diese auf Verlangen des Oberkellermeisters zu jeder Zeit vorzuzeigen.

Der Buchhalter und zugleich Kassier in einer Person, ist mit der Führung sämtlicher Bücher der Landes=Central=Musterkellerei be= traut, und verwaltet auch die Kasse derselben.

Der Buchhalter ist verpflichtet jeden einzelnen Produzenten, welcher Weine eingesendet hat, im Hauptbuche nominativ vorzumerken und die eingesendeten sowie aus dem Keller verabfolgten Wein=Quali= täten mit Bezeichnung des Ein= und Ausgangstages derselben — auf Grund der vom Oberkellermeister erstatteten Anmeldung sogleich zu verbuchen.

Derselbe hat ferner ein genaues Kassa=Journal zu führen, und in demselben sämtliche Einnahmen und Ausgaben pünktlich einzutragen, sowie die vom Regierungs=Kommissär oder vom Oberkellermeister an= gewiesenen Beträge auszuzahlen.

Zur Deckung der laufenden Ausgaben wird demselben der ent= sprechende Geldbetrag vom Ministerium zeitweise flüssig gemacht.

Budapest, im Juni 1883.

Mit Hülfe des Landesmusterkellers, welcher Niederlagen von Flaschenweinen bereits auch in Wien und Berlin errichtet hat und solche auch in Petersburg, Moskau, London, Stockholm, Christiania und Kopenhagen im Auge hat, werden die guten Tafelweine Ungarns, welche sich durch ihren Körper und ihr Feuer eben so sehr für die kälteren Klimate eignen, wie durch ihre Reinheit der Gesundheit zuträglich sind, indem sie nicht so stark ins Blut gehen, als die süd= lichen Weine, den Magen stärken und den Kopf frei halten, — immer mehr am internationalen Markte in ihrer Ächtheit bekannt. Sobald aber die Nachfrage steigt, dann werden auch immer mehr Weinbauer sich ermuntert fühlen, ihre Reben zu verbessern und rationelle Keller= wirtschaft einzuführen. Goldene Schätze, die noch in dem fruchtbaren Schoße der Erde ruhen, werden erschlossen werden und Millionen erfreuen.

Übrigens verdient schließlich erwähnt zu werden, daß Max Greger, der Direktor einer unter dem gleichen Namen eingetragenen Gesellschaft in London, sich bereits große Verdienste um die Einführung reiner ungarischer Weine in England unter ihrem eigenen Namen erworben, und große Erfolge aufzuweisen hat. So mag hervorgehoben werden, daß die Königin von England nur Ungarwein trinkt.

Ich will diesen Abschnitt nicht schließen, ohne die Aufmerksamkeit rheinischer Weinproduzenten auf die großen Vorteile des Weinbaus in Ungarn im Vergleich zu den süddeutschen Verhältnissen aufmerksam zu machen. Da mir in dieser Hinsicht persönliche Erfahrungen zur Seite stehen, so lasse ich einige authentische Ziffern über die mir be=

kannten Verhältnisse des Großwardeiner Weingebirges folgen, welche
für sich selbst sprechen.

In den Hügeln von Großwardein ist der Hektar Rebland süd=
licher Lage, mit tiefem mit Mergel gemischtem Lehmboden, ½—
1 Stunde vom Eisenbahnhof, noch um fl. 700—800 zu haben.
Taglöhner, welche mit den Weinbergarbeiten vertraut, sind in ge=
nügender Anzahl zu rechter Zeit zu haben und erhalten im Winter
an Taglohn ohne Kost 50 Kreuzer Östr. Währung nebst zwei Glas
Zwetschgenbranntwein im Wert von 10 Kr., im Sommer 70—80 Kr.
nebst dem Schnaps. Nur in Jahren, wo die Feldarbeit durch un=
günstige Witterung verzögert worden ist, und die Feld= und Rebar-
beiten sich kumulieren, muß bis fl. 1·20 täglich gezahlt werden, aber
nur für kurze Zeit, da glücklicherweise die wichtigsten Arbeiten in dem
Weingarten nicht mit der Getreideernte zusammenfallen. Die Arbeiter
kommen in der Regel aus den benachbarten, zuweilen auch mehrere
Stunden entfernten Dörfern in Scharen und bieten sich am Weinberg
an, wo sie auch in einem Schuppen übernachten, bis die Arbeit be-
endet ist. Ihre Nahrung, welche nur aus sehr kräftigem und schmack=
haftem Maisbrod und Paprika=Speck besteht, bringen sie selbst mit,
oder holen sie in der Stadt nach dem Feierabend. Bei der Wein=
lese erhalten die Arbeiter die Kost vom Eigenthümer und zwar bessere,
als am Rhein, nämlich warme Speisen, abwechselnd Rind=, Hammel=,
oder Schweinefleisch mit Bohnen, Hirse, Bräune und anderem Gemüse.
An Lohn dazu erhalten die Leserinnen 10 Kr., die Träger 20 und
die Leute an der Kelter 25 Kr. Letztere erhalten geringen Wein,
die ersteren Branntwein; doch da die Frauen diesen zurückzuweisen
pflegen, so ist es billig, den Leserinnen auch Wein zu verabreichen.

Die Grundsteuer beträgt nebst Zuschlägen ungefähr fl. 8 von
dem Hektar.

Der Dünger, und zwar 3jähriger Kuhmist, ist in den Brenne=
reien und Mastanstalten von Großwardein in beliebiger Menge umsonst
zu haben. Bei der großen Nachhaltigkeit des Bodens und dem milden
Klima, welches dem des Rheingau's gleichkommt, darf die Düngung
(120 Wagen per ha) höchstens je in 4 Jahren erneuert werden.

Die Betriebskosten stellen sich unter Einschluß eines ständigen,
angestellten Winzers, bei einem Weinberg von mittlerem Umfang
einschließlich der Grundsteuer, der Wegbeiträge und der Düngung
auf jährlich fl. 120 per ha. Dabei wird der Weinberg fünf

Mal behauen, das Eindecken für den Winter und das Aufdecken mitgerechnet.

Am vorteilhafteſten ſtellen ſich die Koſten der Neuanlage, welche weit billiger ſind, als am Rhein und in Öſterreich. Das Rigolen wird am beſten in Akkord gegeben, und während des Spätherbſtes und des Winters ausgeführt. Die Quadrat=Klafter (von 6') 2½ Fuß tief zu rigolen, koſtet je nach der Beſchaffenheit des Bodens 18 bis 23 Kreuzer. Die Hektar fix und fertig rigolt und mit Rhein= riesling oder Bordeauxreben, oder mit amerikaniſchen Reben bepflanzt, welche ſpäter mit den erſteren gepfropft werden, koſtet höchſtens 800 fl.

Das Düngerfahren beſorgt man am billigſten in eigener Regie. Raſſepferde mittleren Schlages, welche bedeutend größer ſind, als die bekannten kleinen ungariſchen Bauernpferde, koſten im Herbſt 50 bis 60 fl., im Frühjahr fl. 80 per Stück, ſtarke Ochſen von der großen weißen ungariſchen Edelraſſe fl. 180 das Stück. Letztere ſind bei ſchlechten Wegen vorteilhafter auch beim Verkauf weniger Verluſt bringend.

Kulturingenieurweſen in Ungarn.

Wenn wir die Entwicklung dieſer für die Landwirtſchaft Un= garns ſehr wichtigen Inſtitution verfolgen wollen, müſſen wir in das Jahr 1874 zurückgehen, um welche Zeit der damalige ungariſche Ackerbauminiſter einen auch in der Landwirtſchaft bewanderten In= genieur ins Ausland ſchickte, um dort die verſchiedenen Einrichtungen zur Bodenamelioration zu ſtudieren. In die Heimat zurückgekehrt, begann jener Ingenieur in verſchiedenen Teilen des Landes die ge= ſammelten Erfahrungen praktiſch durchzuführen und wußte ſo ſehr das öffentliche Vertrauen auf die Bodenameliorationen zu lenken, daß der ungariſche Reichstag im Jahre 1879 eine Summe von 20,000 Mark für Bodenverbeſſerungen in ſein Budget einſtellte. Dieſe Summe wurde von Jahr zu Jahr erhöht und betrug in dem Voranſchlag für 1884 154,000 Mark. Durch den Erfolg ermuntert errichtete das ungariſche Ackerbauminiſterium im Jahre 1879 offiziell das Bureau für Boden=Meliorationen, mit einem Perſonalſtand von einem Chef und 4 Ingenieuraſſiſtenten, das ſich innerhalb ſeiner

5jährigen Thätigkeit so bewährte, daß dessen Personal im Jahre 1884 aus einem Chef, 7 Kreis=Kulturingenieuren, 16 Ingenieuren, 23 Wiesenbaumeistern und 17 Wiesenbauzöglingen besteht. In der Ackerbauschule von Kassa wurde gleichfalls im Jahre 1879 eine Schule für Drainage und Bewässerung nach dem Muster der in Baden bestehenden errichtet, nur mit dem Unterschied, daß als Zög= linge für die Kassäer Schule Reserveunteroffiziere der Genietruppe ausgesucht werden, welche Einrichtung sich in jeder Beziehung als sehr praktisch erwiesen hat. Die Schule für Drainage und Bewässe= rung, an der Ackerbauingenieure und Professoren der Ackerbauschule als Lehrer fungieren, untersteht direkt dem Bureau für Bodenamelio= rationen und die Studien an derselben dauern 3 Jahre. Die theo= retischen Kurse währen alljährlich von November bis Ende März. Von dieser Zeit an werden die Zöglinge den einzelnen Ingenieuren zur Dienstleistung zugewiesen, um an deren Arbeiten teilzunehmen. Sie erhalten dann von dem Grundeigentümer, an dessen Boden Meliorationen vorgenommen werden sollen, 2 Mark täglich nebst vollständiger Verpflegung. Nebst den Reisekosten sind dies die einzigen Entlohnungen, welche die Grundeigentümer für die Beistellung der geschulten Drainage=Arbeiter seitens der Regierung zu entrichten haben. Außerdem leiht die Regierung den Grundeigentümern auch Drain= röhrenpressen. Im Jahre 1884 waren in 69 Orten solche Pressen aufgestellt, worunter vier die in einem Tage 10—15000 Stück Röhren erzeugten. Um der große Masse der Grundbesitzer und Bauern den Nutzen der Drainierung und Bewässerung vor Augen zu führen, hat die ungarische Regierung auf den Staatsgütern und in den Ackerbauschulen Musterwirtschaften mit Drainage= und Be= wässerungseinrichtungen eingeführt, darunter auch eine für den Anbau von Reis, die ein Territorium von 60 ha. umfaßt. Diese Be= mühungen der ungarischen Regierung sind auch von bestem Erfolge begleitet, was wir am besten ersehen, wenn wir die Wirksamkeit des Bureaus für Bodenmelioration von seiner Gründung bis zum heu= tigen Tage verfolgen. Im Jahre 1877 umfaßte dessen Thätigkeit 100 ha., im Jahre 1878 erstreckten sich die Arbeiten schon auf 500 ha. und im Jahre 1879, auf 6000 ha. Von da an nahm die Thätigkeit des Bureaus einen viel rascheren Aufschwung. Im Jahre 1880 umfaßte das Gebiet auf welchem Kultivierungsarbeiten teils vollendet, teils fortgesetzt, und teils begonnen wurden 19,400 ha., im Jahre 1881, 88,800 ha., im Jahre 1882, 95,000 ha., im Jahre 1883, 182,000 ha. Im Ganzen beträgt die Fläche auf welche sich die Wirksamkeit der Kulturingenieure seit 1879, also seit Einführung dieser Institution, erstreckt hat, 230,000 ha. Der größte Teil der diesbezüglichen Arbeiten bestand in der Regulierung von Bächen und in der Trockenlegung von Sümpfen und andern stehenden Gewässern. Die Kosten der Trockenlegung durch Drainage betragen 60—100 Mark per ha., die der Bewässerung dagegen nur 60—80 Mark, falls nicht auch Nivellierarbeiten nötig sind. Doch werden letztere Arbeiten nur in sehr seltenen Fällen vorgenommen, da die ungarische Regierung sich vorderhand nur die Ameliorierung jener Gegenden angelegen sein läßt, wo die Niveauverhältnisse nicht ungünstig sind.

Um über den Erfolg aller dieser Arbeiten und über die In=standhaltung derselben stets unterrichtet zu sein, sendet die Regierung alljährlich an alle Grundeigentümer, welche die Hilfe des Bureaus für Bodenmeliorationen in Anspruch genommen, einen Fragebogen; die eingetroffenen Antworten werden dann in dem Jahresberichte des Bureaus veröffentlicht und auch dem Reichstage vorgelegt. Gegen=wärtig ist das Ackerbauministerium damit beschäftigt, einen Gesetzent=wurf über Bodenmelioration auszuarbeiten, nachdem der Entwurf des neuen Wasserrechtgesetzes durch eine dazu berufene Enquete schon im Januar d. J. festgestellt worden ist.

Auch die Gründung von Banken für Bodenmelioration ist von vielen Seiten angeregt worden, und die Regierung hat dieser Frage zwar ihre Aufmerksamkeit geschenkt, aber eine Initiative nicht ergriffen, weil sie von der privaten Unternehmungslust und Thatkraft die Er=richtung solcher Banken erwartet, welche für Ungarn von sehr großem Vorteil wären. Solche Unternehmungen könnten ihr Kapital sicher anlegen und doch sehr gut verzinsen. Die Drainierungen dauern erfahrungsmäßig mindestens 20 Jahre; können daher sehr gut die Grundlage für Anlehen bilden, die in 10—15 Jahren rückzahlbar sind.

Die Aufgabe der Banken wäre entweder die Grundeigentümer dadurch zu Meliorationen zu veranlassen, daß sie ihnen die erforder=lichen Mittel gegen annehmbare Bedingungen zur Verfügung stellen, oder selbst Boden zu solchen Meliorationen zu kaufen, um ihn nach vorgenommener Arbeit mit Profit wieder zu verkaufen. Wie lohnend ein solches Geschäft sein würde, läßt sich aus der Thatsache beurteilen, daß besonders in der oberen Theißgegend sehr viel Land um einen wahren Spottpreis zum Verkaufe angeboten wird, welches als soge= nanntes Wildwasserland in den Augen der Landwirte nur sehr ge= ringen Wert hat. Es nützt da wenig den Eigentümern vorzustellen, daß ihr Besitztum durch Drainage in einen sehr guten Boden umge= wandelt werden kann. Die Leute schenken diesen Berechnungen keinen Glauben und veräußern lieber ihr Grundstück um ganz unverhältnis= mäßig niedrigen Preis als daß sie die Kosten und Mühe der Drai= nage aufwenden. Würde nun eine Kulturbank wenigstens probeweise auf eigenem Grund solche Drainagearbeiten ausführen, und hätten die Landwirte den günstigen Erfolg derselben vor Augen, so würden sie sich gewiß entschließen auch ihrerseits diese Verbesserungen auszu= führen, wenn die Bank ihnen das erforderliche Kapital vorstreckt. Wir sind der Ansicht, daß eine staatliche Initiative auch in dieser Hinsicht vom besten Erfolg gekrönt sein würde.

Eine Kulturbank könnte durch ihr Beispiel namentlich die Wein= gartenbesitzer zur Einführung rationeller Wirtschaft aufmuntern und dadurch nicht nur den Weinbau im allgemeinen zu einem rentableren erheben sondern selbst ein so lukratives Geschäft machen, daß kaum eine andere Unternehmung damit zu vergleichen wäre. Ein Nachteil besteht jetzt noch darin, daß man, so oft ungünstige Witterung die Feldarbeit verzögert hat, zuweilen nicht zur rechten Zeit die erforder= lichen Arbeiter zum Behauen und Binden der Reben erhalten kann. Entschieden fehlt die genügende Anzahl zum Rigolen für die Neu= anlage von Weingärten, zumal eigentlich die große Mehrzahl der ungarischen Rebgelände allmählich rigolt und neu angelegt werden sollten, um dieselben zur vollen Ertragsfähigkeit zu erheben mit anderen Worten, um den Rohertrag der ungarischen Weinberge zu vervierfachen.

Nun hat die englische Maschinenfabrik von Fowler, welche einst den Dampfpflug eingeführt, — jüngst einen Rigolpflug zum Aufwühlen des für die Neuanlage von Weingärten bestimmten Bodens auf 2½ Fuß, sowie einen Häufelpflug konstruiert, durch welchen das Behacken mit Handarbeit erspart werden kann. Schon heute wird ein großer Teil der Weingärten in Südfrankreich mit dem Häufel= pflug bearbeitet und ist zu diesem Zweck von vorneherein in 1½ Meter breiten Reihen angelegt.

Eine Kulturbank, welche sich entschließen könnte, mit der Neu=

anlegung von Weingärten auch den Bau von Kellern zu verknüpfen, die gezogenen Weine 2—3 Jahre einzukellern und sie dann zu ver= steigern, würde geradezu ein glänzendes Geschäft machen. Wenn sie Komplexe von solchem Umfang herstellt, daß die Anstellung eines be= sonderen Verwalters sich lohnt, dann kann sie von Zeit zu Zeit arrundierte Weingärten an in= und ausländische Kapitalisten mit Gewinn verkaufen, und mit dem Erlös wieder von vorne anfangen.

Am Rhein rechnet man den Reinertrag der Weingärten im langen Durchschnitt auf 8% bei höheren Arbeitslöhnen und zehnfachen Bodenpreisen. Der Gewinn des Großweinhändlers wird zwischen 25—50% angenommen. Aus diesen Elementen lassen sich die Ge= winn=Chancen einer solchen Kulturbank leicht berechnen.

Die Bodenpreise.

Obgleich der Boden Ungarns im allgemeinen zu den frucht= barsten Europas gehört, so ist dessen Preis doch noch so niedrig, daß er im Mißverhältniß zu den innerhalb des gleichen Zollsystems ste= henden, mit gleichen Transportmitteln ausgerüsteten Ländereien Öster= reichs, mit Ausnahme Galiziens, steht. Trotzdem das Klima der meisten Gegenden Ungarns milder ist, als dasjenige von Niederöster= reich, obgleich die Grundsteuer niedriger bemessen ist und Eisenbahnen bereits nach allen Richtungen das Land durchkreuzen, so beträgt der Preis des Bodens doch nur 1/5 — 1/10 des Preises in diesem Kronland. Ja noch mehr. Stellt man einen Vergleich mit den Vereinigten Staaten von Amerika an, so bietet Ungarn sogar unter gleichen Voraussetzungen mannigfache Ähnlichkeit im Werte der kultivierten Grundstücke. Allerdings kostet der Acre wilden Bundeslandes nur 1 Dollar; in Canada wird Boden gegen die Bedingung des An= baues und der Beforstung eines bestimmten Striches in bestimmter Frist sogar geschenkt. Allein Boden, welcher längs der Pacificbahnen liegt, wird schon teurer gezahlt; und Land, welches bereits kultiviert und mit den nötigen Zufahrten zu den Eisenbahnen oder Wasser= straßen, sowie mit den Wohn= und Wirtschaftsgebäuden versehen ist, kostet auch bereits 50 Dollars per Acre und in den Oststaaten noch mehr. Dies ergiebt auf das österreichisch=ungarische Katastraljoch unter Berücksichtigung des Goldagios fl. 170, um welchen Preis gutes Ackerland in der Nähe der Eisenbahnen in Ungarn zu haben ist.

Diese Thatsache ist fast unerklärlich und kann unmöglich lange bestehen, wenn sie in weiteren Kreisen bekannt ist; denn warum sollen Nordeuropäer mit einigem Vermögen nicht lieber nach Ungarn, als nach Amerika auswandern, da ihnen dort neben der größeren Nähe des Mutterlandes größere gesellschaftliche Annehmlichkeiten winken?

Wir haben uns deshalb veranlaßt gesehen, durch unsere unga=rischen Freunde die gang und gäben Kaufpreise der verschiedenen Qualitäten des Bodens nach Lage und Kulturart in den maß=gebenden Komitaten zu ermitteln. Ferner haben wir die Bodenpreise einzelner Herrschaften erhoben und endlich verdanken wir dem Leiter einer der ersten Hypothekenbanken eine Aufstellung der Schätzungs=preise, wie sie in deren Büchern verzeichnet sind. Ein Vergleich dieser Ziffern mit dem Werte viel geringeren Bodens im westlichen Europa, sowie im östlichen Amerika muß sehr zum Nachdenken auffordern.

Wir führen zunächst die Bodenpreise auf den oben erwähnten Herrschaften auf:

Die beiden unter einer vereinigten Verwaltung stehenden Herr=schaften des Grafen Sándor Mor, Bajna und Bia, wovon die erstere im Graner und Comorner Komitat, die letztere im Pester Komitat liegt, haben einen Gesamtumfang von 20,606 $^{1338}/_{1600}$ Kataſtraljoch (zu 1600 $\square$Klafter = 0·57554 ha), wovon 9797 Joch Ackerland, 856 Wiesen, 1428 Weide, 39 Schilf, 7103 Wald, 1061 Urland, 20 Weingarten. Das Kapital des Grund und Bodens ohne Gebäude beträgt fl. 1,820,867. 84 kr., so daß der Preis des Joches sich durchschnittlich auf fl. 73²/₃ und einschließlich der Gebäude auf fl. 89²/₃ stellt.

Die Herrschaft Kis-Jenö des Erzherzogs Josef im Arader Komitat umfaßt 49,924 ungarische Joch (zu 1100 $\square$Klafter) 228 $\square$Klafter = 34,322 Kataſtraljoch, 1128 $\square$Klafter und hat einen Bodenwert von fl. 1,720,656, so daß der Preis des Joches durchschnittlich auf fl. 50 sich stellt und einschließlich der Gebäude auf fl. 71²/₃. Nach in der Nachbarschaft vorkommenden Käufen stellt sich der Bodenpreis allein auf fl. 58.

Die in den Komitaten Szolnok und Csongrád gelegene Herr=schaft Magócs umfaßt mit 7 selbständigen Wirtschaftskreisen im ganzen 21,270 Kataſtraljoch) faſt ganz Ackerland und Wieſen im Geſamtwert des Bodens von fl. 1,855,907, ſo daß das Kataſtral= joch auf fl. 87¼ ſich ſtellt und einſchließlich der Gebäude auf fl. 103¼.

Comitat: A r a d.

Bodenpreiſe per Kataſtral = Joch.

	Hügelland.	Ebene.	Hügelland.	Ebene.
	Schwerer Boden.		Leichter Boden.	
Ackerland	fl.	fl.	fl.	fl.
große Komplexe	72–- 96	96—180	48—76	60—120
mittlere Komplexe	84—110	110—192	60—84	72—132
Bauerngüter	96—120	120—-204	72—96	84—144
Kunſtwieſen	—	—	—	—
„ gedüngte	72— 96	100—190	48–72	60—120
Waldwieſen	48— 72	60— 84	36—60	48— 84
Weiden	48— 72	60— 84	36—60	48-- 84
Gärten	—	—	—	—
Weingärten	480—720	—	—	—
Wald	300—600	—	—	—

Komitat: B é k é s.

Ackerland
große Komplexe
mittlere Komplexe
Bauerngüter
Kunſtwieſen
„ gedüngte
Waldwieſen
Weiden
Gärten
Weingärten
Wald

Hier können die Einheitspreiſe um 20 % teurer als im Komitate Arad angenommen werden.

Anſtatt Hügelland iſt Riedboden zu nehmen.

Komitat: Eiſenburg.

Ackerland	fl.	fl.
große Komplexe	180—300	120—250
mittlere Komplexe	200—400	150—300

	Hügelland. Ebene.	Hügelland. Ebene.
	Schwerer Boden.	Leichter Boden.
	fl.	fl.
Bauerngüter	200—500	150—350
Kunstwiesen	600	—
„ gedüngte	—	—
Waldwiesen	400	—
Weiden	60—120	—

	Hügelland. Ebene.	Hügelland. Ebene.
	Schwerer Boden.	Leichter Boden.
Gärten	Selbständig nicht im Verkehr.	
Weingärten	Auf einzelnen besseren Weinergebenden Wein= bergen 1500—3000 fl. Sogenannten Garten= wein ergebende 400—600 fl.	
Wald	In abgestocktem Zustande entsprechender Qualität, um etwas billiger als Ackerland.	

Intensivere Bewirtschaftungsmethode, in einzelnen Bezirken bedeutender Zuckerrübenbau.

Komitat: Jász Nagy Kun Szolnok.

Ackerland	fl.	Salpeterhaltiger Boden,
große Komplexe	130—240	Wasser schwer durch=
mittlere Komplexe	150—260	lassend und hart, im
Bauerngut	150—300	Preise geringer, Sand
Kunstwiesen	—	selten und nur stellen=
„ gedüngte	—	weise zu finden.
Waldwiesen	—	
Weiden	86—130	
Gärten	—	
Weingärten	Nur in unmittelbarer Nähe von Gemeinden, bis 500 fl. per Joch, in kleinen Parzellen.	
Wald	In größeren Komplexen nicht vorkommend.	

Versuche mit künstlicher Wiesenbewässerung sind in diesem Komitate erst in den letzten Jahren gemacht worden.

Komitat: Bihar.

Ackerland	fl.	fl.	fl.	fl.
große Komplexe	60— 80	80—150	40—60	50—100
mittlere Komplexe	70— 90	90—160	50—70	60—110

	Hügelland. Schwerer Boden. fl.	Ebene. fl.	Hügelland. Leichter Boden. fl.	Ebene. fl.
Bauerngut	80—100	100—170	60—80	70—120
Kunstwiesen, giebt es keine.				
Kunstwiesen gedüngte	60—80	80—150	40—60	50—100
Waldwiesen	40—60	50—70	30—50	40—70
Weiden	40—60	50—80	30—50	40—70
Gärten	—	—	—	—
Weingärten	300—500	—	—	—
Wald	250—500	—	—	—

Die Waldwiesen und Weiden können im Komitat in gleichem Werte angenommen werden, da die Waldwiese zumeist als Viehweide benutzt wird, in der Rubrik: Ebene, schwerer Boden, ist auch der durch Flußregulierungen gesicherte Humusboden zu verstehen, bei den Weiden ist überwiegend der salpeterhaltige Boden.

Komitat: Tolnau.

Ackerland	
große Komplexe	
mittlere Komplexe	von fl. 130 bis fl. 200.
Bauerngut	
Kunstwiesen	gibt es keine.
„ gedüngte	„ „ „
Waldwiesen	„ „ „
Weiden	werden nie separat verkauft.
Gärten	von fl. 200 bis fl. 400.
Weingärten	„ „ 200 „ „ 1000.
Wald	wird nie separat verkauft.

Komitat: Weißenburg.

Ackerland	
große Komplexe	
mittlere Komplexe	von fl. 100 bis fl. 200.
Bauerngut	
Kunstwiesen	gibt es keine.
„ gedüngte	„ „ „
Waldwiesen	„ „ „

	Hügelland.	Ebene.	Hügelland.	Ebene.
	Schwerer Boden.		Leichter Boden.	
Weiden	werden nicht separat verkauft.			
Gärten	von fl. 200 bis fl. 400.			
Weingärten	„ „ 200 „ „ 500.			
Wald	wird nicht separat verkauft.			

Wir lassen nun die Hypothekar-Schätzungspreise folgen, welche in den verschiedenen Komitaten stark unter den wirklichen Verkaufs= preisen stehen, in den vom großen Verkehr aber noch weniger berührten Gegenden, wo selten Kaufliebhaber erscheinen, ziemlich mit den wirklichen Preisen übereinstimmen.

Komitat Arad.

Herrschaftlicher Besitz 30,337 $\frac{321}{1,200}$ Joch mit sehr verschiedenem Boden. Bevölkerung: Ungarn, Rumänen und Deutsche.

Individuelle Schätzung:

Hof= u. Gartenland	194 Joch,	Wert 110—200 fl. per Joch
Ackerfeld	12,262 „	„ 80—125 „ „ „
Wiesen .	3,904 „	„ 60— 70 „ „ „
Weide	3,408 „	„ 50— 60 „ „ „
Wald . .	10,322 „	„ 15— 60 „ „ „
Weingärten	71 „	„ 200—300 „ „ „
Unproduktiv .	173 „	„

Schätzungswert des Bodens 2,325,000 fl., der Gebäude 150,000 fl., Regalien (auch Mühle) 377,600 fl., Holzwert des Waldes 800,000 fl.

Komitat Békés.

Herrschaftlicher Besitz 10,161 $\frac{127}{1,200}$ Joch mit verschiedenem Boden.

Individuelle Schätzung:

Ackerfeld .	6,623 Joch,	Wert 60—140 fl. per Joch
Wiesen .	802 „	„ 70—120 „ „ „
Weide . .	2,153 „	„ 50 „ „ „
Wald .	284 „	„ 50 „ „ „
Weingärten .	22 „	„ 100 „ „ „
Mayerhöfe . .	114 „	„ 100—140 „ „ „
Wege, Gräben ꝛc.	158 „	„ —

Schäßungswert des Bodens 895,000 fl., der Gebäude 94,000 fl. Der Taglohn iſt hier meiſtens hoch, beſonders aber zur Erntezeit, die Aquirierung von Arbeitskräften oft mit Schwierigkeiten ver=
bunden.

Komitat Bihar.

Herrſchaftlicher Beſiß 2,315$\frac{50}{1,200}$ Joch, mit beſtem Boden im Hotter einer rein ungariſchen und einer rein deutſchen Gemeinde.

Individuelle Schäßung:

Hof= u. Gartenland	12 Joch,	Wert 300	fl. per Joch
Acker	1,535 „	„ 160	„ „ „
Gärten u. Wieſen	114 „	„ 160—180	„ „ „
Weide	230 „	„ 130—140	„ „ „
Wald (Wertvoll.)	264 „	„ 190—200	„ „ „
Unproduktiv			
Wege, Waſſerläufe,			
Gräben . .	160 „		

Schäßungswert des Bodens 341,505 fl., Gebäudewert 98,000 fl., Regalienwert 42,000 fl. Winter=Tagelohn 30—40 kr., Sommer=
taglohn 50—80 kr. Erntearbeiter zum 10—11ten Teil der Fechſung. Nachgewieſene Verkäufe von Bauergründen 220— 250 fl., in einzelnen Fällen noch mehr.

Komitat Cſanád.

Herrſchaftlicher Beſiß 1,687 $\frac{338}{1,200}$ Joch, mit fettem ſchwarzem Lehmboden. Produktion: Weizen, Mais, Korn, Hafer, Gerſte und reiche Grünzeug Fechſung im Schlammboden der Maros.

Individuelle Schäßung:

Acker . .	606 Joch,	Wert 160—180	fl. per Joch
Wieſe	10 „	„ 100	„ „ „
Wald . .	1,071 „	„ 60— 70	„ „ „

Nachgewieſene Verkäufe von Bauerngütern 160—260 fl. per Joch, Grünzeugfelder 3—500 fl. per Joch, Pachtwert leßterer 20—30 fl. per 1200 ☐ Klafter. An Taglöhnern herrſcht kein Mangel, regel=
mäßiger Lohn 40—80 kr. per Tag, welcher bei ſehr reicher Ernte zu deren Zeit, wenn auch in ſeltenen Fällen bis 2 ja 2½ fl. ſteigt,

Komitat Hont.

Herrschaftlicher Besitz im Kataſtral Ausmaß von 777 $\frac{229}{1,200}$ Joch) mit gutem braunem Lehmboden, zu den beſten des Komitats gehörig.

Individuelles Schätzungsreſultat:

Hof= u. Gartenland	.	11 Joch	à 300 fl.	=	3,300	fl
Ackerfeld		576	„ „ 160 „	=	92,160	„
Wieſe	.	70	„ „ 150 „	=	10,500	„
Weide	. . . .	18	„ „ 40 „	=	720	„
Weingarten (ſchwach)		6	„ „ 40 „	=	240	„
Weingarten	. .	10	„ „ 80 „	=	800	„
Wald	. .	84	„ „ 80 „	=	6,720	„
Unbrauchbar						
Wege ꝛc.		2 $\frac{229}{1,200}$				

114,440 fl.

Gebäudewert annähernd   60,000 „

Nachgewieſener Verkaufspreis mehrerer Bauerngründe desſelben Hotters 200—350 fl. per Joch).

Komitat Nógrád.

Herrschaftlicher Besitz im Kataſtral=Ausmaß von 1645 $\frac{532}{1,200}$ Joch) mit dunklem Lehmboden, hat fleißige ſlaviſche Bevölkerung.

Individuelle Schätzung:

Ackerfeld	. . . 865 Joch	Wert nach Klaſſe	50—150 fl. per Joch
Wieſen und Gärten	178 „	„ „ „	150	„ „ „
Weingarten	. 3 „	„ „ „	150	„ „ „
Weide	. 88 „	„ „ „	40	„ „ „
Wald	. . . 490 „	„ des Grundes	25	„ „ „
Unproduktiv	. . 17 „			

Geſamtſchätzungswert des Bodens 133,170 fl.. Gebäude 30,000 fl. Waldholzwert 27,000 fl., Taglohn 40—80 kr.

Komitat Preßburg und Neutra.

Herrschaftlicher Besitz im Kataſtral=Ausmaß von 13,595 $\frac{271}{1,200}$ Joch) mit gutem ſchwarzem Sande und Lehmſandboden.

Individuelles Schätzungsreſultat:

Hof= u. Gartenland	34 Joch,	Wert	280	fl. per Joch
Acker .	1,134 „	„	120—190	„ „ „
Wieſen .	456 „	„	160—190	„ „ „
Weide . . .	99 „	„	100	„ „ „
Weingarten	13 „	„	250	„ „ „
Wald . .	11,281 „	„	30— 70	„ „ „
Wege, Gräben .	36 „	„		ohne Holzwert.

Geſamtſchätzungswert des Bodens . . . 758,190 fl.,
außerdem Gebäudewert 140,000 „
Waldholzwert 300,000 „
Regalienwert . . . . . 52,000 „

Bevölkerung ſlaviſch. Taglohn 25—80 kr. Nachgewieſener Verkaufspreis von Bauerngütern 160—170 fl. per Joch. Pachtungen 10—12 1/2 fl.

Komitat Peſt.

Herrſchaftlicher Beſitz 7,937 $\frac{426}{1,200}$ Joch mit gutem Sandboden, mit Weizen, Mais, Gerſte, Haferproduktion.

Individuelle Schätzung:

Hof= u. Gartenland	96 Joch,	Wert	160	fl. per Joch
Acker . . .	5,229 „	„	90—120	„ „ „
Wieſe . . .	746 „	„	100—110	„ „ „
Weide .	1,422 „	„	20— 60	„ „ „
Röhricht .	42 „	„	50	„ „ „
Weingarten . .	5 „	„	50	„ „ „
Wald	125 „	„	60	„ „ „
Unproduktiv	270 „	„	—	

Schätzungswert des Bodens 721,856 fl., Gebäudewert 100,000 fl. Regale 10,000 fl.

Strebſame rein ungariſche Bevölkerung. Wintertaglohn 20 bis 30 kr. Sommertaglohn 50—80 kr.

Komitat Somogy.

Herrſchaftlicher Beſitz 10,377 $\frac{519}{1,200}$ Joch teilweiſe mit gutem Lehm und Sandboden.

Individuelle Schätzung:

Hof= u. Gartenland	29 Joch,	Wert	120	fl. per Joch
Acker .	4,297 „	„	50—100	„ „ „
Wiese . . .	511 „	„	60— 80	„ „ „
Weingarten	6 „	„	75	„ „ „
Weide .	394 „	„	30	„ „ „
Mayerhof . .	48 „	„	100	„ „ „
Wald (Grund)	4,982 „	„	30	„ „ „
Unproduktiv . .	105 „	„	—	

Schätzungswert des Bodens 529,085 fl., Gebäudewert 156,000 fl. Nachgewiesener Verkaufswert von Bauerngründen 100—160 fl. per Joch.

Komitat Torontál.

Herrschaftlicher Besitz im Kataſtral=Ausmaße von 33,474 $\frac{1133}{1,200}$ Joch, zum überwiegenden Teile beſter Ackerboden.

Individuelle Schätzung:

Je nach Qualität und Lage des Mayerhofes

Hof= u. Gartenland	766 Joch	von	100—240	fl.
Ackerfeld .	17,797 „	„	125—200	„
Wiese	1,048 „	„	60— 80	„
Weide . . .	8,382 „	„	30— 80	„
Röhricht . . .	1,394 „	„	35— 40	„
Weingarten .	5 „	„	100	„
Wald	185 „	„	25— 30	„
Unproduktiv . .	3,284 „	„	—	

Durchschnittswert per Joch 102 fl. 22 kr., Gesamtwert 3,421,795 fl. Gebäudewert 220,000 fl., Wirtsregalrevenue per Jahr 10,000 fl., Fischerei 2,600 fl. per Jahr.

Komitat Veßprim.

Herrschaftlicher Besitz, Kataſtral = Ausmaß 12,660 $\frac{931}{1,200}$ Joch, brauner Sand mit Sandsteinuntergrund, sanft hügelig.

Individuelle Schätzung:

Hof= u. Gartenland	76 Joch,	Wert	150—200	fl. per Joch
Acker .	1,448 „	„	80—120	„ „ „
Wiesen . .	561 „	„	90—130	„ „ „
Weingarten .	7 „	„	900	„ „ „
Waldboden .	10,575 „	„	20— 30	„ „ „

Schätzungswert des Bodens 492,750 fl., Gebäude 80,000 fl., Holzwert des Waldes 480,000 fl., Regalienwert 172,870 fl. Nach= gewieſener Verkaufspreis von Bauerngütern 150—157 fl. per Joch à 1,200 Klafter.

Komitat Weißenburg

Herrſchaftlicher Beſitz im Kataſtral=Ausmaße von 1,939 $\frac{995}{1,200}$ Joch mit ſchwarz und ſchwarzbraunem humusreichem ſandigem Lehmboden.

Individuelle Schätzung:

Acker	. 1,760 Joch,	Wert 150	fl. per Joch
Wieſen	69 „	„ 150	„ „ „
Mayerhöfe u. Gärten	87 „	„ 170	„ „ „
Weingärten . .	23 „	„ 300	„ „ „

Wert des Bodens 296,280 fl., Gebäude 20,000 fl. Regalien 8,800 fl., thatſächlicher Kaufpreis 300,000 fl Nachgewieſener Ver= kaufspreis von Bauergütern 170—212 fl. per Joch.

Wir ſchließen mit Ziffern der Schätzungen des Bodenwertes der Unterpfänder der größten ungariſchen Hypothekenbank, des „Ungariſchen Bodenkredit=Inſtitus", in den 21 Jahren von 1863—1883. Der Preis der ungariſchen Joche (von 1,200 □ Klafter, das Kataſtraljoch faßt 1,600 □ Klafter) iſt nach dieſer Aufſtellung ein mit wenigen Ausnahmen allmählich ſteigender und wechſelte im Durchſchnitt ſämt= licher Kulturen zwiſchen 41 fl. 15 kr. im Jahre 1864 und 57 fl. 17 kr. im Jahre 1880. Obgleich das Kataſtraljoch um ¼ höheren Preis bedingt, ſo iſt dieſer Durchſchnitt doch niedriger, als die obigen Angaben aus den Büchern einer anderen Hypothekenbank.

Bodenpreiſe der Staatsdomänen.

Maßgebend ſind auch die Preiſe, welche beim Verkauf umfaſſender Domänen erzielt worden ſind, ſowie die Wertſchätzung der noch zu verkaufenden Staatsländereien.

Vom Jahre 1868 bis zum 18. Juni 1884 ſind vom Fiskus 215 Domänengüter verkauft worden und zwar:

369,517 Joch Land zum Preis von . . .	fl.	39,687,969
400 Gebäude ſamt dem entſprechenden Grund und Boden zum Preis von .	„	1,584,831
306 Regalien „ „ „ . .	„	4,773,653
Zuſammen	fl.	46,046,453

Zum Verkaufe bestimmt, aber noch nicht verkauft sind 145,432 Joch:

zum Schätzungswert von . . . fl. 19,642,272

111 Gebäude „ „ „ 1,203,356

550 Regalien „ „ . . „ 13,586,417

samt dem entsprechenden Grund und Boden fl. 34,432,044

Der Preis der innerhalb 16 Jahren bis jetzt verkauften Staats=ländereien stellt sich also durchschnittlich per Katastral=Joch auf ca. fl. 107, und der Schätzungspreis der noch zu verkaufenden Domänen auf rund fl. 135 per Joch.

Die Viehzucht.

Während Ungarn bezüglich des Ackerbaues alle natürlichen Ele=mente besitzt um mittels Fleiß, Ausbildung der technischen Einsicht und Ansammlung von Betriebskapital in der Zukunft den blühendsten Ländern zur Seite zu rücken, aber heute von diesem Ziele noch ent=fernt ist, — steht es in der Viehzucht schon in erster Reihe und muß nur in der Quantität Australien und in der Qualität England und Nordamerika nachstehen. Die wichtigsten Haustiere: das Pferd, das Rind, das Schaf und das Schwein sind in so edlen Stämmen re=präsentiert, daß sie auf allen Weltausstellungen um den Preis mit den Besten rangen, wenn es auch nicht immer dieselben Eigenschaften waren, um welche die ungarischen Tiere mit den anderen wetteiferten. So besitzt Ungarn edle Merinoheerden, durch welche es mit Schlesien und Spanien konkurriert, in der Fleischzüchtung steht es aber noch gegen England zurück, wo das Schaf besonders des Fleisches wegen gezüchtet wird. Für den Bedarf des Landes ist die Zucht des ungarischen Schweines geeigneter wegen des starken Speckkonsums der großen Masse der Bevölkerung als die der englischen Rasse, bei welcher das Fleisch vorherrscht.

Pferdezucht.

Was zunächst die Pferdezucht betrifft, so ist das Vaterland des Kisbér und der Kincsem — jenes Vollblutrenners, welcher inner=halb 14 Tagen den großen Derbypreis in England und den großen Pariser Preis gewonnen, und dieser Stute, welche in 54 Rennen mit Leichtigkeit gesiegt, und unüberwunden vom Turf zurückgezogen wurde, — seit Jahrhunderten berühmt gewesen; denn von Haus aus ein Reitervolk haben die Ungarn ihren Pferdestamm noch mit einem vollwichtigen Teil reinen arabischen Blutes gestärkt und veredelt. Deshalb ist es auch nicht bloß die Zucht des englischen Vollblutes, durch welches sich Ungarn auszeichnet, sondern in bedeutenderem Maße durch seinen Hauptschlag, welcher ein Rassepferd darstellt, das unter allen dem englischen Halbblut an Schnelligkeit und Dauerhaftigkeit am nächsten kommt, durch seinen bedeutend billigeren Preis aber nicht bloß Ungarn, sondern auch Österreich größere Dienste leistet. Das ungarische Rassepferd ist es, welches den Wiener Fiaker zum schnellsten Zweigespann Europas macht, und dem in dieser Hinsicht nur der zweirädrige einspännige Handsomecab in London und die einspännige Petersburger Droschke gleichkommt, deren Benutzung aber die Erlernung der Reitkunst voraussetzt. Um den Preis von 200 Gulden sind in Ungarn Rassepferde zu haben, welche in Schnelligkeit und Ausdauer dieselben Leistungen aufweisen wie englische Halbblut=pferde, die das Fünf= bis Zehnfache kosten. Dies gilt in der Haupt=sache vom leichten Wagen= und Reitpferd. Das schwere Zugpferd ist in Ungarn nicht einheimisch und wird nur ausnahmsweise impor=tiert und gezüchtet, weil dieser Dienst durch den ungarischen Ochsen ausreichend vertreten ist, welcher durch seinen Wuchs das beste aller Zugtiere seines Geschlechtes ist. Für diesen wahrhaft nationalen Teil der Landwirtschaft sind aber auch nie Opfer gescheut worden. Die Früchte, welche dieselben getragen, müssen daher aufmuntern die gleiche Sorgfalt auch in anderen Zweigen walten zu lassen. Die leitenden ungarischen Hippologen haben mit richtigem Verständnis in der Förderung der Pferdezucht des Landes Maß zu halten gewußt; insbesondere darin, daß sie ohne die Einführung des englischen Voll=blutes und Halbblutes zu verschmähen, doch nicht der zeitweise in andern Ländern herrschenden Anglomanie verfielen und den eigenen Schatz arabischen Blutes zu verscherzen. Vielmehr wurde das ara=bische Vollblut in Babolna rein fortgezüchtet, und in Mezöhegyes durch verständige Kreuzung mit englischem Blute eine Rasse geschaffen, welche schon heute als ein konstanter veredelter ungarischer Stamm zu betrachten ist, der den großen Pferdebedarf des Inlandes und Österreichs, insbesondere Wiens deckt, sowie auch anderen Ländern ein Material liefert, auf welches der Ungar mit Recht stolz ist. „Die internationalen Pferderennen," sagt Karl Keleti in seinen in unga=

rischer Sprache erschienenen Betrachtungen über die wirtschaftlichen Zustände Ungarns zur Zeit der Pariser Weltausstellung i. J. 1878, bewiesen, daß in neuerer Zeit die sachverständige ungarische Zucht in der Lage war dem Auslande gleichwertiges Vollblutmaterial zu liefern, wie die Weststaaten. Auf jener letzten Weltausstellung zeigte es sich, daß die ungarische Pferdezucht: 1. gegenwärtig die reinsten und edelsten Vollblutaraber erzieht. 2. Daß Ungarn eines der schnellsten und zähesten Wagenpferde und ein sehr dauerhaftes leichtes Reitpferd besitzt und zwar in solcher Menge, daß es die ganze Armee der Monarchie damit versehen und auch noch ins Ausland liefern kann. Bei derselben Weltausstellung i. J. 1878 hat sich das ungarische Ackerbauministerium besondere Mühe gegeben, das ungarische Pferd in den weitesten Kreisen bekannt zu machen. Dabei wurden nicht die kostbarsten Exemplare den Staatsgestüten entnommen, durch welche die internationalen Richter über den wahren Zustand hätten geblendet werden können, sondern es wurden Durchschnittspferde gewählt, welche besonders geeignet waren den Charakter des ungarischen Pferdes zu kennzeichnen, mit seinen Vorzügen wie mit seinen Fehlern. Dadurch erhielt der ausländische Kunde eine Aufklärung, welche keine Täu= schung im Gefolge haben kann. Unter den über 2 Millionen Pferden, welche Ungarn besitzt, besteht ungefähr die Hälfte aus edlen Rasse= pferden, welche sich durch ihre Schnelligkeit und Ausdauer auszeichnen und sowohl als Reit= wie als Wagenpferd verwendet werden. Schwere Wagen= und Karrenpferde werden nur in geringer Zahl gezüchtet, und zwar namentlich aus dem Mecklenburger, dem Normannen, dem Norfolk= und dem Percheronschlage". In demselben Bericht wird er= wähnt, daß die ungarischen Rassepferde zu 500—700 Franken per Stück verkauft werden, und daß Ungarn im Stande ist jährlich 30,000 Stück zu exportieren, denn unter den 300,000 Stuten des Landes gehört die Hälfte zu jenen Rassepferden. Freilich besitzt Ungarn auch in einem Teil seiner Ebene, — der Puszta — ein eminentes wenn auch in neuerer Zeit eingeschränktes Mittel zur Erziehung eines zähen, abgehärteten, dauerhaften und flüchtigen Pferdegeschlechtes.

Dazu kommt nun noch eine sehr sorgfältige, sachverständige Pflege des Zuchtstammes sowohl durch Staatsgestüte, als durch De= pots von Vollbluthengsten arabischen und englischen Stammes. In Kisbér, Babolna, Mezöhegyes und Fogaras hält der Staat ausge= dehnte Gestüte und zu Székesfehérvár, Nagy=Körös, Debreczin und

15

Szepsi=Szt.=Gyorgy Beschäler=Stationen. Alle diese Anstalten, die 1878 einen Pferdebestand von 4100 Stück aufwiesen, welcher sich seither noch vermehrt hat, stehen unter dem Ackerbauministerium. Die technische Leitung ist zweckmäßigerweise Kavallerie=Offizieren anver= traut, während die Verwaltung der mit den Gestüten verbundenen großen Domänen im Gesamtumfang von 31,000 ha. landwirtschaft= lichen Civilbeamten übertragen ist. Der europäische Ruf, welchen sich jene Gestüte erworben haben verpflichtet uns näheres darüber mitzuteilen. I. Gestüte. 1. Kisbér. Diese Zuchtanstalt liegt im Komi= tat von Komárom, 5 Stunden Eisenbahnfahrt von Budapest und 7 von Wien entfernt und besitzt eine Grundfläche von 6330 ha. Daselbst befanden sich anfangs 1878 430 Pferde. Das Gestüte ist 1854 gegründet worden, in der Absicht den durch die Revolutions= jahre stark decimierten ungarischen Pferdestamm wieder aufzuhelfen. Es werden da nur englische Voll= und Halbblutpferde gezüchtet. Die Zahl der Vollblutpferde belief sich auf 32, nämlich 7 Beschäler und 25 Zuchtstuten. Unter den ersteren befinden sich die berühmten Hengste Buccaneer und Cambuscan, ersterer der Vater Kisbér's, letz= terer Vater der Kincsem. Das Sprunggeld dieser beiden Beschäler, welche diese und so viele andere berühmte Nachkommen aufzuweisen haben, beträgt 800 Mark. Außer ihnen sind noch die Hengste Ostregger Bois Roussel zu nennen. Die Beschäler in Kisbér werden unaus= gesetzt von den Vollblutzüchtern des Inlandes benützt. Dem Wunsche ausländischer Züchter kann daher bezüglich der Beschäler ersten Ranges fast nie, bezüglich des zweiten Ranges nur selten entsprochen werden. Unter den Zuchtstuten sind hervorzuheben: Mineral, Beeswing, Gra= titude, Déception, Tirefly, Honeybee, Impératrice. Bei den Wiener Frühjahrsrennen von 1884 debütierte das erste Fohlen der von ihrem Züchter Blascovits vom Turf zurückgezogenen Kincsem von Buccaneer.

Die Fohlen dieser englischen Vollblutrasse werden, sobald sie ein Jahr alt sind, an die Meistbietenden versteigert und zwar nur an einheimische Züchter oder Besitzer von Rennställen. Außerdem müssen sich die Käufer verpflichten, diese Vollblutpferde, wenn sie nicht mehr zum Rennen verwendet werden, im Lande zu behalten. Es werden jährlich 16—18 Fohlen in Kisbér zum Preis von durch= schnittlich 4000 Mark per Stück verkauft. Es sind aber auch schon Fälle vorgekommen, in denen für ein einziges Individuum 24,000 M. gezahlt worden ist. Der Staat kauft häufig von Privaten Hengste, die in Kisbér gezüchtet worden, nach Vollendung ihrer Rennlaufbahn wieder zurück, um sie als Beschäler im Gestüte oder in den Deck= Stationen zu verwenden.

Der Halbblutstamm besteht aus circa 100 Zuchtstuten, von welchen die meisten das englische Blut schon in einer oder mehreren Genera= tionen fortgepflanzt haben. Derselbe liefert elegante Wagen=, Jagd=, Offizierspferde. Die Hengste dieses Stammes, welche in Kisbér ge= zogen, werden den Züchtern in den Komitaten Komárom, Veszprém, Somogy, Tolna, Zala, Békes und Vorsod zur Verfügung gestellt. Diese Halbblutpferde erreichen im Durchschnitt eine Höhe von M. 1·67 und schwanken von M. 1·65 und M. 1·73. In dem mit 1878 geschlossenen Jahrzehnt sind 220 einjährige Vollblutfohlen aus dem Gestüte Kisbér verkauft, und 264 Halbbluthengste in den verschiedenen Depots den Privatzüchtern zur Verfügung gestellt worden. Der Frucht= barkeitsdurchschnitt der Stuten des Gestütes ist 72 %.

2. **Babolna.** Dieses Gestüte ist in dem Komitat von Komá= rom, eine starke Stunde von Kisbér und ½ Stunde von der Eisenbahn=Station Nagy=Igmánd, gelegen. Es besitzt eine Grund= fläche von 4,020 ha. und ca. 450 Pferde. Dieses Gestüte ist schon 1789 mit Zuchtstuten orientalischer, sowie ungarischer, siebenbürger und beßarabischer Rasse ausgestattet worden, welche von vorneherein durch orientalische Originalhengste gedeckt worden sind. Von 1816 an bis jetzt werden aber nur mehr arabische Voll= und Halbblutpferde gezüchtet. Zu dem Ende sind schon öfter als 20 Mal aus dem Orient Original=Araber eingeführt worden, um zu Babolna die reine orientalische Zucht festzustellen. Außer den importierten Stuten sind bis heute im ganzen 76 Original=Araber=Hengste eingeführt worden. Im Jahre 1878 befanden sich in dem Gestüte 26 Vollblutstuten und 100 Halbblutstuten, zu deren Deckung der arabische Original=Hengst Radban, die Vollblut=Beschäler Amurath = Bajaractár, Jussuf und Mehemet=Ali, sowie die Halbblutdecker: Samhan, Osman und Sha= gya dienen. Ungarn unterhält in diesem Gestüte die reine orientalische Vollblutzucht, welche immer seltener in Europa wird, weil sie in diesem Lande um so notwendiger ist, da der größere Teil des Zucht= materiales orientalischer Abstammung ist, und solche Tiere sicherer durch Hengste der gleichen Rasse veredelt werden können, besonders in solchen Gegenden, welche nicht reich an Weideplätzen, und raschen Temperaturwechseln ausgesetzt sind, welche diese Rasse besser erträgt, als

die engliſche. Die arabiſche Vollblutzucht wird gleichwohl nur in ſolcher Ausdehnung gepflegt, um die Erhaltung der Raſſe zu ſichern. Sie iſt auf 15 Vollblutſtuten beſchränkt. Die anderen Vollblutſtuten werden mit Halb= bluthengſten gedeckt, um einen arabiſchen Halbblutſchlag von mittlerer Größe von m. 1.56—1.65 oder durchſchnittlich m. 1.68 zu erlangen. Die in Babolna erzogenen Hengſte werden meiſt in nachfolgen= den Komitaten verwendet: Peſt, Cſongrád, Cſanád, Békés, Bihar, Arad, Szabolcs, Jász=Hajdu, Baranya und in den Thälern und Hoch= ebenen Siebenbürgens. Die Trächtigkeit der Stuten iſt ſehr günſtig; denn ſie erreicht in manchen Jahren die Ziffer von 80—82%. In den 10 Jahren vor 1878 hat Babolna den Privatzüchtern 312 Be= ſchäler zur Verfügung geſtellt.

Mezöhegyes. Dieſes Geſtüte iſt im Cſanáder Komitat ge= legen, zwei Stunden von der Station Oroszháza und 10 Stunden von Peſt. Es iſt das größte Ungarns, ſowohl bezüglich ſeines Grund= beſitzes von 16,000 ha. als der Zahl der Pferde die etwa 1400 beträgt. Es iſt die älteſte ſchon 1785 gegründete Zuchtanſtalt. Während man in den andern Geſtüten nur eine Raſſe züchtet, in Kisbér die engliſche, in Babolna die arabiſche, in Fogaras die Ge= birgspferde von Lypica, werden in Mezöhegyes im Gegenteil ſeit einem Jahrhundert mehrere ſelbſtändige Arten gezüchtet, welche auf dem Wege der Kreuzung, der Acclimatiſierung, der rationellen Fütte= rung und Zuchtwahl ſeit Jahrzehnten ſich entwickelt haben; mehr oder weniger konſtante Arten, welche nur inſoweit dem normanniſchen Stamm, dem engliſchen und arabiſchen Halbblut zugezählt werden, als dadurch ihr Typus und ihre Abſtammung charakteriſiert werden, die aber bereits ſelbſtändige ungariſche Pferdeſtämme bilden. Das Geſtüt von Mezöhegyes iſt mit ungariſchen, ſiebenbürger, beßarabiſchen, polniſchen, mecklenburgiſchen und andern Stuten begründet worden, je nachdem dieſelben unter den beſten Pferden der Armee ausgewählt waren, welche Proben ihrer Tüchtigkeit in dem Türkenkriege oder während der franzöſiſchen Feldzüge zu Anfang dieſes Jahrhunderts abgelegt haben. Nicht ſelten waren ſie auch der Kriegsbeute ſiegreicher Schlachten entnommen. Das Blut war alſo ehedem nicht der Leit= ſtern, nach welchem die Wahl der Zuchtpferde für das Geſtüt von Mezöhegyes getroffen wurde, ſondern meiſtens die bewährte Tüchtig= keit im Militärdienſt. Dieſe Stuten von verſchiedener Abſtammung, welche im Geſtüte frei herumliefen, ſind im Laufe der Zeit von ara=

bischen, spanischen, siebenbürger, moldauer, ungarischen, holsteiner, mecklenburger und normannischen Hengsten, sowie von solchen aus Lypica gedeckt worden. Anfangs behielt man für das Gestüte nur die gezogenen Stuten weniger nach der Reinheit des Blutes als nach ihrer Tüchtigkeit. Die Individuen, welche aus dieser Kreuzung seit Jahrzehnten hervorgegangen, sind für verschiedene Bestimmungen auf= gezogen worden, aber immer mit dem Zweck einen eigentümlichen Stamm oder Typus zu erhalten. So haben sich in Mezohegyes allmählich fünf verschiedene Typen gekreuzter Rassen gebildet nämlich: 1. Der Stamm der Gidrans mit ungefähr 80 Zuchtstuten; 2 und 3. Die kleine und große Rasse der Nonnius mit 100 Zuchtstuten jede; 4. Das englische Halbblut mit 80 Stuten und 5. Der Stamm der schweren Zugpferde der Norfolkrasse mit 50 Zuchtstuten. Der Stamm der Gidrans, deren Zuchtstuten bis auf 100 vermehrt worden sind, kann nach dem Vorgang der letzten Jahre englisch=arabisch genannt werden. Er ist aus den Abkömmlingen eines arabischen Vollblut= hengstes Namens Gidran gebildet, welcher 1818 nach Babolna kam. Es wurden viele arabische Pferde teils Vollblut, teils Originalaraber verwendet um diese Rasse zu bilden. Da sie aber um einige Fehler auszumerzen 20 Jahre lang mit englischen Vollblutpferden gekreuzt wurde, so hat sie jetzt einen englisch=arabischen Charakter. Das eng= lische Vollblut hat sich in diesem Stamm als ausgezeichneter Korrektor erwiesen. In der Regel verlieren nämlich die Abkömmlinge des Vollblutes in der ersten Generation sowohl an Fleisch wie an Knochen; allein wenn man sie nach dem Prinzip der Zuchtwahl auf das Gid= ranblut anwendet, so gewinnen sie das Verlorene zurück und zeigen ein größeres Ebenmaß des Körperbaues und Muskeln wie aus Stahl. Die mittlere Höhe dieser Rasse ist 1·68 m. Gidranhengste werden, in die Beschäler=Stationen der Komitate Csongrád, Csánad, Békés Vorjod und Baranya geschickt; sie stehen aber auch in den meisten andern Gegenden zur Verfügung.

Die beiden Stämme des Nonnius sind französischen Ursprungs. Im Jahre 1815 wurde aus Rosières als Kriegsbeute ein vorzüglicher Normannenhengst Namens Nonnius zurückgebracht. Von diesem und seinen zahlreichen Söhnen wurden die Stuten von Mezohegyes gedeckt, so daß sich durch einheimische Zuchtwahl unter dem Namen Nonnius ein unabhängiger Stamm gebildet hat, dessen Typus vorwiegend normannisch ist. Später hat man den Stamm in zwei Teile geteilt, einen größeren und einen kleineren, wovon der letztere eine Höhe von m. 1.58—1.60 und der erstere eine solche von m. 1.72 hat, obgleich beide von derselben Abstammung sind. Um etwaige Gefahren der Inzucht zu vermeiden und etwaige Fehler zu verbessern, wird diese Rasse seit ungefähr 20 Jahren mit englischen Vollblut= pferden gekreuzt. Wie bei den Gidrans verwendet man den reinen Nonnius bei den Abkömmlingen der Vollbluthengste um Fleisch und Knochen zu konservieren. Unter den 200 Zuchtstuten, welche gegen= wärtig gehalten werden, befindet sich keine, in deren Adern nicht das Blut des französischen Ahnen fließt. Die großen Nonnius liefern prachtvolle Karossen= und starke Zugpferde, deren Zucht man durch ihre Hengste leicht in Ungarn verbreiten könnte. Der kleinere Schlag bringt zähe feurige Hengste mittlerer Größe, welche wegen ihrer Tüchtigkeit schon in großer Zahl im Lande verbreitet sind. Die großen Nonniushengste werden im allgemeinen in den Gegenden verwendet, wo große Pferde occidentaler Abstammung vorherrschen und insbesondere in den Komitaten Pozsony, Sopron (Ödenburg), Moson, Győr, Vas, Temes und Torontál und die kleineren Nonnius in den Komitaten Bács, Nyitra, Gömör, Nográd, Hont und in allen Gegenden des Landes wo der orientalische Typus nicht vorherrscht. Der Schlag des englischen Halbblutes liefert in Mezőhegyes keine so edlen Tiere als Kisbér, aber ein acclimatisiertes Halbblut; die Zahl der Stuten beträgt 80. Dieser Schlag ist eigentlich auch gekreuzten Ursprunges, aber da er seit 1840 besonders durch die vorzüglichen Nachkommen des „Furioso" und des „Nordstern" reformiert wurde, so läßt man jetzt die ganze neuere Generation durch englisches Voll= und Halbblut decken. Die Zuchtpferde dieses Schlages werden in den Komitaten Győr, Sopron, Abauy, Fehér und Veszprém und in allen Gegenden verwendet, wo die Zucht leichter Wagen= und großer Reitpferde eingeführt ist.

Die Gruppe der schweren Zugpferde von Norfolkpferden (50 Stuten) repräsentiert mehr eine Sammlung als einen selbständigen übereinstimmenden Typus, da dieser Schlag erst seit 10 Jahren gebildet wurde und zwar indem man die stärksten Stuten von west= lichem Typus mit Norfolkhengsten decken ließ. Dieselbe ist bestimmt, eine Lücke in den schweren Zugpferden auszufüllen. In der That sind in den ersten 10 Jahren nicht weniger als 1400 Hengste an die königlichen Beschälerstationen abgegeben worden.

4. Fogaras. Das Gestüt liegt am Fuße der siebenbürger Karpathen, 32 Stunden von Budapest und 6 Stunden von den Eisenbahnstationen Nagyszeben und Homoród. Die Anstalt ist erst 1874 gegründet worden, um den in den Gebirgsgegenden des Landes existierenden Pferdeschlag zu verbessern. Zu diesem Zwecke wurde eine Staatsdomäne von 3600 Hektaren zu Fogaras ausgeschieden, weil die Bäche und guten Weideplätze am Fuße der zum Teil 3000 Meter hohen siebenbürger Alpen am meisten Gewähr für die Aufzucht prächtiger Gebirgspferde bieten. Das Zuchtmaterial, mit welchem das Gestüt von Fogaras gebildet wurde, ist größtenteils neapolitanischer, spanischer und orientalischer Abkunft und stammt aus dem kaiserlich österreichischen Gestüte, welches seit mehr als zwei Jahrhunderten zu Lypica bei Triest unterhalten wird. Die ersten Exemplare waren teils Geschenke des Königs, teils von Privatbesitzern angekauft. In Fogaras herrscht ausschließlich das Prinzip der einheimischen Zucht mit 75—100 Zuchtstuten, deren Höhe 1·54 m bis 1·57 m beträgt. Der Schlag enthält fünf Familien, welche die Namen Majestoso, Conversano, Favory, Pluto und Neapolitano tragen. Der Bau dieser Pferde ist zwar nicht ganz ebenmäßig, aber sie haben eine prächtige Gangart und eine außerordentlich robuste Organisation.

Sonach werden in den vier Staatsgestüten mit Hülfe von 700 Zuchtstuten zahlreiche Rassepferde zu den verschiedensten Zwecken erzogen, welche zur Verbesserung der Pferdezucht im ganzen Lande dienen. Die Stuten sind in Gruppen von 80—100 Stück und nach Rassen gesondert, sowohl auf der Weide wie in den Ställen.

Die trächtigen Stuten weiden in voller Freiheit und werden nicht zur Arbeit verwendet, während die anderen zum Reiten oder Fahren gebraucht werden, zumal die Erfahrung gezeigt hat, daß Thätigkeit die Fruchtbarkeit vermehrt. Auch die Fohlen werden, nachdem sie entwöhnt sind, in Gruppen geteilt und je nach Geschlecht und Alter in getrennten Ställen und Weideplätzen gehütet. Die Abrichtung der Fohlen beginnt mit dem Alter von drei Jahren und macht sich leicht, da die in den Staatsgestüten gezogenen Pferde durchgängig sanft und gelehrig sind. Die Fohlen, welche ihre Probe beim Reiten oder Fahren bestanden haben, werden nach vollendetem vierten Jahre ihrer Bestimmung zugeführt. Die Hengste kommen in die Beschälstationen des Staates und die besten Stuten zur

Kompletierung der Gestüte. Der Überschuß der Fohlen wird im Monat September oder Oktober eines jeden Jahres an die Meist= bietenden versteigert. Jährlich werden in der Regel gegen 180 vier= jährige Hengste in die Staatsdepots und ungefähr ebensoviele an Privatpersonen verteilt.

II. Zuchthengststationen. In den Staatsdepots befinden sich in der Regel 1750—1800 Beschäler, von welchen die Mehrzahl aus den Staatsgestüten hervorgeht und höchstens 30—40 von Privatzüchtern angekauft werden. Auch geschieht das letztere mehr, um die Privatindustrie aufzumuntern, als weil die Staatsgestüte nicht imstande wären, den Bedarf zu decken. „Je mehr die Züchtung Fortschritt im Lande macht", heißt es in einer Denkschrift des ungarischen Ackerbau=Ministeriums, welche gelegentlich der Pariser Aus= stellung von 1878 verfaßt worden ist und welcher wir die obigen Daten entnehmen, „je mehr man in den verschiedenen Gegenden gute Hengste von schon ausgebildeter Rasse erzieht, je mehr die Stämme der verschiedenen Gegenden sich festsetzen und stärken, umso= mehr können die Privatzüchter mit der Zeit die Staatsgestüte und Depots entbehren. Dieser Zeitpunkt ist freilich noch nicht sehr nahe; gegenwärtig sind die Staatsgestüte noch sehr notwendig, aber in einigen Jahrzehnten kann man dieselben nach und nach im Ver= hältnis, als die Privatzüchtung Fortschritte macht, einschränken. Denn das Ziel der Staatsgestüte ist, sich allmählich überflüssig zu machen; im nächsten Jahrhundert werden vielleicht nur noch ein paar Stämme als Muster der edelsten Rassen in den Staatsgestüten erhalten bleiben. Dann aber wird für die Landwirte Ungarns der Zeitpunkt gekommen sein, wo die Pferdezucht für sie eine ebenso bedeutende Quelle des Reichtums werden kann, wie den Grundbesitzern Großbritanniens, deren heute gelöste Preise unser Staunen erregen. Der Staat wird dann auch eine Ersparnis von 400,000 Mark jährlich machen, welche gegenwärtig bei diesen Anstalten zugeschossen werden müssen. Eine der Ursachen dieser Thatsache ist auch der Umstand, daß das Sprung= geld in den Staatsdepots außerordentlich niedrig ist, nämlich nur von 2—8 Mark und nur bei einigen hervorragenden Vollbluthengsten 12—24 Mark. Außerdem dürfen Eigentümer von Privatgestüten oder Zuchtgesellschaften Hengste für eine ganze Belegstation mieten; in diesem Falle zahlen sie 350 bis 1000 Mark, jedoch darf ein gemieteter Hengst nie mehr als 40 Stuten decken. Gegenwärtig werden von den Privatzüchtern 80—100 Hengste jährlich gemietet. Die Mehrzahl der Staatshengste wird den Züchtern nur während vier Monaten, von März bis Juli, zur Verfügung gestellt. Während dieser Zeit werden im Lande 600 Deckstationen errichtet, wo sich 2—8 Hengste befinden, welche man wöchentlich viermal springen läßt, wenn sie 5—6 Jahre alt sind und siebenmal, wenn sie älter sind. Auf diese Weise werden 55,000 Stuten gedeckt, in manchen Jahren aber 63,000.

Die Landesbeschäler sind nach dem letzten Bericht, 1780 an der Zahl, regelmäßig in fünf Hauptdepots gehalten, aus welchen sie in den vier Monaten der Decksaison in die 65 Komitate des engeren Ungarns und nach Kroatien, welches seine wirtschaftlichen Angelegen= heiten selbst verwaltet, verteilt werden. Das erste Depot ist das von Székesfehérvár, dessen Wirkungskreis sich auf 20 Komitate im Westen des Landes auf beiden Ufern der Donau erstreckt, wo die Pferdezucht große Fortschritte macht. Seine 530 Hengste sind außer der Saison noch in drei anderen Nebenstationen untergebracht, nämlich 100 in Bábolna, 70 in Bayna und 130 in Ozova. Die Hengste klassifizieren sich nach Blut und Abstammung wie folgt: 34 englische Vollblut, 240 englische Halbblut, 60 Normänner, 30 Gebirgspferde von Lippica, 20 Vollblutaraber, 94 Halbblutaraber und 40 einheimischer Schläge.

Im zweiten Depot von Nagy=Körös, welches das Bassin von Pest zwischen Theiß, Donau und dem südöstlichen Teil der großen niederungarischen Tiefebene und zwar 14 Komitate versieht, enthält 550 Beschäler, wovon 170 im Hauptdepot, 160 in Werschetz, 100 in Mezőhegyes und 120 in Baja sich befinden. Darunter sind 24 englische Vollblut, 180 englische Halbblut, 40 Norfolk, 70 Nor= männer, 40 Gebirgspferde, 10 Vollblutaraber, 150 Halbblutaraber und 36 von verschiedenen einheimischen Schlägen.

Das dritte Depot befindet sich in Debreczin und hat einen Wir= kungskreis von 21 Grafschaften. Es besitzt 330 Hengste, wovon 130 in Debreczin, 100 in Eperies, 100 in Turia=Remete stationieren. Darunter sind 4 englische Vollblut, 96 englische Halbblut, 10 Nor= folk, 7 Vollblutaraber, 130 Halbblutaraber, 30 Normänner, 25 Ge= birgspferde und 18 von verschiedenen einheimischen Schlägen.

Das vierte Depot ist in Szepsi=Szent=György in Siebenbürgen, welches es vollständig zu versehen hat. Es besitzt 210 Hengste, welche außer in der Hauptstation in den Nebenstationen Homoród und Décs untergebracht sind. Gesetzlich soll die Zahl auf 250 gebracht werden. Es befinden sich dort 11 englische Vollblut, 55 englische Halbblut, 8 arabische Vollblut, 65 arabische Halbblut, 45 Lippicaner, 15 einheimischer Rasse, 10 Norfolk und Normänner. Siebenbürgen ist ein besonders wichtiges Gebiet, weil es seit langer Zeit einen Stamm orientalischer und spanischer Pferde besitzt, und in seinen tiefen Thälern und fruchtbaren Hügelland seit lange ausgezeichnete Reit- und leichte Wagenpferde mittlerer Größe liefert, welche längst auch schon im Ausland gesucht sind. Seine Gebirgspferde aber sind von ungewöhnlicher Kraft und Ausdauer.

Das fünfte Depot in Warasdin ist zur Verbesserung der Pferdezucht in Croatien-Slavonien bestimmt und zählt 120 Zuchthengste. Die Direktion untersteht nicht dem ungarischen Handelsminister, da, wie schon bemerkt, Croatien in seinen wirtschaftlichen Angelegenheiten autonom ist.

Im eigentlichen Ungarn mit Ausnahme Croatiens dienen demnach der Pferdezucht 73 englische Vollbluthengste, 45 Vollblutaraber, 550 englische Halbblut, 450 arabische Halbbluthengste, 220 Normänner, 50 Norfolk und 230 Gebirgspferde. Seit 1860 haben die Staatsbeschäler über 800,000 Stuten in Ungarn gedeckt. Rechnet man nun, daß das direkte Resultat 300,000 Fohlen waren, die von diesen Hengsten unmittelbar abstammten, und daß mehrere Generationen der letzteren wieder zur Vermehrung des Pferdestandes beigetragen haben, so läßt sich der Schluß ziehen, daß schon ein großer Teil des gegenwärtigen Zuchtmaterials mehr oder weniger direkt von den Staatsbeschälern edler Rasse abstammt.

Klimatische und landwirtschaftliche Bedingungen der ungarischen Pferdezucht. Qualität der Pferde in den verschiedenen Landesteilen.

„In der Geschichte Ungarns" heißt es in der Denkschrift des ung. Ackerbauministeriums hat die Kavallerie stets eine bedeutende entscheidende Rolle gespielt. Verdanken ja doch sogar die Ungarn die Eroberung ihrer neuen Heimat ihrer vorzüglichen und gefürchteten Reiterei. Zu Pferd verließen die Eroberer die Hochebenen Asiens, zu Pferd brachen sie in die Donauebene ein, die vor ihnen 400 Jahre lang von den Römern besiedelt, und dann nach einander von Ostgothen, Hunnen und Avaren occupiert worden war, bis Karl der Große in seinen berühmten Feldzügen den hunno-avarischen Ring eroberte. Noch im Mittelalter lieferten die Ungarn vom hohen und niederen Adel das Kontingent zur Reiterei, während die Bürger in den Städten und die Leibeigenen — meist rumänischer und slavischer Abkunft das Fußvolk bildeten. Auch in den Türkenkriegen leistete die ungarische Kavallerie die wichtigsten Dienste. Das ungarische Pferd, welches schon im Mittelalter wegen seiner Schnelligkeit, Ausdauer und Genügsamkeit unter dem Namen equus velox hungaricus berühmt war, ist also von Haus aus orientalischen Ursprungs. Denn die Ungarn brachten anfangs das kleine tartarische Pferd mit, welches während der türkischen Occupation mit Pferden türkischen und arabischen Blutes gekreuzt wurde. Dieses einheimische Pferd wurde von Ende des 18. Jahrhunderts an mit spanischen, arabischen und englischen Hengsten gekreuzt, welche vom Staat oder von Privatzüchtern eingeführt worden war. Es gewann dadurch an Größe der Gestalt, verlor aber etwas vom reinen orientalischen Blut. Indessen trifft man noch in einzelnen Gegenden das kleine ungarische Pferd vom ursprünglichen Stamm, namentlich in den Gegenden, welche ausschließlich von Magyaren bewohnt werden. Die gekreuzte Rasse liefert ausgezeichnete Kavalleriepferde von m 1·52—1·58 Höhe.

Gegenwärtig unterscheidet man fünf Regionen in Beziehung auf das Vorherrschen der Pferdeschläge. In der ersten Region, welche die Grenzgebiete von Niederösterreich und Steiermark umfaßt, herrscht die alte occidentalische norische Rasse vor, aus welcher mehr das schwere Zug- und Ackerpferd gewonnen wird, und die durch Veredelung mittels Staatshengsten auch zur Zucht für Wagenpferde benützt wird.

Die zweite Region befindet sich in dem Hügelland nördlich und südlich vom Bakonyerwald und vom Plattensee. Daselbst haben die Staatsbeschäler das beste Resultat erzielt, und die Gegend nimmt den ersten Rang in der Pferdezucht ein, sowohl für edle Reit- als Wagenpferde von großer Gestalt.

Die dritte Region erstreckt sich über die Karpathen bis nach Siebenbürgen, und liefert besonders kleine Gebirgspferde die besser zum Reiten und Tragen als zum Ziehen sind. Da sie aber schneller und zäher sind als andere Gebirgspferde, so eignen sie sich besonders zur Ausfuhr.

Die vierte Region umfaßt Siebenbürgen, welches auf seinen

ausgedehnten Weiden zahlreiche edle Reit= und Wagenpferde liefert, die besonders zum Militärdienst gut geeignet sind. Doch findet sich das kleine unermüdliche Gebirgspferd in großer Zahl auch für den Zug geeignet vor.

Die fünfte Region ist die der großen ungarischen Ebene, welche wieder in vier Unterabteilungen zerfällt, in deren nördlichen Teil viel edle Reit= und Wagenpferde gezüchtet werden, in denen ursprüng= lich das orientalische Blut vorherrschte, während in den südlichen Teilen, wo zahlreiche schwäbische Kolonisten auffallenderweise ihr schlechteres Heimatspferd mitgebracht hatten, noch das ältere deutsche Pferd vorkommt, welches in der neueren Zeit durch Nonnius und Normannenhengste verbessert wird.

Man darf sich hinsichtlich der Pferdezucht nicht mehr in dem alten Glauben wiegen, als ob Ungarn durch den Besitz seiner Puszta ein für die Pferdezucht besonders auserwähltes Land sei. Die unga= rische Ebene enthält zwar noch zahlreiche kleine Weideplätze nächst den Gemeinden, allein jene ungeheueren Steppen, in welchen die Csikos unermeßliche Pferdeheerden umhertreiben, bestehen nur noch in der Poesie. Die veränderte Steuergesetzgebung der gesteigerte Wert des Bodens und die verbesserten Kommunikationsmittel haben in neuerer Zeit dahin geführt, daß der größte Teil der Puszta unter den Pflug genommen wurde und die wilden Gestüte aufgehört haben. Die Pferdezucht wird nach und nach auf englischem Fuß eingerichtet und daher allmählich eine sehr bedeutende Quelle des Reichtums werden. Der Staat widmet der Pferdezucht eine jährliche Sub= vention von 2½ Millionen Gulden. (Einschließlich der Landwirtschaft i. J. 1883 über 3 Millionen Gulden.) Außer der Staatssubvention besteht auch noch ein specieller Nationalfonds, welcher in erster Linie zur Hebung der Vollblutzucht bestimmt ist. Die Verwaltung dieses Fonds untersteht einer Privatkommission von 9 Mitgliedern unter dem Vorsitz des seitdem verstorbenen Barons Bela Wenkheim. Der= selbe bildet ein Kapital von ungefähr 800,000 Mark mit deren Zinsen Vollblutpferde in England oder auf dem Kontinent aufgekauft werden, welche an die Züchter des Landes verteilt werden. In den 20 Jahren, seitdem dieser Fonds besteht sind fünf Hengste und 120 Stuten an= gekauft worden. Diese angekauften Vollblutpferde werden vor dem Ver= kauf in dem der Stiftung gehörenden Stutenhofe zu Káposztás=Megyer bei Budapest untergebracht. Gegen gewisse Vergütung können in diesem

Hof auch Jagdpferde vorübergehend untergebracht werden, welche bei Gelegenheit von Fuchsjagden zusammengeführt werden. Die Ver=waltungskommission ist ermächtigt aus den Einkünften auch Rennbahnen zu errichten und auszubessern, Preise aufzubessern und andere Ausgaben zur Förderung der Vollblutzucht zu machen. Das Kapital selbst aber darf ohne Genehmigung der Regierung oder des Königs nicht ange=tastet werden.

Eine große Rolle in Hinsicht auf die Vollblutzucht spielen die Wettrennen, welche im Jahre 1827 durch den Grafen Stephan Szechényi eingeführt worden sind. Dieselben haben sich in den letzten 10 Jahren wie in Oesterreich und Deutschland zu hoher Blüte erhoben. Als Centralorgan für alle Rennangelegenheiten waltet der Jokeyklub in Budapest. In letzten Jahren befanden sich regelmäßig gegen 250 Vollblutrenner in 30 Trainierställen. Auf den 6 Renn=bahnen zu Budapest, Klausenburg, Preßburg, Kaschau, Ödenburg und Debreczin werden jährlich zusammen 180 Rennen abgehalten, zu welchen der Staat gegen 80,000 Gulden Preise bewilligt. Der große Staatspreis beträgt 8000 Mark. Außerdem sind noch bedeutende Preise teils von Gesellschaften, teils von Privaten ausgesetzt. Die hervorragendsten Rennen sind die von Budapest, welche im Mai und Oktober abgehalten werden. Bemerkenswert sind die Fortschritte, welche im letzten Jahrzehnt gemacht worden sind. Während früher die aus den Rennställen Deutschlands hervorgegangenen Pferde meistens die Preise in Österreich und Ungarn gewannen, hat sich das Verhältnis geändert und die in Ungarn erzogenen Vollblutpferde ungarischer Grundbesitzer tragen nicht nur ansehnliche Preise vom deutschen Turf heim, sondern auch die besten Rennpferde der deutschen Grundbesitzer stammen größtenteils aus ungarischen Gestüten oder von ungarischen Hengsten. Wie wir schon oben erwähnt, fangen die ungarischen Pferde schon an in Eng=land und Frankreich zu siegen, denn Kisbér gewann in 14 Tagen den größten englischen und größten französischen Preis, während Kincsem, die für den Derby nicht früh genug gemeldet werden konnte, den goodwood-cup und den großen Preis von Danville heim=getragen hat. Für die Aufmunterung der kleinen Pferdezüchter werden feierliche Prämienverteilungen an 48 Plätzen des Landes veranstaltet für welche die Regierung eine Dotation von 40,000 Mark aussetzt. Die Abhaltung dieser Preisverteilung ist besondern Pferdezucht=Kom=missionen anvertraut. Jährlich werden auf diese Weise von den kleinen Pferdezüchtern ungefähr 2500 Roſſe den verſchiedenen Jury's vorgeführt. Bei dieſer Gelegenheit werden gewöhnlich auch den Züchtern Vorträge über rationelle Zucht erteilt oder Flugſchriften verſchenkt. Das Ackerbauminiſterium hat ein ſolches „Der Dorf= züchter" betiteltes Werk in vielen tauſend Exemplaren verteilen laſſen. Auch läßt die Regierung bei ſolchen Gelegenheiten einjährige Hengſte zum Preiſe von 300—500 Mark per Stück von den Züch= tern kaufen, welche bis zum Alter von 4 Jahren in Mezöhegyes erzogen und dann zu mäßigen Preiſen mittelſt Ratenzahlungen an Gemeinden, die ſich für die Zucht intereſſieren, verkauft werden.

Bei der Adminiſtration aller für die Hebung der Pferdezucht beſtimmten Anſtalten und Einrichtungen geht der Ackerbauminiſter von dem oberſten Prinzip aus ſich möglichſt vor bureaukratiſcher Einſeitig= keit zu hüten und nie wichtige Maßregeln zu ergreifen, ohne die Meinung und den Rat der Züchter ſelbſt zu hören. Deshalb hat das Miniſterium als oberſtes Beratungsorgan ein Komite von 10 Mitgliedern gegründet, welche durch die Ackerbaugeſellſchaft, den Budapeſter Jokeyklub und das Ackerbauminiſterium ernannt werden. Dieſe Centralkommiſſion, welche zuerſt unter dem Vorſitz des Baron Bela Wentheim zuſammentrat, hält wenigſtens einmal jährlich eine Sitzung, in welcher der Sektionschef der Pferdezucht=Abteilung über die im verfloſſenen Jahre gemachten Erfahrungen und erzielten Re= ſultate Bericht erſtattet und gleichzeitig das Programm für das folgende Jahr entwirft, was den Gegenſtand der Beratung bildet. Auch in den Komitaten beſtehen ähnliche Unterkommiſſionen (65 an der Zahl) mit beratender Stimme in allen öffentlichen Fragen der Pferdezucht und welche ihre Repräſentanten alle 2 Jahre nach Budapeſt zu einem Kongreß ſenden, um alle Intereſſen der Pferde= zucht zu beraten. Die Adreſſen der Präſidenten dieſer Kommiſſionen werden regelmäßig veröffentlicht, damit alle Intereſſenten unter ein= ander Fühlung behalten können.

Außerdem beſteht auch noch eine „Aktiengeſellſchaft für die Ver= beſſerung der Pferderaſſen in Ungarn", welche bei der letzten Pariſer Ausſtellung 36 Pferde für eigene Rechnung exponiert hatte. Dieſelbe ſteht unter dem Patronat der Regierung, iſt durch ſie allen Behörden des Landes empfohlen und hat das Recht gelegentlich der Pferde= märkte Lotterieen zu veranſtalten. Dafür hat ſich die Geſellſchaft an= heiſchig gemacht, die Pferdemärkte zu organiſieren und auf ihren regelmäßigen starken Besuch hinzuwirken. Zu diesem Zweck veranstaltet sie auf den Märkten von Pest, Györ, Debreczin und Klausenburg Trabrennen, Preisverteilungen und Lotterieen. Sie läßt Gasthöfe und Ställe bauen, um den fremden Käufern und den Verkäufern alle erforderlichen Annehmlichkeiten zu bieten. Sie sucht den Kauf der Pferde für die Armeen des In- und Auslandes zu erleichtern und Verkäufer und Käufer zusammenzubringen. Außerdem giebt es in Ungarn auch einige große und zuverläßige Pferdehändler, welche das Vertrauen ausländischer Käufer verdienen.

An 53 Hauptplätzen werden jährlich Pferdemärkte abgehalten, welche je nach der Bedeutung oder Lage der Stadt 1—7 mal im Jahre wiederkehren und an welchen je 1000 bis 8000 Pferde zum Verkaufe ausgeboten werden.

Außer den Staatsgestüten widmen sich auch noch gegen 45 Großgrundbesitzer der Zucht der verschiedenen oben vorgeführten Arten von Rassepferden mit besonderer Bevorzugung des englischen Halbblutpferdes und des gekreuzten englisch-arabischen Pferdes.

Die Rindviehzucht.

Nach der Zählung von 1880 war der Stand des Rindviehes folgender:

Gesamtzahl in sämtlichen Ländern der Stephanskrone 5,311,378 Stück. Davon gehörten zur langgehörnten weißen ungarischen Edelrasse 4,064,514 Stück, nämlich 31,702 Stiere, 1,535,960 Kühe, 1,463,132 Nachwuchsrinder und 1,033,720 Zugochsen. 1,037,774 Stück gehören zur farbigen Rasse, nämlich 14,722 Stiere, 499,257 Kühe, 404,124 Nachwuchsrinder und 119,671 Zugochsen. Außerdem kommen noch dazu 115,286 Stück Mastvieh und 98,804 Büffel.

Im Jahr 1870 war der Stand des Rindviehes auf 5,279,193 Stück festgestellt worden. Die Zunahme ist also sehr gering, was wohl zum großen Teil den Nachwehen der Handelskrisis, sowie Viehseuchen beigemessen werden muß.

Im großen ganzen sind in Ungarn sonach drei Rindviehrassen zu unterscheiden.

1. Die eigentliche ungarische weiße langgehörnte Edelrasse.
2. Die farbige Rasse.

3. Die Büffel, welche noch in halbwildem Zustand und in der Originalgestalt fortgezüchtet werden, und von denen keine Spezifikation vorliegt.

Unter dem farbigen Vieh sind auch die Exemplare von importierten und nachgezüchteten ausländischen Edelrassen, welche sich durch diese oder jene wirtschaftlich vorteilhafte Eigenschaft auszeichnen, inbegriffen. Darunter sind besonders Stiere und Kühe der Shorthorn- oder Durhamrasse, des Simmenthaler und anderer Schweizer Schläge, sowie holländisches Milchvieh hervorzuheben, welche auf den zahlreichen Herrschaften der Großgrundbesitzer zur Verbesserung der Rindviehrassen gehalten werden. Unserer, durch Vergleichung der Zustände verschiedener Länder befestigten Überzeugung nach, eignet sich für die ungarische Ebene und das Hügelland keine Rasse besser als der rein ungarische Stamm, weil er erstens das beste Zugtier ist und auch in der Mast nur wenigen nachsteht. Von diesem doppelten Standpunkt ist der ungarische langgehörnte weiße Ochse das bestgebaute und tüchtigste Tier. Die ungeheure Brust und der riesige Widerrist, die im Normalzustand schlanken Lenden, die gewaltigen muskulösen Oberschenkel und die feinen und doch starkknochigen Unterschenkel befähigen den ungarischen Ochsen bei seiner hohen Gestalt in deren kräftiger Harmonie er alle andern Schläge übertrifft, wie keinen andern Rindviehstamm zu einer raschen ausdauernden Gangart bei schwerem Zug. Derselbe bildet daher für den ungarischen Landwirt einen notwendigen Ersatz zu dem leichten Rassepferd, für den Pflug und den schweren Zug. In vielen wohlhabenden landwirtschaftlichen Kreisen von ganz Europa gilt es als eine ausgemachte Sache, daß der Ochsenbauer ceteris paribus besser gedeiht als der Pferdebauer, weil die Zugochsen nach den Dienstjahren besser zu verwerten sind, wie Pferde, und weil überhaupt der Besitz von Pferden mehr zu Luxusausgaben reizt. Deshalb ist der Besitz eines so außerordentlich brauchbaren Zugtieres wie das weiße ungarische Rind ein wahrer Schatz für das Land, und es sollte zur Veredelung desselben die aufmerksame einheimische Zuchtwahl gepflegt werden, welche man in England auf die Shorthornrasse angewendet hat. Durch solche rationelle Zuchtwahl muß es dahin kommen, daß das ungarische Edelrind auf dem internationalen Zuchtviehmarkt ebenso gesucht wird, und daß infolge dessen allmählich ein weit höherer Preis erzielt wird als bisher. Ohne die in unseren Verhältnissen fast unglaublichen Preise, welche die eng-

lischen Viehzüchter erzielen, würden die Landwirte Großbritanniens
die Konkurrenz Nordamerika's, Indiens und Rußlands nicht ertragen
können. Nun hat das englische Shorthorn, von welchem ein Zuchtstier
oder eine Zuchtkuh häufig mit 4000 Mark und mehr bezahlt wird,
allerdings den Vorzug, daß es schon im dritten Jahre, also zwei Jahre
früher, zur Mast reif wird, dank seiner beschleunigten Entwicklung, welche
durch Zuchtwahl und zweckmäßige Nahrung allmählich herausgebildet
ist. Dagegen ist es zum Zug fast gar nicht zu gebrauchen und steht
auch in der Milch-Ergiebigkeit weit hinter dem Schweizer und Holländer Vieh zurück. Das ungarische Edelrind ist zwar auch im Milchertrag nicht sehr ergiebig, als Arbeitstier aber den ersten Rang ein-
nehmend, steht es in der Mastfähigkeit dem Durham keineswegs nach,
weil es einen viel mächtigeren Brustkorb hat. Außerdem hat das
Fleisch des ungarischen Mastochsen den Vorzug vor dem Shorthorn,
daß es weniger mit Talg durchwachsen ist.

Auch der Büffel hat viele Vorzüge, namentlich als rasches Zugtier, so daß dessen Aussterben nicht zu wünschen wäre, weil er
überdies mit dem allergeringsten Futter vorlieb nimmt. Auch wird
seine Milch als eine Spezialität gerühmt, welche man nicht entbehren
mag, wenn man sich einmal an sie gewöhnt hat.

Von geringerer Beschaffenheit ist die einheimische farbige Rasse,
welche vorzugsweise in den Gebirgsgegenden vorkommt. Zur Veredelung derselben sind aber vom ungarischen Ackerbauministerium in der
neuesten Zeit planmäßige Maßregeln ergriffen worden, welche in
hohem Maße die Aufmerksamkeit des Auslandes verdienen. Bekanntlich hat Ungarn im Einverständnis mit Oesterreich, um die gegen
Westen teilweise gesperrten Grenzen der Viehausfuhr wieder zu eröffnen, an der russisch-rumänischen Grenze eine absolute Sperre gegenüber dem russischen Steppenvieh angeordnet, weil die Rinderpest in
Rußland endemisch geworden ist. Die ungarische Regierung ist nun
darauf bedacht, diese Sperre so durchgreifend als möglich zu machen.
Auf dem ungarischen Ackerbauministerium werden sämtliche Nachrichten
über die Fortschritte der Viehseuche in Rußland gesammelt, welche
von den diplomatischen Agenten, Privaten, Kaufleuten und durch
Zeitungen einlaufen. Auf der Generalstabskarte der Grenzländer ist,
wie auf einem Kriegsplane, das Zurückweichen oder Vorrücken der
Rinderpest durch Fähnchen bezeichnet, so daß der Referent jeden
Augenblick in der Lage ist zu beurteilen, in welche Richtung die Auf-

merkſamkeit der Grenzwachen beſonders zu lenken iſt. Damit nicht zufrieden, ſucht das Ackerbauminiſterium auch noch durch weit ſicht= bare Mittel die Grenzwache zu erleichtern, indem in der ganzen Kette der Karpathen farbige ausländiſche Edelviehſtämme eingeführt und die inländiſchen damit verbeſſert werden, welche erſtere ſich ſehr ſtark in Geſtalt und Ausſehen von dem ruſſiſchen Steppenvieh unterſcheiden, ſo daß der Kontraſt ſchon von weitem erkenntlich iſt. Die Regierung geht ſogar ſo weit, den öſtlichen Grenzbewohnern ſolches Edelvieh vorſchußweiſe zu liefern, indem deſſen Preis ratenweiſe erlegt werden kann. Dieſe Darſtellung erhält eine Beſtätigung durch einen ſachver= ſtändigen Bericht, welcher infolge einer Anfrage der Regierung der Vereinigten Staaten auf Befehl des ungariſchen Ackerbauminiſteriums im Frühjahr 1884 von Herrn B. Tormay erſtattet worden iſt und deſſen Wortlaut wir hier folgen laſſen.

Der durch das amerikaniſche Generalkonſulat eingereichte Frage= bogen lautet wie folgt:

Während man in England mit ungefähr 20 und in Frankreich mit 15 Raſſen Vieh züchtet und wirtſchaftet, beſitzen die Vereinigten Staaten von Amerika deren nur ungefähr 10, obſchon die ſehr diverſe Boden= und klimatiſche Beſchaffenheit dieſes Landes zu glauben recht= fertigt, daß man da mit der dreifachen Zahl ſollte wirtſchaften können.

Um dieſes praktiſch zu erproben und möglicherweiſe in Wirklichkeit auszuführen, wünſcht die amerikaniſche Regierung Daten zu ſammeln woraus zu erſehen wäre, welche Raſſen von Vieh anderer Länder am zweckmäßigſten erſcheinen um mit Erfolg in Amerika eingeführt zu werden, und auch verſchiedene andere Informationen, welche für den Gegenſtand von Intereſſe ſein dürften.

1. Man erſucht daher erſtens um ſtatiſtiſche Daten über das Re= ſultat der ſyſtematiſchen ſowie allgemein praktiſchen Wirtſchaft bei den in Ungarn ſpeciell heimiſchen Raſſen von Vieh (ich glaube, daß man darunter hauptſächlich die weißen, großhörnigen und die Büffel ver= ſteht) zu welchem Zweck Fragen in tabellariſcher Form beigefügt ſind.

2. Ferner erſucht man um die Reſultate, welche mit fremden Raſſen in Ungarn erzielt wurden, da man anderwärts ſchon die Erfahrung gemacht hat, daß manche Raſſen von Vieh fern von ihrer Heimat ſich beſſer entwickeln und mehr veredeln als zu

Hause, so zum Beispiel in Amerika nach mehrmaliger Züchtung die „Shorthorns, Jerseys und Holsteins."

In Detail also ersucht man um Information über folgendes:

3. Mit wie vielerlei Rassen wird in Ungarn praktisch gewirt= schaftet und wie heißen dieselben?

4. Welche von den ungarischen Rassen halten Sie als am besten geeignet für die Einführung nach Amerika?

5. Was kosten solche besseren Exemplare per Paar oder auch per Stück je nach Geschlecht? Ferner was kosten solche für eine Durch= schnittsqualität?

6. In welcher Art wird das Vieh in Ungarn behaust, verpflegt und überhaupt untergebracht?

7. Welche ist die Art und Weise der Fütterung?

8. Welche ist die meist gebräuchliche Art der Züchtung?

9. In welcher Weise behandelt man die Produkte: Milch, Butter und Käse?

10. In welcher Proportion wird für die Milchwirtschaft und das Schlachthaus gezogen?

11. In welcher Proportion werden die verschiedenen Rassen gezogen?

12. Giebt es besondere Krankheiten oder Seuchen, denen die ungarischen Rassen unterworfen sind?

13. Wie hoch beträgt sich der Viehstand in Ungarn?

14. Ist derselbe in Zu= oder Abnahme begriffen? und was ist die Ursache dieser Zu= oder Abnahme?

15. Erzeugt Ungarn genügend Vieh für den Heimbedarf?

16. Wenn nicht, woher bezieht man das verursachte Minus?

17. Wenn mehr, wohin geht der verursachte Plus?

18. Man ersucht um Farbenabbildungen der heimischen Rassen oder um Angabe der Quelle wo solche zu beziehen sind?

19. Bei solchen Fragen, wo keine genauen statistischen Daten vorhanden sind, ersucht man um bestmögliche Schätzung oder Angabe der letzten Zählung (Census).

20. Da die Resultate bei Musterwirtschaften verschieden sind je nach denen der Herrschafts= oder gewöhnlichen Bauern=Wirtschaft, so wird ersucht bei Beantwortung der Fragen Rücksicht auf diese Thatsache zu nehmen. Auch ersucht man um mögliche freiwillige Information über Gegenstände, welche bei den Fragen nicht genannt wurden, die aber

nach Ihrer Anſicht von Intereſſe dafür ſein mögen.   Henry Sterne
m. p. u. ſ. Conſul.

Der Referent des Ungariſchen Ackerbauminiſteriums hat darauf
mittels der nachfolgenden Denkſchrift geantwortet:

Durch das geehrte Konſulat der Vereinigten Staaten wurden die
ungariſche Viehraſſen betreffenden Fragen an das königliche ungariſche
Miniſterium für Ackerbau, Handel und Gewerbe geſtellt.

Gefertigter erhielt den ehrenvollen Auftrag die Fragen zu beant=
worten und ich trachte mit folgendem dieſem zu entſprechen.

Den gewünſchten Daten über das Reſultat der ſyſtematiſchen ſo=
wie allgemein praktiſchen Wirtſchaft bei den in Ungarn ſpeciell heimiſchen
Raſſen von Vieh lege ich hier die ausgefüllten Tabellen bei, die in
Kürze die geſtellte erſte Frage beantworten werden.

Die zweite Frage bezieht ſich auf die Reſultate, welche in
Ungarn mit der Züchtung fremder Raſſen erzielt worden ſind.

Bevor ich dieſe Frage beantworte, bemerke ich, daß in wenig
Ländern ſo vielſeitige Züchtungsverſuche gemacht worden ſind wie hier
zu Lande; es ſind Raſſen faſt aus allen Ländern Europa's eingeführt
worden, um neben unſerem primogenen weißen Vieh gezüchtet zu
werden.   Dieſe Züchtungsverſuche gaben teils poſitive, größtenteils
aber negative Reſultate.

In neuerer Zeit ſichtete man die im Lande erhaltenen Reſultate und
nahm das poſitive als Richtſchnur.   Das Miniſterium für Ackerbau
teilte mit Zuziehung und Vernehmung der beſten Züchter des Landes
das ganze Reich in Züchtungskreiſe ein und wählte für die einzelnen
Gegenden die entſprechenden Raſſen.   Von dieſen zur Verbreitung
deſignierten Raſſen werden in erſter Linie auf den Staats=Domainen
große Züchtungen errichtet, damit Ankaufsplätze vorhanden ſeien, wo
die Züchter ſich ihr Zuchtmaterial beſchaffen können.

Zweitens wurde Zuchtmaterial für einzelne Züchter beſchafft, dieſes
denſelben auf Ratenzahlungen mit der Bedingung übergeben, daß ſie
verpflichtet ſind alles Jungvieh aufzuziehen und dem Ackerbau=Mini=
ſterium zum Weiterverkauf zur Verfügung zu ſtellen.

Auf dieſe Weiſe haben ſich 76 Peginerien gebildet.

Drittens werden Stiere aus den für den Zuchtbezirk beſtimmten
Raſſen angekauft und an Gemeinden auch auf Ratenzahlungen übergeben.

Die Verteilung des Zuchtmaterials für Peginerien geschieht im Herbst, die Gemeindestiere hingegen werden immer im Frühjahre vor dem Weideaustritt durch die Gemeinden übernommen.

Das ungarische weiße Vieh hat zwei hervorragende Schläge; der eine ist hauptsächlich im großen Becken Ungarns zu Hause, der zweite Schlag wird im Zentrum Siebenbürgens gezüchtet. Diese zwei Schläge sind sowohl für den Wirtschaftsbetrieb die wertvollsten, als auch für die Industrie das wichtigste Marktvieh.

Die Elite der ungarischen Viehrasse wird von größern Besitzern in Herden gezogen und es ist von Wichtigkeit, daß dieser Schlag sich soviel wie möglich auch bei den kleinen Landwirten einbürgere. Damit dieses Ziel erreicht werde, hat das ungarische Ackerbau-Ministerium Aufzuchtanstalten errichtet, in welchen junge Stiere bis zur Zuchtver=wendung gehalten, dann nach ihrem Schätzungspreise an die Ge=meinden auf Ratenzahlungen abgegeben werden.

Das größte Depot für Zuchtstiere ungarischer Rasse ist Torda, woselbst sich der Stand schon auf über 400 Stück gehoben hat und von wo die zuchtfälligen Stiere in den Monaten März und April abgeführt werden.

Von den in Ungarn eingeführten fremden Rassen hat das Alpenvieh am besten entsprochen und das Verlangen nach solchem war und ist am größten.

Es wurde also bei Formierung der Zuchtbezirke auf dieses Ver=langen, welches durch die guten Züchtungserfolge motiviert ist, Rücksicht genommen und infolgedessen wird die schwere Frontosus=Rasse in West= und Nordwest=Ungarn so auch in den besseren Teilen haupt=sächlich den fruchtbaren Thälern Nord=Ungarns verbreitet.

Höher gelegene Gegenden mit minderem Futter und weniger ausgiebigen Weiden bekommen Braunvieh u. z. ihren Verhältnissen entsprechend einen leichtern oder schweren Schlag, der hauptsächlich durch seine Milchergiebigkeit rentabel ist.

Die Braunvieh (Brachiceres) Schläge haben auch in Westungarn einen kleinen aber infolge seines ausgezeichneten Materiales sehr wich=tigen Zuchtbezirk.

An der Ostgrenze Ungarns auf den höheren guten Weiden der dortigen Karpaten, so auch in den fruchtbaren Thälern derselben wird das schwerere rotscheckige Pinzgauer Vieh mit bis jetzt zufriedenstellen=dem Erfolge verbreitet, hat aber vis-à-vis der Büffel, infolge deren leichter Fütterung, so auch der substanziösen Milch der letzteren einen ziemlich schweren Standpunkt. Der Büffel hat eine kleinere Ver= breitung und zwar wird er in den Alluvien der Donaugegend so auch im südwestlichen Teil Ungarns gezüchtet; sein Hauptbezirk ist aber Ost=Ungarn, wo derselbe infolge seiner Zahl auch größere Wichtigkeit besitzt, und als Vertreter des schlechteren Futtermaterials, ferner als Arbeitstier für schwere aber sehr langsame Arbeit, so auch, wie gesagt, wegen seiner ungemein fetten Milch sehr wichtig genannt werden kann.

Auf die Frage, welche von den ungarischen Rassen ich als ge= eignet erachte um in Amerika gezüchtet zu werden, glaube ich nicht zu fehlen, wenn ich wiederholt die Aufmerksamkeit auf die weiße groß= hörnige ungarische Rasse lenke, und ich glaube daß Texas oder Florida d. h. überall dort, wo man ausgezeichnetes Zugvieh braucht und schätzt — wo man vorzügliches Fleisch zu erzeugen wünscht, wo es keine Weiden die 1000 Meter über dem Meere liegen zu begehen hat und wo man aber keine zu kurze Entwickelungsdauer fordert, dieses Rind solchen Anforderungen vollkommen entsprechen d. h. dort mit Erfolg gezüchtet werden kann.

In der Beilage ist die heimische Rasse Ungarns und deren Durch= schnittsleistungsfähigkeit kurz gekennzeichnet, ich glaube aber, weil ich sie zum Import empfohlen, daß eine nähere Beschreibung, die dieses Vieh kennzeichnet und in welcher die besseren Züchtungen hervorgehoben sind, auch erwünscht wäre.

Das ungarisch=siebenbürgische Rindvieh ist ein Schlag der podo= lischen Rasse, die im Osten Europas ferner auch in der Romanja*) verbreitet ist.

Es gehört in die Gruppe des Bos-Taurus primigenus.

Die Dimensionen an den Schädeln von Tieren die der ungarisch= siebenbürgischen Rasse entstammen sind aus der beifolgenden Tabelle ersichtlich.

In der Tabelle zeigen die ersten vier Reihen den Durchschnitt von 100 gemessenen Schädeln, die letzten zwei Reihen enthalten Maße von zwei Tieren die in ihren Formen ausgezeichnet waren und der anerkannt besten Zucht des Landes entstammten.

---

*) Also wahrscheinlich einst aus Pannonien von den Römern ausgeführt worden ist. D. V.

In der podolischen Raſſengruppe iſt das ungariſche Rind auf jeden Fall das hervorragendſte, ſteht aber darum doch nicht auf der höchſten Stufe der Vollendung und hat einzelne Körperteile, welche bei manchen Tieren geradezu als fehlerhaft erklärt werden können, die aber in den beſſeren Züchtereien des Landes teilweiſe auch ſchon verbeſſert erſcheinen.

Ich glaube nicht zu fehlen, wenn ich ein Mitteltier ſkizziere und nebenbei die Fehler der unter dieſen Niveaus ſtehenden und ſo auch die Vorteile der beſſeren hervorhebe.

Der Kopf des ungariſchen Rindviehes iſt klein (was aus den Schädelmeſſungen erſichtlich). Die Stirnleiſte iſt gerade und iſt wenn auch nicht mit einem g r o b e n aber jedenfalls ſtärkeren und weichem Schopf bedeckt, der beim primogenen Marſchvieh nicht vorkommt. Aus der Stirnleiſte entwickeln ſich beiderſeits die langen Hörner, welche zuerſt vom Kopfe wegſtehend wachſen und erſt nach einer gewiſſen Entfernung ſich nach aufwärts krümmen. Die Formen der Hörner bei dieſen Tieren ſind ſehr verſchieden. In konformen Züchtungen ſind auch dieſe Körperteile ausgeglichen und am beliebteſten ſind ſolche, die den auf den Abbildungen erſichtlichen gleichen. Die ſchönen feinen Hörner und deren regelmäßige Stellung iſt geſchätzt, hat auch ſeine Berechtigung, da es als Zeichen des Adels und guter Züchtung angeſehen werden kann. Schwere, dicke oder enggeſtellte Hörner, die als Zeichen der nicht geräumigen Schädelhöhle betrachtet werden können, ebenſo die langen ſchmalen Schädel mit hochgeſtellten Hörnern werden als Zeichen der Überbildung angeſehen. Dieſe ſind ebenſo wie die zu grobknochigen Tiere nicht leiſtungsfähig. Die Augen ſtehen ſeitwärts, ſind tief pigmentiert, ſehr groß mandelförmig, lebhaft, oft feuriger als wünſchenswert. Die Ohren ſind feſt, gehörig be= haart, ſeitwärts ſtehend. Die hängenden Ohren disqualifizieren voll= ſtändig, ſind auch ungemein ſelten. Der Ohrenrand iſt mit ſchwarzen weichen aber nicht langen Haaren bewachſen, das innere der Ohrmuſchel iſt mit längeren Haaren bedeckt, die aber keine Büſchel bilden. Die Stirne iſt flach und breit. Der Naſenrücken iſt ein wenig gewölbt; das Flotzmaul ſtumpf, die Naſenlöcher fein und etwas gewölbt, Flotzmaul und Naſenlöcher graulich ſchwarz pigmentiert. Der Hinter= kiefer iſt breit aber fein geſchnitten. Die Umriſſe des Kopfes ſind leicht, fein und edel, und jeder ordentlicher Züchter befleißigt ſich ſolche Kopfformen in ſeiner Zucht zu verallgemeinen. So ſoll der

Kuhkopf beschaffen sein. Der Stierkopf ist mäßiger mit gröberen Konturen, ist dunkler gefärbt, hat mehr oder weniger gelockte Stirn= haare. Der Hals ist breit und genügend betrielt, es giebt aber Gegenden, wo man zumal beim Vieh der kleinen Wirte schwächere Halsungen findet. Der Hals wird gewöhnlich höher getragen, ist vom Stirnrand gemessen gewöhnlich um 10 % auch 15 % länger als der Kopf. Der Widerrist ist lang und breit aber nicht überdeckt; bei älteren Ochsen ist er oft markierter, manchmal auch wohl scharf zu nennen. Der Rücken ist lang, breit und gut bemuskelt; der Karpfen= oder der Senkrücken sind selten. Die Lenden sind breit, manchmal länger als sie sein sollten, was ich als Hauptfehler betrachte, da solche Tiere keine rechte Verbindung haben, ferner sich immer schlechter füttern. Die Hungergruben eines langlenbigen Viehes sind groß, und so ein Vieh hat immer ein verhungertes Exterieur, infolgedessen auch einen schlechten Preis. Die Kruppe des guten ungarischen Rindes ist breit, sehr stark, aber nicht immer schön, weil die obere Linie manchmal uneben ist. Der Schweif ist stark, mit sehr langer schwarzer Schweifquaste. Die Seiten der Brust sind breit, lang und tief, infolgedessen ist auch der Brustkasten dieser Tiere von so außerordentlichen Dimensionen.

Flache, seichte Tiere kommen nur in schlechten, verhungerten Züchtungen vor. Überbaute Tiere kann man gar nicht finden. Die Gliedmaßen des ungarischen Viehes sind stark und stramm; die Schulter ist gewöhnlich wunderschön gestaltet, bemuskelt, lang, breit und gut gelagert. Der Oberarm liegt gut, der Ellbogen ist klar parallel gestellt. Der Vorarm flach, sehr breit mit freiliegenden Mus= keln bedeckt, die Stellung des Vorarmes vertikal. Abweichungen wer= den immer seltener. Die Kniee sind breit, die Schienen kurz, stark, ohne grobe Knochen. Die Sehnen sind klar und freiliegend. Die Fesselung ist tadellos, die Klauen so fest und stramm, daß der Be= schlag nur auf schlecht chaussierten Straßen notwendig wird. An den hinteren Gliedmaßen, wo die Kruppe fehlerhaft, sind auch die Keulen nicht entsprechend, in besseren Zuchten sind dieselben breit und voll. Die Unterschenkel, Sprunggelenke, Schienen und Fußenden sind sehr schön gebaut. Der guten Formation des Brustkastens, der sehr respektablen Lunge, der vorzüglichen Bildung der Extre= mitäten ist die außerordentliche Zugleistung der dieser Rasse angehörigen Tiere zuzuschreiben.

Ich glaube, daß es auch nicht uninteressant sein wird die Maße der Körperteile dieser Rasse kennen zu lernen, und in folgendem werden diese als Durchschnittsmaße vieler Hunderte gemessener Tiere mitgeteilt:

	Centimeter.	
	Stier.	Kuh.
Länge des Kopfes . . .	55	54·3
Stirnenge	22·3	19 5
Augenbogenbreite .	25·2	24·3
Länge des Halses	61	62
„ des Widerristes und Rückens	65	63
„ der Lende	42	46
„ der Kruppe vom Beginn des Kreuzbeines bis zum Schweifrübe .	56	47
Gesamte Länge von der Stirnleiste bis zum Sitzbeinhöcker	224	218
Höhe beim Widerrist	154	150
Gürtelmaß	212	191
Breite der Hüften	54	55
Mittelgewicht	625	549

Maße sehr schöner Tiere aus den Staats=Züchtungen 56 Stiere, 54 Kühe.

Stirnenge	26	20
Augenbogenbreite	29	22
Länge von der Stirnleiste bis zum Sitz= beinhöcker	243	237
Höhe beim Widerrist	157	156
Gürtelmaß	224	216
Hüftenbreite	60	62
Gewicht	820	670 k.

Die größte Kuh, die ich bis jetzt gemessen, hatte 167 cm Stockhöhe.

Die schönste Farbe des ungarischen Rindes ist die silberweiße mit schwarzem Flotzmaul und schwarzer Schweifquaste. Die mit einem Stich ins Graue sind strammer; nicht beliebt sind die ganz weißen mit rosa gefärbtem Flotzmaul und gelben Hörnern, welche schlapper sind und für Witterungseinflüsse viel größere Empfänglichkeit haben.

Wie schon bemerkt, excelliert die ungarische Rasse als Zugvieh; 5 Paar Ochsen pflügen per Tag 3 Hektare 15 cm tief oder per Paar 1 Kataftral=Joch = (1600 □ Klafter) = 57·34 Ar.

Was die Dauerhaftigkeit betrifft, ſo waren auf der Wiener Weltausſtellung noch ganz brauchbare Ochſen ausgeſtellt, die 14 Jahre Zugleiſtung hinter ſich hatten.

Die Maſtfähigkeit iſt bei ausgenütztem altem Arbeitsvieh von 742 Stück Aufſtellung mit 570 k Durchſchnittsgewicht nach 118tägiger Maſtung 708 k, d. h. per Tag 1. 1 k Ergebnis.

Die ſehr genauen Verſuche haben es klar geſtellt, daß bei Hoch=maſtung in Fabriken keine andere mit dieſer Raſſe konkur=rieren kann.

Die beſten wirtſchaftlichen Maſtungen, 44 k per Monat, ſind in Bia erreicht worden. In den Brennereien beziffert ſich die tägliche Zunahme von jungen Ochſen mit 1.6 k.

Das durchſchnittliche Schlachtergebnis beim ungariſchen Vieh war folgendes (Tab. 2).

Die Durchſchnitts=Milchnützung iſt in der Beilage angegeben, es ſind aber einzelne Gegenden, in denen das Durchſchnittsergebnis höher und die Milch noch ſubſtantiöſer iſt, und zwar:

In Algya (Komitat Arad) gaben die Kühe durchſchnittlich 12 Liter Milch. 4 Liter Sauerrahm; dieſe gaben 1 k Butter, 2·83 Liter Buttermilch und die ſauere Milch (egale 8 Liter), gab 2525 gr. Topfen (Dickmilch).

Dieſe Raſſe gedeiht auf jedem Boden; auf ſchlechtem Sande, auf Torfboden findet man gute Zucht, ebenſo auf den reichen Allu=vien der Theiß; ſie iſt aber für eine Lage von 1200 m über dem Meere ſchon weniger, für Alpenweiden gar nicht zu empfehlen.

Die beſte Zucht des Landes ergeben folgende Anſtalten: Staats=geſtütswirtſchaft in Mezöhegyes, 2 große Stammzuchten; Graf Taſſiló Feſtetits Keszthely, 7 Stammzuchten mit 700 Stück Zuchtkühen; Simeion Vojnits in Szabatka; Ludwig Sennyei in Páczin (Zem=pliner Komitat); Graf And. Cockanito Zſombolya (Torontáler Ko=mitat); Adolf Flötnigg Allatyán (Szolnoker Komitat); Graf Kol. Almáſzy Sarkad (Biharer Komitat); Franz Szeniczey Paks (Tol=nauer Komitat) u. ſ. w.

Die fünfte Frage bezieht ſich auf den Preis per Paar oder Stück Zuchtvieh beſſerer Qualität, ſo auch mittlerer Ware. Hierzuland wird Zuchtvieh immer per Stück, Zug und Maſtvieh hingegen immer per Paar gehandelt. Da ich hier nur von Zuchtvieh ſpreche, ſo werden nur Stückpreiſe in Erwähnung gebracht.

Zuchtfähige Stiere, 3 Jahre alt, Mittelqualität, kosten 200 bis 250 Gulden, gute Stiere 250 bis 350 Gulden, hervorragend gutes Vieh wird auch mit höherem Preis gezahlt.

Gute 2jährige Stiere kosten 150 bis 180 Gulden, sehr gute Ware 200 bis 300 Gulden.

Kühe, gute Mittelware, von 80 bis 100 Gulden, bessere Ware von 100 bis 150 Gulden, höhere Preise werden nur für Ausstich bewilligt.

Kälber, jährige, beiderlei Geschlechts, kosten 50—100 Gulden.

Ich will bemerken, daß für Züchtungsversuche es angezeigt wäre nur ganz gute Qualität zu exportieren.

In welcher Art wird das Vieh in Ungarn verpflegt und überhaupt untergebracht?

Der Bauer stellt sein Vieh im Winter ein, in besseren Züchtungen (die „gulya" genannt werden) überwintert das Vieh trotz 20° C. Kälte in freien oder in nur gegen Norden geschlossenen Schoppen welche an der Südseite Paddoks haben worin sich das Vieh tagsüber aufhält.

Dieses Vieh wird mit Stroh und Maisstengeln überwintert, erhält höchstens weiches schilfiges Heu. Stallvieh beim Bauer wird wohl auch mit Kurzfutter gewintert.

Die achte Frage betrifft die Art der Züchtung.

In Ungarn beim weißen Vieh ist einzig die Jungzucht gebräuchlich und jede Heerde die nur den geringsten Fehler gegen Reinzucht begeht ist disqualifiziert und wird nie mehr im Stande sein auch nur ein Stück Zuchtvieh zu verkaufen.

In manchen Gemeinden werden Kreuzungen vorgenommen, von denen als Nutztiere die Produkte des rotscheckigen Alp-Viehes aber einzig nur im Halbblut, als sehr grobes Mastvieh entsprechen.

Beim weißen Vieh d. h. bei den Heerden-Zuchten (gulya) der ungarischen Rasse geht der Stier Anfang März in die Heerde wird 3 auch 4 Monate in derselben gelassen. Das Abkalben beginnt im Jänner und die Kälber, die auf den Schnee geworfen werden, sind gewöhnlich die Besten.

Mit 3 Jahren wird das Vieh zugelassen. Der Stier ist wenigstens bis zum 9. Jahre sprungfähig, die Kuh bis zum 13. Jahre vollkommen zuchttauglich).

Jungochsen werden mit dem 4. Jahre angelernt und gehen 8 Jahre ganz gut im Zuge, für Mastungszwecke sind sie mit dem 4. Jahre schon brauchbar aber mit dem 7. Jahre am tauglichsten.

Unter 9. wird über Behandlung von Milch, Butter und Käse gefragt. Städte konsumieren bei uns viel Milch und verlangen nur nach frischer Milch und Sahne, die teilweise durch einzelne Produzenten, anderenteils durch Genossenschaften geliefert werden, bei welch letzteren sehr auf Qualität und durch die Genossenschaft auch nach dieser be= zahlt wird. Der Produzent fordert Milch mit über 4% und dies ist der Grund, daß Marschvieh aus Oldenburg, Holland, mit einem Worte von der Seeküste stammend in unserer Molkerei keine oder eine sehr geringe Verwendung findet. Butter wird nur neuestens mit Ver= wendung von Separators aus frischer Milch erzeugt. Unser Publikum hat sehr bald Geschmack an dieser gefunden und der Markt wird täglich mehr und mehr mit solcher versehen. Aus der Ferne wird auch Milch auf unsere Konsumsplätze gebracht und man kann sich damit unterhalten die Farbe der Milch zu besichtigen und daraus zu ersehen welche Bahnlinien — da die Kannen nach diesen gefärbt sind, den größten Milchverkehr besitzen.

Käse werden fette und halbfette nach schweizer und holländischer Art, so auch Kremekäse bereitet. Primaware kostet 80 ord. prima 60 kr., Sommerware 40 bis 50 kr. per Kilo Das Kilo feinste Butter aus Süßmilch durchschnittlich 1 fl. 80 bis 2 fl., gewöhnliche Ware 1 fl. 10 bis 1 fl. 30, Kochbutter 80 bis 85 kr.; letztere kann aber z. B. in diesem Jahre wo prima Schweinefett 53 bis 55 kr. samt Faß kostet nicht verwertet werden.

Frage 10. Handelt über Züchtung für Milchwirtschaft und Schlachthaus.

West, Nordwest so auch der größere Teil Nord=Ungarns hat das Bestreben Milchvieh zu produzieren und dieses Bestreben wird wie ich schon bemerkt, durch unser Ackerbau=Ministerium redlichst unterstützt.

Die Bestrebungen in dieser Richtung zeigen Erfolg und die Eigentümer der Milchwirtschaften haben davon sich zu überzeugen Gelegenheit gehabt, daß Vieh, welches hier gezüchtet unter unsern kontinentalen Verhältnissen viel besser entspricht wie das, zumal aus den nordwestlichen Küstengegenden importierte.

Im größten Teile Ungarns wird der Motor unserer Landwirt= schaft, so auch die Mastobjekte unserer Fabriken gezogen, und wer dieses Material kennt, wird mich keinesfalls der Schwärmerei zeihen, daß ich mich in dieser Richtung so über dasselbe äußerte.

Das Zuchtgebiet der heimischen Rasse umfaßt ⅝ des gesamten Areals, wird aber in Zukunft infolge des Erfolges bei Milchwirt= schaften auf jeden Fall Terrain verlieren.

Die Proportion der verschiedenen Rassen ist folgende:

Die weiße Rasse beträgt heute noch $60^3/_{10}$% des gesamten Viehstandes. Die übrigen Rassen verteilen sich: 20% Scheckvieh, 10% Braunvieh, das übrige undefinierbare Kreuzungs=Produkte.

Die zwölfte Frage betrifft den Gesundheitszustand unseres Viehes.

Ich bemerke, daß bei großen Züchtungen Monate vergehen ohne Krankheitsfall; treumatische Störungen und der Anthrax machen uns Verluste; die Lungenseuche z. B. alteriert unser Vieh nur wenn es in Brennereien für diese Seuche empfänglich wurde hingegen der Züchter am flachen Lande kennt diese Krankheit nicht.

Der Viehbestand Ungarns wurde schon oben angegeben.

Ungarn deckt seinen Bedarf an Zug= und Schlachtvieh, hat einen bedeutenden exportierbaren Überschuß in dieser Qualität braucht aber noch wenigstens das doppelte an Milchvieh welches es voraus= sichtlich erst in 5 bis 6 Jahren aus heimischen Züchtungen decken wird.

Jetzt wird Milchvieh noch aus den Alpenländern zugeführt. Die Zufuhr verringert sich aber von Jahr zu Jahr.

Vorhin sind 6 Jahre angenommen worden, die erforderlich sind um das notwendige Milchvieh=Material herzustellen. Diese Zeit kann abgekürzt werden, wenn das Halten von Gemeinde=Stieren obligatorisch gemacht wird.

Es sind heute 2,035,210 Kühe in den Ländern der ungarischen Krone. Wird unser Bauer dem Futterbaue im allgemeinen größere Aufmerksamkeit zuwenden, wird er — zumal in Ostungarn rationeller vorgehen, wird ferner in Nord= und Westungarn sich das Genossen= schaftswesen mehr ausbreiten, so kann sich diese Summe mit Leichtigkeit ohne die geringste Überfüllung um 75 ja sogar bis 80% heben wo= durch der Handelsgewächsbau im selben Verhältnisse so auch die landwirtschaftlichen Industrien um ein Bedeutendes gesteigert werden können.

Meßungen der Rinderſchädel (in Centimetern und Procenten):

	Länge des Kopfes vom Grunde des vordern Braunen Magdnum bis zum Rande des kleinen Kieferbeins gemeſſen.	Breite des Stirnbeins vom Gründe des vordern Braunes u. andern z. andern	Kleinſte Stirnbreite (Stirnenge)	Stirnbreite bei den Augenbogen	Breite zwiſchen den innern Augenwinkeln	Flügelſtückbreite unter den Flügelhöhlen	Breite bei den kleinen Kieferbeinen	Geſichtsbreite zwiſchen den beiden Tuberculis protuberancen	Kleinſte Geſichtsbreite	Länge des Gerüches vom vordern Rande des Foramen Magnum bis zur Stirnrinne	Länge der Stirne bis zum Beginn des Nasenbeins	Länge des Nasenbeins	Größte Breite der Rasenbeinoberfläche	Breite der Kinnlade hinter beim 6. Backenzahn	Länge der vordern Wachsjahnreihe	Länge der hintern Wachsjahnreihe	Mahlfläng des Riefers rauhes zwiſchen Schäbter- u. Backzähnen.
Stiere	45·6	18·6	20·5	23·6	19	17·2	9·4	25·4	18·2	13·2	24·4	18	9·4	11·9	12·2	12·8	11·5
Stiere %	100	40	44	51	41	37	20	55	39	28	53	39	20	26	26	28	25
Kühe	46	16·9	19·5	22·5	16	15·4	9	24·1	16·8	11·4	23·7	19·3	9·2	11·7	12·5	13·9	12·8
Kühe %	100	36	42	48	34	33	19	52	36	24	51	41	20	25	27	31	27
Stier	45·3	20·6	22	25·4	21	18·8	9·9	27	20·7	14	25·2	17·1	9·6	11·8	13·2	13·6	11
Kuh	55	18·5	20·3	22·4	15·4	15·5	8·6	24·5	18	11·6	23·6	17·4	9·8	12·5	13·1	14·3	12·9

Verwiegung der einzelnen Körpertheile (in Kilo und Procenten):

	Geſammtes Gewicht (kilo)	Haut und Hörner	Aufgefangenes Blut	Magen ſamt Inhalt	Gedärm ſamt Inhalt und Junge	Uterus ſamt Inhalt	Zuhonben und Braut	Talg	Vorderes Viertel mit halbem Kopf	Hinter Viertel	Bruſt	Herz, Milz, Leber, Nieren und Lunge	Zwei andere Viertel	Verluſt an Blut u. ſ. w.	Summa
Kuh	355	25·5	15·0	36·5	17·0	36·0	6·5	29·0	28·5	43·5	21·5	12·0	72	12·0	355
%	—	7·18	4·22	10·28	4·78	10·14	1·80	8·16	8·12	12·52	6·05	3·38	20·28	3·38	100
Ochs aufgebeſſert	525	40·0	17·0	86·5	29·0	—	9·5	48·0	47·5	66·5	34·0	17·00	115·0	15·0	525
%	—	7·61	3·23	16·47	5·52	—	1·80	9·14	9·04	12·66	6·47	3·23	21·90	2·85	100
Großer Ochs gut gemäſtet	803	47·0	18·5	86·0	31·0	—	11·0	96·1	96·0	108·0	63·5	23·0	208	15	803
%	—	5·85	2·30	10·70	3·86	—	1·37	11·96	14·95	13·44	7·90	2·61	25·90	1·86	100

Nummer	Gattung oder Rasse	bei Maturität Größe (Bulle)	(Ochs)	(Kuh)	bei Maturität Lebens-Gewicht (Bulle)	(Ochs)	(Kuh)	Farbe	Gewicht des Viehs %	Alter wann Maturität erreicht wird	Vieh lange rein gezüchtet	Durchschnitts-Quantität Milch pro Jahr Liter ***	Quantität Milch erfordert für Erzeugung von Butter %	Quantität Milch erfordert für Erzeugung von Käse %	Arbeit	Fleisch %	Milch % Liter	Butter ko %	Fett ko	Körper-Beschreibung
1	Ungarisches großes Vieh	155	166	155	625	570	550	lichtgrau u. weiß	von 53·8 bis 66·6 **	vier	ist nie gemischt worden	800	7·58	5·63	8 Jahr	60·0	800	60·0	96	Beschreibung im Text.
2	Frontofiak (Schecvieh)	146	153	152	850	630	565	roth-scheckig	von 56·7 bis 64·0	zwei ½ bis drei	etliche Jahr-hundert	1800	4·80 6·41	4·35	3 Jahr	60·3	2150	94 112	200	Langes, tiefer schweres Vieh mit größern Knochen.
3	Brachyceres (Braunvieh)	122	127	128	660	500	430	grau dachs-farbig	von 53·2 bis 64·8	drei	nicht gemischt	1950 2450	3·35 4·66	3·81	4 Jahr	59·0	2200	88 100	200	Starke aber nicht große Knochen.
4	Pinzgauer	130	155	136	650	660	450	dunkel-rothscheck.	von 52·0 bis 60·9	drei Jahr	seit 1740	1700 2203	3·89 6·11	4·17	4 Jahr	57·0	1950	85 93	157	Starke Knochen, etwas heikel im Futter.
5	Mariahofer	143	152	150	730	580	530	weiß-falbe	von 53·3 bis 62·5	zwei bis drei Jahr	seit 1728	1486 1800	3·61 4·48	4·08	3½ Jahr	57·9	1613	65	98	Weiches Vieh giebt schwere Ochsen.
6	Büffel	138	145	139	540	590	520	schwarz	von 51·0 bis 59·0	vier Jahr	nicht gemischt	850 950	—	—	7 Jahr	54·0	925	—	—	

* In Arbeitskondition.   ** Nicht gemästet aber in guter Kondition.   *** 390 Melktage.

Nummer	Ursprung der Rasse	Temperatur-Verhältnisse der Gegend. Grad Kälte im Winter	Grad Wärme im Sommer	Durchschnitts-Temperatur	Fuß über Meereshöhe	Gras-Sorten. Klee	Timothens-Gras	Luzerne	Topographie. trocken oder feucht	flach oder hügelig	Charakter des Bodens. alluvial	sandig	Lehm	Torte	Substratum. Kalkstein	Sandstein	Granit	Kies	Lehm	Bemerkungen
		cels.	cels.																	
1	Ungarisches Rind, Heimisch .	17	34	+ 8	300—1500	1	1	1	trocken	flach hügelig	1	1	1	—	1	1	—	1	1	Gedeiht am Granit weniger.
2	Simmenthaler, Schweiz .	17	28	+ 7	500—3000	1	1	—	feucht	bergig	1	—	1	—	1	1	1	—	1	Gedeiht am besten an bezeichneten Orten.
3	Braunvieh, Baiern . . .	18	22	+ 5	400—4000	1	—	—	feucht	bergig	—	—	1	1	1	1	1	—	1	Für hohe Lagen günstig
4	Rothscheck, Salzkammergut .	20	30	+ 7	350—4000	1	1	—	feucht	bergig	1	—	1	1	1	1	1	—	1	Zumal für Kaltboden.
5	Falben, Steiermark . . .	—	—	—	500—1200	1	1	—	feucht	hügelig	—	—	1	—	—	—	—	—	—	Weniger entsprechend.
6	Egypten . . .	—	—	—	—	1	1	1	feucht und trocken	flach hügelig	1	—	1	—	1	1	—	—	1	—

Die in der Denkschrift aufgeführten Viehpreise beziehen sich auf Zuchtvieh. Das gewöhnliche Vieh ist billiger. Für Mastochsen wird heute am Wiener und Preßburger Markt per Doppelzentner fl. 50—60 je nach Qualität gezahlt. Seit 25 Jahren ist der Wert des Viehes bedeutend gestiegen. Auf der Herrschaft Kis-Jenö des Erzherzog's Joseph im Araber Komitat war der Wert des Rindviehes 1859 folgender: fünf — siebenjährige Stiere fl. 100, vierjährige fl. 80, dreijährige fl. 60, zweijährige fl. 40, jährige fl. 25; vierjährige Ochsen fl. 80, dreijährige fl. 60, zweijährige fl. 40; alte Kühe fl. 40; Kälber fl. 15—30.

Ausweis

der auf den Eisenbahnen und Dampfschiff-Stationen wirkenden Beschau-Kommissionen (409 beständige Beschau-Kommissionen) über die beschauten Rinder.

1883.

	Im Inlande blieben.	Ins Ausland exportiert.
Januar . . .	12,786	7,597
Februar . . .	12,946	6,794
März .	12,517	8,936
April	7,347	8,188
Mai .	17,947	7,728
Juni . . .	17,270	8,174
Juli . . .	11,499	6,406
August . .	17,949	8,786
September .	14,695	7,877
Oktober . . .	16,786	7,663
November . . .	15,470	8,572
Dezember .	14,345	7,844
Zusammen .	171,557	94,565
1882	136,180	92,566
Daher i. J. 1883 mehr .	35,377	1,999

Milchwirtschaft.

Die Molkerei war in Ungarn früher vernachlässigt und erst in Folge des Umschwunges in den sechziger Jahren, namentlich der Verbesserung der Verkehrsmittel ist es zuzuschreiben, daß der Milchwirt-

17

ſchaft größere Aufmerkſamkeit, zunächſt von ſeiten der Großgrund=
beſitzer geſchenkt wurde.

Die nahe Lage von Wien war der erſte Beweggrund zur Ent=
wicklung dieſes Zweiges. Durch die von jeher ſtark konſumierende
Kaiſerſtadt wurde eine Menge von kleineren und größeren Kuhhal=
tungen im benachbarten Wieſelburger und Preßburger Komitat
ſeit geraumer Zeit in's Leben gerufen und auch das größte Etab=
liſſement Ungarns nach dieſer Richtung hin, mit deſſen Dimenſionen
ſich wohl kaum eine zweite Kuhhaltung des Kontinents meſſen kann,
die im Jahre 1868 gegründete auf 1840 Kühe baſierte Milchwirt=
ſchaft der Erzherzog Albrecht'ſchen Domäne Ung.=Altenburg, ver=
dankt ſeinen Urſprung der bequemen Erreichbarkeit der öſterreichiſchen
Hauptſtadt.

In geringerem Maße zwar aber doch unverkennbar, haben auch
die eigenen größeren Städte des Landes engere und weitere Kreiſe
von milchwirtſchaftlichen Betrieben um ſich herum in's Leben gerufen.
So entſtanden die Meiereien von L. Cſéry in Lörinß (ſeinerzeit
300 Stück), die von Tregele in Szt. Mihály (110 Stück), beide
in der Nähe von Budapeſt; weiterhin die Meiereien von J. Szabó
in Szájz Fenes bei Klauſenburg (90 Stück) und die von Sz. Gyſkó
bei Preßburg und viele andere.

Im übrigen beſchränkte ſich die Milchlieferung für die Städte,
einſeitig auf die kleinen 1—3 Kühe beſitzenden Landwirte und konnte
ſich dieſe Richtung daher weder in entſprechender Weiſe entwickeln,
noch zu jenem Haupthebel für den landwirtſchaftlichen Fortſchritt
werden, den ſie überall von dem Augenblick an darzuſtellen pflegt,
wenn der Großbetrieb die Führerrolle in die Hand genommen.

Das flache Land, dem die Entfernung von größeren Konſum=
tionscentren den größeren Abſatz der Milch unmöglich gemacht, kannte
im großen ganzen keinen milchwirtſchaftlichen Betrieb, und wie Oaſen
grenzten ſich die wenigen Kuhwirtſchaften innerhalb der faſt durchwegs
üblichen, einſeitigen Cerealien=Kultur ab, welch' letztere bekanntlich
noch bis vor kurzem in Ungarn als alleinſeligmachend betrachtet worden
war. Aus jener älteren Epoche ſtammen die Kuhhaltungen der
Abtei Zalaapáti im Zalac Komitat (derzeit 121 Stück), die der
erzh. Albrecht'ſchen Domäne Bellye im Baranyaer Komitat (der=
zeit 780 Kühe), die der Grafen Chotek in Futtak im Bácsbodroger

Komitat (derzeit 97 Kühe), die der Gräfin Laura Henkel (derzeit 160 Kühe), des Grafen J. Szapáry in Murajzombat, der Gutspachtung der kgl. belgischen Herrschaft Palin u. s. w.

Diesen sporadischen Anfängen gegenüber ist seit kaum mehr als einem Decennium ein merklicher Umschlag der Verhältnisse eingetreten, der in erster Reihe durch die immer mehr anwachsende Konkurrenz der Weizen bauenden transatlantischen Staaten und die Devalvation der in Ungarn vorwiegend produzierten feinen Tuchwollen veranlaßt wurde, sowie durch die an vielen Stellen des Landes unleugbar hervortretende Entkräftung des Bodens, die zu öfterer Düngung und stärkeren Viehhaltung hindrängte.

Naturgemäß wandten sich die Bestrebungen auf Hebung der Viehzucht und auf Vermehrung der Gutseinnahmen durch diesen neuen Wirtschaftszweig in erster Linie der bequemeren Mastung, sowie der Aufzucht zu, welch' letztere ja bekanntlich in einem Lande mit weniger ausgebildeten Agrikultur-Verhältnissen in vielen Fällen lohnt, auch ohne mit dem richtigen Sachverständnis betrieben zu werden.

Die bedeutenden Anstrengungen indeß, welche in anderen Ländern Europas in den letzten 4—5 Jahren zur Hebung der Milchwirtschaft gemacht wurden, sowie das drückende Bewußtsein, jährlich mehrere Millionen Gulden für Butter und Käse resp. für solche landwirtschaftliche Produkte an das Ausland abzugeben, welche ebenso gut im eigenen Lande erzeugt werden könnten, vor allem aber der Überfluß von unverwendbarer Milch an jenen Orten, wo Kühe zu Zuchtzwecken gehalten wurden, — diese Beweggründe waren es, welche Ungarn auf das Gebiet der Milchwirtschaft immer mehr und mehr hinüberdrängten und sind in dieser Beziehung in den letzten 70er Jahren bereits ansehnlichere Versuche zu verzeichnen: den schwankenden Revenüen einer einseitigen Getreidewirtschaft durch das Basieren des Betriebs auf die zu jeder Jahreszeit bares Geld in die Wirtschaft liefernden in ihrer Konjunktur aber stetig steigenden Molkereiprodukte entgegen zu treten. So die Käsereien der gräfl. Schönborn'schen Herrschaft Munkács in Szolyva und Dombof, die durch den Gutsbesitzer Alois Reiszig gegründete erste ungarische Milchgenossenschaft in Steinamanger, die Centrifugen-Molkerei des Herzogs Ludwig von Bayern in Sárvár, die dem bekannten deutschen Fachmann Ritter von Klenze ihre Entstehung verdankt — die durch staatliche Intervention in's Leben gerufene Aktiengesellschaft für Viehzucht und Milchwirtschaft in Marmaros Sziget — die Meierei des Grafen E. Andrássy in Parnó (Zempliner Kom.).

Der Staat selbst ging mit gutem Beispiel voran und gründete größere Milchviehstämme auf den Gestütswirtschaften Kisbér, Me= zöhegyes und Bábolna, sowie in der Wirtschaft der landwirt= schaftlichen Akademie Ung.=Altenburg und den höheren landwirt= schaftlichen Unterrichtsanstalten von Keszthely Debreczen, Kassa, Kolozs=Monostor. Endlich sind hier die seit 4—5 Jahren be= stehende Anton Dreher'schen Milchwirtschaften in Szt. László (200 Stück) und Baál (100 Stück) bei Budapest zu erwähnen.

Seit 1883 hat die Regierung in Erkenntnis der Wichtigkeit einer möglichst raschen und einheitlich geleiteten Entwicklung der Molkerei in Ungarn durch Kreirung eines eigenen Ressorts im Ministerium für Handel und Ackerbau: des „Landesinspek= torates für Milchwirtschaft" einen schlagenden Beweis geliefert, wie sehr sie auf die Einbürgerung dieses Wirtschaftszweiges als eines Haupthebels für Anbahnung einer intensiven Kultur Gewicht legt.

Bei dem Konservatismus und Mißtrauen gegen alles Neue, welches den ungarischen Landwirten nicht weniger als denen jedes andern Landes eigen ist, konnte nicht eher Terrain für die rasche Entwicklung der neuen Richtung gewonnen werden, bevor nicht durch mehrere hervorragende milchwirtschaftliche Unternehmungen der Weg für den Fortschritt deutlich vorgezeichnet war. Es mußte daher das Haupt= und in der ersten Zeit das alleinige Bestreben für die milch= wirtschaftliche Propaganda sein: an einzelnen Punkten des Landes und zwar womöglich in den verschiedenartigsten Verhältnissen greif= bare Beispiele für die Rentabilität dieser Richtung der Rindvieh= haltung zuzugeben.

Nach drei Seiten hin hat diese neueste milchwirtschaftliche Be= wegung in Ungarn heute bereits festen Boden unter sich.

1. Es wurde anschließend an die bereits seit längerer Zeit be= stehenden Anfänge neuerdings und zwar durch teils auf Privat= besitzungen, teils auf genossenschaftlicher Basis kreirten größere Be= triebe bewiesen, daß die Milchverwertung durch Butter und Käse auch jenen Gegenden, wo kein direkter Absatz für Milch zu schaffen ist, eine sichere Rente giebt, die bei entsprechender Leitung meist eine bedeutend höhere ist, als die aus der Mastung erzielten Resultate.

2. Der Hebung der alpwirtschaftlichen Verhält=
nisse wurde die gebührende Beachtung geschenkt und werden heute
bereits an mehreren Stellen inmitten eines Territoriums, welches bisher
ausschließlich durch den walachischen Schäfer ausgenützt war, von der
Milch mehrerer hundert Kühe Laibkäse nach Emmenthaler
Art bereitet.

Was dieser Fortschritt für Ungarn zu bedeuten habe und welche
Dimensionen die Einbürgerung einer rationellen Milchwirtschaft in
den Siebenbürger und oberungarischen Karpathen in Aussicht stellt,
geht daraus hervor, daß jene teils bewaldeten, teils aus den üppigsten
Alpenweiden bestehenden Gebirge, deren Höhe über 2000 Fuß beträgt,
beinahe ⅓ des im Ausland gemeiniglich als eine einzige große Tief=
ebene gedachten Landes betragen. Es giebt in Ungarn zahllose große
Alpendistrikte, die an Fruchtbarkeit des Bodens, klimatischer Lage und
Qualität der Grasweide den besten der Schweiz und des bayerischen
Allgäu's um nichts nachstehen.

3. Mit nicht geringerem Eifer wurde den Kuhhaltungen
in der Nähe der Städte, durch Gründung von Genossenschaften
der Weg gezeigt, den Einzelbetrieb zu entlasten von den Sorgen um
den täglichen Absatz der Milch, sowie die Kosten desselben durch
Centralisation zu verringern und den Reinertrag durch Herausdrängen
des unnötigen Zwischenhandels zu heben, während andererseits infolge
der strengen gegenseitigen Kontrolle der Genossenschaftsmitglieder unter=
einander durch diese Unternehmungen dem Städter das wichtigste
Nahrungsmittel in einer tadellosen und gegen gewinnsüchtige Deval=
vation sowohl, als gegen gesundheitsschädliche Beimengungen gleich
geschützten Form geboten wurde.

Die „Budapester Central=Milchhalle" eine Vereinigung
von 50 Landwirten aus 5 die Hauptstadt umgebenden Komitaten,
welche seit Ende 1883 in Betrieb steht, zählt bereits eine Tages=
einnahme von über 1000 fl. und wird sich wahrscheinlich noch im Laufe
des Winters 1884—85 auf einen Umsatz von täglich 15,000 Liter
erheben. Auch in dieser Richtung bestehen bereits mehrere Unterneh=
mungen. Bei den meisten der bisher durch Intervention des staat=
lichen Fachorganes in's Leben gerufenen milchwirtschaftlichen Unter=
nehmungen war eine Geldsubvention von seiten des Staates unnötig,
doch werden durch das erwähnte staatliche Organ nicht nur die ein=
zelnen Unternehmungen selbst zu Stande gebracht resp. bei den Land=

wirten hiefür Propaganda gemacht und die betreffenden Privat=
ſennereien oder Genoſſenſchaften gegründet, das nötige Fachperſonal
hiezu vom Ausland bezogen und in ſeine Obliegenheiten eingeführt,
ſondern müßte außerdem in vielen Fällen der Betrieb derartiger neu=
gegründeter Anſtalten von demſelben durch einige Wochen oder Monate
ſelbſt geleitet werden.

Weiterhin beſtehen die Aufgaben des milchwirtſchaftlichen Landes=
Inſpektorates darin, bei Wahl und Ankauf von Milchvieh,
bei Bau und Einrichtung von Ställen und Betriebs=
lokalitäten mit Rat und That beizuſtehen, Koſtenüberſchläge,
Bau= und Einrichtungspläne zur Verfügung zu ſtellen, den
Abſatz für die bereiteten Produkte anzubahnen und in
Fluß zu bringen für deren Bahntransport möglichſte Beſchleunigung
und Transportermäßigung zu erwirken und nach jeder Richtung
hin das Intereſſe des ſich auf Milchwirtſchaft werfenden Landwirtes
zu pouſſieren, dem unerfahrenen Anfänger alle Hinderniſſe aus dem
Weg zu räumen.

Natürlich iſt dieſe geſamte Thätigkeit des miniſteriellen Fach=
organes für den ſeinen Beiſtand in Anſpruch nehmenden Landwirt
mit keinerlei Koſten verbunden, um das der Ausbreitung des milch=
wirtſchaftlichen Betriebes entgegenſtehende gewichtigſte Hindernis, die
Schwerfälligkeit und Unſicherheit des Abſatzes der verkaufsfähigen
Produkte zu heben und den verteuernden Zwiſchenhandel unmöglich
zu machen, — wird durch das erwähnte Fachorgan derzeit das zu
ſtande bringen einer Centralſtelle für den Butter= und Käſehandel in
Budapeſt geplant.

Während bisher das geſamte im ganzen Lande nötige Fach=
perſonal für den milchwirtſchaftlichen Betrieb ausnahmslos vom Aus=
land u. z. aus der Schweiz, Italien, Deutſchland und Frankreich
importiert wurde — wird ſeit dieſem Jahr bereits der Anfang ge=
macht, das nötige Fachperſonal im Lande ſelbſt auszubilden, indem
an neun verſchiedenen Orten teils nur praktiſche, teils praktiſche und
theoretiſche Lehrkurſe eröffnet werden für Kuhwärter, weiterhin für
das eigentliche Fachperſonal (Käſer, Buttermeier, Centrifugenmeier),
ſowie endlich auch für ſolche Landwirte, welche ſich näher für den
milchwirtſchaftlichen Betrieb intereſſieren.

Ein weiterer wichtiger Schritt iſt die Schaffung einer den heimiſchen
Verhältniſſen angepaßten und techniſch auf der Höhe der Zeit ſtehenden

milchwirtschaftlichen Fachlitteratur unter der Redaktion des Inspektorats, nach welcher Richtung hin auch bereits die ersten Anfänge vorliegen.

Was die Rindvieh-Rassen anbelangt, welche vornehmlich zum Zwecke der Milchwirtschaft im Lande gehalten werden, muß für die frühere Zeit die holländische Rasse als diejenige bezeichnet werden, welche vornehmlich zu diesem Zwecke importiert wurde. Abgesehen davon, daß in anderer Zeit durch das Bezahlen der Milch nach Fettgehalt in den ungarischen Genossenschaften dem Hauptvorteil dieser Rasse, welche bekanntlich ein sehr großes Quantum einer jedoch denen anderer Schläge gegenüber bedeutend gehaltloseren und weniger fettreichen Milch liefert, die Spitze gebrochen wurde, konnte schon vor dieser erst neueren Richtung ein Zurückgehen der Konjunktur für das Holländer- sowie überhaupt Marschvieh in Ungarn konstatiert werden.

Es scheint nämlich überall da, wo Holländer Kühe importiert wurden, die Erfahrung gemacht worden zu sein, daß diese Rasse sich am schwersten von allen westlichen in unserem Klima acclimatisiert und besonders Lungenleiden in höherem Grade als andere ausgesetzt ist. Auch mögen die bedeutenden Verluste bei Verkauf der zur Zucht oder Milchnützung nicht mehr tauglichen ausgemusterten Kühe, welche sich bekanntlich bei dieser Rasse besonders schlecht mästen, Veranlassung gegeben haben, deren Import aufzulassen. Auch da, wo dieselben heute noch gehalten werden, war man bestrebt, dieselben durch Kreuzung mit Frontojus-Schlägen oder auch Landvieh härter und widerstandsfähiger oder aber (wie in den Erzh. Albrecht'schen Zuchten) durch Kreuzung mit Shorthorn mastungsfähiger und frühreifer zu machen. Ein endgültiges Urteil über diese sowie über die Qualifikation der übrigen importierten Rassen im ungarischen Klima läßt sich heute wohl kaum aussprechen, doch sind gerade jetzt umfangende Erhebungen in dieser Richtung im Zuge. In der Nähe der größeren Städte wurde eine Zeit lang Kuhländer Vieh aus Mähren importiert. Doch haben sich bei diesem Import nachgewiesenermaßen so bedeutende Verluste durch Lungenseuche herausgestellt, daß auch der Import dieses Schlages in Ungarn heute keine Rolle mehr spielt.

In jenen Kuhhaltungen, welche in erster Linie auf Zucht basiert sind, wird heute und zwar in den meisten Fällen durch Intervention des Staates das vorzüglichste Zuchtvieh des Simmenthal-Saanen,

des Pinzgau-Möhlthaler, sowie des Algauer Schlages importiert.

Für die par excellence auf Milch basierten Wirtschaften in der
Nähe der Städte wird entweder das in mehreren Gegenden des
Landes (so im Tolnauer, Eisenburger, Ödenburger und einigen nördlichen Komitaten ꝛc.) unstreitig „auf Milch gezogene" Landvieh verwendet und scheinen außerdem in neuester Zeit für diese Distrikte, die
im Handel als „mittelschwere und leichte Algauer" bekannten Ster-
zinger, Paznauner, Oberinnthaler, und anderen Braunvieh-
schläge des benachbarten Tirols an Bedeutung zu gewinnen.

Über die Melkergebnisse dieser Rassen stehen uns aus mehrjährigen Durchschnitten größerer Kuhhaltungen geschöpfte sichere Daten
derzeit noch zu wenig zur Verfügung, um nach dieser Richtung ein
verläßliches Urteil abgeben zu können. Die Melkergebnisse der Melk-
viehställe des Landes dürften, falls wir von jenen Ausnahmefällen
absehen, in denen keine Zucht betrieben wird, wo also die abgemolkenen
Kühe, sobald sie eine gewisse Minimalmelkung erreicht haben, sofort
durch frischmelkende ersetzt werden und infolge dessen das durchschnittliche Melkungsergebnis per Stück und Tag selbst 8—10 Liter erreichen kann, sich je nach Rasse, Fütterung und Pflege zwischen
3½—7 Liter per Tag, d. i. 1000—2500 Liter per Jahr Durchschnitt stellen.

Die Erhebung sicherer Daten ist, wie bereits oben erwähnt,
gegenwärtig im Zuge und dürften klarere Begriffe über diesen Gegenstand besonders dadurch in Bälde hervorgerufen werden, daß die
Aufmerksamkeit des landwirtschaftlichen Publikums auf diese Frage
durch „Melkkonkurrenzen, welche in Zukunft im Vereine mit den
Landes- und Provinzial-Zuchtviehmärkten abgehalten werden und deren
erste im August 1884 zu Klausenburg stattfand, sich durch längere
Zeit hindurch eingebürgert haben werden.

Die Richtung der Milchverarbeitung an jenen Orten, wo
von einem direkten Verkauf derselben abgesehen werden muß, ist eine
sehr verschiedene. Während kleinere und in nicht zu großer Entfernung
von Städten gelegene Milchwirtschaften sich mit Vorliebe auf die Erzeugung von Butter für den sofortigen Konsum und kleinerer
Dessert-Weichkäse verlegen, sichern sich größere Wirtschaften einen
geregelten Absatz ihrer Molkereiprodukte dadurch, daß sie sich auf die

Erzeugung der allerdings weniger wertvollen aber haltbareren Leibkäse nach Halbemmenthaler oder Gruyère Art verlegen.

Emmenthaler Käse, welche im Stich, Geschmack und äußerem Ansehen den echten Emmenthalern vollständig gleichkommen würden, werden heute noch nicht in Ungarn erzeugt, da es gegenwärtig noch keine Sennerei giebt, welche an einem Punkte ein so großes, tägliches Quantum zur Verfügung hätte, um 80—100 kg schwere Käse zu erzeugen. Doch ist gegründete Hoffnung vorhanden, daß im Laufe der nächsten 2 Jahre auch in dieser Richtung ein konkreter Erfolg zu verzeichnen sein wird.

Hand in Hand mit der Richtung der Verwendung der Milch, sowie der Fachtüchtigkeit in der Fabrikation und der Rührigkeit in der Verschaffung der besten Absatzquellen geht die Verwertung der Milch. Während es heute noch Wirtschaften giebt, welche ihren gesamten Milchnutzen für 4, 4½, 5 ja sogar für 3½ kr. pr Liter an einen Unternehmer verpachten, existieren wieder andere vorgeschrittenere Verhältnisse, in denen bei Erzeugung von Butter oder Käse und auch in größeren Kuhhaltungen von 60—100 Stück eine Netto-Verwertung pr. Liter sich im Jahresdurchschnitte von 6— 6½ und sogar von 7 kr. erzielt wird.

Die ihre Milch zur direkten Verwendung absetzenden Kuhhaltungen erreichen, falls sie nach Wien liefern, in der Regel 7, 7½—8 höchstens 8½ kr. loko Wiener Bahnhof, also je nach der Höhe der Transport-Spesen 6—7½ kr. loko Stall, während die Netto-Verwertung pr. Liter in den ihre Milch an einheimische Städte liefernden Milchwirtschaften natürlich nach dem jeweiligen Milchpreise der betreffenden Stadt sehr schwankt und im Durchschnitt des Landes sich zwischen 5½—7½ kr. loko Stall bewegen dürfte. Die Mitglieder der Budapester Milchgenossenschaft, über deren Erfolge sich allerdings nach der kurzen Betriebsdauer noch kein endgültiges Urteil fällen läßt, erwarten im Jahresdurchschnitt pr. Liter loko Budapest 9 kr., d. i. je nach der Entfernung von der Hauptstadt im Mittel 8 kr. loko Stall.

Es darf hier nicht unerwähnt bleiben, daß Ungarn als Basis für seine Milchproduktion außer den in vielen Gegenden sehr milchreichen einheimischen Schlägen, in den, wie oben angedeutet, aus dem Westen importierten Kuhrassen auch ein bedeutendes Material in den, besonders die oberungarischen Komitate und den ganzen Strich der Karpathen bevölkernden zahllosen Melkschafen, sowie in den beſonders in Siebenbürgen und einzelnen Komitaten jenſeits der Donau heimiſchen Büffeln hat.

Wenn wir zum Schluß hier den Glauben ausſprechen, daß die milchwirtſchaftliche Richtung in Ungarn, ſo neu dieſelbe auch heute noch iſt und eine ſo relativ unbedeutende Rolle, als derſelben noch heute in der Agrikultur dieſes Landes zufällt, mit der Zeit feſte Wurzel ſchlagen wird und ſich zu einem bedeutenden Faktor des volkswirtſchaft= lichen Aufſchwungs dieſes Landes entwickeln wird, ſo ſind es beſonders die folgenden Hauptmomente, welche uns zu dieſem Glauben veranlaſſen:

1. Die günſtige Verteilung des mittleren und Großgrundbeſitzes, welcher in erſter Reihe berufen iſt in dieſer Richtung mit Erfolg vor= zugehen und an der ſich der kleine Grundbeſitz, wie überall ſo auch hier nachträglich anſchließen kann.

2. Während in vorgeſchrittenen Ländern heute bereits eine wenig= ſtens lokale und durch den Handel nicht gehörig geregelte und aus= geglichene Überproduktion an Molkereiprodukten konſtatiert werden kann, hat die ungariſche Milchwirtſchaft, die deutlich vorgezeichnete Aufgabe, den heute noch mehrere Millionen betragenden ausländiſchen Import an Molkereiprodukten unnötig zu machen, wobei der Patriotismus unſerer Händler und Kaufleute den Produzenten helfend zur Seite ſteht.

3. Die direkte Nachbarſchaft von Rumänien und die geringe Entfernung der Levante weiſen Ungarn für ein ſpäteres Stadium der Entwicklung von ſelbſt die Erzeugung von Milchprodukten für jene Länder zu, die (beſonders was Butter anbelangt) einen ſehr bedeutenden Bedarf haben und wegen Mangel oder ungenügend inländiſcher Produktion gezwungen ſind, faſt ihren ganzen Bedarf an dieſer meiſt heiklingen, bei langem Transport Verluſten ausgeſetzten Ware bisher aus viel ferneren Ländern zu decken.

Schafzucht.

In der Schafzucht hat Ungarn ſowohl in quantitativer, als in qualitativer Hinſicht ſeit langer Zeit einen hervorragenden Rang ein= genommen. Das ſpaniſche Merinoſchaf wurde frühzeitig eingeführt und heute konkurrieren eigentlich nur Preußiſch Schleſien und Ungarn mit dem Stammland in der Erzeugung der feinſten Wolle. Leider hat in neuerer Zeit der Konſum eine Richtung genommen, welche die grobe Wolle auf Koſten der feinen begünſtigt. Einerſeits hat London seit geraumer Zeit Paris im Tonangeben der Herrenmode den Rang abgelaufen. Andererseits drückt die unerhört rasche Vermehrung der Schafe in Australien, welche von keinem Raubtier gefährdet die enorme Zahl von 74 Millionen Stück erreicht haben auf den Preis der Wolle und die Engländer haben ein Interesse daran Tuche von dieser gröberen Wolle zum Modeartikel zu machen. Daher hat der Absatz der feinen Merinowollen abgenommen und folglich ist auch in der Zucht ein Rückschritt eingetreten. Man sieht sich daher auch in Ungarn genötigt allmählich das englische Fleischschaf einzuführen.

Außerdem wirkt auch die allmähliche Unter-den-Pflugnahme der Puszta zur Verminderung der Schafzucht. Während daher die Zäh= lung von 1870 einen Gesamtstand von 15,076,997 ergeben hatte, hat die Zählung von 1880 nur noch 9,838,133 Stück vorgefunden. Davon waren 3,774,746 vom einheimischen ungarischen und sieben= bürgischen Schlage, 6,063,387 aber veredelte Schafe. Auf der Herr= schaft des Erzherzog's Joseph Kis=Jenö im Arader Komitat, welche einen Umfang von 49,924 1/5 Katastraljoch hat, wovon 12,804 Wald und 9566 Puszta, wurden vor einigen Jahren noch fast 12,000 Schafe gehalten. Die Zeit, aus welcher jene Anekdote vom Fürsten Esterhazy, der einst, als Botschafter am englischen Hofe, einem Lord, welcher die Zahl seiner Schafe rühmte, die Wette abgewann, daß er mehr Schäfer als jener Schafe besitze, — ist bereits der Geschichte anheimgefallen.

Schweinezucht.

Nach der Zählung vom 31. Dezember 1869 befanden sich in Ungarn 4,443,279 Schweine. Bei der Zählung von 1880 ist dies für die Ernährung der ländlichen Bevölkerung, insbesondere in Ungarn wichtige Haustier leider nicht aufgenommen worden. Wenn wir aber die bedeutende Verbesserung der Transportmittel in Anschlag bringen, welche seitdem in Ungarn Platz gegriffen hat und den starken Kon= sum ungarischer Schweine in Österreich, so glauben wir schließen zu sollen, daß die Schweinezucht eher eine Vermehrung erfahren hat. Bei dem Mangel an statistischem Material glauben wir uns mit einigen Angaben aus der Beschreibung der Herrschaft des Erzherzog's Joseph, Kis=Jenö im Arader Komitat aushelfen zu sollen, weil dieselbe in der Schweinezucht für eine Musterwirtschaft gilt und dem ganzen Lande treffliche Zuchttiere liefert, welche das Ausfuhrmaterial verbessern. Denn

die in Kis-Jenö gezüchtigte Raſſe gilt als gleichberechtigt mit dem eng=
liſchen Schweine und den beſten anderen Arten des Auslandes. Es
werden dort durchſchnittlich 2800—3000 Stück und zwar ungefähr
464 Stück Mutterſchweine ſtändig gehalten. Die zum Verkauf beſtimmten
werden aber auch gedeckt. Die Deckung erfolgt jährlich nur einmal, ge=
wöhnlich vom 15. Oktober an. Das Rollen dauert 14 Tage. Die
Ferkelung geht gewöhnlich anfangs Februar vor ſich. Im Durch=
ſchnitt werden 5 Ferkel auf das Mutterſchwein gerechnet. Von den
464 Zuchtmutterſchweinen werden 115 Stück der ſchönſten und kräftigſten
Exemplare ausgewählt. Dieſe bilden nebſt den gleichfalls beſonders
ausgewählten Ebern die Stammzuchttiere, von denen ſämtliche herr=
ſchaftlichen Zuchttiere abſtammen. Die Ferkel erhalten, ſobald ſie zu
freſſen beginnen, je nach dem die Weide ſich reicher oder ärmer ge=
ſtaltet, einen Zuſchuß von mehr oder weniger Gerſte. Nach der Ernte
werden die jungen Tiere auf die verſchiedenen Höfe und Vorwerke
verteilt, woſelbſt ſie keine Körnernahrung mehr erhalten. In eichel=
reichen Jahren, werden ſie zur Eichelmaſtung in die Wälder verteilt.
Die ungariſche Eiche trägt in der Regel reiche Frucht; ſo daß z. B.
das Bistum von Großwardein, welches einen Grundkomplex von
circa 400,000 Joch beſitzt, in manchen Jahren an Pachtrente aus
der Eichelmaſt fl. 70,000 erlöſt. — Von den jungen männlichen
Schweinen werden gewöhnlich 120—150 Stück, von den Mutter=
ſchweinen dagegen 200 zur Deckung des eigenen Bedarfs zurückbe=
halten, — die übrigen männlichen Schweine dagegen verſchnitten.
Von den Mutterſchweinen werden jährlich 100—125 Stück aus=
gemuſtert. Die Eber werden in der Regel nicht länger als 2—3
Jahre verwendet, mit Ausnahme ganz ausgezeichneter Tiere. Der
Verkaufspreis der zur Zucht verwendbaren zweijährigen Eber war
früher fl. 40, der Mutterſchweine fl. 30. Die verſchnittenen Tiere
werden gewöhnlich im Alter von 1½ Jahren verkauft, und wurde
zur Zeit der Aufnahme zu Anfang der 1860er Jahre per Stück
fl. 16—21 erlöſt. Vor dem Verkauf werden die Tiere nach 6
Wochen mit Schlämpe gefüttert. Auch die ausgemuſterten Eber wer=
den noch verſchnitten und zu fl. 20—30 verkauft. Die ausgemuſterten
alten Mutterſchweine dagegen werden gewöhnlich gemäſtet und zur
Deckung des Speckbedarfes der Dienſtleute verwendet. Nach mehr=
jährigem Durchſchnitt wurden jährlich verkauft: 40 Stück Eber zur
Zucht, 80 Stück Mutterſchweine, 17—50 junge und 50 alte

verschnittene Eber, und 125 ausgemusterte Tiere, im ganzen 2045 Stück.

Von großer Wichtigkeit für den ungarischen wie den internationalen Schweinehandel, ist die seit mehr als 10 Jahren bestehende Centralanstalt für den Vorstenviehmarkt in Steinbruch bei Budapest, welche von einer Aktiengesellschaft gegründet ist.

Der Verkehr am Steinbrucher Platze, sagt eine 1882 erschienene Denkschrift, belief sich von 1870—1881, also während einer zwölfjährigen Periode wie folgt: zugeführt wurden: 5.661,531 Stück Schweine, welche in Steinbruch 6.468,900 Meterzenter Mais und Gerste konsumierten. Abgeführt wurden 5.601,430 Stück Schweine, wovon 3.781,880 St. auf den Export entfielen. Die Wertsumme der verkauften Schweine beträgt ö. W. fl. 339.780,350, wovon für exportierte Schweine ö. W. 241.361,260 dem Lande zugeflossen sind. Die größte, bisher ausgewiesene Verkehrssumme bot das Jahr 1881. Im Jahre 1881 wurden zugeführt inclusive Vorrat 673,000 St., welche in Steinbruch 664,000 Meter-Zentner Körnerfutter verbrauchten; abgeführt wurden 613,000 St., davon exportiert 460,700 St. Die Wertsumme der in Steinbruch 1881 abgesetzten Schweine erreichte die hohe Ziffer von 40 Millionen, wovon auf den Export 28.620,000 fl. entfielen. Die Preise variierten von 1870—1880 für schwere ungarische Schweine von fl. 40—66 per 100 Kg. und war der höchste Preis von fl. 66 im Jahre 1874, der mindeste von fl. 40 im Jahre 1879. Der Durchschnittspreis während der angeführten Zeitperiode beträgt fl 53 per 100 Kg. Sämtliche Schweineställungen in Steinbruch, diejenigen der Mastanstalt mit einbezogen, umfassen heute einen Flächenraum von 140,000 Quadratklafter (circa 180 Morgen) und ist das ganze Terrain einerseits mit der Österr. Staatsbahn, anderseits mit der k. ungar. Staatsbahn umgürtet. Es können in den Gesamt-Ställungen rund 100,000 Stück Schweine vollkommen ausgemästet werden. Der investierte Wert der Baulichkeiten für Stallungen, Schrotmühlen und Straßen-Bauten dürfte circa 5 Millionen Gulden betragen? Der permanente Viehstand in Steinbruch variierte in den letzten drei Jahren zwischen 70 und 80,000 Stück. Die strenge Handhabung der sanitären Verordnungen in den letzten Jahren hat dargethan, daß zwar die Schweine ungarischer Rasse vollkommen trychinen- und finnenfrei sind, daß aber unter den in Steinbruch zum Verkaufe gelangenden serbischen und rumänischen Schweinen mit Finnen behaftete Waare bedeutend vorkommt. Nachdem aus den Fürstentümern — jetzt schon Königreichen — in letzteren Jahren immer zahlreichere Transito-Zuzüge in Steinbruch einlangten, und des öfteren als ungarisches Produkt nach Deutschland gingen, so war die Gefahr überaus naheliegend, daß unser Produkt verdächtigt und dessen vorzügliche Qualität diskreditiert werden könnte! Hiezu gesellte sich ein anderer Übelstand. Exporteure, die durch Vernichtung des kranken „finnigen" Viehes in Deutschland zu bedeutendem Schaden gekommen waren, führten den Usus oder besser den Abusus ein, die zur Ausfuhr gelangenden serbischen und rumänischen Schweine hier im Geheimen auf Finnen untersuchen zu lassen und das finnig befundene Vieh rasch an hiesige Schlächter zu verkaufen, und da damals in Budapest eine Beschauung der geschlachteten Schweine nicht erfolgte, so wurde dem Konsume so viel krankes Vieh zugeführt, daß der Gesundheitszustand des hauptstädtischen Publikums so in deren Umgebung arg bedroht erschien. Diesen ganz unmöglichen und unduldbaren Zuständen mußte ein Ende gemacht werden, sollte unser Schweinehandel nicht empfindlich geschädigt werden und der Direktor der Veterinär=Lehranstalt, Sanitätsrat Tormay, diskutierte diese Frage und schrieb eine eingehende Abhandlung über die zu ergreifenden Maßnahmen.

Infolge dieser Umstände und des zeitweise in Deutschland ergehenden Einfuhrverbots gegen Schweine, hat sich die ungarische Regierung über Antrag der Borstenviehmast=Gesellschaft veranlaßt gesehen, an jenem Platze zu Steinbruch zur Wahrung des guten Rufes des ungarischen Produkts eine Kontumazanstalt für lebende Schweine zu errichten, welche am 1. Februar 1880 ins Leben trat.

Nach der Verordnung des Handelsministers müssen alle aus Serbien und Rumänien in Ungarn eingeführten Schweine, sowie auch alle ungarischen für den Export bestimmten Borstentiere nach Stein=bruch gebracht, vom Staats=Veterinär auf einer eigens hierzu be=stimmten Ausladerampe amtlich übernommen, und während 6 Tagen in ganz isolierten Stallungen gehalten werden. Während dieser Kon=tumazdauer wird untersucht, ob die Schweine nicht mit der Klauen=seuche oder anderen ansteckenden Krankheiten behaftet sind, und werden dieselben Stück für Stück auf Finnen geprüft. Die letztere Unter=suchung wird mit der äußersten Genauigkeit durchgeführt, weil die Finnen im Schweinefleisch genossen sich im Leib zum Bandwurm entwickeln. Die Prozedur ist folgende: Eigens dazu bestellte und ein=geübte Arbeiter werfen das Schwein um und halten dasselbe, wäh=rend ein anderer Mann den Rachen des Tieres durch einen Stock offen hält, und die Zunge desselben mit einem Flanell=Lappen fest nimmt und herauszieht Der Veterinär besichtigt und befühlt die untere Lage der Zunge und erklärt auf Grundlage praktischer Erfah=rungen das Tier als finnig, wenn er auf der Zunge kleine Blasen sieht oder fühlt, und als gesund, wenn dieselbe frei von Blasen ist. Die ganze Prozedur dauert 1—2 Minuten. Die krank befundenen Tiere werden sofort gezeichnet, in der dicht neben der Kontumaz=anstalt errichteten Seifensiederei gekeult und unter Aufsicht der Vete=rinäre zu Seife und anderen technischen Produkten verarbeitet.

Die Kontumazanstalt ist von einem Direktor geleitet, dem vier

Veterinäre als Beschauer beigegeben sind. Die nötigen Räumlichkeiten
hat die Vorstenviehmast=Gesellschaft gegen mäßige Miete beigestellt.
Die von den Eigentümern der Schweine zu zahlenden Gebühren sind
sehr niedrig gegriffen und betragen 4 Kreuzer per Stück Beschau=
gebühr und fl. 2 für einen Gesundheitspaß für einen oder mehrere
Waggons mit Schweinen. Die tierärztliche Beschauung in der Stein=
brucher königl. Kontumazanstalt hat in dem Zeitraume vom 1. Fe=
bruar 1880 bis 31. Dezember 1881 folgende Resultate ergeben:
vom 1. Februar 1880 bis 31. Dezember 1880 sind in Steinbruch
eingelangt: 29,574 Stück serbische Schweine, von welchen 602 finnig
befunden wurden; ferner 25,772 Stück rumänische Schweine, von
welchen 747 als finnig erkannt wurden. Während des Transportes
und aus verschiedenen Ursachen waren 200 verendet.

Vom 1. Jänner 1881 bis 31. Dezember 1881 sind in Steinbruch ein=
gelangt 113,072 Stück serbische Schweine, von welchen 1242 St. finnig be=
funden wurden; ferner 102,038 St. rumänische Schweine, von welchen 1616 St.
finnig befunden wurden; aus verschiedenen Ursachen sind verendet 798 St.,
sind zusammen 3656 Stück. Vom 1. Februar 1880 bis 31. Dezember 1881
sind also dem Verkehre entzogen (worden) und zu technischen Zwecken verwendet
worden: 5205 Stück. Wird in Betracht gezogen, daß, seit die Kontumaz=
Anstalt in Steinbruch in Wirksamkeit ist, die serbisch=rumänischen Schweine
bevor selbe zum Versandt nach Steinbruch gelangen, zu Hause einer vorläufigen
Untersuchung unterzogen werden, wobei mindestens 6 8 % finnig befundene
zurückbleiben, so ist das Resultat, vom hygienischen Standpunkte aufgefaßt,
gewiß höchst beachtenswert. Die Errichtung der Kontumaz=Anstalt hat denn
auch allenthalben große Befriedigung hervorgerufen und dem Auslande die
Überzeugung verschafft, daß Ungarn seine Stellung als Importeur lebenden
Viehes richtig erfaßt und Alles aufbietet, um den Anforderungen, die das
Ausland und überhaupt das konsumierende Publikum in sanitärer Beziehung
zu stellen berechtigt ist, bestens zu entsprechen, das Renommee seines, speciell
als Fettwaare unübertroffenen Produktes zu erhalten und zu befestigen und
daß Ungarn es nicht duldet, daß minder gutes, ja ungesundes Vieh, unter
seiner Firma auf den Verkaufsplätzen ausgeboten werde. Die Erfolge der
Kontumaz=Anstalt in Steinbruch haben das Ministerium für Handel und
Gewerbe veranlaßt, dieselbe mit 1. Februar 1882 als eine Landes=Muster=
anstalt zu erklären und anzuordnen, daß alle Veterinär=Eleven gehalten sein
sollen, einen Kursus in der Kontumaz=Anstalt durchzumachen, damit die hier
durch mikroskopische Untersuchungen an lebendem und totem Vieh, sowie durch
wissenschaftliche Forschungen gemachten Erfahrungen — im Interesse der
heimischen Schweinezucht in je weitere Kreise dringen.

Eine Besichtigung der Anstalt, zu welcher Herr Staatssekretär
von Matlekovics mich telephonisch angemeldet hatte, und bei welcher

mir die verschiedenen Beamten in der liebenswürdigsten Weise Aus-
kunft erteilten, überzeugte mich, daß hier eine Institution von allgemein
europäischem Nutzen gegründet ist. Einem Bericht über die Wirksamkeit desselben aus dem Jahre 1882 entnehmen wir folgende Daten:

Es erübrigt uns nur noch einige Bemerkungen über die Produktion und die
Mästung der Schweine hinzuzufügen. Die mageren Schweine werden teils von den
Groß-Produzenten*) bezogen, teils auf den großen Jahrmärkten in Debreczin,
Großwardein, Gyula ꝛc. von Groß- und Klein-Produzenten angekauft und in
Fütterung genommen. Sind die Eicheln im Lande geraten, so werden diese mit
Vorliebe zur Vorfütterung verwendet, weil Eicheln billig und nahrhaft sind und die
Fett-Entwickelung fördern. Zur Fütterung auf Eicheln werden die Schweine in
den Wald getrieben. Die Mästung mit Mais und Gerste geschieht in Stallungen.
Ehedem wurde der Mais und die Gerste den Tieren teils trocken, teils von
einer Freßzeit zur andern in Wasser geweicht vorgeworfen, seitdem aber die
Mastanstalt durch ihre Mühle die Gelegenheit geboten, hat man die Fütterung
mit geschrotetem Futter eingeführt, welche sich zum großen Vorteile der Mäster
immer mehr einbürgerte. Es wird nämlich durch die Fütterung mit Schrot
den Tieren das Kauen der harten Körner erspart, die im Heißhunger sehr oft
im ganzen verschluckt werden, und auch so abgehen; ferner ist durch Schrotfütterung die Verdauung wesentlich erleichtert und dadurch eine forcierte
Mästung ermöglicht. Den Erfolg der Mästung bedingen natürlich: die
Qualität der zur Mästung eingestellten Schweine, die Qualität des verabreichten Futters und die sorgfältige rationelle Pflege der Tiere. Bei
schlecht gehaltenem, mangelhaft oder überfüttertem Vieh versagt bald die
Freßlust, das Tier verkrüppelt und muß mit großem Verluste verkauft werden.
Nach praktischen Erfahrungen wird bei einjährigen Schweinen die Mastdauer
durchschnittlich auf 160 Tage mit einem täglichen Bedarf von 10 Zollpfund
Kern- oder genäßtem Schrotfutter berechnet. Ein Paar einjährige Schweine
konsumieren während der Mastdauer durchschnittlich 16 Zoll-Zentner Futter.
Mager eingestellte, vom Produzenten gut gehaltene Jährlinge wiegen 180—200
Zollpfund per Paar Lebendgewicht, und erreichen während der Mastdauer von
160 Tagen ein Brutto-Gewicht von 560 Zollpfund. Bei zweijährigen Schweinen
entfällt bei einer Mastdauer von 190 Tagen durchschnittlich 24 Zoll-Zentner
Futterverbrauch per Par. Zweijährige gut gehaltene Futterschweine wiegen
bei Einstellung 260—300 Zollpfund Brutto und erreichen während der Mastdauer ein Lebendgewicht von 720 Zollpfund. Bei Kernfutter rechnet man 15
bis 25 Prozent Ausstoß, d. h., daß von 100 Stück eingestellten Schweinen 15—25
Stück die Mästung nicht ertragen; bei Schrotfütterung reduziert sich diese
Verlustquote auf 4—5 Prozent. Die Maststallungen sind nur auf die Groß-
mästung eingerichtet, man giebt 250, höchstens 300 Schweine in einen Stall,
welcher einen Flächenraum von 250 ☐ Klafter umfaßt, wovon circa 100
☐ Klafter gedeckter Lagerraum, 150 ☐ Klafter zum Futterplatz bestimmt

---

*) Unter Groß-Produzenten verstehen wir solche Züchter, die jährlich mindestens 1000 St.
Schweine zum Verkaufe bringen; einzelne Grundbesitzer produzieren jedoch auch 3000—4000 St.

ist. — Die Tiere werden ohne Unterschied der Jahreszeit im Freien gefüttert und bleiben während der Nacht in dem gedeckten, aber seitwärts offenen Raum und haben zur Unterlage bloß keinen kiesfreien Sand. Es wird damit be= zweckt, die Tiere gegen Witterungs=Veränderungen abzuhärten, und sie auch nach Erlangung des höchsten Gewichtes, für längere Transporte widerstands= fähig zu machen. Gekauft und verkauft wird nach alt hergebrachten Usancen, die jedoch seit dem 3jährigen Bestehen der Steinbrucher Borstenviehhändler= Halle den Zeitanforderungen angepaßt, vollständig geregelt und zu gültigen Usancen durch die hierzu kompetente Behörde sanktioniert wurden. Gehandelt wird: bei gemästeten Schweinen nach Kilogramm, Preis „netto Gewicht", die gekauften Schweine werden partieweise zu 8 bis 10 Stück auf großen Wagen lebend gewogen, von dem ganzen Bruttogewicht wird per Paar 45 Kilogramm für sogenannte Einwage „Lebensschwindung" abgezogen; das resultierende Nettogewicht wird dann zum behandelten Klgr.=Preis berechnet und von dem Gesamtbetrag bekommt der Käufer 4% Kassa=Skonto bewilligt. Bei Handel auf Lebendgewicht aber muß der Kassa=Skonto separat behandelt werden, an= sonst ist der behandelte Preis ohne Abzug zu bezahlen. Allfällige Streitfragen schlichtet die Borstenviehhändler=Halle durch ihr Schiedsgericht. Die Schweine ungarischer Rasse sind, was die Fettgewinnung anbelangt, ganz vorzüglich, und wohl von keiner anderen Rasse übertroffen, denn in der Regel nehmen dieselben 70—75 Prozent Fett während der Mastdauer auf; was jedoch die Fleischpro= duktion betrifft, ist derselben leider bisher nicht die genügende Aufmerk= samkeit zugewendet worden. Unsere Fettrassen bedürfen immer langer Fütte= rungsdauer, und insbesondere bei Großmastung großer Sorgfalt, weil durch die forcierte Fütterung — besonders, wenn um die Freßlust zu steigern, das Futter stark gesalzen wird, — die Transportfähigkeit der Schweine gefährdet werden kann. Wir produzieren noch lange nicht das mögliche Quantum, ferner ist die Produktion bei unserem Züchter nicht billig genug, weshalb auch unser Standpunkt der stets anwachsenden Konkurrenz gegenüber immer schwieriger wird. — Wir müssen mehr, aber wir müssen auch ohne die Qualität der Ware zu vermindern, billiger produzieren, wollen wir uns auf dem Weltmarkte ge= hörig behaupten, wir müssen uns den Anforderungen unserer Abnehmer accom= modieren, nicht an ererbten Gewohnheiten und Vorurteilen festhalten, das hoffen wir, werden die rationellen Züchter des Landes vor Auge halten. Für die Zukunft unserer Schweine=Produktion und unseres internen Schweinehandels ist es geboten, daß wir nebst unserer Spezialität, dem vorzüglichen transhaarigen Fettschweine, auch eine passende Fleischware in genügender Quantität zum Markte bringen. Die serbische Rasse füttert sich je nach Qualität, Gebirgs= Schweine sind viel härter, erreichen auch selten ein höheres Gewicht als 400 bis 450 Zollpfund per Paar, dagegen ist die rumänische Stachel=Rasse ein ganz harter Gebirgsschlag, wird 7—8 Monate gefüttert und erreicht kaum ein höheres Gewicht als 300—350 Zollpfund per Paar. Beide Länder haben günstigere Produktions=Verhältnisse als wir, sie produzieren rascher und billiger, während wir mit unserem schwerfälligen Hochmästungs=System selten in die Lage kommen, eine Konjunktur voll auszunützen. Es macht sich eine gute Eichel= oder Mais=Fächsung in diesen Ländern rasch durch namhafte Sendungen

18

von Schweinen fühlbar, die den Preis unseres heimischen besseren Produktes nur zu oft bis unter dessen Gestehungspreise drücken. Wir deuten hier nur noch auf die Konkurrenz hin, die uns von Amerika sowohl, als von Rußland aus bedroht, und geben der Hoffnung Ausdruck, daß unsere Produzenten durch rationelle und richtige Wirtschaft, im Interesse des nationalen Wohlstandes, wie in ihrem eigenen Interesse, alles aufbieten werden, um die Konkurrenz mit Erfolg zu bestehen.

Dem Bericht über die Resultate der „Borstenvieh-Mastanstalt und Vorschuß-Aktien-Gesellschaft" im Borstenviehhandel des Jahres 1883 entnehmen wir noch folgende Angaben.

In der zweiten Hälfte des Monates März erließ die deutsche Reichs= regierung eine Verordnung, welche die Einfuhr alles amerikanischen Schweine= fleisches und aller daraus hergestellten Präparate, mit alleiniger Ausnahme des Schmalzes untersagte. Dieses in sanitärer Beziehung wichtige Ereignis war von großer Tragweite und wirkte auf unseren Markt wesentlich, denn gegen Ende März nahm die Geschäftsstimmung eine günstigere Wendung und der Preis von schwereren Sorten ging abermals in die Höhe. Die Publikation der obigen Verordnung seitens der deutschen Regierung war nur von momen= taner Wirkung auf unseren Platz, weil anfangs April von ausländischen Märkten eingelangte ungünstige Berichte die Tendenz des Geschäftes wieder verflauten. — Hierzu kam noch der Umstand, daß wir fortwährend große Zu= triebe in Borstenvieh hatten, so daß am 27. April der Gesamtviehstand auf 104,747 Stück anwuchs, eine Höhe, die bis jetzt zu dieser Jahreszeit am Stein= brucher Platze nicht vorgekommen ist. Dieser Viehstand erhielt sich ohne wesent= liche Veränderung bis zum Schluß des Jahres. Von diesem Zeitabschnitte ab bis 6. Juli wickelte sich das Geschäft ohne wesentliche Veränderung ab. Ob= schon zu dieser Zeit die deutsche Regierung die Einfuhr von russischen und galizischen Schweinen, wegen der unter denselben in immer größerem Maße auftretenden Maul= und Klauenseuche, untersagte, und unsere Regierung im Interesse unseres Export=Handels gegen Galizien gleichfalls die strengste Grenz= sperre angeordnet hatte, war trotz alldem in dem Geschäfte keine allsogleich be= deutende Besserung bemerkbar. Im Interesse unseres Exporthandels hat die ungarische hohe Regierung in der zweiten Hälfte des Monates Juli die Ein= fuhr von Schweinen aus Rumänien verboten, weil die Einfuhr von Schweinen aus Galizien, Bukovina und Rußland nach Rumänien gestattet war. Dieses Verbot wurde erst in der ersten Hälfte des Monates August, als die rumä= nische Regierung die Einfuhr von Schweinen aus Bukovina, Galizien und Rußland gleichfalls untersagte, aufgehoben. Da weiters unter dem Borstenvieh am Wiener Platze Seuchen geherrscht haben, so ergriff unsere Regierung gegen Österreich die gleich strengen Maßregeln. Die soeben vorgebrachten strengen Vorkehrungen haben außer den vorgesagten ersprießlichen Folgen noch das Re= sultat gehabt, daß unser Platz, besonders aber die im ganzen Lande sich be= findlichen Schweine von der Maul= und Klauenseuche verschont blieben. Im Jahre 1883 wurden um 65,000 Stück Schweine mehr nach Steinbruch gebracht als das vergangene Jahr, und um circa 26,000 Stück wurden mehr abgeführt. Rumänien hat gegen das Vorjahr nach Steinbruch weniger zugeführt, hingegen Serbien circa 40,000 Stück mehr. Die Gesamtzufuhr in Steinbruch im Jahre 1883 betrug 589,180 und die Gesamtausfuhr 487,980 Schweine. Serbien hat besonders zu jener Zeit, als unsere Fettschweine fertig wurden, massenhaft zugeführt, welcher Umstand ein regeres Ausgebot verursachte und auch auf die Preise einen Druck ausübte. Durch die im vergangenen Jahre erreichten günstigen Resultate angespornt, hat es die Schweinezucht trotz der dortigen schlechteren Mais= und Gerstenernte vermehrt und intensiver betrieben; hat uns somit eine bedeutende Konkurrenz geboten. Es ist auch von der bisherigen Gepflogenheit, die Zucht bei schlechter Futter=Fächsung zu reduzieren, abgekommen. Nachdem die deutschen Landwirte eingesehen haben, daß die Tierzucht, besonders aber die Schweinezucht verbunden mit der Fleischproduktion rationell betrieben besser rentiert, als welch immer anderer landwirtschaftlicher Zweig, verlegten sie sich in den letzten Jahren besondes auf die Viehzucht. In diesem ihrem Bestreben hat sie die gute Futterernte der letzten zwei Jahre kräftig unterstützt, so daß die Befürchtung einer Schweinefleisch=Preissteigerung, welche nach der Publikation des Verbotes, mit welchem die Einfuhr von amerikanischem Fleische untersagt wurde, auftauchte, durch die inzwischen gemachten Erfahrungen in kurzer Zeit widerlegt wurde, denn Deutschlands Landwirtschaft hat das Erfordernis von 269,732 Stück Schweinen im Verlaufe von 8 Monaten gedeckt. Nach den im Monate September veröffentlichten statistischen Daten war die Schweine=Einfuhr bis zu dieser Periode um 292.584 Stück geringer. Mit einem Worte, der deutsche Markt wurde dem deutschen Schweinefleische wieder erobert. Um wie viel Deutschlands Schweinestand in den letzten Jahren vermehrt wurde, dies ist aus der über die letzte Zählung veröffentlichten Statistik ersichtlich. Nach dieser betrug Deutschland's Schweinestand im Jahre 1883 5,811,795 Stück, hingegen im Jahre 1873 nur 4,294,926 Stück. Deutschland ist schon heute infolge der Vermehrung der Milchwirtschaften in der Lage, die Züchtung von Schweinen mit weniger Kosten zu betreiben, verwertet sonach die bei der Milchwirtschaft zurückgebliebenen Abfälle sehr gut, bringt infolge dessen billigere und gute Ware in Handel, ist dem Produkte der Nachbar-Staaten, besonders aber unserem heimischen Produkte fähig die Konkurrenz zu bieten. Dies haben wir besonders in dem abgelaufenen Jahre erfahren, denn Deutschland hat uns nur in solchen Zeiten aufgesucht, wenn ihm die hiesigen Preise Konvenienz boten. Deutschlands große Butter=Produktion hat auf unseren Schweinehandel auch eine nachteilige Wirkung hervorgerufen, denn wir haben weniger Schmalz exportiert, was wieder auf die hiesigen Schweinepreise einen Druck ausgeübt hat.

Ziegen.

Der Stand der Ziegen ist von 572,951 Stück im Jahre 1870 auf 333,233 im Jahre 1880 herabgesunken. An und für sich wäre die Abnahme der Ziegen kein übles wirtschaftliches Symptom, wenn

ſie mit einer entſprechenden Vermehrung des Rindviehſtandes zu=
ſammenfällt, weil die Ziege ſehr ſchädlich für die Erhaltung des
Waldes iſt. Leider trifft die erwähnte Vorausſetzung aber nicht zu.

Geflügelzucht.

In der Geflügelzucht ſteht Ungarn Frankreich und Italien zur
Seite. Wenn es dem erſteren auch nicht in der Kapaunenzucht gleich=
kommt, ſo liefert es doch ſchmackhaftere Truthähne (Indians, Puter)
und Gänſe und übertrifft beide in der Billigkeit des Preiſes. Die
Indians werden in jungem, ungemäſtetem Zuſtande heerdenweiſe in's
Ausland getrieben und ſo z. B. in Wien in den Straßen verkauft.
Die Ausfuhr von Geflügel, Eiern und Federn iſt daher ſehr be=
deutend, wenn dieſelbe auch erſt in neueſter Zeit mittels der ſtatiſti=
ſchen Abgabe ermittelt worden. Die Bewegung betrug im Jahr
1881—82:

	Einfuhr	Ausfuhr
Geflügel . . .	fl. 10,194	fl. 2,178,062
Federn	„ 55,741	„ 3,503,458
Eier . .	„ 8,319	„ 1,737,789

Die Seidenzucht.

Die Seidenzucht, welche vor einigen Jahrzehnten durch die Wurm=
krankheit einen Stoß erhalten und neuerdings unter der Konkurrenz
Japan's und China's leidet, hat in den letzten Jahren ſich wieder
etwas gehoben. Die Szegszázder Inſpektion zeigt folgende Ver=
mehrung der Produktion: 1879: 2,507 kg, 1880: 10,131 kg,
1881: 14,530 kg. Die Zahl der Gemeinden, in denen die Seiden=
zucht betrieben wird, war 1880: 172, 1881: 423; die Zahl der
Produzenten 1880: 1059, 1881: 2,976; der Erwerb der Züchter
1880: fl. 11,062. 66, 1881: fl. 41,816. 72. Unter den Züchtern
waren die Lehrer in bedeutendſter Zahl vertreten. Am ſtärkſten iſt
die Produktion in den Komitaten Bács=Bodrog, Torontal und Ödenburg
(Sopron). Zur Verbreitung des Maulbeerbaumes wurden 1880—81
an Gemeinde= und Privat=Baumſchulen für ein Terrain von 51.400
☐ Klafter 1285 Pfund Maulbeerbaumſamen verteilt und in den beiden
Jahren 28,956 Stück Setzlinge gepflanzt.

Bienenzucht.

Die Bienenzucht iſt in Ungarn ſehr bedeutend und bei dem großen Blumen= und Blütenreichtum des Landes ſehr lohnend. Leider fehlen uns aber über die Ausdehnung und dem Erfolg dieſes Zweiges der Landwirtſchaft genaue Angaben.

Landwirtſchaftliche Vereine und Hülfsanſtalten.

Auch in Ungarn beſtehen nach dem Beiſpiel der anderen Kultur= länder — landwirtſchaftliche Vereine, deren Zahl ſich auf 85 erhebt. Die Zahl ihrer Mitglieder iſt im Wachſen begriffen, denn derſelbe iſt von 19,622 im Jahr 1881 auf 25,818, im Jahre 1882 geſtiegen. Der Vermögensſtand erhob ſich 1881 auf fl. 1,047,442 und 1882 auf fl. 1,214,334. Im Jahr 1882 betrugen die Ein= nahmen fl. 406,137 und die Ausgaben fl. 373,522. An Staats= ſubvention genoſſen ſie 1881 fl. 32,968 und 1882 fl. 56,083.

Im Jahr 1881 wurde eine chemiſche Unterſuchungsſtation ge= gründet, deren Aufgaben wie folgt feſtgeſtellt ſind:

1. Gelegenheit zu bieten, daß die Landwirte und Kaufleute ihre Produkte oder Waren chemiſch unterſuchen laſſen können.
2. Durch fachmäßigen Rat und Verſuche die Entwickelung der Induſtrie zu fördern.
3. Auf dem Wege der chemiſchen Analyſe die Zuſammenſetzung der vaterländiſchen Weine zu beſtimmen, über deren Fehler das landwirtſchaftliche Publikum und die Regierungen auf= merkſam zu machen und als Wegweiſer zu dienen, wie den in Hinſicht der chemiſchen Zuſammenſetzung bemerkten Fehlern abzuhelfen ſei.
4. Dadurch, daß ſie die chemiſche Zuſammenſetzung der verſchiedenen Nahrungsmittel und kaufmänniſchen Artikel zur allgemeinen Kenntnis bringt, jedermann vor Benachteiligung zu ſchützen.
5. über die Thätigkeit der Station, in erſter Linie über die von Seite der Regierung ihr zugewieſenen Arbeiten werden zeit= weilig Berichte veröffentlicht.

Organisation der tierärztlichen Gesundheitspolizei Ungarns.

————

Die tierärztliche Gesundheitspolizei Ungarns wird durch zweierlei Behörden gehandhabt, erstens durch eine Central-Behörde welche den Namen Veterinär-Polizei-Abteilung führt und ein eigenes Departement im Ministerium für Ackerbau, Industrie und Handel bildet, und zweitens durch lokale Behörden, deren Thätigkeit wir weiter unten näher beleuchten. Der Wirkungskreis der Veterinär-Polizei-Abteilung umfaßt die Ausführung der Gesetzartikel XX vom Jahre 1874 und XXVI vom Jahre 1878, welche die Maßregeln gegen die orientalische Rinderpest enthalten, wie sie auf dem internationalen tierärztlichen Kongreß zu Wien im Jahre 1872 angenommen wurden; ferner die Ausführung von seitdem erlassenen Dekreten, sowie des Dekretes von 1859 über die Maßregeln gegen Viehseuchen. Der genannten Abteilung liegt insbesondere die Handhabung der allgemeinen und öffentlichen Veterinär-Polizei ob, sowie die Vorbereitung der betreffenden legislatorischen Arbeiten, ebenso wie die Verhandlungen mit den fremden Staaten über veterinärpolizeiliche Konventionen und deren Ausführung. Alle diese Funktionen werden von den 10 Beamten des genannten Departements ausgeübt, in welcher Zahl die der öffentlichen Tierärzte eingeschlossen ist, welche als Sachverständige regelmäßigen Dienst in diesem Departement versehen.

Die lokale Gesundheitspolizei wird gehandhabt: erstens durch die Komitatsbehörden und Magistrate bezw. durch 213 angestellte Tierärzte; zweitens durch die Quarantainestationen an der Grenze Rumäniens gegen Rindvieh und im eigenen Lande gegen die Schweine. In diesen Stationen sind 22 Beamte beschäftigt; drittens durch 40 öffentliche Distrikts-Tierärzte; viertens durch 409 Eisenbahn- und Dampfschiffkommissionen mit 818 Mitgliedern; und viertens durch 24 Experte die den Dienst an 12 Einfallstationen an der Grenze Kroatiens, Slavoniens, und Serbiens versehen.

Der Centralbehörde steht außerdem die im Jahre 1876 ge= gründete königliche Tierarzneischule beratend zur Seite, die 14 Pro= fessoren bezw. Unterlehrer zählt und in ihrer Einrichtung vollständig auf der Höhe der gleichen Institute des Auslandes steht.

Der gesamte veterinärpolizeiliche Dienst in Ungarn wird von 1141 Personen versehen. Da die Funktionen der benannten Behörden und ihrer Organe in den angefügten Gesetzen und Bestimmungen genau angegeben sind so erübrigt nur noch an dieser Stelle die Maß= regeln hervorzuheben, welche im Lande selbst wie an den Grenzen in Kraft sind um das Hinübergreifen der orientalischen Viehseuche nach Ungarn zu verhindern. Wie genau und wie streng alle Vorschriften in dieser Hinsicht beobachtet werden, erhellt daraus, daß es seit 3 Jahren gelungen ist das Land von der Viehseuche zu bewahren, obwohl dieselbe in den Nachbarstaaten noch fortwährend wütet. Die wichtigsten Maßregeln sind folgende:

1. Alle Krankheits= und Todesfälle der Haustiere müssen sofort, bei sonstiger strenger Strafe, den Lokalbehörden angezeigt werden; diese sind verhalten solche Meldungen telegraphisch dem Ministerium bekanntzugeben welches deren allwöchentliche Verlautbarung im Amts= blatte verfügt.

2. Käufe und Verkäufe von Rindvieh können nur nach Bei= bringung eines von der Behörde ausgefertigten Erlaubnisscheines ab= geschlossen werden, welcher die Abkunft und Beschreibung des Thieres enthält, sowie eines Gesundheitszeugnisses, das allwöchentlich erneuert werden muß.

3. Auf jedem Viehmarkt fungiert eine Kommission von Sach= verständigen, die mit der Untersuchung der Tiere betraut ist, und nötigenfalls unverzüglich die geeigneten Maßregeln zu ergreifen hat.

4. Im Falle Vieh von einer Gemeinde zur andern getrieben wird, so darf dieses nicht auf den gleichen Weideplätzen mit dem Vieh der betreffenden Gemeinde geweidet werden.

5. Außerdem darf das Vieh nur auf den dafür bestimmten Wegen getrieben werden, und ist die Gensdarmerie mit der Über= wachung dieser Vorschrift beauftragt.

6. Das Hornvieh darf nur an dem vom Ministerium von Jahr zu Jahr bestimmten Bahn= und Dampfschiffstationen aus= und ein= geladen werden, wo es von der Kommission der Eisenbahn= bezw.

Dampfſchiffinſpektion unterſucht werden muß. Dieſer Kommiſſion obliegt auch die ſtrenge Befolgung und Überwachung der Vorſchriften über die Desinfektion der Waggons. Die Inſpektionskommiſſionen und die Transportgeſellſchaften unterſtehen der Kontrole von Eiſenbahn= und Dampfſchiffkommiſſären, die ſpeciell mit dieſe Aufgabe vom Miniſterium betraut ſind.

7. Die Schlachtung von Vieh darf nur in den Schlachthäuſern und in Gegenwart eines Sachverſtändigen vorgenommen werden, der ſofort das Fleiſch unterſuchen und ein Protokoll aufnehmen muß. Die Fleiſchhauer, Viehhändler, Hüter, ſowie die Ställe an den Halte= punkten, müſſen fortwährend Gegenſtand der Aufmerkſamkeit der veterinärpolizeilichen Organe und der Gensdarmerie ſein. Selbſt= verſtändlich wird die pünktliche Ausführung aller dieſer erwähnten Vorſchriften in erſter Linie von den 40 Bezirkstierärzten überwacht, die verhalten ſind, direkt an das Miniſterium ihren Bericht über die gemachten Wahrnehmungen, wenn nötig telegraphiſch, zu ſenden. Zum Schutz der Grenzen gegen Einſchleppung der Seuche ſind außer= ordentlich ſtrenge Maßregeln getroffen. Abgeſehen davon, daß gegen= über den Staaten, aus denen früher die orientaliſche Viehſeuche eingeſchleppt wurde, die ganze Grenze entlang, von Steiermark bis zur Bukowina, das Vieh auf einem Territorium von 10 km gegen das Innere des Landes zu genau verzeichnet und beſtändig kontroliert wird, iſt die Vieheinfuhr aus Rumänien unbedingt verboten, ſelbſt in den Zeiten in welchen dieſes Land ſeuchenfrei iſt. Gegenüber Rumänien beſteht die Grenzwache aus bewaffneter Macht, für welche 67 Wachthäuſer aufgeſtellt ſind. Die veterinärpolizeiliche Aufſicht ſowie die Ausführung aller darauf bezüglichen ſtrengen Geſetze und Verordnungen fallen in den Wirkungskreis der ſchon erwähnten königs= lichen Quarantaineämter unter Aufſicht eines Inſpektors. Aus Serbien, mit dem eine Konvention abgeſchloſſen iſt, ebenſo wie aus Kroatien und Slavonien kann das Vieh nur an beſtimmten Grenzſtationen und nur unter Aufſicht von polizeilichen Organen eingeführt werden.

Natürlich werden dieſe ſtändigen ſtrengen Maßregeln noch ſtrenger gehandhabt, wenn irgend eine Zunahme der Epidemie gemeldet wird.

Die Grenzen des ganzen Landes werden dann durch Militär geſperrt, was in ſehr ſtrenger und wirkungsvoller Weiſe ausgeführt wird. Es wird ein genauer Patrouillendienſt geregelt, Schildwachen werden ausgeſtellt und alles das iſt erſichtlich auf Orientierungskarten, ſodaß das aufgebotene Militär je nach Bedarf den Dienſt ohne jede Verzögerung verſehen kann.   Das Militär unterſteht in dieſen Fällen der Kontrolle eines dazu beſtimmten militäriſch ausgebildeten Miniſterial= Kommiſſärs.

Es erübrigt uns noch die Gründe darzuthun warum trotz aller dieſer Maßregeln der Viehhandel Ungarns nach dem Weſten kaum erwähnenswert iſt.   Man ſagt daß die Viehzucht einen reichen Pro= duktionszweig der Landwirtſchaft Ungarns bildet und daß die Ent= wicklung der Eiſenbahnen und deren Verbindung mit dem Eiſenbahnnetz des weſtlichen Europas Ungarn in den Stand ſetzt, einen Teil ſeines Reichtums an Vieh und tieriſchen Produkten an die Staaten des Weſtens abzugeben.   Wenn aber dennoch der Export Ungarns in dieſem Handelszweig nicht den Umfang erreicht, den man mit Recht erwarten könnte, ſo liegt der Grund in der übertriebenen Furcht der weſtlichen Staaten vor Einſchleppung der orientaliſchen Viehſeuche, ſodaß die Strenge die gegenüber den ungariſchen Produkten beobachtet wird, jeden geordneten Viehhandel lahmlegt und faſt unmöglich macht. Es kann zwar nicht geleugnet werden, daß die Einſchleppung der orientaliſchen Seuche große volkswirtſchaftliche Verluſte in ihrem Gefolge hat, was Ungarn aus eigener Erfahrung am beſten weiß, da dort lange Zeit dieſe Peſt gewüthet hat.   Aber die jetzt in Kraft ſtehenden ſehr ſtrengen Maßregeln die gerade Folge dieſer traurigen Erfahrungen ſind und ſich ſo bewährt haben, daß die Peſt völlig in Ungarn er= loſchen iſt, bieten genügend Garantie, daß die weſtlichen Nachbarſtaaten den Handel mit ungariſchem Vieh und tieriſcher Produktion ungehindert freigeben und alle die unbilligen und unnützen Beſchränkungen auf= heben könnten.   Die ſchweren Folgen der orientaliſchen Rinderpeſt, die übrigens niemals in Ungarn entſtanden iſt, ſind auf ſtatiſtiſchen Tabellen verzeichnet, denen wir folgende Daten entnehmen:

Die Zahl der in Folge der Peſt gefallenen oder geſchlachteten Tiere war folgende:

Vom Jahre 1849—1866 .	417,000	Stück
Im Jahre 1866 . . .	8,348	„
„ 1867 . .	9,235	„
„ 1868 . . .	5,465	„
„ 1869 . . .	1,568	„
„ 1870 . . .	511	„
„ 1871 war frei von der Seuche.		

Im Jahre 1872 . . 2,914 Stück
   „   1873 . .   89   „
   „   1874 . . .   793   „
   „   1875 war frei von der Seuche.
   „   1876 .   16 Stück
   „   1877 . .   104   „
   „   1878 . .   1,128   „
   „   1879 .   655   „
   „   1880 . .   58   „
   „   1881 . . .   1,118   „
   „   1882 war frei von der Seuche.
   „   1883 war frei von der Seuche.

Im Ausland und auch in einigen wissenschaftlichen Werken ist die Meinung verbreitet, daß das ungarische Hornvieh mit dem „Step=penvieh" identisch sei, und daher vom internationalen Handel aus=geschlossen werden müsse. Diese absolut falsche und nicht genug zu bekämpfende Meinung rührt erstens daher, daß das ungarische Horn=vieh dem Steppenvieh in seinem Äußern ähnlich ist, und zweitens von der Thatsache, daß das ungarische Vieh auf der „Pußta" weidet, worunter sich der schlecht unterrichtete Ausländer die wilde Wüste vor=stellt, während sie nur Flachland bedeutet, und im Gegentheil gerade zu den fruchtbarsten Teilen des Landes gehört. Daß die Ähnlich=keit des Äußeren zweier Rassen noch nicht berechtigt auf deren Identität zu schließen, bedarf wohl keiner Beweise, obwohl auch diese in dem vorliegenden Falle genügend geliefert werden können. Erstens muß konstatiert werden, daß seit einem Jahrhundert angestellte wissen=schaftliche Untersuchungen unzweifelhaft ergeben haben, daß die orien=talische Pest niemals in Ungarn selbst entstanden, sondern immer nur eingeschleppt worden sei. Dank den getroffenen Maßregeln, ist seit Jahren nur hie und da in einigen an Rumänien grenzenden Gegen=den die Seuche aufgetreten, und die einfache Isolierung dieser Orte genügte um ein Weitergreifen derselben zu hindern. Man behauptet, daß das graue Hornvieh des östlichen Europa, sowie die davon stam=menden ursprünglichen Rassen ganz besonders der orientalischen Pest unterworfen sind, und daß bei diesen Abarten die Pest ganz spontan und in eigentümlicher Form auftritt. Diese Meinung, die zuerst als Hypothese von italienischen und französischen Schriftstellern aufgestellt wurde, hat gläubige Anhänger gefunden. Das ganze Vieh an den

Küsten der Ost- und Nordsee, ebenso wie das Belgiens, Frankreichs und Englands ist ursprünglich, und dennoch ist niemals in einem dieser Länder die Pest spontan aufgetreten. Daraus erhellt, daß die orientalische Pest nicht als charakteristische Krankheit des podolischen Vieh's und der verwandten Rassen auftritt, und daß Ungarn absolut nicht mit unter die verseuchten Gegenden zu zählen ist.

Aus dem Gesagten erhellt wohl zur Genüge, daß die ungarische Regierung alles nur denkbar mögliche in Bezug auf die veterinär-polizeiliche Organisation des Landes aufgeboten hat, die nun ganz auf der Höhe aller Anforderungen steht und jede Garantie gegen Seuchengefahr bietet. Hoffentlich werden sich auch die Nachbarstaaten diesen Thatsachen nicht verschließen, und den Handel mit ungarischem Vieh und tierischen Produkten freigeben wie es die Billigkeit erfordert, angesichts der ungeheueren Anstrengungen, welche die ungarische Regierung seit vielen Jahren und mit vollem Erfolg gemacht hat. Jedenfalls würde der Vorteil für alle beteiligten Faktoren ein großer sein.

Wir können dieses Kapitel nicht schließen ohne des Mannes zu gedenken, welcher der Schöpfer der ganzen veterinär-polizeilichen Organisation Ungarns ist. Stephan von Lipthay ist auch noch heute als Ministerialrat thätig; ihm untersteht das veterinär-polizeiliche Departement des Ackerbauministeriums, das er mit ebensoviel Geschick als Energie leitet, und von dem wir hoffen können, daß er noch so manche nützliche Institution ins Leben rufen wird.

Ausweis der im Jahre 1883 an epidemischen Krankheiten umgekommenen und vernichteten Haustiere im Vergleich zum Jahre 1882:

Rindvieh.

An Antrax . .	1880	Stück
„ Tuberkulose	239	„
Zusammen .	2119	„
dagegen im Jahre 1882		
an Antrax . . .	1575	Stück
„ Mundfäule	1	„
„ Lungensucht . . .	127	„
Zusammen .	1703	„

folglich im Jahre 1883 + 416 Stück.

Pferde.

1883 an Antrax	. .	175	Stück
1882 „ „	. . . . .	181	„
1883 an Rotzkrankheit und Hautwurm	.	1328	„
1882 „ „ „ „		1301	„
1883 „ Krätze	. . .	8	„
1882 „ „	. .	8	„
folglich 1882 + 21 Stück.			

Schweine.

1883 Blattern	. .	8	Stück
1882 „	. . . .	124	„
1883 Antrax	. . .	5124	„
1882 „	. . .	1236	„
1883 Lungenseuche		88	„
1882 „	. . . .	26	„

Schafe.

1883 Blattern	. . . . .	523	Stück
1882 „	. .	40	„
1883 Antrax	. . .	351	„
1882 „	. . .	209	„
1883 Klauenseuche	.	19	„
1882 „	.	—	„
1883 Krätze	. . . .	31	„
1882 „	. .	4	„
zusam. 1883 .	.	924	„
„ 1882 .	. . . .	253	„
		+ 671	„

Hypothekenwesen.

Umsätze und Belastung des Bodens.

Das Hypothekenwesen ist in Ungarn geordnet, und zwar besser, als man es von einzelnen Kronländern der anderen Reichshälfte, insbesondere von Tirol, rühmen kann. Es bestehen besondere Hypotheken=jog. Grundbuchämter, in welchen alle Eigentumswechsel, sei es durch Schenkung, Vertrag, Kauf oder Erbfall eingetragen und die Tare für die Übertragung erhoben wird. Letztere beträgt nach einem neueren Gesetz 2 ³/₄ % des Kaufpreises. Nicht minder werden die kontrahierten Pfandschulden im Grundbuch eingetragen und nach deren Tilgung gelöscht. Auszüge aus dem Grundbuch stehen gegen geringe Gebühr zur Verfügung.

Trotz dieser befriedigenden Einrichtung läßt der Hypotheken=kredit insofern zu wünschen übrig, als: 1. die Schätzung des Wertes der Grundstücke sehr niedrig, in der Regel nur nach den Kaufpreisen, welche in großer Zahl Zwangs= und Verlegenheits=Verkäufe sind, bemessen ist. Da nämlich die Einwanderung in Ungarn seit diesem Jahrhundert fast völlig aufgehört hat (nur die Juden, welche Grundbesitz erwerben dürfen und als Landwirte in der That eine sichtbare Besserung aller ihrer Verhältnisse und Eigenschaften zeigen, machen eine Ausnahme), und der Zug der Bevölkerung mehr konzentrisch vom Lande in die Städte, als umgekehrt exzentrisch geht, so steht die Nachfrage nach Grundbesitz stille oder hat wenigstens nicht entfernt die Entwicklung genommen, welche man in den Westländern zu sehen gewohnt ist. 2. Für Darlehen muß doppelte und bei Wein=gärten sogar dreifache Sicherheit gestellt werden. Manche Institute bewilligen sogar auf Weingärten allein gar keine Darlehen. 3. Die Zinsen der Hypothekendarlehen sind hoch und wechseln je nach der Gegend, dem Unterpfand und dem darlehenden Gläubiger oder Institut von 5 ³/₁ — 8 %. Während die österreichischen und einige ungarische Institute sich mit dem ersteren Satze begnügen, fordern manche un=garische Sparkassen bis zu 8 %. 4. Manche Institute, z. B. sogar die österreich=ungarische Bank zahlen das Darlehen nicht bar aus, sondern in Gestalt von Pfandbriefen. Sie besorgen zwar die Ver=silberung der Titel am Geldmarkte, allein für Rechnung des Schuldners, welcher dadurch eine Einbuße erleidet, da die Pfandbriefe selten über pari stehen und die börsenmäßige Provision hinzu kommt. Andere Institute, welche bar auszahlen, berechnen bei der Ausfertigung der Darlehen enorme Provisionen, welche den Kredit sehr verteuern, wo= durch sich auch leicht erklären läßt, warum Hypotheken=Institute zu= weilen 12—16% Dividende verteilen.

Der hohe Zinsfuß ist gerechtfertigt, weil Ungarn noch sehr Mangel an Umlaufskapital leidet und weil der Preis des Bodens und der Arbeitslohn noch so niedrig ist, daß aus diesem Grunde der Rein = Ertrag des Bodens bei Selbstbewirtschaftung 8% und bei Verpachtung im Durchschnitt 6% erreicht; allein gegen die hohen Provisionen der Banken sollte eine Abhülfe geschaffen werden, weil sie von Bodenmeliorationen abschrecken. Sehr wünschenswert wäre daher die Gründung einer Landes = Kultur = Bank, bei welcher der Staat sich mit Kapital beteiligen oder gegen gewisse Begünsti= gungen eine Ingerenz sich reservieren möchte, um zu verhüten, daß ein solches Institut nicht bloß zum Geldmachen, sondern im Interesse des Landes verwaltet werde. Bei den billigen Bodenpreisen und Arbeitslöhnen in Verbindung mit der Fruchtbarkeit und dem milden Klima des Landes würde eine Kulturbank einen umfassenden, reichen und lohnenden Wirkungskreis erringen und große Dividenden ver= teilen können, ohne den Meliorationen erstrebenden Landwirt zu drücken oder auszubeuten. Denn der Anbau des Bodens ist in einer Weise verbesserungsfähig durch Dränierung, Tiefkultur, Bewässerung u. s. w., daß der Eigenthümer mittels einer Meliorationsanleihe nicht bloß den Wert seines Bodens verdoppeln, sondern auch das Darlehen mit guten Zinsen allmählich zurückzahlen kann.

Die bestehende Hypothekenbelastung ganz Ungarn's ist leider nicht erhoben; nur die Veränderungen werden regelmäßig von der Behörde registriert. Nur teilweise läßt sich die gegenwärtige Belastung aus den Büchern der Hypothekenbanken ermitteln, wovon wir eine Auf= stellung weiter unten bringen.

Die Güterübertragungen auf Grund von Verträgen waren in den drei Jahren 1878—1880 folgende:

	Zahl der Übertragungen	Geldwert
1878 . . .	157,519	fl. 113·0 Millionen
1879 . .	165,166	„ 113·6 „
1880 . .	190,406	„ 113·6 „

Auf Grund von Veräußerungen:

1878	.	15,285	fl.	15·3 Millionen
1879	.	19,213	„	16·6	„
1880	. . .	19,748	„	17·4	„

Besitzwechsel wegen Todesfall:

1878	. . .	48,458	„	57·7	„
1879	.	51,121	„	61·2	„
1880	.	63,782	„	81·3	„

Gesamte Güterübertragungen:

1878	.	221,262	„	186·0	„
1879	.	235,500	„	191·5	„
1880	.	273,936	„	216·6	„

Die Belastung der Güter war folgende:

durch Vertrag:

1878	. .	fl. 103·0 Millionen
1879	. .	„ 102·2	„
1880	. . .	„ 111·7	„

Durch Verlassenschaft:

1878	. . .	fl. 5·8 Millionen
1879	. .	„ 5·9	„
1880	.	„ 4·8	„

Durch berechtigte Vormerkung:

1878	. . .	fl. 8·2	„
1879		„ 12·6	„
1880	. .	„ 4·1	„

Durch Licitation:

1878		„ 18·5	„
1879	. .	„ 21·3	„
1880	. . .	„ 18·5	„

Im Ganzen:

1878	. .	„ 135·7	„
1879		„ 142·2	„
1880	.	„ 149·2	„

Außerdem fanden einfache Vormerkungen statt:

1878	. . . .	fl.	8·5	Millionen
1879	. . . .	„	10·3	„
1880	. . . .	„	9.3	„

Statistische Zusammenstellung der Hypothek=

Im Jahre	Gesamtgebiet der Hypothek in 1200 ⃞k Jochen	Ackerfeld	Wiese	Weide	Wald	Rohr	Weingarten	Unfruchtbarer Boden
1863	203,017	71,714	26,609	68,047	21,807	3,158	$477\frac{5}{6}$	11,201
1864	714,794	226,063	79,735	202,768	172,996	11,772	1649	19,810
1865	929,817	324,055	101,463	233,660	219,083	12,732	2652	36,170
1866	1,026,947	373,899	114,474	258,346	221,736	13,334	3819	43,337
1867	1,211,849	454,556	144,022	282,888	257,999	14,034	$4443\frac{4}{6}$	53,905
1868	1,289,260	487,454	150,961	268,913	298,229	18,504	$4848\frac{5}{6}$	60,346
1869	1,433,623	535,561	166,760	281,922	358,771	19,416	$5150\frac{2}{6}$	66,041
1870	1,575,645	588,200	182,090	303,959	403,277	20,638	$5072\frac{4}{6}$	72,407
1871	1,732,990	642,860	197,338	331,750	455,874	21,336	5230	78,602
1872	1,778,387	666,893	206,856	345,293	450,920	22,315	$5400\frac{5}{6}$	80,707
1873	1,836,359	692.856	214,629	359,761	455,538	22,810	$5444\frac{2}{6}$	85,319
1874	1,938,162	731,769	224,940	367,017	487,206	22,827	$5724\frac{3}{6}$	95,677
1875	2,129,352	807,251	248,740	394,681	543,871	25,946	6168	102,692
1876	2,215,429	837,071	257,018	402,017	578,876	30,639	$6463\frac{5}{6}$	103,743
1877	2,289,719	867,789	265,656	398,297	614,475	30,099	$6834\frac{1}{6}$	106,567
1878	2,423,471	928,870	280,019	420,610	630,178	33,905	7464	122,423
1879	2,488,467	963,937	285,006	424,339	648,593	33,739	$7878\frac{4}{6}$	125,372
1880	2,729,101	1,101,770	302,423	467,841	688,047	34,093	$8285\frac{3}{6}$	126,639
1881	2,978,307	1,209,183	321,302	493,596	780,152	26,634	$8470\frac{1}{6}$	138,968
1882	3,120,301	1,254,302	334,514	511,001	841,663	26,905	$8630\frac{1}{6}$	143,283
1883	3,333,501	1,361,049	351,682	528,193	909,395	28,677	$8598\frac{5}{6}$	145,904

Dem entgegen wurden frühere Laſten gelöſcht: Millionen

1878	. . . fl. 83·8	„
1879	. . „ 80·6	„
1880	„ 107·7	„

Darlehen des Ung. Bodenkredit-Inſtituts.

Feſtgeſetzter Betrag der Hypothek	Wert der Gebäude-Hypothek	Zuſammen Gulden	Hierauf in Pfandbrief-Darlehen	In Renten-ſcheine-Darlehen	In offenen Bar-Darlehen	Wert-Durchſchnitt der Hypothek ohne Gebäude fl.	kr.	Fällt pr. Joch auf Anlehen fl.	kr.
9,282,758[51]	1,259,196[60]	10,541,955[11]	9,248,431	697,121[46]	596,102[65]	45	72	16	31
29,418,171[57]	4,635,070[95]	34,053,242[52]	25,670,854[72]	4,405.384[97]	3,977,002[83]	41	15	14	23
40,667,173[29]	7,224,924[47]	47,892,097[75]	36,002,539[29]	5,161,677 [9]	6,727,881[37]	43	73	15	82
45,705,663[30]	8,523,521[47]	54,229,184[77]	41,229,038[71]	5,336,067[59]	4,664,078[47]	44	42	17	17
54,582,729[37]	10,684,716[43]	65,267,445[40]	55,953,807[45]	4,861,159[88]	4,452,478[47]	45	4	18	57
57,922,922[99]	11,642,638[30]	69,565,561[29]	62,525,011[25]	3,145,671[94]	3,894,878[10]	44	92	16	45
66,486,044[36]	12,806.456[30]	79,292,500[66]	72,878,144[37]	2,982,369[51]	3,431,986[78]	46	37	17	61
73,616,298[74]	14,164,869[40]	87,781,168[14]	81,572,316[44]	2,776,309[96]	3,432,541[78]	46	72	17	88
81,886,791[30]	15,802,838[40]	97,689,629[70]	91,515,846[75]	2,741,241[17]	3,432,541[78]	47	25	18	34
87,429,473 [5]	16,641,715[18]	104,071,188[23]	98,147,881[72]	2,620,319[73]	3,302,986[78]	49	16	19	14
92,493,697[32]	17,264,036[36]	109,757,733[62]	104,331,439[61]	2,123,307[23]	3,302,986[78]	50	36	19	60
103,774,969[16]	18,605,952[18]	122,380,921[68]	118,379,527[59]	406,047[31]	3,595,346[79]	53	54	21	50
119,678,024[61]	30,701,669 [9]	150,379,693[70]	146,769,718[89]	115,694[75]	3,491,280 [6]	56	20	23	22
123,479,932[25]	31,133,738[29]	154,613,670[5]	151,111,734[94]	7,655[56]	3,494,280 [6]	55	64	23	—
127,687,625[30]	22,257,803[11]	149,945,428[41]	146,447,482[90]	3,665[55]	3,494,280 [6]	55	76	23	11
135,676,400[52]	23,657,956[39]	159,334,357[41]	155,890,858[8]	3,665[55]	3,439,833[74]	55	98	23	23
139,218,451[59]	24,817,219[49]	164,035,671[48]	162,709,317[71]	3,665[55]	3,322,688[22]	55	94	23	29
157,137,608[75]	27,821,655[79]	184,959,264[54]	181,636,576[32]	—	3,322,688[22]	57	57	24	10
167,470,643[57]	30,664,656[84]	198,135,300[11]	194,812,611[49]	—	3,322,688[22]	56	23	23	72
173,418,604[48]	32,264,745[13]	205,683,349[51]	202,519,661[59]	—	3,133,688[22]	55	57	23	33
189,194,426[92]	32,829,623[45]	222,321,050[37]	219,190,362[15]	—	3,133,688[22]	56	84	23	82

Aus der vorstehenden Tabelle erhellt, daß der Wertdurchschnitt des verhypothekierten Bodens ohne Gebäude zwar seit 20 Jahren langsam steigt, daß er aber heute noch nur auf fl 56. per Kataſtral-joch (0·57 ha) angeschlagen wird, was in gar keinem Verhältnis zur Fruchtbarkeit des Landes steht. Wir entnehmen daraus ferner, daß für einen Hypothekenkomplex, welcher fast den fünften Teil der an-gebauten Ackerfläche Ungarn's ausmacht, der Schätzungswert eines Kataſtral-Joches samt Gebäuden nur 55—77 fl. beträgt, auf welchen verhältnismäßig per Joch nur 20—32 fl. Hypothekendarlehen bewilligt worden sind.

Da wäre noch großer Spielraum für weſtliches Kapital!

Forſtwirtſchaft.

—

Während in den öſterreichiſchen Kronländern, trotz einer erträg=
lichen Geſetzgebung, die Behandlung der Forſten ſehr ungleich iſt,
und das gute Beiſpiel Böhmens, Ober= und Niederöſterreichs ſowie
Salzburgs von anderen Kronländern nicht nachgeahmt wird, vielmehr
in Tirol Gemeinden und Privaten miteinander gewetteifert haben,
den ſchönen Holzbeſtand auszurotten und nach Italien abführen zu=
laſſen, — ein Schickſal, das jetzt Kärnthen bevorſteht, wenn nicht
bald Einhalt geſchieht, — hat die ungariſche Forſtwirtſchaft ſeit Be=
ginn der neuen konſtitutionellen Ära eine heilſame Umgeſtaltung er=
fahren. Namentlich wurde, Dank den Bemühungen der leitenden
Staatsmänner und des Forſtvereins der Beſtand der Staatsforſten
noch rechtzeitig geſichert, welche den Schwerpunkt der ungariſchen
Staatsgüter bilden. Die Forſten ſind mit Recht ausgeſchloſſen wor=
den von der Maßregel des allmählichen Verkaufs der Staatsdomänen,
welcher ſowohl im finanziellen als im wirtſchaftlichen Intereſſe des
Landes liegt, da derſelbe geeignet erſcheint Kapital und Intelligenz
herbeizuziehen. Die Reviſion des Forſtgeſetzes vom Jahr 1879, die
Trennung der Forſtadminiſtration vom Reſſort der Finanzen und die
Zuteilung derſelben an das Miniſterium des Ackerbaus vom 1. Ja=
nuar 1881 an, waren geeignet weitere Garantien für die Pflege dieſes
wichtigen Teiles der Landeskultur zu bieten. Das revidierte Forſt=
geſetz ſteht den einſichtvollſten Forſtgeſetzen Europas zur Seite, indem
es principiell die Freiheit der Eigentumsrechte des Privatbeſitzers in
vollem Maße reſpektiert, und auf die Bewirtſchaftung der Wal=
dungen nur dort Einfluß nimmt, wo dies das höchſte Staatsintereſſe
erheiſcht. In ſolchen Fällen gereicht aber die Geltendmachung der
geſetzlichen Beſtimmungen ſtets auch dem Privatbeſitzer zum Vorteil.
Denn die Zweckmäßigkeit der Verfügung des Geſetzes, — wonach die
Forſten des Staates, der Gemeinden, Korporationen, der Stiftungen
und Fideikommiſſe, der kirchlichen Würdenträger und Korporationen

sowie gemeinschaftlicher Besitzer — nur nach einem bestimmten, vom
Ackerbauministerium genehmigten Wirtschaftsplan verwaltet werden
dürfen — steht außer aller Frage. Deren Verpflichtung gipfelt in
dem Satze, daß Baumwälder, nämlich solche Waldungen, welche
zum Schutze der Produktionsfähigkeit anderer Grundflächen, und der
Werke menschlicher Kultur, wie Gebäude, Wege und Kanäle dienen,
ferner auch solche Forsten, welche auf unbedingtem Waldboden stehen,
deren Grund sonach auf die Dauer zu anderweiter wirtschaftlicher
Benützung nicht geeignet ist, als Wald zu erhalten seien, daß auf
solchen abgeholzten Flächen binnen 6 Jahren nach erfolgtem Abtrieb
ein neuer Wald erzogen werden muß, und daß die Privatwaldbesitzer
bei der Benützung von derlei Wäldern gleichfalls an einen festzustel=
lenden, vom Ackerbauminister gutzuheißenden Wirtschaftsplan gebunden
sind. Um die letzteren zur planmäßigen Wirtschaft aufzumuntern ist
in § 16 des Forstgesetzes bestimmt, daß solchen Waldeigentümern die
Hälfte ihrer direkten Steuern bei der Repartierung der Verwaltungs=
auslagen der Gemeinden erlassen werden müssen. Für Besitzer größerer
Waldungen repräsentiert diese Bonifikation einen namhaften Betrag,
der zur Aufforstung verwendet werden kann. Eine andere vorsorg=
liche Bestimmung des Forstgesetzes verfügt die Wiederbewaldung ent=
holzter kahler Flächen und die Sicherung des Transportes der Forst=
produkte; eine dritte die Schaffung eines Landes=Forst=Fonds aus den
gerichtlich zuerkannten Strafgeldern, aus welchem mit der Zeit sämt=
liche zur Entwickelung der Forstwirtschaft nötigen Ausgaben ohne be=
sondere Belastung gedeckt werden können.

Damit die Aburteilung der Waldfrevelangelegenheiten durch den
langwierigen Civilrechtsweg nicht erschwert werde, enthält das Forst=
gesetz die Verfügung, daß jene Beschädigungen, deren Geldwert ein=
zeln 30 Gulden nicht übersteigt, in politisch=administrativem Wege ver=
handelt werden, und zwar in erster Instanz durch den Stuhlrichter,
wobei aber nach dem Belieben des Besitzers oder bis zum Werte von
10 Gulden auch durch den Ortsrichter, in zweiter Instanz aber durch
ein unter dem Vorsitz des Obergespans oder des Bürgermeisters
funktionierenden und aus — durch den Verwaltungsausschuß gewählten
Delegierten bestehendes Forstübertretungs=Kollegial=Gericht, gegen dessen
Urteil nicht appelliert werden kann. Die Verhandlung der an Wert
30 Gulden überschreitenden, oder ein Verbrechen involvierenden
Forstübertretungen erfolgt durch das ordentliche Civilgericht, doch ist

es dem Besitzer auch hinsichtlich dieser Schäden gestattet, falls der Wert des entwendeten Gegenstandes 50 Gulden nicht übersteigt, — dieselben bis zur Fällung des Urteils erster Instanz auf den Wert von 10 oder 30 Gulden zu redressieren, und seine Entschädigung im politischen Gerichtswege anzustreben.

Die Austragung der durch die Waldbesitzer selbst in ihren eigenen Wäldern verübten forstpolizeilichen Übertretungen steht in erster Instanz der Forstkommission des Verwaltungsausschusses zu, während über dieselben in zweiter Instanz das Ackerbauministerium entscheidet; dasselbe Ministerium erteilt auch im Einvernehmen mit dem Ministerium für Kommunikationen, und nach Anhörung der politischen Behörden die Bewilligungen zur Holztrift und Flößerei.

Die Faktoren der Anwendung des Forstgesetzes sind die Förster, als jene Fachmänner, die berufen sind dasselbe in dem Kreislauf unseres wirtschaftlichen Lebens einzuimpfen, und zu deren Aufgabe es gehört, dasselbe bei der Administration der Staatsförster praktisch und in der Weise zu handhaben und anzuwenden, daß sie mit der Verwaltung der Staatsforste allen anderen Waldbesitzern ein zur Richtschnur dienendes Beispiel bieten, und dabei auch dem Staate den möglich günstigsten Ertrag sichern, dabei jedoch auch die Sicherung der wirtschaftlichen Interessen, und jene Aufgabe der Staatsforste als solcher nicht außer acht lassen, laut welcher dieselben in Fällen van Elementarschäden zur Linderung der allgemeinen Not zu dienen haben, sowie dies z. B. zur Zeit der Szegediner Überschwemmung geschah, bei welcher Gelegenheit das nötige Bauholz um ermäßigte Preise ausgefolgt wurde.

Die Richtung der Amtswirksamkeit der zur Administration des Forstwesens berufenen Organe, und man kann füglich sagen, in gewisser Hinsicht auch das Resultat dieser Amtswirksamkeit, wird durch eine Dienst= oder Amtsorganisation vorgeschrieben, innerhalb deren Rahmens sich dieselben zu bewegen haben. In dieser Hinsicht kann nicht geleugnet werden, daß es bei den in der heutigen Organisation des öffentlichen Staatsdienstes bestehenden verwickelten Verhältnissen nicht leicht ist, jene Richtung herauszufinden, welche bei der, wegen der damit verbundenen Kontrolle natürlicherweise schwierigen Staatsadministration — einen den Anforderungen des alltäglichen Lebens entsprechenden richtigen Wirtschaftsbetrieb ermöglicht.

Bei der Feststellung der Dienstes=Organisation der Forstwirtschaft

mußte man die Notwendigkeit dessen, daß sich dieselbe den Anforde=
rungen des Lebens in vollkommenstem Maße anschmiege, doppelt fühlen,
sind ja doch die mit den Forsten verknüpften Agenden an die Hand=
und Zug=Arbeitskräfte des Volkes hingewiesen, da jedes Holzmaterial
durch viele Hände wandern muß, bis es auf den Markt gelangt.

Es war eine allgemein empfundene Notwendigkeit, daß in der
Führung der ungarischen Forstadministration eine Änderung eintrete,
denn es wurden die bösen Früchte jenes Verhältnisses, welches zur Zeit
bestanden hatte, wo die Administration der Staatsforste zum Ressort
des Finanzministers gehörte, und welches aus der gemeinschaftlichen
Verwaltung und Leitung der Staats=Domänen mit den Forsten bestand,
von Tag zu Tag für das Forstwesen greifbarer. Die unter der
Botmäßigkeit der Güterdirektoren gestandenen Förster waren zur Ver=
richtung aller jener landwirtschaftlichen Agenden genötigt, zu welchen
sie von jenen beauftragt worden, was zur Folge hatte, daß die Be=
sorgung der forstwirtschaftlichen Amtshandlungen, zum nicht geringen
Schaden der Wälder — in den Hintergrund gedrängt blieben. Hieran hat
auch jenes Verhältnis nicht viel geändert, daß an der Spitze einzelner
Güterdirektionen fachgebildete Forstmänner standen, da diese als
Direktoren auch für die Landwirtschaft=Gebahrung verantwortlich, von
den Förstern gleichfalls die pünktlichste Besorgung des landwirtschaft=
lichen Dienstes gefordert haben; was letztere um so mehr befolgt
haben, da sie, falls sie es versäumt hätten, auch nur in Angelegenheit
eines landwirtschaftlichen 1 Gulden Pachtobjektes oder eines Bagatell=
verfahrens zu intervenieren, auf Grund der Verhandlungsakten allso=
gleich zur Verantwortung gezogen worden wären, und den erwachsenen
Schaden aus eigenen Mitteln hätten bestreiten müssen. Dagegen
konnte dem Förster, wenn er nicht in den Wald ging, der durch dieses
Versäumnis erwachsene Schaden, selbst wenn er 100 oder 1000 Gulden
betragen hätte, mit gleicher Beweiskraft nicht imputiert werden, denn
wenn z. B. während der Zeit, wo eine Forstkultur von 100 Joch
auszuführen war, was 500 oder 1000 Gulden kostet, die Pflanzen
aber wegen ungenügender fachmännischer Überwachung der Kultur=
arbeit zu Grunde gingen, so konnte derselbe für den Mißerfolg nicht
unmittelbar zur Verantwortung gezogen werden, da er sich damit
entschuldigen konnte, daß er mit der landwirtschaftlichen Ein=Gulden=
Pachtangelegenheit und mit den damit verbundenen vielen Schreibereien
zu sehr in Anspruch genommen war.

In dieser Situation fand das neue Forstgesetz die Staats=Forst=
Administration, und es hat sich gleich bei Durchführung der Vor=
arbeiten die Notwendigkeit ergeben, die Administration der Staatsforste
— wie schon oben bemerkt aus dem Ressort des Finanzministeriums
auszuscheiden, und in jenes des Ackerbauministeriums zu übertragen.
Diesem lag ja auch die Durchführung des Forstgesetzes ob. Zu
diesem Zwecke wurde eine eigene Forstsektion und behufs der äußeren
Kontrolle ein königl. Forstinspektorat errichtet.

Die Leitung der Staats=Forst=Agenden erfolgte vor dem, jetzt in
Geltung stehenden System im Wege von vier Instanzen und zwar:
1. durch die Forstverwaltung, 2. durch das Forstamt, 3. durch die
Güterdirektion und 4. durch das Ministerium. Der Nachteil dieser
Einteilung bestand darin, daß 2 der zuerstgenannten 3 Instanzen
immer ein und dasselbe gesagt und geschrieben haben. Das Forstamt
trug in seinem an die Güterdirektion gesendeten Bericht nur den Be=
richt der Forstverwaltung, die Direktion aber in ihrem an das Mini=
sterium gerichteten Berichten jene der Forstämter wiederholt vor, so
daß in Wirklichkeit das Forstamt nur als Post zwischen der Forst=
verwaltung und der Direktion und umgekehrt die Direktion nur als
Post zwischen dem Ministerium und den Forstämtern in allen jenen
Fällen gedient hat, in welchen die betreffende Behörde oder der betref=
fende Beamte seinen Platz ausgefüllt hat.

Das neue System unterscheidet nur 3 Instanzen: das admini=
strierende Amt, nämlich die Forstverwaltung, das die Leitung und
Kontrolle der Lokal=Administration besorgende Amt, welches entweder
ein Forstamt oder ein Oberforstamt oder eine Forstdirektion ist, —
und endlich das Ministerium. Gegenwärtig bestehen 4 Forstdirektionen,
4 Oberforstämter und 7 Forstämter und diesen sind zusammen 144
Forstverwaltungen (Förstereien) untergeordnet, an deren Spitze je ein
manipulierender Oberförster oder ein Förster steht. (Ehedem bestanden
7 Direktionen, 2 Oberforstämter und 27 Forstämter mit zusammen
128 Forstverwaltungen.

Aus diesem ist zu ersehen, daß mit der neuen Organisation die
Zahl der leitenden Ämter von 36 auf 15 herabgesetzt wurde, jene
der Forstverwaltungen aber um 16 sich vermehrte.

Damit die Kontrolle der Amtsthätigkeit der einzelnen Forstver=
waltungen eindringlicher erfolgen könne; wurden 41 neue manipu=
lierende Oberförsterstellen kreirt, deren Bezirke derart eingeteilt werden,

daß sie nebst unmittelbarer Besorgung der Geschäfte des eigenen Forstbezirkes die unter der Leitung der benachbarten Förster stehenden Forstverwaltungen in ihren allgemeinen technischen Agenden, wie bei der rationellen Ausnützung und Ausbringung der Holzprodukte, beim Bau und bei der Erhaltung der Wege und der Transports=Anstalten, bei der richtigen Evidenzhaltung der Grenzlinien kontrolieren können.

Die Mittelstelle zwischen dem Ministerium und den Forstver= waltungen bildet das Forstamt, während dort, wo die Wälder sich in größeren zusammenhängenden Komplexen ausdehnen und die Be= zirke größer sind, die Vermittlung einem Oberforstamte zufällt. In jenen Hauptgegenden aber, wo die Wälder derart ausgedehnt sind, daß dieselben nicht einmal mehr zu einem Oberforstamtsbezirke ver= einigt werden können, und insbesondere dort, wo die Verwertung der Forstprodukte nur an solchen Marktplätzen erfolgen kann, zu welchen der Transport nur zu Wasser möglich ist, übt die Vermittlung ein besonderes Forstamt und eine Forstdirektion; doch besitzt das Forst= amt den Anforderungen des Systems entsprechend einen von der be= treffenden Direktion unabhängigen selbständigen Amtswirkungskreis und ist bloß hinsichtlich der Nutzungspläne, Feststellung der Holzpreise und der Mengen der zu erzeugenden Forstprodukte zu einem mit der Forstdirektion übereinstimmenden Vorgange hingewiesen, aus welchem Grunde es natürlich bezüglich dieser Agenden der zeitweisen Kontrolle des Forstdirektors unterliegt.

Bei der, auf dieser Basis erfolgten Einteilung fungieren:

Katstrl.=Joch.

1. Die Forstdirektion in Neusohl mit einem Waldbesitze von   171,754
2. Das Forstamt in Zsarnoviz „ „ „ „ 77,518
   Beide an die Gran=Gegend angewiesen.
3. Das Oberforstamt in Liptó=Ujvár mit einem Waldbesitze von 107,159
4. Das Forstamt in Szóvár mit einem Waldbesitze von   86,790
5. Das Oberforstamt in Unghvár „ „ „ „ 182,925
6. Die Forstdirektion in Marmaros=Sziget mit einem Waldbesitze von 318,559
7. Das Forstamt in Bustyaháza mit einem Waldbesitze von 166,793
   Beide letzteren an die Theiß=Gegend hingewiesen.
8. Das Oberforstamt in Nagybánya mit einem Waldbesitze von 114,161
9. Die Forstdirektion in Klausenburg „ „ „ „ 307,280

10. Das Forſtamt in Szászſebes mit einem Waldbeſitze von 165,482
Beide letzteren an die Maros-Gegend hingewieſen.

11. Das Oberforſtamt in Lippa mit einem Waldbeſitze von 118,295

12. Die Forſtdirektion in Lugos „ „ „ „ 98,476

13. Das Forſtamt in Orſova „ „ „ „ 321,911

Bezüglich der beiden zuletzt genannten Ämter wird die
Gemeinſamkeit durch die Agenden der ehemaligen
ung. Militärgrenze und durch die gemeinſamen Intereſſen des unteren Donaugebietes bedingt.

14. Das Forſtamt in Apatni mit einem Waldbeſitze von 45,178

15. Das Forſtamt in Gödöllö „ „ „ „ 47,471

Die Geſamtfläche des ungariſchen Staatsforſtbeſitzes
beträgt demnach 2,319,752

Die Beſitzfläche der — von der k. und Forſtdirektion in Agram
verwalteten kroatiſch-ſlavoniſchen Staatsforſte beträgt 571,300 Kataſtr.-
Joch, mit welcher zuſammen die Geſamtfläche der k. und Staatsforſte 2,891,055 Kataſtr.-Joch ausmacht. Außerdem iſt der Staat
auch noch Mitbeſitzer von 431,217 Kataſtr.-Joch — teils im Mar-
maroſcher teils im Arvaer Komitate gelegenen Waldungen.

Von den Holzarten der Staatsforſte entfallen in runder
Zahl 15% auf die Eichen, 25% auf Nadelhölzer und 60% auf
Buchen.

Nach Maßgabe des im Sinne des G. A. XXXI v. J. 1879
feſtgeſetzten Etats darf in den Staats-Gemeinden, Fideikommiß-,
Fundational-, Kirchen-, Korporations- und Kompoſſeſſorats-Wäldern
jährlich nur ſo viel Holz geſchlagen werden, als dem Jahres-
zuwachs der betreffenden Wälder entſpricht. Letzteren berechnet der
Oberlandesforſtmeiſter von Bedö im großen Durchſchnitte mit
2 Raummeter pr. Joch oder in runder Zahl mit 50 Kubikfuß ſolider
Holzmaſſe.

Bei der Bewirtſchaftung der Staatsforſte wird das Hauptgewicht
auf die Erziehung der Eichen (Stiel- und Traubeneichen) -Beſtände
gelegt, ferner auf jene der ungariſchen Eiche (Quercus hungarica vel
conferta) der Lärche ſo wie der Fichte und Tanne, letztere Holzarten
in entſprechend gemiſchten Beſtänden.

Die Staatsforſtverwaltung unterſtützt die Wiederaufforſtungen
in allen Teilen des Landes durch unentgeltliche Ausfolgung von

Baumpflanzen. Es wurden im Jahre 1883 an die ſich meldenden Waldbeſitzer 1,600,000 St. Pflanzen verabfolgt, während zur Aus= folgung für das Jahr 1884 4,150,000 St. zur Verfügung ſtanden. Die Leiter der einzelnen Ämter wurden mit einem zur erſprieß= lichen Leitung der Lofal=Adminiſtration erforderlichen und in Betriebs= Angelegenheiten, innerhalb der Schranken des, durch die Legislative genehmigten Budget's, freien Spielraum gewährenden ausgedehnten Amtswirkungskreiſe und Anweiſungsrechte bekleidet; das auf jede einzelne Dienſteskategorie bezügliche Statut des ſpeciellen Amtswirkungs= kreiſes befindet ſich in Ausarbeitung.

Die Leitung der Vermeſſung, Schätzung und Betriebseinrichtung der Forſte wurde bezüglich ſämtlicher Staatsforſte der Central=Stelle vorbehalten, welche Maßregel den Vorzug der Gleichmäßigkeit für ſich hat, ſo wie auch den Vorteil, daß die Forſtſektion des Miniſteriums die lokalen Wirtſchaftsverhältniſſe gründlicher kennen zu lernen Gelegen= heit findet, und die betreffenden Operate den allgemeinen Intereſſen des Landes entſprechender entworfen werden können. Es iſt jedoch ſelbſtverſtändlich, daß die mit der unmittelbaren Verwaltung betrauten Beamten und Amtsvorſtände beim Entwurf des wirtſchaftlichen Nutzungs= planes den ihnen zukommenden Einfluß üben können.

Die lokale Kontrolle über die Art und Weiſe der Ausführung der forſttechniſchen Agenden der Forſtverwaltung und über die Ein= haltung der wirtſchaftlichen Betriebspläne wurde an, von den admi= niſtrierenden Oberbeamten unabhängig gemachte, und gleichfalls an Ort und Stelle auf ſtabilen Stationen amtierende Forſttaxatoren übertragen, die unmittelbar dem Miniſterium unterordnet, das Amts= gebahren der Verwaltungsbeamten und deſſen Reſultat beſſer als dies vordem der Fall war, überwachen können.

Eine weſentliche Änderung der neuen Dienſtesorganiſation beſteht auch darin, daß das den Forſtbeamten früher bemeſſen geweſene Reiſe= pauſchale eingeſtellt, und bloß das Pferdepauſchale belaſſen wurde; was darin ſeine Begründung findet, daß der zur Waldbereiſung nötige Wagen oder das hiezu nötige Reitpferd jeden Augenblick zur Ver= fügung ſtehen müſſen, während das Reiſepauſchale als Erſatz der Diäten zur Ergänzung der Reiſeauslagen bewilligt war. Die Er= fahrung hat jedoch gelehrt, daß es zweckmäßiger ſei, daß dem Forſt= beamten anſtatt des Pauſchals jedesmal, ſo oft er reiſet, die entſprechend normierten Diäten gegeben werden, da die zum Reiſen

weniger Geneigten das Pauſchale zwar beheben und auch dann aus=
geben, wenn ſie gar nicht im Walde geweſen ſind, während dieſelben
jetzt, bei bemeſſenen Diäten, eher den Wald bereiſen, und hierzu durch
ihr eigenes materielles Intereſſe gleichſam aufgemuntert werden. Dem
gegenüber erheben zwar manche den Einwand, daß dem Staate bei
Verabfolgung von Diäten größere Ausgaben erwachſen, — dies ſteht
jedoch den ganzen Durchſchnitt genommen noch nicht feſt, und wenn
auch 5—6 oder 8000 Gulden Mehrauslagen unterlaufen ſollten, ſo
beweiſt dies noch gar nichts, denn das iſt im Hinblick auf den in
runder Zahl 3 Millionen Joch betragenden Waldbeſitz eine ſolche
Kleinigkeit, daß ſie im Vergleich zu den hierdurch erzielten Vorteilen
gar nicht in Rechnung gezogen werden kann, und in anderer Form
ohnehin vielfach ausgeglichen wird.

Eine minder vorteilhafte ja, als nachteilig zu bezeichnende
Änderung der neuen Organiſation iſt jene auf Wunſch des Herrn
Finanzminiſters erfolgte Abweichung, durch welche die bei den ein=
zelnen Ämtern beſtandenen ordentlichen Kaſſen aufgehoben, und mit
der Kaſſagebahrung der Forſtämter die Steuerämter betraut wurden.
Mit dieſer Änderung ſind nämlich die Amtsagenden nicht vermindert
worden, da die wegen Beſorgung der beim Forſtweſen unbedingt not=
wendigen Geldgebahrung an Stelle der aufgelaſſenen Kaſſen beſtellten
zahlenden Rechnungsführer mit Hülfe des übrigen Verwaltungsperſonals
auch jetzt den ſozuſagen vollen Kaſſadienſt verſehen müſſen, und nebſt=
dem doch vom Steueramte abhängig ſind, welches die Forſtagenden
in der Regel erſt nach den zu ihrem eigentlichen Berufe gehörigen
Aufgaben erledigt. Es iſt auch die Möglichkeit nicht ausgeſchloſſen,
daß nach ſpäteren reichlicheren Erfahrungen die Forſtkaſſen wieder
reſtituiert werden, was um ſo leichter erfolgen könnte, weil es ſo zu
ſagen, ohne irgend welchen Mehraufwand durchführbar wäre.

Die nach dem Vorausgeſagten erfolgte Organiſation der Ver=
waltung der Staatsforſte geſtattete nicht nur eine raſchere und inten=
ſivere Gebahrung, als die frühere war, ſondern hatte infolge der
Eliminierung der überflüſſigen Zwiſchenämter andererſeits auch ein
namhaftes Koſtenerſparnis reſultiert, welches nach dem kleinſten Maß=
ſtabe berechnet, gegen 50,000 Gulden überſteigen wird.

Es iſt zwar richtig, daß dies an und für ſich nicht viel iſt, doch
iſt es unter der heutigen Finanzlage des Landes auch nicht zu ver=
ſchmähen, und es iſt dieſer Erſparung hauptſächlich dadurch ein

erhöhter Wert beizumeſſen, daß die Verbeſſerung der Adminiſtration außer Zweifel ſteht.

Die Kontrolle der Wirtſchaftsgebahrung und der Amtsthätigkeit des Adminiſtrativperſonals war während der Zeit, als das Staats- forſtweſen dem Finanzminiſterium unterſtellt geweſen iſt, ſozuſagen auf den Nullpunkt herabgedrückt; und doch verlangt das Kardinalprinzip der Wirtſchaft, daß das Auge des Herrn ſämtliche Faktoren der Wirt- ſchaft öfter zu Geſicht bekommt. Deshalb wurde bei Gelegenheit der neuen Organiſation nebſt entſprechender Kompletierung des zur Centralleitung berufenen Perſonalſtandes, ein großes Gewicht darauf gelegt, daß die äußere Manipulation auch an Ort und Stelle gehörig überwacht werden könne, und bei ſolchen Gelegenheiten der Vertreter der Centralſtelle noch früher Ratſchläge zu erteilen und Verfügungen zu treffen in der Lage ſei, bevor das betreffende Amt dieſelben vom Miniſterium einzuholen für geraten hält, ſo wie auch dafür Sorge getragen wird, daß der Stand der Buchhaltungs- und Geldgebahrungs- agenden der betreffenden Ämter von ſeiten der Centralforſtbuchhaltung öfter überprüft werde.

Hinſichtlich der wirtſchaftlichen Gebahrung der Staatsforſte wurde durch den Miniſter Baron Kemeny das Prinzip zur Geltung erhoben, daß in allen jenen Forſtdiſtrikten, in welchen früher die Umtriebszeit behufs Erzielung größerer Schlagflächen herabgeſetzt wurde, wieder die vormalige höhere Umtriebszeit eingeführt werde, bei welcher allein es möglich ſein wird, wertvolleres und unter unſeren heimiſchen Ver- hältniſſen im allgemeinen ſtets beſſer verwertbares Holz zu produzieren.

Kahlſchläge ſind auf möglichſt kleinſte Flächen auszudehnen, damit das Gelingen der Beſamung und Beſteckung auch hierdurch mehr geſichert ſei.

Fichtenwälder (abies excelsa) ſind in entſprechender Miſchung mit Tannen (abies pectinata) zu erziehen, damit die Sturm- und Inſektenſchäden möglichſt hintangehalten werden.

In jedem Betriebskörper und in Verbindung hiermit in den an einander grenzenden Forſtverwaltungsbezirken, beziehungsweise in jedem Amtsbezirke ſind gleichzeitig mit der Feſtſtellung der Wirtſchaftspläne auch zweckmäßige Wegnetzpläne zu verfaſſen, damit unter Zuhülfe- nahme der für Wegbauten jährlich bewilligten Geldbeträge, nicht nur für zeitliche Zwecke dienende Wege gebaut werden, ſondern der Bau in einer der Ausnützung entſprechenden richtigen Reihenfolge bei zweckmäßigster Trace derart erfolge, daß die hergestellten neuen Wege gleichsam integrierende Teile der ständigen Wege bilden, und die auf Wegbauten derart verwendeten Arbeiten auch der späteren Nachkommenschaft zum Nutzen gereichen.

Wo aber für jetzt der Ausbau von Wegen nicht möglich erscheint, dort sollen thunlichst auch für Pferde passierbare gute Pfade hergestellt werden.

Die edleren Arten der Eichen, die Stiel= und Traubeneiche (Quercus pedunculata et robur), so auch die ungarische Eiche (Quercus hungarica Kitaibel) sind in größerem Maße, als bisher zu züchten, und es ist der, in den Schlägen des Niederlandes bisher beobachtete Vorgang, nach welchem die Rot= und Weißbuchen zufolge der bei der Ausnützung begangenen Fehler zum Nachteil der edleren Eichenarten das Übergewicht erlangt haben, künftighin strenge zu vermeiden, und auf die ausgebreitetere Kultur der höchst wertvollen Lärchen (Pinus larix) auf für diese Holzart geeigneten Boden, sowie auch darauf besondere Sorgfalt zu verwenden, daß dieselbe in Vermengung mit anderen Holzarten erzogen, als Hauptholzart der nächsten Umtriebszeit zur Nutzung gelange.

Auch ist besondere Sorgfalt darauf zu verwenden, daß die Schlagzeit richtig gewählt, die Nadelhölzer überall, wo es nur möglich ist, im Winter gefällt, und die gefällten Hölzer nach ihrer Stockung sorgfältig behandelt werden, und daß die Art und Weise der Manipulation, soweit als dies möglich ist, auch gegenüber jenen bedeutenderen Holzkäufern kontrolliert werde, die Holz am Stocke kaufen oder an den größeren Waldlagerstätten übernehmen.

Um die Intensivität der Wirtschaft successive zu steigern, sind auch zum Zwecke der Förderung der Wachstumsverhältnisse der zu technischen Zwecken besser geeigneten und wertvolleren Holzarten sorgfältig durchzuführende Durchforstungen der Bestände beziehungsweise Reinigungsschläge einzuleiten, was auch dort zu erfolgen hat, wo die minder wertvollen Holzarten deren Erziehung nicht beabsichtigt wird, die wertvolleren zu unterdrücken drohen.

Die Waldweide, und die zur zeitweiligen landwirtschaftlichen Nutzung geeigneten Waldenklaven werden zur Aufbesserung der materiellen Verhältnisse der Landbevölkerung und zur Hebung der Viehzucht, womöglich den Gemeinden als solchen — in Pacht gegeben.

Im Hochgebirge ist die Verschiebung der Vegetationsgrenze der um den Gürtel der Alpen liegenden Wälder gegenüber der Alpen= flächen zu begünstigen. Zum Zwecke der Ermittlung der Verhältnisse der ungar. Forstwirtschaft und bezw. der Vegetationsverhältnisse, der Anforderungen, Wachstumsverhältnisse und der Eigenschaften der ein= heimischen Holzarten werden Untersuchungen gepflogen, und die forstlichen Versuchsarbeiten hauptsächlich in der Absicht durchgeführt, daß dieselben den vom Gesichtspunkte der technischen Bedürfnisse der Forstwirtschaft auftauchenden Anforderungen entsprechen.

Diese eine große Tragweite besitzenden Arbeiten wurden über Anordnung des Ackerbauministers schon im Jahre 1883 thatsächlich begonnen, insoferne einer der Professoren der Schemnitzer Forstaka= demie Ludwig Fekete vom Minister damit betraut wurde eine Be= schreibung der sämtlichen Wälder des Oberforstamtes Lippa, der Forstdirektion Lugos, des Forstamtes Orsova und der im Hunyader Komitate liegenden Teile der Wälder des Forstamtes Szászsebes, so wie auch der an diese angrenzenden Privatwälder zu dem obge= dachten Zwecke zu verfassen, welches Operat sodann später, als Richt= schnur für die anderen Waldbesitzer veröffentlicht werden wird.

Der uns zugemessene Raum gestattet nicht den Status und die Bezüge der bei der Leitung und Verwaltung der Staatsforste in Verwendung stehenden Forstbeamten und niederen Diener mitzuteilen. Wir müssen uns auf die Bemerkung beschränken, daß die Besetzung der Stellen im ordentlichen Konkurswege erfolgt, und daß der dem Minister zu unterbreitende Besetzungsvorschlag im Centrum durch eine, unter dem Vorsitze des Oberlandesforstmeisters aus 3 Oberforsträten, aus dem Leiter der Forsteinrichtung oder beziehungsweise aus einem Forstinspektor oder eventuell deren Stellvertreter zusammengesetzte 5gliederige Kommission mit Stimmenmehrheit entworfen wird. Sowohl bei den Ernennungen als auch bei den Beförderungen ist die allgemeine Fachbildung, die beim Forstwesen und im Staatsdienste verbrachte Dienstzeit, und der Umstand maßgebend, ob der Bewerber hinsichtlich seiner speciellen Eignung für die zu besetzende Stelle den ersten Platz unter seinen Mitbewerbern einnimmt.

Die Disciplinar=Angelegenheiten werden durch dieselbe Kom= mission verhandelt nur mit dem Unterschiede, daß in derselben den Platz des Forstrates der Leiter der Ministerial=Forstbuchhaltung einnimmt.

Im ganzen ſind beim königl. Staatsforſtweſen 534 Forſt=
beamten und 1594 mindere Diener angeſtellt.

Außerdem finden noch bei Verrichtung der verſchiedenen Wald=
arbeiten bei entſprechendem Taglohn nebſt Proviſionsanſpruch in runder
Zahl 3000 ſtabile, und bei einfachem Taglohn circa 20,000 nicht
ſtabile Arbeiter Beſchäftigung.

Die Geſamtfläche der im Wege der königl. ung. Forſtdirektion
in Agram durch das Ackerbauminiſterium verwalteten Staatsforſte
Kroatiens und Slavoniens beträgt 571,300 Kataſtral=Joch. In
dieſem Direktionsbezirke wird der Dienſt nach dem in früherer Zeit
beſtandenen Syſtem mit Hülfe von ſechs Forſtämtern verwaltet. Bis
zum Ende des Jahres 1881 waren die Forſte der Provinzialbezirke
Belovar und Fuzzine — von je einem Forſtamte verwaltet, — der
Landes=Finanzdirektion in Agram zugetheilt, während die zu den
Forſtämtern in Vinkova, Neu=Gradiška, Glina, Gospic, Ogulin und
Ottocac gehörenden Forſte von dem General=Kommando in Agram
als ehemaliger Verwaltungsbehörde des zufolge königl. Reſkripts vom
15. Juli 1881 provinzialiſierten Grenzgebietes mit Hilfe der dem=
ſelben zugeteilten Forſtſektion und unter der Oberleitung des Acker=
bauminiſteriums adminiſtriert wurden.

Nachdem die Forſtſektion des General=Kommando's im Sinne
des anläßlich der Provinzialiſierung hinausgegebenen königl. Reſkriptes
in eine ungariſche Forſtdirektion umgewandelt wurde, iſt gleichzeitig
verfügt worden, daß die Leitung der Adminiſtration der Forſtämter
in Zelovar und Fuzzini von der Landes=Finanzdirektion an die
Forſtdirektion übertragen werde.

Die Dienſtorganiſation der kroatiſch=ſlavoniſchen Staatsforſte, ſo=
wie auch die Normierung des Amtswirkungskreiſes und der Gebühren
der bei denſelben in Verwendung ſtehenden Beamten und minderen
Diener, werden bei Gelegenheit der im Laufe des Jahres 1884 vor=
zunehmen beabſichtigten Reorganiſation nach denſelben Prinzipien ge=
regelt werden, wie dies in Ungarn geſchehen iſt.

Hier glauben wir noch bemerken zu ſollen, daß die der ehemaligen
kroatiſch=ſlavoniſchen Grenzbevölkerung zur Ablöſung der Waldſervi=
tutsrechte im Ausmaße der Werthälfte abgegebenen Staatsforſte in
der Ausdehnung von 572,413 Kataſtral=Joch einen unteilbaren Beſitz
der im Gebiete der beſtandenen Grenzregimenter befindlichen Ge=
meinden bilden, welche bezirksweiſe kollektiv die ſogenannten „Ver=

mögensgemeinden" bilden. Im Sinne des § 7 des Gesetzartikels XXX. vom Jahre 1873 ist das in der Natur der Forstbewirtschaftung begründete Beaufsichtigungsrecht sowohl über die Forste der ungarischen als auch jene der kroatisch=slavonischen Vermögensgemeinden den mit der Oberleitung der Staatsforste betrauten Organe, somit dem Ackerbauminister vorbehalten. Bezüglich der Staatsforste Kroatiens und Slavoniens aber ist auch das ungarische Forstgesetz, enthalten im Gesetzartikel XXXI vom Jahr 1879, als geltend zu betrachten, da nach der mit den Königreichen Kroatien, Slavonien und Dalmatien hinsichtlich des staatsrechtlichen Ausgleiches getroffenen Vereinbarung, sowie dies der § 8 des Gesetzartikels XXX vom Jahr 1868 deutlich besagt: das unbewegliche Staatsvermögen sowohl in legislativer als auch in administrativer Hinsicht ein gemeinschaftliches ist, die Staats= forste aber einen Teil des unbeweglichen Staatsvermögens bilden.

Das Reinerträgnis der Staatsforste zeigt seit der im Jahre 1881 erfolgten Reorganisation und Übernahme der Verwaltung vom Finanzministerium durch das Ackerbauministerium von Jahr zu Jahr eine erfreuliche Steigerung und es sind anstatt des für das Jahr 1881 präliminiert gewesenen Reinertrags von 1,940,162 fl. laut Schlußrechnung thatsächlich 2,097,462 fl., im Jahre 1882 anstatt der präliminierten 1,840,445 fl. in Wirklichkeit 2,135,174 fl. ein= geflossen. Auch für das Jahr 1883 ist gegenüber dem präliminierten Reineinkommen von 1,942,131 fl. laut Daten der Schlußrechnung ein Reinertrag von über 2,200,000 fl. zu gewärtigen.

Im nachfolgenden teilen wir die Hauptposten des Staatsforst= Budgets für das Jahr 1884 mit:

Die für das Jahr 1884 präliminierten ordentlichen
Einnahmen . . . . 6,172,573 fl.
Die für das Jahr 1884 präliminierten ordentlichen
Ausgaben . . . . 4,148,619 „

Verbleibt somit ein Reinertrag von 2,023,954 fl.

Unter den Ausgaben betragen die Personalgebühren 847,575 fl.; die Pferdpauschalien 117,950 fl.; die Reiseausgaben 72,098 fl.; Erhaltungskosten der Verwaltungsgebäude 74,806 fl.; die Kanzlei= ausgaben 10,080 fl.; die Remunerationen und Aushilfen 12,030 fl.; die unvorhergesehenen Ausgaben aber 14,647 fl. Somit betragen die Verwaltungsausgaben im ganzen 1,178,076 fl.

An Staatssteuer und Gemeindezuschlägen werden 589,606 fl ; für kirchliche und wohlthätige Zwecke aber 17,588 fl. verausgabt. Die Betriebsausgaben betragen im ganzen 2,338,349 fl., wovon 49,300 fl. auf die Forsteinrichtung, 101,900 fl. auf Forstkulturen, 273,759 fl. aber auf Betriebsgebäude und Transportanstalten entfallen, während der Rest zur Erzeugung der Forstprodukte verwendet wird. Die Fiskalatskosten betragen 25,000 fl.

Was die Verwertung der Produkte der Staatsforste und deren Nebennutzungen anbelangt, so gilt diesbezüglich als Regel, daß jedes Produkt und jeder Gegenstand im Wege der öffentlichen Licitation oder im Wege schriftlicher Offerte verkauft beziehungsweise verpachtet werde. Es ließe sich zwar gegen dieses Verfahren vom wirtschaftlich=fiskalischen Standpunkte eine Einwendung erheben, doch muß im allgemeinen dieser Vorgang dennoch als der richtigste bezeichnet werden.

Die Holzprodukte werden überall, wo dies überhaupt nur möglich ist, am Stocke veräußert, die ärarischen Sägewerke aber werden den Holzkäufern pro Gattersäge und Jahr in der Regel um den Pachtzins von 1000 fl. überlassen.

Gleichzeitig mit der Organisation des Staatsforstdienstes ist auch die Organisation des zur Durchführung des Forstgesetzes berufenen Forstinspektorats=Personals erfolgt. Da dies im Jahre 1881 eine noch ganz neue Institution war und die zum Zwecke derselben notwendig gewesenen Ausgaben zu jener Zeit eine ganz neue Belastung des Ausgaben=Budgets gebildet haben, so ist es natürlich, daß anfangs sowohl die Organisierung als auch die mit derselben verbunden gewesenen Kosten in möglichst beschränktem Rahme festgestellt wurden, in der Hoffnung jedoch, daß, sobald sich das Land von der Nützlichkeit der neuen Institution überzeugt haben, und deren graduelle Entwicklung es notwendig machen wird, auch auf diesem Gebiete die Bedeckung der im Interesse der Sache notwendig werdenden Ausgaben in entsprechendem Maße gewährt, und das Forstinspektions=Personal in dem thatsächlichen Bedarfe entsprechender Zahl verwendet werden wird.

Dieser Fall ist nun auch thatsächlich eingetreten, indem mit Zustimmung der Legislative die Zahl der Forstinspektorats=Bezirke seit 1882 von 14 auf 20 erhöht, und demzufolge auch bezüglich der Bedeckung der höheren Kosten entsprechend vorgesehen wurde.

Es ist zwar unmöglich, die ersprießlichen Folgen der, im Bereiche der staatlichen Forstinspektion geleisteten Dienste mit Hinweis auf ein unmittelbares finanzielles Resultat nachzuweisen, denn die Thätigkeit der Forstinspektion konzentriert sich in dem Streben nach Verbesserung der wirtschaftlichen Zustände, deren Einfluß auf die Rentabilität haupt= sächlich nur unseren Nachkommen von Nutzen ist; was aber den der Gegenwart gebührenden Geldwert anbelangt, so haben an demselben hauptsächlich nur die Gemeinde= und Municipal=Wälder ein Interesse, und es dient derselbe hiedurch in allen jenen Fällen den Ge= meinde= oder Municipal=Kassen zum Vorteil, in welchen der Gemeinde mit Schaden drohende Holzverkäufe oder Nutzungen hintangehalten wurden.

Das finanzielle Resultat darf aber bei der Forstwirtschaft über= haupt nicht allein maßgebend sein, denn der Geldertrag kann unter gewissen Verhältnissen wohl recht vorteilhaft sein, während die Be= wirtschaftung des Waldes, selbst in Hinsicht der technischen Verwaltung, Erhaltung und der Gewährung eines nachhaltigen Ertrages sogar eine sehr schlechte ist. Und wer wäre überhaupt im stande jenen Nutzen nachzuweisen, welcher durch die Ein= schränkung der Hochwasser im Wege der sorglichen Pflege der Wälder und Wiederaufforstung entholzter kahler Gebirgsflächen sicher erzielt werden kann! Dafür existiert noch keine Zahl, und wir mögen bei Wasserregulierungen den bestimmt ohnehin nie festzustellenden höchsten Wasserstand in Rech= nung nehmend, Dämme über Dämme bauen: das Eine bleibt ewig gewiß, daß wir die sicherste Schutzwehr gegen die Über= schwemmungen nur dann errichten, wenn wir bei guter Pflege der Gebirgsforste die Erhaltung der Flußbette durch Verminderung der Masse des Ge= rölles sichern.

Der Schwerpunkt der Durchführung des Forstgesetzes ist ent= sprechend den gegenwärtigen politischen Verwaltungsverhältnissen unseres Landes in die Hände der Verwaltungs=Ausschüsse nieder= gelegt; es ist aber eine sehr heilsame Verfügung des Forstgesetzes, daß die Verwaltungs=Ausschüsse behufs Vollstreckung der ihnen ge= setzlich übertragenen Agenden eine dreigliedrige Kommission wählten, deren Mitglieder auch in forstlichen Angelegenheiten bewanderte Personen sein können, die sonst nicht Mitglieder des Verwaltungs=

Ausſchuſſes ſind. Die Treibkraft der exekutiven Thätigkeit iſt dem=
zufolge laut Geſetz in die Hände dieſer Dreier=Kommiſſion niedergelegt
und es hat dieſelbe der Ackerbauminiſter entſprechend der bezüglich des
Verfahrens der Verwaltungs=Ausſchüſſe in forſtpolizeilichen Ange=
legenheiten im Einvernehmen mit dem Miniſterium des Innern hin=
ausgegebenen Inſtruktion dadurch auch lebensfähig gemacht, daß er
in allen die Forſtwirtſchaft betreffenden konkreten Fällen dieſe Kom=
miſſion ſelbſt zur meritoriſchen Schlußfaſſung berechtigt hat, der
Verwaltungs=Ausſchuß aber die Berichte derſelben, inſofern dieſelben
nicht auf konkrete Fragen Bezug habende Beſchlüſſe oder Urteile ent=
halten, wohl verhandeln, jedoch nur dann abändern kann, wenn
ſeinem diesfälligen Beſchluſſe die Mehrheit der Dreier=Kommiſſion
beiſtimmt oder der königliche Forſtinſpektor gegen dieſelben keine
Berufung einlegt.

Eine wichtige Aufgabe der Verwaltungs=Ausſchüſſe und bezw.
der Forſtkommiſſion derſelben iſt die Feſtſtellung der Betriebspläne be=
züglich der Gemeinde=, Fideikommiß= und Kompoſſeſſorats=Wälder,
dann jener geiſtlichen Perſonen und Korporationen, Municipien und
überhaupt aller im § 17 des Forſtgeſetzes angeführten Waldbeſitzer,
welche Betriebspläne die Betreffenden bis 1. Juli 1884 dem Mini=
ſterium behufs Genehmigung vorzulegen verpflichtet ſind.

Es iſt aber eine nicht unwichtige Beſtimmung bezüglich dieſer
Betriebspläne, auf welche Weiſe das Miniſterium beſonders betreff
jener Urbarial=Gemeinde=Wälder verfügt, welche die Berechtigten als
Weideentſchädigung erhalten haben. Nachdem nämlich dieſe Wälder
als Weideentſchädigung ausgeſchieden wurden, erſcheint es wünſchens=
wert, daß hinſichtlich derſelben, bei Aufrechterhaltung ihrer Bewirt=
ſchaftung als Wald, — das Hauptgewicht der Nutzung bis zu jener
Grenze als dies die Erhaltung der vollen Produktionskraft des be=
treffenden Bodens erheiſcht, auf die Weideausübung gelegt werde, bei
welchem Vorgange ſowohl das forſtliche Intereſſe, als auch jenes der
Viehzucht der Gemeinde gewahrt bleibt.

Laut dem Geſetz iſt der Miniſter zur Hinausgabe jener Inſtruk=
tion ermächtigt nach welcher die Betriebspläne zu verfaſſen ſind; die
diesbezüglich erlaſſene Inſtruktion hat, entſprechend den Anforderungen
der Privatwirtſchaft, hinſichtlich der Art und Weiſe der Verfaſſung
der Betriebspläne freie Bewegung gewährt, und nachdem in dieſer
Beziehung die Forſtwiſſenſchaft mehrfache Methoden zuläßt, ſo wurde

nur die eine Beſchränkung aufgeſtellt, daß der auch unſeren Landes=
verhältniſſen entſprechendſten, leichter kontrollierbaren, und die Nach=
haltigkeit der Nutzung am beſten ſichernden Betriebseinrichtung nach
der Fläche der Vorzug eingeräumt wurde.

Das Land wurde in 14 Forſtinſpektorats=Bezirke eingeteilt, und
es werden zu dieſem Zwecke im äußeren Dienſte Forſtinſpektoren und
ebenſoviele Unterforſtinſpektoren verwendet. Die Bezirke ſind folgende:

		Kataſtral=Joch.
1.	Der Budapeſter Bezirk mit einer Fläche von . .	280,057
2.	„ Neutraer „ „ „ „ „ . .	519,965
3.	„ Turócz=Szt.=Mártoner Bezirk mit einer Fläche v.	662,920
4.	„ Neuſohler Bezirk mit einer Fläche von .	619,209
5.	„ Miskolczer „ „ „ „ „ .	627,877
6.	„ Kaſchauer „ „ „ „ „ .	708,020
7.	„ Unghvárer „ „ „ „ „ . .	810,893
8.	„ Marm. Szigeter Bezirk mit einer Fläche von	966,281
9.	„ Debrecziner Bezirk mit einer Fläche von .	326,965
10.	„ Großwardeiner „ „ „ „ „ .	712,580
11.	„ Klauſenburger „ „ „ „ „ . .	843,262
12.	„ Maroſváſárhelyer Bezirk mit einer Fläche von	906,274
13.	„ Kronſtädter Bezirk mit einer Fläche von .	849,646
14.	„ Hermannſtädter „ „ „ „ „	670,437
15.	„ Dévaer „ „ „ „ „ .	947,611
16.	„ Temeſwarer „ „ „ „ „ .	1,144,969
17.	„ Szegediner „ „ „ „ „	121,822
18.	„ Fünfkirchner „ „ „ „ „ .	453,129
19.	„ Steinamangerer „ „ „ „ „	656,570
20.	„ Raaber „ „ „ „ „ . .	262,094

Die geſamte Waldfläche beträgt danach . 13,090,582

In den Bezirken mit den größeren Flächenausdehnungen iſt im
allgemeinen auch die Zahl jener Beſitzungen überwiegend, welche ſich
in einer Hand befinden und ausgedehntere zuſammenhängende Wald=
komplexe bilden oder dem Staate gehören.

Die geſamten Forſtinſpektionsausgaben ſind incluſive der Perſonal=
und ſachlichen Ausgaben für das Jahr 1884 mit fl. 111,650 veranſchlagt.

Der Landes=Forſt=Fonds hat an Einnahme fl. 25,000, an Aus=
gaben fl. 30,000 präliminiert, von welchem letzteren Betrag fl. 10,000

auf Forstkulturen, — fl. 15,000 als Bedeckung der Kosten der in Királyhalma im vorigen Jahre errichteten Forstwarts-Fachschule zur Verwendung gelangen.

Nebst der Besorgung der kurrenten Agenden der Forstinspektorate bildet die Zusammenstellung der, — die Evidenzhaltung der Wälder bezweckenden für jedes Munizipium gesondert zu führenden Grund-bücher eine wichtige Aufgabe derselben, welcher dann nach Maßgabe des Fortschreitens dieser Arbeiten die Ausscheidung der Schutz- und Bannwälder folgen wird. Nach Beendigung dieses Operates werden wir in den Besitz der Landes-Forststatistik gelangt sein, und nachdem diese von forsttechnischen Organen nach Anhörung der Forstkommis-sionen der Verwaltungs-Ausschüsse und der betreffenden Besitzer end-gültig verfaßt werden wird, so läßt sich mit Beruhigung erwarten, daß dieselbe auch mit der erforderlichen Glaubwürdigkeit zusammen-gestellt sein wird. Dieses Stamm-Grundbuch wird folgende Daten enthalten. Nach Maßgabe der Eigenschaft des Bodens: den Schutz-wald, den auf Flugsand stehenden Wald, den auf unbedingten und den auf nicht unbedingten Waldboden stockenden Wald. Nach Holz-gattungen getrennt: den Eichenwald, den Buchen- und sonstigen Laubholzwald, und den Nadelholzwald. Nach der rechtlichen Quali-fikation des Besitzers, nämlich die im § 17 des G. A. XXXI. vom Jahre 1879 aufgezählten beziehungsweise unter engerer staatlicher Beaufsichtigung stehender Waldbesitzungen als: die Staatsforste, Mu-nizipal- und Gemeinde-Wälder; die Wälder geistlicher Korporationen und Personen; die Fundationalwälder; die Privat-Fundationalwälder; die Fideikommiß-Wälder; die Kompossessorats-Wälder und die Wälder von Aktien-Gesellschaften. Endlich die im § 17 nicht subsummierten Wälder, von diesen letzteren wieder jene abgesondert, hinsichtlich welcher die Besitzer die im § 16 des Gesetzes vorgesehene Gemeinde-Steuer-Begünstigung in Anspruch nehmen, und sich demzufolge zur Bewirtschaftung ihres Waldbesitzes auf Grundlage eines ordent-lichen Nutzungsplanes verpflichten. Es ist selbstverständlich, daß diese Aufnahme des Besitzstandes später auch mit den zur Benützung er-forderlichen Daten ergänzt wird.

Wenn man diese Daten in Betracht zieht, so ergiebt sich, daß unsere derart zu Stande kommende Forststatistik auf der vom Minister gelegten Grundlage auch jenen Anforderungen vollkommen entsprechen wird, welche vom Gesichtspunkte der internationalen Forststatistik an dieselbe erhoben werden können, und es kann dies umsomehr behauptet werden, da die nach dem, von Seite der Forststatistiker Deutschlands in der im Monate August 1881 zu Hannover abgehaltenen Versamm= lung ausgedrückten Wunsche zu sammelnden Daten im allgemeinen jenen entsprechen, deren Sammlung und Verarbeitung hierzulande schon zu Anfang des Jahres 1881 angeordnet wurde, weshalb wir auch in dieser Hinsicht hinter den deutschen Forstwirten nicht zurück= blieben.

Damit das Forstgesetz den von demselben erwarteten guten Er= folg auch in vollem Maße erringe, wäre es wünschenswert, daß der Staat auf die Bewirtschaftung der Gemeindewälder bei der Durch= führung der technischen Agenden einen derartigen unmittelbaren Ein= fluß ausüben könne, welcher die gute Gebahrung und den Zweck derselben vollkommen sichert. Dies könnte aber nach unserer Ansicht am besten und mit den geringsten Kosten auf die Weise er= folgen, wenn die Gemeindewälder gegen Vergütung eines bestimmten Pauschalbetrages, durch Staatsforstbeamte administriert würden, sowie dies z. B. auch in Frankreich geschieht.

Ein erfreuliches Ereignis in der mit der Schaffung des Gesetz= Artikels XXXI. vom Jahre 1879 beginnenden neueren Ära des un= garischen Forstwesens bildet schließlich auch das kurz vor dem Schluß des Reichstags 1884 von demselben geschaffene Gesetz über den Wald= ankaufsfonds, dessen Zweck hauptsächlich darin besteht, daß aus dem Erlös der zufolge legislatorischer Verfügungen ausnahmsweise zum Verkauf gelangenden, oder zufolge der Urbarial=Regulierungen in den Privat=Besitz übergehenden Staatswälderparzellen, und bezw. aus dem Erlös der verkauften Holzvorräte derselben vom Staate wieder nur Wälder oder zur Aufforstung geeignete devastierte öde Flächen angekauft werden. Es ist leicht zu ermessen, daß dieses Gesetz nicht als Resultat einer einfach fiskalischen Verfügung in Betracht zu ziehen sei, sondern daß demselben vielmehr in Hinsicht des Schutzes und der Entwicklung der Forstwirtschaft eine nicht zu unterschätzende prin= zipielle Bedeutung innewohnt.

Während nämlich die landwirtschaftlichen Domänen des Staates in letzterer Zeit in größeren Komplexen und geringeren Parzellen veräußert werden, liefern uns die Regierung und das Parlament durch das fragliche Gesetz in seltener Übereinstimmung den Beweis, daß sie die Notwendigkeit der Erhaltung der Staatsforste und die

Berechtigung des Forstbestandes, der staatlichen Bewirtschaftung der=
selben vollkommen anerkennen, und sich dessen klar bewußt sind, daß
die Staatsforste nicht nur als einfache Wirtschafts=Objekte vom Ge=
sichtspunkte ihrer Rentabilität für das Land überaus wertvoll, sondern
noch mehr vermöge ihres mäßigenden Einflusses auf die in unserem
Lande ins Extremste wechselnden klimatischen Verhältnisse und der
sichersten Schutzwehr gegen die Gefahren der Hochflut auch be=
züglich der Förderung der Interessen der Landes=Agrikultur ganz be=
sonders zu schützen, zu schonen und zu vermehren seien. — Regierung
und Parlament haben durch dieses Gesetz das Prinzip gutgeheißen,
daß der Staat außer der Ausübung seines obersten Aufsichtsrechtes
in allen Fällen, in welchen es notwendig erscheinen wird, auch im
Wege des unmittelbaren Eingreifens, d. i. im Wege des Ankaufes
irrationell bewirtschafteter oder devastierter Waldungen für die Erhal=
tung des für das Land notwendigen Waldbestandes zu sorgen habe.
Schließlich darf hierbei auch der unbestreitbar wohlthätige Einfluß
dieser Gesetzesverfügung auf die volkswirtschaftlichen Verhältnisse des
Landes nicht außer Acht gelassen werden, indem der Ankauf von
Waldbesitzungen zwar in den verschiedensten Teilen, — voraussichtlich
aber in erster Reihe und im ausgedehntesten Maße in den meist nur
von armen brotlosen Bevölkerungsklassen bewohnten rauheren und
sterileren Gebirgsgegenden des Landes erfolgend, durch die in solchen
Fällen bei den verschiedenen Waldmanipulations=Arbeiten sich dem
Volke erschließenden neuen Erwerbsquellen, dasselbe dem bisherigen
Elend entrissen, und zum Wohle des Staates und der Gesellschaft
nach und nach dem lange entbehrten Wohlstande zugeführt werden kann.

Behufs der Central=Leitung der Forstadministration bestehen im
Ackerbau=Ministerium drei Abteilungen (Departements), von welchen
die eine die Wirtschafts=Agenden der ärarischen Forste versieht,
die zweite die Forst=Einrichtungsarbeiten führt, während die Auf=
gabe der dritten sich auf die Versehung der durch die Vollstreckung
des Forstgesetzes bedingten Agenden und auf die Jagdangelegenheiten
erstreckt. An der Spitze jeder dieser, von einander unabhängigen
Abteilungen steht je ein Referent, deren gemeinsamer Chef der Ober=
landforstmeister ist, der außer dem Verbande dieser Abteilungen
stehend. die Aufgabe hat, dem vom Gesichtspunkte der allgemeinen
Landes=Interessen bedingten Vorgang bezüglich der ihm unterstehenden
Abteilungen Geltung zu verschaffen, und hinsichtlich der Art und Weise

der Durchführung, sowie auch bezüglich der Reihenfolge sämtlicher technischen Agenden die zur Richtschnur dienenden Weisungen zu erteilen.

Nach der Schaffung des Forstgesetzes, sowie auch nach dem Vorher= gesagten sollte man glauben, daß nicht nur die politische Administration aller forstlichen Angelegenheiten des Landes, sondern auch die technische Leitung der wirtschaftlichen Agenden der unter unmittelbarer Verwaltung des Staates stehenden Forste im Ackerbau=Ministerium konzentriert wäre.

Da dies aber nicht der Fall ist, so erachten wir es für unsere Pflicht, zu erwähnen, daß die Administration der zu den Staats= fundational=Gütern gehörigen Forste noch immer vom Kultus= und Unterrichts=Ministerium besorgt wird, wo gleichfalls besondere Forst= organe in Verwendung stehen. Wir halten das nicht nur für kein sparsames Vorgehen, sondern auch für ganz überflüssig, nachdem der 94,835 Kataftral=Joch betragende Fundational=Forstbesitz vom Acker= bau=Ministerium im Wege der ärarischen Forstabteilung ganz gut verwaltet werden könnte, und wir sind dessen gewiß, daß die Kosten dieser Verwaltung zum mindesten um ein Dritteil weniger betragen würden, während die sich ergebenden Einnahmen halbjährlich oder jährlich ohne jeden Anstand der betreffenden Fundational=Kassa ab= geliefert werden könnten. Und daß es so geschehe, gebietet auch schon das finanzielle Interesse des Staates, da es dem Staate nicht gleich= gültig sein kann, wenn der Ertrag der Fundationalwälder um 10 oder 20,000 Gulden kleiner ist, weil in diesem Falle der Bedarf der betreffenden Fundationen aus der Staatskassa ergänzt werden muß. Auch ansonsten wäre dies kein neues Ereignis, denn es haben vor dem Jahre 1867 diese Wälder in Ungarn ärarische Förster verwaltet, und in den österreichischen Provinzen ist die Verwaltung derselben noch heute dem Ackerbau=Ministerium übertragen.

Bezüglich der der Verwaltung des kgl. ung. Kultus= und Unter= richts=Ministeriums anvertrauten Fundational=Wälder wollen wir noch Folgendes bemerken:

Es gehören von diesen Wäldern:

zum Religionsfonds	52,041	Kat.=Joch,
„ Studienfonds . .	16,419	„
„ Universitätsfonds	17,713	„
zur Domäne des „Theresianums“ .	4,214	„
Zusammen	90,387	Kat.=Joch.

Uebertrag . . . 90,387 Kat.-Joch.

Sonstige zum Waldstande gehörige Flächen,
als Waldwiesen, Wege, Durchhaue, inun=
dierte Parzellen und zufolge der Regulierung
des Temesflusses nur zur Weidebenutzung
geeignete Flächen . . . . . . 4,448 „

Zusammen also . . . 94,835 Kat.-Joch.

Wer über die Verwaltungsverhältnisse der Forstwirtschaft Ungarns
spricht, würde ungerecht sein, wenn er bei dieser Gelegenheit nicht
auch des ungarischen Landes-Forst-Vereins gedenken würde; denn es
ist auf dem Gebiete der Forstwirtschaft seit dem Inslebentreten der
konstitutionellen Ära keinerlei wichtigere Verfügung getroffen worden,
bei welcher der Forst-Verein nicht thatkräftig mitgewirkt hätte, und
keine Frage verhandelt worden, bei welcher derselbe es versäumt hätte,
die zur Geltendmachung der Interessen und Anforderungen der Forst=
wirtschaft nöthigen Schritte zu thun, denn es entgeht nichts der
Aufmerksamkeit des eifrigen, energischen und taktvollen Präsidenten
des Vereins, Grafen Ludwig Tisza. Indem wir der im In=
teresse des Zustandekommens des Forstgesetzes entwickelten ersprießlichen
Thätigkeit des Vereins mit voller Anerkennung gedenken, dürfen wir
auch nicht vergessen, daß dieser Verein sein Wort auch zu jener Zeit
mit voller Energie erhoben hat, als bei Gelegenheit der Erörterungen
über die neue Organisierung des Staatsforstdienstes gegnerische Strö=
mungen die Vereinigung der Forstadministration mit dem Domänen=
oder Montanwesen und beziehungsweise die Unterordnung derselben
angestrebt haben, welche Bemühung, so wie die Erfahrung gezeigt
hat, nicht ohne Erfolg geblieben ist.

Der Landes-Forst-Verein konstituierte sich im Monat Dezember
des Jahres 1866 aus dem zu jener Zeit in Verfall gerathenen, des
allgemeinen Vertrauens des Landes nicht teilhaftig gewordenen, dem
Namen nach „ungarischen", thatsächlich aber im deutschen Geiste wir=
kenden „Ungarischen Forstverein". Derselbe begann seine Wirksamkeit
ohne Vermögen, ja sozusagen mit Schulden belastet, und zählte mit
Ende des Jahres 1883 689 gründende, 630 ordentliche, 5 Ehren=
mitglieder und 1 unterstützendes Mitglied, im ganzen also 1325 Mit=
glieder, zur selben Zeit über ein Stammvermögen von nahezu
180,000 fl. verfügend. Derselbe besitzt einen ständigen litterarischen
Fonds und schreibt auf forstliche Fachwerke jährlich einen Preis von

100 Stück Dukaten aus, welcher mit 550 fl. ausbezahlt wird. Diesen
Preis hat der Verein schon wiederholt, und zwar für ein Lehrbuch
der Forstschätzung, sowie auch für ein Lehrbuch über die Forst-
benützung ausgefolgt, nebst diesem aber auch noch einen Preis von
40 Stück Dukaten für eine Instruktion über die Bindung der Flug-
sandflächen. Jetzt ist der Konkurs mit 200 Stück Dukaten auf eine
Forstbotanik, ein zweiter Konkurs mit 100 Stück Dukaten
auf ein Lehrbuch über die Forstbetriebseinrichtung und endlich einer mit gleichfalls 100 Stück Dukaten auf ein Werk über
die Eichen Ungarns und Sicherung der Erhaltung der Eichen-
bestände ausgeschrieben. Im Jahre 1873 hat der Verein um den Betrag
von 6000 fl. das Eigentumsrecht der »Erdészeti Lapok« käuflich
erworben, welche in starken Monatsheften und jährlich auf 70—80 Druck-
bogen erscheinende Fachzeitschrift den Vereinsmitgliedern ohne besondere
Vergütung ausgefolgt wird, so wie die Mitglieder auch die übrigen vom
Verein herausgegebenen Mitteilungen gegen Entrichtung der thatsächlichen Gestehungskosten erhalten. Die obgedachte Forstzeitschrift
wird jetzt an die Vereinsmitglieder und sonstige Pränumeranten in
einer Auflage von 1500 Exemplaren versendet.

Damit das Interesse der Mitglieder noch fester an den Verein
gefesselt sei, hat derselbe bisher schon zwei Stiftungen ins Leben gerufen, und zwar eine Stiftung zu dem Zwecke gegründet, daß aus den
Zinsen derselben an Wittwen und Waisen seiner verstorbenen Mitglieder
jährlich Aushülfen verabfolgt würden, womit im Jahre 1880 bereits
begonnen wurde. Im Jahre 1881 standen zu diesem Zwecke schon
300 fl., im Jahre 1882: 355 fl., im Jahre 1883 aber 580 fl.
zur Verfügung, wovon im Jahre 1881 — wegen Mangel an geeigneten Bewerbern — nur 100 fl., im Jahre 1882 schon 240 fl., im
Jahre 1883 aber schon 430 fl. faktisch verwendet wurden. Der in
letzter Zeit vom Verein gegründete zweite Fonds dient zur Unterstützung von solchen im Forstdienste stehenden Mitgliedern, die ohne
ihr Verschulden in eine gedrängte materielle Lage geraten oder ihres
Dienstes verlustig geworden sind. Aus den Zinsen dieses letzteren
Fonds, von welchen im Jahre 1883 schon 300 fl. zur Disposition
standen, wurden in den Jahren 1882 und 1883 jährlich 50 fl. an
Unterstützung ausgefolgt.

Zum Zwecke der Verbreitung allgemein nützlicher forstwirtschaft-
licher Kenntnisse hält der Verein jährlich in verschiedenen Teilen des

Landes seine Versammlungen, in welchen Fällen sich sein Wirken auf die Erforschung und Beurteilung der wirtschaftlichen Verhältnisse der in der betreffenden Gegend befindlichen Waldungen erstreckt und aus einer nicht unterhaltenden, sondern wirklichen und mühevollen Arbeit besteht. Eine der schönsten und wichtigsten Aufgaben des Vereins bildet es schließlich, den Forstbesitzern in forstlichen Angelegenheiten mit fach= männischem gutem Rate zu dienen, in welcher Beziehung wir im Interesse des Wohles der vaterländischen Forstwirtschaft nur wünschen können, daß sich dieses Rates immer mehr Waldbesitzer bedienen möchten.

Es erübrigt nur noch, die Angelegenheit der forstlichen Fach= bildung zu berühren. Das Forstgesetz verlangt, daß bei der Ad= ministration der Staatsforsten, sowie auch bei jener der im § 17 namentlich aufgezählten, an anderer Stelle auch hier schon erwähnten Forsten, unbedingt fachmäßig gebildete Beamte verwendet werden. Die Erwerbung dieser Fachbildung kann mit Rücksicht auf den Grad der Anforderungen der Forstwirtschaft am besten an der kgl. ung. Forst= akademie zu Schemnitz erlangt werden, denn es bedarf überhaupt keines Beweises, daß keine einzige der übrigen Akademieen einen solchen Unterricht erteilen könnte, welcher den ungarischen forstwirt= schaftlichen Verhältnissen in dem Maße entspräche, als eben jener ist, welcher an der gedachten vaterländischen Akademie zu erwerben ist. An dieser Forstakademie sind derzeit drei ordentliche Professoren und drei Assistenten mit dem Vortrag der Fachlehrgegenstände betraut, während die mathematischen und beziehungsweise physikalischen und geometrischen Hülfswissenschaften von den mit der Bergakademie ge= meinsamen Professoren vorgetragen werden. Zur Unterstützung fleißiger armer Schüler sind 20 Forststipendien systemisiert, einzeln mit jähr= lich 300 fl., ferner ein den Namen Sr. Majestät führendes Forst= stipendium von jährlich 300 fl. in Gold, schließlich aber ein Stipen= dium von jährlich 100 fl., letzteres zu dem Zwecke, daß junge Forstleute, die die Staatsprüfung abgelegt und sich bereits eine gründliche Fachbildung erworben haben, behufs Studiums der forstwirtschaftlichen Verhältnisse des Auslandes dahin entsendet wer= den. Ordentliche Hörer der Forstakademie können alle jene werden, die eine Oberrealschule oder ein Obergymnasium absolviert und hier= über ein Maturitätszeugnis erlangt haben. Die mit einer derartigen Vorbildung ausgerüsteten Individuen können die für die ordentlichen Hörer der Akademie vorgeschriebenen Lehrgegenstände entweder an der

Akademie selbst hören oder, falls sie dazu die nötige Fähigkeit be=
sitzen, sich aus denselben im Privatwege vorbereiten, doch sind sie ver=
pflichtet, sich vor den Professoren der Schemnitzer Forstakademie einer
Prüfung zu unterziehen und nach Absolvierung der forstakademischen
Studien sich durch zwei Jahre im Forstdienst verwenden zu lassen,
nach welcher Zeit sie sodann zu der in Budapest jährlich im Herbste
abzuhaltenden Staatsprüfung zugelassen werden, durch welche sie im
Falle der Erlangung eines Diploms auch die gesetzlich erforderliche
Qualifikation erreicht haben. Da zur Vorbereitung im Privat=
wege der Nachweis der bedingten Vorbildung durch den Besitz eines
Maturitätszeugnisses geliefert werden muß, so ist es natürlich, daß
diejenigen, die diesen Nachweis nicht zu liefern vermögen, beim Forst=
fache sich auch die gesetzliche Qualifikation nicht erwerben können, weil
dieselben weder zu den akademischen Prüfungen, noch aber zur Staats=
prüfung zugelassen werden. Diejenigen, die eventuell eine ausländische
Akademie absolviert haben, und in deren erlangten Studienzeugnissen
der Nachweis der Absolvierung eines oder des andern an der Schem=
nitzer Forstakademie für die ordentlichen Hörer vorgeschriebenen Fach=
gegenstandes fehlt, sind verpflichtet, aus diesen Gegenständen entweder
an dem betreffenden ausländischen Lehrinstitute oder an der Schem=
nitzer Forstakademie sich einer Prüfung zu unterziehen, um zur Forst=
staatsprüfung zugelassen werden zu können.

Die Ablegung der Staatsprüfung im Lande ist ohne Ausnahme
für alle jene obligatorisch, die seit dem Jahre 1867 die Prüfung ab=
gelegt haben oder ablegen; jene Staatsprüfungszeugnisse, welche vor
dem Inslebentreten der konstitutionellen Aera, somit vor dem Jahre
1867 in Wien, als dem Centralsitze der damaligen obersten Forst=
leitung, erlangt wurden, sind in Ungarn gleichfalls gültig.

Was die Anstellung der fachmäßig gebildeten Forstleute anbe=
langt, so enthält diesbezüglich das Forstgesetz strikte Verfügungen, indem
es vorschreibt, daß zur Bewirtschaftung der unter § 17 subsummierten
Wälder deren Besitzer nur solche Fachmänner wählen und beziehungs=
weise befördern können, die sich im Besitze eines Forststaatsprüfungs=
diploms befinden. Der Ackerbauminister aber hat angeordnet, daß
von Seite der forstpolizeilichen Behörden als forstliche Experten nur
solche Forstbeamte verwendet werden, die ihre Befähigung zur Exper=
tise gleichfalls durch die Vorweisung eines Forststaatsprüfungszeugnisses
nachweisen können.

Die Jagd.

Kaum dürfte es in Europa ein zweites Land geben, wo die Jagd für den wahren Waidmann so viel Anziehendes und Interessantes bietet, wie in Ungarn, wo in den ausgedehnten Wäldern und Felsen= gebirgen der Karpathen, den wundervoll üppigen Forsten der Vor= berge und Tiefebenen und den Auwäldern der Donau alle jagdbaren Tiere Europas anzutreffen sind, und wenn auch manches Wild noch nicht so zahlreich wie in den schon lange gehegten Jagdgebieten des Salzkammergutes, Salzburgs, Ober= und Niederösterreichs und der Steiermark vorkommt, so ist sie für den wahren Waidmann und Freund der schönen Urwaldnatur doch nicht minder interessant und anziehend, da noch manche Wildarten, wie der Bär, der Wolf und der Luchs vorkommen, die in den übrigen Ländern Österreich= Ungarns größtenteils schon verschwunden sind.

Der Hirsch. Noch vor nicht sehr langer Zeit ist der Hirsch, mit Ausnahme der Wälder jenseits der Donau, der kleinen Kar= pathen bei Preßburg, dann Gödöllö, nur in den Wäldern der Grenz= karpathen des Unger, Beregher und Maramaroser Komitates, dann in den Grenzkarpathen der Walachei und Siebenbürgens vorgekommen. In letzterer Zeit ist aber für die Wiedereinführung dieser edlen Wildart manches geschehen und jetzt sind Hirsche wieder in Wäldern anzutreffen, wo sie schon ganz verschwunden waren oder gar nie vorgekommen sind. So wurde z. B. durch den Grafen Keglevich das Bükkgebirge bei Miskolcz, durch den Herzog von Koburg die Wälder des Graner Thales und durch den Grafen Chotek die Wälder der Fruskagora mit diesem Edelwild bevölkert. In die ungeheuren Wälder des Unger, Beregher und Maramaroser Komi= tates mögen sich jene Hirsche zurückgezogen haben, welche die Ungarn bei ihrer Einwanderung in die Theißebenen angetroffen haben.

Ungeachtet aller Nachstellungen der Menschen und Raubtiere hat sich der Edelhirsch in jenen Wäldern erhalten, in letzterer Zeit der

Stand durch Schonung und Hegung wieder zusehends sich vermehrt, so daß er sich auf immer weitere Gebiete ausbreitet und jetzt in Wald= komplexen vorkommt, wo er bereits verschwunden war. Er ist einer der stärksten Hirscharten, die in Europa überhaupt noch vor= kommen, mit einem Geweih von seltener Stärke und Schönheit. Es sind in Maramaros und Munkács Hirsche erlegt worden, die aufgebrochen ein Gewicht von nahezu 6 Zentner hatten. Zwischen diesen starken Hirschen kommt eine kleinere Art vor mit kurzem ver= kümmertem Geweihe, gedrungenem kurzem Kopf, die in Ungvár und Beregh Wander= oder polnischer Hirsch benannt wird. Ungeachtet sie unter denselben klimatischen Verhältnissen leben, dieselbe gute und ausgiebige Weide haben, bleiben sie doch immer schwächer und kleiner, wie die eigentlichen Standhirsche und selbst wenn sie sich mit der stärkeren Rasse kreuzen, sind die Abkömmlinge doch noch an dem mehr glatten, perllosen Geweih zu erkennen. In Maramaros hat sich das Edelwild in die obersten Nadelwälder an die Grenze von Galizien und der Bukovina zurückgezogen, von wo es auch selbst in dem strengsten Winter nicht herabkommt und auch am besten gegen die in den Vorwäldern häufig herumstreifenden Wölfe gesichert ist. Noch in den sechziger Jahren war in den Grediştjeer, Sebeshelyer und Mühlbacher Forsten ein ziemlich schöner Stand von Hochwild, der aber in einigen strengen Wintern bis auf wenige Stücke aus= gerottet worden ist. Die übrig gebliebenen haben sich in die hinteren an der Grenze der Walachei gelegenen Nadelwälder oder in das mehr südlich gelegene Lotru=Thal zurückgezogen. In diesem wundervollen Gebirgsstocke mit seinen ausgedehnten Nadelholz= und Buchenforsten hat sich in der letzten Zeit dieses mächtige Edel= wild wieder zusehends vermehrt und namentlich soll im Lotru= Thale der Stand ein sehr schöner sein. In diesen abgelegenen, nur im Hochsommer von Hirten besuchten Wäldern lebt es un= bemerkt und ungestört den größten Teil des Jahres, zieht sich im Hochsommer in die entferntesten, auch vom Weidevieh nicht besuchten Waldteile zurück und nur zur Brunftzeit verrät es durch das Schreien der Hirsche dem Jäger seine Gegenwart. In diesen Wäldern werden oft ungemein alte Hirsche erlegt, über die man sich wirklich wundern muß, daß sie den vielen Nachstellungen der Menschen, namentlich aber der noch sehr zahlreichen Wölfe so lange Zeit zu entgehen wußten. An den häufigen Verrenkungen und Abnormitäten ihrer mächtigen Geweihe sieht man, daß sie oft auch bei der Ausbildung derselben nicht die nötige Ruhe hatten und ihr Leben nur durch die Flucht retten konnten, dabei nicht immer Zeit hatten, die freien offenen Wechsel aufzusuchen. Ferner kommt ein kleiner, leider in fortwährender Abnahme be= griffener Stand von Hochwild in den Szovataer und Görgenyer Forsten vor. Es ist eine dem Wanderhirsche ähnliche Rasse; ihr Stand ist schon seit Jahren immer ziemlich der gleiche, da die Kälber in der Regel durch Wölfe und Luchse zerrissen werden. Eine Vermehrung derselben ist nur dann zu erwarten, wenn die Wölfe, wenn auch nicht gänzlich vertilgt, so doch auf eine weniger schädliche Zahl herabgesetzt sein werden.

Es verdient erwähnt zu werden, daß auch in den Wäldern an der unteren Donau bei Orsova und Ogradina zeitweise Hochwild aus dem benachbarten Serbien über die Donau herüber kommt. Es ist dieses eine kleine, vorne sehr hoch gebaute Rasse mit dem den südlichen Hirsch charakterisierenden Geweih mit doppelten Augen= sprossen. Leider konnten die zeitweise herüber gekommenen Rudel bei der fortwährenden Verfolgung in unseren Forsten nicht Stand fassen.

Das Hochwild des Bükkgebirges stammt aus Gödöllö und ist eine schöne, starke Rasse mit schön entwickeltem Geweih, ähnlich jenen der Gödöllöer Hirsche. Das Hochwild des Graner Thales stammt aus dem herzoglich Koburgschen Tiergarten in Sztoski bei Helpa, wo jährlich einige Stücke ins Freie gelassen werden; es hat sich bereits bis Tiszolcz und thalabwärts bis in die Benyuser Wälder verbreitet und einzelne Stücke haben sich auch über die Liptauer Alpen in die ärarischen Forste gezogen, wo sie in den großen ver= hägten Schlägen über den Sommer einen ruhigen Stand gefunden haben.

Wo das Hochwild noch nicht sehr zahlreich ist, lebt es über Sommer in der Regel in den höher gelegenen Wäldern in der Nähe der Alpenwiesen, die Hirsche während der Geweihentwickelung in den lichteren Altholzbeständen und nur selten wird ihre Gegenwart von Hirten, die mit ihrer Heerde auf diese entfernten Alpen weidend ziehen, bemerkt.

Ende September rotten sich die vereinzelten Tiere zu Rudeln zusammen und ziehen von einem Hirsch begleitet auf die Brunstplätze, wo sich dann auch bald andere Hirsche, vom Begattungstriebe geleitet, einfinden. Jeder Gebirgsstock hat seine eigenen Brunftplätze, eine ebenere Alpenstelle oder Alpenwiese, die jedes Jahr zur Brunftzeit vom Hochwilde aufgesucht und so lange beibehalten wird, bis nicht durch Abtrieb des umliegenden Bestandes oder Erbauung einer Hütte die Umgebung sich wesentlich geändert hat. Zu jener Zeit findet man in der Nähe dieser Brunftplätze breit ausgetretene Wechsel, auf denen abends die Hirsche mit ihren Tieren unter fortwährendem Röhren (Brüllen) auf den Brunftplatz ziehen. In diesen einsamen, um jene Zeit auch schon lange von den Hirten verlassenen Orten ertönt dann die ganze Nacht hindurch das Röhren der Hirsche, oft bis ziemlich spät in den Vormittag hinein, und der Jäger, der einmal auf der Runa oder im Visca=Thale bei einer stillen, mondhellen Oktobernacht das Orgeln der dortigen mächtigen Hirsche gehört hat, wird es wohl nie mehr in seinem Leben vergessen und sich wohl jedes Jahr im Herbste in jenes Jäger=Eldorado sehnen. Nach der Brunftzeit zerstreuen sich die Rudel und suchen ihre Winterstände auf, die sie selbst beim tiefsten Schnee und größten Nahrungsmangel nur ungern verlassen. Bei strengen, schneereichen Wintern beginnt für diese armen Tiere eine harte Zeit der Entbehrung, besonders in Nadelholz=waldungen, wo sie mit ihrer Äsung lediglich auf Bartmoos, Tannen=reisig und der Rinde junger Zweige und Knospen der Aspen angewiesen sind. — In den Buchenwäldern scharren sie die immer=grünen Brombeerblätter aus oder suchen auf Waldwiesen zurück=gelassene Heuschober auf, um ihr Leben über den Winter hin zu fristen. Es ist dieses die gefährlichste Zeit für dieses edle Wild, da sie durch ihre in dem Schnee zurückgelassenen Fährten ihre Gegenwart sowohl den Raubtieren als auch Menschen verraten. Manches Stück Wild, welches sich vom Rudel entfernt, wird von Wölfen zerrissen oder das ganze Rudel von rücksichtslosen, nur nach Gewinn lechzenden Banden von Aasjägern ausgerottet.

Dank unserem Jagdgesetze und dem großen Interesse, welches der Kaiser und König, der Kronprinz, wie nicht minder der größte Teil des ungarischen hohen Adels und die gesamten Forstbeamten an der Jagd dieses edlen Wildes haben, wird es hoffentlich als schönste Zierde der herrlichen Forste erhalten bleiben.

[Die Hirschjagd.] Das größte unserer Jagdtiere wird in Ungarn auf alle möglichen bisher bekannten Jagdarten, auf der

Pürsche, dem Anstand, auf den Ruf, vor den Treibern und mit Hunden gejagt und erlegt. Die Pürsche auf Hochwild findet überall dort statt, wo der Wildstand ein schon etwas zahlreicherer ist. Namentlich zur Brunftzeit werden im Unger, Beregher und Maramaroser Komitate die meisten Hirsche auf der Pürsche erlegt. Diese Jagdart erfordert eine genaue Orts- und Terrainorientierung, dann die Kenntnis der gewöhnlichen Standorte und Wechsel des Wildes, um nicht unnütze, weite Wege machen zu müssen und um mit Erfolg jagen zu können. Mit der Pürsche wird mit Vorliebe der Hirschruf verbunden, den besonders im Unger und Beregher Komitate viele Jäger auf das täuschendste nachzuahmen wissen. Sie bedienen sich dabei nicht, wie in Österreich, eines großen Schneckenhauses, sondern benützen ein aus weichem Holze oder Baumrinde angefertigtes Horn. Wenn der Jäger in einem Graben oder einer Lehne einen starken Hirsch rufen hört, nähert er sich demselben unter dem Winde und zeitweisem Rufen bis auf einige hundert Schritte und setzt auf einer Stelle mit möglichst gutem Ausschuß das Rufen fort; der das Rudel Wild bewitternde Brunfthirsch, der in der Nähe keinen anderen Hirsch duldet, glaubt, daß sich den Tieren (Kühen) ein Nebenbuhler nähern will, kehrt vom Rudel zurück, um denselben aufzusuchen und zu bekämpfen; auf diese Weise kommt er dem Jäger in der Regel so nahe, daß er von demselben leicht erlegt werden kann. Wo noch nicht zu viele Hirsche und Tiere sind, ist diese Jagd in der Regel von gutem Erfolg, allein dort, wo schon viele Hirsche nebeneinander Stand haben, jeder Hirsch sein Rudel hat, giebt man sich umsonst Mühe, denselben vom Rudel abzubringen. Auch gegen das Ende der Brunftzeit ist der Ruf selten mehr von Erfolg begleitet, anfangs der Brunftzeit aber, wenn die Hirsche die Tiere aufsuchen, um so sicherer, bei uns aber weit weniger bekannt, wie in Österreich. Diese Jagdart, nämlich die Pürsche in Verbindung mit dem Hirschruf, ist eine der schönsten und für den wahren Jäger die angenehmste, da er nicht nur allein das Terrain, sondern auch die Wechsel des Wildes genau kennen muß, um mit Erfolg jagen zu können und lediglich auf seine Umsicht, Geduld und List angewiesen ist, keinen, nicht den geringsten Fehler machen darf, wenn er zum Schuß kommen will. Das nicht gehörige Beobachten des Windes, der besonders des Morgens und Abends in den Schluchten auf die mannigfaltigste Art wechselt, das Abtreten eines dürren Astes oder das vorzeitige

Hinaustreten auf eine Blöße kann stundenlange Bemühungen zu nichte machen, und wenn einmal die Tiere Gefahr merken, ist es an diesem Tage gewöhnlich nicht mehr möglich, sich dem Hirsche zu nähern. So angenehm, aufregend und unter Umständen lohnend diese Jagdart ist, mit eben so vielen Strapazen und Anstrengungen ist sie verbunden. Da man nur des Morgens und Abends mit Erfolg auf die Pürsche gehen kann, ist der Jäger gezwungen, sein Lager im Walde, in einer oft sehr primitiven Rinden= oder Reisighütte oder in einem Hirtenkarren aufzuschlagen und sich mit Mundvorrat auf längere Zeit zu versehen, da es gewöhnlich einige Tage braucht, um sich zu orientieren, das Wild zu studieren und oft einen alten, starken Hirsch mehrere Tage verfolgen muß, bevor man auf Schußdistanz nahe kommen kann. Wenn Regenwetter eintritt, ist es in diesen Hütten gerade nicht am angenehmsten, besonders die Nächte wollen kein Ende nehmen und doch will man den Ort nicht verlassen, um den weiten Weg nicht umsonst gemacht zu haben. Man wartet bis die Nebel sich heben, der Wind das Wasser von den Bäumen schüttelt, die Hirsche wieder zu schreien beginnen und man neuerdings in einem schon ausgedachten Pürschgang sein Glück versuchen kann. Mit der Pürsche wird nicht selten auch der Anstand verbunden und dabei noch der Hirsch= oder Tierruf in Anwendung gebracht. Mit Vorteil geschieht es namentlich dort, wo man den Wechsel genau kennt, auf welchen der Hirsch mit seinen Tieren noch bei Schußlichte auf den Brunftplatz zieht. Daß man dabei genau auf den Wind acht haben muß und nicht zu spät auf Ort und Stelle kommen darf, versteht sich von selbst. Oft stellen sich mehrere Jäger auf einen Rücken, über den die Wechsel des Wildes führen, in Entfernung von Schuß= distanz abends oder früh bei gutem Wind auf den Anstand, einer der Jäger ahmt den Hirsch= oder Tierruf nach, auf welchen auch oft vereinzelte Hirsche zustehen, und wenn sie an die Schützenlinie kommen, von einem oder dem anderen Schützen erlegt werden. Auf Hafer= oder Kukuruzfelder ausziehende Hirsche, wenn man die Stelle kennt, wo sie aus dem Holze treten, werden auch oft auf dem Anstand erlegt. Im Gebirge, auf Alpen oder Alpenwiesen, auf welche das Wild abends aus dem Walde ausziehst und der Wind regelmäßig thalabwärts weht, ist der Anstand immer ohne Erfolg, ja man kann sich mit demselben sogar das Wild gänzlich verscheuchen, da dasselbe den auf dem Anstand sitzenden Jäger in der Regel in den Wind bekommt. In solchen Fällen ist es besser und sicherer, sich früh, wenn das Wild von der Alpe zu Walde zieht, auf den Anstand zu begeben, nur ist es dann notwendig, schon vor Morgen= grauen in möglichster Stille und ja nicht zu nahe an der Alpe oder Wiese auf die Stände zu gehen. In den großen, ausgedehnten Nadelholzforsten der Maramaros und Siebenbürgens, wo die Pürsche infolge der Unwegsamkeit der Wälder noch sehr beschwerlich und unsicher ist, werden die Hirsche mit Bracken gejagt. Da der angejagte Hirsch besonders zur Feistzeit anfangs September nach kurzem Jagen ins Thal zum Wasser wechselt, so stellen sich die Schützen schon geraume Zeit vor Auslassen der Hunde am Wasser an jenen Stellen auf, wo die Hirsche ans Wasser zu gehen pflegen und erlegen den Hirsch, während er im Wasser fortwechselt oder irgendwo im Thale den Hunden standhält. In diesen ausgedehnten, unwegsamen Forsten ist, außer in der Brunftzeit, eine andere Art der Jagd gar nicht möglich und so nachteilig sie auch für den Wildstand sein mag, so ist sie doch in den Verhältnissen begründet, da die Jagden mit Treibern bei der Größe der Triebe und Unzugänglichkeit der Bestände im Verhältnis zu dem Erfolge mit zu großen Kosten verbunden wären. Wenn man übrigens bei dieser Jagd — die auch ihr Aufregendes und Eigentümliches hat, den Jäger beinahe in noch größerer Spannung erhält, wie die Pürsche — die Vorsicht gebraucht, daß erst mit Ende September gejagt und die Hunde von kundigen Führern nur auf Hirsche ausgelassen werden, so ist sie durchaus nicht so schädlich und nachteilig für den Wildstand, wie allgemein angenommen wird und hat vor der Pürsche jedenfalls das Angenehme voraus, daß sie mit weit weniger Anstrengung verbunden ist.

Im steiermärkschen Eisenerz werden bei Hofjagden auf Hochwild ebenfalls Hunde gebraucht und der Wildstand ist doch ein ganz vor= züglicher, nur werden die Hunde gleich von ihrer Jugend an eigens auf Hirsche eingeführt, nehmen daher nur selten Kalbwild auf. Häufig werden bei der Jagd mit Hunden auch Treiber verwendet, und zwar wenn die Triebe gar zu groß sind und nicht genügend Treiber zur Verfügung stehen, damit das vor den Treibern aufgestandene Wild nicht wieder zwischen dieselben zurückbricht und schneller auf die Schützen= linie gebracht wird; der durch das Geläute der Hunde auf das an= brechende Wild aufmerksam gemachte Schütze kann zeitgerecht schuß= bereit sein. Durch die Verwendung von Hunden bei Treibjagden verlieren diese — wo ein Trieb oft 1½ bis 2 Stunden lang dauert — das Abspannende für die Jäger, da die Hunde dieselben auf das möglicherweise anbrechende Wild aufmerksam machen und der Erfolg in der Regel auch immer ein viel sicherer ist als mit Treibern allein. Wenn keine zu scharfen, lang jagenden Hunde in Verwendung kommen, wenn die Jagden zur richtigen Zeit abgehalten und in einem Waldteil nicht zu oft gejagt wird, sind diese für den Wildstand eben so wenig schädlich, wie jede andere Jagdart. Die Jagd mit Treibern allein unterscheidet sich in keiner Weise von derartigen Jagden auf anderes Wild; um sie mit Vorteil anwenden zu können, muß man unbedingt über ortskundige Treiberführer und Treiber verfügen, da= mit sie im Triebe — wo in der Regel keine Aussicht ist — nicht die Richtung verlieren und die Treiberkette nicht zu sehr unterbrochen wird. Die Triebe müssen immer so genommen werden, damit die Schützen — welche auf den Hauptwechseln auf einem Rücken oder im Thale aufgestellt werden — ganzen oder mindestens halben Wind haben.

Das Reh, dieses schöne, zierliche Wild befindet sich in allen größeren Wäldern des Hoch= und Mittelgebirges, der Vorberge und der Ebene Ungarns. In den Alpenwäldern der Liptau, unter den Felsgipfeln der hohen Tátra gedeiht es eben so gut, wie in den heißen Gegenden der Bácska und des Bánates. In einigen Forsten, wie z. B. in den Liptauer, Gömörer und Diósgyörer kommt es sogar so zahlreich vor, wie selten in irgend einem anderen Lande, ohne daß es degenerieren oder verkümmern würde. Im Gegenteil sind diese Rehe, wahrscheinlich infolge der ausgezeichneten und ergiebigen Weide, so stark und fruchtbar, daß Böcke von 28 bis 33 kg im Gewichte, und Gaisen mit 3 Kitzen nicht zu den außerordentlichsten Seltenheiten gehören.

Überhaupt ist das Rehwild Ungarns und Siebenbürgens stärker wie jenes in den Erbländern Österreichs, was wohl lediglich der vorzüglichen Äsung zugeschrieben werden muß, da die klimatischen Verhältnisse in Liptau wohl ziemlich die gleichen wie die in Öster= reich und Steiermark sein dürften. Nicht selten kommen in den Lip= tauer und Diósgyörer Forsten ganz weiße Rehe (Kakerlake) mit roten Lichtern, Broser und Schalen vor. In den Liptauer Forsten hat sich im Reviere Schwarzwaag im Waldorte Sirofa eine schneeweiße Geis aufgehalten, die aber nie vollkommen weiße, sondern gefleckte Kitzen zur Welt gebracht hat. Im Jahre 1856 wurde sie leider durch

Versehen von einem Forstwarte erlegt. Im Jahre 1881 hat sich im
Revier Vichodna ein weißer Bock gezeigt und in Diósgyör wurden
schon mehrere weiße Rehe erlegt. Die stärksten Rehe in Ungarn sind
jene des Unger Komitates, dem Wildpret nach die besten jene des
Liptauer und Sohler Komitates. Die Liptauer Forste mit ihren
vielen Schlägen, die sich in den ersten Jahren mit Weideröschen,
Himbeeren, später mit rotem Hollunder, Sahlweiden und Weiden
bestocken, und wo im Sommer die Geisen mit ihren Kitzen einen ge=
schützten, sicheren Aufenthalt und Äsung im Überfluß finden, wo die
Rehe, selbst in den strengsten Wintern einzelne, vom Wind abge=
wehte Plätzchen und am roten Hollunder, an Himbeeren und Sahl=
weiden doch immer etwas Nahrung finden, sind ein Lieblingsaufent=
halt dieses schönen Wildes und werden es auch bleiben so lange nicht
die Forstwirtschaft im wesentlichen geändert wird. Eine eigentümliche
Erscheinung ist es, daß jene Rehe, welche im Sommer in den Wäl=
dern unter der Tátra, ja selbst an den Nordgehängen der Rohácse
im Arvaer Komitate stehen, wo im Winter oft enorme Schneemassen
fallen, — bei strengem Winter in die, an den Nordgehängen der
Sohler Alpen gelegenen Wälder, die noch genügend Altholzbestände
haben, auswandern. Das Reh wird in Ungarn und Siebenbürgen
am häufigsten mit Hunden, seltener auf der Pürsche, dem Anstand
und dem Rufe erlegt. Die gewöhnlichste Jagd mit Hunden — so=
genannten Bracken — besteht darin, daß einige Hundsführer mit
scharfen, ausdauernd jagenden Hunden, sich in die oberen, hintersten
Teile eines Thales begeben und die Hunde dort auf Rehe, deren
Stand sie gewöhnlich kennen, auslassen, — während sich die Schützen
im Thale am Wasser aufstellen.

Das von den Hunden verfolgte Reh wechselt anfangs in den
Lehnen herum, sucht sich aber später, wenn es schon matt und müde
ist, dadurch den Hunden zu entziehen, daß es ins Wasser geht, oft
ziemliche Strecken im Wasser weiter wechselt, dann aber wieder den
Wald annimmt. Bei dieser Gelegenheit wird es gewöhnlich — ob
Geis oder Bock — von den, am Wasser postierten Jägern erlegt.
Im Herbste, wenn die Rehe stark sind, dauert es oft lange, bis sie
zum Wasser kommen und es kann kaum etwas Langweiligeres geben,
als stundenlang an einem rauschenden Bach zu stehen, wo man nichts
von den Hunden hört und sieht, auf das gehetzte Wild zu warten
und schließlich kommt man doch nicht zum Schuß, nicht selten aber

wird das Reh von den Hunden gefangen und zerrissen. Für den wahren Jäger kann diese Art Jagd, wo das Wild abgehetzt mit offenem Brojer und heraushängendem Schlecker zum Schusse kommt, kein Vergnügen sein. Sie paßt nur für solche Jäger, die ohne viel Anstrengung zum Schuß kommen wollen und denen es oft weniger um das Vergnügen als um den Braten zu thun ist. Daß diese Art der Jagd, namentlich, wenn sie im Jänner bei hohem Schnee, oder im Sommer, wo die Kitzen noch klein sind — ausgeübt wird, für den Wildstand sehr schädlich ist, geht schon aus dem Umstand hervor, daß jedes Wild ohne Unterschied ob Bock oder Geis erlegt, oder manches Stück Wild von den Hunden gefangen, zerrissen wird, und daß das einmal so gehetzte Wild selten mehr an seinen Standort zurückkehrt, oft auch infolge einer Lungenkrankheit zu Grunde geht. In den Liptauer Staatsforsten wird in der Regel auch mit Hunden gejagt, man benützt dabei aber weniger scharfe, anhaltend jagende Hunde, — die Schützen stehen nicht im Thale, sondern an den Berg= rücken und in kleineren Seitenthälern, und die Jagden werden gewöhn= lich nur auf Böcke im Spätherbst abgehalten, wo das Rehwild stärker ist und von den Hunden nicht so leicht gefangen werden kann. In unsern großen, ausgedehnten Gebirgsforsten ist übrigens für den Forst= beamten eine andere Jagdart, — namentlich mit Treibern der großen Kosten wegen oft gar nicht möglich, und wenn ein gewisser Turnus eingehalten und nur jedes zweite oder dritte Jahr in einem Waldteil gejagt, — die Schonungszeit eingehalten wird und nur kurz jagende Hunde verwendet werden, so ist dieselbe, selbst wenn auch Geißen ab= geschossen werden, für den Wildstand durchaus nicht so schädlich, wie manche anzunehmen pflegen und wie dies auch die schönen Rehstände in Liptau und Diósgyör beweisen, wo schon seit undenklichen Zeiten mit Hunden gejagt wurde, aber immer eine gewisse Hegezeit einge= halten worden ist. In Diósgyör, wo die Jagd unter der Leitung des ärarischen Forstpersonales sehr rationell betrieben worden ist, hat man mit Hunden und Treibern Reh= und auch anderes Wild gejagt, die Hunde waren aber eine kleine sehr folgsame Rasse Bracken, die nur ganz kurze Zeit jagen und sich auch abrufen lassen. Es wurden immer, nur ganz kurze Triebe von 60—100 Joch genommen, der Erfolg war aber immer ein sehr schöner. Die Jagd auf die Pürsche und dem Anstand wird auf Rehwild in Ungarn noch sehr wenig ausgeübt, weil die Orte, wo die Rehe des Abends und Morgens ausziehen, zu weit von dem Wohnsitze des Forstpersonales entfernt sind und das Hinausgehen des Morgens, wenn es noch finster ist, das Nachhausekommen in der Nacht sehr beschwerlich, oft beinahe unmöglich ist.

Die Jagd auf den Ruf zur Zeit der geilen Brunft der Rehböcke im Monat August wird namentlich in den Liptauer ärarischen Forsten mit recht gutem Erfolge angewendet und ist in jener Zeit, wo wenig anderes Wild zu schießen ist, sehr dankbar und lohnend. Mit einem gut gestimmten Rehruf begeben sich in der Regel zwei Jäger an jene Orte, wo Rehböcke stehen — was leicht an den Fege= und Scharrstellen zu erkennen ist — gewöhnlich auf einem Rücken, von wo aus der Ruf ziemlich weit gehört werden kann, — suchen einen Ort mit möglichst gutem Ausschuß aus, und setzen sich mit dem Rücken an einander so, daß jeder Schütze eine Lehne vollständig beschießen kann. In kurzen Intervallen lassen sie dann den Rehruf zwei= bis dreimal ertönen und verlassen, wenn nach 8 bis 10 Minuten kein Bock anspringt, den Stand, um an einer andern Stelle wieder dasselbe Manöver zu wiederholen. Oft schon nach 4 bis 5 Minuten erscheint der Bock mit dem Broser auf der Erde um die vermeintliche Schmalgeis aufzusuchen still und langsam, daß man nicht das geringste Brechen vernimmt, wogegen wieder ein anderer in wilder Flucht herangesprungen kommt. — Nun wartet man ruhig ab, bis er in gehöriger Nähe kommt, — bis er die Breitseite zeigt und streckt ihn mit einem wohlgezielten Schusse nieder. Wo ziemlich viele Böcke und im Verhältnis zu diesen zu wenig Geisen vorhanden sind, ist der Erfolg dieser Jagd, — wenn sie richtig ausgeübt wird — in der Regel ein guter, wo aber noch wenige Rehe, oder bei genügender Zahl von Rehen zu wenig Böcke sind, bemüht man sich mit dem Rufe ganz umsonst und es wird höchstens, — wenn der Ruf etwas hoch gestimmt ist, — eine, um ihre Kitzen besorgte Geis anspringen.

Die Gemse, diese echte Tochter der herrlichen Alpenwelt, kommt in allen jenen Teilen der nördlichen und transsylvanischen Alpenkette vor, wo sich dieselben in größerer Ausdehnung in wilden, mächtigen Kuppen und Hörnern 2000 bis 3000 Fuß über die Waldregion erheben.

Gegenwärtig ist die Gemse in dem, bis 8400 Fuß über die Meeresfläche sich erhebenden Tátra=stocke des Liptauer und Zipser Komitates, in den Pietros der Maramaros, in den Kuhom, Foga=

raſer Alpen, Parengo bei Petroſény, Retyezát bei Hátszegh in Sieben=
bürgen und in den Felſenpartien bei Mehadia anzutreffen. Dieſe
wilden Gebirge mit ihren ausgedehnten Steinhalden, kahlen Fels=
wänden und Gräten, wohin noch nie oder nur ſehr ſelten ein
Weidevieh gelangt iſt, — wo zwiſchen den Felstrümmern, an Felſen=
ſtellen und mehr ebenen Alpenſtellen die ſaftigſten Alpenkräuter
ſproſſen, — ſind wie geſchaffen für den Aufenthalt dieſer ſchönen,
gewandten und geſcheuten Tiere. Die Gemſe und das Murmeltier
ſind die einzigen größeren lebenden Weſen, welche dieſe öden
Steinwüſten ſchmücken, — die nur äußerſt ſelten von andern Men=
ſchen als Jägern beſucht werden. Im Sommer leben dieſe ſcheuen
und vorſichtigen Tiere größtenteils in den hinterſten und höchſten
Teilen dieſer Gebirge, wo ſie nur ſelten von Menſchen geſtört wer=
den; nur einzelne, ſtärkere Böcke und Kißgeiſen bringen den Sommer
in felſigen Wäldern oder Legföhren Feldern zu. Wenn der Schnee
die höheren Spitzen verſilbert, ziehen ſie ſich mehr herab auf die
verlaſſenen Weideſtellen, zur Brunftzeit aber kommen ſie noch tiefer,
bis an den Waldrand. Jetzt ziehen ſie ſich in größere Rudel zu=
ſammen und Ende Oktober oder anfangs November kann man bei
Schnee oft einzelne Rudel in geſchützten Keſſeln beobachten, wie ſich
die Böcke auf den unzugänglich ſcheinenden Felswänden herumjagen,
während einzelne Tiere ruhig zuſehen, andere wieder auf vorſprin=
genden Felsblöcken Wache halten, um das Rudel auf jede ſich nahende
Gefahr aufmerkſam zu machen. Im Winter ziehen ſie ſich in die
Wälder herab, mitunter ſuchen ſie auch Felſenhöhlen auf, um ſich doch
etwas gegen die furchtbaren Schneeſtürme jener Region zu ſchützen
und ſind mit ihrer Nahrung — wenn nicht der fürſorgliche Jäger
für ſie einige Heuſchober an geſchützten Alpenſtellen zurückläßt —
lediglich auf Bartmoos, Fichtenreiſig und Mooſe, die ſie unter dem
Schnee ausſcharren, angewieſen. Es iſt mir in meiner Jägerpraxis
vorgekommen, daß ſich ein Rudel Gemſen zu einer Jagdhütte herab=
gezogen hat, auf deſſen zufällig offen gelaſſenem Dachboden Heu für
Schlafſtellen aufbewahrt war; die armen Tiere, vom Hunger getrieben
ihre angeborene Scheu überwindend, drangen durch die offene Thüre
in den Dachboden und verzehrten über Winter den ganzen Heuvorrat,
ihr Dageweſenſein durch die zurückgelaſſene Loſung und Kronen ver=
ratend. Die Gemſen Ungarns ſind im allgemeinen viel ſtärker, wie
jene der öſterreichiſchen Alpenländer, was wohl der vorzüglichen,

unbeschränkten Äsung und dem Umstande zugeschrieben werden muß,
daß sie weniger verfolgt werden, daher einzelne ein sehr hohes Alter
erreichen. Es ist im Reviere Bichodna eine Gemse erlegt worden,
die aufgebrochen ein Gewicht von 101 Pfund hatte und ich sah bei
einem maramaroser Jäger ein Briterl, welches 10 Zoll hoch war,
dessen Träger, — nach den vielen unten angesetzten Ringen beurteilt —
mindestens ein Alter von 25 Jahren haben mußte. Ungeachtet dessen,
daß den Gemsen früher weniger nachgestellt worden ist, ist deren
Stand doch kein so außerordentlicher, denn es werden von den, in
diesen Gebirgen noch häufig vorkommenden Steinadlern viele Kitzen
geschlagen und manche alte Gemse durch Luchse, — die sich in letzterer
Zeit sehr vermehrt haben — zerrissen. Die Gemse wird in Ungarn
am häufigsten mit Treibern, an einigen Orten mit Hunden und auch
auf der Pürsche erlegt. Da schon seit einem Jahrhundert, namentlich
in der Tatra auf Gemsen gejagt wird, so sind durch Überlieferung
den Jägern die verschiedenen Triebe und Wechsel bekannt, auf welchen
sie von einem Kessel oder Gehänge in andere überzugehen pflegen.
Haben sich die Jäger überzeugt, daß in einem oder dem anderen Triebe
Gemsen stehen, so begeben sich die Schützen noch vor Tagesanbruch
auf solche Stellen, wo die Gemsen, durch steile, selbst für diese Tiere
nicht passierbare hohe Wände gezwungen sind, ihre Wechsel einzuhalten
und trachten sich dort so zu postieren, daß sie von diesen weder ge=
sehen, noch in den Wind bekommen werden können. Die Treiber,
die oft an einem ganz anderen Orte nachten, beginnen zu der ihnen
festgestellten Zeit gewöhnlich auch mit Tagesanbruch zu treiben. Zu
einem 2 bis 3000 Joch großen Triebe sind oft nur 4 bis 5 Treiber
notwendig, da die Gemsen in der Regel an einer schon bekannten
Stelle stehen und es genügt, wenn sich nur ein Treiber zeigt, um
dieselben aufzuscheuchen und ihren Stand verlassen zu machen. Wenn
die Treiber zeitweise Pistolen abfeuern, Steine in die Schluchten herab=
lassen, sich an vorspringenden Graten sehen lassen, so ist es selten der
Fall, daß die Gemsen zurückbrechen; sie trachten durch Flucht auf ihren
bekannten Wechseln in einem andern Kessel oder Thal zu verschwinden.
Die Schützen, die hinter einem Stein, oder einer Legföhre (Zwergkiefer,
Latsche) aufgestellt sind, müssen sich möglichst ruhig verhalten, oft
stundenlang warten, bis sie durch abfallende Steine auf die Annähe=
rung des Wildes aufmerksam gemacht werden. — Es vergeht noch
eine weitere Viertelstunde, bis endlich auf einer Felsgrate eine Gemse,

gewöhnlich die Leitgeis erscheint. Vorsichtig mustert sie das vorliegende Terrain, pfeift und stampft ungeduldig mit den Vorderläufen, da nun aber die Treiber auch schon näher kommen, führt sie das Rudel auf den Wechsel weiter, zeitweise stehen bleibend und verhoffend. Ruhig erwartet der Schütze das Rudel bis auf Schußdistanz, sucht sich einen dem Rudel nachfolgenden Bock aus, wartet bis er einmal ver= hofft, nimmt ihn am Blatt auf's Korn, — der Schuß kracht, die Wände geben ihn in zehnfach donnerndem Echo zurück, — der Bock stürzt — gut getroffen — zusammen, — die übrigen Gemsen fahren unter einander, springen die steilen Wände hinab und wissen in der Eile nicht wohin sie sich wenden sollen. — Ein zweiter Gemsbock steht eben noch in Schußdistanz, — der Schütze besinnt sich nicht lange, — auch dieser stürzt — zu Tode getroffen — auf das Gerölle, während die übrigen zurückbrechen und in den Wänden den Schützen bald entschwunden sind. Oft kommen mehrere Rudel an verschiedenen Stellen auf den Schützen und werden in einem Trieb auch 6 bis 7 Stück Gemsen auf die Decke gebracht. Die Gemsen werden auf= gebrochen und von den mittlerweile angelangten Treibern zur Hütte getragen, wo dann bei einem echten Jägermahl vom Jägerrecht und echten Ungar = Wein noch einmal die ganze Jagd besprochen, die schlechten Schützen aber ordentlich durchgehechelt werden. Oft bleiben die Jäger 4 bis 5 Tage in solchen Jagdhütten, verleben in der schönen, herrlichen Alpenwelt ein wunderbares, heiteres Waidmanns= leben und verkosten mehr den edlen Wein, als das klare, helle Wasser, — welches so wunderbare Heilkraft haben soll. Eine Wahr= nehmung, die man bei den Jagden, namentlich am Kriwan in der hohen Tátra gemacht hat und die auch in Steiermark, im Salz= kammergute bei Gemsjagden beobachtet worden ist, kann ich hier nicht unerwähnt lassen, weil sie die Kraft des Gedächtnisses der Gemsen beweist. Wenn nämlich Triebe mehrere Jahre hintereinander in derselben Richtung genommen werden, wie z. B. vom Kriwan aus gegen die Nefezerka zu, sind die Gemsen mit keinen Mitteln mehr auf die Stände zu bringen, sondern steigen in die, nahezu 1000 Fuß hohen Wände an der Nordseite des Kriwans, wohin ihnen bisher noch kein Mensch folgen konnte, von wo sie weder durch Steine noch Schüsse heraus zu bringen sind, und so lange verbleiben, bis jede Gefahr vorüber ist. Erst nach Jahren, wenn andere Leitgeisen die Führung der Rudel übernommen haben, kehren sie an ihre Stand=

orte zurück, und können bei Jagden wieder auf die Schützen gebracht
werden. Mit Hunden wird auf Gemsen vorzüglich am Pietrosz am
Kuhhorn bei Bisztricz und in den Felswänden des Domoklet bei
Mehadia — gejagt, wo das Gebirge nicht gar so steil und schroff ist
und die Hunde den Gemsen wenigstens stellenweise folgen können.
Die Jagd mit Hunden unterscheidet sich sonst wenig von der, mit
Treiber; die Schützen stellen sich auf solchen Wechsel auf, wo die
Gemsen gewöhnlich die hohen oder größeren Felswände und Mauern
zu gewinnen trachten, während andere ortskundige Jäger die Hunde
im Triebe auslassen. Sobald ein Hund eine Gemse aufnimmt,
trachtet sie die Scharte zu gewinnen, wechselt rasch aufwärts, und —
wird von dem auf dem Wechsel stehenden Jäger erlegt.

Oft gelingt es den Gemsen eine, für die Hunde unerreichbare Stelle
zu gewinnen. Dann denken sie nicht mehr auf die Flucht und beobachten
die, sie verbellenden, unten stehenden Hunde. Sind die Wand oder
Felsen nicht zu hoch, so kann bei solchen Gelegenheiten, wo die ganze
Aufmerksamkeit der Gemse auf den Hund gerichtet ist nicht selten ein
Stück, von den zugesprungenen Schützen erlegt werden.

Eine der schönsten und aufregendsten Jagdarten auf Gemsen ist
für den wahren Waidmann — die Pürsche, u. z. im Spätherbst auf
Bartgemsen, wenn sie das lichtbraune Sommergewand mit dem lang=
tronigen, dunklen Winterkleid gewechselt haben.

Zu dieser Zeit sind zwar die Gebirge oft schon mit Schnee be=
deckt, die Jagd ist mit vielen Anstrengungen und Strapazen ver=
bunden, — die Gemsen aber sind nicht mehr so hoch, weniger vor=
sichtig, daher auch leichter anzunähern. Wer aber nicht genügend
Ortskenntnis, gute Füße und einen schwindellosen Kopf hat, im Ge=
rölle und auf schmalen Felswänden zu gehen nicht versteht, der soll
solche Jagd, — wenigstens nicht ohne Begleitung eines erfahrenen
Gemsenjägers — niemals unternehmen, denn es könnte ihm leicht
geschehen, daß er sich in Schroffen versteigt, von wo kein Ausweg
mehr ist. Er müßte in dieser rauhen Zeit elend erfrieren, wenn er
schon nicht früher — bei wiederholtem Versuchen irgend wo einen
Ausweg zu finden — in eine Schlucht niedergestürzt ist. — Gegen
Mitte November begeben sich die Jäger in ein Thal, wo ihnen be=
kannt ist, daß sich einige starke Böcke zurückgezogen haben. Schon vor
Tagesanbruch beginnen sie den Aufstieg, um bald nach Tagesgrauen
an der Grenze der Waldregion zu sein. Gewöhnlich liegt um jene

Zeit schon Schnee, das Gehen ist besonders in den tiefern Stellen zwischen den Legföhren sehr beschwerlich, selten sind ganz reine, helle Tage, die Gipfel sind in Wolken gehüllt; diese senken sich oft tief hinab und hindern die freie Aussicht, machen aber auch oft möglich sich dem Wilde auf sehr kurze Disstanz zu nähern. Ober der Wald= region geht es gewöhnlich steil aufwärts an gefrorenen Wasserfällen vorüber, der Weg ist mitunter gefährlich und nur für geübte Berg= steiger passierbar. Tiefe Stille herrscht überall, die nur manchesmal durch eine abgehende Lawine unterbrochen wird, und wenn sich zeit= weise die Wolken zerteilen, erglänzen die, mit mächtigen Eisnadeln besetzten Zinken und Gräte im hellen Sonnenschein in wunderbarer Pracht.

Endlich ist der Jäger auf eine Stelle gekommen, wo er eine weitere Einsicht in das Thal hat und untersucht vorsichtig verborgen hinter einer beschneiten Legföhre=Staude das Terrain. — Plötzlich erscheint unter den Wänden ein schwarzer Gegenstand, — bald über= zeugt sich der freudenstrahlende Jäger, daß es ein alter Bock, mit mächtigen im Winde flatternden Barte ist. Schnell ist der Plan ge= macht, — in einer von Legföhren einfaßten Vertiefung zieht er sich gut gedeckt aufwärts, — ist nur mehr 500 Schritte von der Stelle entfernt, wo sich der Bock eingestellt hat. — als wieder dichter Nebel einfällt und er, ohne viel auf Deckung zu achten vorwärts kommen kann. Nach 10 Minuten beschwerlichen Steigens ist er an der Stelle angelangt, wo er den Bock gegenüber an der Felsenwand vermutet und wartet nun möglichst gut gedeckt, bis sich die Nebel heben bis sich die Aussicht erweitert. Doch der Nebel lastet noch immer schwer am Gesteine, schon ist eine Viertelstunde verstrichen und es beginnt den im Schweiße starr stehenden Jäger schon recht unangenehm zu frösteln, — da kommt ein leichter Luftzug, die Nebel werden lichter und endlich heben sie sich hoch in die Wände hinaufschleichend, — der gegenüber liegende Wald ist klar und deutlich zu sehen, den Bock aber kann er selbst beim genauesten Suchen nicht zu Gesichte bekommen. Da plötzlich fährt der Bock, — der etwa Wind bekom= men hat — eingehüllt in eine Schneewolke an der gegenüberliegenden Wand in größter Flucht herab, — biegt um eine Felsecke und wechselt längst der Wand aufwärts. Es sind dies spannende Sekunden, — die, in der Flucht — zum Teil in Schnee gehüllte — Gemse ist bei ihrem schwankenden Laufe schwer zu treffen —

doch, plötzlich macht sie Halt, blickt nochmals ihren Feind an und mustert das vorliegende Terrain, — der Bock macht das, jedem Gemsenjäger bekannte „Haberl", — in diesem Moment kracht der Schuß, die Wände geben ihn im donnernden Echo zurück, — der Bock fährt zusammen und geht in mächtigen Sätzen an der Wand aufwärts, — — aber schon nach kurzer Zeit wird er langsamer, bleibt stehen, spreizt alle Viere von sich um sich zu halten, — fangt an zu schwanken und stürzt endlich vom Tode überwunden von Fels zu Fels herab bis auf das Schneefeld, welches das Geröll unter der Wand bedeckt. Es ist ein mächtiger Bock mit prächtigem Bart und der Jäger ist für seine Mühe und Anstrengung belohnt. Der Bock wird jetzt aufgebrochen in die Tragbänder gelegt und vom Jäger in die Waldhütte hinab getragen. Dies ist oft bei dem be= schwerlichen Weg gerade keine so leichte Aufgabe, besonders in dem Falle, wenn man im Gebirge schon einen Weg von 6 bis 7 Stunden zurückgelegt, und nichts als etwas Brot, Speck und Schnaps zu sich genommen hat.

Im Sommer ist die Pürsche noch beschwerlicher wie im Spät= herbst, weil sich die Gemsen um jene Zeit in den obersten lichten Teilen des Gebirges aufhalten, und der Jäger oft gezwungen ist in diesen unwirtlichen Höhen unter freiem Himmel am harten Stein oder zwischen Legföhren zu übernachten Am meisten erschweren die Pürsche, namentlich in der Tátra, die vielen Geröll=Halden, da die Gemse, durch die, vom Jäger beim Gehen in Bewegung gesetzten Steine aufmerksam und leicht verscheucht wird. Scharf beschlagene Bergschuhe sind in diesen Geröllen das Allerschlechteste, weil man auf den glatten Felsstücken keinen Halt hat, daher für solche Fälle ein Paar eigens zu diesem Zwecke gemachte Hallinaschuhe (Tuchschuhe) mitgenommen werden müssen, welche, wenn man auf oberwähnte Stellen kommt, mit den Lederschuhen umzutauschen sind.

Wenn mehrere Jäger auf die Pürsche gehen und Gemsen an solchen Orten treffen, wo ihnen schwer beizukommen ist, so teilen sie sich; einer oder zwei stellen sich an, einer pürscht aber so, daß die Gemsen, wenn sie ihn sehen oder in den Wind bekommen sollten, in der Richtung der aufgestellten Schützen zu gehen gezwungen sind. Kennen die Jäger das Terrain und die Wechsel gut, so sind diese Jagden in der Regel vom günstigen Erfolg begleitet.

Da wir schon in der herrlichen Alpenregion sind, so kann ich nicht unterlassen ein Tier, — welches zwar nicht zu den größeren Jagdtieren gezählt werden kann — zu erwähnen, dessen Vorkommen in unseren Alpen manchen Jäger unbekannt sein dürfte, es ist dies: Das Murmeltier. Dieses harmlose, unschädliche und vorsichtige Tier kommt gegenwärtig noch in der Tátra, in den Sohler und Liptauer Alpen am Djömbér und unter der Kochala des Lipeszcer Thales vor. Im Sommer lebt es in den höchsten Teilen dieser Alpen, zwischen den mächtigen, ausgedehnten Steinfeldern, wo es genügend Löcher findet, um sich vor dem annähernden Feind zu retten. Der auf Gemsen jagende Jäger wird auf ihr Dasein durch ein grelles Pfeifen, welches sie beim Erblicken eines, ihnen gefährlich scheinenden Gegenstandes ertönen lassen, — aufmerksam gemacht. Wenn man genauer in der Richtung sieht, bemerkt ein gutes Auge das Tier auf einem erhöhten Stein aufrecht sitzend, den sich nähernden Jäger betrachtend. Will man näher kommen, so flüchtet es eilig in den Bau und es vergehen oft Stunden, bis es denselben wieder verläßt, um an einer ganz andern Stelle heraus zu kommen, als wo es zwischen den Steinen verschwunden ist. Vorsichtig steckt es den Kopf hervor und wittert, verschwindet wieder um gleich darauf etwas weiter heraus zu kommen, — bevor es sich nicht überzeugt hat, daß jede Gefahr vorüber ist, wagt es sich nicht den Bau zu verlassen. Von seinem Geschleif entfernt es sich übrigens nie sehr weit und hat immer mehrere Röhren, um sich gleich flüchten zu können. Die Jungen sind nicht mehr so vorsichtig, sie kommen oft schon nach kurzer Zeit wieder hervor und sehen den ruhestörenden Jäger ganz verwundert an, ohne auf eine schnelle Flucht zu denken. Im Herbst ziehen sie tiefer, — graben sich an einer mehr erdigen Stelle der Alpe einen Bau und verschlafen in demselben den Winter. Mitte oder Ende Oktober steigen sie in diesen, mit Moos und Gräser gepolsterten Bau ein, verstopfen dessen Öffnung und verfallen in einen tiefen Schlaf; — wachen erst Ende Mai auf, wenn in jener unwirtlichen Gegend die Winterstürme ausgetobt haben und die Alpenweiden mit frischem Grün bedeckt sind. Das Murmeltier wird bei uns auf dem Ansitze vor dem Bau und durch Ausgraben aus dem Winterbau erlegt. Wenn der Jäger, während seinen Pürschgängen in irgend einem Kessel, oder auf einer Steinhalde ein Murmeltier bemerkt, so merkt er sich den Platz, wo es in die Felsen oder zwischen das Gerölle verschwunden ist, sucht die Röhre, —

welche an den, zu derselben führenden Wechsel und den, am Rande hängenden Haaren leicht zu erkennen ist — auf, errichtet in der Nähe dieses Baues u. z. an der entgegengesetzten Seite oder etwas seitwärts desselben — und wenn nicht etwa schon, Deckung gewährende Steinblöcke vorhanden sind — — einen Schirm aus Steinen, postiert sich hinter denselben, hat das Gewehr schußbereit und wartet das freie Herauskommen des Murmeltieres. Oft vergehen Stunden, ohne daß es sich an der Öffnung des Baues zeigt; endlich nach langem Warten steckt es vorsichtig äugend den Kopf heraus, ver- schwindet wieder, — stellt den Jäger nochmals auf eine harte Ge- duldsprobe, — kommt nach einer Viertelstunde wieder, diesmal aber schon etwas weiter heraus, — geht nochmals zurück um schließlich nach kurzer Pause ganz ins Freie zu treten und sich den Tod zu holen. Sichere Schützen schießen das Murmeltier mit der Kugel, die meisten aber mit Schrot. Von Bauern, Hirten, ja selbst von manchem Jäger wird das Murmeltier seines Fettes wegen, — welchem die Bevölkerung bei gewissen Krankheiten, namentlich Gicht eine wunderbare Heilkraft beimißt, — aus seinem Winterbaue aus- gegraben. Die Leute suchen jene Stellen auf, wo sich das Murmel- tier im Herbst einzugraben pflegt, vergewissern sich, ob das vorge- fundene Moos und die Gräser diesen Herbst zugetragen worden sind und graben rasch zu, oft stoßen sie auf große Felsblöcke, unter und zwischen denen die Röhren führen und müssen das Graben aufgeben. Gewöhnlich ist aber der Bau im ziemlich lockeren, mehr erdigen Boden und man kann nach 3—4 stündigen Graben das Lager der Tiere erreichen, in welchem oft eine ganze Familie haust. — Die armen Tiere werden, wenn sie noch leben und sich zur Wehre setzen, erbarmungslos erschlagen, oft aber auch lebend nach Hause getragen um sie an Tierliebhaber zu verkaufen oder nach vielen Martern endlich totgeschlagen, abgezogen und das Fett ausgekocht. Durch das Ausgraben kann man den ganzen Stand der Murmeltiere in kurzer Zeit ausrotten, so waren z. B. in der Tátra schon so wenige an der Zahl, daß man nur in den unzugänglichsten und entferntesten Orten einzelne, sehr vorsichtige und scheue Tiere gefunden hat. Die Behörden haben daher das Ausgraben dieser Tiere unter großer Geldstrafe verboten. Seit jener Zeit haben sie sich aber auch zu- sehends vermehrt und sind in allen Teilen des Gebirges wieder zu treffen. An dem Steinadler haben sie einen sehr argen Feind, der nicht nur allein die Jungen sondern auch alte Tiere, die sich zu weit von ihrem Bau entfernen — fängt und als willkommene Beute verzehrt.

Das Wildschwein. Obwohl dieses Wild, wegen des großen Schadens, den es sowohl auf den Feldgründen, als auch im Walde anrichtet, — vogelfrei erklärt ist, — es jeder Jäger, dem es vor's Rohr kommt, erlegen kann und auch von Wölfen stark verfolgt wird, so ist es doch in unseren Wäldern noch sehr häufig. In den großen, zusammen= hängenden Buchenwäldern von Ung, Beregh, Marmaros, Naxybánya dann in Siebenbürgen hat es sich noch in ziemlicher Anzahl erhalten; in den ebenen Wäldern der Körös, im Banat erscheint es häufig und ist in allen Wäldern des ehemaligen Roman=Banater Grenz= regimentes, dann in jenen der österreich=ungarischen Staatseisenbahn= Gesellschaft zu treffen. In letzterer Zeit ist es in einigen Komitaten Ober=Ungarns wieder erschienen, wo es schon einmal ganz ausge= schossen worden, oder gar nie vorgekommen war; in Arva und Liptau ist es bis in die hintersten Nadelwälder vorgedrungen, ja selbst auf ziemlich hoch gelegenen Alpen durch das Wühlen nach Wurzeln sein Dagewesensein verraten. Im Sommer lebt es in allen größeren Waldungen an feuchten, sumpfigen Stellen im größten Dickichte, wo sich ihm keiner seiner Verfolger so leicht und unbemerkt nähern kann, wo es von den Fliegen und Gelsen nicht so sehr gequält wird. Es lebt von Gras, verschiedenen Wurzeln, die aus dem Boden gewühlt werden, Schwämmen und Beeren. Wenn im Herbst die Feldfrüchte, namentlich Kukuruß, Hafer und Erdäpfel zu reifen beginnen, zieht es sich mehr in die Nähe der Felder und richtet auf diesen oft em= pfindlichen Schaden an. Im Spätherbst, wenn die Früchte von den Feldern abgetragen sind, nährt sich das Wildschwein von Waldsamen, Bucheln und Eicheln, unternimmt oft große Wanderungen um solche Maßwaldungen aufzusuchen. Im Winter aber kommen für diese robusten Tiere schwere Zeiten, besonders wenn kein Samenjahr war, langanhaltende, schneereiche Winter eintreffen und wegen dem hohen Schnee nicht zur Erde kommen können. In diesem Falle gehen manche Rudel zu Grunde oder werden von Wölfen angegriffen und zerrissen. — Größere, alte Schweine ziehen in solch' strengem Winter an quellige Stellen, wo große Wurzel des Huflattichs vorkommen, heben mit ihren mächtigen Gebräch die zu Eis gefrorene oft mehrere Schuh dicke Schneedecke um zu denselben zu gelangen, und nähren sich von diesen bittern, für kein anderes Tier genießbaren Wurzeln oft monatelang.

Im Dezember, wenn die Rollzeit beginnt, ziehen sich die zer= streuten Schweine zu Rudeln zusammen, die Keuler suchen die Schweine auf und es kommt zwischen gleich starken Keulern oft zu argen Kämpfen. Schließlich muß der schwächere das Rudel verlassen, ein anderes suchen, um seinen Begattungstrieb zu befriedigen. Der Sieger macht sich ein einem großen Horste ähnliches Bett, indem er die schwächeren Buchen= oder Fichtenstämmchen mit seinem Gebräche schneidet und auf einen Platz oft ein bis zwei Schuh hoch zusammenträgt; hier wohnt er mit seiner Auserkorenen des Tags über längere Zeit, während die übrigen um ihn herum lagern.

Die großen, vereinzelten Keuler, die namentlich in Siebenbürgen — wo die Bachen und Frischlinge in der Regel von Wölfen zerrissen werden — in Görgény und im obern Marosthal vorkommen, machen zur Rollzeit enorm große Wege, suchen die Gegend in der Runde von mehr als drei bis vier Quadratmeilen ab und haben selbst bei Tage keine Ruhe; gelingt es nicht, ein Rudel aufzufinden, gehen sie nicht selten auch zahmen Schweinen nach. Während diesen Wande= rungen werden mit den Wölfen oft harte Kämpfe geliefert, doch wissen sie dieselben immer tapfer abzuschlagen, und nur selten sind zwei Wölfe Sieger. Das wilde Schwein wird bei uns mit Treibern und Hunden gejagt, auf dem Anstande erlegt, sogar auch im Eisen gefangen und durch Selbstschüsse vertilgt. Die Jagd mit Treibern unterscheidet sich wenig von der beim Hochwild beschriebenen Weise, nur wird auf Schweine mehr im Spätherbst und im Winter bei Schnee gejagt. Selbst wenn die Schweine bestattet sind, ist es gut, keine zu kleinen Triebe zu nehmen, weil sie ungemein weit vernehmen und schnell den Stand verlassen. Es ist gut, wenn die Schützen sich durch Bäume decken, besonders wenn starke Schweine im Triebe sind; noch rat= samer ist es, wenn der Schütze nicht ganz sicher ist, niemals dem Schweine entgegenzuschießen, weil namentlich große angeschossene Keuler, sobald sie den Schützen bemerken, sofort angreifen, annehmen und wehe ihm, wenn der zweite Schuß fehlt oder der Jäger, wenn er das Abfangen mit dem Hirschfänger nicht versteht, sich nicht rechtzeitig auf einen Baum retten kann. Die Jagd mit Hunden unterscheidet sich von der Jagd auf Hochwild darin, daß zur selben eigens auf Schweine eingeführte Hunde gebraucht werden müssen, denn nicht ein jeder Hund jagt Schweine und nicht ein jeder kümmert sich um das sonstige Wild nicht, wenn Schweine im Triebe sind. Man verwendet dazu eine größere Art Bracken= oder auch Schäferhunde, muß aber zu deren Einführung immer schon einen Hund haben, der nur Schweine jagt; glückt es einmal, vor einer solchen Meute eine Sau zu erlegen, so ist sie bald eingeführt und fern. Die Jagd mit Hunden ist vor= züglich im Banate, in den dichten, mit Dornen, wilden Wein= und Waldreben durchwachsenen Eichenjungwäldern — wohin kein Treiber eindringen kann — gebräuchlich. Die Schützen umstellen solche Orte, wo sie Schweine vermuthen, ein oder zwei Jäger führen die Hunde und lassen dieselben auf die Fährte der Schweine. Finden die Hunde das Schwein, — was sie durch lautes Anschlagen zu erkennen geben — so flüchtet es sich in das nächste und größte Dickicht und hält dort den Hunden stand. Die Schützen eilen schnell herbei, umstellen das Dickicht, einer derselben geht vorsichtig hinein und erlegt das noch immer standhaltende Schwein oder zwingt es zum Ausbruch, in welchem Falle die übrigen Schützen feuern. Wird es gefehlt oder kommt es ohne Schuß durch, flüchtet sich jedes Schwein gewöhnlich ins nächste Dickicht, hält den Hunden neuerdings stand, — obiges Verfahren wiederholt sich, diesmal aber mit Erfolg. Es kommen wirklich recht aufregende Scenen vor, da die Schützen dem Schweine gewöhnlich sehr nahe sind; man hört, wie es auf die Hunde los= fährt, wie diese heulend ausweichen, sich diesem oder jenem Jäger nähert, — endlich bekommt es einer zu Gesicht und feuert. Die Jagd erfordert erfahrene Jäger, aber auch gute Schützen, welche die Geistes= gegenwart nicht so schnell verlieren, denn in solchen finstern Dickichten, wo es nicht einmal möglich ist, vor dem annehmenden Schweine auf die Seite zu springen, muß der Jäger seines Schusses gewiß sein, darf sich einem angeschossenen Schweine niemals unvorsichtig nähern, da dieses oft so unverhofft und schnell herausfährt, daß er nicht einmal Zeit hat, das Gewehr in Anschlag zu bringen, und von dem gereizten Schwein arg zugerichtet werden kann. In Gebirgswaldungen bringen die Hunde namentlich starke Schweine nicht zum Stehen, die Jagd geht oft sehr weit und es ist beinahe unmöglich, den Hunden zu folgen, daher in einigen Gegenden Treiber und Hunde verwendet werden. Die Schützen postieren sich aber so, wie bei anderen Treib= jagden. Kommen die Hunde auf ein größeres Rudel, so trennen sie gewöhnlich ein Stück von demselben und bringen es bald zum Stehen, die übrigen Schweine aber sprengen weiter und kommen oft zum Schuß. Daß bei diesen Jagden mancher Hund von den Schweinen geschlagen wird oder an den erlittenen Wunden zu Grunde geht, und daß für genügenden Nachwuchs gesorgt werden muß, weiß wohl jeder erfahrene Saujäger. Wer sich übrigens einen Stand von Schweinen erhalten will, der soll nicht zu oft mit Hunden jagen, denn solche verlaufen sich zu weit und kehren in solche Reviere, wo sie öfter durch Hunde beunruhigt werden, ungern zurück. Wenn im Herbst die Schweine auf Hafer=, Kartoffel= oder Kukuruhfelder ausziehen, werden sie eben so wie das Reh auf dem Abendanstand erlegt. Da die Schweine oft mehrere Nächte hinter einander auf dasselbe Feld kommen, so werden in der Nähe dieser Schirme oder Hochstände errichtet und die grun= zelnden Tiere erwartet. Der Anstand ist nur bei ziemlich hellen Nächten und nur dann mit Erfolg gekrönt, wenn der Wind von der Wald= seite kommt, weil die Schweine bekanntlich sehr gut wittern und so= gleich in den Wald zurückkehren, sobald sie etwas Verdächtiges in Wind bekommen. Es gehört viel Geduld zu dieser Art Jagd. Oft muß man auch bis zwei, drei Uhr morgens auf dem Stand bleiben und schließlich ist der Schuß doch ein unsicherer. Auch wird den Schweinen an solchen Feldern, wo sie zur Fütterung ausziehen, Eisen gelegt oder Selbstschüsse gestellt. Diese Art Jagd wird aber nur von Bauern, die sich von den lästigen, schädlichen Eindringlingen befreien wollen, in Anwendung gebracht, wird daher auch nicht weiter erörtert, denn schwerlich findet sich ein wahrer waidgerechter Jäger, der daran Passion und Freude finden möchte.

Der Bär. Dieses größte in Europa vorkommende Raubtier ist in Ungarn noch ziemlich häufig und kommt in allen größern Wäldern des nördlichen Ungarns und Siebenbürgens vor. Wenn wir von Nordwesten kommen, treffen wir ihn zuerst in den Wäldern des Trencséner und Túróczer Komitates vereinzelt an; in den Wäldern der Sohler und Liptauer Alpen, dann des Gömörer und Zipser Komitates aber tritt er schon häufiger auf. In den enormen Wäldern des Zempléner, Unger, Beregher und Maramaroser Komitates ist er schon ziemlich zahlreich zu treffen, am zahlreichsten aber in den Nas= róder und Gyergyóer Wäldern, in den Grenzalpen gegen Siebenbürgen und Mehadia und in den Forsten der Königlichen Domäne Görgény.

Ungeachtet dessen, daß ihm auf alle mögliche Art nachgestellt wird, hat sich seine Verbreitungsgrenze noch nicht allzusehr ver=

kleinert und wird sich bei uns noch so lange erhalten, als die großen, zusammenhängenden Waldungen bestehen werden. Obwohl laut Aus= spruch der Naturforscher bei uns nur der gemeine braune Bär (ursus arctus) vorkommen soll, so lassen sich doch nach der Größe, Haarfarbe, ja selbst nach der Schädelbildung 3 verschiedene Arten unterscheiden. Am zahlreichsten kommt eine mittelgroße Art mit graubrauner Färbung, schwarzen Pranken und ziemlich langem mit schneidigem Schädelbein versehenem Schädel vor. Bären dieser Art werden selten über 2, höchstens 3 Centner schwer, ihre Fährte selten breiter als 16 cm. Die zweite Art hat eine dunkelbraune, beinahe schwarze Färbung, lichtbraune Schnauze und Brust, kurzen gedrungenen Schädel und runden Schädelknochen. Diese Art wird sehr stark, ausgewachsene Exemplare haben eine Fährtenbreite von 20—23 cm und erreichen ein Gewicht von 7 Centner. Ihre Fangzähne sind im Verhältnisse zum Schädel nicht besonders stark entwickelt, scheinen mehr Pflanzen= fresser zu sein und greifen Vieh nur in großer Not, oder wenn dieses zufällig in den Weg tritt an. Die dritte Art ist sehr dunkel, beinahe schwarz, manchesmal dunkelgrau gefärbt und hat um den Hals einen weißen Ring, weshalb sie auch Ringelbär genannt wird. Dieser Bär hat einen länglichen Kopf mit schneidigem Schädelbein; ausgewachsene Exemplare erreichen ein Gewicht von 5—6 Centner. Die Fährte ist 20—22 cm breit und die Fangzähne sind sehr stark entwickelt. Es ist dies die wildeste, blutgierigste Art, greift jedes Vieh an und lebt mehr von Fleisch als die zwei ersteren. Durch Kreuzung dieser 3 Arten entstehen Bären der verschiedensten Färbung, von Schwarz, Braun, Grau bis zum lichten Silbergrau. Ihr Lieblingsaufenthalt sind die großen, ausgedehnten Urwälder, wo sie zu jeder Jahreszeit genügende Nahrung, im Winter ruhige Winkel für ihren Schlaf finden und in ihrem Thun und Treiben selten gestört werden. Im Frühjahr, Ende März oder Anfang April, nachdem sie ihr Winterlager verlassen haben, bleiben sie in der Regel in den obersten Waldwinkeln, nähren sich von den an Quellen sprossenden Brunnkressen, jungen Gräsern und Wurzeln, scharren unter dem Laube liegende Bucheln hervor und leben eine Zeitlang, bis Blößen und Alpen grünen, ein recht kümmer= liches Leben. Im Sommer bis zur Reifzeit der Himbeeren nähren sie sich noch immer von Gräsern, Wurzeln und Ameisenlarven, im Juli oder anfangs August ist aber die Zeit, wo sie häufig Vieh schlagen. Reifen aber einmal die Himbeeren und Schwarzbeeren

(Heidebeeren), — erstere wuchern in jenen Schlägen derart, daß ein
Fortkommen durch dieselben beinahe unmöglich ist — so nähren sie
sich ausschließlich von diesen. In Schlägen zwischen den Himbeeren=
stauden oder in den oft Hunderte von Jochen weit mit Schwarzbeeren
bedeckten Alpen, kann man das Lager des Bären finden, der Losung
nach aber auch urteilen, daß er schon mehrere Tage hier weilt und
so lange verbleibt, bis in einem gewissen Umkreise alle Beeren auf=
gezehrt sind. — Sind die meisten Beeren verzehrt und der Hafer,
Kukuruh (Mais) beginnt zu reifen, so ziehen sie in die Vorwälder
herab in die Nähe der Felder und machen oft sehr weite Wege, um
zu solch delikater Äsung zu gelangen. Nach der Ernte des Hafers
und Kukuruh begnügen sie sich mit Wildobst, Eicheln und Bucheln.
Ist ein reiches Bucheljahr, so ziehen die Bären Ende Oktober in
solche Bestände und man findet, wenn z. B. nur einzelne Waldteile
ausgiebige Mast geben, oft mehrere Bären in Gesellschaft beisammen.
Ebenso kommt es öfter vor, wenn keine Beeren und kein Wildobst
gediehen, irgendwo aber eine ziemlich reiche Eichelmast anzutreffen
ist, daß die Bären einer ganzen Gegend dahin wandern. Man hat
in Maramaros und Görgény in einem Trieb auch schon 11 Bären zu=
sammen gefunden. Daß Bären, wenn sie nicht genügend Nahrung
haben und auf ihren Wanderungen mit Vieh zusammentreffen, ein
Stück, oft auch mehrere schlagen und mit Wohlgenuß das frische
gute Fleisch verzehren, ist selbstverständlich und auch zu gut be=
kannt. — Hat der Bär ein Stück Vieh geschlagen, so verzehrt er nur
einen Teil desselben, das übrige Fleisch verscharrt und bedeckt er mit
Moos oder Laub und kommt die nächste Nacht wieder zum Mahle.
Machesmal wird ein Stück Vieh von der Heerde gesprengt, verfolgt
und so erlegt. Ich habe einen Fall erlebt, wo eine gewaltige Ringel=
bärin — gleich im Frühjahre, als die Hirten auf die Alpe kamen --
ein Pferd von der Heerde trennte, dasselbe nahezu eine halbe Stunde
verfolgte, endlich auf einer Blöße einholte und das vor Schrecken zitternde
Tier tötete. Nun ließ sie das Pferd unberührt dort liegen, kam des
Abends zurück, trug und schleppte es in einen Graben und ver=
zehrte in Gesellschaft ihrer beiden Jungen einen großen Teil. Der
Rest wurde mit Laub, welches von einer ziemlich großen Strecke
zusammengescharrt war, bedeckt. Nächsten Abend kam sie wieder und
verzehrte den Rest, die übrig gebliebenen Knochen aber nicht mehr
bedeckend.

Der Bär wird wegen des Schadens, den er zwischen dem Weide=
vieh, im Herbst an den Kukuruz= und Haferfeldern anrichtet, sehr
stark verfolgt und sowohl auf Treibjagden, vor den Hunden, auf
dem Anstand und in der Gaura geschossen, als auch im Eisen und
großen Fallen gefangen und durch Selbstschüsse erlegt. Machen die
Bären in irgend einer Gegend zwischen dem Weidevieh oder auf den
Hafer= und Kukuruzfeldern allzuviel Schaden und gelingt es nicht,
die Räuber am Anstand oder sonst wie zu strafen, so werden von den
politischen Behörden im Amtswege großartige Treibjagden abgehalten.
Welcher Jäger, der längere Zeit in Ober=Ungarn oder Siebenbürgen
gelebt hat, kennt sie nicht, diese großartigen sogenannten Komitats=
Jagden, wo mit einem Aufwande auch oft von 200—300 Treibern
und 10 Schützen ganze Berglehnen und Thalkessel auf einmal ab=
getrieben werden. Auf den Wind wird nicht viel Rücksicht genommen,
die Schützen besetzen irgend einen Bergrücken oder ein Seitenthal
vom Hauptthale an bis zur Alpe hinauf, während die Treiber in
einem oft zwei Stunden entfernten Thale zu treiben beginnen, in
einer möglichst gut geschlossenen Kette gegen die Schützen vorrücken,
mit Hörnern, Trompeten und Trommeln einen fürchterlichen Lärm
machen und das Wild gegen die Schützen zu bringen trachten. Der
Erfolg solcher Jagden ist im Vergleiche zu den angewendeten Mitteln
ein sehr geringer, sehr oft erfolglos, da das Wild in der Regel seit=
wärts ausbricht oder gar nicht im Triebe ist. Die Schützen müssen
oft 5 bis 6 Stunden auf den Ständen bleiben, verlieren nicht selten
die Geduld und verlassen die Stände oder die Treiber verlieren die
Richtung, die Kette wird gerissen und unbemerkt bricht das vorsichtige
Tier zurück.

Einem wahren Bärenjäger machen derart Jagden gar kein
Vergnügen. Es werden alle in 3 Komitaten vorfindlichen Jäger
zusammen getrommelt, — man kann die verschiedenartigsten Gewehre
zu Gesicht bekommen, die ältesten einläufigen Perkussions=Gewehre, —
welche der Träger mit einer Handvoll Pulver, gehacktem Blei und
Eisenstücken ladet, — neben den Jagdgewehren neuester Konstruktion,
es wird mehr gegessen und getrunken, als gejagt, und oft ist man sogar
der Gefahr ausgesetzt von einem unvorsichtigen, unerfahrenen Jäger
angeschossen zu werden. Wo die Bärenjagden, wie z. B. in Görgény
oder in der Maramaros, mehr regelmäßig und waidmännisch betrieben
werden, wird nie auf's Geradewohl gejagt. Vor der Jagd müssen

die betreffenden Triebe immer umkreist und nur solche genommen werden, in denen Bären bestattet sind. In Görgény sind eigene Abspürer angestellt, welche die Wechsel und Stände schon aus langjähriger Erfahrung kennen und eine außerordentliche Übung in dem Erkennen und Ansprechen der Bärenfährten haben. An den, im harten Boden eingedrückten Krallen oder an der, im Bestande gewendeten Laube wissen sie die Bärenfährte zu erkennen und anzugeben, in welcher Richtung er gewechselt ist. Wird nun festgestellt, in welchen Trieb er gewechselt ist, so umschlagen sie demselben mit der größten Umsicht, ob er nicht wieder an einer anderen Stelle herausgetreten, — ist dies nicht der Fall, so wird der Trieb genommen. Wenn der Herbst trocken, ist es sehr schwer zu bestimmen in welchem der zwei zu nehmenden Triebe der Bär geblieben ist. In solchem Falle müssen beide Triebe zugleich genommen werden, jedoch mit der Vorsicht, daß der erste Trieb ganz still getrieben wird, um den Bären für den Fall, daß er im nächsten angrenzenden Triebe sein sollte, nicht zu verscheuchen. Damit die Treiber immer in möglichst geschlossener Linie vorrücken und die Richtung genau einhalten können, sind eigene Treiberführer und Hornisten angestellt, welche jeden Trieb genau kennen und wissen, wie sie zu gehen haben. An jedem Flügel und in der Mitte der Treiber sind die Hornisten und zwischen diesen wieder einige Treiberführer eingeteilt. Während des Vorrückens geben die Hornisten von Zeit zu Zeit bestimmte Signale, laut welcher die Treiberführer immer die Richtung der Treiberlinie beurteilen können, oder wenn nötig vorgehen oder kurz stehen bleiben müssen, bis die geschlossene, möglichst gerade Linie der Treiber wieder hergestellt ist. Dieser Einrichtung ist es hauptsächlich zu verdanken, daß Triebe selten durch schlechtes Gehen der Treiber verdorben werden und die Treiberlinie immer geschlossen und gleichmäßig auf die Schützen kommt. Die Schützen stehen immer unter dem Wind auf einem Weg, Bergrücken oder in einem Graben und müssen, namentlich in den dicht bestockten Trieben bei Adorján und Kászva sehr aufmerksam sein, damit sie der Bär nicht unversehens überrascht, denn in der Regel kommt er — ohne den geringsten Lärm zu machen — unmittelbar vor den Treibern, steckt bloß den Kopf hinaus, stößt einen kurzen Brüller aus und ist mit einem Satz über dem Weg. Diese Art der Bärenjagd, — die durch den Fürsten Waldeck, die Grafen Teleki hier eingeführt worden ist — hat sich in jeder Beziehung bewährt und es sind im Laufe

von 30 Jahren gewiß mehr als 200 Bären erlegt worden. Ge=
schossen wird nur mit Kugeln aus gezogenen Büchsen. In letzterer
Zeit werden mit sehr gutem Erfolge Expansiv Kugeln benützt. Bei
Treibjagden auf Bären pflegt man oft auch Hunde auszulassen, die
den Bären ebenso wie das Schwein jagen und auf die Schützen bringen,
dabei aber einen ganz anderen, dem Standlaut ähnlichen Laut geben.
Die Bärenjagden werden dadurch viel angenehmer und weniger ab=
spannend wie mit Treibern allein, denn die Schützen werden durch
die Hunde auf die Anwesenheit des Bären aufmerksam gemacht, —
der Bär geht viel schneller, macht durch das Brechen der Äste und
Reisig mehr Geräusch, — daher sich der Schütze rechtzeitig schußbereit
machen kann.

Der frühere Pächter der Herrschaft Görgény hatte eine Meute
von 16 Bärenhunden, die schwächere Bären auch zum Stehen gebracht
haben. Leider ist diese beinahe ganz ausgestorben und es wird wohl
Jahre brauchen, bis eine solche ferme Meute zusammen gebracht wird.
Nicht selten werden Bären bei Sau=, selbst Rehjagden geschossen.
Ich selbst habe zwei Rehjagden mitgemacht wo Bären durch Hunde
gejagt wurden, und einer derselben mit Schrot auch erlegt worden ist.

Wenn die Bären im Herbst auf die Hafer= und Kukuruzfelder
ausziehen, werden sie abends oder nachts auf dem Anstand erlegt.
Die Jäger machen sich an den Ort, wo der Bär auszuziehen pflegt,
entweder einen Hochstand oder, wenn dies nicht möglich ist, einen
Schirm, — begeben sich abends noch vor Eintritt der Dämmerung
auf den Anstand und warten so lange, bis der Bär zur Äsung kommt.
Auch wenn der Bär irgendwo ein größeres Stück Vieh schlägt,
welches er nicht ganz verzehrt hat, pflegt man sich bei demselben auf
den Anstand zu setzen. Man darf den gewöhnlich mit Moos oder
Laub bedeckten Kadawer nicht anrühren, an der Stelle nicht viel
herum gehen, weil er gleich Unrat wittert und gar nicht kommt. Es
giebt viele Jäger, die diese Art der Jagd sehr lieben und jeder andern
vorziehen, weil man auf derselben so ziemlich sicher zum Schuß kommt.
Sie erfordert aber viel Geduld und Ausdauer, ist auch, da der Schuß
in der Nacht viel unsicherer ist, gefährlich, da der Jäger in der
Regel ganz allein ist, nur auf seine Geschicklichkeit und Geistesgegen=
wart bauen muß. Wo man die Höhlen, hohlen Bäume und Wind=
würfe (Genra) kennt, in welchen der Bär seinen Winterschlaf hält,
pflegt man diese aufzusuchen um mit sicherer Haut zurückzukehren.

Diese Jagd ist mehr in Oberungarn, namentlich in Ungvár, Beregh, Maramaros und Nagybánya gebräuchlich und ist eine der sichersten und schönsten Jagdarten auf Bären. Wenn im November schon ein größerer Schnee gefallen ist, suchen 2 bis 3 Jäger zusammen die sogenannten Gaura's auf und sehen nach ob ein Bär in dieselben hinein zu spüren ist. Wird z. B. in einem hohlen Baume ein Bär gefunden, so trachten die Jäger die Öffnung, durch die er hinein gekrochen ist, möglichst gut zu verrammeln und stöbern ihn endlich mit Stangen auf; der Bär um aus dem Baume heraus zu kommen, muß früher die Hindernisse beseitigen, die ihm den Weg sperren, — wird bei dieser Gelegenheit gut getroffen, erlegt. Aus tiefen Höhlen ist der Bär oft sehr schwer heraus zu bringen, da hilft alles Rauch= machen und Hineinschießen nichts — er verläßt seinen sicheren Hort nicht. Es giebt Bären = Jäger, die sich sogar in die Höhle selbst wagen und Bären erlegen; der alte Forstwart Fukarz ist bei Schwarzwag in der Liptau in Chmelienciz in die Höhle eines Bären gestiegen und erlegte ihn glücklich. Daß dies ein sehr gewagtes Vorgehen ist und leicht schlecht ausfallen kann, mußte er später leider selbst erfahren und mit seinem Leben büßen. Für einen andern Jäger den Bären in der Gaura auszuspüren, bleibt selbst für den Geschick= testen immer eine sehr schwere Sache, denn es kann leicht geschehen, daß er vom Bären bemerkt wurde, dieser aber, sobald der Feind weg ist, die Gaura schnell verläßt, die später ankommenden Jäger aber nur das leere Loch finden. Möglich ist dies nur im Frühjahre, im März, wo noch Schnee liegt, wenn man eine Gaura findet, in welcher eine Bärin mit ihren Jungen ist, wenn diese in der Gegend auf Äsung herumwechselt und bei schlechtem Wetter wieder in die Gaura zieht. — Gewöhnlich läßt sie aber die Schützen nicht nahe kommen, sondern fährt schon heraus wenn diese noch auf 20—30 Schritt weit sind. Während ich in Munkács war, wurden vom Grafen Schön= born im Frühjahre 2 Bärinnen, jede mit 2 Jungen erlegt. Das Fangen der Bären im Eisen ist namentlich in Oberungarn bei dem Forstpersonale der Liptóujvárer dann der Sohler Forsten gebräuch= lich; am meisten verbreitet ist der Fang in den Revieren Schwarzwag, Szvarin, Teplüska und Lubochna. In diesen Revieren werden jähr= lich mehrere Bären gefangen, weil es da Forstwarte giebt, die im Stellen der Eisen wahre Meister sind. Mancher von ihnen hat schon 10 bis 12 Bären im Eisen gefangen. Die Eisen werden in der Regel im Frühjahre gestellt vor dem Auftriebe oder im Herbst nach dem Abtriebe des Viehes auf die Alpen auf den, über die Berg= rücken führenden Viehsteigen, auf welchen das Vieh von einer Alpe auf die andere, oder auf die Weidestellen getrieben wird, und die auch der Bär mit Vorliebe zu seinen nächtlichen Wanderungen benützt — und zwar immer an einer durch Felsen gebildeten Verengung des Weges, wo der Bär nicht leicht vom Wege abweichen kann. Sind keine derartigen Stellen vorhanden, so werden sie durch Fällen dürrer Bäume, oder das Ausschneiden einer Durchgangsöffnung bei einem über den Steig liegenden Windwurf hergestellt. Die in Verwendung kommenden Eisen sind große Teller= oder Tritt=Eisen mit Schlagfedern an beiden Seiten und haben nicht selten ein Gewicht von 50 bis 60 Pfd. Die Federn müssen sehr stark und aus vorzüglichem Stahl angefertigt sein, damit, wenn sie selbst einen Monat lang gespannt bleiben sollten an Elasticität nichts verlieren. Zum Spannen der= selben sind eigene Federhaken notwendig. Für das Eisen wird an einer der oben beschriebenen Stellen eine kleine Vertiefung ausge= hoben, so daß es mit der Stegfläche in eine Ebene zu liegen kommt und nicht auffallend vorsteht. Das Eisen wird mit Moos und Erde bedeckt und die Stelle, wo es liegt, wie nur möglich unerkenntlich gemacht.

An einer der Federn ist eine starke Kette, an der ein mächtiger Holzklotz befestigt ist; dieser hat die Bestimmung, den Bären in seinem Fortkommen zu hindern. Die Eisen sollen nicht zu leicht ge= stellt werden, weil sich sonst der Bär zu hoch hängt, sich den vom Eisen abgeschlagenen Teil der Pranke abreißt und leicht aus dem Eisen frei macht. Dies zu thun, ist aber nicht so leicht, wenn er sich an den untern, mit vielen starken Sehnen durchzogenen Teil der Pranke hängt. Das Eisen darf unter keinen Umständen festgebunden werden, da sich sonst der Bär aus dem Eisen reißen oder dasselbe zertrümmern würde. Der nichts Böses ahnende Bär kommt nun ein= mal während seinen nächtlichen Wanderungen auch an eine solche Stelle, tritt mit einer Pranke auf das Trittbrett, die Federn schnellen die zwei Bögen in die Höhe und Meister Petz ist gefangen. Schnell sucht er die Stelle zu verlassen, will sich vom Eisen befreien, wird aber durch den an der Kette befestigten Holzklotz, der an Stauden und Bäumen hängen bleibt, gehindert. Er versucht das Eisen mit seinen mächtigen Zähnen zu zerbeißen oder stürzt sich auf den ihm

im Fortkommen hindernden Holzkloß und beißt sich bei dieser Ge=
legenheit oft alle Zähne aus. Starke Bären ergeben sich nicht so
leicht und gehen mit dem Eisen unter furchtbarem Brüllen oft Stunden
weit und durch Orte, wohin er schwer zu verfolgen ist. Wird auf
diese Art ein Bär gefangen, so folgen ihm die Jäger auf der leicht
erkennbaren Spur, treffen ihn bald an und machen dem abgemarterten
Tier durch einen wohlgezielten Schuß ein Ende. Kommen die Jäger
nahe, so fängt er gewöhnlich zu brüllen an. Starke Bären greifen
trotz des Eisens ihre Verfolger an, können aber natürlich nicht so
gefährlich werden, da sie durch den an der Kette hängenden Klotz im
Fortkommen gehindert sind. So ein im Eisen gefangener Bär ge=
währt in seiner Wut mit dem offenen, vom Schweiß und Schaum be=
deckten Rachen, wenn er aufrecht stehend auf die Schützen kommt, einen
furchtbaren Anblick, und schon mancher im Eisen gefangener Bär hat
trotz des Eisens und Klotzes seinen Verfolger in die Flucht gejagt.
Ruhige erfahrene Jäger lassen ihn aber möglichst nahe kommen und
erlegen ihn durch einen Kopfschuß. Das Fangen der Bären im Eisen
ist unstreitig eines der sichersten Mittel, um dieses scheue und schäd=
liche Wild mit Erfolg zu vermindern und in Verbindung mit Gift
das einzige, um diese Tiere mit der Zeit auch in unseren Wäldern
auszurotten. In einigen Gegenden wird der Bär auch in große, den
Prügelfallen ähnlichen Fallen gefangen, an deren Stellholz ein Stück
Fleisch befestigt wird. — Wer so eine riesige, höchst primitiv gebaute
Falle sieht, deren Fallhölzer mit langen Nägeln besetzt und mit
mehreren Centner Steinen beschwert ist, kann es nicht glauben, daß
in derselben ein so starkes und vorsichtiges Tier wie der Bär gefangen
werden kann. Doch eben die Art der Zusammenstellung aus altem,
verwittertem Holze, das den in Urwäldern oft vorkommenden Wind=
würfen ähnlich gestellt wird, macht in unvorsichtig. Auf Hafer und
Kulturutzfeldern, dann bei geschlagenem Vieh, pflegt man den Bären
auch Selbstschüsse zu stellen. Bei einem geschlagenen Vieh werden immer
mehrere, gewöhnlich 4 Gewehre als Selbstschüsse gestellt, die alle in
der Höhe des Bären auf das Aas gerichtet sind. Die Gewehre
werden an eingerahmten, oben gabelmäßig sich teilenden Pflöcken be=
festigt und die Abzugsschnüre so gezogen, daß er, von welcher Seite
kommend, auf eine Schnur gelangen muß.

Die Jagd des Bären, dieses gewaltigen Raubtieres, ist immer
gefährlich, man soll bei derselben stets die größte Vorsicht beobachten,

besonders, wenn man allein und auf sich selbst angewiesen ist. Der Bär hat ein sehr zähes Leben und kann selbst bei einem ganz guten Blattschuß in seinen letzten Lebenszuckungen ein sehr gefährlicher Gegner werden. Besonders angeschossenen Bären soll man sich nicht allein und unvorsichtig nähern. Hinter einem Windwurf oder Stamm ge= lagert, kann er plötzlich herausfahren, so daß der Jäger oft nicht einmal Zeit zum Anschlagen hat, geschweige sicher zielen kann. Sich dem Bären mit dem Hirschfänger oder Messer entgegenzustellen, sind alles Fabeln! Der Bär ist der beste Fechter, pariert jeden Hieb, ein Schlag mit seiner mächtigen Tatze genügt, um dem Menschen den Schädel zu zerschmettern.

Mögen noch so viele Bärenjagden ohne jeden Unfall ablaufen, so ist dies noch kein Beweis, daß der angeschossene Bär den Jäger nicht annimmt. Doch lasse man sich dadurch nicht einschüchtern, beobachte die größte Vorsicht und Ruhe, gebe nie den zweiten Schuß unvorsichtig oder voreilig ab, suche sich immer durch einen Baum oder Strauch zu decken, schieße dem Bären nie entgegen, sondern lasse ihn passieren und bringe den Schuß an, wenn er die Schützenlinie verlassen hat.

Der Wolf. Dieses der Jagd und den Viehheerden gleich ge= fährliche Raubtier kommt zwar nicht mehr so zahlreich vor, wie vor 20—30 Jahren, ist aber doch noch in allen größeren Wäldern von der Donau bis zu den Karpathen an der Grenze von Galizien und der Walachei anzutreffen. Nach der Färbung des Felles und dem gewöhnlichen Aufenthaltsorte kann man bei uns zwei Arten von Wölfen unterscheiden. Die größere Art hat bei einer mehr grau= braunen Färbung des Körpers rotbraune Lauscher und Pranken, ein sehr stark entwickeltes schneidiges Schädelbein und lebt größtenteils in den höheren Gebirgswäldern, wo sie von Wild, im Sommer von geraubtem Weidevieh leben. Diese Wölfe sind den größten Teil des Jahres oben in den hintern Wäldern und kommen nur im Winter tiefer in die Vorgebirge, bei hohem Schnee bis in die Nähe der Dörfer. Sie sind selten in größeren Rudeln beisammen, nur 3 bis 4 Stück durchstreifen die Wälder und halten sozusagen regelmäßige Jagden ab, indem einer oder zwei am Bergrücken streifen, während die übrigen dem Wilde im Thale auflauern. Auf Jagden werden sie namentlich den Hunden sehr gefährlich, indem sie das vor den Hunden dahin jagende Wild passieren lassen, den auf nichts achtenden Hund aber ergreifen, auf der Stelle zerreißen und verzehren.

Die zweite Art ist etwas kleiner, mehr hellgrau, mit dunkel=
grauen oder schwarzen Lauschern und graubraunen Pranken. Diese
Art lebt mehr in den Vorwäldern in der Nähe der Ortschaften und
Viehstände, ernährt sich größtenteils von Schafen, Ziegen und Kälbern,
die sie von den im Walde oder auf Waldwiesen weidenden Heerden
raubt. Die Wälder fortwährend durchstreifend, wissen sie sich in der
Regel ganz unbemerkt der Heerde zu nähern und ein Schaf, eine Ziege
oder ein Schwein, welches sich von der Heerde zu weit entfernt hat
oder zurückgeblieben ist, zu rauben. Mit größter List und Überlegung
fangen sie im Winter im Dorfe selbst die Schäferhunde. Ein starker
Wolf nähert sich nachts dem Dorfe, wo sie Hunde wittern, möglichst
nahe, wagt sich sogar zwischen die Häuser, während die andern hinter
einer Staude gedeckt auf der Lauer stehen. — Bemerken nun die Dorf=
hunde den einzelnen Wolf und fallen ihn an, so ergreift er die
Flucht, doch in jene Richtung, wo seine Kameraden warten. Die
armen Hunde folgen ihm, doch plötzlich werden sie von den lauernden
Wölfen überfallen und in der Regel wird einer sofort zerrissen. Die
Wölfe sind eine wahre Geisel der Heerdenbesitzer und verursachen in
manchen Gegenden sehr empfindlichen Schaden! Es ist wirklich wun=
derbar, daß diesem schädlichen Raubtiere, welches jährlich Weidevieh
im Werte von vielen Tausenden und Tausenden zerreißt, nicht mehr
und systematischer nachgestellt wird. Die Wolfsjäger Siebenbürgens
behaupten, daß man das Alter des Wolfes an der Leber erkenne,
indem jedes Jahr ein neuer Leberlappen zuwachsen soll. Ich hatte
noch keine Gelegenheit, genauere Untersuchungen vorzunehmen, doch
scheint etwas an der Sache zu sein, denn ich überzeugte mich, daß
eine anscheinend 4 Jahre alte Wölfin richtig 4, ein, nach den Zähnen
geurteilt, sehr alter Wolf 9 Leberlappen hatte.

Der Wolf, dieses schädliche Wild, wird mit Treibern gejagt,
auf den Ruf und beim Luder geschossen, im Eisen und Fallen ge=
fangen, in neuester Zeit aber mit Strychnin vergiftet. Wenn sich in
irgend einer Gegend viele Wölfe zeigen und im Weidevieh großen
Schaden anrichten, so veranstalten die Gemeinden oder politischen
Behörden gemeinschaftliche, großartige Treibjagden, die sich von den
Jagden auf Bären nicht viel unterscheiden. Die Jäger, oft in sehr
großer Zahl, umstellen die Orte, wo Wölfe vermutet werden, an der
Seite, wo diese mit den großen Wäldern zusammenhängen, während
die Treiber von der Feldseite aus vorrücken. Da bei diesen Jagden

nicht mit der notwendigen Vorsicht vorgegangen wird, die Wölfe früher nicht bestattet werden, so ist der Erfolg in der Regel ein sehr geringer. Entweder sind die Wölfe gar nicht im Triebe, oder, nachdem sie die geräuschvolle, laute Annäherung und Aufstellung der Treiber und Jäger noch vorzeitig bemerkt haben, verlassen sie ihren Stand. Die Wölfe bleiben übrigens dort, wo sie Vieh gerissen haben, niemals längere Zeit liegen, sondern haben ihren Stand gewöhnlich in einem weit davon entfernten Dickichte, wo man sie oft gar nicht vermutet. Der Wolf ist überhaupt ein sehr unruhiges Wild, welches fortwährend hungrig ist, selbst beim Tage viel herumwechselt, nachts immer auf den Beinen ist; und doch ist man oft nicht imstande — ja selbst bei gutem Schnee — ihren Stand zu bestimmen. Bis die Schützen an Ort und Stelle kommen, sind sie gewöhnlich schon außer dem Triebe, nur manchesmal gelingt es, ein kleineres Rudel, welches z. B. in der Nacht gerissen, sich ordentlich angefressen hat und jetzt im Dickicht verdauet, einzukreisen.

Wenn man ihre Wechsel kennt und mit der gehörigen Stille auf die Stände geht, ist der Erfolg ein ziemlich sicherer, denn schon beim ersten Lärm der Treiber suchen sie das Weite und kommen den Schützen auf's Korn. Der Wolf benimmt sich hiebei sehr feig; mit gesenktem Kopf und heraushängendem Schläcker kommt er wie ein Fuchs angeschlichen und ist in der Regel nicht schwer zu erlegen, da für gewöhnlich mit Pfosten geschossen wird. Zufälligerweise werden Wölfe manchesmal gelegenheitlich anderer Jagden oder auch vom Forstpersonale während ihrer Waldgänge erlegt. Im Dezember und Jänner, wenn sich die Wölfe zur Ranzzeit sammeln, werden sie in Siebenbürgen auch auf den Ruf geschossen. — Mehrere Jäger begeben sich an einer mondhellen Dezember- oder Jänner-Nacht an solchen Ort, wo sich Wölfe aufzuhalten pflegen und besetzen ihre Stände. Einer der Jäger ahmt nun den Wolfsruf (ihr Geheul) nach. Sind Wölfe in der Nähe, wird dieser bald beantwortet. In Zwischenräumen von 4—5 Minuten wiederholt der Jäger den Ruf, die Wölfe, einen Kameraden oder eine Wölfin vermutend, kommen immer und immer näher, bis der eine oder andere Jäger seine Büchse knallen läßt. — Es ist dies eine recht unheimliche Nacht, wenn die schleichenden Gesellen ihr Geheul hören lassen, der Jäger von ihnen allseitig umgeben ist, sie im Dickichte brechen hört und ihrer doch nicht ansichtig werden kann! In den meisten Fällen bekommen sie den Jäger in

Wind, das Geheul verstummt und die vor Kälte halb erstarrten
Jäger müssen unverrichteter Sache nach Hause ziehen. Findet man
einen Bau mit jungen Wölfen, so können die Alten vor dem Bau
leicht erlegt werden, wenn ein Junges angebunden wird, dieses zu
schreien beginnt und die Alten alsbald herangelaufen kommen. Wo
die Wechsel genau bekannt sind, werden gerade so wie beim Bären
beschrieben wurde, Tritteisen aufgestellt. In Siebenbürgen wird der
Wolf in sehr sinnreich konstruierten Fallen gefangen, die ausschließlich
nur dort in Anwendung und nur sehr wenig bekannt sind. Die
Falle ist eigentlich ein aus Blockwänden hergestellter kleiner Schaf-
oder Ziegenstall, an dessen beiden Seiten schmale, kaum 60 cm breite
Gänge angebracht sind. Dieser Gang muß etwas mehr als die
doppelte Länge eines Wolfes haben, damit der Wolf schon ganz im
Gange ist, wenn er die in der Mitte desselben angebrachte Abzieh=
schnur erreicht. Der Gang wird geschlossen durch 2 sich nach innen
öffnende Thüren, die in einen am Thürstock ausgestemmten Falz
passen und durch zähe, gebogene Haselnußruten, mit denen sie durch
eine Schnur verbunden sind, zugezogen werden. Die Thür, sobald
sie sich schließt, fällt in eine durch Federn niedergedrückte eiserne
Klinke und kann von innen nicht mehr geöffnet werden. Die Thüren
werden durch Stellhölzer offen gelassen, die mit der über die Mitte
des Ganges gespannte Abzugsschnur in Verbindung sind. Wird diese
Schnur angezogen, heben sich die Stellhölzer aus, die Thüren werden
durch die Ruten zugezogen und schließen sich augenblicklich. Der
Stall und die Gänge sind an der obern und untern Seite mit einem
aus gespaltetem Buchenholz angefertigten Boden versehen, damit sich
der gefangene Wolf nicht ausgraben kann. In den Schafstall werden
zwei junge Schafe oder Ziegen gesperrt, die fortwährend nach der
Mutter rufen, dadurch aber die Wölfe anlocken. Der Wolf umkreist
anfangs den Stall und da die Wände des Stalles gegen die
Gangseite sehr schütter gebaut sind, so hofft der blutdürstige Wolf
durch den Gang zu den Schafen zu gelangen; doch dies gelingt ihm
nicht. Will er nun auf der andern Seite entweichen, so kommt er
an die Stellschnur, die Stellhölzer heben sich aus und lautlos schließen
sich hinter ihm die Fallthüren. Daß sich so ein gefangener Wolf
nicht gutwillig in sein Schicksal ergiebt und alles anwendet, um aus
seinem Gefängnisse zu entkommen, beweisen die zerbissenen Wände in
jenen Fallen, wo schon mehrere Wölfe gefangen waren. Der im

Gang gefangene Wolf wird durch eine größere Fuge in den Kopf geschossen Am meisten hat man diesen schädlichen und unstäten Raubtieren in neuester Zeit durch Vergiftung mit Strychnin Abbruch gethan und einige Komitate haben sich im Verlaufe von kaum mehr als einem Decennium von diesen lästigen Tieren gänzlich befreit. Ich halte die Vergiftung für das einzige Mittel, um unser Land in kürzester Zeit von diesen schädlichen Tieren zu befreien, die den Landwirten jedes Jahr einen Schaden von 50—60,000 Gulden zufügen, und ich glaube, daß es angezeigt wäre, wenn der Staat die Gemeinden zu obigem Zwecke mit Strychnin versehen und wenn in jeder Gegend einige Forstbeamten oder erfahrene Forstwarte mit der Vergiftung betraut würden. — Das Verfahren ist ein sehr ein= faches und von jedem verständigen Menschen bald erlernt. Das Erste ist, daß die Jäger die Orte ausmitteln, wo die Wölfe während ihrer Wanderungen zu wechseln pflegen, was im Winter bei fleißiger Begehung des Revieres gar nicht so schwer und in den meisten Fällen den Jägern ohnehin bekannt ist. Gewöhnlich passieren sie Rücken, Sättel oder Thäler und auf diese sind die vergifteten Luder zu legen. Als Luder benützt man ein Pferd, noch besser einen Hund, der am einfachsten an Ort und Stelle selbst mit Strychnin vergiftet wird und es genügt diese Blutvergiftung. Der Wolf, der von diesem Fleische genossen, muß, wenngleich nicht momentan, doch nach 20—24 Stunden umkommen.

Will man erzielen, daß der Wolf nicht zu weit vom Luder geht oder am Flecke bleibt, um wenigstens dessen Decke gebrauchen zu können, so muß der ganze Kadaver unter der Haut, namentlich in der Bauchgegend, sowie Leber, Lunge und Zunge gut eingestreut werden; Strychnin ist noch wirksamer, wenn man die Portion in Schafge= därme, in sogenannte Seitlinge, die früher aufgeweicht waren, giebt, diese an beiden Enden zudreht und die kleinen Würstchen unter die Haut des Kadavers anbringt, wodurch das Gift, welches als or= ganisches in feuchtem und freiem Zustande schnell verwittert so länger seine Stärke behält. Daß man außerordentlich vorsichtig da= mit umgehen muß, sich ja nicht verletzt, — versteht sich von selbst. Ist das Gift echt und stark, namentlich salpetersaures Strychnin, so bleibt der stärkste Wolf, selbst wenn er nur 1—2 Portionen ver= speist hat, am Flecke, oder verspürt er die Wirkung und will sich entfernen, kommt er nicht weiter als 50 Schritte und wird schließlich vom Gifte bewältigt. Ist das Gift schwach oder verwittert, so kommt es öfter vor, daß Wölfe das Genossene alsbald ausspeien, der sofortige Tod bleibt zwar aus, doch werden sie so schwach, daß sie nicht imstande sind, ihre Beute zu fangen, magern ab und werden gewöhnlich von Hirten 2c. erschlagen. Vor Januar soll man mit dem Vergiften nicht beginnen, denn bis dahin bekommen die Wölfe noch immer etwas zu reißen und halten sich noch in obersten Teilen der Waldungen auf. Wenn sie im Januar wegen hohem Schnee herunter ziehen müssen, nehmen sie die gelegten Luder bald auf, besonders, wenn in der Nähe des Kadavers ein gebratener Pferdefuß auf einen Baum gehängt wird. Diesen Geruch wittern sie von weitem und stoßen schließlich auf das Luder. In Görgény wurden durch Gift und mit Hülfe der im vorstehenden beschriebenen Fallen im Laufe von 2 Wintern 20 Wölfe vertilgt und deren Zahl schon so vermindert, daß im ganzen Rayon jetzt nicht mehr als 4 bis 5 Stück zu spüren sind, während früher Rudel von 6 bis 9 Stück keine Seltenheit waren.

Der Luchs kommt, — wenn auch nicht so häufig wie der Wolf — in allen größeren Wäldern der ungarischen und siebenbürgischen Karpathen vor. In einigen Gegenden, wo er einstens sehr zahlreich gewesen sein soll, ist er für kurze Zeit verschwunden und man hoffte ihn gänzlich ausgerottet zu haben. In den 1860ger Jahren wurden jedoch wieder einzelne Exemplare bemerkt, eines auch gefangen, — und seit dieser Zeit hat sich der Luchs namentlich in den Liptauer, Zipser, Sohler und Gömorer Forsten so schnell vermehrt, daß auf der Staatsherrschaft Liptó-uj-vár im Jahre 1878 acht Stück gefangen worden sind. Anfänglich erschien er in den Wäldern der Schwarzen-Waag, und hat sich hier so stark vermehrt, daß einige auch in die Wälder unter die Tátra ausgewechselt sind, und sich dort — zum größten Nachteile des Gemsenstandes — sehr rasch verbreiteten. In den Unger, Beregher, Maramaroser, Naróder, Görgényer und Gyergyóer Wäldern ist der Luchs ein bekanntes Raubtier; hier werden auch jährlich einzelne Stücke durch Hirten oder Raubschützen erlegt. In unseren Wäldern kommen der Färbung nach zwei verschiedene Arten vor. In Liptau, Zips und Gömör kommt ausschließlich der gefleckte oder gestreifte Luchs vor, jedoch ist auch hier jedes Exemplar anders gezeichnet. Weniger häufig ist die zweite Art, der graubraune, seltener rehbraune und nicht gefleckte Luchs, von welchen zeitweise einige Exemplare in Maramaros und Siebenbürgen

erlegt werden. Der Luchs ist für den Wildstand eines der gefähr=
lichsten Raubtiere. Es ist ihm sehr schwer beizukommen, da er tags=
über auf einem Felsen oder hinter einem dicken Ast verborgen, dem
Wild auflauert, und nur nachts, diese Schlupfwinkel verlassend, hin
und her wechselt. Treibjagden sind daher ganz vergeblich, da man
selten seinen Standort kennt und er in einem Felsenloche oder auf
einem Ast sitzend, die Treiber ruhig vorüber gehen läßt. Manchesmal
kommt es jedoch vor, daß bei Bärenjagden ein Luchs erlegt wird, oder
daß einer, wenn Schäferhunde ihn zufällig aufstöbern, zu bäumen zwingen
und Standlaut geben, — von den herbeigeeilten Schäfern — wenn sie
ein Gewehr haben — hinunter gefeuert wird. Da auch der Luchs
mit Vorliebe die über Bergrücken führenden Viehsteige benutzt, wird
er am häufigsten, so wie der Bär, im Tritteisen gefangen. Das
Verfahren ist ganz dasselbe wie beim Bären, doch kann ein schwächeres
Eisen in Anwendung kommen. Ist man so glücklich, einen Bau mit
Jungen zu finden, so können die Alten, besonders das Weibchen, auf
dem Anstand leicht geschossen werden, indem die, in einen Käfig ge=
sperrten und ins Freie gesetzten Jungen alsbald zu schreien anfangen,
worauf das Weibchen schnell, jedoch ungemein vorsichtig kommt. Im Bade=
orte Tátra=füred (Schmecks) wurde von einem Heger, der über dem
Weg des Felkerthales zur Dekoration des Saales Alpenblumen sam=
melte, ein junger Luchs gefangen, den der entschlossene Mann —
trotzdem ihn die Alte angegriffen, und der junge Luchs ihm die eine Hand
jämmerlich zerkratzt hat — doch fest hielt während er sich mit der zweiten
Hand kühn zu verteidigen wußte. Der kleine Wilde wurde in einen
Käfig gesperrt und nachdem einige Herren auf meinen Rat den=
selben wieder zurückgetragen um dabei auf dem Anstand zu bleiben, ant=
wortete kaum nach einer Viertelstunde die Alte auf das Schreien des
Jungen, ließ auch nicht lange auf sich warten, sondern kam zum Schuß,
doch leider hatte der betreffende Jäger sein Gewehr mit Schnepfenschrot
geladen gehabt, so daß das Wild glücklich davonkam. Trotz dieser
Störung blieb die besorgte Mutter über eine Woche lang in der
Nähe des Bades und rief ihr verlorenes Kind.

Die Wildkatze kommt mehr in den Wäldern der Vorberge,
des Mittelgebirges und der Ebene, als in den geschlossenen, zu=
sammenhängenden Forsten der Hochgebirge vor. Sie fehlt selten in
einer Gegend; nur wird sie, als wahres Nachttier, selten gesehen und
noch seltener erlegt. In den zwischen Feldern gelegenen Wäldern

der Bácsfa, des Banates und Araber Komitates, in Diósgyör und Görgény ist die Katze ziemlich zahlreich und richtet in der niedern Jagd sehr vielen und empfindlichen Schaden an; namentlich den Vögeln ist sie weit gefährlicher, als der Fuchs, weil sie auch Bäume erklettert, nicht nur Eier und junge Vögel, sondern auch die brütenden Alten fängt. Größtenteils abends und nachts zieht sie auf Raub aus, sucht sich nach Art der Katzen lautlos an das Opfer zu schleichen, um dasselbe dann mit einem gewaltigen Satze zu fangen. Hasen, besonders ausgewachsene fängt sie sehr selten. Daß die Wildkatze sich an Reh=, ja sogar an Damwild wagt, dürfte wohl eine Fabel sein. Des Tags über hält sie sich entweder in einem verlassenen Fuchsbau, einem hohlen Baum oder in einem für Menschen, ja selbst für Hunde schwer durch= dringbaren Dickicht auf. Eigene Jagden werden auf die Wildkatze nicht abgehalten, da ihr Stand sehr selten und nur manchesmal im Winter bekannt ist, — doch wird sie bisweilen zufälliger Weise in der Bácsfa und im Banát auf Hasen=, Fuchs= und Wolfsjagden erlegt. Eigentümlich ist, daß alte Katzen, wenn sie in einem Jungwald von Hunden getrieben, Gefahr laufen, von diesen schon gefangen zu wer= den, sich nur in der größten Not aufbäumen, als wenn sie wüßten, daß, sobald sie sich auf einen Baum flüchten, der durch die Stand= laut gebenden Hunde aufmerksam gemachte Jäger alsbald zur Stelle ist, und die auf einem liegenden Aste platt angedrückten, schon Schlechtes ahnenden Verfolgten leicht hernieder bringen kann. Für gewöhnlich treibt sie sich in den undurchdringlichsten Dickichten, zwischen wildem Wein, Waldreben und Dornen, in 2—3 Fuß hohem Gras herum, macht alle möglichen Wiedergänge, schleicht lieber stundenlang hin und her, als sich aufzubäumen. Die Wildkatze ist ein sehr tapferes Tier, wenn sie Rückendeckung hat; sie nimmt es selbst mit zwei Hunden auf und jagt diese nicht selten in die Flucht. Vor einer angeschossenen oder in die Enge getriebenen Katze muß sich selbst der Mensch in acht nehmen, denn sie kann mit ihren Krallen und scharfem Gebisse sehr gefährliche, schwer heilende Wunden beibringen. Bevor die Katze über einen Weg oder eine Allee geht, der sie sich lautlos ge= nähert hat, steckt sie den Kopf vorsichtig hinaus und hat den Schützen schon wahrgenommen, bevor dieser noch eine Ahnung von ihrer An= wesenheit hatte. Bemerkt sie den Schützen nicht, zieht sie sich — tief an die Erde gedrückt — wie eine Schlange am Boden fort und sucht zu entkommen. Findet man eine Katze in einem hohlen Baum, so versucht man, sie mit Stangen oder Ruten heraus zu treiben; gelingt dies nicht, so wendet man Feuer und Rauch an; doch auch so hält sie ungemein lange aus und will den Baum oder Bau nicht verlassen. Erst, wenn sie oft schon am Hinterteil versengt ist, fährt sie hinaus — und wird erschlagen oder erschossen. Finden sich Katzen in einem Fuchsbau, so werden sie — wenn dieser nicht im Felsen ist — auch ausgegraben. Ist man ihr schon sehr nahe, so muß man sehr vorsichtig sein, denn sie wartet nicht so lange, wie z. B. der Dachs, sondern fährt unverhofft heraus, um sich durch die Flucht zu retten; darum ist es gut, immer einen Hund bei der Hand zu haben, der sie — wenn z. B. gefehlt wird, zum Aufbäumen zwingt.

Der Fuchs ist überall in Ungarn und Siebenbürgen zu finden, kommt sowohl in der Tiefebene, als auch in den Steinfeldern der hohen Tátra vor, — ist in der mit Gestrüppe spärlich bedeckten Sandfläche bei Deliblat ebenso, wie in den Röhrichten der Theiß-Gegend und der Mezöség und in den ausgedehnten Kukuruzfeldern des Banates anzutreffen. Überall ist er derselbe schlaue und listige Räuber, wagt sich an jedes Tier, welches er bemeistern kann, sucht seine Beute durch List und Schlauheit zu fangen. Im Winter jagt er ganz regelrecht auf Hasen und verfolgt den armen Lampe so lange bis derselbe ermüdet sich ergeben muß. Wir haben zwei Arten Füchse, den Kohl- und Brandfuchs, durch deren Kreuzung wieder verschiedene bald lichtere bald dunkel gefärbte Arten entstehen. Bei uns ist der Fuchs noch nicht so scheu wie z. B. in Deutschland, Österreich und Böhmen, wo er so stark verfolgt wird, daß er nur nachts nach seiner Beute zieht, tagsüber aber wohl versteckt seine Haut schützt. — Bei uns kann man — besonders im Winter die Füchse auf freiem Felde herummausen sehen; oft nicht weit von der Straße entfernt traben sie gegen den Wind dahin mit gesenkter Rute und vorgestrecktem Kopf, anscheinend gleichgültig um nichts sich kümmernd. Plötzlich bleibt er wie festgebannt stehen, seine ganze Aufmerksamkeit auf eine Stelle des Schnees richtend, — auf einmal fährt er in die Höhe, macht die Rute hoch in die Luft werfend einen Satz und fängt geschickt die Maus, welche seine scharfen Sinne unter dem Schnee gewittert haben. Er wird auf alle möglichen Arten, mit Treibern und Hunden gejagt, auf dem Anstand, am Luder und vor dem Baue geschossen, mit Hunden aus dem Bau gehetzt und ausgegraben, in Eisen und Fallen gefangen und schließlich auch mit Gift vertilgt. Die Treibjagden auf Füchse unterscheiden sich wenig von den auf anderes Wild veranstalteten, nur sind die Triebe kleiner, wie z. B. auf Wölfe und es bleibt immer Regel nach dem Wind zu jagen, denn der Fuchs wittert ausgezeichnet und ist im entgegengesetzten Falle nicht auf die Schützen zu bringen. Verhält sich der Jäger ruhig und hat er ge= nügende Deckung, so ist der Fuchs, — besonders im Herbst, da man ihn auf dem trockenen Laub schon von weitem traben hört — nicht schwer zu schießen. Bemerkt er jedoch den Jäger, so schlägt er auf der Stelle um, und wird gewöhnlich gefehlt. Auf allen Treibjagden ist der Fuchs das erste Wild, welches auf den Schützen kommt, da er sich bei dem geringsten Lärm der Treiber aus dem Staube machen will. Vor den Hunden geht der Fuchs, namentlich anfangs, wenn sie ihn aufnehmen, sehr flüchtig, um einen gehörigen Vorsprung zu gewinnen, macht gar keine Wiedergänge, bleibt höchstens manchesmal einem Moment stehen um auf die Hunde zu hören und geht dann in der größten Flucht wieder weiter durch die ärgsten Dickichte, jede Blöße oder lichtere Stelle meidend. Vor den Hunden und namentlich im dichten Walde, wo gewöhnlich ein sehr kurzer Ausschuß ist, gehören gute Schützen dazu, um den flüchtigen, flinken Kerl in dem Moment wo er über einen Weg oder eine Schneise setzt, zu erlegen. Kennt man die Orte, an welchen er abends zu wechseln pflegt, so wird er auch am Anstande geschossen, auch vor seinem Bau, wenn er den Jungen seinen Raub auftischen bringt, kann man am Anstand sitzen. Im März zur Ranzzeit gehen oft — besonders bei schlechtem Wetter — Ried und Fähe zusammen in einen Bau. Konnte man sich nun überzeugen, daß die Füchse im Baue sind, so werden diese mit Dachs= hunden ausgehetzt; — fahren sie aus dem Bau hinaus, so streckt sie ein wohlgezielter Schuß zu Boden. Wollen sie nicht hinaus kommen, muß man zur Haue greifen. Im Herbste, aber besonders im Winter, wenn die Füchse an Nahrungsmitteln leiden, kommen sie auf den Mäuse= oder Hasenruf, und wer das sogenannte Mäuseln oder den Klageruf des Hasen gut nachzuahmen versteht, kann auf einen ziemlich sicheren Erfolg rechnen. Bemerkt z. B. der Jäger einen nach Mäuse suchenden Fuchs, ohne daß ihn dieser wahrgenommen hat, so versteckt sich der Jäger hinter einen Baum oder Strauch und macht das Quitschen der Mäuse nach; ist der Fuchs jung und hungrig, so kommt er in der Regel dem Jäger zu, oft in der größten Flucht, wird aber langsamer, wenn er in die Nähe der Stelle kommt, wo er die Maus vermutet. Ist Gesträpp in der Gegend, so zieht er sich schleichend durch dasselbe näher. Jetzt muß der Jäger vorsichtig und flink sein, denn sonst schlägt der Fuchs auf der Stelle um und sucht das Weite. Alte Füchse sind nicht so hitzig, trachten sich der Stelle unter dem Wind zu nähern, sind sehr vorsichtig und selten gehen sie auf den Leim. Ein Fuchs, auf den einmal unter solchen Umständen geschossen wurde, kommt nie mehr wieder, hört gar nicht auf den Ruf und sucht schnell das Weite. Will man Füchse im Eisen fangen, so muß die Stelle, wohin diese gestellt werden sollen, schon im Herbst zubereitet werden und die Füchse durch Werfen von Köderbrocken an den Ort gewöhnt werden. Das Eisen selbst wird im Winter, damit es nicht einfriert in Strohhäckerling gestellt, doch muß auch dieser schon im Herbst dahingebracht werden, damit er verwittert und die Füchse sich an denselben gewöhnen. In den meisten Fällen, ist aber das Legen der Eisen aus dem Grunde nicht ausführbar, weil sowohl das Eisen als auch der gefangene Fuchs regelmäßig gestohlen wird. Im Neutraer Komitate kenne ich einige Jäger, die mit dem Berliner Eisen vorzüglich umzugehen wissen und jeden Winter 8—10 Füchse gefangen haben. Mit sehr gutem Erfolge hat man in letzterer Zeit bei Füchsen, sowie bei den Wölfen die Vergiftung mit Strychnin in Anwendung gebracht. Bei Vergiftung der Füchse verwendet man mit Vorteil Vögel, in deren Schlund und Magen das Gift mit einem Federkiel eingeleitet wird. Damit sich aber an solchen Brocken Hunde nicht vergiften, wird am vorteilhaftesten wieder nur ein Hund vergiftet, der nicht nur von Wölfen aber auch von Füchsen sehr gerne angenommen wird. Obwohl diese Art der Vertilgung von Raubwild durch manchen Jäger als hinterlistig und nicht waidmännisch bezeichnet wird, — bleibt doch in vielen Gegenden kein anderes Mittel übrig, als sich durch Vergiftung dieses frechen, listigen und außerordentlich schädlichen Raubtieres die niedere Jagd zu schützen und zu sichern.

Der Dachs ist ein in Ungarn verhältnismäßig sehr wenig beachtetes Jagdtier. Er kommt in allen Gegenden Ungarns, im Hoch- und Mittelgebirge, in den Vorbergen und der Ebene vor. Insbesondere liebt der Dachs im Vorgebirge, zwischen Feldern gelegene Wälder mit mehr erdigem Boden, in welchem er seinen oft weit verzweigten Bau gräbt. In einigen Teilen Siebenbürgens kommt er so zahlreich vor, daß durch ihn, in den, dem Walde näher gelegenen Weingärten und Kukuruzfeldern ein empfindlicher Schaden angerichtet wird. Er ist ausschließlich Nachttier, bringt den Tag im Baue zu, kommt nur des Abends hinaus um nach Nahrung zu sehen. Diese Lebensweise bringt es mit sich, daß der Dachs nur auf dem Anstand erlegt, oder ausgegraben wird. Seine Gegenwart giebt er auf Wiesen= flächen durch das sogenannte Stechen nach Engerlingen und andern Insektenlarven zu erkennen. Findet der Jäger einen vom Dachs be= fahrenen Bau, was an der stark ausgetretenen Röhre und den, am Rande derselben hängenden Haaren (Kronen) zu erkennen ist, so stellt sich der Jäger in der Nähe auf den Anstand so, daß er die Aus= gangsröhre beschießen kann. Geräuschlos und schwachen Schrittes muß sich der Jäger auf den Stand begeben und geduldig warten, bis der Dachs zur Äsung hinaus tritt. Oft schon mit der Abenddämmerung erscheint er an der Ausgangsröhre, steckt jedoch nur den Kopf hinaus um zu rekognoscieren, findet er nichts Verdächtiges, fährt er ziemlich schnell hinaus, eilt nach Nahrung, denn tagsüber mußte gefastet werden und die Sehnsucht nach frischem Kukurutz und saftigen Trauben ist groß. In dem Moment wo der Dachs den Bau verläßt, muß der Schuß knallen. Trachte jedoch der Jäger ihn wo möglich in den Kopf oder in die Kammer zu treffen, denn der Dachs hat ein sehr zähes Leben. Schlecht angeschossen, flieht er alsogleich in den Bau zurück. Sind keine Dachshunde bei der Hand oder ist der Bau im Felsen, so ist diese Beute für immer verloren. Eine sehr lustige Jagdart ist das Ausgraben der Dachse, — hat man gute Dachshunde und veranstaltet das Graben zweckmäßig, so ist immer ein Erfolg sicher. Überzeugt man sich, daß irgend ein Erdbau von einem Dachs befahren wird, so begeben sich die Jäger mit einem Paar guten Dachshunden und einigen, mit Hauen, Hacken und Schaufeln ver= sehenen Arbeitern an Ort und Stelle, vergewissern sich aber nochmal über die Anwesenheit des Dachses dadurch, daß ein nicht zu scharfer Hund in den Bau eingelassen wird, der, wenn Grimmbart wirklich da ist, drinn im Bau Standlaut giebt. Ist dies der Fall, so werden vor allem anderen alle Fluchtlöcher gut verstopft oder höchstens eine Röhre offen gelassen, bei welcher sich ein Jäger postiert, um den etwa hinaus fahrenden Dachs zu erlegen. Sobald der erst eingelassene Hund hinauskommt, wird er abgefangen und durch einen zweiten, schärfern ersetzt. Nie sollen zwei Hunde auf einmal eingelassen werden, denn oft, wenn der Dachs den vordern scharf annimmt, kann sich dieser wegen dem, ihm im Wege stehenden Kameraden nicht schnell genug zurückziehen, flüchten. Mittelst einer Gerte wird nun die Richtung und Länge der Röhre festgestellt und dem gemäß zur Arbeit gegriffen. Oft ist man schon ziemlich weit vorgedrungen, hofft jeden Augenblick den Dachs zu erreichen, als er plötzlich den Stand wechselt und in eine andere Röhre flieht. Nun muß man von frischem beginnen und wieder oft in ganz anderer Richtung graben. Schließlich wird auch diese Mühe beseitigt, — man sieht schon den vorbellenden Hund, — man hört das Knurren des Gedrängten — und es treten die spannenden Augenblicke ein, wo man gefaßt und schußbereit sein muß, — denn plötzlich wird der Hund zurück gedrängt und blitzschnell ist der Dachs zwischen den grabenden Jägern. Nun dürfen sich diese nicht lange besinnen und bevor er eine zweite Röhre, die zwar immer verstopft werden müssen, oder das Freie erreichen könnte, muß er gefangen, erschlagen oder erschossen werden. In Österreich gebraucht man eigene Zangen, mit welchen der furchtbar herumbeißende Dachs aus dem Baue gezogen wird, — unsere Jäger benötigen dies nicht, — sollten sie auch ein-zweimal gebissen werden, erfassen sie doch den Dachs am Genick oder bei der Rute, — mag er beißen wie er will, sie lassen ihn nicht los, bis er geknebelt oder erschlagen ist. Ich habe einer Ausgrabung beigewohnt, bei welcher 9 Dachse aus dem Bau genommen worden sind. An wenig besuchten Orten wird der Dachs auch im Eisen gefangen, in welchem Falle dieses vor die Ausgangsröhre gestellt werden muß. Nun aber kann das Eisen nur vor einem Felsenbau gelegt werden, denn sonst gräbt sich der Dachs seitwärts, neben dem Eisen aus; ferner muß dieses ganz verwittert sein und gut gestellt, nämlich versteckt werden, widrigenfalls der Dachs lieber im Baue zu Grunde geht, bevor er denselben verließe.

Der Edelmarder. Dieses behende Raubwild bewohnt bei uns alle größeren Gebirgsforste, ist aber durchaus nicht so zahlreich, wie man nach der Ausdehnung der Wälder anzunehmen berechtigt wäre. Da sein Balg sehr wertvoll ist, so wird ihm überall arg nachgestellt, daher auch seine Zahl in manchen Forsten sehr vermindert ist. Der Marder ist ein sehr wildes, blutdürstiges Raubtier, welches auch Tiere, — die im Verhältnis zu seiner Größe viel stärker sind, — tötet, oft nicht aus Not, sondern aus reiner Mordlust raubt. Er ist der größte Feind der Eichhörnchen, die er nachts nicht nur in ihren Nestern überfällt, sondern bis in die Gipfel der höchsten Bäume verfolgt und in der Regel auch einholt. Des Tags über hält sich der Edelmarder in hohlen Bäumen, Felsenspalten oder verlassenen Eichhörnchennestern auf und geht nur nachts seinem Raube nach. Am häufigsten wird dieses schlaue, nächtliche Raubtier im Winter am neuen Schnee erlegt, indem der Jäger die Fährte so lange verfolgt bis auf einem hohlen Baume oder in einem alten Neste die Anwesenheit vermutet wird. Ist er in einem hohlen Baume, so wird er durch Feuer oder sonst eine andere Art herausgetrieben und geschossen. Diese Jagd ist in unseren unwegsamen Wäldern, besonders im Winter eine sehr mühsame und beschwerliche, da der Marder oft sehr weite Wege macht bis er sich in irgend einen Baume festsetzt, — seine Fährte ist auch sehr schwer zu verfolgen, denn er macht sehr viele Wiedergänge und auf den Bäumen wechselt er ebenso wie das Eichhörnchen, weite Strecken hin und her. In Oberungarn wird der Marder in Prügelfallen mit Erfolg gefangen, die an Bergrücken und solchen Orten gestellt werden, wo er zu wechseln pflegt. Diese Falle besteht aus zwei Prügeln, deren unterer an zwei nahe nebeneinander stehende Bäume befestigt wird, der andere ist beweglich und durch Stangen — auf welche man noch anderes Holz giebt — niedergedrückt. Durch ein Stellholz, an welches man Hasengescheide (Gedärme) oder einen Vogel befestigt, werden die Hölzer auseinander gehalten und zwar so weit, daß sich der Marder zwischen denselben bewegen kann. Bemerkt nun der Marder den Köder, ersteigt er den Baum, sucht — auf dem untern festen Holze stehend — denselben zu erreichen und an sich zu ziehen, rückt aber dadurch das Stellholz aus und wird von dem auf ihn fallenden obern Prügel erdrückt. In Siebenbürgen legen Hirten Schlingen an solche Bäume, die über Gebirgsbächen liegen und auf welchen der Marder wechselt, wenn er über das Wasser kommen will; fängt er sich, so fällt er in der Regel vom Baume ins Wasser, kann daher nicht so leicht entkommen.

Die Fischotter kommt zwar nirgends sehr häufig vor, ist aber in allen Flüssen und Bächen bis zu den äußersten Verzweigungen derselben hoch im hintersten Gebirge anzutreffen, und geht in Gebirgsbächen so weit hinauf, bis noch Fische zu finden sind. Manchesmal wechselt sie aus einem Seitenthale ziemlich weit über einen Rücken in ein zweites Thal. Tagsüber lebt die Fischotter größtenteils in Uferlöchern der Bäche und Flüsse, deren Eingang gewöhnlich unter'm Wasser ist; nur nachts fängt sie außerordentlich geschickt Fische und weiß selbst die schnelle, gewandte Bachforelle zu fangen. Nur

an größeren Flüssen und einsamen, verlassenen Orten wird auch bei
Tag gejagt. Die Fischotter wird bei uns nur von Fischern und
Wildhegern im Winter auf dem Anstande und an solchen Orten er=
legt, wo sie aus dem Wasser zu steigen pflegt. Doch erfordert diese
Jagd sehr viel Geduld, denn oft vergehen Wochen bis die Fischotter
wieder diesen Platz besucht. Wo solche Stellen genau bekannt sind,
wie z. B. bei Mühlen und Wehren, pflegt man sie in Eisen zu
fangen, die ins Wasser gelegt werden. Die schöne und aufregende
Jagd mit Hunden, wie sie in Österreich, England, Deutschland, Schott=
land betrieben wird, ist in Ungarn nicht bekannt.

Nörz oder Froschotter, die ich in den Bächen der Arva und
Liptau angetroffen habe, wird ebenso, wie die Fischotter gejagt. Nun
gehe ich zu einem allbekannten Jagdtiere, dem Symbol der Furcht=
samkeit, dem allseitig nachgestellten und verfolgten H a s e n über. Er
kommt in allen Komitaten Ungarns vor, in der Ebene, den Vor=
bergen und Hochgebirge, auf den Feldern häufiger, als im Walde:
doch habe ich gewöhnliche Hasen auch in den Felsen der hohen Tátra
gefunden. Die Gebirgs= und Waldhasen sind etwas größer, als die
in den Feldern und Ebenen lebenden. Seine Lebensweise ist viel zu
gut bekannt, daher auch nicht notwendig ist, näheres zu bemerken.
Der Hase wird auf alle mögliche Art gejagt, mit Treibern und
Hunden, beim Buschieren und vor dem Vorstehhunde geschossen, —
auf dem Anstand, im Winter beim Aufsprung aus dem Lager erlegt.
Die Treib= und Kreisjagden sind so gut bekannt, daß ich es für un=
nötig halte, solche zu beschreiben; dagegen will ich die Jagd mit
Hunden und jene im Winter bei frischem Schnee — diese Lieblings=
jagd der ungarischen Jäger — näher bekannt machen. — Und wirk=
lich, es ist dies eine recht lustige, selbst aufregende Jagd und hat den
Vorteil, daß sie ein einziger Schütze, wenn er einen guten Hund hat
und das Terrain kennt, mit gutem Erfolg betreiben kann. Mit
Tagesanbruch zieht der Jäger mit 2—3 gut anhaltenden Hasenhun=
den in jene Gegend, welche mit Hasen besetzt ist, durchstreift diese
und läßt die Hunde frei suchen. Stoßen die Hunde einen Hasen,
so eilt er anfangs schnurgerade dahin; lustig und anhaltend Laut gebend
verfolgen ihn die Hunde, — die Jagd entfernt sich und alsbald wer=
den die Laute stiller und stiller. Plötzlich verstummen die angenehmen
Klänge — der Hase war weit voraus, hat einen geschickten Haken
gemacht, und die Hunde überrannten in der Hitze der Jagd seine

Fährte. Schnell wird die Stelle umkreist, alsbald die Fährte wieder gefunden und frisch und lustig geht die Jagd in einer andern Rich= tung wieder los. Mittlerweile kommt der Jäger an die Stelle, wo der Hase den ersten Haken schlug, und wartet auf Lampe, der be= reits einen zweiten Haken gemacht, und auf die erste Fährte zurückkehrt, damit die Hunde irre geführt werden. — Vertraut und lustig kommt Meister Lampe angehumpelt und trachtet jene Stelle zu erreichen, wo er so angenehm ruhte, doch der erfahrene Jäger kennt ja seine Künste, läßt ihn nahe genug kommen, — ein Schuß in den Kopf und mein Langohr macht einige Purzelbäume um bald darauf in sein letztes Lager in die große, lange Waidtasche des Jägers zu spa= zieren. Jedes Komitat Ober=Ungarns hat seine berühmten Hasenjäger, die oft vorzügliche Hunde haben, und diese um keinen Preis der Welt hergeben würden; nicht selten wird aber das Paar auch mit 100 fl. bezahlt. Andere Jäger ziehen es vor, den Hasen bei einer „Neue" beim Aufsprung aus dem Lager zu schießen; dies sind die wahren, unermüdlichen Geher, die es nicht scheuen, wegen einem Hasen einen Weg von mehreren Stunden zu machen und die alle Kniffe Meister Lampes — wie man zu sagen pflegt — aus dem „ff" kennen. Eine „Neue" ist die größte Seligkeit für sie. Kaum daß es grauet, machen sie sich — einen großen Waidsack an die Seite hängend — auf den Weg, um die Fährte eines Hasen aufzusuchen, — und richtig, da zwischen einem Schlehdorn ist einer zu spüren, er hat von jener Rosenstaude die zurückgebliebenen Früchte geäst und ist weiter hinein in die Stauden gewechselt. Vorsichtig verfolgt der Jäger die Spur, bemerkt aber, daß der Hase noch ziemlich flüchtig ist und sich nicht so bald gelagert hat. Halt, hier hat er einen verdächtigen, weiten Absprung gemacht, da heißt's aufpassen' — Doch nein, er geht im gleichen Tempo weiter, macht aber bald wieder einen Absprung. Der Jäger verfolgt die Fährte mit den Augen und richtig, sie ver= liert sich hinter einer Staude; er lenkt rechts hinunter und umkreist die Stelle, überzeugt sich aber auch, daß der Hase nicht mehr heraus ist, sondern hier liegen muß. Nun nähert sich der Jäger dem Strauch und hat das Glück, Meister Lampe im Lager mit zurückgelegten Löffeln ansichtig zu werden; doch jetzt schießt der wahre Jäger nicht, dies thun nur hungrige Bauernjäger, — sondern läßt ihn hinausfahren und erlegt den Flüchtigen. Es giebt Jäger, die in halbwegs besetz= ten Revieren an einem Tag 3 bis 4 Hasen auf diese Art erlegen,

und selbst schon mit 3 Hasen beladen, gemütlich den vierten nieder=
strecken. Jäger, welche in einem Tag 40 bis 50 Hasen zu schießen
gewöhnt sind, schauen mitleidig auf diese Kameraden, die sich wegen
ein, zwei Hasen tagelang plagen müssen, und begreifen nicht, wie sich
Jemand so strapazieren, ja sogar seine Gesundheit riskieren kann.
Nun, diesen Herren wünsche ich, daß sie einmal einen Winter in solchen
Gegenden zubringen, wo Hasen nicht so zahlreich sind, wo es sich
nicht lohnt, große Treibjagden abzuhalten, — und ich bin überzeugt,
daß sie bald Geschmack an obiger Jagd finden möchten und diejenigen
beneiden werden, denen kein Weg zu weit, keine Mühe zu groß ist.
Die übrigen Jagdarten sind allzugut bekannt.

Der Alpenhase kommt nur in den siebenbürgischen Alpen
und hier auch nur äußerst selten vor, daher eine spezielle Beschreibung
für unnötig erscheint. — Nachdem ich das Vorkommen und Jagd
aller größeren vierfüßigen Jagdtiere beschrieben habe, gehe ich zu den
Vögeln über.

Die Trappe ist kein Waldbewohner — als eine der vor=
nehmsten Wildgattungen Ungarns darf sie jedoch umsoweniger mit
Stillschweigen übergangen werden, als die Jagd auf dieses Wild
äußerst mühsam, aufregend und für den wahren Jäger hochinteressant
ist. Was der Auerhahn im Hochgebirge, das ist die Trappe im
Tieflande. Trappen sind in der Theiß= und Donau=Ebene noch
ziemlich zahlreich; hier trifft man zuweilen Flüge an, welche über
hundert Stück zählen, oft aber auch noch größere Scharen. Der
Größe und Färbung nach unterscheiden wir die Groß= und die Zwerg=
trappe, welch' letztere aber seltener ist, für gewöhnlich in der Nähe
weidender Großtrappen verweilt, im allgemeinen jedoch welliges Ter=
rain der ganz flachen Ebene vorzieht. Das Gesichtsorgan der Trappe
ist ungemein entwickelt. Ihrem Scharfblicke entgeht nichts; schon in
weiter Ferne beobachtet sie mit vorgestrecktem Halse die ihr verdäch=
tige Person, mag diese in dem Gewande eines Bauern, Hirten oder
dem eines Weibes stecken. Sie ist außerordentlich vorsichtig und
grenzenlos mißtrauisch. Während der Jäger noch gar nicht daran
denkt, von den Trappen wahrgenommen zu sein, und den zu seiner
Deckung ausersehenen Graben, Strauch oder Hügel ganz unbemerkt
zu erreichen hofft, — fliehen jene schon ängstlich davon. Die Jagd
auf dieses schöne, stolze Wild ist daher sehr schwierig, und trotz allen
Eifers mißlingen gewöhnlich alle Jagdarten. In früheren Zeiten

war es üblich, die noch nicht flügge gewordenen Hühnchen mit einem flinken Vorstehhunde zu jagen. Die Armen laufen wohl so schnell, wie nur möglich, der Hund ist aber schneller, ergreift hier und da einzelne Ermattete, oder wenn sie sich drücken, steht er sie. Gegenwärtig genießen die Jungen in diesem Stadium der Entwickelung gesetzlichen Schutz. — Später, wenn sie flügge werden und sich mit den ältern in Heerden sammeln, ist jede direkte Annäherung umsonst. In seltenen Fällen geschieht es wohl, daß ein Graben, ein Hohlweg, ein Damm oder dergleichen ihrer Wachsamkeit entgangen ist und der glückliche Jäger bei gutem Winde die Gesellschaft anschleichen kann, den stärksten Hahn auf das Korn nimmt, feuert, auch noch den zweiten Schuß glücklich anbringt und im stillen bedauert, daß sein Gewehr nur zwei, und nicht wenigstens vier Läufe hat. Bemerkenswert ist, daß die Trappe gegen jeden körperlichen Schmerz sehr empfindlich ist, im Verhältnisse zu gleich großen Vögeln einen ganz schwachen Schuß benötigt und bei der geringsten Verwundung schon besinnungslos zu Boden stürzt. In Gegenden, wo die Pußta durch Jäger nicht allzu oft und viel gestört wird, kann man sich den Trappen auch neben einem Pferde, oder zwischen dem weidenden Hornvieh*), vorsichtig gedeckt gehend, anschleichen; — am sichersten ist aber die Jagd, wenn bei Gelegenheit der Abfuhr des Getreides in einem mit Strohgarben beladenen gewöhnlichen Bauernwagen die Jäger zwischen dem Stroh gut verborgen Platz nehmen, und der in seine gewöhnliche Bauerntracht gekleidete, anscheinend sich um nichts kümmernde Kutscher mit dem Wagen auf die weidenden Trappenheerden zufährt, sorgfältig meidet, in die Gegend der schon unruhig hin und her schleichenden Trappen zu blinzeln, denn es scheint, als könnten sie auch auf einige Hundert Schritte in den Gesichtszügen des Betreffenden lesen, ob er Böses gegen sie im Sinne hat oder nicht. In entsprechender Nähe anhaltend, muß flink und sicher auf die stärksten Hähne gefeuert werden, denn schon schöpften sie Mißtrauen und wollten soeben die Flucht ergreifen. Da die Trappe, bevor sie sich in die Luft heben kann, immer eine ziemlich große Strecke laufend zurücklegen muß, kann sie nach vielem Regen, bei nassem, schlüpfrigem Boden auch zu Pferde mit Erfolg gejagt werden, indem die überraschten Trappenheerden auf dem weichen,

---

*) In der March bei Wien bedienen sich Jäger zu dem Zwecke sogar eines Schildes, auf dem eine Kuh gemalt ist.

Uebrigen Boden nicht imstande sind, schnell genug zu rennen, von dem, auf einem schnellen Pferde dahin jagenden Jäger noch vor ihrem Auffliegen eingeholt, und, da sie sich ängstlich zusammen rotten, auch mehrere Stück auf einen Schuß erlegt werden können. Bei nebeligem Frostwetter geschieht es nicht selten, daß die mit einer Eiskruste überzogenen Flügel der obdachlosen armen Tiere ihren Dienst versagen, infolgedessen' dann die Trappen leicht eingeholt und erlegt, oder gar umzingelt, wie eine Heerde Schafe in eine Scheuer einge= trieben werden können. So soll im Stuhlweißenburger Komitate ein Herr mit seinem Begleiter, als nach einem kalten Regen Frost und Nebel eingetreten ist und die Flügel einer zufällig angetroffenen Trappenheerde angefroren waren, so daß die überraschten Tiere nicht auffliegen konnten, diese schon bis vor das nächste Dorf ge= trieben haben, als infolge der schnellen Bewegung, des rast= losen Rennens die Eiskruste sich löste, — und der unbewaffnete Ver= folger zu seinem großen Ärger zusehen mußte, wie sich die ganze Schar nach und nach erhob und auf Nimmerwiedersehen davon flog. Auf diese Art wurden in früheren Zeiten sehr viel Trappen umge= bracht. Das gegenwärtig bestehende Jagdgesetz verbietet strengstens, die Trappen zu solcher Zeit zu verfolgen. Schließlich kann die Trappe auch am Anstand erlegt werden, u z. da die Heerde morgens und abends dieselbe Flugrichtung einzuhalten pflegt, muß sich der rastlose Jäger Gewißheit verschaffen, wann, wohin und in welcher Richtung sie ziehen. Erst dann kann er von einem guten Verstecke aus zum Schusse kommen und seine Mühe belohnt sehen.

Der Auerhahn ist der größte in unsern Waldungen lebende, hühnerartige Vogel. Dieses mächtige Tier kommt in allen größeren Nadelwäldern, sowohl den ungarischen als auch den siebenbürgischen Karpathen vor und ist an einigen Orten, ungeachtet dessen, daß er nicht besonders gehegt wird, ziemlich zahlreich. Er lebt in den obersten an die Alpen grenzenden Waldgürteln und kommt in die Thäler selten hinab; nährt sich im Sommer größtenteils von Schwarzbeeren und Himbeeren, während er im Winter mit den jungen Trieben der Fichte vorlieb nehmen muß. Es ist ein sehr schönes, äußerst vor= sichtiges Wild, dem — außer zur Balzzeit und im Herbste, wenn die Jungen zwischen den sehr hohen und dichten Schwarzbeeren auf der Äsung sind — schwer beizukommen ist. In Ungarn wird der Hahn im Frühjahre, wenn er balzt, durch das Anspringen erlegt und es

ist dieses eine der beliebtesten und gesuchtesten Jagden der ober=
ungarischen Jäger, wird aber auch waidmännisch und rationell be=
trieben. Da die Balzplätze in der Regel weit von jeder menschlichen
Wohnung entfernt sind, muß der Jäger schon am Vorabend auf=
brechen und in der Nähe des Balzplatzes in eine Hirten=Koliba oder
in einer aus Rinde und Reisig schnell zusammengestellten Hütte über=
nachten. Abends gehen die Jäger auf den Einschwung und über=
zeugen sich, ob auch wirklich Hähne vorhanden sind, können sogar bei
dieser Gelegenheit nicht selten schon einen Hahn herunterbringen, für
gewöhnlich ziehen sie aber in der größten Stille zur Hütte zurück
und verplauschen oder verschlafen die Nacht bei einem lustig lodernden
Feuer. Schon um 2 Uhr, noch bei finsterer Nacht, machen sie sich
auf den Weg und nähern sich den bekannten Balzplätzen möglichst
nahe, ohne befürchten zu müssen, daß die Hähne beunruhigt werden.
Still und ruhig ist es um diese Zeit, man hört höchstens das Rauschen
des Windes in den Wipfeln der Bäume, der Waldkauz läßt unten
im Thale noch seine Stimme hören und eine vereinzelte Schnepfe
zieht murksend ober den Bäumen. Es wird endlich immer lichter;
eine Ringdrossel läßt sich hören, auf der nahen Alpe balzt bereits
der Birkhahn, vom Auerhahn ist aber nichts zu hören. Der Jäger
wird ungeduldig, denkt schon den Platz zu verlassen, — da, plötzlich
vernimmt er nicht weit die langersehnten, bekannten schnalzenden Töne,
— es ist kein Zweifel, der Hahn balzt, doch ist er zu weit, denn
man kann das sogenannte Gjangl oder Gjezl noch nicht erkennen,
währenddem der Auerhahn nichts hört und sieht, ja man sogar
neben ihm schießen kann, ohne daß er dies bemerken möchte. Vor=
sichtig nähert sich der Jäger der Stelle, wo er den Hahn gehört hat,
gelangt auf einen kleinen Rücken, hört deutlich den Hauptschlag und
kann endlich anspringen. Der Hahn balzt sehr hitzig, macht Schlag
auf Schlag und geschickt kommt ihm der Jäger, immer nur 3 Sprünge
machend, näher. Da, auf einmal hört der Hahn zu balzen auf, er
muß etwas vernommen haben und der Jäger ist gezwungen, oft in
einer gerade nicht sehr angenehmen Stellung ruhig und starr zu
verbleiben. — Mittlerweile wird es immer lichter, der Kuckuck hat
schon zu rufen begonnen, die vielen Ringdrosseln schlagen einen Heiden=
lärm, so daß oft der Hahn nicht mehr zu hören ist. Doch der Hahn
beginnt wieder zu balzen, anfangs langsam, später immer schneller
und schneller, — der Jäger trachtet sich ihm zu nähern, denn es wird

schon Tag, ja es läßt sich sogar schon eine Henne hören. Nun ist der Jäger unter dem Baume, auf welchem der Hahn hitzig balzt, doch sieht er ihn von dieser Seite nicht, muß daher auf die andere Seite, ja sogar etwas weiter vom Baume springen, bis er ihn ansichtig wird. Endlich! dort sitzt er mit vorgestrecktem Halse, herabhängenden Hals= federn, den Stoß zu einem Rad ausgebreitet, zeitweise auf dem Aste hin und her tanzend, läßt er die sonderbarsten Töne hören. — Nun darf sich der Jäger nicht lange besinnen, das Gewehr zum Anschlag gebracht, kracht beim nächsten Hauptschlag der Schuß und vom Aste stürzt der schwere Vogel mit dumpfem Schlag zu Boden. Schnell wird der Hahn auf= genommen, um mit ihm zur Hütte zu eilen, doch halt! dort fällt auch ein Schuß und die glücklichen Jäger suchen wo möglich rasch zusammen zu kommen, um das Erlebte zu besprechen. Nun aber läuft nicht jede Jagd so glücklich ab, denn nachts hat sich ein Wind erhoben, man hört den Hahn nicht oder der Jäger stößt während des Anspringens auf die Hennen, die polternd auffliegen und denen auch der Hahn nachzieht, oder er fehlt. Natürlich ist es an einem solchen Morgen mit der Jagd aus und es bleibt dem Jäger nichts anderes übrig, als unverrichteter Dinge, mit dem plagenden Ge= danken, wie er es hätte anders machen sollen, nach Hause zu gehen.

In Siebenbürgen, wo Hähne in manchen Gegenden sehr zahlreich balzen, ist das Anspringen wegen des weichen Schnees und der vielen Windwürfe gar nicht möglich und müssen die Auerhähne auf den Ansitz erlegt werden. Die Hähne balzen hier größtenteils auf dem Schnee, oft mehrere ganz nahe nebeneinander, wechseln öfters die Plätze und kommen auf diese Art dem Jäger zum Schuß, dem es nicht selten gelingt, an einem Morgen 3 Stück zu erlegen. Übrigens ist in Siebenbürgen das Auerwild, namentlich der Hahn durchaus nicht so scheu, wie in Ungarn, denn ich habe z. B. gesehen, als sich ein Heger dem auf einer ziemlich frei stehenden Fichte balzenden Hahn, ohne viel Rücksicht auf den Hauptschlag zu nehmen, ange= schlichen hatte, den Auerhahn auch herunterfeuerte, ohne daß die übrigen Hähne zu balzen aufgehört hätten.

Bei der Auerhahnjagd kann es übrigens vorkommen, daß ein in der Gegend herumwandernder Bär in den Weg kommt, wie dies z. B. einem sehr hohen Kavalier in Bentus — im Jahre 1880 — geschehen ist, der, in der Meinung, daß einem anderen Jäger der Hahn abgegangen ist, unwillig auf diesen zusprang, als er sich plötzlich einem ganz anständigen Bären gegenüber befand, — leider aber sein Gewehr nur mit Schrot geladen hatte, und Meister Petz un= behelligt weiter ziehen lassen mußte. In einigen Gegenden unter der Tátra, dann bei Vichodna werden im Herbste die jungen Hühner von dem Vorstehhunde geschossen; doch ist diese Jagd nicht sehr lohnend, für den Stand des Wildes aber sehr schädlich, da jeder Vogel, ob Hahn, ob Henne, heruntergeschossen wird. Unerwähnt kann ich hier eine Jagdart nicht lassen, die in den Wäldern des ehemaligen Otoczaner und Likaner Grenzregimentes gebräuchlich ist. Im Monate August und September begeben sich die Jäger mit ihren sogenannten Istrianer Jagdhunden, die das Auerwild aufjagen und wenn es aufbäumt, verbellen — an solche Orte, welche mit Schwarzbeeren reich versehen sind und wohin um jene Zeit das sonst mehr zerstreut lebende Auerwild zieht. Wird nun ein Hahn z. B. aufgestöbert und bäumt er, so schleicht sich der Jäger vorsichtig an, was um so leichter ist, da doch das aufgebäumte Wild seine ganze Aufmerksamkeit dem unten verbellenden Hund schenkt. Ich wurde versichert, daß in einem Herbst ein Jäger auf diese Art über 30 Stück Auerwild erlegt hat. In der Tátra und unter der Königsalpe, wo Auer= und Birkwild zu= sammen vorkommt, werden oft Bastarde von Auerhähnen und Birk= hennen oder Birkhähnen und Auerhennen, sogenannte „Rackelhähne" erlegt. Jenachdem der Vater ein Auerhahn oder Birkhahn ist, sind sie größer oder kleiner, im allgemeinen etwas größer als ein Birkhahn und haben mehr oder weniger, aber sehr breite Stoßfedern. Während meiner Dienstzeit wurden zwei Rackelhähne geschossen und zwar einer unter dem Kriwan, der zweite unter der Königsalpe.*)

Der Birkhahn kommt in der Liptau, 'Arva, Zips, Gömör Maramaros und wahrscheinlich auch in Siebenbürgen vor, wo er die untersten an die Waldregion grenzenden Alpengürtel bewohnt. Im Beregh, Unger und Maramaroser Komitate kommt er aber auch ganz in der Ebene, in den an der Latoriza und Theiß gelegenen Eichen= waldungen vor, wird jedoch mit dem Verschwinden der alten Eichen= bestände immer seltener. Dieser schöne und ziemlich große Vogel wird auch in Ungarn wegen seiner schönen, gebogenen Stoßfedern, die eine beliebte Zierde der Jagdhüte sind, eifrig gejagt. In der Tátra, unter dem Königsberge und überhaupt in der ganzen Kette

---

*) Kronprinz Rudolph schoß einen solchen Rackelhahn in den Schwarzen= bergischen Forsten in Böhmen.

der Liptauer Alpen ist der Birkhahn ziemlich häufig und nicht selten hört man in einem Kessel auch 3—4 Hähne balzen. Seine Balz= plätze sind etwas höher unter der Alpe als diejenigen der Auerhähne, immer auf einer freien Stelle zwischen den Krummholzkiefern; er be= sucht diese so ziemlich jeden Morgen, denn in deren Nähe sammeln sich auch die Hennen. Während des Balzens läßt er einen eigenthümlichen, kollernden und rauschenden Ton hören, macht dabei die sonderbarsten Kapriolen und Sprünge, fährt mit herabhängenden Flügeln und fächerartig ausgebreitetem Stoß auf dem Schnee hin und her und macht während dem rauschenden Ton auch klafterhohe Sprünge. Unter den Hähnen kommen oft arge Kämpfe vor und dauern so lange, bis der Stärkere den Schwächern vertrieben hat. Er hört und sieht während der Balz ganz gut, daher kann man sich ihm auch nicht so leicht nähern, wie dem Auerhahn; er ist überhaupt ein sehr scheuer Vogel, dem schwer beigekommen werden kann. Der Birkhahn wird bei uns ebenso wie in allen Alpenländern am häufigsten und von den meisten Jägern mit Vorliebe zur Balzzeit am Ansitze oder durch Anlocken mit dem Hahn= und Hennenruf erlegt. Die Birkhahnbalz ist um vieles beschwerlicher als die der Auerhähne, weil der Birkhahn noch höher, schon auf der Alpe balzt, die Jäger in den primi= tiven Hütten trotz der fortwährenden Feuerung viel von der Kälte leiden müssen. Sind in der Nähe des Balzplatzes keine natürlichen Deckungen, hinter denen sich der Jäger genügend verbergen kann, müssen künstliche Schirme und zwar noch vor Beginn der Balzzeit, so wenig als möglich auffallend aus Fichtenreisig oder Krummholzkiefer= zweigen errichtet werden; diese Schirme müssen jedoch auch von oben gedeckt werden, weil der auf den Balzplatz streichende Hahn den Jäger leicht bemerken kann, — gar nicht einfällt, sondern einer andern Stelle zufliegend, dorten balzt. Der Jäger muß sich noch vor Tagesgrauen im Schirme einfinden, denn wie schon erwähnt war, balzt der Birkhahn viel zeitlicher, früher als der Auerhahn, und verspätet man sich, ist jede Annäherung vergeblich. Oft ist noch nicht Schußlicht, in diesem Falle muß ruhig gewartet werden, bis genügend Tag wird, damit der Hahn sicher auf's Korn genommen wird. Weiter als auf 40 Schritt soll man niemals schießen, denn der Hahn hat gar ein zähes Leben, kann leicht nur angeschossen werden und ist für den Jäger in der Regel verloren. Jäger, welche das Kollern und Rauschen des Hahnes oder das Gackern der Henne nachzuahmen verstehen, pürschen sich des Morgens in die Nähe des Balzplatzes an eine gedeckte Stelle und ahmen, wenn es ein alter, starker Hahn ist, der balzt, das Rauschen desselben nach, auf welcher er gewöhnlich, wenn dies einigemal wiederholt wird, zusteht und leicht erlegt werden kann. Viel sicherer ist das Gackern der Henne, welches einige Jäger so außerordentlich deutlich nachzuahmen wissen, daß demselben die wenigsten Hähne widerstehen können, oft auch 2 Hähne zu gleicher Zeit zugeflogen kommen und von dem gut verborgenen Jäger zur Strecke gebracht werden. Nach der Balzzeit um 9, 10 Uhr vormittags pflegen die Birkhähne in der Nähe des Balzplatzes am Alpenrande auf einzelne, höhere Fichten oder Lärchen anzufliegen und weiter zu balzen. Gute Schützen pürschen sich wo möglich an und erlegen solche Hähne mit der Kugel. In der Ebene bei Munkács und Bústyaháza wird das Birkwild im Herbst vor dem Vorstehhund erlegt, welche Jagd wirklich viel Vergnügen gewährt. Schließlich kann ich nicht unerwähnt lassen, daß in Liptau und Zipsen sowohl das Birk= als auch das Auerwild, ob Henne oder Hahn von Wilderern in Prügelfallen gefangen wird. Daß in solchem Falle der Wildstand sehr leidet, ja selbst ganz ausgerottet werden kann, ist selbstverständlich.

Das Rot= oder Steinhuhn kommt bei uns nur im kroatischen Parke zahlreicher vor. Eine in allen unsern größern Wäldern vorkommende Hühnerart,

das Schneehuhn findet sich in den siebenbürgischen Alpen jedoch nur spärlich. Beide letztgenannten Arten sind in neuester Zeit in der hohen Tátra versuchsweise eingesetzt worden und genießen die strengste Schonung.

Das Haselhuhn bewohnt alle größeren Laub= und Nadel= wälder, hält sich gerne an solchen Orten auf, wo es viele Hasel= stauden, Beeren und den roten Hollunder giebt. In den Unger, Maramaroser und Liptauer Forsten ist es in manchen Jahren so zahlreich, daß ein Schütze im Herbste nicht selten 30 bis 40 Stück erlegen kann. Den größten Teil des Jahres lebt das Haselhuhn paar= weise und nur im Sommer, anfangs Herbst, findet man die, zu einer Brut gehörigen Vögel in einer Kette zusammen, die sich aber später trennen und paarweise in die Wälder zerstreuen. Das Haselhuhn wird oft zufällig, gewöhnlich während Reviersgängen, am häufigsten aber im Herbst auf den Ruf geschossen. Viele Jäger, die in den einsamen, stillen Wäldern gerne allein herumstreichen, ziehen diese Jagd jeder andern vor und erwarten die Zeit, in welcher das Haselhuhn auf den Ruf kommt mit Sehnsucht und Freude. Sie betreiben diese Jagd mit der größten Pedanterie, kennen aber auch die Natur, das Betragen und Benehmen dieses Huhnes aufs genaueste, und selten entgeht ihnen eines, welches einmal auf den Ruf geantwortet hat. Der Ruf des Hahnes, sowie auch der der Henne besteht aus kurzem, verschieden modulirtem Pfeifen, welches bei der Henne etwas schnarrender klingt. Der Ruf des Hahnes wird auf einem, aus dem Knochen einer Gans, Ente oder eines Sperbers verfertigten Pfeifchen nachgeahmt, — der der Henne aber mit einem doppelten Bleche, welches in der Mitte durchlöchert ist. Das Steigen oder Fallen des Tones wird mit den Lippen oder den Daumen hervorgebracht und durch Übung kann man es bald so weit bringen, daß der Ruf auf dem Pfeifchen von dem des Hahnes gar nicht zu unterscheiden ist. Kann dies der Jäger und versteht er auch das eigentümlich flatternd polternde Schlagen der Flügel des Hahnes nachzuahmen, kann er sich füglich auf die Jagd begeben, — so ist sein Erfolg sicher. Schon zeitig am Morgen geht er in den Schlag, in dessen oberm Teil unter den noch zurückgebliebenen alten Stämmen roter Hollunder ist, steigt langsam aufwärts, sucht sich ein Plätzchen mit gutem Ausschusse und setzt sich auf einen Stock oder auf Holz, denn das Haselhuhn bemerkt sogleich den stehenden Menschen, während es zu dem Sitzenden oft auf einige Schritte nahe kommt. Das Pfeifchen und Luschperl zur Hand genommen, macht er vor allem andern das durch den Flügelschlag des Hahnes hervorgebrachte Geräusch nach und beginnt zu rufen. Antwortet nach 5—10 Minuten kein Hahn, so geht er weiter und sucht sich ein anderes Plätzchen. Hier fliegt richtig ein Huhn auf und gleich darauf ruft auf ungefähr 100 Schritte im Dickichte ein Hahn. Nach kaum zweimaligem Locken kommt er schon näher geflogen, kaum 40 Schritte von dem Jäger setzt er sich in eine dichtbewachsene Fichte, — der Jäger sieht es zwar kann aber nicht schießen. Noch einmal ruft der Jäger, und gleich darauf kommt der Hahn auf eine kaum 20 Schritte entfernte Fichte ange= flogen, setzt sich auf einen freien Ast, breitet den Stoß fächerförmig aus, stellt die Kopffedern auf und läßt dabei ein ganz eigentüm= liches Pfeifen hören, welches sehr schwer zu beschreiben und nachzuahmen ist, sucht nach seinem Rivalen und ist kampfbereit. Doch kommt es nicht dazu; in den Kopf geschossen fällt der Hahn vom Baume, flattert noch etwas mit den Flügeln und — verendet. Nun

aber kommt nicht jedes Huhn so schnell angeflogen; der Jäger
muß oft auch eine halbe Stunde Geduld haben, bis er zum Schuß
kommt. Vorsichtig kommt es auf dem Boden zwischen Farrenkräutern
und Himbeeren angelaufen, kreist unbemerkt die Stelle ein, wo es
das Pfeifen hört, nähert sich dem Jäger auch wohl von rückwärts oder
zur rechten Hand oft auf 3—4 Schritte. In diesem Falle muß sich
der Jäger ganz ruhig verhalten, nicht einmal mit den Augen zwinkern,
denn sonst ist das Huhn im Nu verschwunden. Endlich erscheint es
auf der linken Seite und steckt vorsichtig den Kopf aus dem Grase,
doch der Jäger war schon im Anschlag, es kracht, und mit zer=
schmettertem Kopfe liegt es da. Auf dieser Jagd kommt es nicht
selten vor, daß dem, im Dickichte, zwischen Vogelbeeren stehenden Jäger
Meister Petz auch seine Aufwartung macht. Der auf solche Begegnung
gefaßte kühne Schütze hatte seinen zweiten Lauf mit Pfosten geladen,
und oft gelang es ihm den in der nächsten Nähe höchst überraschten
Bären zu erlegen. Solcher Fälle wissen die Liptauer und Sohler
Haselhuhnjäger genug aufzuweisen. Für den Stand dieses schönen
Wildes ist die Jagd in Schlingen am nachteiligsten, daher auch gänz=
lich zu verwerfen.

Das Rebhuhn. Obwohl dieses in allen Komitaten Ungarns
vorkommende, bekannte Wildhuhn sich mehr auf den Feldern und
Wiesen aufhält, so kann ich es doch nicht ganz übergehen, da das
Rebhuhn auch in den, zwischen Feldern gelegenen Wäldern vorkommt
und mit Vorliebe die dichten, 2—3 jährigen Niederwaldschläge, wo
es eine vorzügliche Deckung gegen die ihm so sehr nachstellenden
Habichte findet, zu seinem Aufenthaltsorte wählt. Ferner giebt es
Hühner mit schwarzen Ständern (Füßen), die sogenannten Wald=
hühner, die beinahe ausschließlich im Walde leben und, wenn sie
z. B. im Felde aufgetrieben werden, alsogleich dem Walde zufliegen.
Das Rebhuhn wird auf Treibjagden, am häufigsten aber vor dem
Vorstehhunde geschossen, welche Jagd, da der Jäger das Wild
im Fluge schießen muß und das Suchen des Hundes viel Vergnügen
macht, zu den angenehmsten und unterhaltendsten der Niederjagd ge=
zählt werden kann. In unseren, mit Dornen besetzten Niederwald=
schlägen ist ein harter wenig empfindlicher Vorstehhund notwendig,
der sich nicht viel kümmert, wenn er von den Dornen zerstochen und
zerrissen wird. Es ist gut, wenn man dem Hunde die Rute kürzt,
damit er sich das Ende nicht so blutig schlägt, woraus der Wurm

sehr leicht entstehen kann. Fest und andauernd stehende Hunde, wie man sie in dichtbesetzten Feldrevieren braucht, sind im Walde nichts wert, denn wenn diese auf Hühner kommen, der Jäger aber oft nicht einmal weiß, wo der Hund ist, stehen sie ein einzelnes Huhn, während die ganze Kette schon längst davon gelaufen ist, oder die Hühner laufen vor dem langsam nachziehenden Hunde weiter. Der Jäger weiß wohl, daß die Kette da ist, kommt aber nie zum Schuß. Auch die schweren böhmischen und deutschen Hunde sind in Ungarn, besonders in den tiefern Gegenden zu nichts zu brauchen. Am besten sind die englischen, rasch suchenden, schon bei uns gezüchteten Hunde, die gut apportieren, folgsam sind und sich an unser Klima ganz gut gewöhnt haben. Mit der Jagd muß man zeitig beginnen, weil es später zu heiß ist, die Hunde nicht mehr suchen wollen und die Hühner schwer zum Aufstehen zu bringen sind. Die Jagd ist im übrigen so bekannt, daß ich es für unnötig glaube diese näher zu beschreiben.

Die Waldschnepfe ist in Ungarn sowie überhaupt in ganz Europa ein Zugvogel und erscheint in den untern Komitaten Ende Februar und anfangs März so zahlreich, daß Hunderte auf den Strich und während dem Buschieren erlegt werden. Sie bleibt auf ihren Wanderungen 5—6 Tage an einem Ort, zieht längs den Flüssen immer nördlicher und erscheint im April, wenn der Schnee auch schon in den höheren Lagen zu schmelzen beginnt, auf ihren Brutplätzen. In Ungarn brütet die Schnepfe in allen Wäldern und Alpen der nördlichen und östlichen Karpathen und streicht in diesen Lagen abends und morgens bis spät in den Sommer hinein. Sie hat ihr kunstloses Nest im Walde oder auf der Alpe, in einer etwas vertieften Stelle oft ganz ungedeckt und es ist wirklich zu verwundern, daß nicht mehr von Raubtieren und Menschen zerstört werden. Im Herbste, wenn auf den Höhen die ersten Fröste eintreten, zieht die Schnepfe in die Vorberge herab und zwar in die mit Birken, Eichen und Erlengestrüppe bestockten nassen Hutweiden. In Ungarn und Siebenbürgen wie z. B. bei Karans=zebes und Görgény giebt es solche ausgedehnte Hutweiden, wo sie in nassen Jahren zu Hunderten erscheinen und dort bis Anfangs Novem=ber verweilen. In manchen Jahren erscheint die Schnepfe so zahl=reich, daß im Banat, Bácska und Gödöllö oft viele Hunderte erlegt werden. Die Schnepfe wird bei uns auf dem Anstande während dem Strich, auf Treibjagden und im Buſchieren vor dem Vorſtehhund geſchoſſen.

Abends, wenn die Sonne untergegangen iſt und die verſchie= denen Droſſeln ihren hellen Geſang beginnen, das Rotkehlchen im Dickicht ſein melancholiſches Lied hören läßt, da erſcheint, wenn die Sterne ſichtbar werden, auch die Schnepfe und zeigt dem Jäger ihr Nähern durch den eigentümlich, ſchnarrenden, murkſenden Ton an. Mit abwärts geſenktem Schnabel kommt ſie im ſchwanken= den, anſcheinend langſamen Fluge geſtrichen, — ſchon glaubt ſie der Jäger als ſichere Beute in ſeiner Taſche zu haben, — doch ſtreicht ſie, ohne daß ihr das mindeſte geſchehen wäre, weiter, und läßt zum Zeichen, wie wenig ihr der Schuß geſchadet hat, luſtig ihr Zwicken ertönen. Von dem Standpunkte ausgehend, daß jedes Wild im Frühjahre vor der Brutzeit geſchont werden ſoll, müßte ſowohl der Anſtand als auch alle übrigen Jagden auf Schnepfen im Frühjahre unbedingt als nachteilig, ſchädlich erklärt werden, denn nur dem maſſenhaften Abſchuſſe iſt es zuzuſchreiben, daß die Zahl der Schnepfen immer mehr und mehr abnimmt und ausgiebige Schnepfenjahre immer ſeltener werden. Für Jäger, die gerne allein jagen und weite, anſtrengende Wege nicht ſcheuen, iſt das Buſchieren mit einem guten Vorſtehhund auch eine angenehme, befriedigende Jagdart. Wenn Schnepfen auf naſſen Hutweiden im Herbſte zahlreich er= ſcheinen, werden mit gutem Erfolg auch Treibjagden abgehalten. Man nehme ganz kleine Triebe, weil die Schnepfe, nicht weit ſtreifend, alsbald einfällt, und wenn ſie öfter aufgetrieben wird über die Treiber zurück zu ſtreichen pflegt. Bei ſolchen Jagden iſt die Schnepfe, wenn ſie oft ganz nieder über dem Geſtrüppe pfeilſchnell dahin ſtreift, ſich oft plötzlich ſenkt, oder plötzlich ſteigt, nicht beſonders leicht zu ſchießen; außerdem muß auch beobachtet werden, daß die Treiber oder die Nachbarſchützen nicht angeſchoſſen werden. Dieſe Jagden ergeben in manchen Gegenden einen großartigen Erfolg. So wurden z. B. im Jahre 1878 in Görgény binnen 2 Jagdtagen durch 8 Schützen 220 Schnepfen erlegt. Dieſe Jagdart wird meines Wiſſens nach in ſehr wenigen Ländern, oder gar nicht betrieben. Ich kenne Jäger, die im Flugſchießen wirklich Erſtaunliches zu leiſten imſtande ſind.

Eine in allen Wäldern häufig vorkommende Vogelgattung iſt: Die Wildtaube. Wir kennen 3 Arten, deren größte, die Ringel=

taube vorzüglich in den obern Nadelholzwaldungen vorkommt und hier auch brütet.

Im September ziehen sich die Tauben oft zu großen Scharen zusammen und ziehen an solche Orte, wo viele Schwarzbeeren sind; im Frühjahr und Sommer hingegen in die den Wäldern näher ge= legenen Felder. Die mittlere Art ist die Hohltaube, sie kommt in allen alten Eichenbeständen vor und fliegt von hier aus in die benachbarten Fruchtfelder, im Herbste verzehrt sie aber auch viele Eicheln. Neben dieser lebt die niedliche Turteltaube, welche in den tiefer gelegenen Eichenwaldungen sehr zahlreich vorkommt. Alle drei Arten sind Zug= vögel, die uns im Oktober verlassen und erst Ende Februar wieder zurück= kehren. Die Taube wird durch den Revierjäger zufällig oder auf den Ruf, an Salzlecken und an Orten, wo sie abends von den Feldern in den Wald streicht, erlegt. Besondere Jagden auf sie werden niemals abgehalten, sie wird nur gelegenheitlich anderer Jagden geschossen.

Nachdem wir die vorzüglichsten, jagdbaren Vögel unserer Wälder be= schrieben habe, wollen wir noch Einiges über die größten in Felsgebirgen und Waldungen lebenden Raubvögel, die Adler und Geier erwähnen.

Die Adler. Von den in Europa vorkommenden Adlern finden wir bei uns den Steinadler, Königsadler, Seeadler, Fisch= adler oder Fischaar, Schreiadler, Schlangenadler und den Zwergadler.

Der Steinadler ist, wenn auch nicht der größte, doch jedenfalls der stärkste und kühnste unter ihnen. Vom Eichhörnchen bis zum Fuchs und jungen Reh ergreift er alles; doch nimmt er in der Not auch mit Aas vorlieb. Er horstet bei uns in den höchsten Felsengebirgen. In der hohen Tátra kommen immer einige Paare vor, die in unzugänglichen Wänden ihre Horste haben. Am Pietros ist er nicht selten, in den Fogarajer, Szászsebeser Alpen, dann am Baringo und im Retyezát=Gebirge ist er noch sehr häufig. Von oder zu seinem Horste streicht er nur sehr zeitig morgens oder spät abends, und da die Jungen Tags über ganz ruhig sind, so werden auch diese äußerst selten bemerkt. Von seinem Standorte streicht er weit herum, und entfernt sich oft Tagereisen weit vom Horste.

Seine Jagd ist sehr interessant, erfordert viel Erfahrung und wird gegenwärtig bei uns mit der größten Sachkenntnis von unserm Kronprinzen Rudolph betrieben.

Der Steinadler wird oft zufällig erlegt, am häufigsten vor der Luderhütte am Anstand, beim Horst und auf der Uhu=Hütte geschossen

oder im Eisen gefangen. Im Spätherbst und Winter, wenn Nah=
rungsmangel eintritt, nehmen sie jedes Luder auf und können von
der in der Erde errichteten Hütte leicht erlegt werden, — der Jäger
muß aber schon früh, noch vor Tagesanbruch, in der Hütte Platz
nehmen, denn der Adler streicht, wie gesagt, zeitig aus seinem
Horste. Beim Horste, wenn die Alten den Jungen Atzung bringen,
können sie auch erlegt werden; doch muß der Jäger ein vortrefflicher
Schütze sein, denn die Alten sind nur mit einer Kugel zu erreichen.
Wenn der Steinadler den, auf der Uhuhütte sitzenden Uhu bemerkt,
so streicht er auch zu, doch stößt er oft auf diesen und fängt ihn
mit seinen mächtigen Fängen. Der Jäger muß daher sehr vorsichtig
sein und den Adler noch im Fluge zu erlegen trachten, sonst setzt er
sich der Gefahr aus, daß der Uhu zu Grunde geht. Sobald der
Uhu einen größeren Adler bemerkt, springt er rasch vom Stande
hinunter und legt sich — zur Verteidigung bereit — auf den Rücken
Manchesmal gelingt es auch, einen Adler in einem, neben ein Aas
gestelltes Eisen zu fangen. Als Köder wird in einigen Gegenden
der Vorderteil des Hasen gebraucht.

Der Königsadler ist etwas kleiner wie der Steinadler, auch
nicht so scheu und wild wie dieser. Er kommt vorzüglich in den
Wäldern der untern Donau vor und horstet dort auf den höchsten
Bäumen. Er lebt von Hasen, namentlich aber von den, in jener
Gegend sehr häufigen Erdzeiseln, deren übermäßigem Vermehren
er Grenzen setzt. Er wird auf dieselbe Art erlegt wie der
Steinadler.

Der Seeadler ist so ziemlich der größte von den bei uns
vorkommenden Adlern. Er ist in allen Wäldern der untern Donau
und deren Nebenflüssen sehr häufig und horstet in den dort vor=
kommenden alten Eichenwäldern. Sein Horst, der oft 5 Fuß im
Durchmesser hat, steht auf den höchsten alten Bäumen und ist in der
Regel sehr schwer zu erreichen. Er lebt von selbst gefangenen oder
toten Fischen, Aas und kleinern Tieren wie Hasen, jungen Haus=
schweinen, Gänsen ꝛc. die er fängt und mit seinen mächtigen Krallen
tötet. Der Seeadler ist in einer Beziehung, doch nur für einige
Gegenden, ein nützliches Tier, denn während einer Überschwemmung
fängt er alles schwimmende Aas ab, nach dem Rücktritt der Inunda=
tions=Wasser aber alle in den Vertiefungen zu Hunderten faulenden
Fische und sonstiges Aas mit großem Appetit verzehrend.

Er wird auf der Luderhütte und beim Horst geschossen und im Eisen gefangen. Auf der Uhuhütte ist er nicht so vorsichtig, wie der Steinadler, — und kann, wenn er angekröpft, angefressen ist, auch leichter beschlichen werden. Sowohl der Stein= als auch der See= adler vergiften sich oft auf dem für Wölfe oder Füchse gelegten Luder; das Gift wirkt aber bei ihnen, da dieses längere Zeit im Vor= kropf bleibt, erst nach 2 bis 3 Stunden.

Der Fischaar ist ein kleiner Adler mit auffallend weißen Kopf= und Bauchfedern, der an der Donau und ihren Nebenflüssen vorkommt; oft sieht man ihn über einem Flusse, auf einer Stelle in der Luft mit den Flügeln rüttelnd weilen um sich plötzlich ins Wasser zu stürzen und einen Fisch zu holen. Er wird nur zufällig geschossen und gefangen.

Der Schreiadler ist ein bekannter Raubvogel in allen ober= ungarischen Wäldern, wo er auf hohen Bäumen horstet, von Fröschen, Mäusen und Schlangen lebt, seltener einen jungen Hasen oder sonst ein anderes Tier fängt. Er wird zufällig und beim Horste ge= schossen.

Seltener ist der Schlangenadler von dem in den Wäldern der Maramaros und Siebenbürgen nur einzelne Paare vorkommen. Er lebt größtenteils von Schlangen und Fröschen, wird ebenso, wie der kleine, behende

Zwergadler nur zufällig geschossen.

Ein sehr großer Raubvogel, der in den übrigen Ländern Euro= pas schon immer seltener wird, bei uns nur in den Fogaraser Alpen, den Hunyader Gebirgen, den Szászsebeser Alpen und im Baringo noch öfter vorkommt, ist:

Der Bart= oder Lämmergeier. Er lebt von selbst gefangenen zahmen und wilden Tieren, die er oft, — wie junge Schafe und Ziegen, — weite Strecken und hoch in der Luft trägt, an bestimmten Orten aus großer Höhe fallen läßt, — wodurch ihre Knochen zerschmettert werden — und dann verspeist.

Sogar die Röhrenknochen der jungen Schafe werden verzehrt. Er frißt sehr viel auf einmal und sitzt dann, die Verdauung ab= wartend, auch mehrere Tage auf einem schwer zugänglichen Felsen. Der Lämmergeier steigt unter allen europäischen Vögeln am höchsten in die Lüfte. Bis über 16000 Fuß sich erhebend stürzt er sich im nächsten Moment auf ein im Thal erspähtes Tier nieder. Im

Fluge erkennt man ihn leicht an den langen, etwas gebogenen Flügeln und dem keilförmigen Schwanz. Der Lämmergeier ist sehr scheu und wird nur äußerst selten erlegt. Am ehesten ist ihm beim Horst oder wenn er auf einem Felsen sitzend verdauet und ungern abfliegt — beizukommen. Ich habe nur einen einzigen Bartgeier u. z. auf den Szászsebeser Alpen gesehen, der im nächsten Winter durch einen Holzmeister erlegt worden ist, eben als er angefressen verdaute. Es war dies ein Weibchen von 3 Meter Spannweite. Dasselbe befindet sich gegenwärtig im Hermannstädter Schulmuseum. Noch größere und mächtigere Vögel als die Adler sind die bei uns ziemlich häufig vor= kommenden Aasgeier von denen der größte:

Der braune oder Kuttengeier ist. Er kommt mit dem weißköpfigen oder Gänsegeier an der untern Donau sehr zahlreich vor, an der Save und Drave, im Hátszegh= und Szászsebeser=Gebirge und am Muntyemare bei Topánfalva. In der untern Donaugegend nistet er größtenteils in Felsspalten, im Szász= sebeser und Topánfalvaer=Gebirge aber auf hohen Tannen und Fichten. Beide leben beinahe ausschließlich von Aas, gefallenen Tieren, wissen diese auf weite Entfernung auszuwittern und fressen sich in Gesellschaft der Raben, Krähen und Wölfe sehr an. In den, den Donau=, Save=Überschwemmungen ausgesetzten Ebenen, wo oft viele zahme und wilde Tiere ersaufen und nach Ablauf des Wassers die Luft verpesten, sind die zwei Vögel eine wahre Wohlthat der Umgebung. Diese sonst sehr scheuen Tiere sind beim Luder, oder wenn sie angefressen auf einem Baume die Verdauung abwarten nicht schwer zu erlegen. Der Schütze kann ihnen in diesem Falle leicht auf 100—120 Schritte nahe kommen und den stärksten mit der Kugel herabholen. Sie werden aber mehr des Vergnügens wegen als ihrer Schädlichkeit halber geschossen. Interessant ist es, diese Tiere — von einer Luderhütte aus — während ihres ekel= haften Mahls zu beobachten. Die ersten Gäste, die sich beim Aase einfinden, sind gewöhnlich die Kolkraben, denen bald einzelne Geier folgen. Die ersten setzen sich auf einen nahen Baum und beobachten eine Zeitlang das Aas, fliegen endlich auf dasselbe und vertreiben die sie umkrächzenden Raben. Am liebsten beginnen sie an der Bauchgegend zu fressen, und beeilen sich so, daß sie fast ersticken, denn alsbald kommen noch mehrere angeflogen und in kurzer Zeit sind 6—8 teils Kutten=, teils Gänsegeier beisammen. Nun be=

ginnt unter ihnen ein fürchterlicher Streit und Hader. Sie reißen sich die Bissen gegenseitig aus dem Schnabel, fahren auf einander los und machen dabei die sonderbarsten Sprünge. Wenn der beob= achtende Schütze den richtigen Zeitpunkt abwartet, kann er auf einen Schuß auch 2 Stück erlegen, nur muß auf den Kopf gezielt werden, denn ihr Körper verträgt die stärksten Pfosten und sie gehen oft gut angeschossen noch weit davon.

Nach kurzer Beschreibung der bei uns vorkommenden Raub= vögel, will ich noch einen Vogel erwähnen, der in Österreich schon ziemlich selten, bei uns aber noch recht häufig anzutreffen ist, es ist dies:

Der Uhu. Diese große, starke Eule kommt in allen unsern größeren Gebirgsforsten der Liptau, Sohl, Gömör, Zips, Ung, Beregh, Maramaros und Siebenbürgen — vor Er liebt große, ausgedehnte, durch Felsen unterbrochene Wälder und nistet in Fels= löchern und Spalten. Manchesmal hat aber der Uhu sein Nest auch am Boden, ebenso wie die hühnerartigen Vögel. Er lebt von kleinern Tieren, jungen Hasen, Igeln, Vögeln, Fröschen, fängt aber auch Fische, die ich nebst einer großen Wasserratte in seinem Neste gefunden habe, was noch wenigen Jägern bekannt sein dürfte. Im Frühjahr, auch im Herbste, hört man schon oft nachmittags den be= kannten Ruf des Männchens „Uhuuu! Uhuuu!" bei welcher Ge= legenheit es oft möglich ist, sich anzuschleichen und das Wild zu er= legen. Am leichtesten schießt man die Alten am Nest, entweder abends am Anstande, oder wenn die Alten bei den noch ganz kleinen Jungen sitzend, aufgejagt werden. Auch im Eisen kann der Uhu gefangen werden, wenn als Köder eine Maus oder Ratte gegeben wird. Da er als Lockvogel auf der Uhuhütte verwendet wird, müssen zu diesem Zwecke schon größere, allein fressende Junge aus dem Neste gehoben und groß gezogen werden. — Die Alten sollen aber nicht abgeschossen werden, denn im nächsten Jahre brüten sie wieder in demselben Neste.

Somit haben wir alle größeren, jagdbaren, vierfüßigen Tiere und Vögel, deren Vorkommen, Lebensweise und die bei der Jagd derselben bei uns üblichen Gebräuche und Gepflogenheiten beschrieben, und es bleiben nur noch mehr die in unsern Flüssen und ausgedehn= ten Sümpfen vorkommenden Wasservögel übrig. Da diese Vögel aber nicht in den Rahmen dieser gedrängten Beschreibung der nur in den Wäldern vorkommenden Tiere gehört, der Verfasser als Forstmann auch nie Gelegenheit hatte, diese Vögel näher zu beobachten und zu jagen, so sei hier nur ganz kurz bemerkt, daß an der Donau und deren Nebenflüssen, in den Sümpfen der Theiß und Save außer dem wilden Schwan, Pelikan, dem gewöhnlichen und schwarzen Storch, alle Arten von Reihern und Wildgänsen, zahllose Entengattungen, Rohrhühner, Teichhühner, Möven und Seeschwalben vorkommen. Wer es nicht scheuet, von den Gelsen zerstochen zu werden, und sich nicht fürchtet, in dieser verdorbenen Sumpfluft ein Fieber zu bekommen, der kann in ein, zwei Tagen Hunderte der verschiedenartigsten Wasservögel erlegen. Es giebt bei uns Sumpfgegenden, die wegen ihrer Mannigfaltigkeit und Anzahl der dort vorfindlichen Wasser- und Sumpfvögel einen europäischen Ruf haben.

Überhaupt hat bei uns jede Gegend ihre interessante Jagd. In den nördlichen Karpathen des Unger, Beregher und Maramaroser Komitates finden wir die wunderbarsten Hirschjagden, — in der Tátra und im Hátszegher Gebirge die interessantesten Gemsjagden, — im Banat die eigentlichen, höchst aufregenden Saujagden, — in Maramaros und Siebenbürgen die berühmten Bärenjagden und bei Karanszebes und Görgény die ausgiebigsten Schnepfenjagden.

Was aber unsern Jägern die Jagd gar so interessant und angenehm macht, ist der Umstand, daß sie in den meisten Gegenden nicht nur auf e i n e Wildgattung beschränkt sind.

Bei einer Hirschjagd in Ungvár oder Maramaros z. B. kann den Schützen ebenso gut ein Bär oder ein Wildschwein, wie das scheue, flüchtige Reh zum Schuß kommen, und auf den Fuchsjagden im Banat kommt nicht selten ein Wolf angesprungen. In der Liptau z. B., in Vichodna, ist auf einer Hasenjagd — in einem kleinen, isolierten Walde ein Bär u. z. mit Schrot erlegt worden.

Und wie ganz anders sind die Gefühle des Jägers, wenn er allein herumwandernd in jenen prächtigen Buchenwäldern mit ihren zwei- bis dreihundertjährigen Baumriesen, die noch nie eine Axt berührt hat, wo unter dem schönen dichten Laube der alten Stämme froh die Nachkommen jedes Alters gedeihen, neben der nie geahnten Größe einer Hirschfährte, die eines mächtigen Bären, oder eines Hauptschweines spürt, — als, wenn er in wohlgepflegten und gehegten Wäldern mit gut erhaltenen Pürschsteigen, wo Wild im Überfluß ist, herumpürscht und wann immer zum Schusse kommt.

Unsere Urwälder haben wirklich einen eigenen Reiz, wo die Natur ungestört waltet und schafft, sorgt, daß sowohl Pflanzen, als auch Tiere im richtigen Gleichgewichte bleiben. Das Wild findet immer genügende Nahrung und ist nicht gezwungen, Fichten zu schälen, Junggewächse so zu verbeißen, wie in den nach der Schnur gezogenen Wäldern, wo jede Blöße ängstlich kultiviert und jeder Graswuchs durch den rasch herangezogenen Wald unterdrückt wird. Wer einmal hier gejagt, unsere Hirsche röhren gehört, oder gar einen Bären erlegt hat, der wird sich, wenn die Jagdzeit heranrückt, immer in diese heiligen Hallen sehnen, wo der mächtige Hirsch, der grimme Bär, das wilde Schwein und der schlaue Luchs wohnen.

Daß hier im Lande, — wo die Jagd noch vor nicht langer Zeit frei war, wo auch jetzt jeder Mann, der nur ein Gewehr führen kann, den Bären, Wolf und das Schwein erlegen darf, — auch ausgezeichnete Jäger sind, bedarf wohl keiner weiteren Erörterung, und daß jeder Jäger, der bei uns wirklich jagt, keine Sonntagsjägerei betreibt, davon kann sich jeder echte Waidmann, der unser Land besucht, überzeugen.

Ganz abgesehen von dem hohen Adel und den größeren Grundbesitzern, die auf ihren ausgedehnten Gütern die Jagd ganz regelrecht betreiben, selbst geschulte, flinke Jäger sind, und den grimmigen Bären mit derselben Ruhe wie das flüchtige Reh erlegen, finden wir unter dem Forstpersonale, zwischen den Hegern ganz vorzügliche Schützen, die die Jagd in ihrer Weise praktisch und aus Erfahrung eben so gut verstehen, wie die gelernten hirschgerechten Jäger anderer Länder. Sie leisten in den ausgedehnten Wäldern, wo sie nicht selten gezwungen sind, draußen im Walde unter einem Baum oder höchstens in einer notdürftig errichteten Reisighütte zu kampieren, nur auf Brot, Paprika=Speck und Schnaps angewiesen, mehr, als die, in dieser Beziehung schon verwöhnten Jäger der gehegten Forsten der großen Grundherren. Die genaueste Ortskenntnis findet man bei diesen Leuten, die in jenen oft mehrere Quadratmeilen weiten Urwäldern zu Hause sind, jeden Weg und Steg kennen, die Fährten des Wildes selbst bei trockenem Boden auf Wiesen und der Laubdecke des Waldes erkennen, dort, wo ein anderer kaum eine merkbare Veränderung wahrnehmen kann.

Was übrigens die Jagd auf Bären, Schweine und Wölfe anbelangt, die in andern Ländern entweder gar nicht, oder nur im

Tiergarten vorkommt, so glaube ich, daß bezüglich dieser Wild=
gattungen mehr unsere eigenen Erfahrungen, als die Regeln frem=
der Jagdwerke maßgebend sind, denn die Jagd auf diese Wild=
gattung ist in einigen Gegenden schon so ausgebildet und entwickelt,
es liegen über dieselbe so viele Erfahrungen vor, daß wir aus
denselben unsere eigene Jagdlehre, Jagdsprache und Fährtenlehre
ganz gut zusammenstellen können.

Ich habe hier versucht, schließt unser Gewährsmann, in Kürze
meine Erfahrungen und Wahrnehmungen, die ich als alter, gelernter,
hirschgerechter Jäger in unsern Wäldern im Laufe einer nahezu
30jährigen Praxis gesammelt habe, wiederzugeben, aus denen zu ersehen
ist, daß ich frei von Vorurteilen unsere Jagd beobachtet und studiert
und alles das, was ich beobachtet, ungeschmückt, wie ich es gefunden,
wiedergegeben habe.

Fischerei.

Obgleich infolge der vollen Freiheit der Fischerei die Ausbeute der Gewässer nicht mehr so groß ist, wie zu jener noch nicht lang hinter uns liegenden Zeit, wo die Anwohner der Theiß Fische als Schweine= futter verwerteten, wonach vor 25—30 Jahren die feinsten Fische mit 6—10 Kreuzer das Pfund verkauft wurden, — so ist Ungarn doch immer noch das fischreichste Land Europas — ein wahres Eldorado für die Angler. Seine Flüsse, mit Ausnahme des Poprád und Dunajec, gehören zum Bereiche des schwarzen Meeres. Der von den Gewässern eingenommene Raum wird auf 130 ☐ Meilen angenommen, in welchen nach den einen Naturforschern 64, nach den anderen aber noch weit mehr Gattungen von Fischen vorkommen. Die Zahl der edlen und fein schmeckenden Fischarten ist in der Donau und ihren Zuflüssen weit beträchtlicher als im Rhein und in der Elbe. Als Tafelfische sind am Wiener und Budapester Fischmarkte, den reichst assortierten Europas, stets teils lebend, teils in Eis konserviert und nach dem Gewicht ausgeschlachtet zu haben: Störe, Hausen, Dick, Hughen, Sterlet, Lachs, Lachsforelle, Waller, Seiblinge, Forellen, Schill (Fokasch aus dem Plattensee). Während der Hughen, der in Scheiben am Rost gebraten, an Wohlgeschmack dem Rheinlachs gleich= kommt und an Saftigkeit ihn übertrifft, die Nebenflüsse der Donau weit hinaufstreicht, so daß er noch in Größen bis zu 10 Pfund bei Villach in Kärnthen und oben am Lech gefangen wird, liefern die drei ersten Fische an der unteren Donau außer ihrem delikaten Fleisch noch das Material für Kaviar, der in großer Menge gewonnen wird, aber leider an Ort und Stelle verzehrt werden muß, weil er langen Transport nicht verträgt, da die dortigen Fischer die russische Zubereitung nicht verstehen. Nur als Reisende konnten wir uns von der unteren Donau ein Fäßchen Kaviar zum vierten Teil des Preises des russischen heimbringen.

Noch im Jahre 1847 bespricht Heckel den Fischreichtum Ungarns folgendermaßen: „Außer Rußland sei kein Land Europa's imstande, einen solchen Fischreichtum aufzuweisen und man könne kühn behaupten, daß die Fischerei Ungarns einen Teil seines Nationalreichtums bilde." Die volle Freiheit des Fischfangs hätte indessen die Gewässer schon früher entvölkert, wenn nicht auch dessen Methode zu lange der althergebrachten Sitte treu geblieben wäre. Mit den neuesten Fortschritten der Fischereitechnik nahm auch die Raubwirtschaft überhand, viele Teiche wurden aufgelassen und in Kultur genommen, die Dampfschiffahrt begann die Brutstätten zu beunruhigen, und mit dem sprichwörtlichen Fischreichtum würde es allmählich zu Ende gegangen sein, wenn mit den besseren Fangmitteln aus dem Westen nicht auch die neue Bewegung der Regeneration der Fischzucht mittels Brutteichen eingewandert wäre. Auch die Regierung erkannte die Notwendigkeit einer staatlichen Ordnung dieses Nahrungszweiges. Zur Vorbereitung eines verständigen Fischereigesetzes berief der gewesene k. ungarische Statthaltereirat die ungarische naturwissenschaftliche Gesellschaft, um einen Vorschlag in dieser Richtung zu machen. Infolge dieser Aufforderung wurden zwei Entwürfe vorgelegt, von denen indessen wegen der kurz darauf erfolgten Auflösung des Statthaltereirates keiner Gesetzeskraft erlangte. Mit Eintritt der verfassungsmäßigen Aera im Jahre 1867 wurde diese Frage neuerdings angeregt. In demselben Jahre schrieb die ungar. Akademie der Wissenschaften einen Preis für Vorschläge aus, die geeignet wären die Fischzucht zu heben. Das Resultat dieser Ausschreibung waren drei eingelangte Konkurrenzarbeiten, welche sämtlich der Anerkennung gewürdigt wurden, da deren Inhalt heut noch auf der Höhe der neueren Fischzuchtkunde steht. Im folgenden Jahre wurden im Staatsbudget fl. 20,000 zur Errichtung von Muster-Fischzüchtereien eingestellt. Demzufolge entstanden in Igló und später in Zinó Váralya, Thuroczer Komitat, Institute, die der künstlichen Fischzucht dienen. Seitdem werden regelmäßig jährlich fl. 5000 im Staatsbudget zur Hebung der Fischzucht bestimmt. Daß dies kein verlorener Posten, wird durch die Thatsache erwiesen, daß Ignoranz und Indolenz — diese Feinde jedes Fortschrittes — allmählich schwinden, und auch in Volkskreisen der Erkenntnis Platz machen, daß die künstliche Fischzucht nicht bloß eine theoretische Spielerei, sondern ein Fortschritt in dem Produktionsvermögen von höchster praktischer Bedeutung ist, und daß man durch Pflege der jungen

25

Brut und die Einsetzung derselben in die Gewässer, diese wieder in höherem Grade bevölkern kann. Außer der Aufstellung dieser Institute gewährt die Regierung auch mehreren Privatanstalten Subventionen, errichtete bei den landwirtschaftlichen Anstalten Lehrstühle für Fisch= zucht, welche mit den nötigen Apparaten und anderen Lehrmitteln ausgerüstet wurden. Auch einzelne Herrschaften und Privatgesellschaften wurden durch diesen Impuls zur That ermuntert und in den Komitaten Szepes, Liptó, Therocz, Pozsony, Arva, Sárós, Abauj, Trencsén, Bars, Brassó und Krasso=Szörény beschäftigen sich 15 Anstalten be= reits mit künstlicher Fischzucht zur Bereicherung der Gewässer. Außer der erwähnten Fischzucht=Anstalt am Igló=Teich, welche berufen ist, die Flüsse und Bäche des Zipser Komitates mit Forellen zu bevölkern, bestehen auch in Siebenbürgen die Teiche Nagy=Szeben, Prászmár und Rozinoer, welche Staatssubvention genießen, der Szomolányer Teich des Grafen Moriz Palffy im Preßburger Komitat, der in der Zips liegende des Grafen Eugen Czáky, der Teich der Herrn Jekelics u. Co. in Brassó, der Praemonstratenser in Jászo, der der Eszter= hazi's in Tata und schließlich der der Stadt Szegedin auf einem 800 Joch umfassenden Terrain der alten Theiß.

Vom Stand der Fischerei im Meere liegen keine Daten vor; auch weil der Fischfang im adriatischen Meere hauptsächlich in Händen italienischer, istrianischer und dalmatinischer Fischer ist. Indessen ver= dient erwähnt zu werden, daß man im adriatischen Meere 250 Fisch= gattungen zählt und daß darunter viele sich befinden, welche an Wohlgeschmack im ersten Rang gerechnet werden.

Die gesetzliche Regelung des Fischereiwesens blieb, teils wegen dringenderer Aufgaben, teils wegen finanzieller Gründe verschoben, indessen wies die Regierung die Municipien im Verordnungswege an, für die einstweilige Regelung zu sorgen. Die mangelhafte und un= gleiche Ausführung dieser Verordnungen veranlaßte die Regierung einen neuen Entwurf eines Fischerei=Gesetzes zusammen mit dem Projekt eines Wasserrechtes ausarbeiten zu lassen, welcher hoffentlich in der neu beginnenden Reichstagsperiode zum Gesetze erhoben werden wird. Außerdem wurden ausländische Fischeier aufgekauft, um neue edle Fischgattungen durch künstliche Aufzucht einzuführen. Die Fisch= zucht=Anstalt zu Igló wurde von der Regierung erweitert und ist kraft ihrer Einrichtungen ein wahrhaftes Musterinstitut geworden, in welchem einerseits Private die in der Fischzuchttechnik nötigen Kennt=

nisse erlangen können, und welches andrerseits umfassend genug ist, um der Fischzucht des Landes mit 3 Millionen junger Brut aufzuhelfen. Unter den unter dem Protektorat des Staates entstandenen Gesellschaften ist besonders erwähnenswert — der oberungarische Fischzuchtverein, welcher dem Wahlspruch folgt: „Die Fischzucht ist ein selbständiger Faktor der Urproduktion, er ist der nationalen Wirtschaft unentbehrlich und sollte zu einem eigenen Produktionszweig gestaltet werden". Im Verlage dieses Vereines erscheint das einzige Fachblatt der ungarischen Fischzucht-Litteratur „die Blätter für Fischzucht". Unter Mitwirkung dieses Vereines wurden die in Ungarn heimischen Fischgattungen um eine Specialität bereichert, — den kalifornischen Lachs, von welchem 52,000 Stück im Jahre 1881 in den Plattensee gelassen wurden. Nach seinem Vorbild entstand der Podrádthaler Fischzuchtverein, mit dem Zweck, den Podráb und dessen Nebenflüsse mit Lachsen zu bevölkern. Dieser Verein erhielt zu seinen ersten Einrichtungen ein zinsenfreies Darlehen von fl. 1700 und hat 1884 seine Wirksamkeit begonnen. Im Jahre 1883 wurde die Iglóer Staatsfischzucht dem oberungar. Fischzuchtverein zur Verwaltung übergeben. Letzterer strebt dahin, den Wirkungskreis dieser Anstalt zu erweitern und hat zu dem Behuf 1884 eine Million Bruteier unentgeltlich unter seine Mitglieder verteilt. Neuerdings wurden diesem Verein zwei forellenreiche Bäche des Vorsoder Komitats von der Regierung zugeteilt und werden die aus diesen Gewässern gewonnenen Zuchtfische die Produktivität des Instituts sehr erhöhen.

Endlich verdient noch erwähnt zu werden, daß die Regierung eine Fischzuchtaufseherstelle gestiftet hat, welche in Beziehung zu der Institution der landwirtschaftlichen Kulturingenieure steht, durch welche letzteren sie die Fischzuchtinteressenten in ihren Bestrebungen unterstützt.

Die Induſtrie.

Ungarn iſt zwar heute noch ein vorzugsweiſe ackerbautreibendes Land, allein es birgt natürliche Keime, welche, richtig entwickelt, es allmählich aber ſicher unter die Reihen der induſtriellen Großſtaaten er= heben können. Mit Handwerkern iſt es in ſo genügender Weiſe ver= ſehen, als es der Bedarf eines Ackerbauſtaates fordert und auch auf die Hausinduſtrie iſt ſeit einer Reihe von Jahren ein beſonderes Augenmerk ſeitens der Regierung geworfen. Die neubegründeten Fachſchulen werden das ihrige zur Hebung und Ausbreitung dieſes Zweiges der Volksarbeit beitragen. Unſere Aufgabe iſt es nicht, in die Zuſtände der einzelnen Gewerbezweige einzudringen; dies würde den uns zugemeſſenen Raum überſchreiten. Wir müſſen uns be= ſchränken, die Grundzüge der Entwicklung hervorzuheben, welche, in urwüchſiger Weiſe entſtanden, Ungarns Volksfleiß neue Bahnen zu er= ſchließen geeignet und damit zugleich dem Hauptzweig des Erwerbes, der Bodenproduktion, ſicheren und vermehrten Abſatz zuzuwenden be= ſtimmt iſt. Die naturwüchſigen Induſtriezweige Ungarns, welche ex= portfähig ſind oder es zu werden verſprechen, ſind diejenigen, die auf der Baſis der bedeutendſten Rohprodukte des Landes beruhen. Wir nennen darunter vor allen Dingen Getreide, Mais, Wein, Rüben, Holz, Erze, Salz und Kohlen.

Müllerei. Was zunächſt das Getreide betrifft, ſo haben wir bereits oben nachgewieſen, daß von Ungarn die große Reform der Hochmüllerei ausgegangen iſt, daß ſeine Dampfmühlen mit der Einführung der Stahl= oder richtiger Hartgußwalzen eine neue Ära eröffnet und das Signal zur Verdrängung der Mühlſteine, wenigſtens für die Bereitung der feinen Mehlſorten, über die ganze Erde gegeben haben.

Außer den gewöhnlichen Waſſermühlen, deren Zahl bei der Volkszählung von 1869 auf 17,229 erhoben wurde, 854 Wind= mühlen und 6331 Göpelwerken gab es 1869 480 Dampfmühlen,

von welchen aber nur 44, und zwar 14 davon in Budapest, als An=
stalten ersten Ranges gelten können. Auf allen Mühlen wurden zu
jener Zeit gegen 24 Millionen Zentner Mehl erzeugt und über
38,000 Personen beschäftigt. Die Dampfmühlen verbrauchen durch=
schnittlich 2,781,000 Zentner Kohlen zum Werte von c. fl. 1,390,500.

Vor 1880 hatten die Dampfmühlen eine glänzende Periode in=
dem sie eine Reihe von Jahren hindurch jährlich 25—40 % Divi=
dende verteilten. Diese goldene Zeit hat mit der Ausbildung des
Schutzzollsystems und der Erhöhung der Eisenbahnfrachten im deut=
schen Reiche aufgehört. Das Reineinkommen ist seitdem beträchtlich
gesunken, obgleich neue Transport= und Abzugswege über das Meer
von Fiume und die Elbe hinab gesucht und gefunden worden sind.

Der große Aufschwung der Dampfmühlen in den Vereinigten
Staaten, insbesondere in Minneapolis, ist ausschließlich der von Buda=
pest ausgegangenen Initiative zu verdanken. Letzteres besitzt alle Ele=
mente, um in Europa dieselbe Rolle wie jenes in Amerika zu spielen.

Um die Mehlindustrie zur vollen Entwicklung zu bringen; müßte
der oben erwähnte Rat ausgeführt und Budapest zu einem Zentral=
stapelplatz des russischen und rumänischen Weizens gemacht werden.
Dazu aber ist wieder die Ermäßigung der Transportkosten durch Ver=
besserung der Wasserstraße, mit andern Worten die baldige Regulie=
rung des Eisernen Thores erforderlich, welche von dem Berliner Kon=
greß bereits der Sorge Ungarns anvertraut worden ist und der
weder finanzielle noch technische Hindernisse mehr im Wege stehen.
Denn die Kosten werden durch einen, vom Kongreß genehmigten
Schiffszoll gedeckt und Sprengungen werden nach dem System von
Major Lauer jetzt mit großer Leichtigkeit vollführt. Da schon heute
Budapest in der Mehlproduktion tonangebend ist, so steht ihm mit
Hilfe solcher Erleichterungen gewiß in dieser Hinsicht ein großer Auf=
schwung bevor.

Hier scheint uns auch der geeignete Ort zu sein, um derjenigen
Anstalt zu gedenken, aus welcher jener Fortschritt der Hochmüllerei
hervorgegangen ist, und von der aus derselbe allmählich die Runde
über die Erde macht. Wir meinen die Fabrikation der Walzenstühle
für die Hochmüllerei an Stelle der Mühlsteine, welche allmählich ver=
drängt werden. Die Maschinenfabrik von G a n z & C o. hat zuerst
die Herstellung der Hartgußwalzen im großen Styl begonnen, auf
welchen die Fortschritte der heutigen Müllerei beruhen und dieselbe

durch Erfindungen ihres jetzigen Leiters, Herrn M e ch w a r t, so ver=
vollkommnet, daß sie diesen Artikel nach ganz Europa, selbst nach
England und in die überseeischen Länder exportiert. Denn die Erkennt=
nis, daß das Zerkleinern und Zerdrücken des Getreides auf einer ein=
zigen Arbeitslinie schönere Resultate liefern muß, als das Zerreiben auf
einer Mahlfläche hat sich überall Bahn gebrochen. Die Firma Ganz &
Co. hat Hartgußmaterial für die Walzen anstatt Stahles nach reifer
Erwägung und Erprobung gewählt. Sie hat damit der Methode
der Walzenmüllerei nicht nur zuerst in Österreich=Ungarn und dann
im Auslande zum Siege verholfen, sondern ihre Fabrikation von
Walzenstühlen mit Hartgußwalzen ist weitaus die bedeutendste, wenn
sie auch nicht mehr imstande ist, selbst allein der großen Nachfrage
zu genügen.

Uns ist eine Wiener Firma bekannt, welche im Einverständnis
mit Ganz & Co. allein ganz Spanien mit Walzenstühlen versorgt.
Die Ganz'sche Fabrik hat zuerst den glatten Walzen Riffelwalzen
beigefügt, um das Zermalmen und Verfeinern des Material's in
ausgiebigster Weise zu bewerkstelligen. Sie wendete für gerissite
Walzen zum Zerschroten des Getreides, zuerst den Hartguß an, weil
die früher in Eisen und Stahl ausgeführten wegen zu rascher Ab=
nutzung des Materials sich nicht behaupten konnten. Die vom Chef
der Ganz'schen Fabrik, Herrn Mechwart, konstruierten neuesten Ring=
walzenstühle dokumentieren das Streben, das höchste Erreichbare her=
zustellen. Deren Anordnung wurde von den bedeutendsten Fach=
männern unbedingt Anerkennung gezollt, weil dieselbe die thatsächliche
Lösung einer hohen mechanischen Aufgabe enthielt, nämlich die Auf=
hebung der Lagerreibung bzw. deren Überführung in rollende Rei=
bung. Bis Ende März 1884 hatte die Fabrik bereits über 10,000
Walzenstühle geliefert.

Hier müssen wir darauf aufmerksam machen, daß seit Anfang
1884 ein G e t r e i d e = E l e v a t o r in Budapest an der Donau
nächst den neuen Lagerhäuser (Docks) errichtet ist, der erste in Europa,
durch welchen der Koncentration des Getreidehandels bedeutend Vor=
schub geleistet werden muß.

Einige Dampfmühlen haben auch bereits die elektrische Beleuch=
tung eingeführt.

Wie wir Mandello's „Rückblicken" entnehmen, hat das ungarische
Handels= und Ackerbau=Ministerium auf die Initiative der Budapester

Mühlen an der dortigen Gewerbe-Mittelschule einen Müllerkurs ins
Leben gerufen, der mit ganz entsprechendem Lehrmaterial ausgestattet
ist, und sich bereits eines genügenden Zuspruchs erfreut. Die Schüler
haben außer dem theoretischen Unterricht, dank der Freigebigkeit
einiger Mühlenbesitzer auch Gelegenheit praktische Erfahrungen zu
sammeln.

Spiritus-Fabrikation. Ein anderer auf der Bodenproduktion beruhender wichtiger und exportfähiger Industriezweig ist
die Spiritusbrennerei. Dieselbe hat für Ungarn besondere Bedeutung, weil als Rohmaterial hauptsächlich Mais verwendet wird, welcher dort besonders gedeiht und weil der daraus bereitete Alkohol
von den Weinproduzenten Italiens, Frankreichs und Spaniens sehr
gesucht ist. Die Brennereien sind zugleich Mastanstalten, aus denen
große Mengen von Schlachtvieh hervorgehen, welches vor dem Ein-
fuhrverbot in bedeutenden Mengen nach Deutschland und England
ausgeführt wurde. Am Wiener Schlachtvieh-Markte allein werden
jährlich über 100,000 Mastochsen aus Ungarn zugeführt. Die Pro-
duction an Spiritus wurde für 1883 auf 200,000 Hektoliter veranschlagt. Eine der größten Spiritusbrennereien wurde von dem
früheren preußischen Minister Friedenthal errichtet. Im Jahr 1883
kamen in Triest 15,300 Hektoliter Spiritus aus Deutschland, 16,550
Hektoliter aus Rußland und 122,200 Hektoliter aus Österreich-
Ungarn an.

In Mandello's „Rückblicken" auf die Entwicklung der ungarischen
Volkswirtschaft in 1883 wird hervorgehoben, daß der Absatzmarkt in
Spanien für die ungarische Spiritus-Industrie eine ganz besondere
und hervorragende Bedeutung habe. Dasselbe könne mit seiner großen
Weinkultur und seinem beträchtlichen Weinexport ein ganz bedeutender
Abnehmer von ungarischem Sprit werden und dessen Ausfuhr um
100,000 Hektoliter jährlich heben. Zwar soll durch die neue Steuer-
reform eine Mehrbelastung der Spiritus-Industrie bewerkstelligt werden, allein man hofft durch Verbesserung der Produktionsmethode eine
größere Ausnutzung des Materials zu erzielen, durch welche die
Mehrleistung an den blockiren ausgeglichen wird. Für den Export
wird auch eine Ermäßigung der Frachten gewünscht.

Von steigender Wichtigkeit ist die Fabrikation vom Weintrester-
Branntwein; derselbe wird gleich dem Zwetschenbranntwein hauptsächlich innerhalb der Zollgrenzen so in Ungarn und in Österreich

konsumiert. Der letztere, unter dem Namen Slivovitz sehr beliebt und
verbreitet, übertrifft wegen der Güte des Materials alle ähnlichen
Produkte des Westens und scheint nur ein sehr exportfähiger Artikel
zu sein, umso mehr als die Zwetschenbäume außerordentlich gedeihen
und wenig Mißernten aufweisen.

Cognakerzeugung. Die ungarischen Weine eignen sich
wegen ihres bedeutenden Alkoholgehaltes und ihres billigen Preises
noch besser zur Fabrikation von eigentlichem Weingeist oder Cognak
als die südfranzösischen Weine. Die Regierung hat daher mit Recht
ihr Augenmerk auf die Einführung dieser Industrie gerichtet und ein=
leitende Maßregeln zu diesem Zwecke ergriffen. Da ungefähr 5 Liter
Wein erforderlich sind, um 1 Liter Cognak herzustellen, so eignet sich
diese Industrie besonders zum Export, weil das auszuführende
Bodenprodukt fünfmal geringere Transportkosten erfordert. Es sind
auch bereits in diesem Erwerbszweige günstige Resultate erzielt; nament=
lich ist auch von einem Techniker in Kaschau ein neuer Apparat zum
Cognak=Brennen konstruiert worden. Jedenfalls gehört dieser Zweig
der Produktion zu denjenigen, welche die Aufmerksamkeit ausländischer
Unternehmer auf sich zu lenken verdienen.

Bierbrauerei. Ungarn liefert in seiner Gerste und seinen
neuen Hopfenpflanzungen ein ausgezeichnetes Material für die Bier=
brauerei. Letztere ist weniger quantitativ, als qualitativ bedeutend.
Hier macht sich dieselbe Entwicklung bemerklich, welche längst in Groß=
britannien, Deutschland, Österreich und Rußland ihren Lauf ge=
nommen hat. Infolge der Fortschritte in der Chemie und der wissen=
schaftlichen Erkenntnis des Gährungsprozesses hat sich die Brauerei
allmählich von der empirischen Geschicklichkeit des Brauers emanzipiert;
sie ist ein sozusagen technisch=wissenschaftliches Gewerbe geworden, in
welchem der Zufall und das persönliche Element nur noch eine sehr
geringe Rolle spielen. Die kleinen Brauereien gehen allmählich ein
und machen den großen Platz, deren Sude nicht mißraten, und die
zu Grund gegangenen kleinen Brauer werden als Ausschänker wieder
wohlhabend. In diesem rückläufigen Entwickelungsgang hat sich von
der Volkszählung von 1869 bis zum Arar von 1880 die Anzahl der
Bierbrauereien von 349 auf 142 vermindert. Dagegen sind bei
Budapest zwei Brauereien ersten Ranges entstanden, eine von Dreher
und die einer Aktiengesellschaft, deren Produkt das der Wiener

Fabriken, einschließlich des Schwechater in Qualität übertrifft, vielleicht wegen größerer Güte oder Billigkeit des Materials. Das in Stein= bruck bei Budapest gelegene Terrain eignet sich ausgezeichnet zu diesem Industriezweig, weil dort der Sandstein zu Tag tritt und mit geringen Kosten ungeheure Felsenkeller hergestellt werden können, während am großen Zentralmarkt zu Budapest das nötige Material stets zur Hand ist.

Zuckerfabriken. Nach der Volkszählung von 1869 be= standen im Lande 16 Zuckerfabriken mit 9214 Arbeitern, welche jährlich 1,889,758 Zentner Rüben verarbeiteten. Einige dieser Fabriken sind eingegangen, weil dieselben mit den der neuesten tech= nischen Fortschritte sich bedienenden österreichischen Fabriken nicht zu konkurrieren vermochten, da sie in Aneignung der Verbesserungen zu langsam waren. Dagegen werden neuerdings neue Fabriken mit großem Kapital errichtet und da deren Unternehmer bestrebt sind, die= selben mit Hülfe der besten Produktionsmethoden zu installieren, so wer= den solche zweifelsohne besser prosperieren. Unter derselben Voraus= setzung hat die Rübenzuckerindustrie in Ungarn günstigere Bedingungen, als in Böhmen, Mähren und in Norddeutschland, weil der Boden fruchtbarer und billiger, der Arbeitslohn niedriger ist.

Holzindustrie. Ein großes Gebiet steht dem Unternehmungs= geist in dem bedeutenden Holzreichtum des Landes offen. Schon jetzt ist Ungarn im weiteren Sinne, einschließlich Kroatiens, die Holz= kammer für die europäische Weinproduktion, denn die Dauben für die meisten Fässer Italiens, Frankreichs und Spaniens werden aus Südungarn geliefert. Der riesige Halbgürtel der Karpathen birgt aber noch eine Menge von Urwäldern, welche nur der nötigen Ver= besserung der Transportmittel harren, um dem industriellen Unter= nehmungsgeist immensen Rohstoff zu liefern. Man braucht nur da= ran zu erinnern, daß in Reschitza noch zwei Hochöfen mit Holzkohlen gespeist werden, weil noch Holz im Überfluß vorhanden ist, um be= greiflich zu machen, daß hier noch Nahrung für zahlreiche Großge= werbe ist. Wir brauchen nur an Holzstoff= und Cellulosefabriken für die Papierfabrikation zu erinnern, deren auch bereits eine in Ungarn errichtet ist, zumal neuerdings in Görz eine Erfindung gemacht ist, wodurch das Holz leicht in seine Faser zerlegt und ein fast ebenso starkes Papier aus reinem Holz wie aus Leinen=Lumpen hergestellt werden kann, — sowie an Holzfabriken für die Bautischler und Holzerzeugnisse aller Art.

Chemische Industrie. Auch auf diesem Gebiet ist in Ungarn ein großer Spielraum, weil es unerschöpfliche Salzsteinlager enthält, lange Zeit als das eigentliche Vaterland des Salpeters galt, in seinen Bergwerken große Mengen von Alaun, Vitriol und anderer gesuchter und seltener Rohstoffe birgt, und in seinen ausgedehnten Forsten eine reiche Quelle für die Erzeugung der Pottasche besitzt.

Petroleum. Neuerdings sind in mehreren Teilen Ungarns Steinölquellen erbohrt worden, welche eine lohnende Ausbeute ver=
sprechen. Schon gegenwärtig aber besteht zu Fiume, dank dem dort errichteten besonderen Petroleumhafen, eine Petroleum=Raffinerie, durch welche dem Geschäft mit diesem Artikel großer Vorschub geleistet wird, und welche auch zur Förderung der rasch emporstrebenden rus=
sischen Naphtaproduktion bedeutend beitragen wird. Hier ist über=
haupt ein Keim zu einem bedeutenden Erwerbszweig gelegt.

Stärkefabrikation. In Fiume ist seit kurzer Zeit auch ein Etablissement errichtet, in welchem Reis, namentlich orientalischer in verschiedener Gestalt verarbeitet wird. Es ist eine kolossale Reis=
mühle, die größte Oesterreich=Ungarns, die zweitgrößte Europas. Eine Viertelstunde von Fiume, knapp am Meere, erhebt sich 6 Stock=
werke hoch das Gebäude, welches innerhalb elf Monaten unter Dach gebracht und binnen fünf Monaten vollständig eingerichtet war. Eine Dampfmaschine von 360 Pferdekraft ist der Motor eines sinnreichen Getriebes, welcher die Handarbeit bis auf ein Minimum ersetzt, so daß die 300 männlichen und weiblichen Arbeiter in dem Riesenbau fast verschwinden, als ob alle Verrichtungen nur durch die Maschinerie besorgt würden. Große Indienfahrer, teils Dampfer, teils Klipper, deren jährlich 10—15 in Fiume anlegen, bringen jeder 25,000—
30,000 Säcke Reis (jeder à 2 Centner), von welchen täglich 2000—3000 Centner geschält werden, da der Reis längere Reisen nur in Hülsen verträgt. Seitdem Fiume die regelmäßige Lieferung dieser Frucht aus Asien übernommen, nimmt auch der Konsum im Lande zu. Denn während früher der italienische Reis als der beste galt und der versuchsweise in Ungarn gebaute diesem gleich nachkam und dem chinesischen und japanesischen vorgezogen wurde, scheint man jetzt dem von der Fiumer Reismühle eingeführten und geschälten Reis den Vorzug zu geben. „Man muß ihn sehen, diesen herrlichen bril=
lantesten Japonesco" sagt Heinrich Littow in einer Wiener Zeitung, „wenn er, seiner Hülle entkleidet, aus den Trichtern in die Säcke

rollt, wie ein im Sonnenlichte schimmernder Wasserfall, und muß einen Risotto von dieser Frucht gekostet haben, um einen Vergleich anzustellen und ein richtiges Urteil zu sprechen. — Bekannterweise gehört die Verwertung der Abfälle zu den einträglichsten Geheimnissen der modernen Industrie. In dieser Fabrik blüht dieser Industrie= zweig — nichts geht verloren — alles findet Verwendung, alles liefert brauchbare Stoffe, alles trägt bei zur Fruktifizierung des Ka= pitals, zum Gewinne. Da der indische Reis in seiner Hülse anlangt, muß er vorerst von dieser befreit werden. Bei dieser Operation entsteht auch der Bruchreis, der sorgfältig abgesondert wird, obwohl er auch noch als Nahrungsstoff verwendet werden kann. Seine haupt= sächliche Verwendung aber ist die Fabrikation der Stärke, die eben hier in Fiume im großartigen Stile betrieben wird und kaum von England, dem starch - Lande par excellence, eine Konkurrenz zu fürchten hat. Diesem einträglichen Produkte widmet man aber auch eine ganz besondere Sorgfalt, und der Vorstand dieser Abteilung, ein erfahrener Fachmann, weiß die Manipulation so einzurichten, daß von den Stoffen, die er verarbeitet, nichts verloren geht. Da die Reis= schalen, mit Trebern gemischt, zu einem sehr nahrhaften Vieh= futter für Masttiere verarbeitet werden, und mit Häcksel gemischt die Epikuräer unter dem Horn= und Borstenvieh zur Schlemmerei be= geistern, wird der Bruchreis in Wasser zu ganz dünner milchiger Substanz aufgeweicht und durch mächtige Pumpen bis zum fünften Stockwerke des Hauses gehoben, von wo aus in Bottichen und riesigen Bassins die Klärung und allmähliche Verdichtung dieser flüssigen Masse vor sich geht, bis sie wieder zu ebener Erde als schneeweiße, dicke, klebrige Substanz anlangt, in centrifugale Cylinder mit 1000 Ro= tationen per Minute gegossen, und dort beinahe von ihren letzten Wasserteilen befreit wird. Ein Trockenofen nimmt diese kryftallreine gepreßte Masse auf, bis sie endlich den weiblichen Händen zur ele= ganten Verpackung in Cartons mit künstlerisch gearbeiteten polychromen Etiketten übergeben wird. Was als unklar vom Reinen ausge= schieden wird, dient teils zur Erzeugung von Kleister für die Carton= nage=Arbeiten der Fabrik selbst und der Buchbindereien, teils, mit Reiskleie vermischt, giebt es wieder ein ausgezeichnetes Viehfutter, das bis nach Norwegen versendet, gut gezahlt und so massenhaft verlangt wird, daß man oft mit den Lieferungen im Rückstande ist. Und nun liegen die geklärten, blendend weißen Klumpen vor uns und versöhnen uns durch ihre Schönheit mit dem Gedanken, daß sie zu Toilette-Pulver verrieben, Wangen und Schulter und Haare unserer Ballkoryphäen wie Tau die Rosen bedecken, daß sie zu den feinsten Mehlspeisen verwendet, dem Zuckerbäcker unentbehrlich werden und daß die Herren- und Damenwäsche vom Unterrocke bis zur feinsten Manschette ohne ihre Zutat sehr unansehnlich in der Gesellschaft dastehen würde.

Torpedofabrik. Wir können Fiume nicht verlassen, ohne zu erwähnen, daß daselbst in neuester Zeit eine großartige Torpedo-fabrik errichtet worden ist, in welcher Whitehead'sche Fischtorpedos erzeugt werden und die sogar England und das deutsche Reich mit Geschossen versorgt.

Eisen- und Stahl-Industrie. Ein englisches Fach-blatt, der „Colliery Guardian" vom 13. Juni 1884 enthielt über die Aussichten der ungarischen Eisenindustrie einen merkwürdigen Bericht eines angesehenen, englischen Industriellen und Grundbesitzers, des Herrn Wynn Kenrick, M. E. Wynn Hall, Ruabon, früher in Rugeley, Südstaffordshire, dem wir folgendes entnehmen:

„Die Aufmerksamkeit von Kapitalisten sollte auf dieses Land gelenkt werden, welches eines der verheißendsten Investitionsplätze der Gegenwart ist. In England, wo das Eisengeschäft nicht mehr lohnend ist, und Roheisen unter 2 Pfund Sterling die Tonne verkauft wird, während Kohlenbergwerke, welche enormes Geld gekostet haben, um den zwanzigsten Teil ihres ursprünglichen Preises losgeschlagen werden, und Verträge zur Lieferung von besten Dampfmaschinenkohlen zu 5 Schilling die Tonne, obwohl nicht lohnend, eifrig gesucht werden, wenden wir unsere Blicke mit intensivem Interesse auf die ermutigenden Nachrichten, welche in dem Bericht eines Bergwerks-ingenieurs enthalten sind, der so eben von einer Fachinspektionsreise in den ausgedehnten Bergwerkdistrikten Südungarn's zurückgekehrt ist. Dort giebt es Kohlenflöze von großer Mächtigkeit in einer Qualität ähnlich derjenigen von Süd-Wales. Arbeitskraft ist zum Lohn von 2 bis 2½ Schilling täglich reichlich zu haben. An den Gruben gilt die Tonne Kohlen 20 Schilling im Sommer und 30 Schilling im Winter. Braun-, Roteisenstein und andere Erze, welche im Tagbau gewonnen werden können, sind in immensen Schichten vorhanden, mit einem Eisengehalt von 60%. Die Verkaufspreise von Eisen sind folgende: Roheisen 5 Pfd. Sterl., Stangeneisen 11 Pfd. Sterl., Blech 17 Pfd. Sterl. die Tonne. Die Nachfrage übersteigt den Vor= rat, und es wird lange so bleiben. Dies sind einige der Thatsachen, welche uns an die großen alten Tage Englands erinnern, welche jetzt — und zwar mit Hülfe der neuesten technischen Verbesserungen in Ungarn — diesem Lande der Zukunft wiederholt werden können."

Ueber die allgemeinen Verhältnisse der Eiseninduſtrie finden wir in einer amtlichen Denkſchrift, welche von einem ſtatiſtiſchen Komite der Herren Karl Keleti, L. Hunfalvy, A. Bielz und A. Konek unter Mitwirkung des ſtatiſtiſchen Bureau's gelegent= lich der Wiener Ausſtellung verfaßt wurde, folgende überſichtliche Darſtellung.

Mit Rückſicht auf die geologiſchen Verhältniſſe der Eiſenerze, auf die Beſchaffenheit des Feuerungsmaterials und auf die Entwicke= lungs=Bedingungen der Eiſeninduſtrie überhaupt kann man dieſelbe nach fünf Gruppen von verſchiedenem Charakter klaſſifizieren, von denen Siebenbürgen die eine; der ſüdöſtliche Teil Ungarns im Flußgebiete der Temes und Karas die zweite; das Thal der beiden Körös die dritte; die von der weſtlichen Grenze Marmaroſch angefangen an der nördlichen galiziſchen Landesgrenze bis zum Popradthal ſich erſtreckende Gegend die vierte und endlich das Hernäd=, Sajó=, Gran= und Waagthal in den nördlichen Teilen die fünfte bildet.

Erſte Gruppe. Obwohl die Eiſeninduſtrie der erſten Sieben= bürgiſchen Gruppe, namentlich in den Eiſenwerken zu Toroczko, Zaläsd und Plotka auf einem noch ſehr primitiven, auf dem Felde der Induſtrie längſt überflügelten Punkte ſteht, ſo verbürgen dennoch die ungeheuer ausgedehnten und Eiſenſtein beſter Qualität enthaltenden Gyalár=Teleker Eiſenerzlager dieſer Gruppe um ſo mehr eine groß= artige Entwickelung, als das Aerar und die Kronſtädter Eiſenwerks= Geſellſchaft — als die Hauptbeſitzer — letztere mit einem Kapital (Aktien=, Obligationen= und Reſervefonds) von 7 Millionen Gulden und mit den neueſten techniſchen Hilfsmitteln die Verwertung dieſer überreichen Lager ſich angelegen ſein laſſen.

Das Roheiſen, welches aus den manganreichen, phosphor= und ſchwefelfreien Erzen des Gyalár=Teleker, ſtellenweiſe 50 Klafter mäch= tigen und 50% eiſenhaltigen Eiſenerzlagers gewonnen wird, liefert das beſte Material zur Stahlfabrikation. Nimmt man ferner in Betracht, daß das Aerar wegen Coaksgewinnung aus der ſehr reinen

Zsilthaler Braunkohle fortwährend und mit gegründeter Aussicht auf Erfolg Experimente anstellen läßt, daß es der Kronstädter Gesell= schaft gelungen ist, in ihrem Kaláner Schmelzofen die Zsilthaler Braunkohle in entschwefeltem Zustande für das Schmelzen von Roh= eisen zu benützen, daß außerdem die Aerarialwaldungen zum Ein= schmelzen dieser Eisenerze jährlich mindestens 80,000 Normalklafter Holz abgeben können, so wird man die Überzeugung gewinnen, daß die Eisenindustrie Siebenbürgens mit Hilfe des hierzu erforderlichen doch zur Zeit leicht aufbringbaren Kapitals eine solche Stufe der Entwickelung erreichen wird, wie sie irgend in der Monarchie und in den englischen und schottischen, unter den günstigsten Verhältnissen arbeitenden Etablissements anzutreffen ist.

Die bedeutendsten Eisenwerke dieser Gruppe sind die zu Govas= dia, Sebeshely Kudsir, Rußberg, Kalán, Szent=Keresztbánya und Rojahid.

Der Kronstädter Bergbau und Hütten=Aktien=Verein besitzt in Ungarn Berg= und Hüttenanlagen: im Komitate Krasso= Szöreny, in den Orten Rußberg=Rußkicza, Lunkany, Ferdinands= berg und Stefansberg, und im Komitate Hunyad, in den Orten Telek=Kalán und Petrozseny. Die Anlagen in Rußberg= Rußkicza, welche Ende vorigen Jahrhunderts vom Ärar gegründet wurden, gelangten im Jahre 1858 in den Besitz des Vereines. Das Eisenerzlager auf „Rußka“ nächst Rußkicza bildet einen Teil der mächtigen Eisensteinschichte, welche sich von Siebenbürgen in einer Länge von ca. 150 Kilometern nach dem Banate zieht und in Telek, Gyalar, Rußka und Moravicza seine größte Entwicklung erreicht. Das im Abbau befindliche Erzvorkommen auf der Rußka besteht aus linsenförmigen Lagern von Spat= und Brauneisenstein, und aus Stöcken von Braun= und Magneteisenstein. Bei ersteren ist krystalli= nischer Kalk der Begleiter der Erzschichte, während Magneteisenstein im Kontakte mit trachytischen Gesteinen auftritt. Die Erzgewinnung geschieht größtenteils durch stollenmäßigen Grubenbetrieb und nur im geringen Maße durch Tagbau; die rohen Erze werden in eilf Schacht= öfen geröstet, und die Rösterze auf einer ca. 4000 m langen Bahn mit 4 Bremsbergen auf das Gichtniveau der Hochöfen in Rußkicza geliefert. Die zwei in Rußkicza befindlichen Holzkohlenhochöfen geben ihre Produktion an Roheisen, teils an die dort bestehende Gießerei, in welcher zumeist Kommerz= und Ofenguß, teils direkt aus dem Hoch=

ofen, teils aus dem Kupolofen erzeugt wird, teils an die Raffinier=
feuer in Rußberg und an das Walzwerk in Ferdinandsberg ab.
Zum Betriebe der Gebläse dient Wasserkraft und außerdem als
Reserve Dampfkraft. Mit den Hochöfen und der Gießerei steht eine
mechanische Werkstätte und Modelltischlerei in Verbindung. In den
Raffinierfeuern von Rußberg werden teils in Frischfeuern, teils aus
Schweißöfen mit Gasfeuerung und Simens'schen Regeneratoren unter
Anwendung von Wasserkraft die wegen ihrer vorzüglichen Qualität
einen Artikel des Orienthandels bildenden Rußberger geschmiedeten
Schienen, das sogenannte bosnische=, türkische= und Philippopler= ꝛc.
Schmiedeisen, dann Achsbleche, Buckelschienen, alle Sorten Zeugware,
und besonders Hauen und Schaufeln erzeugt. Das Walzwerk
Ferdinandsberg, welches Kommerzeisen, Schwarzbleche und
landwirtschaftliche Maschinen erzeugt, ist mit 6 Simensgenerativ
Doppel=Puddelöfen, 4 Simensgenerativ = Schweißöfen, einem Blech=
glühofen, einem Blechflammofen, mit den dazugehörigen Dampf=
hämmern, Blechscheeren, der Railsappretur und Abjustage, zwei
Feinstrecken, einer Mittelstrecke, und einer Blechwalzenstraße, dann
einer Maschinenwerkstätte, einer Fabrik für feuerfeste Ziegel ꝛc. aus=
gestattet. Zum Betriebe dienen sieben Jonwalische Turbinen, eine
liegende Expansions=Dampfmaschine mit Schiebersteuerung von 50,
und eine solche von 80 Pferdekraft. Der Betrieb geht mit Holzgasen,
die in 20 Generatoren erzeugt werden, vor sich. Die Maschinen=
werkstätte liefert außer dem Bedarf für den eigenen Betrieb, alle
Sorten von Pflügen, Weinpressen, Dreschmaschinen, Fruchtreutern,
Maisreblern, Pferdegöpeln, Arbeitsmaschinen, Turbinen, Mühlein=
richtungen ꝛc. Der Bedarf an Roheisen wird durch das Eisenwerk
Rußkicza und auch vom Eisenwerke Kalán gedeckt. Der zu diesen
Industriezweigen in Rußberg, Rußkicza und Ferdinandsberg nötige
Bedarf an Brennstoff besteht aus Holz und Holzkohle, und wird aus
den vorhandenen teils eigenen, teils vom Ärar gepachteten 34,000 ha.
Waldungen gedeckt. Auf der Waldherrschaft Lunkany mit 10,000
ha. besteht ein auf Holzkohle basierter Hochofen, außerdem findet
hier die Erzeugung von Schnittsorten und Holzkohlen statt. Die
Grundstücke sind verpachtet. Lunkany ist durch eine über das
Hochgebirge führende Kunststraße mit Rußkicza verbunden, welche fast
ausschließlich zum Transport der Holzkohle dient. Stefansberg
ist ebenfalls eine dem Verein gehörige Waldherrschaft mit 4500 ha.,

und liefert Nutz- und Brennholz, Holzkohlen und gebrannten Kalt für den privaten Detailkonsum, und sind auch hier die Äcker und Wiesen verpachtet. Das Eisenwerk Telek-Kalán an der Bahn= linie Piski-Petrozseny) der Siebenbürger Bahn gelegen, und durch einen Schienenstrang mit dem Stationsplatz verbunden, betreibt den Abbau von Eisenerzen in drei mächtigen zwischen Schiefer eingelagerten Stöcken am Bergbau in Telek. Die Abförderung der Erze geschieht vom Bergwerk in Telek bis zum Rücken mittelst schmalspuriger Loko= motiven; vom Fuße des Rückens werden die Erze mittelst Dampf= maschinen aufgezogen, und gelangen von hier mittelst einer schmal= spurigen Bahn bis zum Bremsberg vor Kalán, woselbst sie mittelst einer Luftflügelbremse auf das Niveau der Erzsturzbrücke abgelassen werden. Der Abbau der Erze geschieht tagbaumäßig in zwei Etagen. Das Eisenwerk selbst besteht aus der Anlage zweier großen für Coaksbetrieb eingerichteten Hochöfen, der Gießerei mit zwei Kupolöfen, dem Puddling und Walzwerke, der Maschinen= und Reparatur= Werkstätte, ferner der Fabrik für feuerfeste Ziegel. In der Gießerei stehen außer den Kupolöfen drei Formmaschinen, davon zwei mit Handbetrieb, und die dritte mit hydraulischem Motor. Im Eisen= walzwerk befinden sich vier Simens-Regenerativ-Doppel-Puddlings= öfen, und zwei Simens-Regenerativ-Schweißöfen, ein Luppendampf= hammer, eine Luppenstrecke, eine Mittel- und Feinstrecke, dann die zugehörigen Scheeren, Pumpen ꝛc. Die Gasgeneratoren-Batterie für die Simens-Öfen besteht aus acht Zuggeneratoren und drei Unter= windgeneratoren. Das Eisenwerk Kalán verarbeitet ausschließlich das eigene Roheisen, und erzeugt diverse Sorten von Gußwaren, vor= züglich Zimmeröfen, Walz- und Kommerzeisen, und in seiner Maschi= nen- und Reparaturwerkstätte auch landwirtschaftliche Maschinen ähnlich wie Ferdinandsberg. Der Hochofenbetrieb erfolgt mit ge= mischtem Brennstoffe (Rohkohle, Coaks und Holzkohle). Die Roh= kohle liefert das eigene Kohlenwerk Petrozseny, die Coaks kommen aus dem Ostrauer Becken und die Holzkohle aus Abstockungs-Waldungen. Den Brennstoff für das Walzwerk, sowie für den Betrieb der Motoren (durchgehends Dampfbetrieb) liefert ebenfalls das eigene Kohlenwerk Petrozseny. Zu diesem Ende sind vorhanden: 13 Stück Dampf= kessel und 19 Stück Dampfmaschinen, letztere mit einer Gesamtleistung von 800 Pferdekräften. Außerdem verkehren auf dem Werksgeleise zum Bahnhofe der Siebenbürger Eisenbahn eine normalspurige

Lokomotive, und bei der Abförderung der Erze drei schmalspurige Lokomotiven. Petrozseny. Im Szillthale, knapp an der Grenze gegen Rumänien, tritt die bekannte ausgedehnte Kohlenablagerung von ca. 44 Kilometer Längenerstreckung (von Ost nach West) und 6½ Kilometer Breite auf, in welcher in der oligocänen Formation mehrere Kohlenflöze, von denen zehn als abbauwürdig im Betriebe sind, ausgebeutet werden. Die Mächtigkeit dieser abbauwürdigen Flöze wechselt von einem Meter bis zu der bedeutenden Mächtigkeit von 38 Meter des Hauptflözes. Der Kronstädter Bergbau und Hütten=Aktien=Verein kaufte im Jahre 1849 einen Teil seines heutigen ausgedehnten Besitzes an Grubenmaßen in der Zsill von den Ge= brüdern Hofmann und Maderspach, vermehrte dieselben ansehnlich durch neue Aquisitionen und übernahm vor fünf Jahren auch die königlich ungarischen Steinkohlenwerke daselbst in pachtweisen Betrieb. Der Bergbau ist bereits sehr ausgedehnt und können folgende drei Hauptreviere unterschieden werden: das östliche Lonyay=Zsietz und Ludwigs=Revier, das im Centrum befindliche Deakrevier, und das am östlichen Flügel anschließende westliche Revier. Die ersten zwei Reviere stehen durch eine 8 Kilometer lange schmalspurige Werks= lokomotivbahn (Gesamtlänge samt den Flügeln 15 Kilometer: mit sechs Stationsplätzen, drei Wasser= und zwei Telegraphenstationen) und das westliche Revier durch einen 1 Kilometer langen normal= spurigen Flügel der Siebenbürger Eisenbahn mit dem Bahnhof Petrozseny in Verbindung. In der Lonyay= und Zsietz=Grube ist Stollenbetrieb, im Ludwigsbau Stollen= und Tagbau, im Deak=Revier Stollen=Tagbau, und ein mit Dampfbetrieb ausgestatteter Tiefbau, im westlichen Revier Stollenbetrieb. Die Förderung in der Grube geschieht durchgehends auf Eisenbahnen mit Pferdebetrieb. In jedem Reviere bestehen Separationsanlagen für die Sortierung der Kohle und im westlichen Reviere auch eine Kohlenwäsche. Auf der Schmal= spurbahn verkehren fünf Werkslokomotiven. Für den Bedarf des Werkes ist eine gut eingerichtete Maschinenwerkstätte vorhanden.

Die Kohle von Petrozseny gehört zu den besten des Landes, rangiert dem Brennwerte nach gleich hinter der Steyerdorfer und fünfkirchener Schwarzkohle, und findet ausgedehnte Anwendung bei Lokomotiven, zum Fabriksbetriebe und für Zimmerheizungen. Nach Rumänien findet bereits ein beachtenswerter Export statt.

Auf allen Werken und Domänen hat der Kronstädter Bergbau=

und Hütten=Aktien=Verein in kultureller und humanitärer Beziehung
Namhaftes geleistet. Fast sämtliche Arbeiter sind in von dem Verein
gebauten Koloniehäusern untergebracht und werden aus vom Vereine
verwalteten Magazinen mit billigen und. guten Lebensmitteln ver=
sorgt. Der Verein bestreitet die mit der Seelsorge und dem Schul=
wesen auf seinen Ansiedelungen verbundenen Auslagen, erhält also
Kirchen und Schulen ohne weitere fremde Beihilfe. In jedem Werke
ist ein Arzt und eine Hebamme angestellt, ebenso besteht ein Kranken=
Unterstützungs= und Provisionsfonds, welcher den Mitgliedern im Er=
krankungsfalle ärztliche Behandlung und ein Krankengeld, eventuell
Spitalsverpflegung gewährt. An erwerbsunfähige Mitglieder, welche
dem Provisionsfonds angehören, werden statutenmäßig Alterspensionen
bezahlt, an die Witwen und Waisen Unterstützungsbeiträge und Gnaden=
gaben verteilt.

Zweite Gruppe. Diese im Flußgebiete der Temes und
Karas befindliche Gruppe nimmt, was die technische Entwickelung
ihrer Eiseninduftie betrifft, in Ungarn den ersten Rang ein.

Die österreichische Staatsbahn=Gesellschaft — der größte Eisen=
industrielle dieser Gruppe — ist bemüht, ihre Fabriks=Etablissements
auf das Niveau der besten europäischen Eisenwerke zu bringen, und
zwar mit bestem Erfolg, da sie, wie wir schon oben nachgewiesen,
ein jetzt bereits amortisiertes Kapital von 36 Millionen Gulden ver=
wendet hat und jährlich gegen 40,000 Tonnen besten phosphorfreien
Stahl erzeugt, der hauptsächlich zu Schienen verarbeitet wird.

Die bedeutendsten Etablissements dieser Gruppe sind die Rus=
zkitzaer, Ruszkberger, Ferdinandsberger, Nadrág=Zsidóvárer, Re=
schitzaer und Aninaer Eisenwerke.

Dritte Gruppe. Die im südöstlichen Teile des Biharer
und im nördlichen Teile des Arader Komitats, im Thale der beiden
Körös liegenden Eisenwerke dieser Gruppe stehen trotz der, im Bihar=
Gebirge in der einen Richtung bis Großwardein, in der andern
Richtung bis Világos und Magyarád in großer Quantität und aus=
gezeichneter Qualität sich erstreckenden Eisenerzlager, und trotz des zur
Verwertung derselben noch verfügbaren billigen Holzes, auf einer noch
sehr untergeordneten Entwickelungsstufe und verdienen mit Ausnahme
der gräflich Waldsteinischen Werke kaum eine Erwähnung.

Da die Roheisen=Industrie dieser Gruppe sehr geringfügig ist
und die Eisen=Industriellen das zu ihrer Verfügung stehende Holz

zum überwiegenden Teil auf Eisenraffinierung verwenden, so ist die Entwickelung ihrer Eiseninduſtrie nur in dem Falle zu erwarten, wenn die in der Großwardein=Magyaráder Gegend vorkommenden Eiſenerze mit, durch Vermittelung der Kaſchau=Oderberger Bahn, aus Mähren und Schleſien einzuführenden Koaks eingeſchmolzen, teils aber die gegenwärtig noch für die Eiſenraffinierung benützten Holz= kohlen auch bei dem Roheiſenbetrieb verwertet würden.

Die erwähnenswerten Etabliſſements dieſer Gruppe ſind Felſö= Reſtirata und Munyáſza, Zimbró und Szoros=Sebes.

Vierte Gruppe. Die längs der nordöſtlichen, galiziſchen Grenze des Landes zerſtreute Eiſeninduſtrie iſt troß der großen Aus= dehnung des von ihr eingenommenen Gebietes von mehr unterge= ordneter Bedeutung. Das ſporadiſch anzutreffende Raſen=Eiſenerz liefert wegen ſeines Phosphor= und Schwefelgehaltes nur Material zu Roheiſen von geringer Qualität, und da mit dem Näherkommen der Eiſenbahnen auch die Holzpreiſe beſtändig ſteigen, ſo iſt mit Sicher= heit vorauszuſehen, daß die Eiſeninduſtrie dieſer Gruppe binnen kurzer Zeit eingehen wird.

Die namhafteren Eiſenfabriks=Etabliſſements ſind: Fejérpatak und Kobola=Pojána, Dolfa, Rókamezö, Munkács, Szinna und Mariavölgy.

Die fünfte Gruppe. Die Eiſeninduſtrie dieſer, zwiſchen den Flüſſen Hernád, Sajó und Gran ſich ausdehnenden Gruppe iſt nicht nur wegen der Größe ihrer gegenwärtigen Roheiſenproduktion, ſondern mehr noch wegen ihrer Entwickelungsfähigkeit der wichtigſte Induſtriezweig Ungarns. Die von der Grenze des Sohler Komitats angefangen über Zipſen bis nach Abauj und Torna ſich hinziehen= den ſehr ausgedehnten und Erze der beſten Qualität enthaltenden Eiſenſteinlager bilden die Grundlage einer großartigen Eiſeninduſtrie, deren Entwickelung nicht nur durch die dieſer Gruppe zur Verfügung ſtehenden, weit ausgedehnten Waldgebiete, ſondern auch ganz beſon= ders durch den Umſtand verbürgt wird, daß ſie durch Vermittelung der Kaſchau=Oderberger und der Fülef=Loſoncz=Oderberger Eiſenbahn die preußiſch=ſchleſiſchen, ſowie die mähriſch=ſchleſiſchen Steinkohlen und beziehungsweiſe Koaks wird benützen können.

Die Zukunft dieſes hoffnungsreichen Induſtriezweiges liegt ganz in der Hand unſrer Eiſeninduſtriellen und nur auf ſie wird der Vor=

wurf der Lässigkeit und Indolenz fallen, wenn sie müßig zusehen, wie unsere reichsten Eisensteinlager in den Besitz mährisch-schlesischer Eisenfabrikanten gelangen und wie ihre vorzüglichsten Erze ausge= führt werden, um in ausländischen Eisenwerken zu Roheisen einge= schmolzen zu werden und unsere zu den schönsten Hoffnungen berech= tigende Eisenindustrie zu der untergeordneten Rolle des Eisenerz= Exportirens herabgedrückt wird.

Der Hernádthaler oder Zipser Teil dieser Gruppe ist beinahe ausschließlich Roheisen-Produzent und sein ausgezeichnetes, stahlartiges Roheisen liefert in den Metzenseifener und Bukócz-Hillyoer Hammer= werken das beste Material für die Fabrikation von Hauen, Schau= feln und andern landwirtschaftlichen Geräten.

Durch die Benützung der mittelst der Kaschau-Oberberger Eisen= bahn zuführbaren Koaks für das Schmelzen von Roheisen wird zwar die schon jetzt bedeutende Eisenindustrie dieser Gruppe sich noch mehr heben; andererseits ist jedoch diese Eisenbahn für die Industrie dieser Gegend auch mit dem Nachteil verbunden, daß sie die Ausfuhr unserer besten Erze in die Fabriken des Auslandes schon jetzt in großem Maßstabe vermittelt.

Der Glanzpunkt unserer Eisen-Industrie ist jedenfalls die S a j ó = R i m a t h a l e r Gegend: die Vashegyer, Hradeker, Nadabulaer, Sojóer und Dobschauer sehr ausgedehnten Eisenerzlager und die in einem Umkreise von circa 20 Meilen Durchmesser benützbaren Wal= dungen sind an sich schon Faktoren einer großartigen Eisen-Industrie, deren Gewicht noch durch den Umstand erhöht wird, daß die Eisen= Industrie dieser Gegend durch Vermittelung der Losoncz-Rutka-Ober= berger Eisenbahn die schlesischen Koaks gleichfalls für ihre Roheisen= Produktion benützen kann. Das Roheisen dieser Gegend wird zum überwiegenden Teile zu Eisengußwaren verwendet, doch liefert eben diese Gegend auch das Roheisen für die Brezovaer, Ozd-Nádasder, Salgó-Tarjáner und andere kleinere Eisenraffinier-Werke, dann die blühenden und durch ihre vorzüglichen Eisengußwaren bekannten Pest-Ofner Gießereien benützen zum größten Teil das Roheisen dieser Gegend.

Einen Anstoß zum größeren Aufschwung der ungarischen Eisen= und Stahlindustrie gab auch die Vereinigung der Salgo-Tarjáner Eisenraffinerie mit dem Rima-Muranyer Eisenwerke, welche ein Kapital von fl. 16,350,000 repräsentieren, wovon 9 Millionen in den Berg=

werken und Hütten stecken. Das Werk hat sich hauptsächlich die Fabri=
kation von Stahlschienen, Achsen, Eisenbahnnägeln und Telegraphen=
drähten zur Aufgabe gemacht.

Der Eisen=Industrie des Granthales stehen nur in geringen
Quantitäten und auch da nur arme Eisenerze zur Verfügung und
den Materialbedarf für ihre bedeutenden und gut organisierten Eisen=
raffinier= und Walzwerke deckt aus Gömörer und Zipser Eisenerzen
geschmolzenes Roheisen.

Die Waagthaler oder Hradeker Eisenwerke leiden Mangel an
Eisenerzen guter Qualität und benützen zur Herstellung ihres Roh=
eisens Zipser Eisenerze.

Die namhafteren Eisenwerke dieser Gruppe sind folgende: Krom=
pach, Prakendorf, Kapsdorf, Szalócz, Betlér, Oláhpatak, Atjó=Sajó,
die Pohorellaer herzoglich Koburg'schen Werke, die Rhoniczer Aerarial=
Fabriks=Etablissements, die Schmelzöfen des Nagy = Röczer Thales,
Ozd=Nádasd, Salgó=Tarján und Hradek.

Was die Produktion betrifft, sind nach den amtlichen Aus=
weisen im Jahre 1871 in Ungarn — Siebenbürgen hinzugerechnet
— auf einem von 11.453,073 Quadratklaftern Grubenmaß und
767,283 Quadratklaftern Tages=Maßen eingenommenen Terrain ins=
gesamt 6.426,687 Centner Eisenerz zu Tage gefördert worden,
von welcher Gesamtsumme auf die oberungarische oder fünfte Gruppe
3.989,544 Centner, auf die zweite oder Temes=Thaler Gruppe
1.317,443 Centner und auf Siebenbürgen nur 445,110 Centner
entfallen. Dieser Eisenerz=Produktion entsprechend belief sich die Roh=
eisen=Produktion Ungarns und Siebenbürgens auf 2.100,590 Centner
und die Gußeisen=Produktion auf 267,067 Centner. Von diesem
Quantum entfallen auf die oberungarische oder die fünfte Gruppe
1.289,313 Centner, auf die zweite oder Temeser Gruppe 610,271
Centner und auf Siebenbürgen nur 103,968 Centner.

Einen Teil unserer Roheisen=Produkte verbrauchen unsere eigenen
Raffinierwerke, zum überwiegenden Teile die Pest=Ofner und Wiener
Gießereien und die mährisch=schlesischen Walzwerke.

Der Vorteile der Kommunikation erfreut sich dieser In=
dustriezweig noch wenig. Trotz des municipalen Selfgovernments
befinden sich die Vicinalstraßen, welche am meisten für die Zufuhr
von Rohmaterialien, wie Eisenerz, Kohle und Kalk zu dienen hätten,
noch in primitivem Zustande und sind, da auf ihnen in der ungün=

stigeren Jahreszeit die Kommunikation ganz unterbrochen ist, für die Entwickelung der Industrie das größte Hindernis.

Was die Eisenbahnverbindungen betrifft, sorgen Regierung und Gesetzgebung in anerkennenswerter Weise für diese wichtigsten Faktoren der Industrie.

Im Jahre 1881 betrug die Produktion an Roheisen 2.979,490 Centner, an Gußeisen 300,516 Centner; im Jahre 1882 an Roh= eisen 3.224,060 und an Gußeisen 295,444 Centner.

Angesichts der ausgedehnten und reichen Erzlager und Kohlen= schichten Siebenbürgen's, welche bis jetzt erst zum kleinen Teil aus= gebeutet werden, steht dieser Gegend eine um so bedeutendere Zu= kunft bevor, als sie in der Ausfuhr nach den Balkanländern und den Gestaden des schwarzen Meeres eine bevorzugte Stellung vor den westlichen Konsumenten einnehmen.

Maschinenfabrikation. Indem wir zum Maschinenwesen übergehen, müssen wir uns unserer Aufgabe gemäß auf diejenigen Zweige beschränken, welche exportfähig, oder internationale Be= deutung zu erlangen geartet sind. Wir haben schon bei der Müllerei einer Firma gedacht, welche in der Herstellung der neuen Mühlen= maschinerie am Weltmarkt tonangebend ist. Dieselbe liefert auch in einigen anderen Artikeln eigenartige, sehr geschätzte Produkte. Zehn Jahre nach Gründung seiner Gießerei zu Ofen im Jahre 1844, in welcher er zuerst die gewöhnlichen Gießerei=Arbeiten ausgeführt, warf sich A. Ganz auf den Rat einsichtiger Eisenbahntechniker 1854 auf die Herstellung von massiven Schalengußrädern. Dank seiner Geschicklichkeit und dem vortrefflichen ungarischen Holzkohlen=Roheisen, das er für diesen Zweck verwendete, gelang es ihm diese Räder sehr bald zu einem hohen Grade der Vollkommenheit zu bringen. Die= selben besitzen, gegen die Achse hin weich, in der Oberfläche des Lauf= kranzes eine Stahlhärte, welche sie außerordentlich dauerhaft macht. Den ersten Probeaufträgen, die Ganz von der österreichischen Staatsbahn und der Südbahn erhielt, folgte eine bedeutende Be= stellung der Theißbahn=Gesellschaft im Jahre 1857. Von da an hob sich die Fabrikation dieser Räder und deren Verbreitung immer mehr. Aus der kleinen Gießerei wurde die leistungsfähigste Gießerei Österreich=Ungarns, verbunden mit großen Maschinenwerk= stätten. Der Tod des Schöpfers dieses Unternehmens hinderte nicht dessen weiteren Aufschwung; denn die Erben konnten mit der Unter=

stützung der tüchtigen Fabrikleiter, A. Mechwart, A. Eichleiter und N. Keller das Werk ungeschwächt fortbetreiben, welches 1869 in die Actiengesellschaft Ganz u. Co. verwandelt wurde, deren leitender Direktor seitdem der erfinderische Ingenieur A. Mechwart ist. Seitdem hat die Erzeugung von Schalengußrädern viel bedeutendere Dimen= sionen angenommen. Denn während man zur Herstellung der ersten 100,000 Schalengußräder 14 Jahre gebraucht hatte, indem 1867 jene Zahl erreicht wurde, waren 1871 bereits 200,000, und 300,000 im Jahre 1874 gegossen und ist die Nummer 500,000 im Sommer 1884 erreicht worden. Diese riesigen Ziffern beweisen, daß die Be= denken, welche die europäischen Eisenbahnverwaltungen anfangs gegen die aus einem Stück bestehenden Schalengußräder hatten, geschwunden sind. Dieselben werden heute für ebenso sicher gehalten, als die anderen Gattungen. Mehr als die Hälfte aller Lastwagen Österreich= Ungarns ist mit solchen Rädern versehen und die Fabrik steht, wie wir hören, mit mehr als 30 Bahndirektionen in regelmäßigem Lieferungsverhältnis.

Ein dritter Exportartikel dieses Hauses sind die Hartguß= herzstücke, welche Ganz ebenfalls zuerst in den 1850er Jahren einführte und mit welchen er wegen des bedeutenden Fortschrittes, der damit geboten war, die unbedingte Anerkennung der Eisenbahn= kreise erwarb. Überall, wo die Ganz'schen Kreuzungen im Betriebe sind, — in Österreich=Ungarn, Deutschland, Rußland, Italien und Spanien — bewähren sie sich als ein bisher unübertroffenes Eisen= bahnmaterial. Neuerdings hat die Gesellschaft sich durch Erwerbung einer Eisenbahnwagenbau=Anstalt, deren maschinelle Ein= richtung wesentlich bereichert und vervollständigt wurde, und durch die Errichtung einer elektrotechnischen Fabrik bedeutend ver= größert. Die letztere hat bei der internationalen elektrischen Aus= stellung einen hervorragenden Rang eingenommen, nicht bloß weil sie das Theater beleuchtet, sondern namentlich durch ihre selbständige neue Konstruktion einer großen kombinierten Dampf= und elektrodynamischen Maschine, welche eine wesentliche Kraftersparnis zur Folge hat.

Seit einigen Jahren beschäftigt sich die Fabrik auch mit Tur= binenbau und hat auch in diesem Zweige Erfolge aufzuweisen. Dieselbe baut nämlich ihre Turbinen nicht schablonenmäßig, sondern streng den gegebenen Verhältnissen angepaßt und so sorgfältig aus= geführt, daß dieser Artikel ebenfalls sehr gesucht ist.

Aus dem Geschäftsbericht über das Jahr 1883 entnehmen wir noch folgendes: Das Jahr war für die Eisen-, Stahl- und Maschinen-Industrie Österreich-Ungarns ein günstiges. Auch die Ganz'sche Fabrik war fortwährend beschäftigt und hatte gegen 1882 eine bedeutende Steigerung. Für Schalengußräder herrschte lebhafte Nachfrage. Ihre Vorzüge werden immermehr anerkannt, so daß gelegentlich der im Jahre 1882 in Bern abgehaltenen Technikerversammlung des Vereins deutscher Eisenbahnverwaltungen die Beschränkungen, welche den Übergang von mit Schalengußrädern ausgerüsteten Waggons auf einzelne Linien Europas erschwerten, aufgehoben wurden. Wagen mit Ganz'schen Schalengußrädern verkehren seitdem auf allen europäischen Bahnen. Die erhöhte Thätigkeit im Eisenbahnbau brachte auch für die Herzstückgießerei vermehrte Beschäftigung; wie auch für gewöhnliche Bau- und mechanische Arbeiten größere Aufträge eintrafen. Die Zahl der 1883 gelieferten Walzenstühle hat einen höheren Stand erreicht, als je zuvor; denn es wurden auch überseeische Absatzgebiete erschlossen. In Italien und Spanien ist das neue System vollständig zum Durchbruch gelangt, und die Umgestaltung der dortigen Steinmüllerei auf Walzenarbeit nimmt raschen Fortgang, demzufolge die Fabrik aus diesen Ländern mit zahlreichen Aufträgen betraut ist. Auch eine bedeutende Anzahl kleinerer Mühlen richtet sich auf Walzenvermahlung ein. — Im Jahre 1883 hat die Fabrik 10 Turbinen mit über 1000 Pferdekräften gebaut. Auch die Wagenbau-Anstalt hatte vollauf zu thun. Seit der Krisis von 1873 hatten die Eisenbahnen ihre Neuanschaffungen auf das geringst mögliche Maß beschränkt. Während der Verkehr sich fortwährend steigerte und neue Bahnen gebaut wurden, hat sich der Bedarf an Wagen so gesteigert, daß die Bahnen zu Leihwagen greifen mußten, und zwar in solchem Maße, daß die inländischen Leihgesellschaften diesen Bedarf nicht zu decken vermochten, und 1000 Wagen zur Aushülfe sogar aus Frankreich genommen werden mußten. Unter solchen Umständen wurden die Bahnen zu größeren Anschaffungen genötigt. Die Wagenbauanstalt hatte daher, namentlich im Auftrag der ungarischen Staatsbahnen bedeutende Lieferungen zu bewältigen und vermochte diese infolge ihrer guten maschinellen Einrichtungen und der Gleichartigkeit der Bestellungen zu billigerem Preise zu übernehmen als die fremden Konkurrenten. Es wurden 1883 gegen 2000 Wagen abgeliefert. Die elektro-technische Abteilung hat 1883 nicht weniger als 50 fixe

Anlagen mit zusammen 2623 Glühlampen und 150 Bogenlichtern ausgeführt. Die Gesellschaft besitzt auch eine Filiale in Ratibor, wo neben den gewöhnlichen Gießerei=Arbeiten vorzugsweise Walzenstühle für Hochmüllerei im deutschen Reiche gefertigt werden. Das Aktien= kapital beträgt fl. 1,920,000, die Immobilien repräsentieren nach der Bilanz vom 31. Dezember 1883 fl. 468,657. 62 kr. Die Maschi= nerie besteht aus 11 stehenden Dampfmaschinen und 4 Lokomobilen, 14 Dampfkesseln, 682 Werkzeugmaschinen. Die Werkstätten sind elek= trisch beleuchtet mit 54 Bogenlicht= und 303 Glüh=Lampen.

Die Zahl der Beamten beträgt 82, der Arbeiter 3030, wovon 345 auf die Werkstätte in Ratibor kommen. An Löhnen wurden 1883 fl. 1,535,028. 75 kr., an Gehalten fl. 109,716.10 ausgezahlt. Der Fakturenwert der Erzeugnisse des Jahres 1883 betrug fl. 8,603,700. 97 kr. Dieselben bestanden aus 21,171 Stück Schalengußrädern für Lastwagen und 10,359 für Bauunternehmer, Straßenbahnen und Bergwerke; 3270 Schalengußkreuzungen; 1772 Walzenstühlen für Hochmüllerei; 3,007,944 Kg. verschiedener Gußwaren und Maschinen= teile; 546,642 Einrichtungsstücken; 1,909 Eisenbahnwagen und 46 elektrischen Beleuchtungsanlagen mit zusammen 84 Bogen= und 4987 Glühlampen. Bis Ende März 1884 hatte die Anstalt an Haupt= fabrikationsartikeln überhaupt erzeugt: 493,682 Stück große und 128,286 Stück kleine Schalengußräder; 56,132 Herzstücke; 10,000 Walzenstühle für Hochmüllerei und 80 elektrische Einrichtungen mit einer Lichtstärke von 288,000 Kerzen. —

Neuerdings wurde zu Budapest eine Gewehrfabrik errichtet, welche Hinterladungs=Gewehre für die Landwehr (Honvéd) erzeugt und zwar mit 400 Arbeitern bereits Werndlbüchsen im Wert von 800,000 fl. jährlich verfertigt.

Wir haben uns beschränkt, die hervorragendsten Hüttenwerke (S. 52—61 und 398—402) und die tonangebendste Maschinenfabrik eingehender zu schildern, weil es nicht unsere Aufgabe ist, eine Sta= tistik und Beschreibung des ungarischen Gewerbewesens zu liefern, sondern an einigen Beispielen zu zeigen, welcher hohen Entwickelung einzelne, dem Charakter des Landes und seiner Rohproduktion ange= paßte Zweige der Großindustrie fähig sind und welch guter Boden Ungarn noch für neue Kapitalanlagen ist.

Der Umstand, daß die ungarische Industrie zwar noch in be= scheidenem Umfang, aber in urwüchsiger, vielversprechender Weise auf

der vom Charakter der Bodenproduktion gebotenen Basis sich ent=
wickelt hat, giebt einen klaren Fingerzeig über die in dieser Hinsicht
von der Gesetzgebung und Geschäftswelt zu verfolgenden Richtung.
Angesichts dieser gesunden Entwickelung würde es unklug sein, durch
künstliche Mittel auch andere Industrien, wie aus der Textilbranche,
oder in solchen Zweigen, welche große traditionelle Geschicklichkeit der
Arbeiter erfordern, einzuführen. Baumwolle=, Wolle=, Leinen= und
Seiden=Industrie, Uhren=, Maschinen=, Werkzeug=Fabrikation, Kunst=
industrie u. s. w. werden zweckmäßiger anderen Ländern überlassen,
wo ein größerer Stock von beweglichem Kapital und von technisch
geübten Arbeitern vorhanden ist. Solche Zweige verfrüht und mit
Staatshilfe einführen zu wollen, würde die Wirtschaft des Landes
schädigen, weil sie Kapital und Arbeitskraft von naturwüchsigeren Er=
werbszweigen abhalten würden.

Damit ist indessen nicht gesagt, daß solche Arten der Kunstin=
dustrie, welche bereits seit Jahrhunderten einheimisch sind, vernach=
lässigt werden sollen.

In Ackerbaustaaten mit so fruchtbarem Boden, wie Ungarn,
welche periodisch Jahre von außerordentlichem Überfluß haben, ist die
Bevölkerung geneigt, diesen Überfluß auch zu genießen und sich dem
Genuß des Luxus hinzugeben. In allen fruchtbaren Gegenden sehen
wir daher die ländliche Bevölkerung, namentlich das weibliche Ge=
schlecht, reichlich mit Schmucksachen oft alter Herkunft versehen. In
den Schlössern der Grundherren aber sind alter Familienschmuck und
prunkhaftes Hausgeräte und Geschirr aufgehäuft. Gerade Ungarn
steht infolge der Üppigkeit seines Bodens und seines milden Klimas
mit in der ersten Reihe solcher Staaten, zumal die malerische, gold=
und edelsteinschimmernde Nationaltracht überdies zu solchen Luxusaus=
gaben reizt. Es ist dabei gar nicht nötig, daß alle Schätze, mit denen
Person und Haus geschmückt werden, dem Gewerbfleiß des eigenen
Landes entspringen. Der exportierte Überschuß der Ernte reizt zur
Einfuhr der Erzeugnisse fremden Gewerbefleißes. Ein Beispiel dieser
Jahrhunderte umfassenden Entwickelung wurde uns erst im Frühjahr
1884 durch die Ausstellung von Goldschmiede = Arbeiten in Budapest
vorgeführt. Dieselbe hat auch von Sachverständigen des Auslandes so hohe
Anerkennung gefunden, daß sie als einzig in ihrer Art dargestellt wurde.
(Wir verweisen z. B. auf einen Bericht von Albert Ilg in der
Frankfurter Zeitung vom 25. und 28. April). In der Goldschmiede=

kunst, wie in Gewerben und Handel überhaupt spielt das deutsche Element eine tonangebende Rolle, und gerade bei dieser Ausstellung wurden die Arbeiten deutscher Goldschmiede in Ungarn und Siebenbürgen erst bekannt, welche Künstlern ersten Ranges an die Seite gestellt werden können.

Mancher Leser wird überrascht sein zu vernehmen, daß unseres Albrecht Dürer's Vater ein Goldschmied in Großwardein war, welcher von da nach Nürnberg ausgewandert ist.

Aus diesen flüchtigen Andeutungen, auf die wir uns hier beschränken müssen, ist zu ersehen, daß Ungarn sich auch in industrieller Hinsicht auf richtigem Weg befindet und daß es auf dieser Bahn fortschreitend eine naturwüchsige, mächtige Großindustrie und schöne Kunstgewerbe zu entwickeln imstande ist, welche rückwirkend auch dem Ackerbau und der Viehzucht mehr Abzugskanäle eröffnen und den Preis des Bodens, wie der Arbeit steigern wird.

Sehr beachtenswert sind auch die Bemühungen der ungarischen Regierung für Hebung der Hausindustrie, auf welche wir später bei dem Abschnitt über den Fachunterricht zurückkommen.

Chemikalien-Industrie. In Ungarn beschäftigen sich drei Unternehmungen mit der Erzeugung von Schwefelsäure; eine in dem Grenzbezirk des Banats, Eigentum der österreichisch-ungarischen Staatsbahn; eine in Bazin und eine in Nagy-Bocsko in der Maramaros, letztere eine ungarisch-schweizerische Aktiengesellschaft. Weiter giebt es drei Weinstein- und Weinsäure-Fabriken in Neupest, Agram und Varasdin.

Soda wird im Alföld im natürlichen Zustande gefunden und gesammelt, wurde jedoch in letzterer Zeit durch die aus Salz erzeugte stark verdrängt. Doch existiert im Bereiche des Debrecziner Bezirkes eine große Sodafabrik mit 60 Arbeitern, während die Bocskofabrik englische Soda erzeugt.

Pottasche wird hauptsächlich in Siebenbürgen und in Kroatien in deren riesigen Waldungen erzeugt, weil vieles Holz anders nicht verwertbar ist. In Ungarn existierende 28 Pottaschefabriken geben ein Jahreserzeugnis von 40—50,000 fl. Wert.

Auch in der Erzeugung anderer Säuren giebt es bedeutende Unternehmungen, wie die ausgedehnte Salpeterfabrik der Familie Graf Bay in Debreczin und drei Alaunfabriken des Bereg-Komitats. Die Produktion des Alaun repräsentiert einen Wert von 50 bis 60,000 fl.

Außerdem arbeiten in Ungarn fünf Parfümeriefabriken, acht Farbstofffabriken, unter welchen die Strobentz'sche in Budapest mit 200 Arbeitern.

Ein viel versprechender Industriezweig ist die Porzellan=manufaktur, wovon die Fünfkirchener Fabrik ein glänzendes Zeugnis ablegt. Dieselbe beschäftigt sich hauptsächlich mit der Her=stellung von Vasen nach chinesischem Modell, sowie in einem, wenn man so sagen dürfte, Stil chinesischer Renaissance, welche mit so großem Geschmack gearbeitet sind, daß sie bereits ein bedeutender Aus=fuhrartikel geworden und der Schmuck eines der größten Wiener Magazine sind.

Der Handel.

Da Ungarn mit Österreich ein gemeinsames Zollgebiet hat, so war es bis vor kurzem unmöglich, die Ziffern des auswärtigen Handels für jede Hälfte der Monarchie besonders aufzustellen. Diese Unklarheit gab vielfach zu politischer Unzufriedenheit Anlaß. Daher sah sich die ungarische Regierung vor einigen Jahren veranlaßt, die vom internationalen statistischen Kongreß schon 1869 vorgeschlagene statistische Gebühr auf die Aus- und Einfuhr von Waren einzuführen. Auf jenem Kongreß im Haag hatte nämlich eine Special-Sektion, an welcher auch höhere deutsche, englische und holländische Zollbeamte teilgenommen, konstatiert, daß die Erhebung der Waren-Statistik überall und sogar in Großbritannien noch sehr unzuverlässig ist und durch die Erhebung einer statistischen Gebühr, namentlich bei der Ausfuhr, welche in der Regel zollfrei ist, ergänzt werden sollte. In Ungarn hat diese Maßregel nun ein ganz unerwartetes Resultat gehabt. Obgleich nämlich die nach der Gebühr gemachte Berechnung des statistischen Bureaus die Zahlen des Postverkehrs nicht mit enthält, welcher in Folge der Portoermäßigungen einen großen Umfang angenommen hat, und die wertvollsten Artikel umfaßt, so sind die Ziffern des ungarischen auswärtigen Handels doch sehr groß und verhältnismäßig höher als die Österreichs, in Anbetracht daß dieses fast 7 Millionen mehr Einwohner zählt. Einfuhr und Aus-fuhr an Waren und Edelmetall betrugen nämlich in Österreich-Ungarn 1880 bis 1883:

	Einfuhr		Ausfuhr	
	Millionen Gulden:			
	Waren	Edelmetall	Waren	Edelmetall
1880:	607·6	32·2	666·4	22·5
1881:	634·4	36·5	717·4	5·9
1882:	654·2	––	781·9	––
1883:				

Die Einfuhr und Ausfuhr Ungarns allein bezifferte sich:

1882: 266·5 380
1883: 302·3 426·5

Die gewaltige Steigerung der Ausfuhr Ungarns im Jahre 1883 ist hauptsächlich der vorzüglichen Ernte von 1882 beizumessen. Deren Hauptziffern setzen sich gegenüber den einzelnen Ländern wie folgt zusammen:

	Stücke	Meterzentner	Wert in Gulden
Österreich	46,044	9,195,409·95	224,076,322
Deutschland	169	1,171,482·84	19,509,111
Schweiz	—	8,883·93	343,303
Italien	93	240,432·68	1,624,128
Frankreich	1	15,209·16	439,882
Belgien und Holland .	102	16,469·76	429,944
Großbritannien . .	8	343,579·79	3,887,883
Rußland	167	4,340·39	56,646
Bosnien und Herzegowina	669	107,804·89	1,237,456
Rumänien	617,118	1,658,418·08	27,789,801
Serbien	286,186	261,219·97	16,666,470
Balkan-Halbinsel . . .	—	170,852·58	1,006,412
Anderen Staaten . . .	—	473,817·54	5,278,416

die Einfuhr nach

Österreich	2,192,306	19,332,129·93	263,621,983
Deutschland	174,336	3,698,757·99	45,556,886
Schweiz . .	896	753,869·01	8,883,518
Italien . . .	181,633	832,580·97	6,185,134
Frankreich	35,278,165	1,055,459·86	17,533,015
Belgien und Holland .	—	267,648·75	4,327,091
Großbritannien . . .	294,370	955,285·41	17,287,578
Rußland	7	31,630·37	1,058,348
Bosnien und Herzegowina	41	96,397·51	1,940,284
Rumänien . . .	29,047	525,105·82	8,585,721
Serbien	153	221,532·07	4,497,441
Balkan-Halbinsel . .	2,830,179	223,817·80	2,815,604
Anderen Staaten . . .	522,533	311,988.75	4,849,721

Die hohen Ziffern, welche der Verkehr mit Österreich repräsentiert, sind in mehr als einer Beziehung bemerkenswert. Auf der einen Seite ist anzunehmen, daß sich darin auch ein guter Teil der Handelsbeziehungen Ungarns mit dem Auslande versteckt, welcher durch die Vermittlung österreichischer Häuser besorgt wird; auf der anderen Seite sind diese Zahlen ein schlagender Beweis, wie gewaltig die inländischen Handelsbeziehungen überhaupt sind und wie die letzteren im Verhältnis zur Verminderung der Transportentfernungen sich steigern, — während diese wichtige Seite des Handelsverkehrs sich in der Regel der volkswirtschaftlichen Beobachtung entzieht.

Nach den hauptsächlichsten Waren gewährt die Handelsbewegung Ungarns folgendes Bild:

Einfuhr von	Doppelzentner	Wert in Gulden
Kolonialwaren	81,141·51	7,605,452
Zucker	328,065·21	13,832,735
Getreide, Hülsenfrüchten, Reis und Mahlprodukten . . .	2,008,976·28	16,888,033
hierunter Weizen . . .	849,203·05	7,675,489
Roggen	21,641·26	148,535
Gerste	218,242·30	1,437,219
Hafer	49,420·40	293,781
Mais	470,206·70	2,979,832
Reis . . .	174,350·56	2,292,552
Mehl	70,550·93	853,678
Gemüse, Obst, Pflanzen und Pflanzenteilen . . .	307,302·56	5,131,202
hierunter gedörrte Pflaumen . . .	169,041·67	2,450,016
Schlacht- und Zugvieh 925,824 Stück	—	23,262,346
Getränke	334,228·95	5,376,401
hierunter Bier .	112,550·08	1,059,295
Spiritus	24,953·07	843,716
Wein in Fässern und Flaschen . .	140,128·79	1,961,191
Holz und Kohle 6000	5,328,467·69	6,689,339
Mineralöle	662,521·03	6,903,779
Baumwolle, Baumwollgarne und Waren	363,894·84	63,928,022
Leinen, Hanf, Jute, Pflanzenfaser, aus denselben verfertigte Garne und Stoffe	211,232·50	15,902,261
Wolle, Wollegarne und Waren . . .	115,580·45	26,232,090
Papier und Papierwaren .	130,192·77	4,377,286

Ausfuhr von	Doppelzentner	Wert in Gulden
Leder und Lederwaren	72,090·56	12,501,271
Holz= und Beinwaren .	134,180·42	4,657,038
Eisen und Eisenwaren	1,045,254·73	18,022,041
Maschinen und Maschinenteile . .	198,500·44	11,007.689
Zucker	202,524·81	6,470,858
Tabak	269,019·77	6,866,420
Getreide, Hülsenfrüchte, Reis und Mahlprodukte	15,319,678·70	169,192,684
hierunter Weizen . . .	5,197,861·02	52,662,720
Korn	1,508,051·64	11,837,687
Gerste	1,878,061·99	16,717,461
Hafer	965,380·28	6,810,073
Mais	1,532,601·35	10,450,900
Hülsenfrüchte . .	383,523·15	4,415,644
Malz ..	88,396·38	1,214,793
Mehl	3,540,051·25	62,322,698
Gemüse, Obst, Pflanzen und Pflanzenteile	1,346,396·04	19,795,710
hierunter gedörrte Pflaumen . .	520,247·65	9,957,846
Reps	350,440·61	5,382,511
Schlacht= u. Zugvieh 962,439 St.		54,025,087
hierunter Ochsen . . 87,377 „		18,295,132
Schafe .... 213,478 „		2,433,276
Schweine . .. 633,968 „		28,801,545
Andere Tiere ... 496,906 „	44,788·54	2,634,986
Tierische Produkte . . —	203,763·10	11,870,057
Getränke ... —	1,298,542·44	28,115,347
hierunter Bier . . . —	19,864·71	249,142
Spiritus .... —	304,884·81	10,941,064
Wein in Fässern und Flaschen .... —	849,219·32	15,628,532
Holz und Kohle . .40,043,561 „	5,526,136·90	19,524,097
Baumwolle, Baumwollgarne und Baumwollwaren	28,801·86	5,891,569
Wolle, Wollgarne und Wollwaren	135,559·96	22,696,738
hierunter rohe Schafwolle	125,463·78	19,683,546

Ausfuhr von	Meterzentner	Wert in Gulden
Leder und Lederwaren .	13,593·73	3,058,379
Eisen und Eisenwaren	454,723·19	5,027,667
Maschinen und Maschinen-Bestandteile	48,807·92	3,253,492
Abfälle . .	889,297·24	2,277,092

Einen besonderen Einblick in die großen Schwankungen, welche der Verkehr der Hauptbodenprodukte darbietet, gewährt ein Vergleich der Ziffern der beiden Jahre 1882 und 1883:

Ausfuhr

	1883		1882	
	Mztr.	Wert in Gulden	Mztr.	Wert in Gulden
Weizen . . .	5,197,861·02	52,662,720	6,020,111·72	63,451,561
Korn	1,508,051·64	11,837,687	1,120,776·36	8,799,431
Gerste	1,878.061·99	16,717,461	3,328,381·90	28.890,157
Hafer	965,380·28	6,810,073	934,100·01	6,711,674
Mais	1,532,601·35	10,450,900	977,621·54	7,080,764
Hülsenfrüchte	383,523·15	4,415,644	284,080·44	3,140,474
Mehl	3,540,051·25	62,322,698	2,871,875·19	53,347,024
Reps	350,440·01	5,382,511	257,766·58	3,107,038
Gedörrte Zwetschen .	520,247·65	9,957,846	328,952·08	7,569,014
Ochsen,Stcke.	87,377	18,295,132	75,154	14,210,857
Schafe . . .	213,478	2,433,276	206,943	2,299,122
Schweine . .	633,968	28,801,545	618,521	22,796.043

Kredit und Kreditinstitute.

Das Bankwesen ist in Ungarn in neuerer Zeit stark entwickelt worden und obgleich der Zinssatz, wie in allen extensiv bewirt= schafteten Ländern mit niedrigen Bodenpreisen, im Vergleich zu den Westländern noch sehr hoch ist, so ist er doch innerhalb des letzten Decenniums bedeutend herabgegangen.

Was zunächst den Personalkredit betrifft, so bestehen dafür 113 Wechseldiskont= und Handelsbanken und 289 Genossen= schaften. Der Zinssatz, welchen jene einschließlich Gebühren im

Jahre 1882 für ihren Kredit berechneten, schwankte je nach der Anstalt und dem Orte für Wechsel und Vorschüsse zwischen 4 und 14%, wobei für die letzteren aber in der Regel 1% mehr verlangt wurde. Der Zins, welcher für Spareinlagen bezahlt wurde, war für Depositen mit langer Kündigungs=Frist 4—7% und mit kurzer Kündigung 3—5%. Der niedrigste Zins war in der Handelszentren, wie z. B. in Budapest, der höchste in den rein Ackerbau treibenden Distrikten. Der sehr hohe Zinssatz von 10—15% für Darlehen in Szegedin läßt sich etwa durch das starke Bedürfnis in der Periode des Wiederaufbaues nach der Überschwemmung erklären. Für einen Zinssatz aber, wie er von der Werschetzer Kreditbank für Wechsel mit 8—10 und für Darlehen im 16—24% eingehoben wird, fehlt uns das Verständnis; um so mehr, als die Österreichisch=Ungarische=Bank, außer der Hauptanstalt in Budapest, noch 13 Fialen im Lande auf= gestellt hat, welche sich dem offiziellen Diskontosatz der Anstalt zu unterwerfen haben, der die längste Zeit für Wechsel nur 4% beträgt. Für Kassenscheine oder Obligationen werden von diesen Banken 3½—4½% bewilligt.

Die Bilanzen der 113 Banken waren am 31. Dezember 1882 und in den vorhergegangenen 9 Jahren folgende:

(Die hierher gehörige Tabelle siehe Seite 419.)

Für den kleineren Verkehr dienen 289 Kreditgenossen= schaften oder Vorschußkassen, deren Zinssatz für Wechseldiskont sich zwischen 6—12% und für Darlehen zwischen 8—10% bewegt. Für Depositen mit kurzer Kündigung bewilligen die Genossenschaften 4—6%, mit langer 5—8%. Die Bilanzen sämtlicher Vereine zeigten in den Jahren 1877—1882 folgende Gesamtsummen:

(Die hierher gehörige Tabelle siehe Seite 420.)

Im Jahr 1882 bestanden 335 Sparkassen im Lande, welche die ihnen anvertrauten Gelder teils gegen hypothekarische Sicherheit ausleihen, teils im Wechsel=Diskonte oder in Effekten anlegen, teils zu Vorschüssen und Kontokorrentkrediten verwenden. Die von den Sparkassen berechneten Zinsen einschließlich Gebühren schwanken beim Wechsel=Diskont zwischen 4¼% und 12%. Der große Durchschnitt ist aber auf 7% anzunehmen; der für Vorschüsse gegen Faustpfand zwischen 4½ und 15%; der große Durchschnitt ca. 7½%; der Zins für Hypothekar=Darlehen schwankt zwischen 4½ und 11%, wobei der große Durchschnitt auf 7% anzunehmen ist. Die

	Eingezahltes Aktien-Kapital	Reserve-Fonds	Einlagen auf Spar-bücher und Kassa-scheine	Kreditoren in Konto Korrent	Gewinn	Wechsel-Porte-feuille	Vor-schüsse	Debitoren in Konto Korrent	Kours-werth der Werth-Papiere	Kassen-stand
					Gulden in österreichischer Währung.					
Zusammen · · ·	48,987,201	6,071,917	50,895,508	33,166,620	4,892,167	60,318,620	11,094,835	29,736,729	13,381,341	4,207,822
Im Jahre 1881 ·	38,863,086	2,841,543	46,044,893	34,490,415	3,942,497	51,791,910	10,850,699	29,529,310	11,350,673	4,495,536
„ „ 1880 ·	32,991,969	2,449,496	40,024,090	23,954,550	3,183,256	49,503,630	7,980,377	17,557,228	8,942,443	3,411,302
„ „ 1879 ·	27,137,184	1,992,681	34,512,158	19,978,804	3,288,065	46,191,496	7,232,786	16,014,905	4,693,261	2,937,642
„ „ 1878 ·	27,608,384	1,724,473	29,699,741	13,161,481	3,010,993	44,047,540	4,479,987	10,505,583	4,440,295	1,970,709
„ „ 1877 ·	31,526,622	1,280,980	27,426,561	12,791,197	2,960,230	40,782,659	4,836,446	12,715,868	4,670,379	2,025,992
„ „ 1876 ·	38,292,405	1,081,872	26,493,689	13,198,179	1,861,183	36,977,440	4,644,058	11,608,915	7,549,570	2,001,662
„ „ 1875 ·	48,951,631	1,110,917	24,116,359	11,688,320	1,878,277	33,397,657	6,126,994	13,477,734	10,197,179	2,586,888
„ „ 1874 ·	54,181,655	1,448,632	24,261,061	16,109,983	3,132,250	35,156,368	6,089,971	17,003,304	9,163,183	2,350,778
„ „ 1873 ·	52,806,342	1,528,454	23,551,069	28,264,521	2,650,036	30,962,833	8,584,422	28,140,952	9,176,271	2,467,301

Gulden in österreichischer Währung.

Im Jahre	Anteile und Stammeinlagen	Spareinlagen und haftende Zinsen	Gewinn	Wechsel	Vorschüsse	Hypotheken-Darlehen	Schuldscheine	Kassestand
Im Jahre 1882	15,717,885	13,371,328	4,205,401	16,898,773	958,150	1,061,220	13,408,364	949,466
„ „ 1881	15,184,088	11,688,233	1,116,850	10,961,900	506,169	4,274,270	11,609,210	866,755
„ „ 1880	14,752,024	10,418,570	1,217,012	8,821,467	689,932	3,936,105	12,008,240	794,160
„ „ 1879	14,031,746	9,241,712	1,112,689	8,467,790	521,349	3,359,475	10,898,481	865,132
„ „ 1878	13,059,386	7,872,603	1,077,642	8,034,237	503,309	2,874,337	10,079,564	707,340
„ „ 1877	12,546,544	7,119,854	926,654	7,712,080	404,608	2,452,641	9,384,649	588,314

Sparkassen selbst zahlen ihren Einlegern auf kürzere Frist 3—6%
und auf längere 4—7% oder im Durchschnitt 5%. Die Hypothe=
karabteilung der österreichisch = ungarischen Bank berechnet mit Zinsen
und Gebühren ca. 6%. Da dieselbe aber sehr strenge in der Be=
urteilung der Unterpfänder ist und nur in Pfandbriefen zahlt,
während die Sparkassen, welche ihren Pfandschuldnern näher stehen,
auch coulanter mit den Unterpfändern sein können, so erklärt sich,
daß die Sparkassen selbst bei höherem Zinssatz noch so stark gesucht
sind und ihre Hypothekar=Darlehen im Wachsen begriffen sind. Die
Bilanzen von Ende der 10 Jahre von 1873—82 waren folgende:

(Die hierher gehörige Tabelle siehe Seite 422.)

In Ungarn bestanden außer der Hypothekar = Abteilung der
österreich = ungarischen Bank 1882 noch 5 Bodenkreditinstitute. Außer=
dem arbeiten die österreichischen Hypothekenbanken, wie die Boden=
kredit=Anstalt und die Central=Bodenkreditbank angesichts des geord=
neten Standes der Hypothekar = Ordnung Ungarn's noch stark mit
diesem Lande. Der Zinsfuß, welchen jene Institute erhoben, betrug
bei Wechseldiskont 4—7%, bei Vorschüssen auf Faustpfand 4 1/2—7,
bei Hypothekar=Darlehen außer Gebühren 4 1/2—8%.

Eine abweichende Angabe bezüglich der Hermannstädter Hypo=
theken=Bank im VI. Heft des statistischen Jahrbuches von 1883 ist
in Folge einer Anfrage von mir durch den Direktor des statistischen
Büreau's, Ministerialrat C. Keleti, wie oben richtig gestellt worden.

Die Hypotheken=Banken zahlen für Depositen 4—5%.

Die Bilanzen dieser fünf Bodenkredit=Institute, wovon drei ihren
Sitz in Budapest, eine in Oedenburg und eine in Hermannstadt hat,
waren in den Jahren 1876—82 folgende:

(Die hierher gehörigen Tabellen siehe Seite 424 und 425.)

Die österreichisch=ungarische Bank hat außer dem Hauptamt in
Budapest 13 Filialen in Arad, Kronstadt, Debreczin, Fiume, Raab,
Kaschau, Klausenburg, Groß=Kanitza, Hermannstadt, Preßburg, Öden=
burg, Szegedin und Temesvar. Die Dotation der ungarischen Ab=
teilung der Bank betrug 1882 fl. 57,109,000, der Wechselbestand
am 31. Dezember 1882 fl. 42,453,309, die Vorschüsse auf Wert=
papiere fl. 6,594,300, der Kassestand fl. 27,828,452. Die Hypo=
thekar=Darlehen in Ungarn betrugen 1882 fl. 59,313,240, wofür
ebensoviele Pfandbriefe in Umlauf waren, da die Bank ihre Darlehen
nur in solchen auszahlt.

Gulden in österreichischer Währung.

Jahr	Ein-gezahltes Aktien-Kapital	Reserve-Fonds	Spar-einlagen und haftende Zinsen	Gewinn	Wechsel-Porte-feuille	Vor-schüsse	Hypothekar-Darlehen (intabuliert auf Immo-bilien)	Debi-toren in Conto-Corrent	Kours-wert der Wert-papiere	Kassen-stand
Zusammen	22,924,407	14,297,140	293,809,574	5,714,400	109,063,374	9,777,117	109,060,912	5,872,572	75,992,827	8,349,620
Im Jahre 1881	21,100,985	13,072,129	283,696,713	5,806,384	103,357,781	7,390,900	101,393,576	9,124,895	70,777,433	8,969,350
„ 1880	20,802,965	10,337,968	260,022,068	5,392,933	95,641,828	7,508,506	98,305,789	5,455,429	66,817,670	7,860,682
„ 1879	20,274,689	7,640,767	242,838,115	5,329,824	91,730,519	7,232,267	94,583,415	5,617,281	48,273,933	7,766,435
„ 1878	19,671,009	5,172,157	215,680,148	4,662,652	83,354,953	7,766,093	90,568,158	6,057,566	35,843,960	6,689,544
„ 1877	19,794,784	4,361,803	206,291,370	4,625,822	75,939,034	8,432,853	90,080,780	3,866,520	32,048,127	6,117,339
„ 1876	19,775,220	3,641,816	189,713,114	4,250,591	71,468,221	8,067,143	88,323,444	3,090,146	24,627,938	5,948,854
„ 1875	19,499,152	3,401,398	173,631,413	4,130,233	67,698,373	9,817,226	80,836,320	3,082,627	23,022,717	5,217,053
„ 1874	18,217,014	3,140,092	158,931,264	4,197,893	65,158,472	11,237,839	77,436,174	2,741,097	20,172,328	6,573,933
„ 1873	17,201,766	2,695,819	152,092,648	3,762,069	61,642,511	11,932,058	75,076,378	2,264,484	16,532,364	5,890,092

Angefichts der ungeheuren Kontrafte des Zinsfatzes und der teil=
weife exorbitanten Höhe der Gebühren haben wir einen Bankier in
Budapeft um Auffchluß erfucht und folgende Antwort erhalten: „Die
kleinen Inftitute nützen den Umftand aus, daß die Darlehen bei den
großen Anftalten mit Schwierigkeiten und ftatutarifchen Formolitäten
umgeben find, an deren buchftäbliche Befolgung die Direktionen fich
klammern und dadurch die Darlehen=Suchenden, welche oft gedrängt
find, abfchrecken, daß fie es vorziehen, durch höheren Zinsfatz von
Chikanen fich loszukaufen. Zu jenen Schwierigkeiten gehört auch eine
überaus niedrige. Schätzung des Pfandobjektes, deffen Wert überdies
meift nur mit 30% beliehen wird.

Unter folchen Umftänden bietet fich auf diefem Gebiete noch eine
r e i c h e   G e l e g e n h e i t   z u   l o h n e n d e n   I n v e f t i t i o n e n   f ü r   d a s
a u s l ä n d i f c h e   K a p i t a l.

Bodenkredit-

Passiva mit Ende Dezem

	Statuten-mäßig fest-gesetztes Aktien-Kapital	Ein-gezahltes Aktien-kapital	Stamm-einlagen	Reserve-fonds	Krebit-inhabers Sicher-stellungs und Reserve-fond	Spar-einlagen samt haftende Zinsen
						Gulden in
Zusammen . .	20,480,000	12,210,326	—	7,077,840	190,408	585,375
Im Jahre 1881	20,540,000	12,228,326	—	6,830,702	100,865	540,069
„ „ 1880	50,540,000	7,958,000	—	6,937,002	—	423,111
„ „ 1879	35,540,000	7,678,000	—	4,747,071	—	330,997
„ „ 1878	36,290,000	11,840,740	—	5,428 954	6,775	510,871
„ „ 1877	36,290,000	8,978,000	—	5,198,877	6,504	403,043
„ „ 1876	36,230,000	8,960,000	21,290	3,834,858	6,788	233,160

Aktiva mit Ende Dezem

	Bank-wechsel Porte-feuille	Krebit-Wechsel Porte-feuille	Auf Wert-papiere	Auf Pfän-der	Hypo-thekar-Darlehen (intabu-lirt auf Immo-bilien)	Dar-lehen auf Schuld-scheine	Konto-Korrent-Debi-toren
							Gulden in
Zusammen	2,870,423	—	968,796		95,069,130	—	5,215,687
Im Jahre 1881	2,699,981	—	4,463,921		81,376,861	—	5,911,664
„ „ 1880	3,195,406	—	1,449,449		72,264,256	—	9,995,830
„ „ 1879	2,963,779	—	3,245,518		63,437,353	—	3,682,086
„ „ 1878	1,207,362	38,350	64,085		62,516,289	—	7,509,467
„ „ 1877	1,385,934	42,745	70,068		59,797,334	42,827	2,664,210
„ „ 1876	1,150,900	50,774	74,787		57,959,396	40,479	2,730,044

Institute.

ber des Jahres 1882.

Kassen=scheine und An=weisungen im Umlauf	Accepte im Umlauf	Konto Korrent=Kreditoren	Pfand=briefe	Diverse Passiva	Gewinn	Gesamt=Passiva
österreichischer Währung.						
357,600	—	5,925,261	95,352,710	3,278,979	2,596,445	127,574,944
422,000	—	4,978,152	84,442,360	3,452,160	2,420,844	115,415,478
554,900	162,785	6,534,611	74,181,220	3,322,075	1,971,606	102,045,310
391,081	—	4,299,967	63,326,550	2,584,729	1,913,975	85,272,370
416,700	—	2,127,044	62,185,985	1,840,986	916,553	85,274,608
387,013	—	1,999,167	59,805,694	1,860,516	590,959	79,229,773
558,441	—	2,471,309	57,910,790	4,275,272	445,629	78,746,037

ber des Jahres 1882.

Kurswert der Wert=papiere	Inventar= und Mobilien=wert	Verluste und schwebende Posten	Sonstige Aktiva	Kassen=bestand	Gesammt=Aktiva
österreichischer Währung					
16,747,167	1,374,455	—	4,554,703	774,583	127,574,944
13,523,191	1,385,388	—	5,260,521	793,951	115,415,478
8,138,621	1,751,936	—	4,337,641	912,171	102,045,310
5,493,959	2,080,052	—	3,617,749	751,874	85,272,370
6,227,393	1,939,825	2.618,352	2,627,976	525,509	85,274,608
7,035,230	1,712,223	3,063,758	2,883,648	531,796	79,229,773
5,968,247	1,727,913	2,950,306	2,414,372	678,817	78,746,037

Das Verkehrswesen.

Die Eisenbahnen.

Nachdem Ungarn durch den Ausgleich des Jahres 1867 seine politische Selbständigkeit wieder erlangt hatte, waren die Bemühungen seiner Regierung vornehmlich auf die Ordnung der wirtschaftlichen Verhältnisse des Landes gerichtet, welche in der langen Periode des Zerwürfnisses fast gänzlich vernachläßigt worden waren. Besondere Aufmerksamkeit wendete die Regierung der Hebung der Verkehrsmittel zu, die bis dahin in gar keiner Weise den wirtschaftlichen Bedürf= nissen des Landes genügten. Natürlich konnte diese Vermehrung der Transportmittel, besonders der Bau neuer Eisenbahnen, nur langsam fortschreiten, da die finanzielle Lage des Landes sehr ungünstig und der Kredit durch die frühere Mißwirtschaft ziemlich erschüttert war, so daß erst die starke zielbewußte Politik der neuen Regierung das Vertrauen des Geldmarktes schrittweise zurückgewinnen mußte. Trotz dieser Hindernisse war der Entwickelungsgang des ungarischen Eisen= bahnwesens ein so günstiger, daß das Eisenbahnnetz Ungarns, welches zur Zeit des Ausgleiches ungefähr 3200 Kilometer betrug, in den ersten 6 Jahren der neuen Ära sich mehr als verdoppelte. Die Krisis von 1873 und deren Nachwehen machten aber dieser raschen Entwickelung ein jähes Ende, die Unternehmungslust und Kraft er= schlafften, und bis zum Jahre 1880 herrschte eine fast der Stagnation gleichende Unthätigkeit auf dem Gebiete des Verkehrswesens, bis endlich durch die kräftige Initiative der jetzigen ungarischen Regierung ein weiterer Schritt nach vorwärts gemacht wurde, so daß sich jetzt fast alle Teile des Landes der Segnungen einer raschen und billigen Kommunikation erfreuen. Das Eisenbahnnetz Ungarns umfaßte Ende 1883 rund 8400 klm, wovon 3153 klm auf die ungarischen Staats= bahnen, 222 klm auf die Privatbahnen in Staatsverwaltung, 2898 auf die mit Österreich gemeinsamen Bahnen und der Rest auf die Privatbahnen mit eigener Verwaltung entfallen. Das Anlagekapital dieser Bahnen mit Ausnahme der gemeinsamen Eisenbahnen betrug Ende 1882 ungefähr 500 Millionen Gulden, wovon gegen 280 Mill. auf die Staatsbahnen entfallen, die fast ausschließlich erst seit der Selbständigkeit Ungarns gebaut worden sind. Was die Betriebs= ergebnisse der ungarischen Bahnen betrifft, so verweisen wir auf die nachstehende Tabelle, welche in dieser Beziehung einen genauen Über= blick gewährt.

Ausweis

der Betriebsergebnisse, der Staatsgarantieen und der gezahlten Subventionen der ungarischen Eisenbahnen für das Jahr 1883 [Die gemeinsamen Eisenbahnen sind nur mit dem ungarischen Teil eingestellt.]

Post No.	Benennung der Eisenbahn.	Betriebsresultat			Staats= garantie in		Subventionen	
		Ein= nahmen	Aus= gaben.	über= schuß	Silber	Gold	Silber	Gold
		Gulden ö. W.			Gulden		Gulden	
1	Ung. Staatsbahnen . .	22,926,492	13,715,457	9,211,035	—	—	—	—
2	Arademesvárer	308,587	196,949	111,638	288,745	—	186,297	—
3	Donaubrau	615,027	482,182	132,845	586,796	9,060	494,815	9,060
4	Erste Siebenbürger . . .	1,487,032	1,351,969	135,063	1,771,000	217,629	1,588,214	217,629
5	Alföldfiumaner	2,093,908	1,855,921	237,987	1,901,027	60,781	1,451,168	60,781
6	Fünfkirchenbarcser . . .	663,744	353,865	309,879	350,000	17,134	26,043	17,134
7	Ung. Nordost	2,920,466	2,349,165	571,301	3,049,513	130,654	2,683,060	130,654
8	Kaschau Oderberger ung. Th.	2,845,861	1,695,128	1,150,733	2,577,048	472,124	1,503,574	472,182
9	Ung. West= . . ung. Th.	1,359,277	1,275,999	83,278	1,480,766	29,262	1,363,649	29,262
10	Ung. Galizische ung. Th.	409,025	396,522	12,503	781,096	23,017	756,650	23,017
11	Oest. Ung. Staats. ung. Th.	19,907,097	7,891,819	12,015,278	—	—	—	—
12	Gr. Kikinda= Gr. Becskeret	83,696	61,624	22,072	—	—	—	—
13	Süd= . . . . . ung. Th.	8,126,143	3,025,875	5,100,268	—	—	—	—
14	Mohács=Fünfkirchner . .	892,211	489,439	402,772	—	—	—	—
15	Budapest=Fünfkirchner . .	1,111,072	529,110	581,962	—	—	—	—
16	Raab=Ödenburg=Ebenfurt.	642,484	344,274	298,210	—	—	—	—
17	Arad=Csanáder *) . . .	223,302	133,934	89,368	—	—	—	—
18	Güns=Steinamanger . .	—	—	—	—	—	—	—
19	Arad=Körösthaler . . .	—	—	—	—	—	—	—
20	Szamosthaler	—	—	—	—	—	—	—

*) Nur vom 1. Juli bis 31. Dezember.

Da die Hauptverkehrsrichtungen des Landes mit Schienenstraßen und zwar aus Stahlschienen genügend ausgerüstet sind, so wendet die ungarische Regierung jetzt ihr Augenmerk dem weitern Ausbau von Vizinallinien zu, welche bei verhältnismäßig niedrigen Anlagekosten lohnenden Betrieb ermöglichen, dem Verkehr neue Gebiete erschließen und den Betrieb der Hauptlinien, deren Abzweigungen sie sind, durch Zufuhr von Gütern aller Art beträchtlich vermehren werden.

Ungarn bedarf dieser Sekundärbahnen um so nötiger, als die Landstraßen in ziemlich schlechtem Zustand sich befinden, so daß in vielen fruchtbaren Gegenden die Bodenprodukte aus Mangel an Transportmitteln um einen so niedrigen Preis verschleudert werden müssen, daß die Grundeigentümer kaum auf die Kosten kommen, geschweige denn irgend einen Gewinn zur Ameliorierung ihres Bodens erbringen.

Die Überzeugung von der Notwendigkeit solcher Vizinallinien gelangt auch erfreulicherweise in den maßgebenden Kreisen immer mehr zum Durchbruch, und die Bauthätigkeit des letzten Jahres war speciell in Bezug auf diese Linien eine sehr rege, wie auch die noch in Ausführung begriffenen Bauten, sowie die zahlreichen Projekte hoffen lassen, daß in wenigen Jahren diese Lücke des ungarischen Eisenbahnnetzes vollständig ausgefüllt werden wird.

Wie wir schon früher erwähnt, ist die ungarische Regierung sorgsam darauf bedacht, die günstige natürliche Lage der ungarischen Hauptstadt zu stärken und sie nicht nur zum Hauptstapelplatz für die Produkte des eigenen Landes, sondern zum Emporium für die Bodenschätze des ganzen Südostens von Europa zu machen. Zu diesem Zwecke wurde Budapest der Knotenpunkt, in welchen die wichtigsten Hauptlinien des ungarischen Eisenbahnnetzes einmünden, während andererseits von dort auch die Schienenwege auslaufen, welche die ungarischen Produkte den west- und mitteleuropäischen Märkten näher bringen, sowie im Süden die Verbindung mit dem Meere vornehmlich mit Fiume bewerkstelligen.

Das gegenwärtige Eisenbahnnetz Ungarns teilt sich in Staats- und Privatbahnen. Der natürliche Gang der Dinge brachte es mit sich, daß der Staat es für zweckdienlicher erachtete, die wichtigsten Linien, soweit es eben möglich war, unter seine direkte Leitung zu

bringen, was teils durch den Bau neuer Strecken, teils durch Erwerbung bereits bestehender Bahnen geschah. Durch diese große
Ausdehnung des staatlichen Betriebes mußte aber notwendigerweise
auch die Stellung der Privateisenbahnen zum Staate eine wesentliche Änderung erfahren, indem der Staat als Eigentümer eines
großen festgegliederten Eisenbahnkomplexes, einen überwiegenden Einfluß auf die Tarifpolitik aller anderen Bahnen ausübt. Außerdem
giebt es nur wenige Eisenbahnen in Ungarn, die des staatlichen Zu-
schusses zur Zahlung der Zinsen nicht bedürfen, so daß der Staat
auch als Garant notwendigerweise sich eine weitreichende Ingerenz
bezüglich der Betriebs- und ökonomischen Leistungen der von ihm
garantierten Bahnen gesichert hat. Eine Ausnahmestellung nehmen
unter den nicht dem Staate gehörigen Bahnen die österreichisch-unga-
rische Staatsbahn und die Südbahn ein, indem diese noch eine be-
grenzte Unabhängigkeit besitzen; jedoch hat die ungarische Regierung
auch die Stellung dieser beiden Bahnen insoferne modifiziert, als sie
es durchsetzte, daß der Betrieb auf den ungarischen Strecken nicht wie
bisher von Wien aus, sondern von in Pest errichteten Betriebsdirek-
tionen, geleitet wird. Bei der Staatsbahn wurde sogar ein eigener
Verwaltungsrat mit dem Sitze in Pest kreirt, so daß auch die ökono-
mische Verwaltung der ungarischen Linie dieser Bahn von der der
österreichischen zum Teile getrennt ist.

So sehen wir, daß die ungarische Regierung es verstanden hat,
nicht nur die Staatsbahnen, sondern mehr oder weniger alle Bahnen
Ungarns in unmittelbaren Dienst der Volkswirtschaft des Landes
zu stellen und ihre Tarifpolitik, deren Basis nicht die Rentabilität der
Linien, sondern das allgemeine Wohl ist, sucht durch möglichste Herab-
setzung der Transportkosten die Hebung der wirtschaftlichen und industriellen Thätigkeit zu fördern, die bisher hauptsächlich an dem Mangel
genügender und billiger Kommunikationen krankte.

Der daraus folgende gesteigerte Verkehr aber wird die diesfällig
gebrachten Opfer gewiß wettmachen, umsomehr als sich den ungarischen und österreichischen Bahnen durch Eröffnung der Arlbergbahn
und den Ausbau der Orientbahnen die erfreuliche Perspektive eröffnet,
nicht nur Vermittler des Handels des eigenen Landes, sondern auch
des Austausches der reichen Bodenprodukte des Südostens gegen die
Industrieerzeugnisse des Westens von Europa zu werden.

Pferdebahnen.

Pferdebahnen bestanden im Jahre 1880 zu Budapest, Neupest, Arad und Temesvár und zwar einspurig in der Länge von 43,262 Meter, und zweispurig in der Länge von 19,431 Meter mit einem Baukapital von 1,983,979 Gulden. Der Wert der Einrichtungsgegenstände betrug 1880 fl. 570,012. An Personen= wagen waren 289 im Gang, mit welchen 4,051,934 Kilometer durchfahren wurden, und 58 Lastwagen mit 6,053,000 Kilo= meter durchlaufenem Weg. Die Zahl der Pferde war 838, der durchlaufenen Kilometer 4,097,234. Die Zahl der Fahrten betrug 625,312; die Zahl der beförderten Personen 8,247,872; der Lasten= verkehr erhob sich auf 900,119 Metercentner. Die Einnahmen be= trugen 985,533 Gulden; die Dividende der Budapester Tramway betrug 13%, der Temesvarer 7%.

Binnenschiffahrt.

Die Binnenschiffahrt hat sich sowohl in Österreich wie in Ungarn nicht im Verhältnis zu der Ausdehnung des Netzes der natürlichen Wasserstraßen entwickelt ,dessen Stromgebiet das größte Europa's ist, denn die Wolga kommt aus mehrfachen Ursachen nicht in Betracht. Die Donau ist für größere Schiffe von Regens= burg bis zu ihrer Mündung d. i. auf eine Länge von 2570 Kilo= meter (schiffbar), während die schiffbare Länge des Rheins nur ca. 800 und der Elbe 725 beträgt. Unter Berücksichtigung der zahlreichen schiff= baren Nebenflüsse, des Inn, der Waag, der Raab, der Drau, der Theiß, der Save, welche eine ungeheuer lange Entwickelung haben und auf lange Strecken mit Dampfschiffen befahren werden können, erhebt sich das Netz der natürlichen Wasserstraßen des Donaugebietes in Ungarn allein auf 4,888 Quadrat=Kilometer, wovon 3,039 mit Dampfern befahren werden können. Die Ursachen, warum der Ver= kehr auf der Donau noch entfernt nicht die Entwicklung genommen hat wie auf dem Rhein und der Elbe, sind teils natürliche, teils künstliche aus Vorurteilen entspringende. Der erste Grund besteht darin, daß der Osten Europas weniger bevölkert ist als der Westen. Der zweite Grund liegt darin, daß seit der Einführung der Eisenbahnen die Binnen= schiffahrt überhaupt in eine Mißachtung geriet, welche von den Eisenbahn= interessen genährt wurde aber keineswegs gerechtfertigt ist. Unter allen

Strömen Europa's hat die Donau schon im Altertum die meiste Frequenz gehabt, unter allen ist sie aber am meisten verlassen worden. Heute noch leben Schiffer, welche uns von dem großen Warenzug auf der Donau vor dem Bau der Eisenbahnen fast unglaubliche Dinge berichten. Man darf ja nicht vergessen, daß die ersten Steinstraßen in Mitteleuropa erst seit hundert Jahren gebaut wurden, ja daß Norddeutschland dieselben noch in den 1820er Jahren größtenteils entbehrte, obgleich die Römer einst ihre steinernen Heerstraßen durch Süd- und Mitteleuropa gezogen hatten, welche aber während des Untergangs des Reiches wieder verfielen. Die natürlichen Wasserstraßen waren also das einzige Transportmittel für große Massen von Menschen und Waren für anderthalb Jahrtausende. Davon legen noch Zeugnis ab die Spuren des römischen Saumweges an der untern Donau, wovon die Gedenktafel Trajans am Eisernen Thor dem staunenden Schiffer Kunde giebt. Hat doch auch Karl der Große zuerst den Plan zur Verbindung der Donau mit dem Rhein mittelst des Mainkanals gefaßt, welcher erst unter König Ludwig von Baiern leider in ungenügender Weise ausgeführt worden ist. Als Karl d. Gr. seinen berühmten ungarischen Feldzug unternahm, welcher mit der Erstürmung des hunno-avarischen Ringes endete, da schiffte er sein an der Enns gesammeltes Heer von ungefähr 30,000 Mann auf der Donau bis zur Theiß. Mehr als 400 Schiffe waren notwendig, um diese Armee samt Roß und Kriegsvorräten zu befördern. Heute würde es schwer halten die nötigen Fahrzeuge zu einem solchen Zuge herbeizuschaffen.

Eine dritte Ursache sind die materiellen Hindernisse, welche der Schiffahrt im Strome selbst noch entgegenstehen, und von welchen als die bedeutendsten der Strudel unterhalb Linz *) die Sandbänke zwischen Preßburg und Gyönyö und die Stromschwellen am Eisernen-Thor zu betrachten sind. Die Regulierung der letzteren sind sogar im Berliner Vertrag von 1878 festgesetzt und der Deckung der Kosten durch einen Schiffszoll die europäische Zustimmung erteilt worden. Die technischen und finanziellen Voranschläge sind auch bereits ge-

---

*) Ich war gelegentlich der jüngsten Studienreise des Donauvereins selbst Zeuge, wie ein Remorqueur mit 1000 Pferdekräften, der drei beladene und zwei leere Schiffe in Schlepp hatte, an dieser Stelle 24 Ochsen und 20 Pferden zu Hülfe nehmen mußte, um den Strudel passieren zu können, welcher Vorgang jährlich einen Kostenaufwand von 50,000 fl. erfordert.

macht, und da infolge der Erfindung des Dynamits und der An=
wendung desselben zu Felssprengungen unter Wasser, mittels der
Lauer'schen Methode, technische Hindernisse nicht mehr im Wege stehen
und die Kosten bedeutend reduziert sind, so ist zu erwarten, daß so=
wohl die österreichische wie die ungarische Regierung die der Schif=
fahrt noch entgegenstehenden Hindernisse bald beseitigen. Dann wird
auch die Schiffahrt im stande sein, ihre Tarife auf den Satz des
Rheins und der Elbe herabzusetzen. Dann kann jener oben erwähnte
Plan ins Leben geführt werden, nach welchem Budapest zum Haupt=
stapelplatz für die Mehlproduktion erhoben wird, welchem das billigste
Getreidematerial mit billigen Transportmitteln zugeführt würde. Wir
haben damit den vierten Grund berührt, welcher in den hohen Ta=
rifen und in dem Vorurteil vieler Getreideproduzenten und Kaufleute
liegt, welche sich dem irrigen Glauben hingeben, daß Ungarn bei
einer bedeutenden Ermäßigung der Wasserfrachttarife unter der Kon=
kurrenz seiner Nachbarn leiden könnte. Ein Blick auf den Rhein,
wo die Schiffahrt neben zwei Eisenbahnlinien gedeiht, auf die Elbe,
sowie auf das Netz der französischen, niederländischen, englischen und
amerikanischen Wasserstraßen muß den unbefangenen Beobachter leicht
vom Gegenteil überzeugen. Die gleiche Politik, welche die Regierung
von Österreich und Ungarn veranlaßt, durch die Erwerbung eines
eigenen Netzes von Staatsbahnen das Monopol der Eisenbahnen
zu durchbrechen und ein Ende mit den hohen Tarifsätzen zu machen,
welche die Landwirtschaft, Industrie und den Handel beider Länder
in der Konkurrenz mit dem Auslande so sehr lähmen, muß auf die
Binnenschiffahrt ausgedehnt werden, durch welche jene Massengüter,
bei deren Transport die Eisenbahnen nicht mehr mit sonderlichem
Nutzen arbeiten, (unter dem deutschen Pfennigtarif sogar mit Schaden)
auf weitere Entfernungen gebracht und oft erst zu lucrativer Ver=
wertung in Bewegung gesetzt werden können. Denn man darf nicht
vergessen, daß das Absatzgebiet überhaupt mit jeder gewonnenen
Wegmeile quadratisch im Umfang wächst. Die Donau=Dampfschif=
fahrtsgesellschaft entschuldigt selbst ihre hohen Tarife teilweise mit
dem Umstand, daß sie ihre Kohlen theurer zahlen muß als die Rhein=
und Elbe = Schiffahrtsgesellschaften. Dieser hohe Preis kommt aber
daher, daß das Material aus den unerschöpflichen schlesischen Kohlen=
gruben mittelst einer Eisenbahn hergeschafft wird, welche bisher ein
Monopol genoß. Ein Donau=, Oder= und Elbe = Kanal, ein Kanal

aus der Save ins adriatische Meer, würde das Wasserstraßennetz des Donaugebietes dermaßen erweitern, daß nicht bloß Kohlen- und Getreidetransporte billiger zu stehen kämen, sondern daß überhaupt Massenartikel, deren Erzeugung bis jetzt größtenteils auf den Bedarf an Ort und Stelle sich beschränkt, in höherem Umfange produziert und in Bewegung gesetzt werden können. Wir denken dabei nicht bloß an Wein, dessen Produktion in Ungarn leicht vervielfältigt werden kann, an Obst, Kartoffeln, Heu, Stroh, Holz, welches letztere bereits jetzt in großem Umfang exportiert wird, sondern auch an Braunkohlen, Erze, Mineralöl, Bausteine, Torf, Dünger, Sand, Kalk, Gips, Asche, Knochen, Knochenmehl u. drgl. m.

Was nun den speziell ungarischen Teil der Donau betrifft, so sind es die genannten zwei Stellen, an welchen vor allem die Regulierungsarbeiten in umfassender Weise vorgenommen werden müssen, nämlich auf der Strecke Preßburg-Gönyö und am Eisernen Thore. Die Versandungen an den erstgenannten Punkten bilden nicht nur eine jährlich wiederkehrende Überschwemmungsgefahr für die anliegenden fruchtbaren Gebiete sondern bereiten auch dem geregelten Schiffahrtsverkehr große Hindernisse. So mußten i. J. 1883 bei Gönyö von 2743 beladenen Schiffen 804 d. i. 30% geleichtet werden, während Ende März über 150 Schiffe an dieser Stelle wegen Wassermangel längere Zeit auf ihre Beförderung warten mußten. Daß solche Vorfälle die Transportkosten beträchtlich erhöhen und den Betrieb ungemein erschweren ist selbstverständlich. Ähnlich verhält es sich am Eisernen Thore wo von 419 Schiffen 169 d. i. 40% geleichtet werden mußten. Die ungarische Regierung geht auch jetzt ernstlich daran, die Regulierung dieser beiden Stellen in Angriff zu nehmen. Eine dazu einberufene Enquete hat die Projekte bereits ausgearbeitet, nach welchen diese Arbeiten ungefähr 22 Millionen Gulden erfordern werden. Im Jahre 1881 wurden die Regulierungen der Donau unterhalb Budapest im Anschluß an die bisherigen im Gebiete der Schwesterstädte vorgenommenen Korrektionsbauten vollendet. Gleichzeitig wurden Lagerhäuser an den Ufern gebaut und ein Getreideelevator der einzige in Europa errichtet, der es ermöglicht das in Säcken oder offen in den Schiffen anlangende Getreide direkt auf die Waggons aufzuladen, auf denen es dann an seinen Bestimmungsort gelangt.

Außer auf der Donau besteht noch ein geregelter Schiffahrtsbe-

28

trieb auf kurzen Strecken ihrer Nebenflüsse, und liegt der gesamte Betrieb dieser Schiffahrtslinien in den Händen der Donau-Dampf-schiffahrts-Gesellschaft. Im Jahre 1883 erstreckte sich deren Güter- und Personendienst auf 579.2 Meilen, wovon 335.7 Meilen auf die Donau von Regensburg bis Sulina, 20.5 auf die Drau von Barcs bis Drauneck, 81 Meilen auf die Theiß von Tisza-Füred bis Slankamen, 15.4 auf den Franzenskanal, 15 auf den Begakanal, 79.4 auf die Save von Sissek bis zur Savespitze (bei Belgrad), 8.2 auf deren Nebenflüsse (den Bossuth, die Spacva und die Studva) und 24 Meilen auf das Schwarze Meer von der Sulinamündung bis Odessa entfielen. Der Flottenstand der Gesellschaft betrug Ende 1883 186 Dampfboote mit nominel 16,784 Pferdekräften, 727 Schlepp-boote und 5 Baggerschiffe und 11 hölzerne Transportschiffe. Was den Gütertransport betrifft, so betrug derselbe i. J. 1883 1,644,427 Tonnen und zwar 861,033 Tonnen Kaufmannsgüter, 198,130 Regiekohlen und 585,264 Tonnen Körnerfrüchte. Außerdem wurden noch 11,329 Stück Vieh befördert. Die Zahl der Reisenden betrug 1,907,579 Personen. Das finanzielle Ergebnis des Jahres 1883 war, trotz der fortwährenden Klagen der Verwaltung, ein günstiges, indem den Einnahmen in der Höhe von 14,059,757 Gulden 10,409,572 Gulden an Ausgaben gegenüberstanden, so daß der Reingewinn 2,045,707 fl. betrug, welcher sich jedoch nach Abzug verschiedener Zinsen auf 1,790,422 fl. reduzierte. Die Gesellschaft besitzt in Ungarn auch zwei Schiffswersten die eine in Alt-Ofen, die andere in Turn-Severin, mit einem durchschnittlichen Arbeiterstand von 2319 Mann.

Von sonstigen Binnenschiffahrtsunternehmungen in Ungarn, sind noch die Plattensee-Dampfschiffahrts-Gesellschaft, die Raaber Dampf-schiffahrts-Aktien-Gesellschaft und die Palanka-Illoker Dampffähre-Aktiengesellschaft und die Franzens-Kanal-Aktiengesellschaft zu er-wähnen.

Die Verhältnisse brachten es mit sich, daß in Ungarn die un-umgänglich erforderliche Verbesserung des Kommunikationswesens sich bisher hauptsächlich auf die Vergrößerung des Eisenbahnnetzes ge-richtet hatte, und die diesbezüglichen Investitionen absorbierten die zur Verfügung stehenden Summen in dem Maße, daß nur wenig Kapitalien dem Wasserbau zugewendet werden konnten. Nachdem aber Ungarn nunmehr ein Eisenbahnnetz besitzt, das den derzeitigen

Bedürfnissen genügt, ist es an der Zeit auch die Wasserstraßen auf
jene Stufe der Entwicklung zu bringen, welche sie befähigt der Volks=
wirtschaft hervorragende Dienste zu leisten.

Zum Schluß führen wir die mit Barken, Flößen und Dampfern
schiffbaren Strecken der Donau und ihrer Nebenflüsse ziffermäßig auf:

	Gesamte	
	mit Ruderschiffen und Flößen	mit Dampf= schiffen
	fahrbare Strecke in Kilometer	
Auf der Donau, von	1,076·31	1,076·31
Theben bis Alt=Orsova mit Einrechnung der Arme von Raab=Gönyö (15·93 Kilom.) von Neuhäusel (13·65 Kilom.) von St. André (30·34 Kilom.) und von Mohács (5·6 Kilom.)		
Auf der Theiß: von Tiszacylak bis zur Donau	969·49	767·00
Auf der Drau: von Legrád bis zur Donau	248·82	155·00
Auf der Save: von der Landesgrenze bis zur Donau . . . . : . .	663·50	595·50
Auf der Maros: von Marosujvár bis zur Theiß	367·92	—
Auf der Szamos: von Szatmár bis zur Theiß	98·61	—
Auf dem Bodrog: von Sárospatak bis zur Theiß	30·34	—
Auf der Körös: von Békés bis zur Theiß .	219·23	—
Auf der Kulpa: von Karlstadt bis zur Save	135·79	2·30
Auf der Waag zur Donau:	317·52	—
Auf der Neutra: von Noszvad bis zur Donau	15·12	—
Auf der Gran:	146·64	—
Auf dem Sio: ganze Länge . .	155·51	—
Auf dem Plattensee: ganze Länge . . .	91·03	91·03
Auf dem Franzenskanal: ganze Länge . .	238·20	238·20
Auf der Bega: von Temesvár bis zur Theiß	114·00	114·00
	4,888·03	3,039·34

Außer der Donaudampfschiffahrts=Gesellschaft bestehen in Ungarn
zur Beschiffung einzelner Teile des Stromgebietes noch 15 verschiedene
Dampfschiff=Unternehmungen, welche mit der ersteren zusammen 1880
5,753,861 Personen befördert haben, wovon aber der Löwenanteil

mit 3,309,593 Passagieren auf den Lokalverkehr der Hauptstadt Budapest kommt. Der Gesamtkostentransport erhob sich auf 1,673,875 Tonnen. Außerdem wurden auf dem Franzenskanal 302,189 Tonnen befördert.

Seeschiffahrt.

Was den Seeverkehr Ungarns betrifft so gewinnt derselbe von Jahr zu Jahr an Ausdehnung. Den rastlosen Bemühungen der ungarischen Regierung ist es durch Einführung sehr reduzierter Güter= tarife auf den wichtigsten ungarischen Eisenbahnen und durch Subven= tionierung von Dampferlinien nach den westeuropäischen Häfen ge= lungen, den Verkehr des verhältnismäßig sehr jungen Hafens von Fiume in kurzer Zeit in solchem Maße zu heben, daß die vorhandenen Mittel nicht mehr ausreichen, und bedeutende Erweiterungen der Hafen= anlagen vorgenommen werden mußten, nach deren Vollendung der Hafen von Fiume in Bezug auf seine technische und maritime Ausrüstung mit zu den bedeutendsten des Mittelmeeres gehören wird. Gleich wie in Triest ist auch dort ein eigener Petroleumhafen in Verbindung mit einer Petroleumraffinerie, eine stattliche Anzahl praktisch gebauter geräumiger Lagerhäuser stehen in unmittelbarem Zusammenhang mit den ins Land führenden Strängen einerseits und den Riva's und Molo's andererseits, an welche letzteren selbst die größten und tiefgehendsten Schiffe infolge der beträchtlichen Meerestiefen unmittelbar anlegen können.

Im Jahre 1883 betrug die Zahl aller Schiffe, welche im Hafen von Fiume ein= und ausliefen 4756 Segel= und 2166 Dampfschiffe wovon 1964 Segel= und 306 Dampfschiffe unter ausländischer Flagge fuhren, welche sich auf die einzelnen Staaten wie folgt verteilten: Auf Italien entfielen 1817 Segler und 4 Dampfer, auf England 12 Segler und 294 Dampfer, auf Griechenland 75 Segler, auf Deutschland 28 Segler und 2 Dampfer, auf Norwegen 13 Segler und 4 Dampfer, auf Schweden 2 Segler und 2 Dampfer, auf die Türkei 4, auf Frankreich 3, auf Holland 3, auf Portugal, Rußland und Amerika je 2 und auf Montenegro 1 Segler.

Der Tonnengehalt aller Schiffe erhob sich auf 1,165,664 Ton= nen, und nach Abzug von 1396 leeren Schiffen auf 960,586 Ton= nen, wovon 609,712 Tonnen auf den ausländischen und 350,874 Tonnen auf den inländischen Verkehr, das ist den Verkehr an der istrianischen Küste, nach Triest und Dalmatien entfielen.

Wie riesig der Aufschwung ist, den Fiume seit einigen Jahren genommen, erhellt aus der nachstehenden Tabelle:

Fiume's See-Verkehr.
Einfuhr.

Jahr	Segel Zahl	Segel Tonnen	Dampfer Zahl	Dampfer Tonnen	Zusammen Zahl	Zusammen Tonnen	Import-Wert fl.	Import
1867	—	—	—	—	—	—	5,445,198	Die Daten betreff
1868	—	—	—	—	—	—	5,429,934	des Fiumaner Ver-
1869	—	—	—	—	—	—	5.096,342	kehrs sind erst seit
1870	—	—	—	—	—	—	5,929,597	1872 systematisch zu-
1871	—	—	—	—	—	—	5,637,545	sammengestellt. Von
1872	2325	93,593	322	68,563	2647	162,156	11,795,246	den Jahren vorher
1873	2218	81,280	538	91,342	2756	172,622	13,639,038	stehen nur die Werte-
1874	2092	78,636	694	102,393	2786	181,029	10,498,697	Daten der Einfuhr
1875	1964	72,645	631	94,350	2595	166,995	8,884,226	und Ausfuhr zur Ver-
1876	1865	68,579	754	89,259	2619	157,838	9,466.785	fügung.
1877	1812	71,599	905	95,337	2717	166 936	6,585,969	
1878	1851	67,846	870	143,947	2721	211,793	6,471,832	
1879	1731	74,035	905	251,634	2636	325,669	6,942,356	
1880	1808	86,471	874	256,172	2682	342,643	7,851,655	
1881	1807	97,067	872	301,251	2679	398,318	12,179,211	
1882	2100	133,022	949	354,401	3049	487,423	14,828,127	
1883	2392	166,425	1085	417,447	3477	583,872	—	

Ausfuhr.

Jahr	Segel Zahl	Segel Tonnen	Dampfer Zahl	Dampfer Tonnen	Zusammen Zahl	Zusammen Tonnen	Ausfuhr-Werte fl.
1867	—	—	—	—	—	—	6,165,632
1868	—	—	—	—	—	—	6,360,081
1869	—	—	—	—	—	—	6.859,186
1870	—	—	—	—	—	—	7,951,477
1871	—	—	—	—	—	—	9,056,029
1872	2309	94,796	321	68,164	2630	162,960	6,975,146
1873	2255	87,160	540	92,853	2795	180,013	6,454,656
1874	2095	82,219	690	102,941	2784	185,610	8,388,414
1875	2050	77,328	620	92,130	2670	169,458	8,681,513
1876	1800	69,365	733	89,660	2533	159,025	10,979,722
1877	1815	68,512	909	94,990	2724	163,502	10,079,677
1878	1880	73,094	862	142,629	2742	215,710	12,375,589
1879	1693	72,800	908	252,831	2601	325,631	22,701,193
1880	1786	82,871	874	256,416	2660	319,287	19,362,498
1881	1835	101,081	881	305,088	2716	466,089	22,023,810
1882	2135	137,188	939	345,126	3073	482,314	29,142,865
1883	2364	160,952	1081	420,840	3445	581,792	—

Der Verkehr der Hauptartikel seit 1880 zeigt sich in folgender Zusammenstellung:

Einfuhr.

	1880	1881	1882
Petroleum	2,620	143,813	208,345
Kaffee	1,348	12,124	14,176
Wein .	31,174	39,086	69,102
Reis . . .	4,993	12,819	77,207
Südfrüchte .	2,395	3,878	3,410

Ausfuhr.

		1880	1881	1882
		in Meter-Zentner		
Stammholz .	kbm³	29,621	36,603	30,932
Dauben . .	Stück	11,653,100	14,628,400	30,040,100
Latten . . .	„	252,200	332,500	278,600
Starke Bretter	„	21,000	35,690	43,400
Bretter . .	„	1,304,500	1,378,000	1,122,800
?	„	3,984,400	2,827,215	2,664,500
Quadratholz .	„	69,900	61,000	44,300
Floßholz .	„	116,095	54,606	183,354
Querholz .	„	58,542	67,689	97,201
Bauholz . .	kbm³	11,914	12,470	19,070
Mehl . Metr.3tr.	q	508,080	45,076	678,676
Kleie . . .	„	21,720	22,364	19,129
Mineralwasser	„	2,959	3,409	14,230
Weizen .	ht	4,380	1,990	130,619
Mais .	„	109,028	70,112	73,345
Gerste .	„	19,705	21,551	261,903
Hafer .	„	4,941	1,700	11,777
Bohnen . .	„	18,192	8,081	18,336
Reis . Metr.-3tr.	q	1,779	3,581	6,394
Wein .	„ „	84,515	23,956	26,558
Spiritus	„ „	607	694	3,841
Kaffee .	„ „	1,169	1,702	3,437
Tabak .	„ „	1,371	1,702	11,559
Zucker .	„ „	10,531	9,552	8,241

Was die Schiffsbewegung in den anderen Häfen am ungarisch=slavonischen Meeresstrand betrifft, so gestaltete sie sich in der ersten Hälfte wie folgt:

Schiffsbewegung in den Häfen des ungar.=slav. Meeresstrandes in der I. Hälfte 1883

Häfen	Angelangt				Abgesegelt			
	Dampfer		Segler		Dampfer		Segelschiff	
	Zahl	Tonnen	Zahl	Tonnen	Zahl	Tonnen	Zahl	Tonnen
1. Buccari	125	3625	22	1131	125	3625	24	1296
	—	—	32	1233	—	—	28	1096
2. Portoré	424	20488	18	1829	424	20488	16	1557
	—	—	31	1449	—	—	30	1412
3. Seleze	198	14669	68	1099	198	14669	69	1114
	—	—	1	37	—	—	1	37
4. Novi	242	22902	55	1666	242	22902	53	1648
	—	—	6	237	—	—	7	668
5. Cirquenizze	195	14417	32	433	159	14417	34	459
	—	—	1	19	—	—	1	19
6. Zengg	168	16175	141	4612	165	16051	138	9036
	—	—	27	1866	—	—	21	1264
7. S. Giorgio	51	4837	47	2663	52	4982	36	2030
	—	—	8	397	—	—	5	223
8. Stinizza	—	—	23	738	—	—	23	738
	—	—	7	383	—	—	7	383
9. Jablanas	52	4859	5	199	52	4859	6	232
10. Carlobago	37	4072	21	579	37	4072	23	587

Die bedeutendsten inländischen Schiffahrtsunternehmungen, welche den Seeverkehr der Monarchie vermitteln, sind der österreichisch=ungarische Lloyd und die Seeschiffahrts=Gesellschaft „Adria", welch letztere fast ausschließlich im Dienste des ungarischen Handels thätig ist. Während der österreichisch=ungarische Lloyd, der eine jährliche Staats=subvention von ungefähr 1 1/2 Millionen genießt, der Träger des Verkehrs mit der adriatisch=dalmatischen Küste, der Levante und der indo=chinesischen Küste, der Donau und dem schwarzen Meere ist, richtet die Adria hauptsächlich ihre Fahrten nur nach den fran=zösischen und englischen Häfen. Im Jahre 1883 machte sie auch auf den Wunsch der ungarischen Regierung und der Spiritus=industriellen Fahrten nach Spanien, die aber nicht den gewünschten Erfolg hatten. Was das Betriebsergebnis des Jahres 1883 betrifft, so fiel dasselbe für diese von der ungarischen Regierung mit jährlich 150,000 fl. subventionierte mit 2½ Millionen Gulden begründete Gesellschaft sehr ungünstig aus, indem es ein Deficit von 261,259 fl. aufwies. Das Unternehmen krankt hauptsächlich an dem Übelstand, daß es infolge des ungenügenden eigenen Schiffs= parkes gezwungen ist, behufs Abwicklung des Transportgeschäftes fremde Schiffe zu chartern, bei dem im besten Falle nur ein geringer Nutzen zu erzielen, das Risiko dagegen bedeutend ist. Die größte Belastung resultiert aber aus der Notwendigkeit infolge der beschränk= ten Zahl von eigenen Dampfern, die Schiffskörper zu versichern, was entfallen würde, wenn die Gesellschaft die doppelte Anzahl Dampfer hätte und durch Schaffung eines Assekuranzfonds in sich selbst versichern könnte. Im Jahre 1883 betrug die Assekuranzprämie 140,000 fl. Die „Adria" machte im gleichen Jahre 241 Fahrten mit 7 eigenen, 18 gecharterten und 26 Vertragsdampfern; der Gesammtverkehr der Waren betrug 170,839 Tonnen und 9097 Kubikmeter; die Brutto= Einnahmen etwas über 2 Millionen Gulden. Während wir diese Zeilen schreiben, bringen die Tagesblätter Meldungen über den Ankauf von weiteren 7 Schiffen seitens der Adria, sowie über eine in der Schwebe be= findliche Fusionierung derselben mit englischen Rhederei=Unternehmungen. Wir registrieren diese Gerüchte ohne für deren Wahrheit einzutreten.

Günstiger gestaltete sich das Betriebsergebnis des österreich=un= garischen Lloyd für das Jahr 1883, obwohl die Cholera in Egypten und in ihrer Folge die Quarantainen, denen in der zweiten Hälfte des Jahres täglich 5 Schiffe der Gesellschaft unterlagen, das finanzielle Ergebnis wesentlich beeinträchtigten. Im Jahre 1883 wurden durch den Lloyd 1649 Fahrten gemacht, auf denen folgende wichtigste Häfen berührt wurden. Im adriatischen Meere: Fiume, Pola, Zara, Sebenico, Spalato, Ragusa, Cattaro, Prevesa, Durazzo, Venedig, Ancona und Brindisi; in der Levante: Pyräus, Syra, Creta, Salo= nichi, Smyrna, Konstantinopel, Alexandrien, Port Said, Jaffa und Beiruth; im Schwarzen Meere: Varna, Odessa, Trapezunt und Batum; auf der Donau: Galatz und Rustschuk; und auf der indo= chinesischen Linie die Häfen: Aden, Bombay, Colombo, Calcutta, Penang, Singapore und Hongkong.

Befördert wurden i. J. 1883: 289,847 Reisende, 117·8 Mill. Gulden Gelder, 5·38 Mill. Meter=Zentner Waren, 44,294 Pakete und 26,943 Stück Tiere.

Vom Waren=Transport entfielen 2·3 Mill. Meter=Zentner auf die Fahrten in der Levante und im Mittelmeere, 891,013 Meter= Zentner auf die Fahrten im Schwarzen Meere und auf der Donau, 684,711 auf die indo=chinesischen Fahrten und 936,363 Meter= Zentner auf die Fahrten im adriatischen Meere. Auch nach Süd= amerika unternahm die Gesellschaft 6 Fahrten, sowie nach Tunis, deren finanzieller Erfolg aber nicht günstig war. Der Gewinn der Gesellschaft bezifferte sich im Betriebsjahre auf 1,578,610 Gulden, welche Summe sich aber infolge der diversen Abschreibungen so weit verminderte, daß zur Zahlung einer 4% Dividende der Betrag von 337,469 dem Reservefonds entnommen werden mußte. Der Flottenstand der Gesellschaft betrug Ende 1883 83 Dampfer mit 20,850 Pferdekraft und 109,429 Brutto Tonnengehalt. Weitere 3 Dampfer sind im Bau begriffen.

Postverkehr.

Der Brief= und Zeitungs=Postverkehr ist in unterbrochener Ver= mehrung begriffen, wie es sich aus folgender Zusammenstellung ergiebt.

Briefpostverkehr im Jahre 1880, verglichen mit den Ergebnissen der Vorjahre.

Jahr	Gewöhnliche Briefe		Rekom= mandierte Briefe	Waren= muster	Kreuzband= sendungen und Drucksachen	Amtliche Briefe	Zeitungen	Korre= spondenz= karten
	frankiert	un= frankiert						
				Stück				
1880	50,416,869	1,843,088	4,999,999	1,976,422	8,892,316	16,929,174	36,023,976	13,643,442
1879	49,358,580	1,751,104	5,053,530	1,845,932	8,989,864	15,979,816	34,559,940	12,412,185
1878	45,726,088	1,744,146	5,333,180	1,617,872	8,514,648	15,139,536	34,740,118	10,869,768
1877	43,649,182	1,570,556	4,343,550	1,443,232	7,744,718	13,487,844	32,044,356	10,043,658
1876	46,617,106	1,452,233	4,581,027	1,364,490	6,990,012	13,954,354	28,876,062	9,016,232
1875	46,362,352	1,493,382	4,361,256	1,342,705	7,055,535	12,632,730	27,186,106	8,347,856
1874	42,422,398	1,383,606	4,256,302	1,050,828	5,675,966	11,480,708	23,668,404	7,159,264
1873	37,311,282	1,365,906	4,458,568	779,396	5,324,944	8,776,714	23,550,496	6,636,504
1872	35,572,147	1,613,744	4,648,815	1,395,688	4,711,953	8,319,118	23,191,121	3,429,570
1871	31,969,129	1,441,114	3,957,896	1,141,117	3,233,194	7,679,683	22,303,771	2,486,521
1870	27,218,018	1,310,580	3,263,544	705,240	2,462,502	6,550,408	15,541,586	—
1869	24,343,800	1,274,908	3,068,534	547,806	2,127,834	6,785,578	13,500,000	—
1868	22,434,315	1,347,672	2,156,354	393,334	1,769,152	5,798,520	13,099,450	—

Daran hatte Budapest die Löwenanteile, wie aus den Ziffern 1880 zu ersehen ist.

Verhältnis des Briefverkehrs zur Volkszahl.

Postdirektions-Bezirk	Volkszahl	Gesamtzahl der Briefpost-sendungen.	Es entfallen auf einen Kopf der Bevölkerung
Budapest	2,628,027	44,412,710	16·90
Pozsony	1,725,865	13,208,246	7·65
Sopron.	1,885,203	15,571,894	8·26
Kassa	1,539,013	9,640,764	6·26
Nagyvárad	1,941,017	12,690,828	6·54
Temesvár	1,946,400	13,384,628	6·87
Nagy-Szeben.	2,084,048	11,556,292	5·55
Zágráb	1,892,499	14,289,924	7·55
Zusammen . . .	15,642,102	174,755,286	8,62
Im Jahre 1879	15,416,321	129,950,001	8·43
„ „ 1878	„	123,685,662	8·02
„ „ 1877	„	114,327,096	7·42
„ „ 1876	„	112,651,516	7·31
„ „ 1875	„	108,781,922	7·06
„ „ 1874	„	97,096,990	6·30
„ „ 1873	„	88,203,810	5·72
„ „ 1872	„	82,882,186	5·38
„ „ 1871	„	73,612,425	4·77
„ „ 1870	„	57,051,878	3·70

Gesamtverkehr der Fahrpostsendungen und Reisenden.
Nach Postdirektions-Bezirken.

Postdirektions-Bezirk	Pakete ohne Angabe des Wertes		Geld- und Wertsendungen			Zahl der Reisenden
	Stück	kilo-gramm	Stück	kilo-gramm	Gesamtwert in Gulden	
Budapest . . .	356,724	2,486 432	2,017,026	10,307,808	307,255,589	—
Pozsony	110,370	412,812	819,772	1,724,868	96,532,596	7,035
Sopron . .	91,080	430,812	803,358	1,743,218	116,821,874	—
Kassa . . .	74,148	278,612	478,822	960,696	67,008,406	—
Nagyvárad	98,820	300,366	687,386	1,326,060	83,166,252	1 891
Temesvár . .	101,634	348,660	748,926	1,571,328	172,368,182	1,151
Nagy-Szeben .	137,052	113,916	581,184	1,709,640	61,360,988	2,981
Zágráb	108,771	329,598	794,102	1,626,750	97,017,018	239
Zusammen . .	1,081,602	4,983,208	6,960,876	20,970,393	1,004,860,905	13,300

	Pakete ohne Angabe des Werthes		Geld- und Wertsendungen.			Zahl der Rei- senden
	Stück	kilo gramm	Stück	kilo gramm	Gesamtwert in Gulden	
Im Jahre 1879 . .	673,675	2,203,812	7,155,274	11,919,226	816,073,910	16,518
„ „ 1878 . .	382,485	1,199,891	6,158,620	9,888,402	758,265,142	13,399
„ „ 1877 . .	347,700	1,028,018	6,148,180	8,990,210	838,701,318	14,264
„ „ 1876 . .	318,520	963,862	5,564,990	7,688,738	750 201,582	18,486
„ „ 1875 . .	296,740	869,067	5,999,856	6,790,626	705,617,719	18,672½
„ „ 1874 . .	570,860	1,520 499	5,953,418	6,795,963	1,097,855,830	17,367
„ „ 1873 . .	503,734	1,308,332	6,095,814	6,364,512	1,260,511 291	22,320
„ „ 1872 . .	1,078,941	2,324,329	6,066,147	5,017,776	1,471,087,473	36,035
„ „ 1871 . .	1,113,470	2,146 031	6,303.116	5,001,755	1,278,959,743	37,463
„ „ 1870 . .	1,139,578	2,049,433	4,716,381	3,964.566	1,128,215,497	53,160½
„ „ 1869 . .	787 016	1,694,441	4,352,780	3,393,902	883,191,796	50,861½
„ „ 1868 . .	730,176	1 398,672	4,123,462	3,125,820	738,475,714	50,979

An Postanweisungen wurden befördert:

	Stück	Gulden
Im Jahre 1880 .	3,311,034	117,739,204
„ „ 1879 .	2,848,774	102,472,539
„ „ 1878 .	2,487,597	110,721,091
„ „ 1877 .	2,195,822	103,888,433
„ „ 1876 .	1,832,757	92.136,217
„ „ 1875 .	1,586,825	80,568,441
„ „ 1874 .	1,344,402	71,911,046
„ „ 1873 .	1.469,032	61,004,576
„ „ 1872 .	1,685,523	61,907,115
„ „ 1871 .	1,156,885	38,928,852
„ „ 1870	279,041	12,145,116
„ „ 1869 .	138,564	276,726

An Nachnahmesendungen wurden bestellt:

	Stück	Gulden
Im Jahre 1880 . .	1,427,822	13,506,283
„ „ 1879 .	1,390,327	13,357,628
„ „ 1878 .	1,257,861	11,490,386
„ „ 1877	1,202,551	11,241,325
„ „ 1876 .	1,157,141	10,635,567
„ „ 1875 .	1,091,281	10,398,187
„ 1874 .	928,257	9,915,417
„ „ 1873 .	909,402	9,570,338
„ „ 1872 .	941,903	10,786,872
„ „ 1871	772,972	9,227,921
„ „ 1870	865,170	9,302,436
„ „ 1869 .	553,896	6,173,862

Von ausländischen Zeitungen wurden 1880 25,477 Vierteljahrs=
Abonnements im Betrage von fl. 49,037 besorgt, von inländischen
Zeitungen im Auslande nur 1114 Vierteljährliche Exemplare im Be=
trag von 5,729 fl. bestellt.

Telegraphenwesen.

Die Länge des ungarischen Telegraphennetzes ist von 12,270·73
Kilometer im Jahre 1871 auf 14,569·06 im Jahre 1880 ange=
wachsen, und die Länge der Drähte des Netzes von 36,310·93 im
Jahre 1871 auf 52,227·04 Kilometer im Jahre 1880 gestiegen.
In derselben Zeit hat sich die Zahl der Staats= und Eisenbahn=
Telegraphenstationen, welche mit den Dienststationen zusammenfallen
von 650 auf 994 gehoben, die Zahl der Apparate von 1008 auf
1420, wovon aber nur 11 Hughes=Apparate. Die Zahl des Dienst=
personales ist mit 1346 im Jahr 1880 gegen 1376 im Jahr 1871
bemessen.

Die Zahl der Telegramme ist von 3,910,815 im Jahre 1871
auf 5,131,963 im Jahre 1880 gestiegen; die Einnahmen von
fl. 1,096,910 auf fl. 1,353,930; die Ausgaben einschließlich der
Anlegung neuer Linien von 1,737,458 auf 1,590,807 gesunken.
Der Personalstand der Staats= und Eisenbahnämter vor Ende 1880
war 1158 Telegraphisten und 176 Telegraphistinnen.

Das Unterrichtswesen.

Wie in Österreich, so ist auch in Ungarn das Jahr 1868 bahn=
brechend für die Umgestaltung des Unterrichtswesens geworden. Als
im Februar 1867 die selbständige Regierung in Ungarn wieder ein=
gesetzt wurde, da boten die Zustände des öffentlichen Unterrichts im
Lande kein erfreuliches Bild, und in richtiger Erkenntnis dieser Ver=
hältnisse war die Regierung vor allem darauf bedacht, dem in kul=
tureller und nationaler Beziehung hochwichtigen Volksschulwesen ihre
vollste Aufmerksamkeit zuzuwenden. So kam es, daß Baron Eötvös,
dessen bewährten Händen wiederum das Unterrichtsministerium anver=
traut worden war, schon im Jahre 1868 dem Reichstage das Volks=
schulgesetz vorlegte, das den obligatorischen Schulbesuch einführte und
die Basis des Unterrichtswesens in Ungarn bildet.

Ungarns öffentliches Schulwesen gliedert sich in Volksschulen,
Mittelschulen, Hochschulen und Fachschulen. Dazu kommen die Hu=
manitätsanstalten (wie Taubstummen= und Blinden=Institute) und die
allgemeinen Kultur= und Kunstinstitute. Über alle diese Bildungsan=
stalten hat das Ministerium für Kultus und Unterricht die Oberauf=
sicht, allein das Maß dieser Aufsicht ist ein sehr ungleiches, und die
Macht und der Einfluß des Unterrichtsministeriums ist in vielen Be=
ziehungen gehemmt. Es theilen sich nämlich die Lehr= und Bildungs=
anstalten Ungarns nach der Leitung in rein staatliche, dann in kom=
munale, in katholische, in autonom=konfessionelle und in private An=
stalten. Die staatlichen, katholischen, kommunalen und privaten An=
stalten unterstehen mehr oder weniger unmittelbar der Aufsicht des
Unterrichtsministeriums bezw. dessen Aufsichts= und Leitungsorganen.
Aber diese Aufsicht und Leitung teilt bei den Kommunal=Schulen der
Staat in hervorragender Weise mit den betreffenden, die Schulen er=
haltenden, Kommunen. Bei den Privatanstalten übt der Staat nur
das unmittelbare Kontroll= und Inspektionsrecht aus. Viel schlechter

stand es bisher mit der Ingerenz der Staatsgewalt gegenüber den autonom=konfessionellen Schulen. Bei diesen war das staatliche Auf= sichtsrecht in der Praxis sehr eingeschränkt. Ja die Mittelschulen der autonomen Konfessionen wurden weder von Staatsaufsichtsorganen inspiziert, noch war der Staat bei den Prüfungen an diesen Anstal= ten vertreten, und trotzdem genossen diese Schulen die gleichen Rechte mit den vom Staate erhaltenen. Namentlich waren den Schulen der zwei griechisch=orientalischen und drei evangelischen Konfessionen be= sondere Vorrechte eingeräumt. Das ungarische Unterrichtsministerium hatte zwar schon vor Jahren die schädlichen Folgen dieser Zustände in der Leitung des höheren Unterrichtswesens erkannt, und auch im Reichstag wiederholt eingereichte Gesetzesvorschläge die Abstellung dieser Unzukömmlichkeiten und Auswüchse einer zu weit ausgedehnten Kirchen= autonomie angestrebt, aber erst in den letzten zwei Jahren gelang es der ungarischen Regierung in dieser Richtung einen Erfolg zu er= ringen. Durch das Mittelschulgesetz vom Jahre 1883 wurde das Verhältnis der von den autonomen Konfessionen erhaltenen Gymnasien und Realschulen zum Staate und zum Aufsichtsrecht desselben ge= regelt und für die Entwicklung dieser Anstalten eine sichere Basis ge= schaffen. Auf Grund dieses Gesetzes hat nun die Regierung die Oberaufsicht über alle Mittelschulen des Landes zu leiten, die Frage der Lehrpläne für die Gymnasien und Realschulen zum Abschlusse zu bringen, hat die Abiturientenprüfung durch spezielle Verordnung zu regeln, die staatliche Inspektion zu normieren und die Heranbildung und Qualifikation der Lehrer an den Mittelschulen zu kontrollieren. Auf dem Gebiete des Volksschulwesens waren die Gesetze, welche die Stellung des Staates zu den konfessionellen Schulen regeln, schon früher erlassen. So wurde im Jahre 1879, der Wirkungskreis der Staatsschulinspektoren auf sämtliche Volksschulen bedeutend erweitert, und dadurch auf diesem Gebiete der verantwortlichen Staatsgewalt ein größerer gesetzlicher Einfluß gesichert. Die Beaufsichtigung und Leitung des öffentlichen Unterrichtswesens in Ungarn ist da keine leichte Aufgabe, wenn man bedenkt, daß zur Verschiedenheit in der Schuladministration auch noch die Unterschiede in der Unterrichtssprache hinzukommen, indem der öffentliche Unterricht in Ungarn in z e h n v e r s c h i e d e n e n Sprachen erteilt wird. Im Jahre 1879 wurde die ungarische Sprache als obligater Lehrgegenstand in allen öffent= lichen Volksschulen eingeführt, und ebenso kann jetzt kein Lehrer sein

Diplom erlangen, ohne vorherigen Nachweis der Kenntnis der unga=
risch Sprache.

Dabei ist wohl zu berücksichtigen, daß die Unterrichtssprache aus
den Kommunal= Privat= und konfessionellen Schulen dem Gutdünken
der betreffenden Schulverwaltungen nach wie vor überlassen bleibt,
und können wir nicht umhin, diese Forderung der Regierung, daß
an allen diesen Schulen auch ungarisch obligatorisch unterrichtet werde,
als nicht bloß im Interesse des Staates notwendig, sondern auch als
angemessen zu bezeichnen.

Ebenso unabhängig wie die Errichtung und Erhaltung der Schulen,
besorgen auch Staat, Gemeinden und Konfessionen von einander un=
abhängig die Bildung, Approbation, Ausstellung, Besoldung und
Enthebung der Lehrer; nur in Bezug auf die Pensionierung der
Volksschullehrer besteht seit 1875 ein einheitliches Pensionsgesetz. Des=
gleichen ist die Abfassung der Lehrpläne die Einführung der Schul=
und Hülfsbücher, die Beschaffung der Lehrmittel 2c. Sache der be=
treffenden Schulerhalter; doch schreibt das Landesgesetz für die Volks=
schulen gewisse verpflichtende Gemeinsamkeiten (Schulpflicht, Lernzeit,
Lehrgegenstände, Qualifikation der Lehrer, Beschaffenheit der Schul=
gebäude und Lehrzimmer, u. s. w.) vor, denen sich mit Recht keine
Schulverwaltung entziehen darf.

Das Volksschulgesetz von 1868 hat die Schulpflichtigkeit für
neun Altersklassen d. h. für die zwischen 6—15 Jahren befindlichen
ausgesprochen, und diese Schulpflichtigkeit in die Verpflichtung zum
alltäglichen Schulbesuch für die 6—12 jährigen und zum Wieder=
holungs=Schulbesuch für die 13—15 jährigen geschieden. Im Jahre
1882 betrug nun die Zahl der schulpflichtigen Kinder 2,215,387
oder 16·13% der Gesamtbevölkerung; von diesen schulpflichtigen
Kindern besuchten 1,697,984 oder 76·64% wirklich eine Schule, ein
Verhältnis, das an und für sich schon günstig, sich noch günstiger
gestaltet, wenn man es mit dem Ergebnis der Zählung von 1869
vergleicht, welche nur 50·42% schulbesuchende Kinder aufwies. Dem
Geschlechte nach waren unter den Schulkindern 904,660 Knaben und
793,324 Mädchen.

Was nun die Zahl der Volksschulen betrifft, so gab es deren
im Jahre 1882 15,993, welche sich auf 12,686 Gemeinden ver=
teilten und von denen 363 staatliche, 1763 kommunale, 13,683 kon=
fessionelle und 184 private Volksschulen verschiedener Stufe waren.

Wie wir sehen, sind die konfessionellen Volksschulen in Ungarn noch in bei weitem überwiegender Mehrzahl, obwohl deren Zahl im Vergleiche mit den vorhergehenden Jahren abgenommen, die Zahl der staatlichen und kommunalen Schulen dagegen zugenommen hat. Unter den konfessionellen Volksschulen betrug die Zahl der römisch-katholischen 5417, der griechisch-katholischen 2200, der griechisch-orientalischen 1776, der reformierten 2280, der evangelischen 1430, der unitarischen 62 und der israelitischen 510.

Nach ihrer Stufe gliedern sich die ungarischen Volksschulen in Elementarvolksschulen, höhere Volksschulen und Bürgerschulen. Die Zahl der Elementarschulen oder Volksschulen im engsten Sinne des Wortes betrug im Jahre 1882 15793, die der höheren Volksschulen 74 und die der Bürgerschulen 126. Bei den höheren Volksschulen sind auch die sechs höheren Mädchenschulen, in Budapest, Leutschau, Marmaros-Sziget, Oedenburg, Trentschin und Klausenburg mit inbegriffen, von denen die letztgenannte eine vom Staat subventionierte und die anderen wirkliche staatliche Schulen sind. In denselben wurden 622 Mädchen von 45 Professoren unterrichtet.

Das Volksschulgesetz von 1868 enthält auch die Bestimmung, daß in den Volksschulen die Zöglinge womöglich nach Geschlechtern getrennt, in besonderen Lehrzimmern unterrichtet werden sollen, und für die höheren Volks- und Bürgerschulen ist sogar die vollständige Trennung der Geschlechter ausgesprochen. Leider muß man gestehen, daß in der Praxis dieser gesetzlichen Forderung nur in geringem Maße entsprochen wird. Von den 15793 Elementarschulen waren nur 866 Knabenschulen, 950 Mädchenschulen und nicht weniger als 13,977 gemischte Schulen; günstiger gestaltete sich dies Verhältnis bei den höheren Volks- und Bürgerschulen, indem bei den ersteren neben 20 Knaben- und 54 Mädchenschulen gar keine gemischten Schulen, und bei den letzteren neben 62 Knaben- und 62 Mädchenschulen nur 2 gemischte Schulen zu zählen waren.

Eine besondere Eigentümlichkeit der ungarischen Volksschulen besteht, wie wir schon früher erwähnt, in der Vielsprachigkeit des Unterrichtes, die gleichwie in der anderen Hälfte der Monarchie eine Folge der polyglotten Natur der Landesbevölkerung ist. Der uns vorliegende Jahresbericht vom Jahre 1882, sondert nicht die Schulen nach ihren einzelnen Unterrichtssprachen; sondern nach demselben waren von den 15,993 Schulen im Jahre 1882 7597 oder 47·5%

mit ausschließlich ungarischer Unterrichtssprache 2843 oder 17·7%
mit ungarisch gemischter Unterrichtssprache, und 5553 oder 34·8%
mit einer nichtungarischen Sprache als Unterrichtssprache. Nach dem
Ausweis für das Jahr 1880 waren in Ungarn 7342 ungarische
Schulen d. h. mit ungarischer Unterrichtssprache, 867 deutsche Schulen,
2756 rumänische, 1716 slovakische, 245 serbische, 68 kroatische, 393
ruthenische, 2335 zweisprachige und 102 dreisprachige Schulen. Aus
Vergleichen mit früheren Jahren sehen wir, daß besonders die ausschließlich deutschen Schulen relativ an Zahl abnehmen. So waren
z. B. im Jahre 1878 deren noch 1017 vorhanden. Der Grund
davon liegt in dem Umstande, daß die meisten deutschen Gemeinden
in richtiger Würdigung der Verhältnisse nicht nur sofort den Anforderungen des Gesetzes vom Jahre 1879 betreffend die Einführung des
Ungarischen, als obligaten Lehrgegenstand nachgekommen sind, sondern
sogar ungarisch als zweite Unterrichtssprache in ihren Schulen ein-
führten, und daß die Deutschen überhaupt mit alleiniger Ausnahme
der Siebenbürger Sachsen, welche die durch die Verfassung beseitigten
Privilegien nicht vergessen können, sich am rückhaltlosesten dem ungarischen Staatswesen einfügen und mit den Magyaren gemeinsam das
tonangebende Element bilden.

Was den Stand der Lehrer betrifft, so waren im Jahre 1882
22,396 Personen als solche thätig, und zwar entfielen auf die Elementarschulen 21,296, auf die höheren Volksschulen 348 und auf die
Bürgerschulen 752. Nach dem Gesetz vom Jahre 1868 ist je einem
Lehrer der Unterricht von durchschnittlich 80 Kindern gestattet, und
kann das bestehende Verhältnis zwischen der Zahl der Lehrer und
der Schüler ein gesetzmäßiges genannt werden. Dem Geschlecht nach
waren im Jahre 1882 20,207 Lehrer und 2189 Lehrerinnen thätig.

Einen sehr erfreulichen Aufschwung nimmt der in den ungarischen
Volksschulen eingeführte Unterricht in irgend einem Zweig der
Hausindustrie. In den Staats-Lehrer- und Lehrerinnen-
Seminarien erhalten die Zöglinge theoretischen und praktischen Unterricht in den verschiedenen Zweigen der Hausindustrie, so, daß
jetzt kein Lehrer oder keine Lehrerin das Seminar verläßt, ohne
in irgend einem Zweige der Hausindustrie unterrichtet zu sein. Auch
von den im Amte stehenden älteren Lehrern haben sehr viele die
Gelegenheit ergriffen, um irgend einen Hauptindustriezweig zu er-
lernen, damit sie darin ihre Schüler unterrichten können. Unter den

29

vom Unterrichtsministerium direkt geleiteten Volksschulen giebt es jetzt keine einzige, in welcher nicht ein Zweig der Hausindustrie geübt würde, und zwar ist darunter nicht der ohnehin lehrplanmäßige Unterricht in weiblichen Handarbeiten, sondern die aus dem Gesichtspunkt der Nützlichkeit geförderte Verarbeitung von zu indu= striellen Zwecken geeigneten Produkten zu verstehen. In vielen Schulen lehren die Lehrerinnen das Weben und Spitzenmachen, in anderen Schulen werden die Kinder im Anfertigen von Geflechten aus Stroh, Schilf und Weidenzweigen unterrichtet, in an= deren Schulen wieder werden Schnitz=, Säge= und Drechsel= Arbeiten verfertigt und in einigen ist die Seidenzucht und Bienen= und Obstbaumzucht Gegenstand des Hausindustrie= Unterrichts. In den Mädchenschulen bezieht sich dieser Unterricht auch auf die gewöhnlichen weiblichen Handarbeiten noch insbesondere auf Kleideranfertigen, Maschinennähen, Strohflechten und Huterzeugung ꝛc., während die Lehrerinnen=Seminarien sowie die eigentlichen Frauen=Industrieschulen noch mehr hausindustrielle Zweige umfassen.

Was die innere und äußere Einrichtung der Schulen betrifft, wie Zahl der Lehrsäle, Turnplätze, Schulgärten ꝛc. so läßt sich auch da im Vergleiche mit den früheren Jahren eine Besserung wahr= nehmen. Das gesetzliche Schüler=Maximum für ein Lehrzimmer beträgt wie erwähnt 80, während im Jahr 1882 je ein Lehrsaal auf 74.8 schulbesuchende Kinder entfiel. Was die Turnplätze, Schulgärten und Baumschulplätze betrifft, so hatten von den 15,993 Schulen im Jahre 1882 6576 oder von je 1000 411.2 entspre= chende Turnplätze und 9084 das ist von je 1000 568.6 den für den Unterricht nötigen Schulgarten und Baumschulplatz.

Ein Blick auf die Erhaltungskosten der Schulen im Jahre 1882 zeigt, welche ungeheuere Anstrengungen die Regierung, Kommunen und die verschiedenen Kirchengemeinden in Ungarn zur Hebung der Volksbildung machen. Während die Erhaltungskosten der Schule im Jahre 1869 3,760,123 fl. betrugen, erhoben sich dieselben im Jahre 1882 auf nicht weniger als 11,755,625 fl. In demselben Zeitraum ist die Zahl der Schulen um 23.5 % die Zahl der Lehrer um 25.9 % gestiegen und 50 % der Lehrerstellen haben eine höhere Dotierung erhalten.

Zur Beurteilung und Verbesserung der Lehrmittel aus den

Volks= und Bürgerschulen dient die „ständige Kommission" an dem Landeslehrmittel=Museum in Pest, die auch für eine brauchbare Mustersammlung für den Unterricht in den Handarbeiten Sorge trägt. In letzter Zeit richtet diese Kommission ihr Hauptaugenmerk auf die einheimische Herstellung der naturwissenschaftlichen Lehrmittel und auf die Sammlung von pädagogischen Altertümern. Die von der Regie= rung herausgegebenen Schulbücher erscheinen in acht Sprachen.

Im engsten Zusammenhang mit den Volksschulen stehen die Lehrer= bildungsanstalten, und die wichtigste Bedingung für eine ersprießliche Thätigkeit der ersteren ist die richtige Organisation der letzteren. Auch auf diesem Gebiete des Schulwesens werden seit einigen Jahren bedeutende Fortschritte gemacht. Infolge des noch vor einigen Jahren in Ungarn herrschenden Mangels an Lehrern wurden in die Lehrer= seminarien auch schwach vorbereitete Jünglinge ohne eigentlichen Beruf für den Lehrerstand aufgenommen. Diesem Übelstand der bei längerer Dauer, den Nachwuchs an tüchtigen Lehrern und dadurch das Wirken der Volksschulen selbst leicht hätte schädigen können, wurde durch den Erlaß des Ministers Trefort vom Jahre 1879 beseitigt, in welchem derselbe die Direktionsräte der verschiedenen Seminarien anweist, bei der Aufnahme von Zöglingen mit der größten Strenge vorzugehen, und nur die vorzüglich beanlagten und gut vorbereiteten Zöglinge aufzunehmen, welche die Erklärung abgeben, daß sie den Lehrerberuf ergreifen und demselben treu zu bleiben die Absicht haben. Außer= dem wurde der dreijährige Kurs der Lehrer= und Lehrerinnen=Prä= parandien in den Staats=Lehranstalten zu einem vierjährigen erweitert und an die Leitungen der nicht staatlichen Schulen ein diesbezügliches Ansuchen gerichtet. Als Richtschnur für die Ausbildung der Lehrer an den ungarischen Seminarien bezeichnet ein zweiter Ministerial= erlaß aus dem Jahr 1882, die „praktische Tendenz des Unterrichtes". Darauf müsse in den Lehrer= und Lehrerinnen=Seminarien das Haupt= gewicht gelegt werden, damit auf diesem Wege die praktische Richtung des gesamten Elementarunterrichtes gesichert sei. Über die gewöhnlichen Lehrgegenstände sollen die Knaben in der Schule die Elemente der Landwirtschaft, die Mädchen die der Hauswirtschaft und weiblichen Handarbeiten und beide Geschlechter die Elemente der Gesundheits= lehre sich anzueignen in der Lage sein. Außerdem sollen Schulkinder in den wichtigsten Zweigen der Hausindustrie unterwiesen werden können, in der Küchengärtnerei und Seidenzucht 2c. Um den Lehrern ihrerseits die Möglichkeit zur Ausbildung in diesen letztgenannten Fächern zu bieten, hat das ungarische Unterrichts-Ministeriums in anderen Staats-Lehrerseminarien 1—2 Joch Boden einrichten und auch Lokalitäten für die Bienen- und Seiden-Zucht aufstellen lassen. Im Jahre 1882 bestanden in Ungarn 54 Lehrer- und 17 Lehrerinnenseminare von denen 24 staatliche, 23 römisch-katholische, 4 griechisch-katholische, 4 griechisch-orientalische, 4 reformierte und prote-stantische, 1 israelitische und 1 private Anstalten waren. An allen diesen Anstalten die einen Kostenaufwand von gegen 800,000 fl. er-forderten, wurden 2963 Jünglinge und 1025 Mädchen von 640 Lehrern unterrichtet. Am Schlusse des Jahres 1882 wurden 1400 Lehrerdiplome ausgestellt und zwar 1061 für Elementar-Volksschullehrer, 39 für höhere Volks- und Bürgerschullehrer, 247 für Elementar-Volksschullehrerinnen und 53 für höhere Volks- und Bürgerschul-lehrerinnen.

Im Einklang mit dem Gesetz, welches an allen Elementar- und höheren Volks- und Bürgerschulen ungarisch als obligatorischen Gegen-stand vorschreibt, hat die ungarische Regierung an 12 verschiedenen Orten des Landes sogenannte Nachtragslehrkurse für ungarische Sprache eingerichtet, um nicht nur den Lehrerkandidaten, sondern auch den im Amte befindlichen Lehrern Gelegenheit zur Erlernung dieser Sprache zu geben. Letzteren war nämlich ein Zeitraum von drei Jahren eingeräumt worden, innerhalb welcher Zeit sie sich die Kennt-nis des Ungarischen aneignen müßten, während Lehrerkandidaten ohne Nachweis dieser Kenntnis überhaupt kein Diplom erhalten. Um den Lehrern den Besuch dieser Lehrkurse zu erleichtern, die während der Ferien abgehalten werden, wird jedem dazu erscheinenden Lehrer ein Taggeld bewilligt, und hatten sich im Jahre 1883 1074 schon an-gestellte Lehrer für diese Kurse gemeldet. Außerdem werden auch alljährlich fünf Turnlehrerkurse abgehalten.

Über den Seminarien für die Ausbildung von Lehrern und Lehrerinnen besteht auch noch in Ungarn eine Industrielehrerin-Prä-parandie in Preßburg und zwei Anstalten zur Ausbildung von Kindergärtnerinnen und eine private Frauenvereins-Industrieschule in Pest.

Ein minder günstiges Bild bieten die Handelsschulen in Un-garn. Deren Anzahl betrug i. J. 1882 39, darunter 1 Handelsakademie in Pest, 8 Handelsmittelschulen und 30 niedere Schulen. Die Handelsakademie ist in Wirklichkeit auch nur eine mercantile Mittelschule, und wird von einer Privatgesellschaft erhalten. Was die andern Anstalten betrifft so wird sogar in dem offiziellen Bericht darüber geklagt, daß sie an erheblichen Mängeln leiden, und daß deren Zahl für die Bedürfnisse des Landes nicht ausreicht. Dieser Klage müssen wir die Thatsache entgegenstellen, daß von diesen Handelsschulen 23 Vereinsschulen, 8 private, 3 konfessionelle, 4 kommunale und nur eine staatliche Anstalten sind und daß an den Gesamtkosten dieser Schulen im Betrage von 117,598 im Jahre 1882 die Staatskasse nur mit 16,500 fl. partizipierte, so daß wir uns zu der Ansicht be= rechtigt glauben, daß man auf diesem Gebiete eine Abhülfe zuerst von Seite der Regierung erwarten darf, sofern man überhaupt auf be= sondere Handelsschulen großes Gewicht legt, ein Bedürfnis das noch bestritten ist, weil junge Leute mit guten Schulkenntnissen sich das Erforderliche leicht autodidaktisch im Leben aneignen, denn von Sach= kennern wird behauptet, daß junge Leute, welche das Gymnasium absolviert und da Logik und Denken gelernt, bessere Kaufleute werden als aus Handelsschulen hervorgegangene Zöglinge.

Bevor wir zur Darstellung des Mittelschulwesens übergehen, wollen wir noch einen Blick auf die Pflege der Kleinkinder= erziehung in Bewahranstalten und Kindergärten werfen. Diese ist in Ungarn fast ausschließlich Gegenstand der Vereins= und Privatthätigkeit. Von den 321 Kleinkinderbewahranstalten im Jahre 1882 wurden 90 von Privatvereinen, 89 von Privatunternehmungen, 59 von Kommunen, 50 von Konfessionen, 31 von Stiftungen und nur 2 vom Staat erhalten. In diesen 321 Anstalten genossen 15,484 Knaben und 16,951 Mädchen die Erziehung, welche von 483 teils Kinderbewahrern, teils Kinderbewahrerinnen geleitet wurde. Wie schon erwähnt, sorgen für die Ausbildung dieser Lehrer zwei private Präparandien, die jedoch vom Staate subventioniert werden. Mit der Kontrollierung des Standes der Kinderbewahranstalten sind die königlichen Schulinspektoren betraut, dessenungeachtet hält der Unterrichts=Minister außerdem noch einen Landes=Fachkommissär für diese Institute mit der Aufgabe die Verbreitung der Kinderbewahr= anstalten durch praktische Ratschläge zu fördern.

Was das Mittelschulwesen in Ungarn betrifft, welches durch das schon eingangs erwähnte Gesetz über die Mittelschulen und die Qualifikation der Lehrer an denselben, einer gründlichen

Reorganisation unterzogen worden ist, so tritt auch da der Grundzug der ungarischen Schulen, ihr konfessioneller Charakter in den Vordergrund. Besonders überwiegend ist der konfessionelle Charakter der Gymnasien, während die Realschulen, fast ausschließlich Staats = Lehranstalten, kein konfessionelles Gepräge tragen. Die konfessionelle Geschlossenheit der Gymnasien bezieht sich in erster Linie auf die unmittelbare Leitung und Erhaltung der Anstalten, dann auf die anzustellenden Professoren, welche der betreffenden Konfession angehören müssen und endlich auf das Schulgeld der Schüler, denen zwar ohne Unterschied des Glaubensbekenntnisses der Zutritt in alle Gymnasien gestattet ist, von denen jedoch, falls sie einer andern Konfession als die Anstalt angehören, an einigen protestantischen Lehranstalten ein höheres Schulgeld abverlangt wird. Von Wichtigkeit ist der Umstand, daß die Gymnasien des Staates, der Kommunen, der Distrikte, sowie auch die Privat= die interkonfessionellen und die katholischen Gymnasien beider Riten der Leitung des Unterrichtsministers unterstehen, während die Gymnasien der Protestanten, Griechisch=Orientalen und der Katholischen in Siebenbürgen von den betreffenden autonomen Kirchenbehörden geleitet werden. Im Schuljahr 1882/83 gab es in Ungarn 178 Mittelschulen und zwar 144 Gymnasien, 27 Realschulen und 7 Realgymnasien. Von diesen 178 Mittelschulen waren nur 48 ohne konfessionellen Charakter, während 130 das Gepräge der einen oder andern Konfession trugen. Was die Zahl der Schüler betrifft, so betrug dieselbe im nämlichen Jahre 37,876 wovon 32,904 auf die Gymnasien und 4972 auf die Realschulen entfielen. Im Jahre 1875 betrug die Zahl der Schüler an den Realschulen noch 8086, sodaß sich die Frequenz im Vergleich zu diesem Jahre um 3114 verringert hat, welche Ziffer sich im Vorjahre noch um 54 ungünstiger stellte. Diese Abnahme in der Frequenz der Realschulen veranlaßte das Ministerium im Jahre 1881 zur Einberufung einer Enquête um die „Realschulfrage", die nicht nur in Ungarn sondern fast in allen Staaten Europas den Gegenstand der Diskussion bildet, einer Prüfung zu unterziehen, und über die notwendige Reform in der Organisation dieser Lehranstalten schlüssig zu werden. In dieser Enquete sprach Minister Trefort die Ansicht aus, daß er bei aller Anerkennung der Wichtigkeit der lateinischen Sprache, doch nicht von der Einführung dieser Sprache als Lehrgegenstand an den Realschulen, eine Besserung des gegenwärtigen Zustandes erwarte.

Gegenwärtig seien die Realschulen eine Vorbereitungsschule für das Polytechnikum, er glaube man sollte den Beruf der Realschulen erweitern, etwa in der Richtung, daß sie im Handelsfach und in der Landwirtschaft eine einigermaßen abgeschlossene Bildung bieten sollen. Auf die modernen Sprachen solle sehr viel Gewicht gelegt und hierbei vorzugsweise Englisch in's Auge gefaßt werden. Leider ersehen wir aus dem uns vorliegenden Jahresbericht über das Schuljahr 1882/83, daß diesen berechtigten Wünschen des Unterrichtsminister noch nicht Rechnung getragen wird. Während an den österreichischen Realschulen, die nur einen siebenjährigen Kurs gesetzlich normiert haben, französische und englische Sprache obligate Lehrgegenstände sind, sind diese Sprachen an den ungarischen Realschulen, die acht Klassen haben, als außerordentliche Lehrgegenstände eingeführt, ja in autonom-konfessionellen Realschulen Ungarns wird sogar auch Zeichnen, sonst einer der Hauptgegenstände an Realschulen, nicht obligatorisch unterrichtet. Diese Übelstände, die eben in der zu großen Autonomie der Schulverwaltungen ihre Ursache haben, müssen vorher beseitigt werden, um ein vollkommen ersprießliches Wirken der Realschulen erhoffen zu können.

Interessant ist ein Blick auf die Teilnahme der einzelnen Konfessionen an der Frequenz der Mittelschulen, verglichen mit dem numerischen Stand der einzelnen Konfessionen. Nach der Zählung von 1880 bilden nämlich:

	in der Bevölkerung	unter den Schülern der Mittelschulen.
die römisch Katholischen . .	47·20%	44·4%
„ griechisch „	10·85 „	4·4 „
„ griechisch-Oriental. . .	14·07 „	4·5 „
„ Evangel. A. B. . .	8·16	10·3
„ Evangel. H. B.	14·71	14·9
„ Unitarier . . .	0·44	0·6
„ Israeliten .	4·55	20·9
Sonstige . . .	0·02	—
blieben	100%	100%

Es blieben also an der Mittelschul-Frequenz hinter ihren Verhältniszahlen zurück: Die Griechisch-Orientalen am meisten, dann folgen die griechischen Katholiken dann die römischen Katholiken; mit ihrer Stellung in der Bevölkerung im Einklang steht der Besuch von Seite der Evangel. Helv. Konfession und der Unitarier; bei der Evangelischen Augsburger Konfession überschreitet die Frequenz schon um ein beträchtliches die Verhältniszisser der Bevölkerung, ganz un= gewöhnlich ist aber die Anteilnahme der Juden an dem Besuche der Mittelschulen. Fast fünfmal größer ist die Frequenzziffer als die Stellung in der Bevölkerung. In der Bevölkerung Ungarns bilden die Juden den 22 Teil, unter den Mittelschülern aber mehr als den fünften Teil, welches Verhältnis sich im Jahre 1882/83 insoweit änderte, als der Prozentsatz der jüdischen Mittelschüler von 20·9% auf 19·8 herabsank.

Der Muttersprache nach waren unter den Mittelschulen 27,019 oder 71·34% Ungarn, 5821 oder 15·37% Deutsche, 2426 oder 6·40% Rumänen, 1645 oder 4·35% Slovaken, 166 oder 0·44% Kroaten und 117 oder 0·30% Ruthenen.

Was die Zahl der Lehrkräfte an den Mittelschulen betrifft, so standen 2511 Professoren und Lehrer in Verwendung. Die Erhal= tungskosten der Mittelschulen betrugen 1882/83 3,465,997 fl. gegen 3,370,595 fl. im Vorjahre. Gleichwie bei den Verwaltungen der Volksschulen macht sich auch bei den Mittelschulen das Bestreben geltend, die Zahl der Turnplätze, Schulgärten 2c. zu vermehren und be= trug dieselbe für die Winterturnsäle 87, für die Sommerturnplätze 131, für die Gärten 61 und Alumne 46. Vergleichen wir noch schließ= lich die Zahl der Lehrsäle mit der Zahl der Schüler, so finden wir, daß in den Gymnasien auf jeden Lehrsaal 31 und in den Realschulen 21 Schüler entfallen, was jedenfalls ein sehr günstiges Verhältnis genannt werden darf.

Auch zur Ausbildung von Mittelschullehrern bestehen in Ungarn Seminarien, und zwar eines in Budapest und eines in Klausenburg. Die Zahl der Hörer an beiden Anstalten betrug 69, die Zahl der Professoren 34.

Die Hochschulen Ungarns gliedern sich in die theologi= schen Lehranstalten, die Rechtsakademien oder Lyceen, die Universitäten und die technischen Hochschulen. Im Jahre 1882/83 bestanden 55 theologische Lehranstalten, in welchen teils die zur Versehung der kirchlichen Obliegenheiten erfor= derlichen Geistlichen, teils aber insbesondere in den Anstalten der geistlichen Orden überdies Professoren und Lehrer für die von den betreffenden Orden erhaltenen Mittel= und Volsschulen herangebildet wurden. Von diesen 55 theologischen Lehranstalten waren 1 mit der Universität verbunden, 17 römisch=katholisch weltlich, 14 römisch= katholisch und geistlichen Orden gehörig, 4 griechisch=katholisch, 4 grie= chisch=orientalisch, 8 Augsburger Konfession, 5 helvetischer Konfession, 1 unitarisch und 1 israelitisch. Die Gesamtzahl aller Hörer an diesen Anstalten betrug 2039, die Zahl der Professoren 307.

Was die Rechtsakademien betrifft — Unterrichtanstalten die in Österreich nicht eingeführt sind — so gab es deren 13 und zwar in Hermannstadt, Kaschau, Großwardein, Erlau, Kecskemit, Pápa, Sáros= patak, Raab, Fünfkirchen, Eperies, Debreczin, Preßburg und M. Sziget. An Hörern zählten diese Rechtsakademien oder Lyceen durchschnitt= lich 781; der Stand der Professoren betrug 135. Man trägt sich im ungarischen Unterrichts=Ministerium schon seit Jahren mit dem Gedanken, diese exponierten Rechtsfakultäten deren Frequenz alljährlich abnimmt, einer gründlichen Reform zu unterziehen. Da diese aber in einigem Zusammenhang mit der eventuellen Errichtung einer dritten Staats=Universität, oder einer protestantischen vollständigen Hochschule steht, so ist das Unterrichts=Ministerium genötigt, die Aus= führung dieser beabsichtigten Reform bis zur endgiltigen Lösung der Universitätsfrage zu verschieben.

Ungarn besitzt gegenwärtig zwei Universitäten, nämlich eine in Budapest und eine in Klausenburg. Da die Pester Universität an Überfüllung leidet, so wird von allen Seiten die Errichtung einer dritten Universität als höchst wünschenswert bezeichnet, und hat auch das Unterrichts=Ministerium diesbezüglich Vorerhebungen in Preßburg und Szegedin anstellen lassen. Über dieses Stadium hinaus ist jedoch diese Angelegenheit bisher noch nicht gediehen.

An der Budapester Universität waren in den beiden Semestern des Jahres 1882/83 durchschnittlich 3150 Hörer inskribiert, wovon durchschnittlich 87 auf die theologische, 1546 auf die rechts= und staatswissenschaftliche, 1095 auf die medizinische und 422 auf die philosophische Fakultät entfielen. In diesen Zahlen sind bei der medizinischen und philosophischen Fakultät die Pharmaceuten mit inbe= griffen. An dieser Hochschule waren in beiden Semestern 160 Lehr= stühle besetzt und zwar 63 ordentliche und 20 außerordentliche Pro= fessuren, 9 Suppleantenstellen, 62 Privatdozentenstellen und 6 Fach=

lehrerstellen. Der Konfession nach waren unter den 3150 Hörern 1285 oder 40.8% römische Katholiken, 69 oder 2.2 griechische Katholiken, 99 oder 3.2% griechische Orientalen, 418 oder 13.2% Evangelische A. B. 343 oder 10.9 Reformierte H. C., 10 oder 0.3% Unitarier und 926 oder 29.4% Juden.

Promoviert wurden im nämlichen Jahre 258 Doktoren, darunter 140 an der juridischen, 90 an der medizinischen, 27 an der philo= sophischen und einer an der theologischen Fakultät.

Außerdem wurden sieben Diplome für Magister der Geburts= hilfe und 65 Diplome der Pharmaceutik ausgestellt.

Was die Universität Klausenburg betrifft, so ist hervorzuheben, daß dieselbe keine theologische, dagegen aber vier weltliche Fakultäten besitzt, indem die philosophische Fakultät in eine solche für Philologie und Geschichte und eine für Mathematik und Naturwissenschaften ge= teilt ist. Die Gesamtzahl aller Hörer betrug im Durchschnitt der beiden Semester 1882/83 449; die Zahl der Professoren, Supp= leanten und Privatdozenten 60. Von diesen 449 Hörern entfielen 226 auf die juridische, 108 auf die medizinische, 65 auf die philolo= gisch=historische und 50 auf die mathematisch=naturwissenschaftliche Fakultät. Promoviert wurden im ganzen 42 Doktoren. Auffallend ist es wie schwach die griechisch=orientalische Konfession in der Zahl der Hörer vertreten ist, obwohl doch deren Zahl in der Bevölke= rung Siebenbürgens sehr beträchtlich ist. Von 449 Hörern waren nur 9 griechisch=orientalischen Konfession. Beträchtlich dagegen war der Anteil der protestantischen Konfession und zwar mit 122 Hörern. Die Zahl der römischen Katholiken betrug 214, die der griechischen Katholiken 26, der Reformierten 23, der Unitarier 26 und der Juden 29.

Für die Ausbildung der Hebammen bestehen in Ungarn fünf Hebammenschulen und zwar je eine an den medizinischen Fakultäten in Pest und Klausenburg und dann je eine in Preßburg, Großwar= dein und Hermannstadt. Einleitende Schritte sind auch zur Er= richtung einer Hebammenschule in Szegedin getroffen. An der Bu= dapester, sowie an der Großwardeiner und Preßburger Hebammen= schule werden je zwei Kurse jährlich abgehalten, an den andern Schulen nur je einer; die Vortragssprache ist in allen Schulen die ungarische mit Ausnahme in Hermannstadt, wo dieselbe deutsch und rumänisch ist. Alle diese Schulen wurden von 305 Frequentantinnen beſucht, wovon 140 auf die Budapeſter, 41 auf die Klauſenburger, 24 auf die Hermannſtädter, 61 auf die Großwardeiner und 39 auf die Preßburger Schule entfielen. Diplomiert wurden in Budapeſt 124, in Klauſenburg 40, in Hermannſtadt 21, in Großwardein 58 und in Preßburg 36, zuſammen alſo 279 oder 91·5% der in-ſkribierten Frequentantinnen.

Für die höheren techniſchen Studien beſteht nur eine Hoch-ſchule in Ungarn, nämlich das Joſefs-Polytechnikum in Budapeſt. Dieſes Inſtitut wurde im Jahre 1882, ſowohl nach außen hin wie in ſeiner innern Organiſation einer gänzlichen Umgeſtaltung unter-zogen. In dieſem Jahre überſiedelte die Technik aus den bisherigen gänzlich unzureichenden gemieteten Lokalitäten in ihr eigenes neues ſeinen Zwecken vollkommen entſprechend eingerichtete Gebäude, und im nämlichen Jahre wurde auch an der Anſtalt ein neues Organi-ſationsſtatut eingeführt, das der jährlichen Abnahme der Frequenz Einhalt zu thun beſtimmt iſt. Eine der weſentlichſten Abweichungen von den alten Statuten iſt die Herabſetzung des Lehrkurſes von fünf auf vier Jahre. Eine zweite wichtige Reform bezieht ſich auf die Rigoroſen. Die alte Rigoroſenordnung forderte vom Ingenieur, Maſchinen-Ingenieur und Architekten gleichmäßig drei Rigoroſen, von denen er zwei erſt nach Vollendung ſeiner Studien zu beſtehen hatte. Bei dieſem Syſtem mußte der ausgezeichnetſte Techniker mindeſtens ein halbes, zumeiſt aber 1—1½ Jahre nach Abſolvierung ſeiner Studien noch mit den Rigoroſen verbringen, um ſein Diplom zu erwerben. Das neue Statut fordert nur zwei Rigoroſen und kann das erſte ſchon zu Ende des vierten Semeſters, das zweite in beliebiger Zeit nach Ablauf der Studienzeit gemacht werden. Im Verlaufe der letzten Studienjahre wurden auch ſeparate Vorträge über die für die ungariſchen Verhältniſſe ſo wichtige Mühlenkunde eingeführt. Weiter wurde die praktiſche Einrichtung getroffen, daß für die aus Gym-naſien kommenden Hörer, die mitunter in den mathematiſchen Fächern weniger gut vorbereitet ſind, als die Realſchüler, Ergänzungsvorleſungen und Übungen gehalten werden. Die einzelnen Fachabteilungen ſind genügend mit Inſtrumenten und Apparaten aller Art ausgerüſtet, eine Maſchinenwerkſtätte, ein technologiſches, phyſikaliſches und ein chemiſches Muſeum ſind für praktiſche Übungen der Hörer eingerichtet. Im Jahre 1882 wurde auch für Önologie und Waſſerbaukunde, — zwei Fächer die für Ungarn von ganz hervorragend nationalökonomischer Bedeutung sind — ein Laboratorium bezw. ein Museum eingerichtet, und die diesbezüglichen praktischen Arbeiten begonnen.

Dank diesen Bemühungen der ungarischen Regierung, hat auch die Zahl der Hörer, die von 862 im Jahre 1875/76 auf 398 im Jahre 1881/82 gefallen war, von einem Studienjahr zum andern um 142 zugenommen, und betrug für das Jahr 1882/83 540 Hörer; davon entfielen im Durchschnitt beider Semester auf die Fachschule für Ingenieure 328, auf die Architekten 39, für Maschinen=Ingenieure 126, für Chemiker 22 und auf die allgemeine Fachabteilung 25 Hörer. Der Konfession nach waren unter den Hörern 223 oder 41·4% R.=Katholiken, 4 oder 0·7% Gr.=Katholiken, 9 oder 1·6% Gr.=Orientalen, 36 oder 6·6% Reformierte, H. C. 60 oder 11·1% Evangelische A. C. und 208 oder 38·6% Juden. Der Lehrkörper des Josefs=Polytechnikums zählte 24 Professoren, 3 Suppleanten, 8 Privatdozenten, 4 Fachlehrer und einen Adjunkten. Überdies wurden für Unterrichtszwecke 18 Assistenten und ein eigens an die Fachschule für Maschinen=Ingenieure berufener Fachlehrer verwendet.

Hinsichtlich des gewerblichen Fachunterrichtes ist im Laufe der letzten Jahre in Ungarn und speciell unter der Ägide des Ministeriums für Ackerbau, Handel und Gewerbe außerordentlich viel geschehen. Theoretische und praktische Lehranstalten in größerer Zahl sind entstanden, um dem Bedürfnisse nach gewerblichem Fachunterricht möglichst nachzukommen. Außer dem Polytechnikum und der Kunstgewerbeschule ist in Budapest eine Gewerbe=Mittelschule errichtet; außerdem sind im Lande zahlreiche Gewerbeschulen niederen Grades ins Leben gerufen und ist die Organisation dieser letzteren im ganzen Lande allenthalben in großem Maßstabe und auf Grundlage eines, den modernen Anforderungen entsprechenden Systems erfolgt. Überdies bestehen zur Seite der Volks= und Bürgerschulen praktische Lehrwerkstätten und wird auch in den Elementarschulen der Gewerbe= und Hausindustrie=Unterricht systematisch betrieben. In neuester Zeit, zumal infolge des neuen ungarischen Gewerbegesetzes (G. A. XVII vom Jahre 1884) wird der gewerbliche Fachunterricht eine noch viel intensivere Pflege genießen, nachdem durch das gedachte Gesetz für die Errichtung und Dotierung der Gewerbeschulen in jeder Beziehung ausreichend gesorgt ist.

Somit steht zu hoffen, daß der Handfertigkeits=Unterricht, wie derselbe in jüngster Zeit sowohl in Ungarn, als im Deutschen Reiche befürwortet und propoziert wird, auch in Ungarn zu entsprechendem Gedeihen gelangen wird und daß die segensreichen Folgen davon sich öffentlich auch baldigst im praktischen Leben erfolgreich fühlen lassen werden. Hierzu kommt das Bestreben, im Anschluß an das jüngst in Budapest eröffnete technologische Museum allenthalben im Lande haupt= sächlich mit Beziehung auf eventuell vorhandene Keime einer traditio= nellen Hausindustrie, solche gewerbliche Fachschulen ins Leben zu rufen, welche sowohl dem Kleingewerbe, als auch der Hausindustrie einen gebildeten Gewerbestand zuzuführen berufen sind. Auch ist in jüngster Zeit die gewerbliche Beschäftigung der in den Staats=Straf= anstalten in Haft Stehenden den modernen Anforderungen entsprechend geregelt worden und es steht zu hoffen, daß auch diesbezüglich die laut gewordenen Klagen einzelner Gewerbszweige nunmehr verstummen werden.

Im Schoße des ungarischen Handelsministeriums tagt eine Landeskommission für gewerblichen Fachunterricht und Hausindu= strie und hat diese Kommission seit den 3 Jahren ihres Bestandes alle eben angedeutete Angelegenheiten systematisch in Ordnung ge= bracht, so daß es nunmehr einer kräftigen Durchführung des neuen Gewerbegesetzes bedarf, um dies bezüglich vollends befriedigende Zu= stände herbeizuführen. Hierbei kommt hervorzuheben, daß hauptsächlich auch auf die Hebung des Zeichenunterrichtes im ganzen Lande sorg= fältig Bedacht genommen worden ist.

Wir gehen nun im folgenden auf eine, wenn auch kursorische Besprechung der auf dem Gebiete des gewerblichen Fachunterrichts in jüngster Zeit ins Leben gerufenen Institutionen über.

Vor allem heben wir die Budapester Industrie=Mittelschule her= vor. Obwohl erst im Jahre 1881 vollständig geworden, zeigte diese Anstalt eine sehr rasche Entwickelung. Von den programmmäßigen 6 Fachklassen waren die für Architektur, Maschinenwesen, Chemie und Metall=Eisenindustrie im Jahre 1882 schon in Thätigkeit. Außer= dem wurde im gleichen Jahre die Fachklasse für Holzindustrie mit den drei Zweigen der Bautischlerei, Drechslerei und Wagnerei eröffnet; von außerordentlichen Lehrkursen wurden diejenigen für Mühlen= und Baugewerbe organisiert und ein Lehrkurs für Maschinenmanipulanten und Heizer ins Leben gerufen. Eine viel ältere Anstalt ist die Ge= werbeschule in Kaschau für Maschinenwesen. Zweck derselben ist Ausbildung der bei den landwirtschaftlichen Maschinen und in Fabriken

in Verwendung gelangenden Machinisten und Heizer, sowie der Unter=
richt in der Behandlung der Lokomobilen der stabielen Dampfkessel
und Dampfmaschinen, der Dreschmaschinen und sonstigen landwirt=
schaftlichen Maschinen, sowie der einfachen landwirtschaftlichen Mühlen.
Den ersten Kurs im Jahre 1882 absolvierten 103 Zöglinge, den
zweiten im Jahre 1883 240. Die Vorträge wurden an Wochen=
tagen von 7 bis 9 Uhr abends und an Sonn= und Feiertagen von
9 bis 12 Uhr abgehalten und reihten sich daran außerdem Ausflüge
in die Fabriken von Budapest, sowie praktische Proben.

Ein Müllereilehrkurs wird seit dem Jahre 1882 jährlich abge=
halten, um dem fühlbaren Mangel an qualifizierten Mühlenarbeitern
abzuhelfen und überhaupt die Mühlenindustrie zu fördern. Dieser
Kursus steht gleichfalls der Staats=Gewerbemittelschule zur Seite und
erfreut sich eines lebhaften Zuspruches. Die aufgenommenen Zöglinge
müssen zugleich in einer der zahlreichen Budapester Mühlen praktisch
in Verwendung stehen.

Pferdehufbeschlag=Lehrkurse werden gleichfalls seit dem Jahre
1882 im ganzen Lande abgehalten und zwar in 6 bis 9 monatlichen
Kursen, zumeist zur Seite des Budapester Tierarznei=Instituts, sowie
der Honvédschmiedewerkstätten oder der ärarischen Gestüte oder land=
wirtschaftlichen Lehranstalten. Bisher wurden 11 solcher Kurse abge=
halten und zwar in Budapest, Stuhlweißenburg, Kaschau, Maroszvá=
sárhely, Debreczin, Fünfkirchen, Jaszbereny, Veszprim, Békés=Gyula
und Klausenburg und wurden insgesamt bei 370 Zöglinge ausgebildet.

Unter den gewerblichen Fachschulen, welche direkt praktischen
Zwecken zu dienen berufen sind, sind besonders die Gewerbeschulen
hervorzuheben. Sowohl die Fraueninbustrie=Ausstellung als auch die
Käsmarker Leinenausstellung im Jahre 1881 haben der Entwickelung
der Textilindustrie im Lande mächtigen Impuls gegeben und ist
speciell in Oberungarn, im Banate und in Siebenbürgen das Be=
streben vorhanden, die seit vielen Jahrhunderten traditionell bestehende
Weberei auf die Höhe der modernen Anforderungen zu bringen und
überdies dem Kleingewerbe durch gehörigen Fachunterricht und Ver=
mittlung moderner Betriebsmittel, speciell mechanischer Webestühle zur
Seite zu stehen. Unter den Lehrwerkstätten heben wir hervor, die
mechanische Webeschule in Käsmark mit 3 Lehrern und 36 Zöglingen.
Außerdem bestehen Webeschulen in Eperies, Nagy, Kikinda, Groß=
Becskeret, Belsöcz, Dobsina, Nagy=Röcze, Huszt, Técsö, Viske, Dogo=

nirfalu, Bogdány) und Alſó-Aps. Dann in Sepſi-Szent, György),
Cſikszereda, Deés, Hozzu-Torda, Adámos, Dicſö-Szent-Márton,
Maros-Báſárhely, Schäßburg, Szekelytereszztur und Hermannſtadt.
Überdies unterſtützt die Regierung die mechaniſche Möbelfabrik
der Firma Wein & Comp. in Käsmark, die Baumwoll-Webefabrik
Haltenberger in Eperies, die erſte Székler Webefabrik in Sepſi-Szent-
György, ſowie die Webefabrik in Deés. Ferner die Tuchfabrik Faby
in Käsmark, die Tuchfabrik Hovarik & Comp. in Neuſohl, ſowie
die Leinen-Fabrik und Hanfeinlöſe-Aktiengeſellſchaft Vakay in Szegedin und die Zipſer Leinbleicherei-Aktiengeſellſchaft in Käsmark.

Die vor Jahren vernachläſſigte Weberei in Oberungarn, ſowie
in Siebenbürgen iſt infolge der eifrigen Pflege, welche derſelben
Regierung, ſowie Geſellſchaften angedeihen laſſen, nunmehr wieder
zu glänzendem, hoffentlich dauerndem Emporblühen gelangt. Außer
den genannten ſind noch weitere Wanderlehrkurſe im Entſtehen begriffen und iſt auch die Regierung beſtrebt im Rahmen der zur Verfügung ſtehenden Dotation die praktiſchen Webereien im Lande mit
modernen Webeſtühlen verſchiedener Syſteme zu beteilen.

Der Hebung der Wirkwareninduſtrie dient die Lehrwerkſtätte in
Kaſchau, welche im Jahre 1877 gegründet und im Jahre 1879 in
die Hände des Staates übergegangen iſt. Hier ſind zwei Lehrkräfte,
12 Zöglinge, der Lehrkurs dauert 3 Jahre. Außer dieſem Lehrkurs
beſteht in Leutſchau eine Fabrik Sipos, ſeit dem Jahre 1879 gleichfalls mit Unterſtützung ſeitens der Stadt Leutſchau, ſowie der Regierung. Dieſe Fabrik beſchäftigt 30 Arbeiter und iſt in erfreulichem
Aufſchwunge begriffen. Ebenſo die Wirkwarenfabrik Leuchtner in
Budapeſt und Preßburg, welche gleichfalls Subvention ſeitens der
Regierung genießt. Hierzu kommt zu bemerken, daß die zahlreichen
Fraueninduſtrieſchulen im Lande ſpeciell in Budapeſt gleichfalls auf
die Verbreitung der Wirkwareninduſtrie ſyſtematiſch hinwirken.

Die Holzſchnitzerei lehnt ſich hauptſächlich an die traditionelle
Hausinduſtrie an und ſind die Lehrwerkſtätten in Homonna ſeit 1877,
in Rima-Szombat ſeit 1877, in Z. Ugrócz ſeit 1875, in Munkácz
ſeit 1882 beſtrebt, nicht nur Arbeiter für die Hausinduſtrie heranzu-
bilden, ſondern auch hauptſächlich auf dem Gebiete der Kunſtſchnitzerei,
Drechslerei ſolche Induſtrielle zu erziehen, welche ſowohl was Stil
und höheren Geſchmack anbelangt, den Anforderungen der Kunſtge-
werbe entſprechen ſollen. All' dieſe Lehrwerkſtätten ſind in lebhaftem

Aufschwung und genießen Unterstützung sowohl seitens des Handels=
ministeriums, als auch der betreffenden Gemeinden und Handels= und
Gewerbekammern. Die Zahl der Zöglinge mehrt sich von Jahr zu
Jahr, die Position ist eine immer entsprechendere und wird wohl die
Landesausstellung im Jahre 1885 deren Arbeiten und Bestrebungen
am deutlichsten zur Veranschaulichung bringen.

Die Kinderspielzeug=Industrie hat eine Lehrwerkstätte in Bánffy=
Hunyad seit dem Jahre 1879 und ist diese Werkstätte seit 1881 in
die Hände des Ministeriums übergegangen. Die Anzahl der Zöglinge
beträgt 31 und ist man bestrebt, die Werkstätte zu einem Privat=
unternehmen umzugestalten. Eine weitere ähnliche Werkstätte wird
demnächst in Gyergyó=Szent=Miklos errichtet, sowie eine in Bartfeld
unter der Leitung des vorteilhaft bekannten eifrigen und fachkundigen
Industriellen Manz, welcher bereits seit Jahren aus Papiermaché
Kinderspielzeug verfertigt und davon in bedeutender Menge nach dem
Auslande hauptsächlich nach Rußland und Amerika exportiert.

Die Spitzenindustrie im Anschluß an Traditionen der Haus=
industrie und mit dem Bestreben den Anforderungen der modernen
Technik und Ästhetik zu entsprechen, hat eine Lehrwerkstätte in Urvölgy
im Sohler Komitat, sowie jüngstens in Schemnitz und in Sóvár im
Sároscher Komitat. Außerdem wird die Spitzenindustrie in Sieben=
bürgen, namentlich in Schäßburg betrieben, allenthalben greift die
Regierung unterstützend ein und ist gleichfalls ein lebhafter Aufschwung
zu verzeichnen.

Besonders hervorzuheben ist die Hausindustrieschule in Oeden=
burg, welche von dem Vereine für Hausindustrie und gewerblichen
Fachunterricht daselbst gegründet worden ist und den Zweck hat, die
Volksschullehrer in dem Unterrichte von Hausindustriezweigen, speciell
der Korbflechterei, Strohflechterei und Holzschnitzerei zu unterweisen.
Diese Schule erfreut sich eines lebhaften Zuspruches und einer außer=
ordentlich erfolgreichen Thätigkeit.

In Dobsina besteht eine Lehrwerkstätte für Serpentinsteinarbeiten.

Korbflechtereien werden in den Lehrwerkstätten zu Bereg³za³z,
Guszda, Bartfeld, Waitzen, Marogana unterrichtet.

Die Teppichweberei wird speciell im Marmaroser Komitat in
zahlreichen Ortschaften, sowie auch im Banate durch Wanderfachkurse
unterrichtet und werden den Industriellen Muster hinausgegeben, welche

von einer aus Fachleuten und unter Vorsitz des Sektionsrates Herich zusammengesetzten Kommission festgestellt werden.

Die Thonindustrie hat Lehrwerkstätten in Ungvár, Modor und Ujbánya, überall mit Unterstützung der Regierung, der Handelskammern und der Gemeinden.

Die Fraueninindustrie hat zahlreiche Fachkurse, speciell in Budapest 2, dann in Iglau, Beregszász, Munkács, Klausenburg, Sepsi-Szent-György, Miskolcz, Sátoralja-Ujhely, Aranyos-Maróth, Tirnau, Szakolcza, Kremnitz.

Die Binsen- und Mattenflechterei hat gleichfalls Lehrwerkstätten und ist hauptsächlich Nikolaus Katona in Nagy-Károly hervorzuheben, welcher mit 80 Arbeitern eine große Produktion erzielt, die zumeist nach der Schweiz Absatz findet. Katona hat an eine Genfer Firma im Jahre 1883 16,000 Stück Artikel abgeliefert und finden dessen Erzeugnisse bereits in Paris und anderen großen Städten vollen Anwert. Zum Schlusse wollen wir noch hervorheben, daß das Ministerium für Ackerbau, Handel und Gewerbe zahlreiche hoffnungsvolle junge Industrielle mit Stipendien unterstützt und die meisten derselben im Auslande ausbilden läßt. Für die Hebung des Zeichenunterrichtes sind eigene Zeichenmuster und erklärende Instruktionen und Leitfäden in mehreren Heften erlassen. Auf diesem Gebiete sind besonders die Fachkräfte Bidéty, Eder und Szuppán thätig gewesen. Stilgemäße plastische Gypsmodellsammlungen aus je 40 Stück von Bidéty und Vasadi sind den einzelnen Gewerbeschulen zugeschickt worden. Sammlungen von Damastmustern sind von Bidéty, Kollós und Werdenstädter angefertigt.

Zur Hebung des Kunstgeschmackes der einzelnen Industriezweige ist eine Kommission unter Vorsitz des Ministerialrates Schnierer thätig, welcher in einzelnen Lieferungen Musterblätter für einzelne Industriezweige herausgiebt. Auch sind verschiedene Fachkräfte, namentlich die Zeichenlehrer Hoszka und Nierensee bestrebt, im Lande die traditionellen ornamentalen Motive zu sammeln, um durch deren Veröffentlichung gleichfalls die Hebung des gewerblichen Kunstgeschmackes zu fördern.

Aus alledem geht das Bestreben deutlich hervor, das ungarische Gewerbe durch Förderung des Fachunterrichtes nach Möglichkeit zu heben und ist es nur zu wünschen, daß der Eifer, welcher sich auf allen Gebieten kundgiebt, von entsprechenden Resultaten gekrönt werde.

Landwirtschaftliche Fachschulen besitzt Ungarn 12 und zwar die landwirtschaftliche Akademie in Ung. Altenburg, die landwirtschaftlichen Lehranstalten in Kesztely, Debreczin, Koloszmonor und Kaschau; die Ackerbauschulen in Debreczin und Lipto Ujvar und die Weinbau= schulen in Erdiószeg, Tarczal, Budapest, Nagy = Enyed und Menes. Diese Anstalten wurden im Jahre 1882/83 von 738 Hörern besucht, wovon 243 auf die Altenburger Akademie, 337 auf die landwirt= schaftlichen Lehranstalten, 65 auf die Ackerbauschulen und 93 auf die Winzerschulen entfielen. An Grundbesitz besaßen diese Fachschulen 2879·5 Joch, wovon 751·4 Joch Staatsbesitz und 1248·1 ge= pachtet waren; an den übrigen 880 Joch besaßen sie die Erb= Nutznießung. Von diesen 2879·5 Joch entfielen auf die Altenburger Akademie 300 Joch, auf die landwirtschaftliche Lehranstalt in Keszteln 200, auf die landwirtschaftliche Lehranstalt und Ackerbauschule in Debreczin 609, auf die Lehranstalt in Koloszmonor 755, auf die in Kaschau 472, auf die Ackerbauschule in Lipot=Ujvar 419 und auf die Winzerschulen in Erdioszeg, Tarczal, Budapest, Naghennyed und Menes 5 bezw. 40, 8·4, 34, und 18 Joch.

Außer diesen hier angeführten Anstalten bestehen in Ungarn noch Institute, die der Jahresbericht des ungarischen Unterrichts= ministeriums für das Jahr 1882 unter dem Namen „gemeinkulturelle und philantropische Anstalten" zusammenfaßt. Zu den ersteren ge= hört die Landestheaterschule, die Landes=Musikakademie, das ungarische Landesmuseum für Kunstgewerbe, das königliche ungarische technologische Gewerbemuseum, das ungarische Nationalmuseum mit seiner reich= haltigen Bibliothek und Bildergallerie und Abteilungen für Archäologie und Numismatik, für Zoologie, Mineralogie und Botanik, für Ethnographie, und endlich die Landes=Musterzeichenschule und Zeichen= lehrer=Präparandie nebst praktischer Malerfachabteilung und Gewerbe= fachschule. An dieser letzteren Anstalt bestehen Fachklassen für Kunst= schnitzerei und für Metall=Graveure. Im Schuljahre 1883 wurde der Unterricht auch auf das Goldschmiedgewerbe, Metallschlägerei, Ciselierkunst, Emaillierkunst, Galvanoplastik und Holzschneidekunst aus= gedehnt. Außerdem besteht eine Meisterschule für Malerei, für Bild= hauerei, für Architektur und eine Anstalt für Glasmalerei. Alle diese Anstalten nehmen einen erfreulichen Aufschwung. Zu erwähnen ist noch die zu errichtende ungarische historische Bildergallerie die dazu be= rufen sein soll die Bilder der historischen Notabilitäten und merk=

würdigen Örtlichkeiten des Landes in einer Sammlung zu vereinigen, und dadurch auch ein Hilfsmittel für die Ausbildung in der historischen Malerei zu bieten.

Im Jahre 1881 wurde auch ein Gesetz erlassen, das die Erhaltung und Restaurierung der Kunstdenkmäler des Landes sichern soll. Im Sinne dieses Gesetzes wurde eine Kommission ernannt, die mit der Leitung und Überwachung dieser Aufgabe betraut ist, und die für das Jahr 1882 mit 26,000 fl. dotiert wurde. Solche Kunstdenkmäler sind: das Amphitheater von Aquincum; die Ofner Festungs-Pfarrkirche; die Kaschauer Kathedralkirche; die Bartfelder Pfarrkirche; die Mariendorfer Pfarrkirche; die Jaaker Abteikirche; die Burg von Vajda-Hunyad; die Fünfkirchener Kathedralkirche; die befestigte Klosterkirche von St. Benedict und die Kremnitzer Schloßkirche.

An philantropischen Anstalten sind hervorzuheben. Die Königl. Landes-Taubstummenanstalt in Waitzen mit 61 Knaben und 35 Mädchen; die Budapester israelitische Taubstummenanstalt mit 32 Knaben und 28 Mädchen; die Landes-Blindenanstalt mit 87 Zöglingen; das Balaton-Füreder-Rettungshaus mit 70 im Alter von 6—17 Jahren stehenden Waisenkindern; das Budapester Vereins-Rettungshaus mit 34 verwahrlosten Kindern; das Palocier Rettungshaus mit 15 Zöglingen, das Sohl-Liptscher Gisela-Waisenhaus zur Aufnahme der Waisen von Ärarialarbeitern mit 60 Zöglingen und endlich die Budapester Blödenversorgungs- und Erziehungs-Anstalt, in der sich 16 Pfleglinge befanden.

Der Staatshaushalt.

Der ungarische Staatshaushalt kämpft immer noch mit einem ansehnlichen jährlichen Deficit. Allein, wenn man bedenkt, daß das Land seine politische und wirtschaftliche Selbständigkeit erst von 1867 an wieder erlangt hat, daß, wie in jedem neuen Gesell= schaftswesen, so auch in diesem wiedergeborenen Staatswesen in den ersten Jahren Lehrgeld gezahlt werden mußte und wenn man die An= strengungen überblickt, welche in den letzten zehn Jahren zur Wieder= herstellung des Gleichgewichtes gemacht worden sind, so muß dieser Zeitabschnitt der Verwaltung des genialen Tißza und seiner fähigen Genossen als eine Periode der wirtschaftlichen Auferstehung betrachtet werden. Um den ganzen Umfang des Fortschrittes zu ermessen, dem wir heute gegenüberstehen, muß man sich an die vorhergehende Epoche erinnern, wo das ungarische Volk sich im passiven Widerstand gegen das Centralisationssystem befand. Man muß sich jene Jahre zurück= rufen, wo die Steuerverweigerung, als ein Akt des Patriotismus be= trachtet, solche Dimensionen angenommen hatte, daß das Staatsschiff dem Bankrott zusteuerte. Solche unter dem Schild des Kampfes für die nationale Unabhängigkeit eingerissene Gewohnheiten sind insbe= sondere dem Landvolk schwer abzugewöhnen, in einem Lande, welches noch vielfach der Verkehrsmittel des modernen Staates entbehrte. Es war daher kein Wunder, daß sogar die Finanzminister des wieder= erstandenen nationalen Regiments ihre Not hatten, die renitenten Steuerpflichtigen zur Zahlung zu bringen. In dieser Richtung hat sich namentlich Szell ein großes Verdienst erworben und wenn heute unter dem Drucke einer fast preußischen Disziplin, welche nur unter der Ägide eines nationalen und liberalen Ministeriums durchzuführen ist, die Steuern so pünktlich eingehen, daß die Herstellung des Gleich= gewichtes im Staatshaushalt in einer verhältnismäßig kurzen Reihe von Jahren vorauszusehen ist, so muß neben dem Namen des wirt=

schaftlichen Reformators Tisza auch seiner finanziellen Freunde ge=
dacht werden, die ihm bei dem großen Werke hilfreich zur Seite
standen. Überblickt man die finanziellen Ereignisse der letzten neun
Jahre, so begegnen wir einem Fortschritt, der Ungarn in die Reihe
der bestgeleiteten Staaten stellt. Obgleich Ghyczy zu Anfang dieser
Periode seine Verwaltung mit den denkwürdigen Worten eingeleitet
hatte: „Alle Opfer, welche die Nation seit Mohacs für ihre Selb=
ständigkeit gebracht hat, sind verloren, wenn es nicht gelingt, des
Defizits Herr zu werden," und obschon die selbständigen Anleihen
des neugebornen Staates zum großen Teile zum Bau von Eisen=
bahnen und zu anderen produktiven Investitionen dienten, so mußte
Ungarn doch damals seinen Kredit noch mit 9% bezahlen. Noch sind
es kaum fünf Jahre, daß die mächtige Finanzgruppe Rothschild=Kre=
ditanstalt Mühe hatte, die 6%ige ungarische Goldrente zum Kurse
von 69% abzusetzen, und heute notiert die 4%ige ung. Goldrente
9% über diesem Preis. Der Zinsfuß der ungarischen Staatsschuld
ist auf 5% herabgesunken und die Periode findet gewissermaßen ihren
Abschluß in der soeben beendeten glänzenden Aktion, mittelst deren
405 Mill. Gulden 6%iger Goldrente in 525 Mill. 4% Goldtitel
umgewandelt wurde, wodurch der Staatsschatz eine jährliche Zinsen=
ersparnis von rund 2 Mill. Gulden macht. Eine bessere Anerkennung
der Finanzwirtschaft Ungarns, als diese Würdigung von seiten der
Repräsentanten des europäischen Kapitals konnte von den Leitern des
ungarischen Staates nicht erwartet werden.

Das Ergebnis der Staatsrechnungen liegt mir bis zum Jahr
1881 einschließlich vor. Die ordentlichen Einnahmen für 1881
waren im Budget auf 256,181,737 Gulden veranschlagt, haben aber
in Wirklichkeit fl. 275,235,236 erreicht. Die vorübergehenden Ein=
nahmen waren im Voranschlag auf fl. 218,488,676 geschätzt, haben
aber nur fl. 203,686,048 abgeworfen, wozu noch fl. 120,917 ge=
meinsame Einnahmen kamen. Die ordentlichen Ausgaben waren im
Budget zu 274,006,475 Gulden angenommen, hatten sich aber auf
Wirklichkeit auf fl. 300,554,124 erhoben; die vorübergehenden Aus=
gaben waren auf fl. 175,966,830 veranschlagt, hatten in Wirklichkeit
fl. 177,193,411 erreicht. Dazu wurden für produktive Anlagen,
(Investitionen), welche auf 18,554,440 angenommen waren,
fl. 15,872,036 ausgegeben. Da uns die Staatsrechnung, wie
gesagt, erst bis einschließlich 1881 vorliegt, so können wir die

infolge seitheriger Anleihe und insbesondere durch die vollständige Konversion der Goldrente herbeigeführten Änderungen noch nicht notieren. Ende 1881 indessen erhoben sich die gesamten Staats= schulden auf 1225,422,174 Gulden; davon kommen aber 219,887,232 Gulden auf die Grundentlastungsschuld, 17 Mill. auf die Wein= zehent=Ablösungsschuld, rund 145 Mill. Gulden auf Eisenbahn= Anlehen und Eisenbahn=Käufe, auf Theiß= und Szegediner An= leihe 43,550,000 Gulden, auf die Ostbahn=Prioritäts= und Staats= anlehen 84¹/₂ Mill. Gulden, alles Investitionen und Vorschüsse, welche entweder ihrer sicheren Ablösung entgegengehen oder nach einer ge= wissen Zeit rentabel werden.

Diesen Staatsschulden steht der Stand des Staatsvermögens gegenüber, dessen Wert Ende 1880 officiell reftifiziert auf 1206,657,253 Gulden festgesetzt und in der Staatsrechnung von Ende 1881 auf 1259,704,170 fl. angenommen wurde. Unter dieser letzteren Summe befanden sich 197,304,043 Gulden aktive Rückstände an Steuern und andern Forderungen. Ein großer Teil dieses Staatsvermögens kann nicht als aktiv gerechnet werden, da er aus den verschiedenen Staatsgebäuden besteht, welche allen möglichen Zwecken der Verwal= tung, des Militärs, des Verkehrs (Brücken, Häfen), der Wohlthätig= keit, der Erziehung, der Justiz, und der Volkswirtschaftspflege dienen. Unter den produktiven Objekten des Staatsvermögens sind zuerst her= vorzuheben die Staatseisenbahnen, welche in der Rechnung von 1881 ein Kapital von 289,778,216 Gulden repräsentierten, die Staats= forsten, deren Wert auf 103,648,730 Gulden geschätzt wurde, und die Staatsdomänen, deren Wert auf 62,014,185 Gulden angesetzt war. Da dieser letztere Posten wegen der noch bevorstehenden Do= mänenverkäufe von besonderem Interesse ist, so lassen wir hier eine Aufstellung der Einkünfte dieser Teile des ungarischen Staatsver= mögens folgen.

Der Umfang und das Erträgnis der ungarischen Staatsdomänen (nicht inbegriffen die Fundational=Herrschaften, die Staatsforsten, die Montan= und Salinenwerke und die kroatisch=slavonischen Liegen= schaften) betrug Ende des Jahres 1883:

(Die hierher gehörige Tabelle siehe Seite 471.)

Die Bewirtschaftung der Gödöllöer Kronherrschaft geschieht in eigener Regie, die übrigen Liegenschaften, Regalien ꝛc. werden im Wege der öffentlichen Feilbietung, bezüglich welcher feste Normen be=

Staatsgüter-Direktion.	Katastral-Joch (à 1600 ☐Klafter)	Einkünfte				Ins-gesamt
		von Feldern	von Gebäuden	von Regalien	anbrer Natur	
Gödöllö . .	6,004	44,708	126	14,647	68,243	127,724
Altofen	10,449	79,178	3,091	117,816	39,702	239,787
Marmaros Sziget .	25,937	39,795	8,399	166,124	14,615	228,933
Klausenburg . . .	5,925	31,538	5,749	68 535	8,073	113,895
Pécska . . .	75,793	763,217	1,178	154,186	9,292	927,873
Temesvár . . .	88,635	365,042	3,401	74,323	34,040	476,806
Szegedin . .	79,088	337,833	2,804	44.034	20,750	405,421
Zombor . . .	42,803	457,962	1,260	111,746	32,103	603,071
Herkulesbad und Ránk Herlein . .	—	—	—	—	61,705	61,705
	334,634	2,119.273	26,008	751.411	288,523	3,185,215

stehen, an die Meistbietenden vergeben. Die Feld-Pachtungen sind teils vieljährige Großpachtungen, wobei der Pächter verpflichtet wird, gewisse Investitionen zu machen, teils 9=, 6= und 3jährige Mittel-pachtungen, bei denen jährlich ein Bruchteil der Felder entweder in Brache bleiben oder gedüngt werden muß, teils Kleinpachtungen von 5—50 Joch, teils Gartenpachtungen von 3—10 Joch. Die Ad-ministration dieser in Pacht gegebenen Domänen ist sieben Staats-güter-Direktionen und zweien Badeverwaltungen anvertraut. Die ersteren haben ihren Sitz in Budapest, Mármaros-Sziget, Klausen-burg, Pécska, Temesvár, Szeged, Zombor, letztere in Ránk Herlein und Herculesbad. Die Direktionen verfügen über ein entsprechendes Hülfspersonal; es sind ihnen Buchhaltungen, Ingenieure, Rechts-konsulenten und behufs Versehung des äußeren Dienstes Jspáne bei-gegeben. Die Pécskaer Güterdirektion besteht größtenteils aus blü-henden Großpachtungen, die 20jährige Pachtdauer der fast ausnahmslos rationell bewirtschafteten Pachtungen wurde vor kurzem neuerdings auf 10 Jahre prolongiert und hiebei der Pachtzins entsprechend erhöht. Der Pachtzins beträgt hier per Jahr und Joch von 12 bis 15½ fl. Ebenso hohe, auch noch höhere Pachterträgnisse geben die Liegenschaften der Zomborer Direktion, dann die besseren Felder im Bezirke der Szegediner und Temesvárer Direktionen. Die übrigen

Liegenschaften sind weniger geordnet und geben infolge dessen auch einen geringeren Ertrag. Die Regierung ist bestrebt, durch zweck= mäßigere Einteilung, durch Parzellierung in der Nähe bevölkerter Ortschaften gelegener Domänen, durch Ableitung der Binnenwässer das Einkommen dieser Liegenschaften zu erhöhen, und schon jetzt zeigt sich der Erfolg dieser Bestrebungen. Doch ist die Ergiebigkeit all dieser Liegenschaften noch einer großen Steigerung fähig.

Schließlich müssen wir noch erwähnen, daß noch im Jagd= jahre 1882—83, nach dem Sportblatte „Vadászlap" auf einer Jagd= fläche von 1,325,722 Joch 164,108 Stück verschiedenen Wildprets erlegt wurde; worunter 670 Stück Hochwild, 272 Damhirsche, 1903 Rehe, 15 Gemsen, 485 Schwarzwild, 60 Bären, 68 Wölfe, 9 Luchse, 200 Wildkatzen, 3145 Füchse, 135 Dachse, 100 Fischottern, 399 Stein= und Baum=Marder. Der Wert dieses erlegten Wildes wird auf ungefähr fl. 300,000 geschätzt.

Unter dem Staatsvermögen werden auch noch aufgeführt gegen 112 Millionen Kapital und 22½ Millionen Zinsen in Gestalt von Garantievorschüssen an Eisenbahnen; 43,550,000 fl. als Forderung zur Deckung des Theiß=Szegediner Anlehens, und 12⅓ Millionen als Forderung für die Weinzehentablösung. Außerdem besaß der Staatsschatz 17,382,903 fl. an Wertpapieren und 21,640,930 fl. an Bargeld.

Hebt man die wichtigsten Posten der ordentlichen Einnahmen und Ausgaben in den 8 Jahren von 1874 bis 1881 heraus, so sind dieselben in dieser Zeit von 183 auf 275¼ Millionen gestiegen, während sich die Ausgaben von 203 auf 300½ Millionen ge= steigert haben.

Wir gehen nun zur Specifikation der ordentlichen Einnahmen und Ausgaben über. Die ordentlichen Einnahmen stammen aus den nachfolgenden Quellen, deren Ziffern wir der abgelegten Staatsrechnung entnehmen, indem wir die Zahlen des Voranschlages in Klammern beifügen: Grundsteuer: Staatssteuer *) 26,164,785 (26,798,484), dazu Grundentlastungszuschlag 10,113,703 (10,401,516) Haussteuer: Staatssteuer 6,192,088 (6,122,929), dazu Grundent= lastungszuschlag 2,449,650 (2,377,071); Erwerbsteuer: Staatssteuer

11,585,633 (12,330,535), dazu Grundentlastungszuschlag 4,631,553
(4,869,465); Steuern zu öffentlicher Verrechnung verpflichteter Unter=
nehmungen und Vereine: Staatssteuer 2,509,664 (1,762,312), dazu
Grundentlastungszuschlag 1,058,068 (737,688); Bergwerkssteuer:
Staatssteuer 72,505 (51,800), dazu Grundentlastungszuschlag 31,074
(22,200); Kapital= und Rentensteuer: von den Zinsen der Grund=
entlastungs=Weinzehentablösungs=Remanential= und Rodegründenein=
lösungs= und der Ostbahn=Obligationen 920,150 (960,840); Staats=
steuer von sonstigen Kapitalzinsen und Renten 1,848,364 (1,831,528),
dazu Grundentlastungszuschlag 762,020 (757,632); Einkommensteuer
179,494 (160,000); Mühlensteuer 45,009 (40,000); . Handels=Ge=
werbe= und Patentsteuer 308,918 (260,000); Steuer von Eisen=
bahnen= und Dampfschiffahrt=Transporten 3,220,815 (2,200,000);
Gewinnsteuer 238,101 (250,000); Jagd= und Jagdgewehr=Steuer,
404,530 (470,000); Kriegsbefreiungsgebühr 2,714,401 (2,142,530).
allgemeiner Einkommensteuerzuschlag 9,402,669 (9,600,000); Ver=
zugszinsen: von Staatssteuern 1,074,353 (962,550); von Grund=
entlastungszuschlag 383,754 (334,950), von Weinzehentablösungs=
Remanential und Rodegrundeinlösungen 154,806 (302,500); Steuer=
eintreibungsgebühren 478,599 (450,000); Steuerrückstände: Staats=
steuer 582,507 (1,540,000), dazu Grundentlastungszuschlag 156,168
(460,000); Branntweinsteuer 7,167,078 (7,000,000); Weinsteuer
3,408,942 (3,375,000); Fleischsteuer 2,423,933 (2,400,000); Bier=
steuer 929,528 (980,000); Zuckersteuer: Betriebssteuer der Zucker=
fabriken 2,625,532 (1,471,287), Steuerzuschuß der Fabriksbesitzer
auf Grund des G. A. XXIII. vom Jahre 1878 343,300 (490,428);
Zucker=, Kaffee= und Biersteuer auf Grund der G. A. IV. vom Jahre
1881 1,035,204 (1,380,941); Verzehrungssteuer = Restitution zu
Gunsten Ungarns im Sinne des § 2 des G. A. XIX. vom Jahre
1878 7,368,019 (5,365,986); Agiogewinn nach dem, den Ländern
der ungarischen Krone zukommenden Teile der Grenzzoll=Goldüber=
schüsse 242,925 (316,000); Grenzzoll 494,230 (452,450); Stempel
8,041,649 (7,400,000); Rechtsgebühren 14,122,588 (13,800,000);
Taxen 564,043 (466,100); Tabakgefäll nach Abzug des Einlösungs=
preises für die österreichische Regie eingelösten Tabakblätter und
Tabakproduktions=Vorschüsse 29,108,765 (30,500,000); Lottogefäll
3,218,659 (3,730,000); Salzgefäll 14,078,968 (14,271,840);
Staatsdomänen 4,328,899 (4,472,044); Bergbau und Münzwesen

28,614,873 (14,885,623); Staatsdruckerei 568,719 (580,000); vom mobilen Staatsgut 170,120 (14,980); verschiedene Einnah= men des Finanzportefeuilles 1,483,882 (833,712); Post 6,833,063 (6,591,600); Telegraphenwesen 1,861,481 (1,791,600); gesamt= einnahmen der Staatsbahnen 18,423,520 (18,000,000); Einnahmen der Staats = Maschinenfabriken 2,017,908 (1,108,000); von den Einnahmen der Diosgyörer Eisen= und Stahlfabrik, sowie von jenen des Braunkohlenbergwerkes zur Deckung der Betriebsausgaben 2,506,194 (1,440,000); Einnahmen des Investitionsfonds der Diosgyörer Eisen= und Stahlfabrik und des Braunkohlen=Bergwerkes 750,693; Rein= erträgnis der Diosgyörer Eisen= und Stahlfabrik und des Braun= kohlen=Bergwerkes 171,446 (10,000); landwirtschaftliche Lehranstalten 102,504 (107,730); Staatsforste 6,274,129 (6,000,000); Gestüte= landwirtschaften 1,584,909 (1,316,079); Gestüte= und Pferdezucht= Anstalten 544,143 (503,150); Budapester königl. Versatzamt 205,693 (257,000); Lehranstalten 241,755 (377,945); Kostenersatz für Er= haltung der Gefangenen, Einnahmen aus der Sträflingsarbeit, sowie diejenigen der Landes = Strafanstalten überhaupt 239,534 (265,000); Rückerstattung von Eisenbahn = Zinsengarantie = Vorschüssen 132,977; allgemeine Administrations = Einnahmen 875,128 (870,435); zur Amortisation der Grundentlastungs = Obligationen aus dem Verkaufe der laut G. A. IX. d. J. 1880 zu emittierenden 5% gen Papier= rente 5,607,568 (5,607,540); Weinzehentablösung 1,232,901 (2,865,250); Ablösung von Rest= und Rodegründen 111,878 (131,300); Einnahmen der Budapester Staatsbrücken 722,796 (700,765); durch die im § 4 des G. A. X. vom Jahre 1870 bezeichneten Gesellschaften und Unternehmungen zu zahlende Gemeinde= Zuschläge 421,764 (272,046); aus dem Verkaufe der laut G. A. VIII d. J. 1880 zu emittierenden Goldrente = Obligationen zur Deckung der Goldannuitäten der Staatsanlehen = Amortisationen 2,972,630 (2,972,606); zur Deckung der Annuitäten des auf Grund des G. A. XX. v. J. 1880 aufgenommenen Theiß= und Szegediner Anlehens 2,608,978 (1,398,750); von dem Verkaufe der Papier= rente im Nominalwerte von 339,200 fl., welche zur Deckung der Intercalarzinsen des für die Kosten der Budapest=Semliner Bahn auf Grund des G. A. XLV. v. J. 1881 aufgenommenen Anlehens emittiert wurde 285,000 (285,000); verschiedene ordentliche Ein= nahmen 826,299 (927,020).

Die ordentlichen Ausgaben verteilten sich auf folgende Posten: Königliche Hofhaltung 4,650,000 (4,650,000); Kabinets=Kanzlei Sr. Majestät und Pensionen derselben 68,880 (70,592): Ausgaben des Reichstages 1,189,135 (1,300,301); auf Ungarn entfallender Teil der gemeinsamen Ausgaben für das Jahr 1881 35,510,347 (35,998,568); zufolge der die im Jahre 1881 einge=laufenen Grenzzoll=Einnahmen übersteigenden Steuerrestitution zur Deckung des auf die Länder der ungarischen Krone entfallenden Teiles des Abgangs bei dem Titel: Grenzzoll laut G. A. XVII. § 2 v. J. 1882 543,163 (543,163); Pensionen der Organe der von 1849 bis 1867 faktisch bestandenen Regierung (130,093); Pen=sionen 4,073,321 (4,028,751); mit G. A. v. J. 1867 übernom=mener Staats=Schuldenbeitrag 30,317,020 (30,319,000); Grund=entlastung und Urbarialablösung 17,119,493 (16,930,254); Wein=zehentablösung 2,381,424 (2,372,520); Ablösung von Rest= und Rodegründen 148,363 (128,349); Eisenbahnanlehen aufgenommen auf Grund des G.=A. XIII. v. J. 1867: Verzinsung, Amortisation und Manipulationskosten 5,393,664 (5,521,949); das auf Grund des G. A. X. v. J. 1870 aufgenommene Lotterieanlehen 1,237,524; Budapester Kettenbrücken Prämien=Anlehen aufgenommen auf Grund der G. A. XXX. v. J. 1870: Verzinsung, Amortisation und Mani=pulationskosten 99,842 (98,646); Gömörer Industriebahn Pfandbrief=anlehen aufgenommen auf Grund der G. A. XXXVII. v. J. 1871: Verzinsung, Amortisation und Manipulationskosten 449,160 (455,627); 30 Millionen Silberanlehen aufgenommen auf Grund der G. A. XLV. v. J. 1871; Verzinsung, Amortisation und Manipulationskosten 2,187,953 (2,246,223); 54 Millionen Silberanlehen auf Grund des G. A. XXXII. v. J. 1872: Verzinsung, Amortisation und Manipulationskosten 4,072,678 (4,119,128); 400 Millionen Gulden ungarischer Goldrenten=Obligationen (im Nominalwert) emittiert auf Grund der G. A. XLIX, v. J. 1875; XLVI. v. J. 1876 VII. IX. XIV. XV. XVII. v. J. 1877 und II. VIII. IX. XV. XVII v. J. 1878, II. v. J. 1879 und V. v. J. 1880. Zinsen und Manipulationskosten 28,345,578 (28,392,620); zufolge Über=nahme der ungarischen Ostbahn auf Grund des G. A. L v. J. 1876 übernommene Schuld und aufgenommene Anlehen von J. 9,989,300 4,645,884 (4,672,818): Zinsen des rückständigen Kaufpreises der Waagthalbahn laut G. A. XXVII. v. J. 1879 275,470 (275,470);

auf Grund des G. A. XX. vom Jahre 1880 aufgenommenes Theiß-
Szegediner Anlehen: Amortisation und Manipulationskosten 2,055,192
(1,400,900); infolge Ablösung der Theißbahn übernommene Schuld
l. G. A. XXXVIII. v. J. 1880 2,643,577 (2,629,513); der K.
K. privat. Südbahn-Gesellschaft auf Grund des G. A. XLIV. v. J.
1880 für den Ankauf der Bahnlinie Agram-Karlstadt zu zahlende
Annuität 280,200 (283,200); zur Verzinsung der laut G. A. VIII.
v. J. 1880 emittierten Goldrenten-Obligationen, der auf Grund d.
G.-A. IX. vom Jahre 1880 emittierten Papierrentenobligationen und
der Wertpapiere, welche zu Deckung des Abganges v. J. 1881 emittiert
wurden 1,652,201 (1,000,000); schwebende Schuld 3,059,811
(1,823,600); Eisenbahn = Zinsengarantie = Vorschüsse 13,891,496
(10,718,000); Administrationsbedarf von Kroatien und Slavonien
3,320,308 (3,430,383); zur Verfügung des Agramer General-
kommandos als Deckung der Administrationskosten der zu reinkorpo-
rierenden kroatisch-slavonischen Militärgrenze 2,262,341 (2,266,070);
Gouverneur von Fiume und des ungarisch-kroatischen Littorales, sowie
dessen Personale 29,555 (29,880); Gerichtsprovisorium 55,629
(55,260); Pauschale des Staatsrechnungshofes 129,320 (130,000).
Ministerpräsidium: Kosten des Ministerpräsidiums 103,966 (108,600);
Dispositionsfonds 200,000 (200,000); Ministerium am Hoflager
Sr. K. und apost. K. Majestät 49,301 (50,563); Minister für Kroatien, Slavonien und Dalmatien 37,222 (35,880); Ministerium des
Innern: Central = Administration und Grundentlastungs = Direktion
303,285 (318,000); Landes-Archiv 31,262 (31,400); Administra-
tions-, Waisen- und Vormundschafts-Auslagen der Komitate 4,838,536
(4,850,000); Gehalte der Obergespäne und des Oberbürgermeisters
von Budapest 232,138 (243,500); allgemeine Administrationskosten
2,983,071 (2,614,815); Finanzministerium: Central-Administration
689,929 (737,160); Central-Staatskassa 62,482 (60,626); Finanz-
direktionen und Rechnungs = Departements 868,261 (848,330);
Staatskassa in Agram 15,137 (15,954); Steuerinspektoren und
deren Hülfspersonale 739,601 (722,545); Steuerämter (1,092,486)
1,120,172; Finanz= resp. Zoll= und Steuerwache 2,038,906
(2,100,000); Finanzprokuratur 57,984 (55,413); Kameral-Fiskalat
80,226 (87,069); Finanzgerichtshöfe in Kroatien-Slavonien 5,202
(6,575); stabiler Kataster 371,175 (404,830); Montan- und Forst-
Akademie und Montanschulen 102,854 (105,000); Auswerfungs-

und Einhebungskosten direkter Steuern 979,506 (735,500); Ein=
hebungskosten der Verzehrungssteuern 227,056 (223,182); Repar=
tierung von den Verzehrungssteuer=Restitutionen unter dem Titel
Branntweinsteuer laut § 2 des G. A. XIX. vom Jahre 1878
354,693 (291,902); Regiekosten der Grenzzölle 287,712 (306,412);
Regiekosten des Stempelgefälles 167,343 (158,340); Regiekosten
von Rechtsgebühren und Taxen 444,426 (447,648); Tabakgefäll
13,562,908 (12,531,004); Lottogefäll 1,782,680 (2,021,573);
Salzgefäll 2,481,523 (2,487,887); Direktionen und Buchhaltungen
der Staatsdomänen 1,387,078 (1,700,000); Bergbau und Münz=
wesen 30,044,233 (14,891,365); Staatsdruckerei 543,912 (490,900);
Budapester Staatsbrücken 130,711 (135,188); Staatsgebäude 10,671
(13,956); verschiedene Ausgaben 542,469 (124,480); nach mobilem
Staatsgut 50,116. Ministerium für öffentliche Arbeiten und Kommuni=
tation: Centraladministration 352,803 (351,360); Eisenbahn=General=
Inspektion und Eisenbahn=Regierungs=Kommissäre 84,925 (93,295);
Staatsbauämter 448,116 (445,296); Straßenbau und Straßener=
haltung 2,884,617 (3,010,831); Erhaltung und Bau von Wasser=
straßen 1,027,554 (1,000,541); Post 5,452,173 (5,484,700); Tele=
graphenwesen 1,903,078 (1,981,450); Betriebsausgaben der Kön.
ung. Staatsbahnen 11,769,227 (11,078,220); zur Vermehrung des
Materials der Kön. ung. Staatsbahnen 472,252; Betriebsausgaben
der Kön. ung. Maschinenfabrik 1,876,744 (1,030,000); zur Ver=
mehrung des Materials der Kön. ung. Maschinenfabrik 55,710;
Diosgyörer Eisen= und Stahlhammer und Braunkohlenbergwerk:
Betriebsausgaben 2,506,194 (1,440,000); zur Investition 121,618;
zur Vermehrung des Materials 764,766. Ministerium für Ackerbau,
Gewerbe und Handel: Central=Administration 232,400 (223,050);
Gewerbe= und Handelszwecke 103,012 (80,170); zur Hebung der
verschiedenen Zweige der Landwirtschaft als Pauschale 389,031
(264,050); Landwirtschaftliche Lehranstalten 261,737 (255,400);
Staatsforste 3,809,702 (4,059,838); Forstinspektorate 59,587
(79,000); Landes=Forst=Fonds 11,027 (30,000); Staats=Pferdezucht=
anstalten 3,201,947 (2,501,470); Kontumazämter 65,807 (63,350);
zur Unterdrückung der orientalischen Rinderpest und sonstiger Tier=
seuchen 179,470 (80,000); Budapester tierärztliche Lehranstalt 42,916
(39,315); Berghauptmannschaften 62,592 (62,000); Geologisches
Institut 25,985 (28,000); statistisches Bureau 85,430 (55,700);

Seeschiffahrt und Fährenwesen 159,585 (166,124); Budapester Kön. Pfandleihanstalt 408,496 (257,000); Zimentierung 13,362 (13,371). Kultus= und Unterrichtsministerium: Central=Administration 200,592 (198,551); Direktion der Unterrichtsangelegenheiten 238,485 (223,750); Lehranstalten 3,549,317 (3,472,884); Stipendien und sonstige Un= terrichtszwecke 61,686 (69,831); Kulturzwecke 263,974 (254,114); tirchliche Zwecke 308,488 (310,000). Justizministerium: Central= Administration 203,801 (210,813); Cassationshof 137,077 (146,048); Oberster Gerichtshof 319,524 (319,289); Königliche Tafel in Buda= pest 585,819 (581,074); Königliche Tafel in Marosvasárhely 97,603 (99,272); Königliche Oberstaatsanwaltschaften in Budapest und Marosvasárhely 43,488 (46,250); Königliche Gerichte und Be= zirksgerichte 5,983,161 (5,814,656); Königliche Staatsanwaltschaften 2,078,402 (2,106,877); Landes=Strafanstalten 589,096 (594,705); Grundbuchführung 6,515 (7,000); Grundbuchs=Exposituren in Ungarn und in Siebenbürgen 109,866 (100,000). Honvédministerium: Landesverteidigung = Ministerium: Central = Administration 342,960 (290,045); Honvéd=Institute 212,013 (226,230); Rekrutierungs= kosten 32,720 (35,000); Honvéd=Oberkommando 56,374 (56,961); Distrikts = Kommanden 227,287 (223,755); Truppen 5,907,885 (5,732,543); verschiedene ordentliche Ausgaben 48,704 (50,873).

Investitionen.

Bauten bei dem Tabakgefäll 180,764 (190,000); Investionen bei dem Bergbau und Münzschlag 104,749 (125,000); Grundsteuer= Regulierungs=Kosten 2,353,849 (2,300,000); im Jahr 1881 zu zahlende Teilsumme des laut G. A. XXVII. v. J. 1879 bestimmten Kaufpreises von 6,988,000 Gulden der Waagthalbahn 611,001 (600,000); zur Tilgung von 5613 St. Theißbahn=Aktien laut G. A. XXXVIII. v. J. 1880 1,192,572 (1,375,185); vorschußweise zum Ausbau der Sunjaer Grenzbahn auf Grund des G. A. XLIII. v. J. 1880 1,277,60 (2,400,000); Regulierung des Budapester Donau = Abschnittes 682,512 (1,030,000); Fiumaner Hafenbau 517,217 (476,000); Theiß=Regulierung 514,356 (825,155); Bau des Theiß=Kai's im Innerngebiet von Szegedin 393,424 (500,000); Bau der Sisset=Doberliner Bahn 205,667 (440,000); Bau der Buda= pest=Ujjzáßer Eisenbahn 2,046,883 (2,000,000); Investitionen bei

den Staatsbahnen 542,159 (586,750); Neubauten bei den Staats=
bahnen 566,792 (620,000); zur Rückſetzung des Neu=Szegediner
linksſeitigen Theiß=Dammes laut G. A. XXXIX. v. J. 1880
289,913 (150,000); Bau der Budapeſt=Semliner Bahn laut G. A.
XLV. v. J. 1880 2,701,870 (3,102,099); zum Bau einer Brücke
über die Drau zwiſchen Barcs und Thereſienfeld auf Grund d. G. A.
L. v. J. 1880 57,372 (57,372); Ankauf der Mözetur=Szarvaſer
Flügelbahn auf Grund d. G. A. XXXVIII. v. J. 1880 470,514
(470,514); kontinuierlicher Bau der Budapeſter Verbindungsbahn
134,619; Bau der Kronſtadt=Temeſer Eiſenbahn 209,109; Bau der
Dalya=Vinkovcze'er Bahn 119,386. Inveſtitionen bei den Staats=
forſten und zwar Regulierungsausgaben 143,338 (179,199); Umge=
ſtaltungen und Einrichtungen bei Gefängniſſen 77,976 (100,000);
verſchiedene Inveſtitionen 478,888 (1,027,166).

Stellung der Richter und Advokaten in Ungarn.

Dem Zwecke, sowie dem Rahmen dieses Buches wird es wohl am angemessensten sein, wenn wir bei der Besprechung der Stellung der Richter und der Advokaten in Ungarn Abgang nehmen von allerlei hochtönenden Phrasen, welche unter dem Reflexe beliebter Prinzipien die diesbezüglichen Errungenschaften Ungarns in möglichst vortheilhaftes Licht zu stellen berufen sein sollen. Wir glauben am deutlichsten und zugleich am korrektesten vorzugehen, wenn wir einfach über die einschlägigen Gesetze Revue halten, deren hauptsächlich Be= stimmungen systematisch ins Auge fassen und darauf hin zu Konklu= sionen gelangen suchen, welche somit auf reeller Basis stehen und den thatsächlichen Umständen entsprechen.

Wir beginnen daher mit der Ausübung der richterlichen Gewalt. In dieser Beziehung ist als ein vorragendes Gesetz der Artikel IV. vom Jahre 1869 zu betrachten. Im Lapidarstyle besagt dessen erster Paragraph: die Rechtspflege wird von der Verwaltung getrennt, weder die Verwaltung, noch die gerichtlichen Behörden dürfen in den gegenseitigen Wirkungskreis eingreifen. Es ist dies eine gegenüber dem ehrwürdigen avitischen Rechte Ungarns als großartige Neuerung zu bezeichnen. Dieser Paragraph hat die Administration sowohl, als Ausübung der richterlichen Gewalt in Ungarn auf moderne Grund= lagen gestellt.

Die richterliche Gewalt wird im Namen des Königs geübt und es werden die rechtsprechenden Richter über Vorschlag des Justiz= ministers vom König ernannt. Bei Besetzung der Richterstellen erster Instanz ist auf die verschiedenen, im Gerichtshofsprengel wohnenden Nationalitäten Bedacht zu nehmen. Jeder Richter bezieht den Gehalt aus dem Staatsschatze und kann der Gehalt nicht herabgesetzt werden. Außer dem Gehalt darf der Richter keinerlei Entlohnung annehmen.

Richter kann jeder ungarische Staatsbürger werden, welcher das 26. Lebensjahr erreicht hat, tadellosen Charakters ist und entweder die Advokatursprüfung oder die praktische Richteramtsprüfung mit Erfolg bestanden hat.

Der Richter kann zugleich nicht sein: Landtagsdeputirter, aus= übender Advokat oder Agent, Staats=Jurisdiktions= oder Gemeinde= beamter, Professor oder Lehrer, Kaufmann oder Gewerbsmann, Eigen= tümer, Herausgeber oder Redakteur einer politischen Zeitschrift, Der Richter darf auch nicht Mitglied eines politischen oder Arbeitervereins sein, darf an den Sitzungen dieser Vereine nicht teilnehmen, auch nicht dem Beschlusse eines solchen Vereins beitreten. Der Richter kann ferner nicht Koncessionseigentümer einer vom Staate subven= tionierten Unternehmung, noch Präsident, oder Direktor einer Aktien= Handels= oder Industrie=Gesellschaft, noch Aufsichtsrat, noch irgend ein, wenn auch nur provisorisch und unentgeltlich wirkendes Organ, solcher Gesellschaften sein. Der Richter kann eine Vormundschaft oder Kuratel, mit welcher eine Vermögensverwaltungsrechnung oder eine Vertretung vor Behörden verbunden ist, nur in dem Falle bekleiden, wenn die Vormundschaft oder Kuratel nach dem Gesetze oder nach einem Testamente ihm gebührt.

Der Richter ist verpflichtet, nach seiner Ernennung längstens binnen 3 Monaten und jedenfalls vor Antritt seines Amtes den richterlichen Eid in der Plenarsitzung seines Gerichtshofes abzulegen. Der Richter kann von seinem Amtsorte zu einem andern Gerichte oder in ein anderes Amt nur mit seinem Willen übersetzt oder be= fördert werden. Diese Regel erleidet nur dann eine Ausnahme, wenn die Beförderung oder die Uebersetzung zu einem anderen Gerichte in infolge der Veränderung der gerichtlichen Organisation geschieht; ferner, wenn ein Mitglied der Familie des Richters bei demselben Gerichtshofe in Verwendung kommt. Denn es dürfen bei demselben Gerichtshofe diejenigen kein Richteramt bekleiden, welche in auf= oder absteigender Linie verwandt; oder mit einander bis zum dritten Grade seitenverwandt oder bis zum zweiten Grade verschwägert sind, ferner im Verhältnis von Adoptiveltern oder Adoptivkindern stehen.

Nach erreichtem 70. Lebensjahr tritt der Richter in Pension, ausgenommen, wenn er zur Fortsetzung seines Amtes vom Minister direkt aufgefordert wird und weiter zu dienen wünscht. Außerdem kann der Richter nur in dem Falle pensionirt werden, wenn er wegen Abnahme der körperlichen oder geistigen Kräfte zur Erfüllung seiner Amtspflichten nicht weiter fähig ist.

Der Richter ist verpflichtet im Sinne der Gesetze und der auf Grund des Gesetzes erlassenen und publizierten Verordnungen, sowie des mit Gesetzeskraft bekleideten Usus vorzugehen und zu urteilen. Er kann die Kraft der Gesetze nicht in Zweifel ziehen; jedoch über die Gesetzlichkeit der Verordnungen in den einzelnen Rechtsfällen urteilt der Richter.

Niemand darf seinem zuständigen Richter entzogen werden.

Der Richter kann die Rechtsprechung Niemanden verweigern, der innerhalb seines Kompetenzgebietes sich an ihn wendet.

Die Richter sind gehalten, den gegenseitigen Requisitionen zu entsprechen und überhaupt ist jeder Richter hinsichtlich der Rechtspflege zu gegenseitiger Hilfeleistung verpflichtet.

Den amtlichen Aufforderungen der Richter und Gerichte haben auch die Staats- und Gemeinde-Verwaltungsbeamten unter Verantwortung sofort nachzukommen.

Zur Schlichtung der zwischen gerichtlichen und administrativen Behörden vorkommenden Kompetenzstreitigkeiten ist das Ministerium bevollmächtigt und wird diesbezüglich die Entscheidung im Ministerrate gebracht.

Wenn aber über Reklamation irgend eines Staates zwischen ihm und ausländischen Gerichten ein Kompetenzstreit vorkommt, so hat der Justizminister zu entscheiden.

Organisation der Gerichte.

Gerichte erster Instanz sind die königlichen Bezirksgerichte, die königlichen Gerichtshöfe und das budapester königliche Handels- und Wechselgericht.

Das Bezirksgericht geht als Einzelgericht vor und steht die Aufsicht dem Präsidenten desjenigen Gerichtshofes zu, in dessen Sprengel der Bezirk gelegen ist. Der Gerichtspräsident ist verpflichtet die Geschäftsgebahrung des Bezirksgerichtes alljährlich wenigstens einmal zu prüfen, auch hat für Fälle der Substitution der Gerichtspräsident zu sorgen.

An der Spitze des Gerichtshofes steht der Präsident, welcher durch den rangältesten Beisitzer substituirt wird. Die Zahl der Gerichtsmitglieder wird durch den Justizminister festgesetzt.

Die bei Erledigung der in den Wirkungskreis der Wechsel= und Handelsgerichte gehörigen Angelegenheiten zu bestellenden Handels= beisitzer wählt dort, wo am Sitze des königlichen Gerichtshofes eine Handels= und Gewerbekammer besteht, deren gemischte Sitzung und zwar zur Hälfte aus den Mitgliedern der Handels= und zur Hälfte aus den Mitgliedern der Gewerbeabteilung; an anderen Orten wählt dieselbe der Gerichtshof aus den Mitgliedern des Handelsgremiums und wo ein solches fehlt, aus den protokollierten Handelsleuten.

Das Budapester Handels= und Wechselgericht besteht aus einem Präsidenten, 6 ordentlichen Richtern, ferner aus 10 von der Buda= pester Handelskammer zu wählenden Beisitzern.

Der Gehalt der bei den Gerichten erster Instanz angestellten Richter wird nach einer zehnjährigen Dienstzeit mit 10%, nach jeder weiteren fünfjährigen Dienstzeit mit 5% erhöht, falls sie während dieser Zeit nicht zu einer höheren Stelle befördert oder einer Dis= ciplinarstrafe unterzogen worden sind. Der Präsident des Gerichts= hofes erhält in Budapest einen Gehalt von 4600 fl., in der Provinz 2700 fl., die Beisitzer 2400 fl., beziehungsweise 1700 fl. und ebenso auch die Bezirksrichter.

Bei der Rechtspflege werden die öffentlichen Interessen des Staates durch die königliche Anwaltschaft vertreten. Zu derselben gehören der Kronanwalt, welcher von Seite der Kurie, die Oberanwälte, welche von Seite der königlichen Tafeln und die königlichen Anwälte, welche von Seite der Gerichtshöfe ernannt werden.

Die Mitglieder der königlichen Anwaltschaft werden auf Vor= schlag des Justizministers vom König ernannt. Das Hilfspersonal ernennt der Justizminister.

Die Anwaltschaft ist vom Gericht unabhängig und unmittelbar dem Justizminister untergeordnet. Die Gesetze über die Verantwort= lichkeit der Richter, über die Pensionierung sind auch auf die Anwälte ausgedehnt.

Die Stellen der königlichen Anwälte werden im Konkurswege besetzt und ist hierzu auch entweder die Advokaturs= oder Richter= amtsprüfung erforderlich und überdies eine zum mindesten dreijährige Praxis als Richter oder als Advokat.

Der Wirkungskreis der königlichen Anwälte erstreckt sich auf Strafsachen, Disciplinarangelegenheiten, sowie auf die Aufsicht über die Gefängnisse.

Bis zur Einführung des mündlichen Verfahrens in Straf- und Civilsachen bleibt das Amt des Kronanwaltes unbesetzt und werden dessen Geschäfte durch den Budapester königlichen Oberstaatsanwalt besorgt.

Die Gerichtsbarkeit in zweiter Instanz übt die königliche Tafel aus und zwar in Budapest für Ungarn im engeren Sinne und in Marosvásárhely für Siebenbürgen.

Die oberste Gerichtsbarkeit wird für das Gebiet beider Tafeln von der königlichen Kurie in Budapest ausgeübt.

Die Gerichtshöfe entscheiden in Senaten, welche aus je 3 Mitgliedern bestehen, die Tafeln bei Berufung von einem Gerichtshofe in Senaten aus 5, bei Angelegenheiten, die von einem Bezirksgerichte an sie gelangen, in Senaten aus 3 Mitgliedern; die Kurie in Senaten von 7 Mitgliedern, falls die Tafel in einem fünfgliederigen Senate das Erkenntnis geschöpft hat, sonst in Senaten aus 5 Mitgliedern.

Die stimmführenden Richter sind in der Regel zugleich Referenten.

Zum Behufe der Gleichmäßigkeit der Rechtspflege sind streitige principielle Fragen in Plenarsitzungen der Kurie zu entscheiden, deren principielle Festsetzungen weiterhin zur Richtschnur dienen.

Das gerichtliche Verfahren findet bloß auf Begehren der betreffenden Parteien statt. Doch können Gerichtsangelegenheiten, deren Entscheidung von dem Beweise einer durch die Strafgesetze verbotenen Handlung abhängt, nicht anhängig gemacht werden, insolange das Strafgericht nicht rechtsgiltig erkannt hat.

Die adelige oder nicht adelige Eigenschaft von Personen oder Gütern begründet weder in Bezug auf den Wirkungskreis und die Zuständigkeit der Gerichte noch in Betreff des Verfahrens einen Unterschied.

Die Bestimmungen über die Civilprozeßordnung setzen eingehend die Zuständigkeit der Real-, sowie der Handels- und Wechselgerichte und aller besonderen Gerichte fest und sind die diesbezüglichen Bestimmungen den in dieser Beziehung von den modernen Staaten acceptierten Prinzipien analog.

Über die Advokaten und öffentlichen Notare.

Mit dem Justizwesen steht im engsten Zusammenhang die Advokatenordnung, sowie die Organisation der königlich öffentlichen Notare.

Die Advokateninstitution wurde durch den Gesetzartikel XXXIV vom Jahre 1874 neu geregelt. Die Institution der öffentlichen Notare wurde mit G. A. XXXV vom Jahre 1874 ins Leben gerufen.

Bei den Gerichten und Behörden des Landes darf nur der= jenige als Advokat fungieren, welcher in einer Advokatenkammer in die Advokatenliste aufgenommen worden ist, wozu der Besitz eines gesetzlichen Advokatendiploms, gerichtlich unbeanstandeter Ruf, sowie dauernder Wohnort im Bezirke der Advokatenkammer erforderlich ist.

Die Advokatendiplome werden durch die in Budapest und Marosvásárhely bestehenden Prüfungskommissionen auf Grund von Advokatenprüfungen ausgefertigt. Den Präses der Kommission, so= wie die Hälfte der Kommissionsmitglieder ernennt der Justizminister, die andere Hälfte wird von der Budapester, beziehungsweise Maros= vásárhelyer Advokatenkammer jährlich gewählt. Bei jeder Prüfung müssen außer dem Präses zwei ernannte und zwei gewählte Mit= glieder teilnehmen.

Zur Advokatenprüfung wird zugelassen, wer die juridische Doktors= würde an einer inländischen Universität erlangt hat und eine drei= jährige Praxis bei einem Gerichte, einem Advokaten oder Notar aus= weist. Die Prüfung ist eine mündliche und schriftliche. Bei Aus= folgung des Diploms wird von dem als befähigt Erkannten der Advokateneid abgelegt, woraufhin die Aufnahme in die Advokaten= liste erfolgen kann.

Der Wirkungskreis der Advokatenkammern erstreckt sich auf die Wahrung des moralischen Ansehens des Advokatenstandes, auf den Schutz der Rechte der Advokaten und auf die Überwachung der Er= füllung ihrer Pflichten; ferner auf die Erstattung von Gutachten und Vorschlägen zeitgemäßer Reformen. Außerdem üben die Advo= katenkammern die Disciplinargewalt über die eingetragenen Advokaten, sowie Advokaturskandidaten.

Die Advokatur erlischt mit dem Tode, mit freiwilliger Verzicht= leistung, dann, wenn der Advokat das Bürgerrecht verliert oder ihm die Befugniß durch ein rechtskräftiges Straf= oder Disciplinarurteil entzogen worden ist.

Der Advokat ist in der Regel nicht verpflichtet, die Übernahme der Vertretung anzunehmen. Auch kann die Partei das Mandat dem Advokaten, wann immer, ohne Kündigung entziehen. Der Ad=

vokat darf nirgends eine Filialkanzlei halten. Er ist verpflichtet in den übernommenen Angelegenheiten redlich vorzugehen, im Interesse seiner Partei die gesetzlichen Verfügungen fleißig und pünktlich ein= zuhalten, bezüglich jeder Angelegenheit genauen Vormerk zu führen und genießt in der Verteidigung seines Klienten volle Redefreiheit. Er kann außer dem Ersatz der Barauslagen, auch ein entsprechendes Honorar und einen verhältnismäßigen Vorschuß fordern. Das Honorar kann durch freies Übereinkommen festgestellt werden; doch ist zur Giltigkeit einer vorhergehenden Vereinbarung eine schriftliche Urkunde erforderlich. Der Advokat ist nicht berechtigt, die ihm anvertraute Angelegenheit an sich zu bringen; ein solches Übereinkommen ist nichtig und der Advokat im Disciplinarwege zu bestrafen. Die Bücher, Concepte und Korrespondenzen des Advokaten genießen halbe Beweiskraft. Der Advokat muß eine Vollmacht besitzen und ist ver= pflichtet, jede Eingabe eigenhändig zu signieren. Die Vollmacht be= rechtigt, alle mit der Führung und Beendigung der Angelegenheit verbundenen Maßregeln zu treffen und erstreckt sich zugleich auf die Übernahme und Quittierung der eingeklagten Geldsummen und Streit= gegenstände, auf die Bevollmächtigung eines Stellvertreters, auf das Anerbieten, Zurückschieben und Annehmen des Eides. Der Advokat ist verpflichtet für den Schaden, welchen er jemandem in seinem amtlichen Vorgehen durch eine Handlung oder eine Versäumniß ent= weder absichtlich oder aus strafbarer Nachlässigkeit zugefügt hat, vollen Ersatz zu leisten und überdies unterliegt der Advokat dem eventuellen Disciplinar=, beziehungsweise Strafverfahren.

Handels=Gesetzgebung.

Eine hervorragende Bedeutung gebührt in Ungarn der jüngst geschaffenen Kreditgesetzgebung und kann man getrost behaupten, daß sowohl das ungarische Handelsgesetz, als das Wechselgesetz und das Konkursgesetz völlig auf dem Niveau der modernen Anforderungen stehen und mit den analogen Gesetzen Österreichs und Deutschlands sicherlich wetteifern, was um so leichter Glauben finden mag, als alle drei genannten Gesetze im großen und ganzen eine Rezeption der einschlägigen deutschen Gesetze sind, nur daß hiebei noch die seither in Deutschland, sowie Österreich sowohl in der Theorie, als in der Praxis gemachten Erfahrungen verwertet und demnach manches Miß=

liche ausgelassen und manches Treffliche an dessen Stelle gesetzt werden konnte.

Wohl kein zweites Gesetz ist in Ungarn mit solch' gründlicher Sorgfalt und so liebevoll vorbereitet worden, als das ungarische Handelsgesetz. Der auf Grundlage des deutschen Handelsgesetzes ausgearbeitete ungarische Entwurf wurde von einer Fachkommission zwei Jahre hindurch auf das gründlichste diskutiert und ist der solchergestalt zu stande gekommene Entwurf auch von der Legislative sozusagen en bloc angenommen worden.

Das ungarische Handelsgesetz unterscheidet sich in manchen Punkten wesentlich von dem deutschen Handelsgesetz. So ist das Kapitel über die Sensalen fallen gelassen, dagegen ein eigenes Kapitel über die Maklergeschäfte geschaffen worden. Die Kommanditgesellschaft auf Aktien ist in gleicher Weise weggelassen worden, ebenso die stille Ge= sellschaft, hingegen wurden die Erwerbs= und Wirtschaftsgenossenschaften und zwar sowohl die Vorschußvereine, Volksbanken, Produktiv=Ge= nossenschaften, Konsumvereine, gegenseitigen Versicherungen, als alle übrigen Formen der Erwerbs= und Wirtschaftsgenossenschaften in einem besonderen Hauptstücke eingehend geregelt. Das Aktienrecht zumal erlitt eine radikale Reform. Die staatliche Konzession wurde fallen gelassen und dafür die Prinzipien der Publizität und der strengsten Verantwortlichkeit auf das entschiedenste geregelt. Im zweiten über die Handelsgeschäfte handelnden Teile sind es speciell die Kapitel über die Entrepots, das Verlagsgeschäft, sowie die Ver= sicherungsgeschäfte, welche zum erstenmale in einem Handelsgesetzbuche systematische Aufnahme gefunden haben. Wohl erschien es gar manchem ein kühnes Wagnis, von der Schablone des deutschen Handelsgesetzes abzuweichen, doch hat eine, seit Inslebentreten des Gesetzes abgelaufene Praxis von 8 Jahren die Vortrefflichkeit des genannten Gesetzes auf das trefflichste dargethan.

Über das ungarische Wechselgesetz, welches im Jahre 1876 zu= stande kam, können wir uns sehr kurz fassen. Es ist nämlich mit unwesentlichen Modifikationen eine getreue Kopie des allgemein als ausgezeichnet anerkannten deutschen Wechselgesetzes.

Das ungarische Konkursgesetz vom Jahre 1881 steht gleichfalls auf der Höhe der modernen Anforderungen. Hier zumal gab es tief einschneidend zu reformieren, nachdem das veraltete Konkursgesetz vom Jahre 1840 den jetzigen Verkehrsbedürfnissen in keiner Weise ent=

sprechen konnte. Das neue ungarische Konkursgesetz ist eine sorg=
fältige Kombination des im deutschen Reiche geltenden, sowie des
österreichischen Konkursgesetzes. Die Rechtswirkung der Konkurseröff=
nung, die Erfüllung der Rechtsgeschäfte, die Anfechtung der Rechts=
handlungen (actio pauliana), die Kompensation, das Rückforderungs=
recht (vindicatio), die Befriedigung der Massengläubiger, sowie der
zu abgesonderter Befriedigung berechtigten chyrographarischen Gläubiger
in specie, der durch Hypothek oder Faustpfand oder Bergwerksver=
mögen sichergestellten Gläubiger, sowie ferner die Rechtsverhältnisse
der gemeinen Konkursgläubiger sind eingehend nach dem deutschen
Muster geregelt. Das Konkursverfahren selbst ist entweder ein sum=
marisches oder ein ordentliches, eine Abweichung hiervon bildet der
kaufmännische Konkurs. Im ordentlichen Konkursverfahren gelten
gleichfalls die Bestimmungen wie in Deutschland und Österreich, analog
hinsichtlich der Eröffnung des Konkurses, des Konkurskommissärs,
Massenverwalters und Konkursausschusses, der Sperre und Inven=
tarisierung der Masse, der Vorlage des Aktiv= und Pasivstandes und
der Bestimmungen betreffs der Person des Gemeinschuldners, ferner
bezüglich der Feststellung der Ansprüche an die Masse sowohl betreffs
der einer Anmeldung unterliegenden, als auch der einer Anmeldung
nicht unterliegenden Ansprüche, ferner bezüglich der Verwaltung und
Verwertung des Konkursvermögens, der Rechnungslegung, sowie der
Beendigung des Konkurses. Diese letztere kann erfolgen, von Amts=
wegen und mit Zustimmung der Gläubiger oder durch Verteilung
des Konkursvermögens und Befriedigung der Konkursgläubiger oder
durch Zwangsausgleich. Auch sind die Rechte der Gläubiger nach
Aufhebung des Konkurses eingehend normiert.

Einige Bemerkungen hinsichtlich des Zwangsausgleiches dürften
hier am Platze sein.

Ein solcher ist im Konkurs von Erwerbs= und Wirtschaftsge=
nossenschaften nicht zulässig und außerdem ausgeschlossen, wenn der
Gemeinschuldner flüchtig ist, wegen betrügerischer Krida in Anklage
gesetzt wurde, wenn er als Handelsmann die Vorlegung der Bilanz
oder deren Beeidigung verweigert oder keine Handelsbücher geführt
hat, oder, wenn derselbe schon in Konkurs war oder bereits einen
Zwangsausgleich geschlossen hatte, ferner, wenn er zur Befriedigung
der Konkursgläubiger nicht wenigstens 40% anbietet. Der Zwangs=
ausgleich ist als giltig angenommen zu betrachten, wenn wenigstens

2 Drittel der stimmberechtigten Gläubiger zustimmen und wenn die
Forderungen der dem Ausgleiche zustimmenden Gläubiger mindestens
4 Fünftel der gesamten Forderungen der stimmberechtigten Gläubiger
ausmachen. Der Zwangsausgleich bedarf zu seiner rechtlichen Wirk=
samkeit der Genehmigung durch das Konkursgericht. Durch denselben
wird der Gemeinschuldner von der Verbindlichkeit befreit, seinen Gläu=
bigern den Ausfall zu ersetzen, den sie an ihren Forderungen durch
den Ausgleich erleiden.

Die auf den kaufmännischen Konkurs bezüglichen Bestimmungen
des Gesetzes sind auf Kaufleute und auf Handelsgesellschaften anzu=
wenden und sind in Betreff der Erwerbs= und Wirtschaftsgenossen=
schaften diesbezüglich besondere Bestimmungen aufgenommen.

Wir wiederholen sonach, daß das ungarische Handelsgesetz (G.
A. XXXVII. vom Jahre 1873), das Wechselgesetz (G. A. XXVII.
v. J. 1876) und das Konkursgesetz (G. A. XVII. v. J. 1881)
vollkommen auf der Höhe der modernen juristischen Anforderungen
stehen und sich seither in der Praxis auf das glänzendste bewährt
haben, so daß zu hoffen steht, daß diese auch im Auslande von auto=
ritativer Seite anerkannte gelungene legislatorische Thätigkeit, sowie
die durch den Obersten Gerichtshof in Budapest einheitlich geleitete,
gewissenhafte Vollziehung derselben wohl recht bald gänzlich den un=
seligen Bann brechen werden, welchen das Ausland, vielleicht zum
Teil nicht mit völligem Unrechte bisher über die ungarische Justiz
auszusprechen Veranlassung hatte.

Wenn man sich veranschaulicht, daß die im Obligationenrechte,
sowie auf dem Gebiete der Kreditgesetzgebung geltenden Vorschriften
vollständig den fortgeschrittensten Errungenschaften gleicher Art im
Auslande ebenbürtig zur Seite stehen, daß zudem das Budapester
Börsenschiedsgericht in seiner allgemein als ausgezeichnet anerkannten
Vorgangsweise gleichfalls den Verkehrsinteressen mächtigen Vorschub
leistet, so wird wohl kein Unbefangener die auf diesem Gebiete un=
leugbar zu Tage getretenen Errungenschaften der ungarischen Justiz
in Abrede stellen und füglich zugeben müssen, daß Ungarn in den
letzten Decennien sich auf dem Gebiete der Justiz auf das Niveau der
europäischen Civilisation erhoben hat.